人口发展与区域治理

沙勇 著

人民出版社

本研究为以下课题研究成果

南京邮电大学校科研基金项目"我国人口发展与人口政策研究"资助
项目编号（NYY214009）

国家社会科学基金项目"基于社会企业视角的人口老龄化应对策略研究"
项目编号（14BRK005）

作者简介

沙勇，研究员，管理学博士。南京邮电大学人口研究院院长、南京邮电大学社科联副主席、江苏省科技领军人才。

现任农工民主党中央人口与资源工作委员会副主任、农工民主党江苏省委副主委、江苏省第十一届政协常委、江苏省区域发展研究会副会长、江苏省人才创新创业促进会副会长、南京大学教授、河海大学教授。

主要研究方向：人口可持续发展、人口与城市发展。主持国家社科基金等省部级以上科研项目20余项。独立出版专著2部，主编1部。在《光明日报》理论版、《经济学动态》、《人口与发展》、《人口与经济》等权威报刊发表科研论文30余篇，多篇论文被《新华文摘》全文收录、论点及目录收录。荣获江苏省哲学社会科学优秀成果二等奖等多项学术奖励。

内容简介

　　当前，中国人口发展到了一个重大的历史转折点，人口与区域的协调发展迫切需要创新治理模式。本书针对当前中国人口与区域发展进程中的现实与重大问题，以理论和实践的双重视角，系统构建区域善治理论下人口、资源与环境可持续发展的战略与路径。进而促进中国转型期以人为核心的区域治理能力的提升和治理体系的现代化。

　　本书主要依托人口学、公共管理学、区域管理与区域经济理论，并运用统计实证分析、计量经济分析以及比较分析法、案例分析法等研究方法，系统论述转型期中国区域治理中的人口转变、人口分布与迁移、人口城市化、人力资本、人口与消费、就业政策与人口结构优化、人口老龄化，以及人口、资源与环境等现实和重大问题，力求作出合理的理论解释和实践分析。借鉴国际经验、基于中国现实，构建了一个全新的人口发展与区域治理分析框架和话语体系，提出了具有前瞻性、针对性和可操作性的解决方案，以期推动区域善治，实现人口、资源、环境与经济社会的协调可持续发展。

绪　　论

　　作为世界上人口最多的发展中国家，中国面临人口、资源与环境的诸多问题和巨大压力。但同时，也由于中国人口持续多年的低速增长，将面临人口红利消减、人口结构失衡、劳动力供给下降、老龄化快速发展、城镇化加速转型等多方面的严峻挑战。兼之，既往区域间的竞争机制和竞争态势，一方面激发了发展动力；但另一方面，也在人口、资源与环境等领域出现了制度经济学常说的"公地现象"和"集体行动"的问题。政府作为社会治理的主体，毫无疑问，其对人口的长期均衡发展、对人们的生存环境改善和生活质量提高负有极大的责任。"国家治理体系和治理能力现代化"、"促进人口均衡发展"分别被中共中央十八届三中、五中两次全会郑重提出。由此，创新研究人口发展与区域治理已成为一项重要的时代课题。

一、系统构建人口发展与区域治理的研究框架

　　随着对人口问题认识的不断深入，人口发展的内涵也被不断地丰富和完善，其包含着人口数量、质量、结构、分部和迁移等众多因素。同时，也主要是指人口数量、人口分布和人口结构的时空变化以及这三大变动之间相互作用、相互影响的关系。同时，人口发展也不再是人口自身发展的问题，人口发展问题已经是关系到一个国家和地区资源、环境与经济、社

会等方面发展的根本而重大问题。因而，对人口发展的正确认识、客观评价、宏观规划、科学引导是一个国家和地区制定一切政策、法规、规划的立足点和着眼点。笔者认为这也是一个国家和地区实施有效治理的核心要义。同样，"治理体系和治理能力的现代化"也可以有效地促进区域人口与资源、环境的长期健康均衡发展，进而推动区域经济社会的可持续发展。

区域治理（Regional Governance）是治理理论在区域公共事务管理中的实际运用，并已经广泛流行于美国和欧洲学术界。区域治理主要是指为实现区域公共利益的最大化，政府与非政府组织、公民、私人部门及其他利益相关者通过协商、合作等方式对区域公共事务开展联合行动的过程。而"善治"更是指通过政府与利益相关者的最佳合作，使公共利益实现最大化的公共管理行为。[①] 在全球化、信息化和经济一体化的大背景下，区域治理已经逐渐成为一种普遍趋势。

从区域治理的研究范畴来看，国内研究重点关注区域间的经济合作。根据国外研究经验[②]，区域化不仅可能实现经济上的规模效益，而且在解决公共问题的治理瓶颈方面也具有绝对优势。因此，环境保护、流域治理、基础设施建设等也是国内学者的研究热点，但目前还鲜有从人口发展角度谈区域治理问题的研究成果，现有研究主要还是仅仅集中于流动人口卫生计生、户籍及社会保障等问题的跨区域管理。

本书构建了一个全新的人口发展与区域治理分析框架和话语体系，在通过对相关区域人口发展关键问题的具象分析和理论总结的基础上，着重从人口发展的视角研究区域治理的中国元素。

---

① 俞可平：《幸福与尊严》，中央编译出版社 2012 年版。

② Brady, Gordon L., "Governing the Commons: the Evolution of Institutions for Collective Action", *American Political Science Association*, 1990, 8(86), pp. 569-569.

二、直面区域治理中人口发展的重大现实问题

近年来，中国人口学研究的重点是人口计划生育问题、流动人口问题、大学生群体问题以及弱势群体问题等。而本书则从中国人口发展与区域治理的现实出发，其研究问题更加注重实践化。在对一些经典的人口学理论系统梳理的同时，重点对近期在中国经济社会发展变迁过程中人口领域出现的极具中国自身特色的新现象、新情况、新问题、新趋势进行了研究。系统论述了人口转变、人口分布与迁移、人口城市化、人力资本、人口与消费、就业政策与人口结构优化、人口老龄化，以及人口、资源与环境等共享发展视阈下人口均衡发展的现实和重大问题，并作出了合理的理论解释和实践分析。

1. 多重动力机制下人口迁移的区域治理

受空间地理、人文历史、经济水平、社会网络等影响，人口迁移成为常态化、普遍化。随着经济社会发展和快速交通体系的建成，我国流动人口的迁移选择愈发理性，各省际、省内流动人口除了将迁往经济发达地区作为普遍的首要考虑因素外，更带有各自省份的特色因素，多重动力机制影响下的人口迁移活动塑造了我国流动人口在空间分布方面的特有格局。本书着重理解当前因区域经济发展差异及其他因素导致的人口迁移空间模式，就应对大范围、大规模的人口迁移所带来的区域社会治理难题做了重点探讨。认为流动人口的公共管理，应参照西方治理理论提倡的多元共治理念，即政府、社会组织与市场三个角色共同平衡发展的理论。但同时也强调，应用社会治理理念对流动人口的服务管理务必要结合中国具体情况，在既有的体制背景下，尤为重要的是如何重新科学厘定政府作为治理合作网络中特殊行动者的角色担当。总体上，要从促进包括流动人口在内的广大公民自由而全面发展的角度出发，从而践行人的现代化；克服以往政府主导造成的社会行政僵化

局面，充分调动各方积极性，向社会治理多元化的趋势发展。

2. 新型城镇化语境下的区域人口治理

既往城镇化进程中，部分大城市由于经济实力强、就业难度低、发展机会多等各种因素，吸引了大量的外来人口，城市规模迅速扩大，已经出现了交通拥堵、房价高企、环境污染等城市病现象。为了更好地为城市尤其是大城市提供人口规模管理的决策参考，本书通过对工业化与人口城市化的研究，分析人口集聚与城市发展的规律；并选取我国最具代表性的两个超大城市——北京和上海作为研究对象，对影响两市人口规模增加的影响因素进行分析，试图从中找出一般性的规律，并根据相关结论为大城市人口管理提出相关政策建议。

同时，还具体分析了城乡人口流动二元隔阂的机制体制障碍，提出了通过中心城市和小城镇及村庄协调发展、优先支持有要素支撑的中心镇和重点镇发展、农村整建制社区公共服务供给、实现以机会均等为核心的公共服务创新等措施加快城乡一体化发展。

3. 区域劳动力就业策略与人口结构优化

在实现工业化与现代化的过程中，劳动力自传统部门向现代部门转移，既是世界各国都曾经或必将面对的一种普遍现象，同时也是实现"现代经济增长"的必经之路。① 乡城劳动力转移不仅带动了城乡人口结构的调整，而且也促进了区域产业结构的调整，这是因为大规模的农村剩余劳动力脱离了原有农业就业类型而投入到城市非农产业之中，城乡人口数量、农业与非农业就业人口结构均发生了显著性变化。本书对区域制定科学的就业策略进而有效引导劳动力合理流动和劳动力素质的稳步提升，从而对区域人口的年龄结构、素质结构优化起到极大的促进作用，进而带动区域产业的转型升级和整体经济社会走上可持续发展道路等，提出了创造性的政策建议。还通过

————————

① 程名望、史清华：《经济增长、产业结构与农村劳动力转移——基于中国 1978—2004 年数据的实证分析》，《经济学家》2007 年第 5 期。

地理信息系统手段对京津冀地区就业增长的空间集散趋势进行了具象分析研究，得出了区域就业空间集散的相关结论。

4. 人力资本、消费政策与区域转型升级

传统经济学理论认为劳动力、资本及土地要素是经济增长的源泉，而劳动力要素又最为重要，而新增长理论则更进一步明确地将劳动力要素深化为人力资本。本书构建数理模型对人力资本在经济增长过程中发挥的作用进行了大量的研究。进而提出对于中国而言，人力资本、消费政策对于区域产业转型升级与经济增长的意义更加重大。一方面，中国是一个人口与人力资本大国，深入研究人力资本、消费政策对区域转型升级与经济增长的作用有助于更好地提高人力资本利用效率、制定扩大消费的引导政策；另一方面，中国虽然人力资本存量较多，但是区域与领域的分布却极不均衡，因此，研究人力资本对不同区域经济增长的作用强度同样意义重大。基于此，笔者对我国省级地区人力资本、消费政策与区域产业转型升级提出了系统的新思路。

5. 人口老龄化与区域治理

当前，发展速度快、准备不足、未富先老的中国特色人口老龄化已经产生了养老保障问题、医疗保健问题、城市规划问题、劳动力结构问题、消费与需求结构问题、文化服务问题、财政分配比例问题等一系列连锁反应。本书从"积极老龄化"的视角，关注到老年人生活质量应该是社会保障制度必须考虑的课题。① 并基于 2011—2012 年"中国健康与养老追踪调查"基线数据，从实证角度考察了养老金和医疗保险参与对老年人生活质量的作用，既从理论上关照了区域治理中老年人生活质量的制度因素，也从政策上对制度绩效予以了评估。并选取位于东部地区的人口大省——江苏省为例，探析该省人口老龄化现状及其影响下的基本公共服务供给需求，为探索人口老龄化趋势下区域治理中的基本公共服务供给机制与路径创新提供政策建议

———————

① 邬沧萍：《提高对老年人生活质量的科学认识》，《人口研究》2002 年第 9 期。

与思路。同时，还提出了在准确把握人口老龄化的现状与发展趋势基础上，推进区域治理体系现代化，以鼓励社会企业等创新型社会组织、社会力量广泛参与，在有效应对人口老龄化方面有所作为。

三、探索区域治理视阈下人口均衡发展的新方略

21世纪全人类普遍关注可持续发展，作为世界上人口最多，面临严峻的人口发展与资源、环境约束挑战的国家，中国更迫切需要避免有增长而无高质量的发展、有发展而不可持续的现象。由此，更是深刻意识到"善治"事关人口、资源与环境和谐发展，事关人们生活幸福程度。本书深入思考中国区域治理创新中人口战略的顶层设计和实施路径，从中国当下及未来区域治理中人口发展的三大核心视角切入，重新审视"经济新常态"下的人口策略，力求为促进发展提供新动能。在这个基础之上，建构区域人口、资源与环境可持续发展的中国战略。

1. 人口红利的再建设和人口素质的新提升

三十多年来中国的快速发展，很大程度上得益于改革开放和中国的人口红利。多年来，中国劳动年龄人口数量逐年增加，多层次且高性价比的劳动力资源供给、人口迁移形成以人口为核心的生产要素优化集聚、庞大且无缝对接的消费需求市场，创造了极为宝贵的发展机遇。然而，2012年，中国出现了几十年来首次劳动年龄人口下降的情况，且从该年度开始，呈逐年下降的趋势，2012年至2015年的四年间，各年度分别较上一年度下降345万人、240万人、371万人、487万人。预计到2050年，中国劳动年龄人口将由2015年末的9.1亿人降为6.5亿人左右，占总人口的比重相应下降到50.05%；同时，老年人口将由现在的2.22亿人增加到4.92亿人左右，占总人口的比例也会从16.16%上升到37.88%。人口红利的消减在这个阶段与刘易斯拐点耦合，形成了制约中国经济未来保持稳定高速增长的一个重要

人口学因素。因而，大范围引发了对劳动力人口萎缩、老龄化情况严峻、经济增长前景担忧的讨论。

近年来，适时调整人口政策已经成为共识，但由于受生育条件和生育意愿等因素影响，"单独二孩"遇冷。笔者认为，当前区域治理中应该更进一步科学厘定区域自身人口与资源、环境的关系，在"全面放开"二孩的基础上，尽快制定、完善向"二孩"倾斜的公共服务保障体系，健全相关机制体制，以实现"放开二孩"向"鼓励二孩"的转变，以确保人口政策对百姓福祉、经济社会可持续发展实现正效应。并从提高劳动参与率，鼓励劳动力自由流动，加强劳动力区域性、行业性、技能性结构优化等方面提出了对人口红利调整和再建设的区域治理方略。

中国人口红利的逐渐消失，以及资源、环境倒逼的经济转型，使中国经济进入了由高速发展转向中高速发展的新常态。在这种情况下，本书深刻厘清人口发展与中国经济发展新常态的关系，认为中国人口的整体素质提升与结构转型是未来中国区域治理必须面对的核心问题。要创新体制机制充分吸纳高素质人口资源为区域发展服务；切实创新科教文卫投入的体制机制，加大教育供给侧的改革力度，精准推进中国人口素质的普遍提升；建立教育适用发展需求、教育引领发展方向的现代教育体系；继续实施教育赶超战略，以教育红利带动人力资本红利、就业总量红利和就业结构红利。

2. 人口迁移的调适和再布局

既有城镇化路径形成了中国人口流动的严重不均衡特质，使得人口要素流动所带来的积极效应并未完全释放，加剧了人口与资源、环境的矛盾和区域发展的不均衡。加快推进以人为核心的"新型城镇化"，实现城乡一体化，根据区域特质、人口情况，实施差别化的城镇化策略，以户籍制度深化改革、公共服务公平供给、产城同步有序布局、发展环境逐步完善来科学调适人口合理流动，是有效消减半城镇化、留守空巢、城乡差距等影响共享发展视阈下人口均衡发展的不利因素，实现人口与经济社会协调发展的有效路径。

3. 人口、资源与环境的协调、可持续发展

良好的生存环境应该是共享发展视阈下人口均衡发展的基本要义,可持续发展是全人类共同关注的议题,现代经济社会发展的文明程度越高,人类对生态环境质量的要求和标准就会越高。在区域治理过程中,必须纠正资源高消耗、环境高污染、生态被破坏的错误发展观,树立可持续发展的治理理念,完善构建人口、资源与环境可持续发展的战略部署、制度安排和政策体系。

在本书的最后,笔者认为共享发展已成为我国经济社会发展的重要命题。尤其是事关区域人口均衡发展的若干关键问题,更是关系到一个国家和地区资源、环境、经济、社会等方面发展的根本而重大问题。因而,在我国全面建成小康社会、跨越中等收入陷阱的关键时期,要更加充分认识到人口在区域经济社会发展中的主体地位,在高度重视人口本身的均衡发展的同时,还要把人口问题放在区域经济社会可持续发展的框架内,系统分析人口和资源、环境等要素的关系。

第一章 人口发展与区域治理的宏观审视

人口发展是人口学研究的基本内容，随着对人口问题认识的不断深入，人口发展的内涵也被不断地丰富和完善，人口发展问题已经远远不再是简单的人口数量多少问题，更是包含着人口数量、质量、结构、分部和迁移等众多因素。同时，也主要是指人口数量、人口分布和人口结构的时空变化以及这三大变动之间相互作用、相互影响的关系。同时，人口发展问题也不再是人口自身发展的问题，而已经是关系到一个国家和地区经济、社会、资源、环境等方面发展的根本而重大问题。科学有效的人口政策会对百姓福祉、经济社会可持续发展实现正效应。因而，对人口发展的正确认识、客观评价、科学引导、宏观规划是一个国家和地区制定一切政策、法规、规划的立足点和着眼点，也是一个国家和地区实施有效治理的核心要义。同样，"治理体系和治理能力的现代化"也可以有效促进区域人口与资源、环境的长期健康均衡发展，进而推动区域经济社会的可持续发展。

第一节 人口发展与区域治理的关系辨析

人口是经济社会发展的基础，同时，也是一切生产要素中最重要的要素，对经济、社会、资源、环境的影响深远而巨大。因而，保持人口长期均衡发展应该是区域治理的重要内容，也应该是政府人口政策制定的基本目标。

一、人口发展与区域治理的内涵演变

当前，资源与环境问题愈加凸显，人类与自然的协调可持续发展问题已成为人类社会最为迫切需要面对和解决的问题之一。早在 1994 年召开的开罗国际人口与发展大会通过的《行动纲领》就曾明确提出：可持续发展的中心是"人"。也就是指人口的发展要能够维持资源、环境与经济、社会整个系统的动态平衡，即整个经济社会中各个要素的发展既要遵循自身的客观发展规律，也需要有效的治理来影响、引导和规制各要素的发展，使其不能危害和背离其他相关要素的自身客观发展规律，不能过分强调人类的一己发展而使其他要素的发展发生偏离，从而导致整个经济社会系统失衡而最终危害人口自身的健康可持续发展。由此可见，人口的发展需要在科学、有效的治理下，在不对人类自身长期赖以生存的基础和未来良好的发展能力构成威胁、破坏的前提下，把人口的均衡可持续发展作为第一要素来思考。

（一）人口发展的内涵与外延

人口发展不仅包含人口数量多少的变化，而且包括人口质量高低的发展变化，也就是人口的身体素质、教育文化、科学技术与技能水平的不断提高。人口发展还应该包括人口结构的变动，人口结构是人口发展的内在机制，而人口的数量多少、质量高低以及人口迁移变动的过程都会直接影响到人口结构的变化。人口发展还包括人口与经济、社会、资源、环境相互影响、相互约束关系的发展变化。没有永恒不变、绝对静止的人口，社会生产方式不断由低级向高级的更替是促使人口发展的根本原因，因为随着生产力水平的不断发展提高，就必然会要求劳动力的数量、质量要与生产力的发展水平相适应，这也是人口不断发展最主要的推动力之一。

1. 人口数量的时代意义

关于人口数量问题，早在古希腊时期，著名的哲学家亚里士多德和柏拉图都探讨过：如果在一个国家或区域中每个人都拥有无约束的生育自由，那么，其必然的结果肯定就是贫困。因而，他们认为，即使在其他方面都治理有方的国家和区域也极有可能会品尝人口过剩所酿成的苦果。同样，在18世纪，马尔萨斯也提出了人口增长有超过食物供应增长趋势的思想，这更是首次系统地强调了人口过剩对人类发展的危害。同时期，还有一批经济学家也认为：由于人口的过剩就会使得劳动力过剩，从而导致劳动者的工资水平不可能大大高于他们维持基本生计的水平。可以说，这些理论的提出使人们陆续认识了人口总量、结构及生育水平对可持续发展的影响。特别是在农业社会，如果人口增长速度快于粮食人均占有量的增长速度，就会为人类的生存带来危机，重要的是，还在于耕地面积及粮食产量的增长都不是无限的。众所周知，人既是生产者但同时也是消费者，适度的人口规模可以成为推动经济社会发展的巨大动力，但是，如果任由人口无限制增长，同样也会对资源、环境形成巨大的压力和破坏，这不仅会严重束缚经济社会的健康发展，更会对人口自身的均衡可持续发展形成巨大危害。可见，如果任由人口无限制地盲目增长，其后果将十分严重。

当然，马尔萨斯人口论的起源基础和适应范围是农业社会，其对早期中国人口政策的阶段性影响是积极的。但随着经济社会的快速发展，在当今以现代服务业、现代工业化为主导，同时，农业也在逐渐实现现代化的社会中，由于生产力水平的提高主要是依靠人的发明创造和技术创新，因而，人口特别是高素质的劳动力、人力资本、人才资源已经成为维持经济社会稳定良性发展的最重要资源。

正如美国的人口经济学家朱利安·林肯·西蒙所说："人口增长和资本形成、技术进步、生产率提高等都是成正比例关系的，特别是在人口与经济关系的长期发展趋势上看，人口增长对经济社会的影响是积极有利的"。这与丹尼斯·L.梅多斯在《增长的极限》①、美国人口生态学家保罗·艾里奇（Paul R. Ehrlich）和安妮·艾里奇（Anne H. Ehrlich）在《人口爆炸》②与《人口、资源、环境》、G.泰勒（G. Taylor）在《世界末日》中极为悲观的人口论是完全相反的。西蒙等乐观的人口学家更进一步运用"人口推力"理论说明了人口的适度增长是有效促进经济发展的推力，并且由于科学技术进步、劳动生产率提升、资源消耗方式与观念的改变和经济增长而足以克服资源的可能性短缺。同时，还认为随着工业化与城市化以及科学技术水平、文化教育水平的提高，生育率和人口自然增长率都会降低，从而使人口增长趋于稳定甚至会出现人口减少。

从人口经济学的理论视角出发，区域人口的增长和经济的增长有着密切的相关性。一方面，在资源要素相对富裕的情况下，人口的增长可以有利于形成规模经济效应，促进分工细化和科技进步；另一方面，人口的过快增长会对资源要素形成巨大的压力，阻碍资本投入，降低劳动生产率，影响区域经济的发展。

纵观世界人口发展的历史，人口的增长是西方发达国家工业化时期经济快速增长的主导因素，这个时期是其人口增长速度和经济增长速度都较快的时期，且其经济的增长率要快于人口的增长率。然而，在发展中国家人口高速增长的20世纪后半叶，其经济并没有获得同样的增长速度，且经济增长率基本都低于人口的增长率。这说明不同的国家和地区人口数量的增加对经济增长、区域发展的积极或消极作用是有不同的制约条件的。

如果区域经济发展滞后，其工业化水平必然不高，就难以提供大量的就

---

① ［美］德内拉·梅多斯、乔根·兰德斯、丹尼斯·梅多斯：《增长的极限》，李涛、王智勇译，机械工业出版社2013年版。

② ［美］保罗·艾里奇、安妮·艾里奇：《人口爆炸》，张建中、钱力译，新华出版社2001年版。

业机会，而区域人口的快速增长所提供的大量新增劳动年龄人口将无法实现充分就业，形成大量的过剩劳动年龄人口，导致劳动年龄人口的就业水平与收入水平低下，严重影响人口的生活水平和受教育水平，给区域经济社会发展带来巨大的人口压力，也会更加制约区域经济的发展。

因而，在信息化、全球一体化的今天，人口数量的时代内涵更加丰富，人口数量的多寡必须和区域经济、社会的发展水平相适应；同样，区域的经济、社会发展也必须以提高区域人口的发展水平为目标，这样才能使区域人口的发展和经济的发展呈正相关性，从而提升区域的整体发展水平和综合竞争能力。

2. 人口质量与区域发展的正效应

同样，在人口数量受到普遍高度关注的同时，人口质量、人口结构、人口迁移与分布也日趋受到高度重视。当然，人口数量与人口质量、人口结构、人口迁移与分布在人口发展过程中也是相互作用、相互影响的。

人口质量包括人口的身体、科学文化、精神道德等综合素养和能力，人口质量的提升主要是需要依靠教育的投资，教育的投资就需要做一定的经济投入，有经济投入就需要有一定的经济效益支撑才能促使资本的持续投入，才能使经济投入与人口质量的提升、经济社会的发展进步形成良性循环。由此可见，人口质量具有明显的经济价值，是人口经济学的重要范畴之一。

从经济学的角度看，随着经济社会的发展水平不断提高，人口质量已经越来越成为生产要素中最重要的要素。当今社会，人口所具有的知识技能与创造力是形成比较优势的重要来源，一个国家和地区的人口质量高低往往决定其竞争能力的高低。

很多国家和地区正是因为人口数量过多但人口质量不高，从而阻碍了经济社会的发展。同时，因为经济社会发展滞后，经济的供给不足，又会导致教育、文化、卫生、科技投入不足，从而使人口的受教育程度偏低。并且较低的经济发展水平不仅难以提供人口发展所需的物质支撑，也无法为受教育程较高的人口创造合适的高水平就业机会，当受教育程度高的人口与受教育程度低的人口一样从事相同的技术含量低的体力劳动时，其受教育的投入与产出比不当，就会极大影响人口受教育的动力，人口对教育的需求就会消极，就会影响和制约人口质量的提升，进而影响和阻碍一个国家、地区文化教育事业的健康快速发展和经济社会的持续发展。所以，任何一个国家和地区在致力于发展自身经济的同时，也一定要注重对教育文化事业的投入力度。因为，没有受到教育或者受到教育程度低的劳动力占劳动年龄人口比重过大，势必影响这部分劳动力接受科学技术、专业技能的能力，也势必会影响整体社会的创新能力和竞争能力。因而，较低的科学文化素质又会反过来严重影响着经济社会的发展水平，进而影响教育事业的投入和人口质量的提升，成为抑制经济社会健康发展的主要因素之一。

改革开放以来，通过不懈的长期努力，中国的人口数量已经得到了有效的控制，人口质量也得到了极大的提高。但是，中国人口的受教育水平和世界上其他国家相比仍然还有很大的差距，人口质量的提高具体体现在教育水平和职业技能的提升。从 2012 年统计的情况来看，中国人口平均受教育的年限是 7.5 年，较美国少了 5.8 年，较德国少了 5.4 年，较荷兰少了 5 年，较日本少了 4 年，明显存在较大的差距。特别是中国受教育年限高的人口大部分又集中在科教文卫、政府机关、事业单位、社会组织等非市场竞争领域，在这些领域中的从业者平均受教育年限明显高于欧美、俄罗斯等发达国家；而在工业企业、服务业等市场竞争领域的从业人员受教育年限则远远低于西方国家。可以说，中国整体上在市场竞争领域的高端劳动力呈现严重短缺现象，这种人力资本错配现象非常不利于市场竞争部门的效率提升和区域创新型经济的发展。因而，通过制度创新、文化创新激励和引导受教育水平高的人力资本到充分市场竞争领域就业也是区域治理的重要内容。

当然，现代部门和传统部门的生产效率是极大不同的，受教育水平较低的劳动力受自身知识水平和技能的限制，大部分只能在传统部门从事低效率的生产劳动。这不仅会极大影响到区域内可以进入现代部门工作的从业人员数量，制约区域内现代部门的健康发展；同时，也会使区域传统部门生产效率持续低下，进而影响区域经济社会的转型与创新发展。

可见，在中国人口发展的新阶段，由于长期的低水平生育率，人口增长已经放缓，传统依靠廉价劳动力的规模投入推动经济增长的发展方式已经受到约束。只有注重和加大教育投入，提高人口质量，促使传统部门的低技能劳动力经过人力资本投资，提高技能后向现代部门转移，才可以驱动区域乃至我国经济的长期增长。区域经济的长期增长，才可以创造更多全民共享的发展成果，进而有效缩减贫富差距，可以持续加大教育投入，有效提升人口的整体质量，形成人口质量提高与区域经济增长的正效应。

在当今的全球化与信息化时代，国家与国家、地区与地区之间的竞争，是科技的竞争，更是人才的竞争。同时，人口数量与人口质量并不是矛盾对立的，人口数量减少并不一定意味着人口质量必然会上升。反之，由于人口的聚集效应和规模效应，在同等人口质量条件下，人力资源的总量往往与人口数量成正比例关系，甚至可能会呈现加速正比关系。在现代科技和经济发展中，少数杰出人才、领军型人才的突破性贡献对经济社会的发展可以起到巨大的推动作用。但同时，由于这些取得成功的杰出人才、领军型人才往往是在人群中随机分布，因而，人口规模越庞大，具有杰出特质的人才越多的概率才有可能会越大，可见，需要根据区域的自身经济社会发展情况和发展阶段，辩证地对待区域人口数量与人口质量的关系。

当前，在中国人口红利逐渐消失、经济下行压力不断加大、创新发展迫在眉睫的历史时期，提高人口质量以提升劳动力素质是促进中国经济转型升级、保持中国经济增长的当务之急。所以，相比较于关注控制人口数量而言，加大力度提高人口质量才是中国需要更加重视的战略性、紧迫性的关键问题。当然，在加大教育、科教文卫支出以提高人口质量的同时，必须注重提升区域治理能力，以提高公共支出的效率，加大教育供给侧的改革力度，切实使得教育、科教文卫的投入可以精准有效促进区域人口质量的提高。

3. 人口分布和迁移的区域特质与调适

人口分布最基本的特征是区域性及区域之间的不平衡性、差异性，人口分布最基本的指标是区域内的人口规模和人口密度，这也是衡量人口分布情况的常用指标。当然，人口集中指数、人口的地域别比率等也是分析人口分布常用的指标。

纵观人口发展的历史来看，人口分布的变动总是集聚在自然环境和经济社会环境较为优越、适宜人口生活与生产的地带。总体上看，90%的世界人口分布在北半球的中纬度区域，即：北纬20°—60°之间；同时，人口分布还偏向集聚在近海、沿海区域，距离海岸的距离越远人口越少。

中国的人口分布更是体现出了严重的区域不均衡性。我国人口地理学家胡焕庸教授于1935年绘制了第一张中国人口密度分布图：黑河（瑷珲）—腾冲线（胡焕庸线），这也是学术界第一次科学描述了中国的人口分布规律。即：东北自黑龙江的黑河到西南的云南腾冲形成一条约为45°的斜线，该线的东南部分中国36%的国土面积承载了96%的人口；而线的西北64%的中国国土面积只承载了4%的人口。经历了80多年的发展，时至今日，我国的人口分布依然存在明显的东西部严重的区域不均衡性：东部的43.71%的国土面积承载着94.39%的人口。这种人口分布的不均衡必然带来的是区域发展的不均衡，人口高度集聚的东部地区面临着剩余劳动力逐渐减少，人口与资源、环境的矛盾加剧等情况；西部地区则面临着人口总量不大、发展要素不足、和东部地区差距持续拉大等风险，这些都不利于中国的整体均衡性发展。

对人口迁移影响最大的是经济因素，在多年来我国人口生育率持续低于世代更替水平的情况下，人口分布的主要影响因素已经不再是生育，而更主要的是人口的迁移行为。这也正是中国和印度城市化的不同，中国的城市化主要是农业人口向城市转移，而印度的城市化主要是城市人口的自然生产增加。改革开放及城镇化实施以来，中国大量人口集聚到东南沿海区域，加剧了东西部地区的发展差距。当然，这种现象是由于经济、社会、政策等多种原因造成的。

针对这种情况，在中共中央、国务院颁发的《国家新型城镇化发展规划（2014—2020年）》中，明确提出了中西部地区就地就近城镇化的战略思路，加大了在宏观政策上对人口分布的有序引导。中国国务院总理李克强也在十二届全国人大二次会议上政府工作报告中的2014年政府重点工作中，明确提出了引导"三个一亿人"中的1亿人在中西部就近城镇化。今后一段时期，在以人为核心的新型城镇化进程中，这些重大战略举措会对我国人口合理调适和科学布局方面起到积极的作用。

科学合理的人口分布是任何一个国家和地区都应该树立的长期人口发展目标之一，就区域而言，客观存在的差距是无法有力吸引人口要素集聚的根源。要加强区域基础设施规划、建设，打造人口宜居环境；构建良好的市场秩序，提升人口创业、就业软环境建设；制定可行的落户、公共服务等优惠政策。增强中西部地区对人口集聚的综合吸引力，鼓励农业转移人口向中西部这些小城镇纾解，以改善区域人口分布情况，促进我国中、东、西部区域的人口、资源、环境与经济社会长期均衡发展。

4. 人口、资源与环境的可持续发展

人口发展的一个重要基础还需要依赖于资源、环境的供给与承载能力，一旦人口的发展突破了资源与环境所能承载的最大极限时，必将会导致经济社会与资源环境的系统结构紊乱、功能失衡，产生各种严重的自然与社会后果。当前，一些人口高度集聚的区域与城市，交通拥堵、房价高企、环境污染等问题的出现就是人口与资源、环境的矛盾凸显。因此，研究资源、环境状况对人口增长所能提供的各个要素的能力及潜力，对人口长期均衡发展是至关重要的。

目前，虽然中国仍然是世界上第一人口大国，但中国的人口密度却远远排在世界第 80 位以外。即便去掉约占全国国土面积三分之一的西部一些不利于开展人口生产、生活的土地，中国人口密度依然低于英国、德国、意大利等国，当然，更是远远低于日本、韩国。况且，以上列举的这些国家也有很大比例的不适宜进行生产生活的山地等，人口分布和中国一样也存在着很大的不均衡情况。

再从自然资源的角度来看，由于世界自然资源的分布极为不均匀，依据世界人均自然资源占有率的多寡来简单地判定一个国家和地区人口发展与自然资源的矛盾关系，会存在一定的不合理性和误导性。单以世界的森林资源分布为例来看，全球共 233 个国家和地区中，人均森林面积的占有量低于世界人均占有水平的就有 158 个国家和地区，这 158 个国家和地区的人口总和却占到了世界总人口的 79.43%。欧洲国家中，法国已经是人均自然资源比较丰富的了，但法国除了人均耕地占有量一项外，其在国土、淡水、森林、石油、煤炭和天然气等这几项关系国计民生的重要资源上，人均占有量都是远远低于世界人均水平的。再看德国、英国、意大利，这些国家更是在大多数自然资源的人均指标上都低于世界人均水平，但是，这些国家的经济社会发展水平却是领先的。即使是人口并不太多、地大物博的巴西，其煤炭、石油和天然气的人均占有量也都要远低于世界人均水平。

中国与世界上其他国家和地区相比，在国土、耕地、淡水、森林、石油、煤炭和天然气等多项自然资源上，人均占有量都还是处于世界中间位置甚至是靠前的位置。当然，中国目前大多数自然资源的人均占有量还都是低于世界人均占有量水平的，但是否就能够据此说明中国人口太多了呢？相关统计数据表明，人均资源占有量高于中国的国家并不一定比人均资源占有量低于中国的国家经济社会发展得更好。可见，以没有准确、科学代表性的世界人均自然资源、能源占有量为标准来判定中国资源太少、人口太多并不具有科学性、客观性、价值性。因而，简单依靠强制性减少人口数量来适应资源与环境的做法是不科学、不可行的。

从环境的角度看，由于人口发展而对气候变化的影响已经引起普遍关注，其中大量消耗石油、天然气和煤炭等石化燃料而产生的大量二氧化碳排放，以及乱砍滥伐森林对气候变化的影响最大。全球碳排放量在 2014 年高达惊人的 400 亿吨，而中国更是已经于 2006 年首次超越美国，成为全球最大的碳排放国。目前，中国、美国、欧洲分别占全球碳排放总量的 28%、14%、10%。另据"全球碳计划"这一国际环保组织统计，中国 2013 年的人均碳排放总量是 7.2 吨，已经超出世界人均碳排放总量 2.2 吨，甚至比欧盟人均 6.8 吨的碳排放量还多了 0.4 吨。当前，世界范围内已经高度重视如何解决碳排放导致的全球气候变暖等问题，继哥本哈根 2009 年气候峰会后，2014 年 9 月，由联合国秘书长潘基文召集在纽约召开了联合国气候峰会，这次会议也是为 2015 年巴黎气候大会做相关准备和预先协商的一次重要会议。中国作为负责任的大国，也是高度重视全球气候变化问题，国家发展与改革委员会表示，至 2014 年 9 月全国已经有七个省市开展了碳排放权交易的试点工作，今后将会尽快在更多的地区探索、创新碳交易的制度、体制与机制。预计到 2020 年，中国单位国内生产总值的二氧化碳排放量将较 2005 年下降 40%—45%。

因而，通过文化创新、制度创新、科技创新转变既往高能耗、高污染的经济发展方式与生活方式，提倡绿色发展、低碳生活，努力将部分非资源尽可能地转化为可用资源才是解决人口发展与资源环境矛盾的当务之急。

总之，人口发展事关经济社会、资源与环境的方方面面，如何有效引导人口与资源、环境的长期均衡发展应当是每个国家和地区治理的长期根本性任务。从我国近年来的人口发展总体情况看，于 2010 年开展的第六次全国人口普查结果显示，我国总和生育率大幅度下降到了 1.18，已经远远低于国际公认的维持正常人口世代更替水平所需要的总和人口生育率为 2.1 的水平。同时，中国的人口老龄化在受到底部老龄化和顶部老龄化的双重冲击下，也已经在准备不足、未富先老的情况下快速到来，其对劳动力供给、产业结构调整、储蓄、消费、公共服务保障机制等都产生了较大影响。同时，我国 15—59 岁劳动年龄人口的绝对数也已经开始不断大幅度下降，农村富余劳动力向城市转移的空间也已经不大，用工荒、用工贵已经凸显，众多劳动密集型企业从华撤资转向东南亚、印度等用工成本较低的地区和国家。据统计，中国人口红利对 GDP 的贡献已经从 1980 年的 29%，2000—2008 年间的 17%，大幅下降到了 2009 年以来的 10% 以下。并且，从中国目前的人口转型趋势分析，人口红利对 GDP 的贡献将长期在 10% 以下甚至转为负值将可能会成为一种趋势。人口红利消失、人力资本增长缓慢、人力资本错配现象严重、劳动力数量下降、劳动力成本上升，这一切都对中国的宏观经济社会发展造成极大影响。

　　幸运的是，中国已经充分认识到了既有的人口政策已经远远不能适应当前的经济社会发展需要，更不能满足人口的自身均衡发展需要。中共十八大报告已明确去除了原有"稳定低生育水平"的提法，更加强调要"促进人口均衡发展"。2013 年 11 月 15 日，中共十八届三中全会通过的《中共中央关于全面深化改革若干重大问题的决定》中明确提出"启动实施一方是独生子女的夫妇可生育两个孩子"，这标志着中国"单独二孩"政策的正式放开实施。然而，该政策实施两年过去了，受生育条件和生育意愿等因素影响，"单独二孩"政策并没有出现之前预测的结果。"单独二孩"政策放开实施前，国家卫计委预测新政实施后每年新增出生人口可达 200 万左右。然而，根据国家卫计委于 2015 年 1 月份发布的统计数据显示：符合"单独二孩"条件的申请人数仅有 106.9 万对夫妇，实际出生人数也只有 47 万人，放开二孩以促进人口长期均衡发展的政策目标显然并没有达到预期。鉴于此，中共十八届五中全会对人口政策有了更进一步放宽，明确指出：要促进人口均衡发展，坚持计划生育的基本国策，完善人口发展战略，全面实施一对夫妇可生育两个孩子政策，积极开展应对人口老龄化行动，可见中国的人口政策已经有了较大的战略改变。与此同时，大力推动西部地区1亿人就近城镇化，着力缩减区域间、城乡间差距的战略举措也不断推出，这一切都预示着中国的人口发展战略、区域均衡发展战略将会持续科学优化调整。因而，加强人口与区域发展问题的研究，积极做好进一步优化、完善与区域经济社会发展相匹配的人口发展战略、规划与人口政策的创新研究工作是十分必要和迫切的。

（二）近年来人口学研究：观点、内容、方法

近年来，随着我国经济社会发展，人口问题研究愈发重要，国内学者也从各个角度对其开展了深入的探索。笔者通过对最近几年人口学领域的刊物所载文章进行分析，发现中国人口问题、流动人口问题、大学生群体问题以及弱势群体人口问题是近几年人口学研究的重点。通过对这四大问题的相关研究进行整理，按照研究重点的不同对文献进行了分类总结。同时，还对最近几年人口学研究所采用的方法和所表现的趋势进行了分析和研究。另外，本节还对人口学五种主要期刊的栏目分布和研究热点进行了考察，以明确人口学界的研究趋势。

具体的如对人口密度、人口增长、人口老龄化、移民、人口年龄结构、人口政策、人口质量、人口预测、人口结构、人口分布与平衡、人口变动、性别比等不同领域的研究。相关学术论文发表、学术机构成立、研究人员增长及国家科研项目支撑俱呈现爆炸式增长。（见图1-1）

急速增长的研究文献也带来文献筛选和文献类型识别的困境，基于此，本节以包括中国人口科学、人口研究、人口与发展、人口导刊、人口与经济以及南方人口在内的，在人口学领域认可度比较高的几个刊物为主要分析对象，对其近五年所刊发文献的研究主题进行分析。（见表1-1）

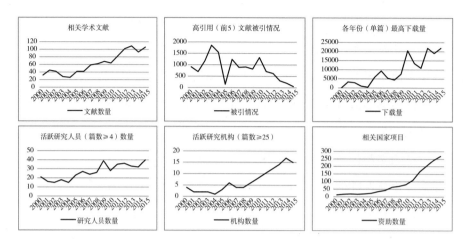

图 1-1　人口学研究近年来变化趋势

资料来源：中国学术期刊网，http://www.cnki.net/，数据获取时间：2015 年 12 月 16 日。

表 1-1　国内五种主要人口学期刊栏目文献与学术热点

刊名		栏目文献分布（前五）					学术热点分布（前五）				
人口研究	名字	人口与社会	人口流迁	老龄问题研究	人口与发展论坛	计划生育综合改革	流动人口	农民工	总和生育率	出生性别比	计划生育
	数量	78	62	54	35	22	42	27	28	22	21
中国人口科学	名字	调查与思考	学习十八大报告笔谈	会议综述	学科前沿问题笔谈	研究综述	人力资本	农民工	影响因素	经济增长	就业
	数量	54	11	7	6	3	36	34	27	24	20
人口与经济	名字	人力资源开发与就业	社会保障研究	企业管理与人力资源管理	综合研究	计划生育论坛	计划生育	农民工	人力资本	经济增长	流动人口
	数量	208	174	145	93	76	69	50	47	40	35
人口与发展	名字	马寅初人口科学论坛	老龄研究	人口与计划生育前沿	人口健康研究	研究综述	人口老龄化	农民工	计划生育	影响因素	流动人口
	数量	162	60	44	41	24	36	31	32	33	31
人口学刊	名字	人口问题研究	人口老龄化与社会保障	人口流迁	计划生育理论与实践	人口与发展	计划生育	人口老龄化	吉林省	影响因素	流动人口
	数量	87	68	37	36	25	50	44	43	41	36

数据获取时间：2015 年 12 月 16 日。

从栏目分布来看，国内主要人口学期刊为老龄问题、人口流迁、计划生育等问题开设了专栏，而从学术热点来看，农民工、计划生育、流动人口等问题更多地受到了国内人口学界的关注。综合起来，国内主要人口学期刊的集中关注点可以归结为：老龄化、流动人口、计划生育三大问题。以及特定人群（大学生、弱势群体）人口状况等其他问题。

1. 人口老龄化问题

老龄化与人口红利保持问题是学界关注的话题之一。根据《国家人口发展战略研究报告（2007）》，人口再生产类型转变使人口年龄结构变化依次形成从高少儿、低老年型的高人口抚养比，到低少儿、低老年型的低人口抚养比，再到低少儿、高老年型的高人口抚养比的三个不同阶段。这一事实说明了我国老龄化社会的迫近以及人口红利的变迁。

一是学理研究。翟振武、李龙[①]（2014）提出了"老年"的定义问题，从老年概念的中外历史演变出发，发现了根据经济、社会、技术发展情况的动态性，以及生产能力、余寿后推、生活自理能力等维度的定义方式，以及从"年轻"状态生命表、"健康"状态生命表和"自理"状态生命表来定义老年的重要性。

纪玉山、滕菲[②]（2013）指出随着人口老龄化问题的到来，提升人口质量，重视人力资本作用尤为重要。华小全[③]（2015）运用 LMDI 方法对全国及 30 个省份 1989—2012 年 GDP 变动进行因素分解，结果指出要以提高劳动生产率作为抵消我国人口结构红利逐步消减对经济增长速度下行的压力。张敏、陈秋莲等[④]（2015）从储蓄和劳动力供给两个主要影响途径入手，通

① 翟振武、李龙：《老年标准和定义的再探讨》，《人口研究》2014 年第 6 期。

② 纪玉山、滕菲：《中国人口老龄化对经济结构的影响研究》，《社会科学辑刊》2013 年第 1 期。

③ 华小全：《人口红利对中国经济增长影响的因素分解》，《财经理论研究》2015 年第 3 期。

④ 张敏、陈秋莲、蒋佳芳：《中国"人口红利"在消失吗？——基于劳动力数量和质量结构变化的实证分析》，《经济研究导刊》2015 年第 6 期。

过定量实证分析得出随着中国充足的劳动年龄人口步入老龄化，人口转变中人口年龄结构对经济增长的贡献必然将由人口红利阶段转为人口负债阶段。所以，要充分利用好目前丰富的劳动力资源，使得"人口红利"对经济增长产生的效应得以充分发挥。

人口红利随着人口发展阶段而变化，而不同的人口发展阶段也就意味着不同程度的人口红利。由于人口红利在中国经济增长过程中独特的地位，其一直是学界关注的热点问题（蔡昉，2004[①]；王丰、梅森等，2006[②]；王金营、杨磊，2010[③]；车士义、郭琳，2011[④]）。虽然，学界目前对于中国第一次人口红利是否消失仍然存在争论，但是绝大部分学者已经在中国正处于到达或者接近"刘易斯拐点"这一结论上达成共识（穆光宗，2008[⑤]；刘元春、孙立，2009[⑥]；王金营、顾瑶，2011[⑦]）。目前，学界对于人口红利的研究重点主要集中于是否存在第二次人口红利以及在人口红利逐渐缩小情形下的经济发展战略如何转型方面。蔡昉[⑧]（2010）将中国人口老龄化的正面效应称之为"第二次人口红利"，以此区分人口总抚养比下降带来的"第一次人口红利"。尹银等[⑨]（2012）运用两步系统 GMM 方法，基于中国省际动态面板数据分析了人口红利对经济增长的影响，结果显示人口抚养比下降的

① 蔡昉：《人口转变、人口红利与经济增长可持续性——兼论充分就业如何促进经济增长》，《人口研究》2004 年第 2 期。

② 王丰、安德鲁·梅森、沈可：《中国经济转型过程中的人口因素》，《中国人口科学》2006 年第 3 期。

③ 王金营、杨磊：《中国人口转变、人口红利与经济增长的实证》，《人口学刊》2010 年第 5 期。

④ 车士义、郭琳：《结构转变、制度变迁下的人口红利与经济增长》，《人口研究》2011 年第 2 期。

⑤ 穆光宗：《中国的人口红利：反思与展望》，《浙江大学学报》2008 年第 3 期。

⑥ 刘元春、孙立：《"人口红利说"：四大误区》，《人口研究》2009 年第 1 期。

⑦ 王金营、顾瑶：《中国劳动力供求关系形势及未来变化趋势研究——兼对中国劳动市场刘易斯拐点的认识和判断》，《人口学刊》2011 年第 3 期。

⑧ 蔡昉：《人口转变、人口红利与刘易斯转折点》，《经济研究》2010 年第 4 期。

⑨ 尹银、周俊山：《人口红利在中国经济增长中的作用——基于省级面板数据的研究》，《南开经济研究》2012 年第 2 期。

"第一次人口红利"效应和老年抚养比上升的"第二次人口红利"效应在我国经济发展过程中同时存在（贺大兴，2013①）。针对"刘易斯拐点"到来以后的经济发展转型问题，蔡昉②（2009）提出在目前计划生育政策比较稳固的情况下，通过教育深化提高劳动生产率，保持和延伸中国产业与经济的竞争优势，通过养老保障制度安排创造新的储蓄源泉，以及通过劳动力市场制度安排，扩大人口老龄化时期的劳动力资源和人力资本存量，能够最大程度地发挥第二次"人口红利效应"从而保持我国经济持续发展。王颖、佟健等③（2010）认为决不能简单地认为人口红利期的关闭就阻碍了经济发展，目前，我国的基本国情决定了稳定低生育水平，必须依靠提高人口素质，改善人口结构才是保持我国经济可持续发展的重要举措。

二是养老问题。截至 2015 年末，中国大陆 60 周岁及以上人口已达 2.22 亿人，占总人口比重高达 16.1%；65 周岁及以上人口 1.44 亿人，占总人口比重达 10.5%。老年人口的生活保障问题已经成为影响我国经济社会发展的重要因素。而关于中国老人的养老模式，不同的学者则提出了不同的看法。亓昕④（2010）通过对农村老人的养老现状开展研究，指出子女养老、土地养老并不是农民自愿选择的养老方式，而是迫不得已采取的应对办法。陈建兰⑤（2010）分析了空巢老人的养老意愿，发现在影响空巢老人是否愿意与子女共同居住的多个因素中，户籍因素是最为重要的因素，其次是与子女关系因素，最后是房屋建筑面积因素；而在对空巢老人是否愿意入住养老机构的众多影响因素中，儿子数量、文化程度和养老金（养老补贴）数量这三个因素尤为重要。陈友华⑥（2012）对居家养老服务的概念、内容与属

① 贺大兴：《中国经济增长中的两次人口红利研究》，《人口与经济》2013 年第 4 期。
② 蔡昉：《未来的人口红利——中国经济增长源泉的开拓》，《中国人口科学》2009 年第 1 期。
③ 王颖、佟健、蒋正华：《人口红利、经济增长与人口政策》，《人口研究》2010 年第 5 期。
④ 亓昕：《农民养老方式与可行能力研究》，《人口研究》2010 年第 1 期。
⑤ 陈建兰：《空巢老人的养老意愿及其影响因素——基于苏州的实证研究》，《人口与发展》2010 年第 2 期。
⑥ 陈友华：《居家养老及其相关的几个问题》，《人口学刊》2012 年第 4 期。

性进行了详细研究，并指出居家养老与机构养老不存在孰轻孰重问题，各有其优缺点与适用范围。除了老人的养老问题，最近几年学者还对其余一些问题进行了详细研究，具体如表 1-2 所示。

表 1-2　最近几年有关老年人问题的研究简况

学者	研究内容
孙鹃娟、王清清① （2008）；肖云、杨光辉② （2014）	无子女老人生活状况
丁志宏③ （2011）；黄匡时、陆杰华等④ （2012）	高龄老人生活状况
焦开山⑤ （2010）	丧偶老人生活状况
陈伟然⑥ （2009）；李建新、李嘉羽⑦ （2012）	空巢老人生活状况
周祝平⑧ （2009）；叶敬忠、贺聪志⑨ （2009）	农村留守老人生活状况
景军等⑩ （2011）；夏玉珍等⑪ （2015）	老人自杀问题
伍小兰、李晶⑫ （2013）	老人虐待问题
陆淑珍、卢璐⑬ （2015）	农民工养老问题

---

① 孙鹃娟、王清清：《中国无子女老人：现状、趋势及特征》，《人口研究》2008 年第 3 期。

② 肖云、杨光辉：《优势视角下失独老人的养老困境及相应对策》，《人口与发展》2014 年第 1 期。

③ 丁志宏：《我国高龄老人照料资源分布及照料满足感研究》，《人口研究》2011 年第 9 期。

④ 黄匡时、陆杰华、科克·斯考特：《中国高龄老人的老化率及其影响因素研究》，《人口研究》2012 年第 7 期。

⑤ 焦开山：《中国老人丧偶与其死亡风险的关系分析——配偶照顾的作用》，《人口研究》2010 年第 3 期。

⑥ 陈伟然：《空巢老人社会支持研究——以长沙市雨花区为例》，《湖南社会科学》2009 年第 6 期。

⑦ 李建新、李嘉羽：《城市空巢老人生活质量研究》，《人口学刊》2012 年第 3 期。

⑧ 周祝平：《农村留守老人的收入状况研究》，《人口学刊》2009 年第 5 期。

⑨ 叶敬忠、贺聪志：《农村劳动力外出务工对留守老人经济供养的影响研究》，《人口研究》2009 年第 4 期。

⑩ 景军、张杰、吴学雅：《中国城市老人自杀问题分析》，《人口研究》2011 年第 30 期。

⑪ 夏玉珍、徐大庆：《自杀风险与湖北京山农村老年人自杀：一个风险社会学的分析框架》，《南方人口》2015 年第 2 期。

⑫ 伍小兰、李晶：《中国虐待老人问题现状及原因探析》，《人口与发展》2013 年第 3 期。

⑬ 陆淑珍、卢璐：《"养"与"工"——超龄农民工养老模式的探索性研究》，《南方人口》2015 年第 6 期。

杨帆、杨成钢（2016）认为老人在代际交换中的付出，对行为人的家庭养老认同有着明显作用。老年人健康不平等的状况客观存在，其由收入水平、教育程度和个体特征所决定（薛新东，2015[①]）。在当今家庭养老人力资源下降的情况下，对老年人日常照料这一问题应给予关注（蒋承等，2009[②]；杜鹏、王红丽，2014[③]；周云、封婷，2015[④]），特别是对重度失能老年人的日常护理照料（姜向群、魏蒙，2012[⑤]）。胡宏伟等[⑥]（2012）发现社会保障可以提升子女对老人的供养水平，反映出卫生资源的阶层性差异、社会保障导致医疗卫生需求释放等因素，使得医疗保障对子女供养老人同时起到挤入和挤出作用。何凌霄等[⑦]（2015）认为政府和居民的健康支出对经济增长起到了正向作用。但是高龄津贴等政策的实施仍然存在覆盖不全面、发展水平不均等问题（沈雨菲、陈鹤，2016[⑧]）。在延迟退休的政策情境下，劳动者，特别是男性劳动者会受到一定程度的经济损失，因此，要改善养老保险政策（林熙、林义，2015[⑨]）。

2. 流动人口问题

由国家卫生与计划生育委员会发布的《中国流动人口发展报告2015》数据显示，2014年末，我国流动人口数量依然高达2.53亿人，数量如此庞

---

① 薛新东：《中国老年人健康不平等的演变趋势及其成因》，《人口与发展》2015年第2期。

② 蒋承、顾大男、柳玉芝等：《中国老年人照料成本研究——多状态生命表方法》，《人口研究》2009年第3期。

③ 杜鹏、王红丽：《老年人日常照料角色介入的差序格局研究》，《人口与发展》2014年第5期。

④ 周云、封婷：《老年人晚年照料需求强度的实证研究》，《人口与经济》2015年第1期。

⑤ 姜向群、魏蒙：《中国高龄老年人日常生活自理能力及其变化情况分析》，《人口与发展》2015年第2期。

⑥ 胡宏伟、栾文敬、杨睿等：《挤入还是挤出：社会保障对子女经济供养老人的影响——关于医疗保障与家庭经济供养行为》，《人口研究》2012年第2期。

⑦ 何凌霄、南永清、张忠根：《老龄化、健康支出与经济增长——基于中国省级面板数据的证据》，《人口研究》2015年第4期。

⑧ 沈雨菲、陈鹤：《中国高龄津贴政策评述与实证分析》，《人口与经济》2016年第1期。

⑨ 林熙、林义：《延迟退休对我国劳动者养老金收入的影响——基于 Option Value 模型的预测》，《人口与经济》2015年第6期。

大的流动人口给中国的经济发展、社会结构带来了巨大的冲击，而学界对流动人口也逐渐开始加大关注力度。段成荣等[1]（2008）通过深入挖掘1982年以来历次全国人口普查和1%人口抽样调查数据资料，总结后得出了改革开放30年以来我国流动人口变动的九大趋势：流动人口的普遍化、流动原因的经济化、流入地分布的沿海集中化、流动时间的长期化、年龄结构的成年化、性别构成的均衡化、女性人口流动的自主化、流动方式的家庭化和学业构成的"知识化"。而最近五年国内关于流动人口的研究主要集中于以下两个方面。

一是经济与迁移。虽然目前学术界没有就流动人口在区域经济发展过程中具备积极还是消极的作用这一点上达成一致，但是绝大部分学者都认为流动人口对区域差距的变化意义重大（许召元等，2009[2]；樊士德等，2011[3]；刘涛等，2015[4]）。不容忽视的是，来源地收入等经济因素是流动人口进城，特别是进入北京、上海、广州等一线城市的动机（童玉芬等，2015[5]）。有学者认为流动人口推动了大城市经济发展（杜小敏等，2010[6]；张力，2015[7]）。受限于区域差距测量的难度，学者对于流动人口与区域差距之间的关系没有达成统一结论，然而，流动人口规模与城乡差距不断扩大则开始被学者注意，对于流动人口规模与城乡差距同时扩大的劳动力流动悖论，学

---

[1] 段成荣、杨舸、张斐、卢雪和：《改革开放以来我国流动人口变动的九大趋势》，《人口研究》2008年第11期。

[2] 许召元、李善同：《区域间劳动力迁移对地区差距的影响》，《经济学（季刊）》2008年第1期。

[3] 樊士德、姜德波：《劳动力流动与地区经济增长差距研究》，《中国人口科学》2011年第2期。

[4] 刘涛、齐元静、曹广忠：《中国流动人口空间格局演变机制及城镇化效应——基于2000和2010年人口普查分县数据的分析》，《地理学报》2015年第4期。

[5] 童玉芬、王莹莹：《中国流动人口的选择：为何北上广如此受青睐？——基于个体成本收益分析》，《人口研究》2015年第4期。

[6] 杜小敏、陈建宝：《人口迁移与流动对我国各地区经济影响的实证分析》，《人口研究》2010年第3期。

[7] 张力：《流动人口对城市的经济贡献剖析：以上海为例》，《人口研究》2015年第4期。

者纷纷提出相关理论解释。蔡昉、王美艳[1]（2009）根据现行的调查制度不能覆盖"常住流动人口"，从而造成农村收入水平低估和城市收入水平夸大的事实，质疑了城乡收入差距不断扩大的说法。而钟甫宁[2]（2010）则指出悖论并不悖，城乡居民收入差距的计算可能因城乡人口分组变化而夸大，但不能证明控制分组以后城乡收入差距有所缩小。同时，他从城乡居民财产性收入和转移收入变化的角度出发，证明了在劳动力市场调节作用有限的情况下，劳动力流动与城乡收入差距完全可能同时扩大。杨菊华等[3]（2013）则指出在研究流动人口与城乡差距的关系时，必须区分其户籍身份及流动方向。

另外一个有关流动人口的经济效应即为工资问题，刘士杰[4]（2011）使用分位数回归和OLS回归两种方法对农民工工资的影响因素进行计量分析，发现"强关系"是农民工最主要的职业搜寻渠道，但通过"强关系"找到的工作的工资水平显著偏低。工资匹配理论和职业搜寻理论的理论框架更适用于对农民工劳动力市场的分析，然而，和这两个理论的结论不同，工作流动并不能显著提高农民工的工资水平。郭震[5]（2013）利用2012年城镇居民和流动人口的调查数据，对户籍工资差距、性别工资差距及影响因素进行了定量研究。结果表明户籍工资差异和性别工资差异呈现出随收入增加而扩大的趋势，但鉴于工资差距原因不同，户籍歧视是主要阻碍劳动力市场的"帕累托效率"的问题所在。另外，杨凡[6]（2015）通过倾向值分析方法发

①　蔡昉、王美艳：《为什么劳动力流动没有缩小城乡收入差距》，《经济学动态》2009年第8期。

②　钟甫宁：《劳动力市场调节与城乡收入差距研究》，《经济学动态》2010年第4期。

③　杨菊华、陈传波：《流动家庭的现状与特征分析》，《人口学刊》2013年第5期。

④　刘士杰：《人力资本、职业搜寻渠道、职业流动对农民工工资的影响——基于分位数回归和OLS回归的实证分析》，《人口学刊》2011年第5期。

⑤　郭震：《城镇居民和流动人口工资差距：户籍歧视还是性别歧视》，《南方经济》2013年第8期。

⑥　杨凡：《流动人口正规就业与非正规就业的工资差异研究——基于倾向值方法的分析》，《人口研究》2015年第6期。

现流动人口正规就业与非正规就业之间存在工资差异，原因在于受教育水平、工作经验等个人禀赋。辜胜阻等①（2011）认为企业自动化降低用工依赖，以及政府加强农民工就业技能培养，保障农民工权益，是解决结构性"用工荒"的策略。情感性和工具性这两种社会资本对农民工收入差距起到一定的影响（武岩等，2014②）。

二是人口迁移与融合。对人口迁移的考量不仅仅是迁移数字本身，融合程度等迁移质量指标也是应当考虑的重要条件，当然，这也同样是学界关注的热点。对迁移质量的考量可以从两个角度考虑：家庭迁徙和后代融合（主要是流动儿童问题）。

郭江平③（2005）指出自从进入21世纪以后，人口迁移模式逐渐从以个人为单位转为以家庭为单位进行。有关流动家庭的研究主要集中于流动家庭的定义以及流动家庭的特征两方面。在对流动家庭具体定义方面，目前尚存在争议。首先，可以根据家庭迁居程度，将流动家庭划分为"已完成迁居"和"未完成迁居"两类（盛亦男，2013④）。张航空、李双全⑤（2010）基于在流入地家庭成员的实际情况，将流动家庭分为五种类型，即已婚个人外出型、仅仅夫妻外出型、夫妻一方和子女外出型、夫妻和部分子女外出型、全家外出型。陈国华⑥（2011）将流动家庭区分为两种类型，即没有带孩子的夫妻双人流动家庭和带孩子的夫妻双人流动家庭。陈卫、刘金菊⑦（2012）认为家庭化有两种情形：（1）未婚流动人口在流动过程中组织家

① 辜胜阻、潘啸松、杨威：《在应对"用工荒"中推动企业转型升级》，《人口研究》2011年第6期。
② 武岩、胡必亮：《社会资本与中国农民工收入差距》，《中国人口科学》2014年第6期。
③ 郭江平：《农村人口流动家庭化现象探析》，《理论探索》2005年第3期。
④ 盛亦男：《中国流动人口家庭化迁居》，《人口研究》2013年第4期。
⑤ 张航空、李双全：《流动人口家庭化分析》，《南方人口》2010年第6期。
⑥ 陈国华：《城市流动家庭中的亲子关系状况及影响因素研究》，《人口与发展》2011年第1期。
⑦ 陈卫、刘金菊：《流动人口家庭化及其影响因素》，《人口学刊》2012年第6期。

庭；（2）某些家庭中由一个或部分家庭成员流动转变为整个家庭流动，即流动个体转变为家庭，并将在流入地工作的流动人口携带一个或一个以上的直系亲属（包括配偶、子女、父母、岳父母或者公婆、祖父母、媳婿、孙子女、兄弟姐妹以及其他直系亲属）界定为家庭化。

关于流动家庭的特征研究主要有以下几个方面。首先，迁居行为受家庭经济因素制约，包括经济收入、资金流向、家庭资本等情况（盛亦男，2014[①]）。流动家庭规模方面，邵岑、张翼[②]（2012）指出"八零前"与"八零后"流动人口家庭规模存在显著差异，前者一般比后者家庭规模大；在流动家庭结构方面，在家庭形式（居住安排）方面，张航空、李双全[③]（2010）指出流动家庭主流模式为单人独居户、夫妻户和夫妻与孩子户，北京和他地都显示出类似特征。杨菊华、陈传波[④]（2013）基于2011年中国流动人口动态监测调查数据，从家庭规模、代数、结构和居住安排等方面，对流动家庭的特征进行了详细研究。结果显示，家庭规模为2.46人；平均1.54代人；家庭结构以核心家庭为主（占68.6%），单人家庭次之（占27.0%），主干家庭和其他家庭各占3.3%和1.1%；2/3的子女与流动父母同住。

冯晓英[⑤]（2010）认为市区政府、乡村组织、社区成员、社会团体和社会单位，以及专业NGO等各方的协同合作可以有效地应对迁移带来的问题。逯进、郭志仪[⑥]（2014）利用层次分析法研究了省域人口迁移与经济增长的

①　盛亦男：《流动人口家庭化迁居水平与迁居行为决策的影响因素研究》，《人口学刊》2014年第3期。
②　邵岑、张翼：《"八零前"与"八零后"流动人口家庭迁移行为比较研究》，《青年研究》2012年第4期。
③　张航空、李双全：《流动人口家庭化分析》，《南方人口》2010年第6期。
④　杨菊华、陈传波：《流动家庭的现状与特征分析》，《人口学刊》2013年第5期。
⑤　冯晓英：《论北京"城中村"改造——兼述流动人口聚居区合作治理》，《人口研究》2010年第6期。
⑥　逯进、郭志仪：《中国省域人口迁移与经济增长耦合关系的演进》，《人口研究》2014年第6期。

耦合度不高且有衰退趋势，经济增长与人口迁移将出现逆向变动趋势。作为城镇化水平重要标志的"市民化"，面临着公共服务体系不健全、就业体系不稳定、就业机会难以保障等问题，推进居住证政策等人口转移的制度创新尤为必要（辜胜阻等，2014①）。

袁晓娇等②（2010）研究指出我国流动儿童对于居住城市的认同高于对老家的认同，其城市认同在对教育安置方式与社会文化适应、心理适应间均起部分中介作用，而老家认同仅在社会文化适应上起到部分的中介作用。史晓浩、王毅杰③（2010）指出公办学校的流动儿童获得了更多与城市儿童及其家长接触的机会，他们与城里人的交往频率也更高，因而更有可能冲破身份制度的藩篱，从结构上实现与城市的社会融合。在城镇化情境下，户籍管制的放松利于促进流动家庭子女接受教育的水平提升，进而推进城镇化发展，促使消费水平提升（贺京同等，2014④）。刘杨等⑤（2012）认为创立多元文化融入的环境、制定"沙拉碗"的移民政策是消除流动儿童社会身份冲突的首要前提。因为在这样的社会环境下，各种身份都具有平等的地位，都具有自身的特点和优势，流动儿童并不会因为何种身份认同而带来低下的社会地位。

当前，流动儿童的教育问题是社会关注的热点，政策因素在流动儿童教育问题中发挥着不容忽视的作用。冯帮⑥（2011）指出目前流动儿童面临的

① 辜胜阻、李睿、曹誉波：《中国农民工市民化的二维路径选择——以户籍改革为视角》，《中国人口科学》2014年第5期。
② 袁晓娇、方晓义、刘杨、蔺秀云、邓林园：《流动儿童社会认同的特点、影响因素及其作用》，《教育研究》2010年第3期。
③ 史晓浩、王毅杰：《流动儿童城市社会交往的逻辑——指向一种质量互释的混合研究》，《社会科学研究》2010年第2期。
④ 贺京同、廖直东、宗振利：《户籍管制放松、就读地选择与进城家庭教育支出》，《南方人口》2014年第1期。
⑤ 刘杨、方晓义、戴哲茹、王玉梅：《流动儿童歧视、社会身份冲突与城市适应的关系》，《人口与发展》2012年第1期。
⑥ 冯帮：《近十年流动儿童教育问题研究述评》，《现代教育管理》2011年第3期。

教育问题主要包括上不了学、上不起学、上不了好学校、上不了高一级学校等问题。张绘、龚欣等①（2011）2008 年利用福特基金课题组对北京流动儿童教育状况的调研数据，用离散选择模型来考察影响流动儿童进入三种类型学校的因素，显示家长和学生对学习投入的积极性是影响流动儿童学校选择的主要因素。对于如何解决流动儿童的教育问题，从社会环境、学校实践和家庭关系三方面对教育现实的影响来看，一些学者认为混合班制的学校教育是最佳模式（陶西平、谢春风，2012②；翁启文、周国华，2012③）。此外，流动儿童的精神卫生问题同样不容忽视：流动儿童精神健康状况差于非流动儿童，而改善这一状况，可以提升流动儿童的个体抗逆力，以及改善制度基础（刘玉兰，2012④）。

3. 生育治理问题

随着人们对人口红利、失独老人、养老制度问题的日益关注，学界对于我国的生育治理问题也越来越关注。除了长期受到关注的人口性别比问题之外，生育率问题随着人口转变、社会经济状况和"单独二孩"、"放开二孩"等政策出台而逐渐凸显。为应对变化中的社会经济形势，对人口的宏观调控需要综合多方面的考量，主要有对性别比例失衡的调控，以及对生育水平偏差的调节。恰当的人口治理路径有助于应对和缓解人口问题，促进人口的均衡可持续发展。

一是性别比例失衡的调控。中国男女性别比例失衡程度的加大使得越来越多的学者开始关注该问题，通过梳理相关文献发现研究的重点主要集中于探讨中国的生育政策是否为造成中国目前性别比例失衡的主要原因，以及性

---

① 张绘、龚欣、尧浩根：《流动儿童学校选择的影响因素及其政策含义》，《人口与经济》2011 年第 2 期。

② 陶西平、谢春风：《我国流动儿童教育问题的制约因素和政策出路》，《教育科学研究》2012 年第 5 期。

③ 翁启文、周国华：《过渡阶段流动儿童教育的政策目标、体系设计与制度保障》，《国家行政学院学报》2012 年第 1 期。

④ 刘玉兰：《流动儿童精神健康状况分析》，《人口学刊》2012 年第 3 期。

别失衡可能给经济社会发展带来的冲击。

当前，"单独二孩"等生育政策的施行，对于性别比例偏高会起到缓解作用（黄匡时，2015①）。原新②（2014）指出"单独二孩"生育政策可以适度调节出生人口性别结构。赵宇、崔词茗等③（2015）基于第六次全国人口的普查数据，分别以农村、城市为不同的研究对象建立 leslie 矩阵，讨论稳定状况下人口的增长规律，结论指出"单独二孩"政策对于城市与农村的影响程度大体相同，短期内会提高人口抚养比，增加社会压力；长期来看，则会对人口抚养比起到改善作用，会减缓男女性别比趋于 1 的速度。针对流动人口出生性别比偏高的态势，原新、刘厚莲④（2015）认为应对这一问题需要重点关注第二孩流动人口、农业户口的流动人口以及跨省的流动人口，还有流向东部的流动人口。

但也有部分学者如蔡菲等⑤（2006）认为中国实施的生育政策与性别比例失衡无关，石人炳⑥（2009）认为生育控制政策对出生性别比的影响非常有限，在没有选择性别生育的情况下不会导致出生性别比偏离正常值范围，石人炳、陈宁⑦（2015）用中部四个省"单独二孩"政策实施后的生育统计数据实证分析了政策调整对出生性别比的影响，结果表明："单独二孩"政策实施以来，对出生性别比影响的方向是升高，但影响程度有限。而更多的学者如原新等⑧（2005）则认为造成中国目前性别失衡局面的主要原因就

① 黄匡时：《"单独两孩"政策对人口出生性别比的影响效应分析》，《人口学刊》2015 年第 4 期。

② 原新：《"人口转型"后的计划生育政策走向》，《探索与争鸣》2014 年第 4 期。

③ 赵宇、崔词茗、杨旭丹：《"单独二孩"政策影响研究》，《中国科技博览》2015 年第 37 期。

④ 原新、刘厚莲：《流动人口出生性别比形势与贡献分析》，《人口学刊》2015 年第 1 期。

⑤ 蔡菲、陈胜利：《限制生育政策不是影响出生人口性别比升高的主要原因》，《市场与人口分析》2006 年第 3 期。

⑥ 石人炳：《生育控制政策对人口出生性别比的影响研究》，《中国人口科学》2009 年第 5 期。

⑦ 石人炳、陈宁：《"单独二孩"政策实施对出生人口性别比的影响研究》，《华中师范大学学报（人文社会科学版）》2015 年第 2 期。

⑧ 原新、石海龙：《中国出生性别比偏高与计划生育政策》，《人口研究》2005 年第 3 期。

是中国实施的计划生育政策，郭志刚①（2007）、杨菊华②（2009）、王军③（2013）分别采用不同的理论方法证明了这一结论。绝大部分学者都肯定计划生育政策的积极作用（汪伟，2010④），但是性别比例失衡程度逐渐加大可能带来的严重后果，使得部分学者开始反思我国的计划生育政策。

　　二是对生育水平偏差的调节。就生育率来看，绝大部分学者都同意目前我国生育率处于较低水平（董延芳等，2009⑤；徐升艳等，2011⑥）。郭志刚⑦（2010）指出我国实际生育率要远远低于政府部门公布的生育率数字，统计数字的失真使得决策部门对当前总人口规模和人口年龄结构方面的把握极可能也存在严重偏差，而且，还引向对人口老龄化风险性的忽略，影响和误导对未来中国人口长期发展趋势的科学判断和决策。

　　王金营⑧⑨（2010，2012）通过大量的调研以及理论研究阐明长期低生育水平将对中国未来经济和社会发展产生不良后果，提出应当尽快逐步完善当前的生育政策，并同时加快技术创新速度以维持经济的可持续发展（田青，2011⑩）。潘丹等⑪（2010）利用中国健康营养调查（CHNS）数据对中

---

① 郭志刚：《对 2000 年人口普查出生性别比的分层模型分析》，《人口研究》2007 年第 3 期。
② 杨菊华：《胎次—激化双重效应：中国生育政策与出生性别比关系的理论构建与实证研究》，《人口与发展》2009 年第 4 期。
③ 王军：《生育政策和社会经济状况对中国出生性别比失衡的影响》，《人口研究》2013 年第 5 期。
④ 汪伟：《计划生育政策的储蓄与增长效应：理论与中国的经验分析》，《经济研究》2010 年第 10 期。
⑤ 董延芳、刘传江：《低生育率时代的中国生育政策调整——基于对低生育率社会经济负效应的分析》，《中国地质大学学报（社会科学版）》2009 年第 6 期。
⑥ 徐升艳、夏海勇：《人口老龄化机制研究——基于生育率持续下降视角》，《人口学刊》2011 年第 4 期。
⑦ 郭志刚：《常规时期生育率失真问题及调整方法的新进展》，《人口研究》2012 年第 5 期。
⑧ 王金营：《中国未来不同生育水平下的经济增长后果比较研究》，《人口与发展》2010 年 5 期。
⑨ 王金营、赵贝宁：《论计划生育政策的完善与调整——基于公共政策视角》，《人口科学》2012 年第 4 期。
⑩ 田青：《普惠型社会保障背景下的计划生育利益导向政策》，《人口学刊》2011 年第 11 期。
⑪ 潘丹、宁满：《收入水平、收入结构与中国农村妇女生育意愿——基于 CHNS 数据的实证分析》，《南方人口》2013 年第 3 期。

国生育意愿进行研究，并指出收入结构同样是影响生育意愿的重要因素，收入越高，生育意愿越低，收入越低，生育意愿则越高。陈卫[1]（2009）对在中国生育率研究中所使用的主要方法进行回顾，从生育率度量指标和生育率模型两个方面总结我国生育率研究方法的应用及变化，并把这些方法对我国生育率研究的贡献进行总结。傅崇辉等[2]（2013）对第六次人口普查汇总资料研究，发现我国人口近十年来呈现出生育水平持续下降，结构性因素逐渐成为左右未来中国生育水平走向的决定性因素。穆光宗[3]（2015）指出低生育率趋势不仅将长期化，而且将内卷化，卷入"低生育—老龄化"的恶性循环之中，中国目前面临的是"低生育人口问题"，全面鼓励二孩应该成为紧迫的国家选择。还有学者进行了针对"低生育率陷阱"假设的国际比较分析（陈友华、苗国，2015[4]）。另外，最近也出现了对男性生育率的研究文献，乐昕[5]（2012）指出国际人口学界开展男性生育率研究已有 70 多年，研究内容涉及男性生育率数据质量、重要性以及男性与女性生育率之间量化关系等。相比于挪威、英国、荷兰等国在男性生育率研究已经取得不俗的成绩而言，我国尚未开展男性生育率的系统研究。

为应对近年来新的人口形势与经济社会发展需求，计划生育政策也处在调整的过程中，要树立"大人口观念"，着力与社会发展相融合（周恭伟，2010[6]）。王军平[7]（2012）针对计生工作中技术服务、宣传教育和家庭福利的财政投入情况，指出公共服务供给存在不足、政策利益导向偏弱等问

---

[1] 陈卫：《中国生育率研究方法：30 年回眸》，《人口学刊》2009 年第 3 期。

[2] 傅崇辉、张玲华、李玉柱：《从第六次人口普查看中国人口生育变化的新特点》，《统计研究》2013 年第 1 期。

[3] 穆光宗：《"经济新常态"下的中国人口政策选择》，《人口与社会》2015 年第 2 期。

[4] 陈友华、苗国：《低生育率陷阱：概念、OECD 和"金砖四国"经验与相关问题探讨》，《人口与发展》2015 年第 6 期。

[5] 乐昕：《男性生育率：我国人口学研究中值得重视的研究领域》，《人口与发展》2012 年第 2 期。

[6] 周恭伟：《关于人口计划生育事业融入社会发展大局的思考》，《人口研究》2010 年第 6 期。

[7] 王军平：《人口计生基本公共服务均等化研究》，《人口学刊》2012 年第 1 期。

题，而且认为应以财政能力均等化实现计生公共服务均等化。计生政策的直接执行者是基层计划生育工作者，顾宝昌等[1]（2013）通过对江浙沪粤地区基层计生干部的调查，在这些地区目前低生育率、城乡二元结构突出、人口流动频繁的背景下，计生工作面临着挑战。对此，计生管理模式应当适时转型，从管理到服务，注重人口管理，提升服务意识，满足群众需求，实现城乡统筹。尽管农村计生家庭取得经济收入的优势，但是代际支持相对较少，应当针对性地提供社会保障性支持（曹立斌，2015[2]）。

4. 特定人口类群研究

一是高校学生。高校毕业生自扩招以来，规模逐渐增大，2000—2015年大学生毕业规模如图1-2所示。2015年高校毕业人数达到创纪录的749万人，大学生就业问题开始成为大学生群体的首要问题，也引起了学界和政府的广泛关注。

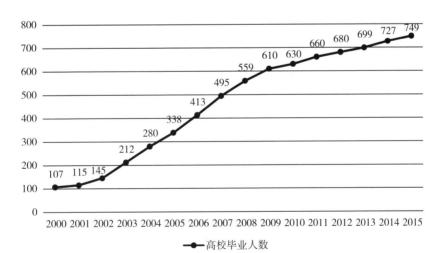

图1-2　2000—2015年高校毕业生数量

---

① 顾宝昌、王涤、周长洪、谭克俭、陈友华：《基层计划生育工作者对现行生育政策的认识——来自江浙沪粤的调查》，《人口学刊》2013年第6期。
② 曹立斌：《计生与非计生家庭生计资本状况比较研究——来自湖北省的数据》，《人口与经济》2015年第2期。

在 CNKI 数据库中用篇名"大学生"对 2010—2015 年中国人口科学、人口研究、人口学刊、人口与经济、人口与发展等五种在人口学领域排名较前的刊物进行检索，总共有 25 篇文献，其中关于大学生就业问题的文献为 20 篇，占文献总数的 80%。因此，可以认为最近几年大学生就业问题是大学生群体最引人关注的问题。

姚裕群、彭思舟[1]（2008）对我国大学生就业难问题进行了综合性研究，并对大学生就业难问题的性质属于结构问题还是总量问题进行了综述，进而从高等教育层面、高校层面、学生层面对大学生就业问题进行了研究。目前，学界对于是否存在大学生就业难主要有三种观点：第一种观点认为大学生存在就业难的问题（陈鹏，2015[2]），第二种观点认为大学生不存在就业难的问题（冯泽永，2004[3]），第三种观点认为就业难不是大学生特定问题（邓微，2007[4]）。但是根据目前实际情形以及学者文献观点而言，绝大部分学者都同意目前大学生存在就业难的问题（谭庆刚，2011[5]；王霆等，2009[6]）。而且大学生就业保留工资是影响大学生就业的重要因素（翁杰等，2009[7]）。刘春雷、于妍[8]（2011）则指出大学生面对就业形势压力产生的心理疾病是制约大学生就业的重要因素。为了解决大学生就业难问题，学者提出诸多建议。李彬[9]（2009，2011）认为提升产业结构转换质量和水平以

---

[1] 姚裕群、彭思舟：《关于我国大学生就业难问题的讨论综述》，《人口与经济》2008 年第 3 期。

[2] 陈鹏：《公众主观感受与就业率的差异：新常态下大学生就业难问题分析》，《国家教育行政学院学报》2015 年第 6 期。

[3] 冯泽永：《大学生就业难的原因及其对高等教育的启示》，《医学教育探索》2004 年第 4 期。

[4] 邓微：《大学毕业生人力资源开发与保障》，中国劳动社会保障出版社 2007 年版。

[5] 谭庆刚：《制度性失业与中国大学生就业难》，《人口与经济》2011 年第 1 期。

[6] 王霆、曾湘泉、杨玉梅：《提升就业能力解决大学生结构性失业问题研究》，《人口与经济》2009 年第 4 期。

[7] 翁杰、周必彧：《基于劳动力市场工资匹配的大学生失业问题研究》，《中国人口科学》2009 年第 3 期。

[8] 刘春雷、于妍：《大学生就业心理现状及其影响因素研究》，《人口学刊》2011 年第 6 期。

[9] 李彬：《中国产业结构转换与大学生就业关联性研究》，《中国人口科学》2009 年第 2 期；《中国高校规模扩张与大学生城镇就业问题研究》，《中国人口科学》2011 年第 6 期。

改善大学生就业供给结构，加大就业技能培训体系建设是解决大学生就业问题的主要途径，而且由于中国高校的规模扩张而推动了大学生就业的供给总量扩张，导致结构性失衡。王新、冯玉双[1]（2010）提出"有业就不上、有业不想就、有业不能就、无业可以就"的结构性失业是导致大学生就业难的根本原因，而提高高等教育办学的质量，提升大学生的核心竞争力，转变大学生的价值取向和就业观念，促进大学生的全面发展，是解决大学生就业难的根本出路。卿石松[2]（2012）认为提高教育质量和突出专业特色，提升就业能力，完善就业导向的实习指导和服务是解决大学生就业难问题的重点。另外有学者对于大学生部分子群体的就业问题进行研究。杨旭华[3]（2012）构建了合理的"90后"大学生就业能力模型，对"90后"大学生的就业能力进行了系统研究。张抗私、盈帅[4]（2012）在工作搜寻的理论基础上对女大学生的就业问题进行了研究并提出相关建议。除了针对大学生的就业问题外，还有学者对大学生的生活问题（龙四古等，2009[5]；李玫红等，2010[6]；王晓焘等，2012[7]）、大学生的医疗问题（李芬，2010[8]、姬飞霞等，2012[9]）进行了研究。

二是病残群体研究。根据有关数据，截至 2015 年 9 月我国残疾人口约

[1]　王新、冯玉双：《大学生就业难的症结分析》，《人口学刊》2010 年第 3 期。
[2]　卿石松：《大学生就业决定因素分析——基于多层模型的方法》，《人口与经济》2012 年第 1 期。
[3]　杨旭华：《"90 后"大学生就业能力结构模型研究》，《人口与经济》2012 年第 2 期。
[4]　张抗私、盈帅：《中国女大学生就业搜寻研究——基于 63 所高校的数据分析》，《中国人口科学》2012 年第 1 期。
[5]　龙四古、李娟：《社会保障与社会资助：当代大学生生存路径研究》，《人口与发展》2009 年第 2 期。
[6]　李玫红、康建英：《贫困大学生在校生活消费对体质状况的影响》，《人口与发展》2010 年第 6 期。
[7]　王晓焘、风笑天：《城乡差异与大学生消费——独生子女与非独生子女的比较》，《南方人口》2012 年第 6 期。
[8]　李芬：《大学生就医行为与医疗保险》，《人口与发展》2010 年第 1 期。
[9]　姬飞霞、马梦婵、朱琳、王盼、石郑：《北京市大学生医疗保障现状调查——以首都经济贸易大学为例》，《人口与经济》2012 年第 S1 期。

达 8500 万。崔斌等①（2009）利用 2006 年第二次全国残疾人抽样调查数据对残疾人的致残因素进行分析。我国残疾人非传染病致残占很大比重，致残因素以后天获得性残疾为主，先天性残疾不到 10%，并且具有较大的城乡、地区和性别差异；致残风险因不同的年龄人口而不同，非传染性疾病致残和创伤及伤害致残的风险随着年龄增长而逐步增加。残疾人婚姻状况也值得关注，解韬②（2014）通过分析第二次残疾人抽样调查数据，认为就业状况、家庭收入状况等指标以及残疾人自身因素对婚姻状况存在影响。王大伟③（2010）则以上海市残疾人口为研究对象进行研究，发现康复和贫困救助是残疾人最为迫切的需求。崔斌等④（2012）系统回顾了近 30 年来我国主要的残疾预防政策行动，总结了取得的成效和存在的问题，系统分析了我国残疾预防工作面临的新形势以及新的政策动向，从四个方面提出了下一步残疾预防工作的重点：即提高认识、完善政策、加强行动、强化支持。裴丽君⑤（2013）提出建立具有中国特色、长期、动态的全人口实时监测体系，为及时分析和评价残疾预防和干预措施的效果、分析残疾保障服务利用状况、评价对残疾保障服务的需求和对服务的可及性，应该建立一个以人群为基础的全国范围内残疾监测系统，目的是最终为提高残疾人口的生命质量提供可靠和有效的基础平台。

虽然没有官方公布的艾滋病患者数据，但是根据国际有关组织的调查数据以及相关学者的判断，我国的艾滋病患者规模逐年增大。中国国家卫生部、联合国艾滋病规划署（UNAIDS）以及世界卫生组织（WHO）（2011）

---

① 崔斌、陈功、郑晓瑛：《中国残疾人口致残原因分析》，《人口与发展》2009 年第 5 期。
② 解韬：《我国成年残疾人口的婚姻状况及其影响因素研究》，《人口学刊》2014 年第 1 期。
③ 王大伟：《大城市残疾人社会救助现状与分析——以上海市为例》，《人口与发展》2010 年第 4 期。
④ 崔斌、陈功、郑晓瑛：《中国残疾预防的转折机会和预期分析》，《人口与发展》2012 年第 1 期。
⑤ 裴丽君：《建立以人群为基础的残疾监测系统，为残疾人事业发展提供基础平台》，《人口与发展》2013 年第 2 期。

采用了符合中国艾滋病流行特点的 Workbook 模型估计中国存活艾滋病病毒感染者和艾滋病病人（PLHIV）为 78 万人。景军①（2006）将易感染艾滋病患者的高危人群分为六类：吸毒人群、暗娼、男同性恋、长卡司机、性病病人、孕妇等。孙晓舒等②（2011）以广东省为研究对象，认为经济因素并不是解释某国家或地区艾滋病流行情况的唯一因素。并进一步提出，较高的市场开放程度和大量的外来人口同样是影响艾滋病疫情的两个决定性要素。刘慧君等③（2012）通过进一步研究指出，由于中国性别结构严重失衡，受婚姻挤压的失婚男性作为流动人口进入城市以后将加速艾滋病的传播速度。杨博等④（2015）从风险感知的角度提出了男性流动人口艾滋病风险感知模型。齐嘉楠、党婧⑤（2013）运用多水平逻辑斯蒂回归模型，根据 2006—2010 年基线/终线以及项目/对照四项调查获得的数据，对普通人群针对艾滋病态度进行回归分析，发现通过项目的干预，普通群众对艾滋病患者的态度出现了积极的改变，省间仍然存在着差异，但这种差异正在减小。

5. 最近几年人口学研究的方法以及趋势

方法是研究的载体，对人口学采取的方法进行研究有助于我们了解最近几年人口学研究的趋势。

首先，考察最近几年人口学研究的方法。人口学方法是注重量化研究的人口学最核心的组成部分。周云⑥（2007）指出质的研究方法与定量研究方

---

① 景军：《泰坦尼克定律：中国艾滋病风险分析》，《社会学研究》2006 年第 5 期。
② 孙晓舒、景军、张晓虎：《从市场化程度和人口流动性看艾滋病问题——以广东省为例》，《人口与发展》2011 年第 6 期。
③ 刘慧君、李树茁、马克·费尔德曼：《性别失衡下的人口流动与艾滋病传播风险——基于风险选择的元分析》，《人口与经济》2012 年第 6 期。
④ 杨博、李树茁、伊莎贝尔·阿塔尼：《男性流动人口 HIV/AIDS 风险感知：类型识别及其影响因素》，《人口与发展》2015 年第 3 期。
⑤ 齐嘉楠、党婧：《普通人群对艾滋病态度干预效果的多水平分析》，《人口与发展》2013 年第 2 期。
⑥ 周云：《质的研究方法对人口学研究的贡献》，《人口研究》2007 年第 2 期。

法虽然存在差异，但是对于人口学研究而言，这两种方法都不可或缺。宋健①（2008）通过对我国人口学研究 30 年来所采用方法的变化过程进行研究，指出在我国人口学实践过程中存在如下现象：对人口问题的研究催生了人口学方法的发展，但我国人口学方法的系统性不够；人口数据资料的日益丰富推动了人口学方法的运用，但数据的准确性和开放性制约着人口学方法的发展；在对国外人口学的借鉴学习中带动了中国人口学方法的本土化，但目前本土化人口学方法仍显不足（杨菊华，2008②）。黄树清③（2010）则认为人口普查是国家最重要的国情国力调查，对于人口学研究的科学性极其重要，是人口学研究所需数据的重要来源。因此，必须加强普查内容设计的合理性、普查数据的可靠性、普查数据的可开发性等工作的开展力度。此外，还有部分学者对一些比较经典的人口学问题所采取的方法进行了修正或者创新。

糜韩杰④（2008）基于中国农村剩余劳动力充足抑或不足的两派的不同观点，结合最优理论，从全社会农业生产支出成本最小的角度，通过修正后的农村剩余劳动力直接计算法，推算出农村农业生产所需的合理劳动力，进而得出农村剩余劳动力人数，以此来揭示中国农村剩余劳动力数量多寡的现状。杜本峰、石晓⑤（2009）则对列联表的统计分析在人口学中的作用进行了研究。葛玉好、曾湘泉⑥（2010）认为登记失业率被调查失业率取代是大势所趋，但这也并不意味着调查失业率就一定是完美无缺的。文章从多个方

---

① 宋健：《30 年来中国人口学方法的发展特点》，《中国人口科学》2008 年第 6 期。

② 杨菊华：《人口学领域的定量研究过程与方法》，《人口与发展》2008 年第 1 期。

③ 黄树清：《改进调查方法，保证人口数据质量》，《人口与发展》2010 年第 2 期。

④ 糜韩杰：《对农村剩余劳动力统计方法——直接计算法的修正》，《人口研究》2008 年第 6 期。

⑤ 杜本峰、石晓：《有序变量列联表的统计分析方法及其在人口学中的应用——基于教育与生育态度相关测度方法的比较分析》，《人口研究》2009 年第 5 期。

⑥ 葛玉好、曾湘泉：《调查失业率计算方法存在的问题及改进建议》，《中国人口科学》2010 年第 6 期。

面分析了调查失业率可能存在的问题，并且提出了相关的改进建议。郭志刚①（2012）通过对 Bongaarts 和 Feeney 提出的去进度效应总和生育率方法进行研究，并结合 Bongaarts 和 Sobotka 的最新研究成果，在此基础上，指出该方法进一步完善的方向。翟振武、张浣珺②（2013）通过对第五次和第六次全国人口普查方式的对比，发现两次人口普查出现的重复和遗漏问题都与调查方法存在关系。该研究针对这种现象，认为应该参考国际上对身份证号码及其类似号码的使用经验，充分利用我国身份证号码的天然优势，建议将身份证号码纳入以后的人口普查问卷中。

　　"人口红利"议题长期以来一直吸引着学界关注，许多研究也对人口红利的测量提出了具有针对性的方法，即利用相对静止人口代替静止人口作为参照系（何练、麻彦春，2015③）。近年来对 ARMA 模型（任强、侯大道，2011④）、ROXY 指数方法（毛新雅、王红霞，2014⑤）、概率预测等方法的审视，体现了人口学方法的新趋势。李强等⑥（2015）运用随机人口预测方法对上海市青浦区进行调查，以应对先前人口预测中的不确定性问题。而且在面对新的政策情境时，学者有对方法进行建设性改造的自觉（乔晓春，2015⑦）。

　　其次，来看近几年人口学研究的趋势。通过前述研究，笔者认为目前人

---

　　①　郭志刚：《常规时期生育率失真问题及调整方法的新进展》，《人口研究》2012 年第 5 期。

　　②　翟振武、张浣珺：《普查数据质量与调查方法——关于将身份证号码纳入普查问卷的探讨》，《人口研究》2013 年第 1 期。

　　③　何练、麻彦春：《相对静止人口与潜在人口红利测算方法研究》，《人口学刊》2015 年第 1 期。

　　④　任强、侯大道：《人口预测的随机方法：基于 Leslie 矩阵和 ARMA 模型》，《人口研究》2011 年第 2 期。

　　⑤　毛新雅、王红霞：《城市群区域人口城市化的空间路径——基于长三角和京津冀 ROXY 指数方法的分析》，《人口与经济》2014 年第 4 期。

　　⑥　李强、张震、吴瑞君：《概率预测方法在小区域人口预测中的应用——以上海市青浦区为例》，《中国人口科学》2015 年第 1 期。

　　⑦　乔晓春：《"单独二孩"政策下新增人口测算方法及监测系统构建》，《人口与发展》2014 年第 1 期。

口学研究已经出现以下三个趋势：

一是研究问题实践化。最近几年人口学研究讨论的问题不仅包括一些经典的人口学理论问题，同时对最近几年在中国经济社会发展变迁过程中出现的极具中国自身特色的新现象、新情况、新问题、新趋势进行了研究。人口红利问题、人口生育问题、大学生就业问题、流动家庭问题、艾滋病群体问题都是最近几年在中国经济社会发展过程中出现的新问题，对这些问题进行实事求是的详细深入研究，不仅"接地气"，有利于为区域治理提供人口领域的理论指导；同时，还会为创造具备中国特色的人口学理论营造良好的学术环境。

二是研究方法数理化。通过梳理人口学近五年的中文刊物所载文献，发现在人口学研究中采用数理模型方法已经成为趋势。以《中国人口科学》刊物为例，本书对该刊物2010—2015年间所发表的文章进行了考察：总刊载文章511篇，其中采用数理模型方法进行研究的文章为229篇，占所有文章总数的67.8%。其余人口学刊物刊发采取数理模型方法的文献所占全部文献比重也在逐步增多，这说明数理模型方法在人口学研究中所占的地位越来越重，这已经成为人口学研究的一种趋势。数理方法在人口学研究中的普遍运用不仅提高了相关研究的科学性和准确性，使得相关研究在学者之间的交流更为清晰，而且从侧面反映了人口学研究的水平不断提高。

三是研究视角交叉化。在人口学的研究中，目前出现了一个很有意义的现象：越来越多的学者采取跨学科视角对人口学问题进行交叉研究。很多学者在对人口学问题进行研究时，不仅仅利用人口学的传统理论和方法，同时也运用了包括统计学、经济学、社会学、政治学、心理学等诸多学科领域在内的经典理论与方法。这种交叉的研究视角能够极大地避免人口学研究的片面化，同时，也给人口学研究提供了更多的选择。不同的研究视角往往对同一个问题的研究能够起到互相辅助的作用，使得人口学的研究更全面、更综合、更科学。

6. 总结与展望

本节以上部分对国内人口学界广泛关注的老龄问题、流动人口问题、计划生育问题以及特定人群问题的国内重要期刊相关文献进行了较为全面的归纳与梳理，并且对研究方法与趋势加以总结。这些议题初步呈现了国内人口学文献的概貌。

首先，本节研究的意义在于明确了学界的研究热点。出生率的降低和人口老龄化的加快等人口结构变化，以及人口红利及其社会影响的关系正被积极关注，人口老龄化所带来的养老等问题也得到了学界响应。人口迁移形势也发生了深刻的变化，从简单的单一经济向度的个体迁移，到对家庭迁移和移居儿童等融合层面的人文关注，研究的注意力也随之改变。特别是随着党的十八大以来人口工作的重点从单纯的控制人口数量转向对人口长期均衡发展的关注，人口政策也在与时俱进。特别是 2013 年党的十八届三中全会启动"单独二孩"政策、十八届五中全会明确指出："全面实施一对夫妇可生育两个孩子的政策"，都反映了随着国内人口与经济社会发展变化，是如何通过对人口政策适时调整，使人口发展与经济社会的长期发展规划相协调的。

而后本节还在对近年来人口研究做上述回顾的基础上，来试图探索未来的研究脉络。首先是研究问题宏观、中观、微观兼具，从宏观的人口问题深入到切合实际的、针对特定群体的具体分析。而且研究方法从统计数据—理论分析模式发生转变，更多地借鉴并发展国外的数理模型分析模式，为学习者和研究者展现了研究方法的进步和前景。

由于章节的篇幅所限和资源检索等因素的局限，本节对重点文献的简要回顾难免有挂一漏万之嫌，因而，还需要以此为基础来针对具体感兴趣的子议题探索进一步的理论洞见，以更好地发挥本节研究的价值。同时本研究也意在助力相关人口研究者、决策者、工作者，以及对该领域有兴趣的人士对人口学意义和价值的深入了解。

（三）区域治理的内涵演变

"治理"（Governance）这一词汇可以追溯至 1989 年世界银行首次使用的"治理危机"。俞可平等学者①（2000）认为，1995 年，在全球治理委员会②发表的研究报告《我们的全球伙伴关系》中，对"治理"一词的定义具有广泛的权威性和代表性："治理是各种公共的或私人的，以及个人和机构管理他们共同事务的诸多方式的总和。治理具有四个特征：其不是一整套规则，也不是一种活动，而是一个过程；治理过程的基础是协调，而不是控制；治理既涉及公共部门，也包括私人部门；治理是持续的互动，而不是一种正式的制度"。虽然学者们对治理有着不同的定义，但多中心、网络化、协商是基本元素已是共识。

区域治理（Regional Governance）是治理理论在区域公共事务管理中的实际运用，并已经广泛流行于欧洲和美国学术界。区域治理主要是指为实现区域公共利益的最大化，政府与非政府组织、公民、私人部门及其他利益相关者，通过协商、合作等方式对区域公共事务开展联合行动的过程。而"善治"则是指政府与利益相关者通过最佳合作，使公共利益最大化的公共管理行为。③

1. 区域治理的理论发展与实践探索

在全球化、信息化和经济一体化的大背景下，区域治理已经逐渐成为一种普遍趋势。随着"公民的参与不断向区域公共事务领域拓展；放松对社会组织发展的管制，有利于非营利组织参与区域性公共事务；全面协调推进区域一体化，重塑了传统的政府间关系；在区域公共物品生产中，公私合作

---

① 俞可平：《治理与善治》，社会科学文献出版 2000 年版，第 4 页。

② Commission on Global Governance, *Our Global Neighbourhood: the Report of the Commission on Global Governance*, Oxford; New York: Oxford University Press, 1995.

③ 俞可平：《幸福与尊严》，中央编译出版社 2012 年版。

的伙伴关系发挥着愈发重要作用"，区域治理也已经越来越成为国内学术界的一个重大研究热点。由于区域治理具有强烈的现实需要，现有研究多为应用型研究，即遵循引入理论—剖析实践—提出策略的研究路径。

区域治理是治理理论在区域层面的运用。学者陈瑞莲[①]（2006）根据区域的不同范围，将区域发展中的合作治理研究大致分为了三个层面，即：国内微观区域的，次区域"增长三角"的，民族与国家间的。并明确指出，目前区域发展合作治理研究中的主阵地是国内微观区域的合作治理研究。当然，国内微观区域的范围也包含着不同的层次："城市群是由不同规模、不同职能的城市或城镇组成的城镇群体区域；大都市区是大城市（100 万以上）中心或一个特大城市，与其具有紧密联系的周围郊县组成的市管县/市一体化区域；大都市圈是互无隶属关系、地域相邻的若干个大都市区组成的跨省市城市经济区；大都市带是由多个地域相邻大都市圈横向连接、连绵不断的巨大带状城镇走廊。"[②]

固然学者们对区域治理的概念界定略有差别，但在研究过程中大都注意区分区域治理与区域行政（Regional Public Administration）、区域公共管理（Regional Public Management）。陈瑞莲等作为国内区域治理研究的先行者，作了如下诠释：区域行政指的是"在一定区域内的政府（两个或两个以上），为了促进区域的发展而相互间协调关系，对公共事务进行综合治理，寻求合作，以便实现社会资源的合理配置与利用，提供更优质的公共服务"[③]；区域公共管理指的是"以区域政府组织和非政府组织为主体的区域公共管理部门，为解决特定区域内的公共问题、实现区域公共利益，而对区域公共事务进行现代治理的社会活动"；区域治理指的是"为实现最大化区

---

① 陈瑞莲：《区域公共管理导论》，中国社会科学出版社 2006 年版。
② 陶希东：《跨省区域治理：中国省级政区改革的路径选择》，《理论与改革》2006 年第 4 期。
③ 陈瑞莲、张紧跟：《试论我国区域行政研究》，《广州大学学报（社会科学版）》2002 年第 4 期。

域公共利益，政府、非政府组织、私人部门、公民及其他利益相关者通过协商、谈判、伙伴关系等方式对区域公共事务进行集体行动的过程"[1]。可见，三者最重要的区别在于参与主体的不断拓展。同时，陈瑞莲对区域治理的界定回应了斯托克[2]（1998）提出的治理理论的五个主张：第一，政府与各种社会组织共同参与；第二，解决社会经济问题时各主体边界和责任的模糊化；第三，集体行动中不同主体相互依赖；第四，不同主体构成自治网络；第五，政府运用新的工具和技术来加以引导而非依靠命令或权威。

可以说，治理理论是在政府失灵与市场失灵情况下而提出的"第三条道路"。曾媛媛、施雪华[3]（2013）梳理出国外学术界先后产生了大都市政府理论（旧区域主义理论）、公共选择理论、地域重划与再区域化理论、新区域主义理论四种城市区域治理的理论范式。国内学者多从新区域主义视角研究我国的区域治理，比如金顺殷、张和安[4]（2011）指出，"新区域主义所述的区域，是用来特指一个介于中央政府与地方政府之间具有新的行政职能的政治实体，但区域不是一个来源于领土视角的静态概念，而是一个与解决公共问题和空间发展问题攸关的不同利益相关者的参与概念"。杨道田[5]（2010）认为"新区域视野下，可以借由与政策相关行动者之间的稳定网络关系来达成地区性的治理"。两位学者均强调不同利益相关者的共同参与。

早期的长三角、珠三角、京津冀到最新的"一带一路"，我国区域治理的空间不断拓展。唐亚林[6]（2014）从"上海经济区"的成立与消亡到

---

[1] 陈瑞莲、杨爱平：《从区域公共管理到区域治理研究：历史的转型》，《南开学报（哲学社会科学版）》2012 年第 2 期。

[2] Stoker, G., "Governance as Theory: Five Propositions", *International Social Science Journal*, 2002, 50 (155), pp. 17-28.

[3] 曾媛媛、施雪华：《国外城市区域治理的理论、模式及其对中国的启示》，《学术界》2013 年第 6 期。

[4] 金顺殷、张和安：《韩国区域发展与区域治理的类型、任务》，《学海》2011 年第 1 期。

[5] 杨道田：《新区域主义视野下的中国区域治理：问题与反思》，《当代财经》2010 年第 3 期。

[6] 唐亚林：《从同质化竞争到多样化互补与共荣：泛长三角时代区域治理的理论与实践》，《学术界》2014 年第 5 期。

"15＋1"模式的形成与初步成熟，再到向泛长三角区域辐射与扩容的演变过程，考察了长江三角洲区域治理，认为"区域治理模式开始从基于分割治理的同质化竞争模式向基于多元共识的多样化共治模式的转型"。随着《京津冀协同发展规划纲要》、《珠江三角洲地区改革发展规划纲要》、《关中—天水经济区发展规划》等国家战略层次的区域规划的密集推出，一些学者也进行了解读。张京祥[1]（2013）认为，"区域治理的变化体现在，不同于在计划经济体制环境中，中央政府通过自上而下的制度性安排来强力地控制地方发展；也不同于改革开放以后直至本世纪初频繁使用的行政区划调整手段（例如设置海南省、重庆市，开展撤县设区、省直管县等行动），推出'国家战略区域'更多地体现了中央政府开始关注对柔性尺度调整手段的运用。也表现出其治理方式的新变化，即减少来自于中央及相关部委、省级政府的干预，从而获得更大的自主发展空间"。

　　从世界范围的区域治理模式来看，曾媛媛、施雪华[2]（2013）认为，欧美在长期的城市区域治理实践过程中，大体上形成了三种典型的城市区域治理模式：一是区域合并统一治理模式，即通过区划改革和制度性合并，由合并后产生的区域政府（大政府）统一对区域内公共事务进行管理的区域治理形态；二是分层复合治理模式，即不改变现有的行政区划分布，同时保留地方政府和区域政府，并赋予区域政府有限的公共管理权力和职能的区域治理形态；三是多边联合治理模式，即区域性管理机构可有可无，地方政府以自由、平等的契约方式进行合作。张云[3]（2013）的研究认为，在东南亚治理过程中，已经形成了国家主导的一元模式、公司引导的市场模式和非政府

---

[1] 张京祥：《国家—区域治理的尺度重构：基于"国家战略区域规划"视角的剖析》，《城市发展研究》2013年第5期。

[2] 曾媛媛、施雪华：《国外城市区域治理的理论、模式及其对中国的启示》，《学术界》2013年第6期。

[3] 张云：《"国际社会"理论下的区域治理模式研究：东南亚的视角》，《当代亚太》2013年第2期。

组织参与的公民社会模式，并正在向国家、公司和"三元共治"模式过渡。杨道田①（2010）系统总结了我国的十大治理策略和行为模式：区域规划、行政区划调整、都市圈规划、"长三角"实验、长三角城市协作部门主任联席会议、太湖流域管理局、经济合作与发展座谈会、城市经济协调会、部门协商会议、地方政府领导间互动。

区域治理在我国的实践时间并不长，还存在不少问题，比如京津冀协同发展，目前还存在战略导向缺乏、认识与行动不统一、物质与信息交流缓慢、中心城市辐射功能弱等主要问题②；地方碎片化给长三角地区的区域治理带来公共建设的重复投资、城市间的"产业同构"、外资的圈地运动等负面效果，"推动与实施区域合作的关键角色仍然只是政府一家，这还不是真正意义上的区域治理"③。

2. 区域治理的总体路径和行为主体

突破区域治理的瓶颈，学者们在立足我国国情基础上，多借鉴欧盟国家及美国等国家和地区的经验来思考我国区域治理的路径。总体来说，可以从总体路径和行为主体两个角度来总结。

首先，是具体路径方面，唐亚林④（2014）主张型构要从器物（基础设施）到政策（产业分工等）再到制度（公共服务与政府治理）的发展道路，"一方面需要建构共建共享、互联互通的基础设施体系和资源要素市场体系；一方面还需要根据资源禀赋和区域经济与社会发展状况，形成产业分工与互补、产业对接与整合、产业升级与转型的宏观产业发展与布局新体系；再一方面，还需要加快推进义务教育、公共卫生、公共文化、社会保障等基

---

① 杨道田：《新区域主义视野下的中国区域治理：问题与反思》，《当代财经》2010 年第 3 期。
② 丁梅、张贵、陈鸿雁：《京津冀协同发展与区域治理研究》，《中共天津市委党校学报》2015 年第 3 期。
③ 杨道田：《新区域主义视野下的中国区域治理：问题与反思》，《当代财经》2010 年第 3 期。
④ 唐亚林：《从同质化竞争到多样化互补与共荣：泛长三角时代区域治理的理论与实践》，《学术界》2014 年第 5 期。

本公共服务的均等化，并着力提升基本公共服务的覆盖面和水平，实行以科学发展观与政绩观为指导的新型政府绩效评估体系"。制度建设在我国无疑至关重要，黄建洪（2010）指出，"跨省区域治理机制的建设和完善，必须有足够多的制度和政治支持。正式规则的主要原则包括：跨省级行政区域内基础建设体系协调准则；社会管理制度整体推进准则；加强区域内经济分工和整体产业结构优化准则；共同保护和治理环境准则；经济建设的政策环境无差异准则。同时，跨省区域治理还要完善有利于区域内各省利益补偿和共享的制度化建设"①。事实上，从英国的路径来看也正是如此：制定区域合作的基本法律框架与规划、设立区域合作的发展基金、建立专门的区域合作与协调的组织、建立健全区域合作的机制。②

其次，是行为主体方面。正如张紧跟③（2009）认为，"应建立'政府—市场—社会'三位一体的协调机制：一是政府层面要消除行政壁垒，建立保障区域总体和长远发展的机制；二是市场层面要促进区域市场合作手段的发育和完善，进行有效的区域资源整合和合理配置；三是社会层面要建立跨区域的行业协会，以行业协调方式维护区域市场秩序"。也就是说，要让各个层次的利益相关者共同参与是区域治理的重要内容。在各种行为主体中，讨论最多的就是政府和跨区域治理组织，尤其是后者的设立。

政府被认为依然是现阶段区域治理中的主要角色，包括中央政府的宏观调控和地方政府的充分合作。喻锋、孙卓炘④（2014）从欧盟的发展经验来看，认为"作为一种社会范式的变迁，区域治理之所以能够成为可能，除

① 黄建洪：《生态型区域治理的现代性与后现代性张力——兼论地方政府行为的逻辑》，《社会科学》2010 年第 4 期。
② 曾令发、耿芸：《英国区域治理及其对我国区域合作的启示》，《国家行政学院学报》2013年第 1 期。
③ 张紧跟：《从区域行政到区域治理：当代中国区域经济一体化的发展路向》，《学术研究》2009 年第 9 期。
④ 喻锋、孙卓炘：《区域治理如何成为可能：以欧盟聚合政策（2007~2013 年）评价为例》，《经济社会体制比较》2014 年第 3 期。

了超国家、次国家、非政府组织乃至个体等治理层级责任的必要嵌入之外，政府组织的主导角色仍然不可替代，特别是演进的公共政策仍然发挥着不可或缺的权能承接、关系协调和功能转化的作用"。张衔春等①（2015）认为法国与中国均为中央集权制国家，法国复合区域治理模式对我国的启示有："我国新时期的区域治理模式应该从传统单一的中央政府自上而下指令性管理，向新型上下结合的复合型治理转变；必须认识到地方政府、跨界协调机构及区域企业联盟等在引导区域协调发展和协同治理上的局限性和行动能力的有限性，中央政府及省级政府仍应发挥主导性作用；区域治理模式的转变必须以放权、分权为基础和重要前提。"金顺殷、张和安②（2011）具体分析了韩国的区域治理情况，认为"尽管区域治理具有多种类型，但区域发展的关键仍然是区域治理应该依靠地方政府之间的合作"。

3. 跨区域治理的实践探索

关于跨区域治理组织，从国际经验来看，德国区域治理中的组织主要有非正式合作机制（包括区域网络及论坛、区域大会和地方工作团队）、私法组织（包括协会、公司、民事合作组织）、公法组织（包括目的事业公法人、相邻区域协会、区域规划协会、多职能组织、新设区域地方行政）三种类型。③"这种模式是建立在具有深厚的公民社会基础、形成了根深蒂固的法治传统、建立了发达的组织体系以及公私合作与协商治理文化之上的治理模式，可以充分利用现有管理系统的资源，由专门机构将涉及政府、非政府组织、私人部门、公民及各种利益相关者等所有会员和单位连接成一个网络，这有助于实现区域利益的最大化。"④ 英国的区域治理主要依靠区域办公室（中央在区域层级的代理机构）、区域发展局（目标主要是提升区域就业，提高区域经济

---

① 张衔春、胡映洁、单卓然、杨林川、许顺才：《焦点地域·创新机制·历时动因——法国复合区域治理模式转型及启示》，《经济地理》2015 年第 4 期。

② 金顺殷、张和安：《韩国区域发展与区域治理的类型、任务》，《学海》2011 年第 1 期。

③ 高薇：《德国的区域治理：组织及其法制保障》，《环球法律评论》2014 年第 2 期。

④ 陈承新：《德国行政区划与层级的现状与启示》，《政治学研究》2011 年第 1 期。

发展与竞争力，保证区域可持续发展）和区域议事厅（指导区域规划的制定，监督区域发展局的运行，协调区域政策，避免各种区域政策的冲突和重叠）。[①]

　　回到国内，陶希东[②]（2006）通过研究认为，"21 世纪初期，要有效解决省级政区的诸多矛盾与问题，在我国还未建立完全市场经济体制的情况下，只能是在保持省级行政区现状的基础上，实行跨省区域治理，成立具有跨界职能的区域型协调组织与管理机构"。杨逢珉、孙定东[③]（2007）更进一步指出长三角地区可借鉴欧盟超国家机构，"尝试成立一个在中央政府协调下的跨行政区的协调管理机构，加强区内协调和区外合作与发展"。当然，目前我国也存在一些区域治理组织，如"苏浙沪省（市）座谈会、泛珠江三角洲区域合作与发展论坛、西南五省七市经济协调会、西北五省（区）经济协调会、环渤海经济圈合作与发展高层论坛、京张区域协调发展论坛等"[④]。"长三角经济圈还有多层次的合作组织：最高级别是副省（市）长级的'苏沪浙经济与发展座谈会'，其次是三省市所辖的市长级'长江三角洲经济协调会'，第三层次是'长三角城市部门之间的协调会'"[⑤]。但多属于临时性，不具有长效机制。当前，由于地方政府依然是我国区域事务治理的主导者，其他利益相关者参与的程度还非常不够深入。也因此众多学者都认为，固然可以借用区域治理的概念来研究我国的区域问题，但对于真正意义上的区域治理研究和实践还是倾向于审慎的态度。

　　4. 提升治理能力的内涵基础

　　在现代社会中，依法行政是提高政府治理能力的根本途径。特别是当前的中国，正处于经济社会的转型期，各种利益冲突日益明显，不稳定因素急

①　曾令发、耿芸：《英国区域治理及其对我国区域合作的启示》，《国家行政学院学报》2013年第 1 期。
②　陶希东：《跨省区域治理：中国省级政区改革的路径选择》，《理论与改革》2006 年第 4 期。
③　杨逢珉、孙定东：《欧盟区域治理的制度安排——兼论对长三角区域合作的启示》，《世界经济研究》2007 年第 5 期。
④　杨小云、张浩：《省级政府间关系规范化研究》，《政治学研究》2005 年第 4 期。
⑤　徐寿松、李荣、俞丽虹：《长三角："泛"还是不"泛"》，《瞭望》2004 年总第 47 期。

剧增多。随着人们法治意识逐渐提升，必须健全法治、依法行政，政府需要尽快提升自身依法管理公共事务的能力才能适应经济社会发展的需求。根据到 2020 年全面建成小康社会的新形势和新要求，中共十八大报告作出了"全面推进依法治国"的重大决策和战略部署。明确指出："法治是治国理政的基本方式。要推进科学立法、严格执法、公正司法、全民守法，坚持法律面前人人平等，保证有法必依、执法必严、违法必究。"这对加快建设社会主义法治国家具有重要的指导意义。全面推进依法治国，既是全面建成小康社会的重要内容和内在目标，又是全面建成小康社会的制度动力和根本保障。更是突出强调：必须"坚决破除一切妨碍科学发展的思想观念和体制机制弊端，构建系统完备、科学规范、运行有效的制度体系，使各方面制度更加成熟更加定型"。这标志着，政府的权力要在法律和制度的框架下运行，这也是走向善治的必要前提。

同时，以法治的框架来规范和保障政府、非政府组织、私人部门、公民及各种利益相关者有效地参与区域公共事务的决策和管理，有助于提升区域治理能力和水平，以实现区域利益的最大化。培植根深蒂固的法治思维需要漫长的过程，其与积累深厚的公民社会基础、培养发达的组织体系以及涵养公私合作与协商治理文化等要素条件一起，是实现区域有效治理的内涵基础。

二、人口发展与区域治理的关系厘正

随着人口与经济社会的不断快速发展，人口、资源与环境的矛盾日趋凸显，人们对尊严、幸福的追求也日趋强烈。在现代社会中，政府作为社会治理的主体，毫无疑问，其对人口的长期均衡发展，对人口、资源与环境协调发展的治理，对人们的生存环境改善和生活质量提高负有极大的责任，政府治理能力的高低也必然会直接影响到公民的生存环境和生活质量。

（一）人口发展是区域治理的重要内容

区域的人口数量、质量、结构、分布和迁移无一不需要政府的政策、规划引导，区域人口发展的治理不仅事关区域政府、市场、公民社会之间的事务协调，也包括区域与区域之间的政府、社会组织等之间的沟通与协作，以避免在人口、资源与环境等方面出现制度经济学常说的"公地现象"和"集体行动"的问题。目前，虽然还没有区域间关于人口发展协同治理的组织机构，但是，区域间事实上的联动发展已经对人口发展起到了一定的影响。比如长三角地区的流动人口社会治理、京津冀区域协同发展对就业集散的影响、东北三省人口减少对经济社会发展形成了一定的影响等等。

改革开放以来，我国的工业化和城镇化快速发展，带来了5亿多农村人口进入城市工作、生活，大量的流动人口对区域间的经济社会发展产生了意义深远的影响。但同时，依托廉价劳动力和大量消耗资源能源的粗放式发展模式也为区域的健康可持续发展带来了挑战。一方面，改革开放带来了人口向东南沿海城市群集聚推动了该区域的快速崛起，形成了人口在千万以上的北京、上海、广州、深圳超大城市，为这些区域的经济社会快速发展带来大量资源要素集聚的同时，也对该区域不堪重负的资源、环境、公共服务供给能力提出了治理挑战。

如何在四化同步的过程中，坚持以人为核心的发展理念，根据区域资源环境特点、产业基础情况、人力资本结构情况，制定符合自身特点的产业结构调整战略，优化产业与人口结构，引导人口科学有序流动，加大教育文化科技投入提升人口质量，提升政府公共服务供给能力，切实改善人口与资源、环境的矛盾，是摆在以政府为主导、市场与社会共同参与的区域治理面前的紧迫性任务。

众多国际研究机构的权威发布表明，从福布斯"全球幸福国家排名"、联合国《人类发展报告》中关于"个人福祉和幸福的感知"指数排名等，都反映了政府的善治程度与居民的幸福程度有着高度的正相关性。当前，为了实现人口、资源与环境的可持续发展，为了提升人们的满意度和幸福指数，治理问题已经成为世界与中国共同面临的重大理论与现实问题。[①]

近年来，我国诸多关于人们满意度和幸福感的测评调查也都表明，居民的满意度与幸福程度与政府的治理有着非常紧密的关系。我国政府更是深刻意识到政府善治事关人口、资源与环境和谐发展，事关人们生存环境与生活幸福程度。多个地方政府为了构建以人为核心的发展模式，在地方经济社会发展规划和政府工作报告中不断推出实施构建"幸福城市"、"幸福社区"计划。把以下问题放在了公共事务管理的重要位置，如：应对人口、资源与环境矛盾；推动流动人口公共服务均等化、农业转移人口有序市民化；加快以人为核心的新型城镇化建设；促进劳动力要素自由流动，实现高效率、高质量就业；积极开发人力资本，促进产业转型升级；努力改善老龄化社会保障等。

（二）人口发展中的区域治理现状

从区域治理的研究范畴来看，国内研究重点关注区域间的经济合作。根据国外研究经验，区域化不仅可能实现经济上的规模效益，在解决公共问题的治理瓶颈方面也具有绝对优势。[②] 因此，环境保护、流域治理、基础设施建设等也是国内学者的研究热点，但目前还鲜有从人口发展角度谈区域治理问题的研究成果，现有研究主要还是侧重集中于流动人口卫生计生、户籍及社会保障等问题的跨区域管理。

流动人口卫生管理方面，李建伟等[③]（2010）、吴清芳等[④]（2011）、陈

---

① 俞可平：《中国治理评论》，中央编译出版社 2012 年版。

② Brady, Gordon L., "Governing the Commons: the Evolution of Institutions for Collective Action", *American Political Science Association*, 1990, 8(86) , pp. 569–569.

③ 李建伟、钟球、杨应周、蒋莉、吴清芳：《流动人口肺结核患者跨区域管理现况评价及其对策探讨》，《广东医学》2010 年第 15 期。

④ 吴清芳、谭卫国、张玉华、程锦泉：《区域流动人口结核病管理》，《中华疾病控制杂志》2011 年第 2 期。

亮等①（2011）通过调查深圳、广东流动人口肺结核病的管治情况，具体提出了相关部门应采取措施规范肺结核患者的跨区域管理工作。在流动人口计划生育管理、服务方面，"区域协作就是双方或多方就流动人口计划生育工作中存在的重点、难点和突出问题，通过协商、交流等切实有效的形式达成共识，携起手来，对流动人口计划生育工作实施共同服务和管理，以达到实行计划生育的目的。区域协作的主要形式包括签订协议书、派驻联络员、提供网络信息平台、成立相关组织（党支部、计划生育协会、工会等）"②。

关于流动人口的社会保障方面，汪华③（2008）调查发现，"由于制度内的结构差异和制度间的衔接障碍，长三角区域内的农民工养老保险处于分割状态，制约了劳动力市场走向统一，影响农民工养老保险制度的可持续发展。应推进配套体制改革，建立区域协调机制推进农民工养老保险关系在长三角区域内能够自由流转，重点虽在于制度本身的变革，但成效的发挥，却在很大程度上取决于制度的运作环境，诸如户籍制度、就业准入制度、教育制度等，均深刻影响着我国社会保障体制改革的深入"。王健等④（2014）将当前流动人口医疗保险模式具体归纳为四种模式：一是以北京和成都为代表的"纳入型模式"；二是以上海为代表享受包括医疗、工伤、养老在内的三种保险的"综合医疗保险模式"；三是以深圳市为代表的运行上独立于城镇职工基本医疗保险的"农民工医疗保险模式"；四是以浙江嘉兴为代表，以新型农村合作医疗为基础，即使农民工不在家乡工作，也能参加新型农村合作医疗。四种模式各有优缺点，但"两个政府机构的政策目标差异以及

---

① 陈亮、钟球、蒋莉、周琳、尹建军、吴惠忠、金爱琼：《广东省四县区流动人口肺结核患者跨区域管理实施效果分析》，《中华临床医师杂志（电子版）》2011 年第 8 期。

② 国家人口计生委流动人口服务管理司全国规范调研组：《全国流动人口计划生育区域协作现状概况》，《人口与计划生育》2010 年第 2 期。

③ 汪华：《农民工养老保险的区域分割与制度整合——基于长三角地区的实证研究》，《华东经济管理》2008 年第 12 期。

④ 王健、郑娟、王朋、齐力：《中国的迁移与健康：解决流动人口医疗卫生服务政策目标与现实的差距》，《公共行政评论》2014 年第 4 期。

组织和运作机制的不同都会给医疗保险体系的整合带来潜在的障碍，因此，短期内实现城乡居民统一的全民医保和社会保障计划可能难度还是比较大的，在同一个政府机构管理下整合三种基本医疗保险（新农合、城镇居民医疗保险、城镇职工医疗保险）可能是迈向系统统一目标的第一步"。

此外，还有学者研究流动人口跨区域的政治参与问题，郑永兰、丁晓虎[1] （2012）通过实证研究发现新生代农民工参与愿望强烈，但参与渠道受阻。认为"新生代农民工政治参与是一个跨越行政边界的区域公共问题，区域合作治理可以在很大程度上突破制约治理新生代农民工政治参与的瓶颈，突破了户籍限制，建立专职化的协调性组织，将充分挖掘和利用社会力量"。总之，从人口发展视角下研究区域治理问题的成果还不充分，研究空间较大。

近年来，服务型政府的理念不断提出，但这并不意味着政府管理职能的消减与弱化，而是要注重政府的公共管理和公共服务这两个基本职能的互相补充与配合。同时，服务型政府的理念，也更加有利于充分发挥利益相关者共同参与公共事务管理的积极性和可能性，为推动政府治理走向善治起到积极作用。同时，也更加有利于提高政府公共服务水平。农业转移人口市民化的有序推进，流动人口的公共服务均等化，绿色交通、健康、教育、文化生活、生态平衡，这些都与政府的公共服务息息相关。地方政府应当在保护环境、节约资源的前提下，不断加大产业转型升级的引导力度，大力发展低污染、低能耗、高附加值的能够引领技术进步和消费需求的战略性新兴产业，努力促进经济发展，为提供高质量的公共产品与服务培育经济基础、财税收入，创造更多的发展成果。要注重加大养老失业、健康医疗、扶危济困、环境保护、社会安全、公共交通、教育文化等公共服务的财政投入。还要推动政府购买服务规范化、法制化，引导、培育社会组织健康发展，鼓励多元主体积极参与公共服务事业。努力扩大公共服务范围的同时，提升公共服务的水平与质量。

---

[1] 郑永兰、丁晓虎：《基于区域合作治理视角的新生代农民工政治参与的考量》，《统计与决策》2012 年第 23 期。

总之，在人口与经济社会发展的新阶段，为了实现人口、资源与环境的可持续发展，满足人们日益增长的对尊严与幸福的追求，就迫切需要政府提升治理能力，实现善治，制定科学的人口策略和发展战略，以促进以人为核心的经济社会实现全面均衡可持续发展。

第二节　人口发展的历史演进与再探索

20 世纪初期，随着英、德、法等国家工业化、城市化的快速发展，形成了经济持续发展过程中的人口转变学说。具体来说，人口转变理论就是指随着生产力和工业化的快速发展，死亡率、出生率的下降，自然增长率也快速下降，随之持续稳定在较低水平的发展过程。简单地说，就是指人口发展随着经济发展而产生的相应变化过程。

一、世界人口转变的理论发展与历史演进

人口转变理论旨在对人口发展的过程、根源、机制及趋势进行分析与解释，其替代了马尔萨斯人口陷阱理论。人口转变理论在不断丰富与拓展的历史演进中形成了众多流派，也伴随着诸多争议，但它对于人口发展的阐释价值、对于人口理论的奠基作用是毋庸置疑的。

（一）世界经典人口转变的理论发展

人口学最为基础的理论即是人口转变理论（The Demographic Transition Theory），但其不是纯理论演绎的结果（李竞能，1992[①]），而是西方学者根

———————

① 李竞能：《现代西方人口理论》，复旦大学出版社 2004 年版，第 318 页。

据 20 世纪初西欧等工业国家的人口出生率、死亡率及其相互关系变动的历史资料对人口发展过程、主要阶段、演变规律的经验概括。人口转变就是人口再生产类型的转变，简单说就是从"高出生率、高死亡率、低自然增长率"的人口再生产类型，逐步向"低出生率、低死亡率、低自然增长率"的人口再生产类型转变。人口转变的普遍事实动摇了马尔萨斯①（2009）在《人口原理》中提出的基本论断：生活资料生产增长，人口也必然增长，人口增长速度必然超过生活资料增长速度。

1. 人口发展阶段的划分

人口转变理论的提出可追溯至法国学者阿德尔费·兰德里（Adolphe Landry）1909 年发表的论文《人口的三种主要理论》，他在撰文中提出了人口转变的思想。1934 年，兰德里在《人口革命》一书中根据西欧（尤其是法国）的人口统计资料将人口发展分为原始阶段、过渡阶段和现代阶段，认为不同阶段之间有本质上的差异，并把这三个阶段之间的转变称为"人口革命"。对人口发展阶段进行划分有助于明晰人口发展的过程及趋势，但在人口转变理论的演进过程中，人口发展阶段划分的标准却始终未有共识，代表性的观点主要有：

沃恩·汤普森（Warren Thompson）② 的三类型、三阶段论。1929 年，汤普森试图把欧洲以外的其他地区的人口发展经历纳入人口转变的理论框架中来，他按照出生率、死亡率、经济、生活水平的不同，划分了三种类型的国家，体现了人口发展的三个阶段：第一类是出生率和死亡率都失控的国家，称为"马尔萨斯类型"，涵盖了当时七成以上的国家；第二类是死亡率处于低水平、生育率迅速下降、总人口先静止后下降的国家，包括北欧、西欧和美国；第三类是出生率和死亡率都已下降，但死亡率比出生率下降得更早、更快，人口先增后减的国家，包括东欧和南欧。

---

① ［英］马尔萨斯：《人口原理》，朱泱、胡企林、朱和中译，商务印书馆 1992 年版。
② Thompson, Warren S., "Population", *American Journal of Sociology*, 1929(6), pp. 959-975.

弗兰克·华莱士·诺特斯坦（Frank Wallace Notestein）的三阶段论[1]和四阶段论[2]：1945年，诺特斯坦把人口发展划分为具有较高增长潜力的人口阶段、转变中的人口阶段和已经完成转变的人口阶段。1953年，他结合农业社会向工业社会转变过程，进一步修改了自己的理论，把人口发展划分为前工业化阶段、工业化初期阶段、工业化进一步发展阶段和完全工业化阶段。

此外，查利斯·布莱克（Charles Blacker）[3]把经济变动过程与人口发展过程有机结合，提出了五阶段论，即把人口发展划分为高位静止、早期扩展、后期扩展、低位静止和减退五个阶段；哈维·莱宾斯坦（Harvey Leibenstein）[4]则按照社会经济发展状况以及出生率、死亡率的变动，将人口发展划分为不同于以往的三个阶段：传统习俗社会阶段、现代社会前期阶段、现代社会阶段。但是，这些人口发展阶段的划分都是定性划分的，没有量化标准，直到1966年寇尔（Ansley J. Coale）[5]根据模型生命表提出人口转变五阶段的定量标准。（见表1-3）

表1-3 寇尔人口转变模式的数量界定

	原始静止	前现代	过渡	现代	现代静止
出生率（‰）	50.0	43.7	45.7	20.4	12.9
死亡率（‰）	50.0	33.7	15.7	10.4	12.9
自然增长率（‰）	0.0	10.0	30.0	10.0	0.0

资料来源：周仲高：《中国人口转变：理论趋向与教育学诠释》，《广东社会科学》2014年第4期。

---

[1]　Notestein, F.W., "Population: the Long View", *Schultz Tw Ed*, 1945.

[2]　Notestein, F.W., *Economic Problems of Population Change*, 8th International Conference of Agricultural Economists, London: Oxford University Press, 1953.

[3]　Blacker, C.P., "Stages in Population Growth", *Eugenics Review*, 1947, 39(3), pp. 88-101.

[4]　Leibenstein, Harvey, "Economic Backwardness and Economic Growth", *Studies in the Theory of Economic Development*, 1957, 4(4), pp. 375-401.

[5]　Coale, Ansley J., "Estimates of Fertility and Mortality in Tropical Africa", *Population Index*, 1966, 32(2), pp. 173-181.

无论是几阶段论，在人口转变理论的演进过程中，学者们的共识是，人口发展是人口再生产类型在工业化、城市化、现代化的推动下，从"高、高、低"向"高、低、高"过渡，最终走向"低、低、低"的历史过程；而不同之处在于：一是对"高、低、高"这一过渡阶段是否进一步细分；二是阶段的划分依据由单一的出生率和死亡率水平转向辅以经济和社会发展水平。

2. 人口转变动因的分析

人口转变的历程不仅呈现出人口动态变化的阶段性特征，而且反映出人口与经济、社会、文化变迁的密切联系。人口转变理论的早期代表人物除了描述出人口发展阶段，也探讨了人口转变的动因。兰德里就把人口发展看作与社会经济条件密切相关的过程，他认为饥饿的减少、对疾病诊断和治疗水平的提高、抗生素的使用和卫生条件的改善导致流行病的减少、暴力和内战减少导致死亡的减少、婴儿死亡率的下降以及生活水平的提高等因素共同导致死亡率的下降，他将生育率的下降归因于生理原因或道德原因（Kirk，1996[①]）。诺特斯坦[②]（1945）对生育率下降的原因进行了更为详细的解释，认为在前工业化社会，生育率保持高水平是必然的，否则高死亡率将导致人类的灭绝，同时，生育率受到宗教教义、道德准则、法律、教育、社区风俗、婚姻习惯和家庭组织的影响；而随着死亡率的下降，高生育率的必要性减弱。诺特斯坦[③]（1953）在随后的研究中再次指出城市工业社会是人口转变的关键性因素，强调传统家庭的弱化和个人主义的盛行对人口转变的积极作用，同时，也注意到理性和世俗观念的发展、教育普及带来现代技术的扩张、健康状况的改善等其他重要社会因素。

[①] Kirk, Dudley, "Demographic Transition Theory", *Population Studies*, 1996, 50(3), pp. 361-387.

[②] Notestein, F.W., "Population: the Long View", *Schultz Tw Ed*, 1945.

[③] Notestein, F.W., *Economic Problems of Population Change*, 8th International Conference of Agricultural Economists, London: Oxford University Press, 1953, pp. 15-18.

20 世纪 70 年代至 80 年代，人口转变理论从主要探讨人口转变的阶段转向分析影响死亡率和生育率变动的因素。总体而言，是将人口转变归因于工业革命后的经济社会发展以及文明、理性、世俗化、文化传播。由于死亡率下降的原因相对明确，学者们将研究重点放在了生育率下降的动因上，出现了许多理论流派，代表性的有：理查德·伊斯特林（Richard A. Easterlin）① 的"临界值假说"，认为存在一个经济发展对生育行为产生显著影响的临界值，也就是说经济发展水平一旦超过这个临界值，生育率就可能出现明显的下降；法国学者阿森·杜蒙特的"社会毛细管理论"，认为家庭规模越小，孩子发展的可能性越大，向上流动的机会越多；考德威尔（J. C. Caldwell）② 的"财富流理论"，认为代际之间净财富流的流向导致了家庭生育模式的变化，在现代社会净财富流是由父代流向子代，从而导致人们倾向于低生育率。

经典人口转变理论在历史演进过程中的研究范围、研究视角、研究方法都得到了深化与拓展，其核心思想已不断被历史所证实。李竞能③（2004）认为人口转变论有三个基本观点：一是人口发展过程同经济社会发展过程有着密切联系，人口转变是以经济社会条件的根本性变化为前提；二是人口转变主要是通过出生率（生育率）和死亡率的变动来实现，并且是一个含有不同阶段、不同类型的历史发展过程，亦即出生率和死亡率是由旧均衡转变到新均衡的长期变动过程；三是在传统农业社会向现代工业社会演进的初期，出生率的下降滞后于死亡率的下降，二者之间存在着所谓"时滞"现象，因此加速社会经济现代化的进程，缩短出生率下降的"时滞"过程，是人口转变的关键问题。

---

① Easterlin, Richard A., and Eileen M.Crimmins, *The Fertility Revolution: A Supply-Demand Analysis*, Chicago: University of Chicago Press, 1985.

② Caldwell, J.C., "Theory of Fertility Decline", *London & New York Academic*, 1982(45) .

③ 李竞能：《现代西方人口理论》，复旦大学出版社 2004 版，第 324—326 页。

（二）人口转变理论的深化

经典人口转变理论认为人口发展会由"高死亡率、高出生率、低增长率"的原始均衡，进而转变为"低死亡率、低出生率、低增长率"的现代均衡。在现代均衡阶段，总和生育率稳定在更替水平（2.1—2.2），人口规模最终会稳定在一个相对静止的状态，人口转变完成。但事实上，越来越多欧洲和东亚国家的总和生育率已经低于更替水平，甚至降至极低生育率（<1.3），如果这些国家的总和生育率保持这样的低水平且不发生持续的大规模人口迁移，人口老龄化以及人口总量锐减将成为必然趋势。至此，经典人口转变理论的分析框架已经无法对事实进行有效回应，正如邬沧萍、穆光宗[1]（1995）所言："由于低生育及其新人口问题的出现，人口转变理论的解释力和预见力开始不可避免地受到挑战。"因此，20 世纪 80 年代开始，越来越多的学者转向探讨人口转变理论适用性问题和人口发展趋势问题。

1. 第二次人口转变理论

1986 年，荷兰学者冯德卡（Van de Kaa）和比利时学者列思泰赫（Lesthaeghe）用荷兰文在《人与社会》杂志上合作发表了题为《两次人口转变?》的论文，提出"欧洲第二次人口转变"，随后发表了一系列文章来阐述第二次人口转变理论（The Second Demographic Transition Theory），力图解释生育率在降到更替水平后继续低迷、甚至继续下降的原因，进而预测人口转变完成后可能的人口发展走向。冯德卡和列思泰赫把发生在 19 世纪到第二次世界大战之前的欧洲人口转变称为"第一次人口转变"；把发生在 20 世纪 60 年代之后的人口转变称为"第二次人口转变"。与第一次人口转变不同，第二次人口转变表现为在死亡率和出生率均很低的水平上，死亡率由于受到持续的低生育率、人口老龄化等影响缓慢回升，进而导致人口负增长。第二次人口转变理论还把国际移民这一因素纳入分析框架，并把这一分

---

[1] 邬沧萍、穆光宗：《低生育研究——人口转变论的补充和发展》，《中国社会科学》1995 年第 1 期。

析框架前推至第一次人口转变，从而建立了一个包含出生率、死亡率、自然
增长率、净人口迁移率的四要素模型。（见图1-3）随着低生育率在全球的
扩散，第二次人口转变理论的分析范围逐渐从西欧扩展到南欧、东欧以及美
国、加拿大、日本等国家。

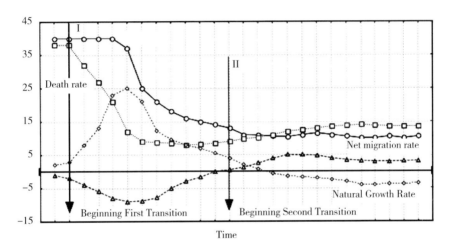

图1-3　第一次人口转变和第二次人口转变模型

资料来源：Van de Kaa, D.J., "Europe and Its Population: the Long View", in D.J.van de Kaa, H.Leridon, G.
Gesano and M.Okolski, *European Populations: Unity in Diversity*, Dordrecht etc., Kluwer Academic
Publishers, 1999, pp. 1-194.

　　第二次人口转变理论重点关注了人口发展新特点的动因，并且不再仅局
限于直接的"人口变化"上，而是结合"中间变量"来讨论（刘爽等，
2012①）。Van de Kaa（1987）认为与第一次人口转变相比，欧洲第二次人口
转变是完全不同的人口和社会现象，具体表现为四个重要的转移：（1）从婚
姻的黄金时期转向同居的破晓；（2）从预防性的避孕转向自我实现的避孕；
（3）从孩子为王的时代转向以伴侣为中心的时代；（4）从单一家庭模式转
向多元化的家庭户模式（蒋耒文，2002②）。可见，第二次人口转变主要是

---

　　① 刘爽、卫银霞、任慧：《从一次人口转变到二次人口转变——现代人口转变及其启示》，
《人口研究》2012年第1期。
　　② 蒋耒文：《"欧洲第二次人口转变"理论及其思考》，《人口研究》2002年第3期。

人类社会的婚姻模式、家庭关系、生育行为发生了重大变化，三者及其相互关联的变化导致了低生育率。婚姻模式的变化体现在：初婚年龄大大推迟、单身率和离婚率上升、同居现象普遍化等。家庭关系的变化体现在："个人主义家庭"取代传统的"中产阶级家庭"。生育行为的变化体现在：生育年龄推迟、自愿选择不育人群增多、非婚生育流行，生育行为的变化又影响到婚姻模式和家庭模式的变化。继而，性行为与婚姻关系的断裂又使得个人的生命历程也发生了变化，如由传统的"婚姻—性行为—生育"历程转变为"性行为—生育—婚姻"、"性行为—婚姻—生育"、"性行为—生育—单身"等多样化的历程。

那么，又是什么原因导致婚姻模式、家庭关系、生育行为的重大变化？第二次人口转变理论认为可以从结构变迁、文化嬗变和技术革命三个维度来考察，其中文化嬗变是最为核心的推力。[①] 结构变迁方面表现在：生活水平的提高、高等教育的普及和社会保障制度的完善使个人可以完全依赖于国家，教会或家庭的重要性降低；文化嬗变方面表现在：个人主义进程对人的价值观影响深远，传统婚姻和家庭模式受到了强烈的冲击；技术革命方面表现在：完善的避孕技术和信息使人们可以自由地选择婚前性行为、结婚不生育、同居直到怀孕后结婚、在婚姻之外生育等。这三个维度的变化使社会乃至个人得以准备、愿意，并且能够实现第二次人口转变。总之，第二次人口转变理论跳出了第一次人口转变理论仅对于人口自身及经济发展的局限，将人口发展放在全球化和后工业化的大背景之下，提升了人口转变理论的解释力和预见性。

2. 后人口转变理论

1999 年，李建民在提交给国家计划生育委员会的题为《持续的挑战：21 世纪中国人口形势、问题与对策》的研究报告中首次提出"后人口转

---

① Dj, Van De Kaa, "The Second Demographic Transition Revisited: Theories and Expectations", *Nidi/cbgs Publication*, 1994.

变"一词。报告认为人类历史上的人口发展过程可以划分为"前人口转变时代、人口转变时代和后人口转变时代"这三个时代。（见图1-4）所谓后人口转变是指人口转变结束以后的人口发展时期。而后人口转变理论将研究视线投向人口转变完成后的历史时期，其尝试构建一个视野更为广阔、涵容性更强的人口长期发展理论框架，以弥补传统人口转变论理论的三个局限：首先，人口转变论的理论重点在于人口转变过程，而对后人口转变时期的人口自身发展趋势及特点没有进行具体的阐述；其次，人口转变理论没有涉及人口转变过程与后人口转变时期的人口变动上的关系；第三，人口转变理论也没有关注人口年龄结构的变动对人口增长趋势影响的问题。（李建民，2000①）李建民提出的后人口转变理论比西方学者提出的第二次人口转变理论更进一步之处在于提出了一个"最优人口假说"，即人口发展的理想状态是在更替生育率水平条件下实现人口规模和年龄结构的稳定或静止状态。后人口转变时代的人口稳定均衡有两个最基本的条件：代际规模的零增长和人口规模的零增长。只有在这种稳定均衡条件下，才能真正实现适度人口规模

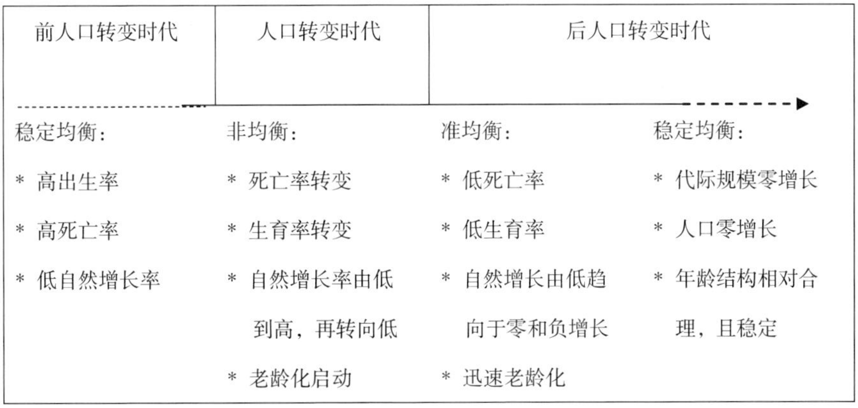

前人口转变时代	人口转变时代	后人口转变时代	
稳定均衡：	非均衡：	准均衡：	稳定均衡：
* 高出生率	* 死亡率转变	* 低死亡率	* 代际规模零增长
* 高死亡率	* 生育率转变	* 低生育率	* 人口零增长
* 低自然增长率	* 自然增长率由低到高，再转向低	* 自然增长由低趋向于零和负增长	* 年龄结构相对合理，且稳定
	* 老龄化启动	* 迅速老龄化	

图1-4 人口发展形态演变

---

① 李建民：《后人口转变论》，《人口研究》2000年第4期。

与合理年龄结构的统一，或可称其为最优人口。于学军①（2000）的研究也赞同"后人口转变"的提法，并认为应尽快跳出生育水平高低和人口数量多少的狭隘视野，而应该更多地关注今后低生育水平下的中国人口发展，以及相关的人口质量、结构、分布和开发问题。

3. 争议与讨论

人口转变理论经过近一个世纪的实践检验，不断地被修正与完善，周仲高②（2014）认为人口转变理论的演进呈现出三大特征：一是研究对象由宏观逐渐转向微观；二是研究视角由单一走向多元；三是研究方法由定性为主转向定性与定量结合。除了经典人口转变理论和第二次人口转变理论，还有学者提出低生育率国家外来移民及民族构成的变化将带来第三次人口转变。（David Coleman，2006③）

但是，对于是否存在第二次人口转变，也即是有真正独立意义上的第二次人口转变，还仅是第一次人口转变延伸出来的"次生转变"，学者们还在持续争论。（David Coleman，2003④）对第二次人口转变的批判主要来自六个方面：第一，第二次人口转变只是第一次人口转变的延续，而不是一次新的人口转变；第二，第二次人口转变只是一个"次要的"特征，甚至不是人口学的特点，而只是对生活方式偏好的部分分析，因而不能称为"第二次"转变；第三，第二次人口转变具有很大的局限性，因其只是西欧（加上加拿大和澳大利亚）的特点；第四，在美国，影响强大的基督教价值观会强化美国的"例外特点"，生育率一直高于更替水平；第五，有学者认为，第二次人口转变过分强调家庭关系的变化（特别是同居）和低于更替

① 于学军：《中国进入"后人口转变"时期》，《中国人口科学》2000年第2期。
② 周仲高：《中国人口转变：理论趋向与教育学诠释》，《广东社会科学》2014年第4期。
③ Coleman, David, "Immigration and Ethnic Change in Low-Fertility Countries: A Third Demographic Transition", *Population & Development Review*, 2006, 32(3), pp. 401–446.
④ Coleman, David, "Why We don't have to Believe without Doubting in the Second Demographic Transition-Some Agnostic Comments", *Vienna Yearbook of Population Research*, 2004, pp. 11–24.

水平生育率之间的联系，而沿着同样的路径，第二次人口转变理论不能解释生育率从略低于更替水平到极低生育率之间的巨大差异性；第六，第二次人口转变不具有普遍性。（石人炳，2012①）我国学者石人炳认为"第二次人口转变"和"第三次人口转变"的提出者们的研究是非常有启发性和有价值的，但他并不赞成他们将自己的研究内容冠以"人口转变"，因为对一个学术概念或理论的泛化使用只会削弱其学术地位。随着社会经济的发展和文化的变迁，对新的人口现象或人口新变化的关注是应该的，且十分必要的，但也完全没有必要把这些新的人口现象或人口变化都人为承揽在"人口转变"这个框内，科学使用更加贴切的、创新的学术话语表述新的人口现象或人口变化可能会更有价值和意义。

此外，在人口转变的动因方面也存在争议，经典人口转变理论主要是从人口自身和经济发展的角度来解释人口的自然变动，第二次人口转变理论则纳入了结构变迁、文化嬗变和技术革命等多维因素。可以说，人口转变理论不仅描绘出了人口发展的轨迹，而且提供了可以改变轨迹的切入点，正如米歇尔·斯·泰特尔鲍姆②（1992）所言：转变理论对现时代的意义，也许更多地体现在它的政策含义方面；如果能够显示，就如转变理论所能预期的那样，在一段相当长的时期内，经济社会的发展必定会引起出生率的"自然"下降，那么，许多国家的领导人所持的人口政策将被证明是有效的；相反，如果这个理论与当今发展中国家的实际情况不相适应（不管它对欧洲是否有效），那么很显然，领导们则要改变他们的想法，重新寻求正确的人口政策。只是，在纷繁复杂的现实世界中，如何理出可行的路径是人口转变理论未明确回答的。而从现实情况来看，正如王艳③（2008）写道：部分国家主

① 石人炳：《人口转变：一个可以无限拓展的概念?》，《人口研究》2012年第2期。
② 米歇尔·斯·泰特尔鲍姆：《人口转变理论及其对发展中国家的意义》，载于顾宝昌编：《社会人口学的视野》，商务印书馆1992年版。
③ 王艳：《经典人口转变理论的再探索——现代人口转变理论研究评介》，《西北人口》2008年第4期。

要是由快速的经济发展来完成推动人口转变的；但也还有一些则是通过政策的强制推行实现的；而另一些则与当地的文化习俗和观念息息相关。那么，引发人口转变的关键性因素究竟是什么？在可能影响人口转变的诸多因素中，是否存在一个权重的问题？有没有一个引发各因素作用对应的条件约束？

经典人口转变理论、第二次人口转变理论，甚至第三次人口转变理论要解决的问题主要是"其一，反映规律的人口转变已经或将要经历哪些阶段，这些阶段的特征是什么；其二，在转变的背后有什么重要的经济、社会、文化背景与动因"[1]。从这个意义上来说，人口转变理论在人口理论中的奠基地位是名副其实的。当然，在人口发展的过程中，如何更好地解释新的人口现象（比如极低生育率）、应对新的人口问题（比如人口老龄化）、预测新的人口走向（比如人口新均衡），是有志于完善人口转变理论的学者们应该深度思考的课题。

（二）世界人口转变的发展过程

人口转变是一个全球化的过程。随着生育率下降在全球范围普遍化，人口转变越来越被认同是一个反映人口发展规律的普遍现象。但是，由于不同国家或地区的经济、社会、政治、文化背景不同，其人口转变时间的早晚、过程的快慢、动因的构成都呈现出不同的特点，比较典型的有欧洲模式、日本模式以及中国模式。

1. 全球人口转变概况

（1）人口再生产类型

前文已述，人口转变就是人口再生产类型的转变。1990 年，联合国对人口转变过程提出了四阶段的划分方法（曹丽娜、黄荣清，2012[2]）：（1）转变

---

[1]　刘爽、卫银霞、任慧：《从一次人口转变到二次人口转变——现代人口转变及其启示》，《人口研究》2012 年第 1 期。

[2]　曹丽娜、黄荣清：《东盟各国的人口转变与人口政策——兼论对中国计划生育的启示》，《人口与发展》2015 年第 2 期。

前阶段，高出生率、高死亡率，总和生育率在 6.5 以上，平均预期寿命在 45 岁以下，人口增长速度较为缓慢，属于传统型人口再生产类型；（2）前期转变阶段，出生率和死亡率开始下降，后者先于前者，总和生育率在 4.5—6.5 之间，平均预期寿命在 45—55 岁之间，人口增长速度开始加快，这一阶段主要以死亡率的转变为标志，人口再生产属于过渡型；（3）后期转变阶段，出生率和死亡率加速下降，总和生育率在 2.5—4.5 之间，平均预期寿命在 55—65 岁之间，人口增长下降，这一阶段主要以生育率的转变为标志，人口再生产亦是属于过渡型；（4）低出生率和死亡率阶段，总和生育率在 2.5 以下，平均预期寿命在 65 岁以上，人口低速增长，人口再生产属于现代型。按照此划分标准，将全球视为一个整体，联合国数据显示，1950—1955 年，全球人口已经步入前期转变阶段，并于 1970—1975 年进入后期转变阶段，2010—2015 年全球人口平均预期寿命达到 70.5 岁、总和生育率为 2.5，已属于现代型人口再生产。（见图 1-5）

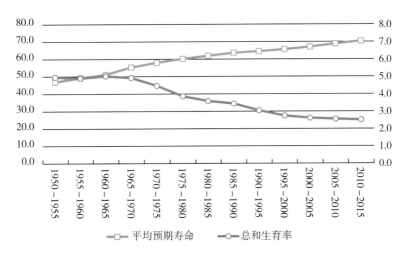

图 1-5　全球人口平均预期寿命与总和生育率变动情况

资料来源：United Nations, Department of Economic and Social Affairs, Population Division（2015），World Population Prospects：The 2015 Revision，DVD Edition.

尽管如此，并非所有国家和地区都已经转向现代型人口再生产，而且不同国家和地区的人口转变过程并不是同步的，在转变开始时间、进步快慢上差异较大。以各大洲情况为例：1950—1955 年，非洲人口还处在转变前阶段（平均预期寿命 37.4 岁，总和生育率 6.6）；亚洲人口正在进入前转变阶段（平均预期寿命 42.1 岁，总和生育率 5.8）；拉丁美洲人口也处在前转变阶段（平均预期寿命 51.2 岁，总和生育率 5.9）；欧洲、北美洲、大洋洲人口则处在后转变时期（平均预期寿命分别为 63.6、68.6、60.4，总和生育率分别为 2.7、3.4、3.8）。欧洲和北美洲人口在 1965—1970 年已属于现代型人口再生产，大洋洲、亚洲和拉丁美洲也分别于 1985—1990 年、2000—2005 年加入他们，而非洲至今尚未完全进入后转变阶段（平均预期寿命 59.5 岁，总和生育率 4.7）；在人口转变过程中，欧洲、北美洲、大洋洲、非洲的人口变动相对平稳，亚洲、拉丁美洲的人口变动则较为剧烈，尤其是总和生育率在这半个多世纪有大幅下降。（见图 1-6—图 1-11）

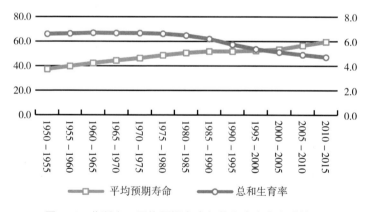

图 1-6　非洲人口平均预期寿命与总和生育率变动情况

资料来源：United Nations, Department of Economic and Social Affairs, Population Division (2015), World Population Prospects: The 2015 Revision, DVD Edition.

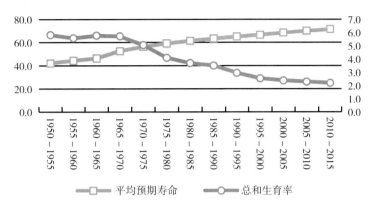

图 1-7　亚洲人口平均预期寿命与总和生育率变动情况

资料来源：United Nations, Department of Economic and Social Affairs, Population Division（2015），
World Population Prospects：The 2015 Revision, DVD Edition.

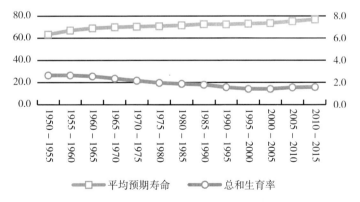

图 1-8　欧洲人口平均预期寿命与总和生育率变动情况

资料来源：United Nations, Department of Economic and Social Affairs, Population Division（2015），
World Population Prospects：The 2015 Revision, DVD Edition.

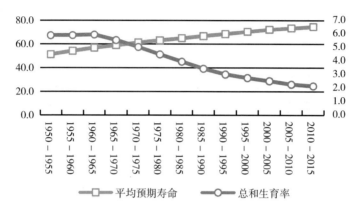

图 1-9　拉丁美洲人口平均预期寿命与总和生育率变动情况

资料来源：United Nations, Department of Economic and Social Affairs, Population Division （2015）, World Population Prospects：The 2015 Revision, DVD Edition.

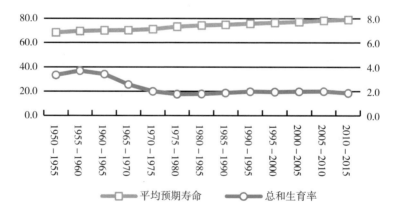

图 1-10　北美洲人口平均预期寿命与总和生育率变动情况

资料来源：United Nations, Department of Economic and Social Affairs, Population Division （2015）, World Population Prospects：The 2015 Revision, DVD Edition.

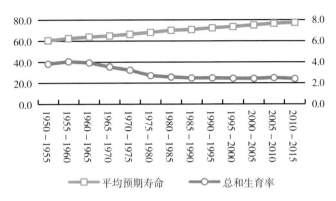

图 1-11 大洋洲人口平均预期寿命与总和生育率变动情况

资料来源：United Nations, Department of Economic and Social Affairs, Population Division（2015），World Population Prospects：The 2015 Revision, DVD Edition.

（2）出生率、死亡率、迁移率

经典人口转变理论指出，人口发展过程中，死亡率先于出生率下降，两者的时滞使得人口增长率先增后减。全球人口转变大致始于 1800 年前后（刘爽等，2012①），从联合国数据看：1950—1955 年全球人口粗出生率和粗死亡率已处于下降当中，如果按照寇尔②（1966）提出的人口转变五阶段的定量标准，此时全球人口正由过渡阶段向现代阶段转变；全球人口自然增长率在 1965—1970 年出现转折，开始下降，到 2010—2015 年降到 11.8‰。（见图 1-12）

人口转变的动因复杂且区域差异明显，但经济社会发展的作用是普遍共识。对比较发达地区和欠发达地区③的人口发展情况可以看到，目前欠发达

---

① 刘爽、卫银霞、任慧：《从一次人口转变到二次人口转变——现代人口转变及其启示》，《人口研究》2012 年第 1 期。

② Coale, Ansley J., "Estimates of Fertility and Mortality in Tropical Africa", *Population Index*, 1966, 32 (2), pp. 173-181.

③ 根据联合国定义，较发达地区（More developed regions）包括欧洲、北美洲、澳大利亚、新西兰和日本；欠发达地区（Less developed regions）包括非洲、亚洲（日本除外）、拉丁美洲、加勒比加上美拉尼西亚、密克罗尼西亚和波利尼西亚。

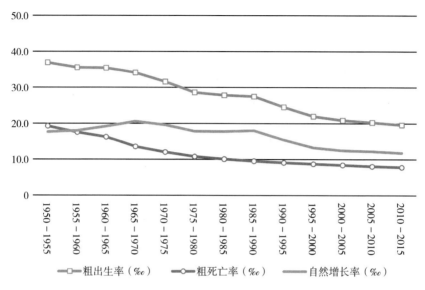

图 1-12　全球人口粗出生率、粗死亡率、自然增长率变动情况

资料来源：United Nations, Department of Economic and Social Affairs, Population Division(2015), World Population Prospects: The 2015 Revision, DVD Edition.

地区的粗出生率仍然高于较发达地区，但差距正在缩小；而受到年龄结构的影响，较发达地区的粗死亡率从 1985—1990 年开始反超欠发达地区，其自然增长率在近 20 年基本处于零增长，也就是寇尔所说的现代静止状态。（见图 1-13）

　　人口增长包括人口自然增长和人口机械增长，就全球范围来看，人口增长只包括人口自然增长。对一个封闭国家或地区来说，影响人口变动的因素是出生和死亡，但在全球化背景下，国家与国家之间、地区与地区之间的人口流动或迁移越来越频繁，迁移也成为影响人口变动的重要因素。根据联合国数据，2015 年居住人口在 9 万人以上的国家有 201 个，20 世纪 50 年代至 20 世纪末，净迁移率绝对高于 10‰ 的国家数量基本都在 30 个左右，进入 21 世纪，全球人口格局趋于稳定。（见表 1-4）

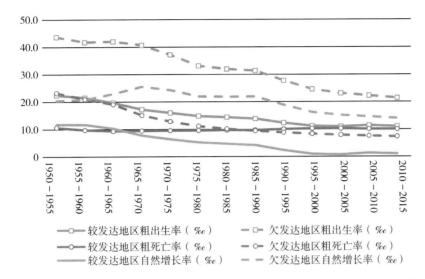

图 1-13　较发达地区和欠发达地区人口粗出生率、粗死亡率、自然增长率变动情况

资料来源：United Nations, Department of Economic and Social Affairs, Population Division（2015），World Population Prospects: The 2015 Revision, DVD Edition.

表 1-4　净迁移率高于 10‰和低于-10‰的国家数量表

年份	净迁移率高于10‰的国家数量	净迁移率低于-10‰的国家数量	合计
1950—1955	13	14	27
1955—1960	14	16	30
1960—1965	15	13	28
1965—1970	14	14	28
1970—1975	12	20	32
1975—1980	12	24	36
1980—1985	11	14	25
1985—1990	11	22	33
1990—1995	11	25	36
1995—2000	14	18	32
2000—2005	15	10	25

续表

年份	净迁移率高于 10‰的国家数量	净迁移率低于 -10‰的国家数量	合计
2005—2010	13	9	22
2010—2015	8	7	15

资料来源：United Nations，Department of Economic and Social Affairs，Population Division（2015），World Population Prospects：The 2015 Revision，DVD Edition.

（3）人口发展趋势

2015 年全球人口总量为 73.5 亿，根据联合国中方案预测：全球人口平均预期寿命到本世纪末将有望增加 10 余岁，总和生育率将降至更替水平以下（见图 1-14）；在本世纪，全球人口总量将继续上升，到 2100 年将达到 112.1 亿，但人口自然增长率将趋于零（见图 1-15）；从各地区来看，欧洲的人口增长率即将为负，且一直会持续到本世纪末，亚洲和拉丁美洲的人口也将在本世纪中期开始负增长，且人口减少的速度将快于欧洲（见表 1-5）。

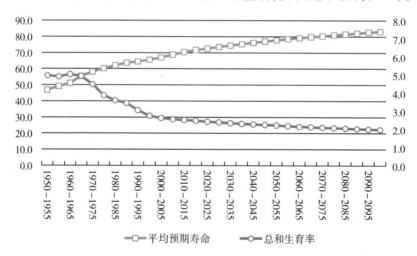

图 1-14 全球人口平均预期寿命和总和生育率变动趋势（联合国中方案）

资料来源：United Nations, Department of Economic and Social Affairs, Population Division（2015），World Population Prospects: The 2015 Revision, DVD Edition.

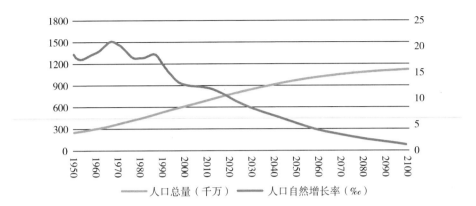

图 1-15　全球人口数量变动趋势（联合国中方案）

资料来源：United Nations, Department of Economic and Social Affairs, Population Division(2015), World Population Prospects: The 2015 Revision, DVD Edition.

表 1-5　不同地区人口增长率变动趋势（联合国中方案）　　（单位:‰）

年份	较发达地区	欠发达地区	非洲	亚洲	欧洲	拉丁美洲	北美洲	大洋洲
2015—2020	0.24	1.25	2.44	0.91	0.04	0.99	0.74	1.38
2020—2025	0.17	1.12	2.31	0.75	-0.04	0.85	0.69	1.23
2025—2030	0.11	1.00	2.20	0.61	-0.11	0.72	0.62	1.12
2030—2035	0.05	0.91	2.11	0.49	-0.16	0.59	0.53	1.01
2035—2040	0.01	0.82	2.01	0.39	-0.18	0.47	0.46	0.92
2040—2045	-0.01	0.74	1.89	0.29	-0.20	0.36	0.41	0.85
2045—2050	-0.02	0.66	1.77	0.19	-0.21	0.26	0.38	0.79
2050—2055	-0.04	0.57	1.64	0.09	-0.24	0.16	0.37	0.72
2055—2060	-0.05	0.50	1.52	-0.00	-0.27	0.06	0.36	0.65
2060—2065	-0.05	0.43	1.41	-0.07	-0.27	-0.03	0.36	0.59
2065—2070	-0.04	0.38	1.29	-0.12	-0.25	-0.11	0.34	0.53
2070—2075	-0.02	0.33	1.18	-0.17	-0.20	-0.18	0.31	0.47
2075—2080	-0.00	0.29	1.08	-0.21	-0.16	-0.24	0.27	0.42
2080—2085	0.01	0.24	0.97	-0.24	-0.12	-0.29	0.25	0.36
2085—2090	0.02	0.21	0.87	-0.25	-0.10	-0.33	0.23	0.32
2090—2095	0.02	0.18	0.77	-0.26	-0.10	-0.35	0.21	0.28
2095—2100	0.01	0.14	0.68	-0.27	-0.10	-0.37	0.20	0.23

资料来源：United Nations, Department of Economic and Social Affairs, Population Division （2015）, World Population Prospects：The 2015 Revision, DVD Edition.

如前文所述,本世纪全球人口自然增长率将接近于零,因此,未来人口结构变动将成为影响人口转变的主要因素。根据联合国中方案预测:本世纪下半叶,全球0—14岁少儿人口比例将趋于平稳,而65岁及以上人口比例将不断上升,到2100年将达到22.7%,换句话说,全球每5个人中即将至少有1个是老年人(见图1-16);按照联合国的最新标准,一个国家或地区65岁及以上老年人占总人口的比例超过7%即可视为老龄化社会,将全球看作一个整体,则在2005年便已步入老龄化社会,2015年全球居住人口在9万人以上的201个国家中有178个已是老龄化社会,到本世纪末所有国家都将成为老龄化社会(见图1-17);人口抚养比能够反映出劳动力的抚养负担轻重,对经济发展有着重要的影响,目前,全球人口总抚养比达到谷底,未来将不断上升,这是由于老年抚养比将快速上升,但非洲将迎来人口总抚养比的快速下降时代(见图1-18、表1-6)。

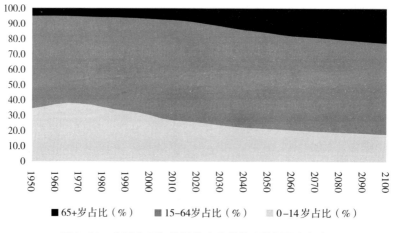

图1-16 全球人口年龄结构变动趋势(联合国中方案)

资料来源:United Nations, Department of Economic and Social Affairs, Population Division (2015), World Population Prospects:The 2015 Revision, DVD Edition.

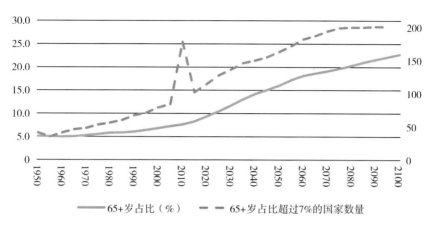

图 1-17　全球人口老龄化变动趋势（联合国中方案）

资料来源：United Nations, Department of Economic and Social Affairs, Population Division（2015），
World Population Prospects：The 2015 Revision, DVD Edition.

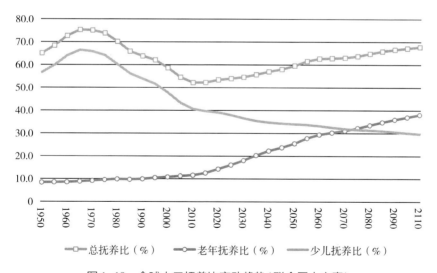

图 1-18　全球人口抚养比变动趋势（联合国中方案）

资料来源：United Nations, Department of Economic and Social Affairs, Population Division（2015），
World Population Prospects：The 2015 Revision, DVD Edition.

表1-6　不同地区人口总抚养比变动趋势（联合国中方案）　（单位:‰）

年份	较发达地区	欠发达地区	非洲	亚洲	欧洲	拉丁美洲	北美洲	大洋洲
2015	51.5	52.5	80.1	47.0	50.0	50.0	50.5	54.8
2020	55.9	53.0	77.9	47.9	54.6	48.6	54.3	57.1
2025	59.8	53.0	74.7	48.2	58.5	48.7	59.0	58.8
2030	63.6	53.2	70.8	48.9	62.1	49.6	63.7	60.4
2035	65.9	54.1	67.5	50.6	64.7	50.8	65.1	60.5
2040	68.3	55.4	65.1	52.8	67.5	52.3	65.7	61.2
2045	70.3	56.3	63.2	54.4	70.8	54.7	65.2	60.9
2050	72.9	57.8	61.5	56.6	74.6	57.8	66.3	61.9
2055	75.1	59.8	59.9	60.2	77.7	61.2	67.4	63.0
2060	75.9	60.9	58.3	62.5	77.7	64.5	69.7	63.8
2065	75.1	61.3	57.0	63.5	75.7	68.0	70.5	64.1
2070	74.5	61.7	56.0	64.6	74.4	71.4	71.3	64.3
2075	75.2	62.4	55.6	66.2	75.0	74.0	72.4	65.2
2080	76.3	63.5	55.6	68.3	76.7	76.5	72.9	66.5
2085	77.6	64.5	55.7	70.4	78.4	78.9	73.9	68.1
2090	78.7	65.2	55.8	71.9	79.5	81.0	75.1	69.6
2095	79.4	65.7	56.0	73.1	79.8	82.7	76.3	71.0
2100	79.9	66.4	56.5	74.4	80.0	84.1	77.3	72.3

资料来源：United Nations, Department of Economic and Social Affairs, Population Division （2015）. World Population Prospects: The 2015 Revision, DVD Edition.

2. 人口转变的欧洲模式

欧洲的人口转变过程属于自发性质的，是与社会经济发展过程同步实现的人口再生产类型转变，这种自发的人口转变模式历时相对较长，但引发的社会经济波动也相对较小。

（1）人口转变历程

18世纪60年代，欧洲率先开始工业革命，社会财富的丰富以及医学技术的进步使得死亡率开始下降，同时，生产力的提高使得劳动力数量需求锐减，出生率于19世纪中期也开始下降，20世纪上半叶，欧洲人口再生产类型已经完成了从"高出生率、高死亡率、高自然增长率"向"低出生率、低死亡率、低自然增长率"的转变，如前所述已属于现代型人口再生产。可见，欧洲经过了百年才完成了"第一次人口转变"（相对于第二次人口转变而言），其是伴随着工业化、城市化、现代化的渐进过程。

第二次世界大战结束后，欧洲人口的总和生育率有所回升，自然增长率的下降势头也发生转折，即出现所谓的"婴儿潮"。这一方面来自战后生育补偿；另一方面是战后经济飞速发展、社会保障日益完善、家庭价值再次回归所带来的初婚年龄下降、结婚率上升等有利因素推动。然而，1960 年总和生育率再次开始下降，1975—1980 年已跌至更替水平以下，正是西方学者所说的"第二次人口转变"，1995—2000 年欧洲人口开始负增长。直到进入 21 世纪，欧洲一些国家开始警惕"低生育率陷阱"，纷纷采取鼓励生育的措施，才使得总和生育率开始"触底反弹"，但目前仍处于"很低生育率"水平。（见图 1-19）

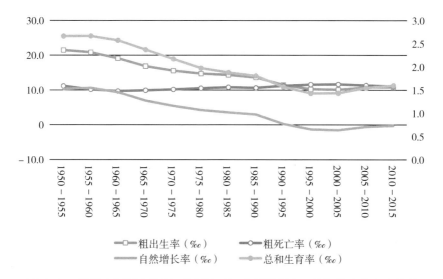

图 1-19 欧洲人口粗出生率、粗死亡率、自然增长率、总和生育率变动情况

资料来源：United Nations，Department of Economic and Social Affairs，Population Division（2015），
World Population Prospects：The 2015 Revision，DVD Edition.

欧洲各地的人口转变历程也不尽相同，20 世纪 50 年代至今：西欧和北欧的人口变动情况相近，除在"婴儿潮"时期前后有所波动外，其余时间粗出生率、粗死亡率、自然增长率非常稳定，人口自然增长率在近 40 年间趋于零，可以说，西欧和北欧的人口接近"静止人口"；南欧人口粗出生率下降要晚于西欧和北欧，接近"静止人口"的时间也要落后近 20 年；东欧人口的变动则较为剧烈，粗出生率下降起点更高，但速度也更快，人口从 1990 年开始即出现负增长。（见图 1-20—图 1-23）

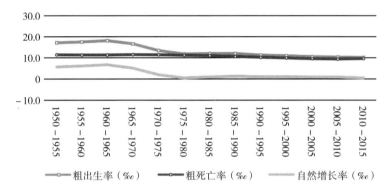

图 1-20 西欧人口粗出生率、粗死亡率、自然增长率变动情况

资料来源：United Nations, Department of Economic and Social Affairs, Population Division（2015），World Population Prospects：The 2015 Revision, DVD Edition.

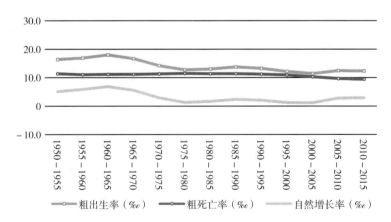

图 1-21 北欧人口粗出生率、粗死亡率、自然增长率变动情况

资料来源：United Nations, Department of Economic and Social Affairs, Population Division（2015），World Population Prospects：The 2015 Revision, DVD Edition.

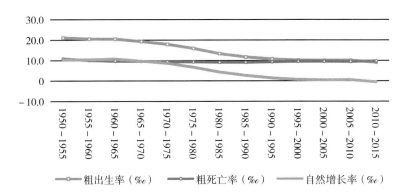

图 1-22 南欧人口粗出生率、粗死亡率、自然增长率变动情况

资料来源: United Nations, Department of Economic and Social Affairs, Population Division （2015）, World Population Prospects: The 2015 Revision, DVD Edition.

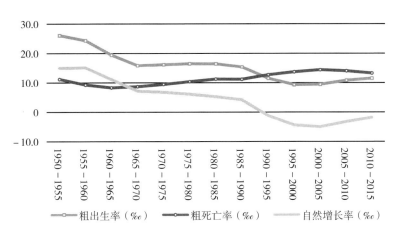

图 1-23 东欧人口粗出生率、粗死亡率、自然增长率变动情况

资料来源: United Nations, Department of Economic and Social Affairs, Population Division （2015）, World Population Prospects: The 2015 Revision, DVD Edition.

科尔曼（2006）提出"第三次人口转变"，指出了人口迁移对人口变动的影响。20 世纪 60 年代至 70 年代，北欧和西欧通过移民来弥补经济快速发展面临的劳动力不足问题；而 80 年代却收紧移民政策防止高福利的外流；进入 21 世纪后，欧洲大多数国家又纷纷制定政策吸引技术人才以提高其在

世界经济发展中的竞争力。（见表1-7）

表1-7　欧洲各地区净迁移率变动情况　　　　　（单位:%）

年份	欧洲	东欧	北欧	南欧	西欧
1950—1955	-4.6	-1.2	-12.9	-16.9	3.9
1955—1960	-8.6	-16.0	-2.4	-26.7	14.4
1960—1965	1.3	-7.5	4.7	-22.3	32.3
1965—1970	-0.8	-3.7	1.8	-23.5	20.0
1970—1975	6.2	-1.6	8.5	1.1	22.2
1975—1980	6.1	3.3	6.7	10.8	6.7
1980—1985	4.7	5.5	1.3	4.1	5.4
1985—1990	7.2	-1.0	6.9	-3.0	30.3
1990—1995	15.7	9.0	3.5	-3.2	49.0
1995—2000	9.2	5.9	14.0	6.9	14.4
2000—2005	22.7	7.5	26.9	58.9	16.4
2005—2010	23.2	12.3	42.7	42.4	14.8
2010—2015	11.2	6.3	24.2	-7.4	26.9

资料来源: United Nations, Department of Economic and Social Affairs, Population Division (2015), World Population Prospects: The 2015 Revision, DVD Edition.

（2）人口发展展望

根据联合国中方案预测，到本世纪末，欧洲人口的粗出生率、粗死亡率、净迁移率、增长率将保持现有的稳定水平，总人口规模也将保持不变。（见图1-24）未来影响人口变动的因素将主要是人口结构，欧洲人口结构在1950年属于年轻型（扩张型），目前已趋于静止人口，本世纪成为静止人口。（见图1-25—图1-28）

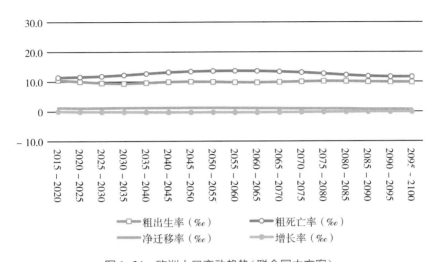

图 1-24　欧洲人口变动趋势（联合国中方案）

资料来源：United Nations, Department of Economic and Social Affairs, Population Division（2015），World Population Prospects：The 2015 Revision, DVD Edition.

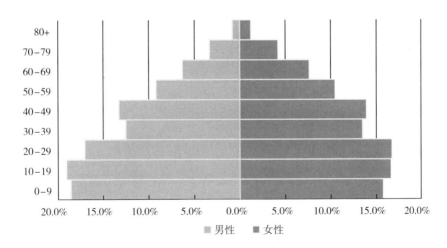

图 1-25　1950 年欧洲人口性别年龄金字塔

资料来源：United Nations, Department of Economic and Social Affairs, Population Division（2015），World Population Prospects：The 2015 Revision, DVD Edition.

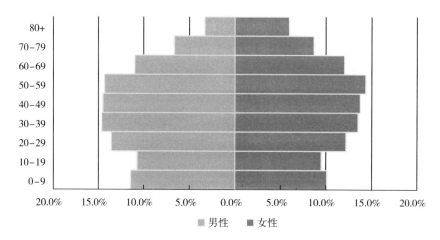

图 1-26　2015 年欧洲人口性别年龄金字塔

资料来源：United Nations, Department of Economic and Social Affairs, Population Division（2015），
World Population Prospects：The 2015 Revision, DVD Edition.

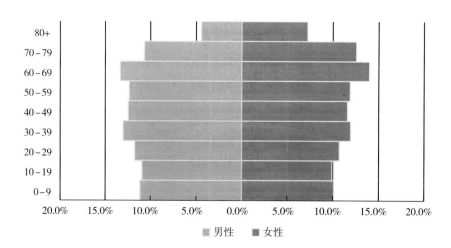

图 1-27　2050 年欧洲人口性别年龄金字塔（联合国中方案）

资料来源：United Nations, Department of Economic and Social Affairs, Population Division（2015），
World Population Prospects：The 2015 Revision, DVD Edition.

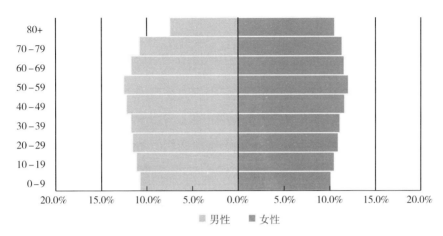

图 1-28 2100 年欧洲人口性别年龄金字塔(联合国中方案)

资料来源：United Nations, Department of Economic and Social Affairs, Population Division (2015), World Population Prospects：The 2015 Revision, DVD Edition.

李建民[①] (2000) 认为静止人口是"最优人口"，但是，欧洲不得不经过一个阵痛期。因为在未来几十年欧洲的人口老龄化程度将继续加深，将影响经济发展所需要的劳动人口供给：2015 年欧洲 65 岁及以上老年人口所占总人口的比例是 17.6%，而到 2050 年将达到 27.6%，到 2100 年将达到 29.4%。(见图 1-29)

图 1-29 欧洲 65+岁占比变动趋势(联合国中方案)

资料来源：United Nations, Department of Economic and Social Affairs, Population Division (2015), World Population Prospects：The 2015 Revision, DVD Edition.

---

① 李建民：《后人口转变论》，《人口研究》2000 年第 4 期。

从总人口抚养比看，欧洲各地区及主要国家的总人口抚养比未来将继续上升，尤其是南欧和西欧，制造业大国德国的总人口抚养比逼近 1，未来一个劳动年龄人口将需要抚养一个老人或儿童。（见表 1-8）

表 1-8　欧洲各地区和主要国家总人口抚养比变动情况　　（单位:%）

年份	各地区				主要国家		
	东欧	北欧	南欧	西欧	英国	法国	德国
1950	52.7	51.7	54.3	50.3	49.9	51.6	49.1
1955	50.5	53.7	53.6	50.9	52.0	56.0	46.4
1960	56.8	54.6	55.4	54.2	53.6	60.9	49.1
1965	56.2	55.1	55.8	57.0	55.0	60.0	54.8
1970	52.1	58.0	57.6	59.2	59.2	60.2	58.7
1975	49.3	58.7	57.9	58.1	60.1	59.3	57.7
1980	50.0	55.8	55.8	53.5	56.2	56.3	52.2
1985	49.7	52.5	50.7	46.6	52.2	50.7	43.8
1990	50.8	53.0	48.1	47.1	53.1	51.2	44.5
1995	50.3	54.0	47.1	48.6	54.6	52.8	46.0
2000	45.1	52.7	47.6	49.1	53.6	53.6	46.2
2005	42.1	51.0	48.2	50.8	51.5	54.0	49.5
2010	40.6	51.0	49.3	52.2	51.2	55.0	51.8
2015	44.0	55.3	52.9	54.6	55.1	60.3	51.8
2020	50.7	58.3	55.6	57.8	58.0	63.5	55.2
2025	54.9	60.5	58.7	62.6	60.1	66.2	61.5
2030	56.1	63.7	64.1	68.8	63.6	69.5	70.1
2035	54.9	66.4	70.8	74.2	66.5	72.5	77.7
2040	56.5	67.6	78.7	76.0	67.5	75.3	78.2
2045	60.8	68.5	85.6	76.3	68.3	75.6	78.5
2050	67.1	70.4	88.9	77.7	70.4	75.9	81.1
2055	73.1	72.4	89.2	79.2	72.6	75.7	84.5
2060	72.7	73.7	88.2	79.7	73.8	75.0	86.0
2065	67.8	73.4	86.9	80.2	73.6	75.4	86.7
2070	64.2	72.7	86.8	80.7	72.7	77.0	86.3

续表

年份	各地区				主要国家		
	东欧	北欧	南欧	西欧	英国	法国	德国
2075	64.2	74.1	88.2	81.0	74.1	78.7	85.3
2080	66.9	75.8	89.3	81.6	75.9	80.2	84.9
2085	69.5	77.5	90.1	82.6	77.9	81.3	85.8
2090	70.5	79.0	90.3	84.0	79.5	82.3	87.6
2095	69.8	80.0	90.4	85.3	80.5	83.4	89.3
2100	68.6	80.8	90.8	86.5	81.2	84.7	90.4

资料来源：United Nations，Department of Economic and Social Affairs，Population Division（2015），World Population Prospects：The 2015 Revision，DVD Edition.

3. 人口转变的日本模式

日本的人口转变过程属于自发性与政府引导相结合的模式，既是经济社会发展的结果，同时，也为经济社会发展提供了重要的人力资本，是促进经济社会发展的动力，可以说日本的人口转变与经济社会发展是互为因果的。

（1）人口转变历程

第二次世界大战结束后，日本同欧洲一样也经历了一个出生高峰，1950—1955年的粗出生率和总和生育率仍然高达23.8‰和3.0。二战前和战争期间，日本政府鼓励生育，禁止人工流产。1948年，日本政府颁布《优生保护法》，人工流产和绝育合法化，政府倾向于控制人口态度十分明确。1955—1960年日本的粗出生率降至18.1‰、总和生育率降至2.2、平均预期寿命升至66.3岁，属于现代型人口再生产，完成了"第一次人口转变"。与大多数欧洲国家人口转变经历了数百年不同的是，日本仅用了不到20年就实现了由传统型人口再生产到现代型人口再生产的转变，而且，同居和婚外生育的比例较低。日本的人口转变是与战后经济腾飞同步的，与经济发展可谓互为因果，日本政府虽然没有明确的人口控制政策，但通过广泛宣传节制生育同改善生活、保持健康等一系列与民众切身利益的关系，普及避孕节育方法，支持家庭生育计划活动，引导民众自觉地节制节育。

1955—1975 年间的 20 年，由于经济发展对劳动力需求的增加以及人口惯性的作用，日本的人口自然增长率小有回升。从 1975 年开始，日本的总和生育率开始降至更替水平以下，即开始了所谓的"第二次人口转变"。受到人口老龄化的影响，虽然进入 21 世纪以来总和生育率有所回升，但人口已经出现了负增长。（见图 1-30）

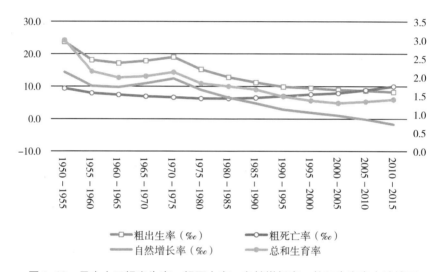

图 1-30　日本人口粗出生率、粗死亡率、自然增长率、总和生育率变动情况

资料来源：United Nations, Department of Economic and Social Affairs, Population Division (2015), World Population Prospects：The 2015 Revision, DVD Edition.

此外，2015 年，0—14 岁人口数量从 1950 年的 2.9 亿降至 1.6 亿，减少了 1.3 亿，"少子化"现象持续多年。（见图 1-31、图 1-32）与"少子化"相伴随的是深度老龄化：2015 年日本人口的平均预期寿命是 83.3 岁，比 1950 年提高了 20 多岁，在亚洲仅略低于中国香港；而日本 65 岁及以上老年人口的比例近年来也一直居于亚洲首位，2015 年达到 26.3%，相当于 4 个人中至少有 1 个老年人；同时，日本 80 岁及以上老年人口的比例自 1950 年便加速上升，2015 年达到 7.8%。从人口抚养比来看，日本总抚养比在本

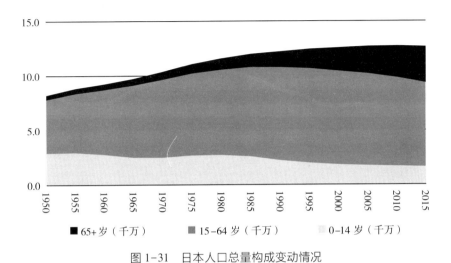

图1-31　日本人口总量构成变动情况

资料来源：United Nations，Department of Economic and Social Affairs，Population Division（2015），World Population Prospects：The 2015 Revision，DVD Edition.

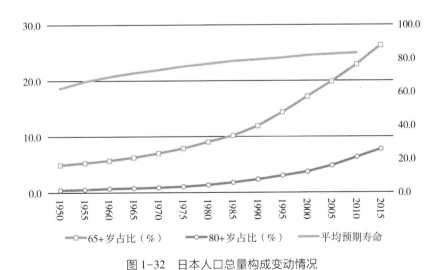

图1-32　日本人口总量构成变动情况

资料来源：United Nations，Department of Economic and Social Affairs，Population Division（2015），World Population Prospects：The 2015 Revision，DVD Edition.

世纪初便告别了下降势头，一路上升，这主要是老年抚养比的快速上升，而少儿抚养比是不断下降的，可以说，日本目前正在经历劳动力后劲不足而且社会保障负担重的"人口负债"时期。（见表 1-9）

表 1-9　日本人口抚养比变动情况　　　　　　（单位:%）

年份	总抚养比	少儿抚养比	老年抚养比
1950	67.6	59.3	8.3
1955	63.3	54.7	8.7
1960	56.0	47.0	8.9
1965	47.2	37.9	9.2
1970	45.3	35.0	10.2
1975	47.5	35.9	11.6
1980	48.4	35.0	13.4
1985	46.7	31.7	15.0
1990	43.4	26.3	17.1
1995	43.8	23.1	20.7
2000	46.6	21.4	25.2
2005	50.7	20.8	29.9
2010	56.8	20.8	36.0
2015	64.5	21.1	43.3

资料来源: United Nations, Department of Economic and Social Affairs, Population Division（2015）, World Population Prospects: The 2015 Revision, DVD Edition.

（2）人口发展展望

根据联合国人口中方案预测：本世纪日本人口的粗出生率将保持低速平稳，粗死亡率将在继续缓慢上升半个世纪后缓慢下降，但将一直高于粗出生率，由于一直以来都采取严格的移民政策净迁移率几乎可以忽略不计，未来日本人口将继续收缩，到 2100 年将减少 4000 多万。从人口年龄结构看，2015 年日本已经从 1950 年的年轻型（扩张型）人口转变成成年型人口，到本世纪中叶继续演进为老年型（收缩型）人口，到本世纪末，将趋于静止

人口。（见图 1-33—图 1-38）

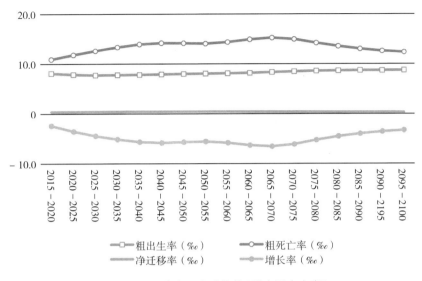

图 1-33　日本人口变动趋势（联合国中方案）

资料来源：United Nations, Department of Economic and Social Affairs, Population Division （2015），World Population Prospects：The 2015 Revision, DVD Edition.

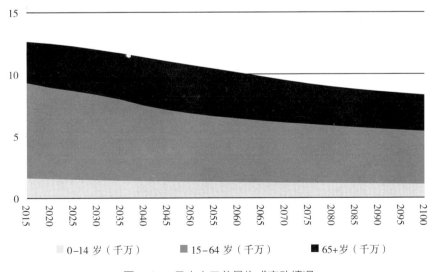

图 1-34　日本人口总量构成变动情况

资料来源：United Nations, Department of Economic and Social Affairs, Population Division （2015），World Population Prospects：The 2015 Revision, DVD Edition.

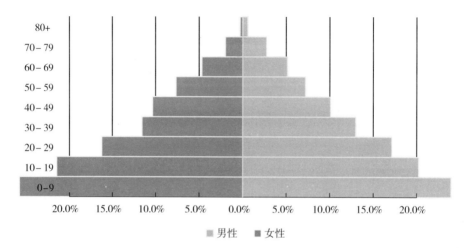

图 1-35　1950 年日本人口性别年龄金字塔

资料来源：United Nations, Department of Economic and Social Affairs, Population Division（2015），
World Population Prospects：The 2015 Revision, DVD Edition.

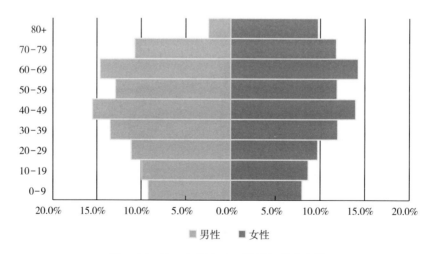

图 1-36　2015 年日本人口性别年龄金字塔

资料来源：United Nations, Department of Economic and Social Affairs, Population Division（2015），
World Population Prospects：The 2015 Revision, DVD Edition.

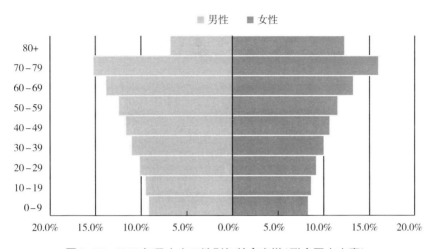

图 1-37 2050 年日本人口性别年龄金字塔（联合国中方案）

资料来源：United Nations，Department of Economic and Social Affairs，Population Division（2015），
World Population Prospects：The 2015 Revision，DVD Edition.

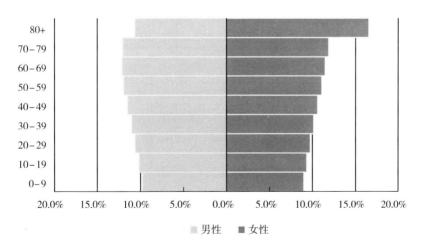

图 1-38 2100 年日本人口性别年龄金字塔（联合国中方案）

资料来源：United Nations，Department of Economic and Social Affairs，Population Division（2015），
World Population Prospects：The 2015 Revision，DVD Edition.

日本人口在达到"静止人口"之前,快速老龄化还要持续到本世纪中叶,之后趋于平稳,老年抚养比也将持续保持高水平,少儿抚养比将非常缓慢地上升。(见图1-39)本世纪后半叶,人口总抚养比将维持在90.0%以上,意味着1位劳动年龄人口将负担1位老人或儿童,社会负担形势严峻。(见表1-10)事实上,日本一直以来都在积极应对"少子化"和"老龄化",比如通过确保育儿假制度的实施,提高分娩费保障额,扩大育儿补贴范围,改善育儿后妇女的就业环境,营造社区、家庭、幼儿园相互配合的育儿网络等措施来鼓励生育(梁颖,2014[①]);并通过立法(如《高龄社会对策基本法》、《高龄社会对策大纲》等),探索多样化的养老形式,官、学一体,中央政府、地方自治体、企业、个人综合发力等措施来应对老龄化(张志宇、张崇巍,2015[②])。

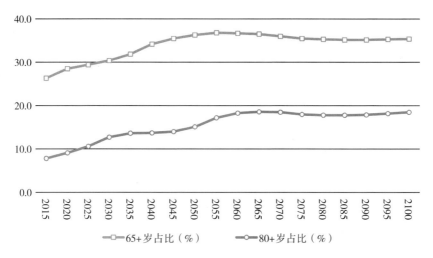

图1-39　日本65+岁和80+岁占比变动趋势(联合国中方案)

资料来源:United Nations, Department of Economic and Social Affairs, Population Division (2015), World Population Prospects:The 2015 Revision, DVD Edition.

---

①　梁颖:《日本的少子化原因分析及其对策的衍变》,《人口学刊》2014年第2期。
②　张志宇、张崇巍:《日本社会的人口老龄化现状及政府对策》,《老龄科学研究》2015年第6期。

表 1-10　日本人口抚养比变动趋势(联合国中方案)　　(单位:%)

年份	总抚养比	少儿抚养比	老年抚养比
2015	64.5	21.1	43.3
2020	69.6	21.4	48.3
2025	71.9	21.3	50.6
2030	74.4	21.3	53.1
2035	78.7	21.7	57.0
2040	86.5	22.7	63.8
2045	91.7	23.6	68.1
2050	95.1	24.3	70.9
2055	97.3	24.7	72.6
2060	97.3	25.0	72.4
2065	97.0	25.2	71.8
2070	95.8	25.4	70.4
2075	94.7	25.6	69.2
2080	94.5	25.8	68.7
2085	94.6	26.1	68.6
2090	94.8	26.2	68.6
2095	95.0	26.2	68.8
2100	95.4	26.3	69.2

资料来源: United Nations, Department of Economic and Social Affairs, Population Division (2015), World Population Prospects: The 2015 Revision, DVD Edition.

二、中国人口发展的历程、趋势与政策困境

2015 年 2 月 26 日,中国国家统计局发布的《2014 年国民经济和社会发展统计公报》数据显示,中国大陆总人口在 2014 年末为 136782 万人,比 2013 年末增加了 710 万人,可以看出,中国仍然是世界上人口最多的国家。总的来看,中国人口的发展历程同中国经济社会的发展过程一样,也经过了漫长而曲折的道路。

（一）中国人口政策的发展过程

1. 20 世纪 50—60 年代：从鼓励生育到节制生育

新中国成立初期，政府将重心放到发展生产、经济恢复中来，劳动力这一生产要素的作用凸显，加之受到苏联大力宣传和奖励"英雄母亲"等鼓励生育政策的影响，中国政府也倾向于鼓励生育。国家卫生部于 1950 年发布了《机关部队妇女干部打胎限制的办法》，明确规定禁止非法打胎，不仅打胎的条件要求苛刻，而且申请打胎的手续也极为繁琐。卫生部于 1952 年，又制定了《限制节育及人工流产暂行办法》，这些限制节育和人工流产的规定和措施实际上发挥了鼓励生育的作用。

1953 年中国进行了第一次人口普查，调查结果显示当年全国总人口超过 6 亿，远超预期，人口多、增长快的事实引起政府和整个社会的关注。中共中央于 1955 年向全党转发了《对卫生部党组关于节制生育问题的报告的批示》，明确了节制生育的重要意义。其后，卫生部多次修改和发布关于避孕、节育和人工流产问题的办法，政府关于禁止绝育、节育和人工流产的禁忌逐渐被打破，为全国开展节育活动提供了政策上的支持。党和国家领导人毛泽东、周恩来、邓小平等多次在公开场合明确表达了赞成节制生育的态度，并积极推动节制生育，更进一步强化了节制生育的社会舆论和政策环境。马寅初的《新人口论》于 1957 年在《人民日报》上全文发表，提出了"中国人口增长过快"的命题和"控制人口数量、提高人口质量"的观点，引起很大的反响。但是，1957 年反右斗争扩大化后，马寅初遭到严厉的批判，马寅初等人的观点也遭到猛烈的攻击，马寅初更是被扣上了"中国的马尔萨斯"的帽子。

1958—1960 年"大跃进"时期，中国的人口与经济社会、资源环境的矛盾充分暴露出来，尤其在人口迅速增加的城镇，更是加剧了社会商品的供需矛盾。人们开始认识到，依靠人口规模优势和群众动员所产生的力量是有限的，终究无法逾越资源、环境承载能力和经济、社会发展条件的制约，要缓解人口规模对经济、社会、资源、环境的压力，发展生产只是一个方面，更为重要的是控制人口增长。党中央和国务院于 1962 年发出《关于认真提倡计划生育的指示》，明确指出要在城市和人口稠密的农村提倡节制生育，适当控制人口自然增长率。这是中央第一个关于计划生育的专门文件，标志着 20 世纪 60 年代节制生育人口政策的产生，但此时政策手段以宣传教育和技术指导为主，在群众性宣传中已经出现"一个不少、两个正好、三个多了"的提法。上海率先明确要求每对夫妇生育子女数控制在 2—3 个，每胎间隔 4—5 年，初产妇女年龄在 26 岁以上等，规定了"少稀晚"三原则和具体要求。该时期国家执行的是提倡和鼓励节制生育的人口政策，以"提倡节制生育，适当控制人口自然增长率"为主要内容的人口政策在新中国人口政策史上具有承上启下的重要作用。

2. 20 世纪 70 年代：推行"晚稀少"计划生育政策

1966 年"文化大革命"爆发，这场自上而下全面发动的"政治大革命"使中国实施节制生育工作的社会政治环境已不复存在。计划生育组织机构于 1968 年被撤销，中国人口又处于盲目发展的状态。20 世纪 70 年代，毛泽东、周恩来等中央领导人意识到人口与经济的激烈矛盾，均在重要场合表达了对计划生育工作的不满意。国务院于 1971 年批转了《关于做好计划生育工作的报告》，第一次明确号召在全国城乡范围内普遍推行计划生育。同年，国家计委把人口发展正式纳入第四个五年国民经济发展计划中，城乡人口自然增长率被明确规定作为人口控制的目标，这是国务院第一次明确地提出了计划生育工作的具体指标。中国的人口政策由 20 世纪 60 年代的节制生育向 20 世纪 70 年代有计划生育过渡，60 年代节制生育只是对出生人口数量作出一定限制，但没有具体量的规定，也没有具体的计划数，更没有任何强制性措施，而此时的计划生育不仅对出生的人口数有严格、具体的量的规定，并且还有明确的强制性措施以保障其落实。

按照人口规律的客观要求，在计划生育的具体实践过程中，根据控制人口过快增长的必要性和可行性相统一，以及国家利益和家庭利益相结合的原则，逐步形成了"晚稀少"的人口政策。第一次全国计划生育工作汇报会于 1973 年召开，会议确定了"晚稀少"的方针，明确提出了"晚稀少"的计划生育政策："晚"是指女 23 周岁以后、男 25 周岁以后结婚，女 24 周岁以后生育；"稀"是指生育间隔时间为 3 年以上；"少"是指一对夫妇生育不超过两个孩子。为使"晚稀少"人口政策落到实处，计划生育组织机构也同时组建，1973 年，国务院批准恢复成立计划生育领导小组及其办公室，随后，各省、自治区、直辖市及地市级及以下城镇和农村行政区也先后恢复或成立了计划生育工作机构。1975 年提出要按"晚稀少"的要求，把计划生育落实到人，毛泽东主席在国家计委《关于 1975 年国民经济计划的报告》上作了"人口非控制不行"的指示。为确保完成在 20 世纪末把中国人口总量控制在 12 亿以内的目标，1978 年，中共中央下发《关于国务院计划生育领导小组第一次会议的报告》，明确提出提倡一对夫妇生育子女数最好一个，最多两个。1978 年，第五届全国人民代表大会第一次会议通过的《中华人民共和国宪法》第五十三条规定"国家提倡和推行计划生育"，这是计划生育第一次以法律形式载入中国宪法。

20 世纪 70 年代是中国形成以"晚稀少"为中心的计划生育具体政策、全面推行计划生育工作的年代。1978 年，党的十一届三中全会开启了改革开放的新时期，邓小平同志提出了实现现代化的"三步走"战略，成为中国政府制定一切政策的出发点。人均 GDP 作为约束性指标，对人口增长提出了硬约束，为生育转变确定了政策导向。

3. 20 世纪 80—90 年代：严格实施计划生育政策

1980 年，在第五届全国人民代表大会第三次会议上，国务院正式宣布调整计划生育政策，明确指出：在今后二三十年内，必须在人口问题上采取坚决措施，具体就是除了在人口稀少的少数民族地区以外，要普遍提倡一对夫妇只生育一个孩子，以便把人口增长率尽快控制住，争取全国总人口数在

20世纪末不超过12亿。同年，中共中央又发表了《关于控制我国人口增长问题致全体共产党员、共青团员的公开信》，强调普遍"提倡一对夫妇只生一个"的政策，把计划生育工作推向了新的高潮，生育政策也由"晚稀少"调整为"独生子女"政策。1982年，中共十二大报告提出"实行计划生育，是中国的一项基本国策"。同年，中共中央、国务院联合下发了《关于进一步做好计划生育工作的指示》，进一步明确提出：计划生育工作仍然要继续提倡晚婚、晚育、少生、优生……国家干部、职工和城镇居民，除特殊情况经过批准者以外，一对夫妇只生育一个孩子；农村普遍提倡一对夫妇只生育一个孩子，某些群众确有实际困难要求生二胎的，经过审批可以有计划地安排；不论哪一种情况都不能生三胎。

在经济社会变化的新形势下，"独生子女"政策遇到了意想不到的困难，尤其是在农村地区。1984年，政府及时作出政策调整，将大多数省（区、市）农村的"一孩政策"调整为"一孩半政策"，当时农村已形成了四种类型的人口生育政策：第一类，在农村继续提倡一对夫妇生育一个孩子，规定若干条，对有实际困难的，有计划地安排、照顾生育第二个孩子，包括北京、天津、上海、江苏、河北、山西、河南、内蒙古汉族地区、四川、湖北、湖南、安徽、福建；第二类，全省农村或者部分农村允许独女户生育第二胎，包括辽宁、吉林、黑龙江、江西、浙江、山东、贵州、陕西；第三类，农村普遍生两个孩子，包括广东和云南；第四类，实行生一、二、三个孩子，包括宁夏和青海，或一、二、三、四个孩子，包括新疆和西藏，主要是边远少数民族地区。

生育政策调整后，1985年至1987年连续三年出现生育率回升，形成了又一次出生高峰。1991年，中共中央、国务院发布了《关于加强计划生育工作，严格控制人口增长的决定》，指出计划生育"已经到了刻不容缓、非抓紧不可的地步"，并明确要求党政一把手必须亲自抓，并且要负总责，要把计划生育工作和完成人口计划作为考核各级党委、政府及其领导干部政绩的一项重要指标，并制定科学的考核标准和监督措施。80 年代末 90 年代初，许多省、市、自治区相继出台了《计划生育条例》及其相关政策，制定了更加严厉具体的"实施细则"，对完不成人口计划的单位及其党政领导在评先、提拔等方面实行了一票否决，对党政主要领导直至降职使用、就地免职。直到 1990 年人口普查以后的几年，中国严厉的计划生育政策并未有实质松动。1995 年，国家计划生育委员会提出计划生育工作思路和工作方法的转变，要求计划生育工作既要抓紧，又要抓好。

经过七八十年代的不断探索，90 年代的人口与计划生育工作逐步确立了具有中国特色的工作路线，即"三三三二一"工作模式：坚持"三不变"，即继续坚持由各级党政一把手亲自抓、负总责不变，既定的人口控制目标和现行计划生育政策不变；落实"三为主"，即以思想教育、经常性工作和避孕为主；推广"三结合"，即要把计划生育工作与发展经济、帮助农民勤劳致富奔小康、建立文明幸福家庭相结合；实现"两个转变"，即由单纯的就计划生育抓计划生育向综合治理人口问题转变，由以社会制约为主向利益导向与社会制约相结合，宣传教育、综合服务、科学管理相统一的工作机制转变；达到"一个目标"，即达到控制人口数量，提高人口素质，改善人口结构，确保计划生育工作的良性循环，以有效促进人口与经济、社会、资源、环境的协调可持续发展。

4. 21 世纪：从"稳定低生育水平"到"全面二孩"

《中华人民共和国人口与计划生育法》于 2001 年正式颁布，这标志着中国计划生育工作走上了法制化的道路。该法明确规定：国家稳定现行生育政策，鼓励公民晚婚晚育，提倡一对夫妻生育一个子女；切实符合法律、法规规定条件的，可以要求安排生育第二个子女，具体实施办法由省、自治区、直辖市人民代表大会或者其常务委员会规定。2002 年，湖北、甘肃、内蒙古实行"双独二孩"政策；以后，山东、四川等省、自治区、直辖市开始陆续实行"双独二孩"政策；2011 年，随着《河南省人口与计划生育条例》的修改，全国所有省份都实行"双独二孩"政策。

　　2005 年，《中共中央关于制定国民经济和社会发展第十一个五年规划的建议》提出"坚持计划生育的基本国策，稳定人口低生育水平"、"认真研究制定应对人口老龄化的政策措施"和"完善户籍和流动人口管理办法"等建议。而之前，1990 年国民经济和社会发展第八个五年计划的建议、1995 年国民经济和社会发展第九个五年计划的建议和 2010 年国民经济和社会发展第十个五年计划的建议，都只是强调"计划生育"或"人口数量"以严格控制人口增长。也就是说，"十一五"规划已从仅仅专注严格控制人口增长转到广义的人口政策领域，并开始关注到人口与经济、社会和资源、环境的协调可持续发展。2007 年，《中共中央国务院关于全面加强人口和计划生育工作统筹解决人口问题的决定》进一步指出："十一五"时期，人口和计划生育工作进入稳定低生育水平、统筹解决人口问题、促进人的全面发展的新阶段，这也是中国政府第一次提出要"稳定低生育水平"。

　　在 2013 年的新一轮机构改革中，脱离卫生部独立长达 32 年之久的"国家人口和计划生育委员会"重新与卫生部合并，成为"国家卫生和计划生育委员会"。以便于更好地加强医疗卫生工作，深化医药卫生体制改革，优化配置医疗卫生和计划生育服务资源，坚持计划生育的基本国策，提高出生人口素质和人民健康水平。这是继 20 世纪 50 年代初期卫生部成立节制生育领导小组、60 年代国务院成立计划生育委员会后被撤销、70 年代初成立计划生育领导小组、1981 年重新成立国家计划生育委员会、2003 年更名为人口与计划生育委员会后的又一次重大机构改革。国务院明确了国家卫计委的主要职责是：统筹规划医疗卫生和计划生育服务资源配置，组织制定国家基本药物制度，拟订计划生育政策，监督管理公共卫生和医疗服务，负责计划生育管理和服务工作等；同时，将人口计生委的研究拟订人口发展战略、规划及人口政策的职责划入国家发展改革委。

　　2013 年，中共十八届三中全会提出：逐步调整完善生育政策，促进人口长期均衡发展，启动实施一方是独生子女的夫妇可生育两个孩子的政策。随后，十二届全国人大常委会第六次会议审议通过了国务院关于调整完善生育政策的议案，"单独二孩"政策正式启动实施。实际上，早在1980年《关于控制我国人口增长致全体共产党员、共青团员的公开信》中便提到：到30年以后，目前特别紧张的人口增长问题可以缓和，也就可以采取不同的人口政策了。"单独二孩"政策的出台可谓正当其时。2015年，中共十八届五中全会决定：全面实施一对夫妇可生育两个孩子政策，坚持计划生育的基本国策，完善人口发展战略，积极开展应对人口老龄化行动。待2016年全国人大常委会修订《人口与计划生育法》后，"全面二孩"政策将在全国同时落地。

5. 广义人口政策的进展

由于"全面二孩"政策还没真正落实，政策效果不得而知，但从"单独二孩"的实施效果来看：2013年12月21日政策启动，2014年1月17日浙江省率先落地，2014年6月3日覆盖所有省份，而截至2014年12月31日，全国提出再生育申请的单独夫妇仅有100万对，不到预计年出生200万的一半。如果"全面二孩"政策再次遇冷，更为宽松的生育政策将不得不提上议程。当然，宽松的人口政策只是影响生育的政策条件之一，在当前社会情况下，由于受到生育成本、教育约束、住房限制、生育观念等物质、文化因素影响，并不是仅仅放宽生育政策就可以提高人口出生率的。而更应该注重采用差别化公共保障等激励政策来实现调控人口生育水平的目标，譬如对二孩的义务教育提前到学前教育、生育二孩的产假期限、医疗报销比例等给予倾斜等，对于人口出生率持续偏低的区域可以探索试点，以促使区域人口的合理增长带动区域经济的增长。

同时，也应注意，人口政策并非仅仅指生育政策，这在2007年《中共中央国务院关于全面加强人口和计划生育工作统筹解决人口问题的决定》中就已十分明确阐述。完善人口战略还应关注其他人口政策，目前，中国流动人口庞大、老龄化程度加深、人口红利势弱，流动人口管理政策、养老政策、退休政策都是政策的重点与难点。比如，早在 2008 年中国有关部门就在酝酿等待条件成熟时延长退休年龄，直到 2013 年中国共产党第十八届中央委员会第三次全体会议通过的《中共中央关于全面深化改革若干重大问题的决定》中才指出：研究制定渐进式延迟退休年龄政策。延迟退休年龄的方案预计在 2020 年前推出，中间阻力必定不小。养老政策方面，2007 年《中共中央国务院关于全面加强人口和计划生育工作统筹解决人口问题的决定》中明确提出，要构建以居家养老为基础、社区服务为依托、机构照料为补充的养老服务体系。近年来，北京、江苏、上海等地探索了"医养结合"的养老模式，符合未来的发展趋势，但这一新模式还没有形成成熟的体系，且在具体实践中要涉及民政、卫生和人社等多个部门，势必还要经过一段艰难的摸索期。

流动人口管理政策则和计划生育一样，建国后至今也经历了曲折的发展和完善的过程，中国的人口分布也随之不断变换，对流入地和流出地的经济社会发展产生了深远的影响，下面简单回顾中国流动人口管理政策。

1958—1983 年：严格控制。1958 年以前，政府对农村人口向城市流动并未采取特别的限制政策，1954 年的宪法就明确规定公民有居住和迁徙的自由。但由于后期大量农村人口涌入城市对城市发展产生严重冲击，于是 1958 年，中央政府颁布《户口登记条例》，规定农村人口不可自由进城做买卖或找工作，也不能随意放弃土地。1964 年，国务院批转了《公安部关于处理户口迁移的规定（草案）》，严格限制农村人口迁往城市、集镇。乃至于 1975 年宪法修订时，就删除了"公民有居住和迁徙的自由"这一条款。

1984—1988 年：松动管制。1984 年，国务院发布《关于农民进入集镇落户问题的通知》，明确规定在城镇有固定住所、有经营能力，或者在乡镇企事业单位长期务工、经商、办服务业的农民和家属可以在城镇落户。农村人口涌向城镇的大门逐渐开启，但设有门槛。1985 年，公安部颁布《关于城镇暂住人口管理的暂行规定》，规定要求 16 周岁以上的人暂住时间拟超过三个月的须申领《暂住证》，如果违反暂住人口管理规定的，公安机关可按照《中华人民共和国治安管理处罚条例》进行处罚。

1989—1999 年：由堵到疏。"民工潮"对城市基础设施和就业形势产生巨大冲击。1989 年，国务院办公厅发出《关于严格控制民工外出的紧急通知》，正式揭开中国流动人口管理政策的序幕。同年，公安部、民政部联合下发了《关于进一步做好控制民工盲目外流的通知》，要求相关省份继续做好对本省外流民工的劝阻工作。国务院办公厅于 1991 年更是发布了《关于劝阻民工盲目去广东的通知》。之后，1994 年劳动部发布的《农村劳动力跨省流动就业管理暂行规定》和 1995 年中央社会治安综合治理委员会颁布的《关于加强流动人口管理工作的意见》，使中国流动人口管制政策逐步走向了规范化和制度化。1997 年，公安部颁布《小城镇户籍管理制度改革试点方案》，允许已经在小城镇就业、居住并符合一定条件的农村转移人口在小城镇办理城镇常住户口，中国政府开始逐步放开户籍。

2000 年至今：促进融合。2000 年，中共中央、国务院发布《关于促进小城镇健康发展的若干意见》，进一步允许对在中小城镇有合法固定住所、稳定职业或生活来源的农民给予城镇户口，并在其子女入学、就业、参军等方面给予与城镇居民同等的待遇。随后还出台了一系列措施努力为流动人口融入城市尽可能地扫清障碍：2001 年国家计委、财政部《关于全面清理整顿外出或外来务工人员收费的通知》、2003 年国务院办公厅《关于做好农民进城务工就业管理和服务工作的通知》、2003 年国务院《城市生活无着的流浪乞讨人员救助管理办法》（同时废止 1982 年《城市流浪乞讨人员收容遣送办法》）、2003 年国务院办公厅《关于进一步做好进城务工就业农民子女义务教育工作意见的通知》、2005 年劳动和社会保障部《关于废止〈农村劳动力跨省流动就业管理暂行规定〉及有关配套文件的通知》。2006 年，国务院办公厅发布《关于解决农民工问题的若干意见》，这是中国首次全面系统地提出解决流动人口问题的一揽子措施。2007年中央综合治理委员会出台《关于进一步加强流动人口服务和管理工作的意见》，明确要求逐步实行居住证制度，探索居住证制度改革。2015年国务院常务会议通过了《居住证暂行条例（草案)》，规定在全国建立居住证制度，推进城镇基本公共服务和便利向城镇常住人口全覆盖，还明确了居住证持有人可以通过积分等方式落户的通道。

（二）中国人口发展的格局与趋势

人口由"高出生率、高死亡率、低增长率"向"低出生率、低死亡率、低增长率"的历史性转变，给人类社会带来了前所未有的深刻且长远的影响。中国的人口转变顺应了全球人口转变的潮流，中国的人口转变是在经济社会不够发达的背景下演进的，但由于实施计划生育政策，中国的人口转变与欧洲等地自发的人口转变相比，具有一般规律的同时，在进程、动因、趋势上都有鲜明的中国特色。

1. 中国人口发展过程

（1）中国人口转变简述

受到战争影响，中国在新中国成立后才真正开始人口转变，而到20世纪末已经完成了人口转变，目前已经处于"后人口转变时期"（李建民，2000；于学军，2001[①]）。具体来看：（1）1949—1957年：死亡率主导的人口转变。新中国成立后，生产生活逐渐安定，医疗卫生得以改善，死亡率由20.0‰下降到10.80‰，出生率一直保持在30.0‰以上，总人口年均增加1300万以上，人口再生产类型由"高出生率、高死亡率、低自然增长率"向"高出生率、低死亡率、高自然增长率"过渡。（2）1958—1961年：非

　　[①]　李建民：《中国的人口转变完成了吗?》，《南方人口》2000年第2期。于学军：《再论"中国进入后人口转变时期"》，《中国人口科学》2001年第3期。

正常动荡期。"大跃进"和"三年自然灾害"使得中国人口的出生率和死亡率都出现了剧烈波动，1960年自然增长率跌至-4.6‰，也是新中国成立至今唯一的一次人口负增长。（3）1962—1970年，继续死亡率主导的人口转变。随着经济的复苏，中国人口进行了补偿性生育，出生率又恢复到1949—1958年的水平，此时死亡率进一步下降，1970年为7.6‰，高出生率、低死亡率之下，总人口由1949年的5.4亿增长到1970年的8.3亿，人口再生产类型仍然属于"高出生率、低死亡率、高自然增长率"。（4）1971—2000年：出生率主导的人口转变。中国在20世纪70年代实行了"晚稀少"的生育政策，出生率由1970年的33.6‰大幅下降到1979年的17.8‰；80年代的生育政策经历了从"独生子女"政策到"一孩半"政策的调整，出生率保持在20.0‰左右；90年代实施了更为严格的计划生育政策，出生率进一步下跌，2000年为14.0‰。在这30年间，死亡率则保持低位平稳，仅仅下降了1.0‰左右。得益于出生率的大幅下降，人口自然增长率由1949年的16.0‰下降到2000年的7.6‰，而2000年第五次人口普查官方数据显示中国的总和生育率仅为1.22，属于极低生育率，虽然不少学者（郭志刚，2004[①]；张青，2006[②]；陈卫，2009[③]）通过各种间接方法试图"还原"真实生育水平，但估计结果也都在更替水平以下。至此，中国的人口再生产类型已属于"低出生率、低死亡率、低自然增长率"，完成了传统意义上的人口转变。（5）2001年至今：人口惯性发酵期。进入21世纪后，中国的出生率、死亡率、自然增长率保持平稳，虽然2010年第六次人口普查官方数据显示总和生育率比"五普"还低，仅为1.18，已经严重低于更替水平，但由于人口惯性，中国的人口总量仍在上升，2014年为13.7亿。（见图1-40、图1-41）

---

① 郭志刚：《对中国1990年代生育水平的研究与讨论》，《人口研究》2004年第2期。
② 张青：《总和生育率的测算及分析》，《中国人口科学》2006年第4期。
③ 陈卫：《再论中国生育水平》，《人口研究》2009年第4期。

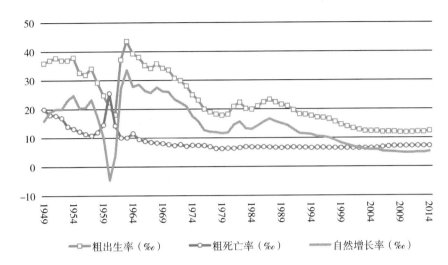

图 1-40 中国人口粗出生率、粗死亡率、自然增长率变动情况

资料来源：中华人民共和国国家统计局，http：//data. stats. gov. cn/easyquery. htm？cn=C01。

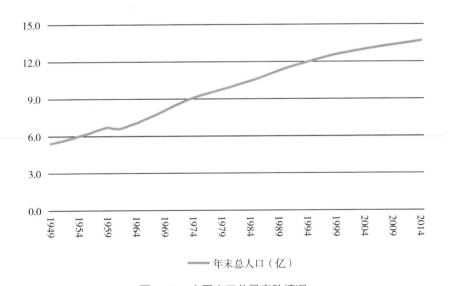

图 1-41 中国人口总量变动情况

资料来源：中华人民共和国国家统计局，http：//data. stats. gov. cn/easyquery. htm？cn=C01。

在中国的人口转变过程中，中国人口的质量、结构和分布也有了巨大的变化，主要表现在：（1）人口的平均预期寿命有了显著提高。根据联合国数据，1950—1955 年，中国人口的平均预期寿命仅为 43.4 岁，低于世界平均水平，而 2010—2015 年已提升至 75.4 岁，接近较发达国家平均水平。（见图 1-42）（2）人口年龄结构由成年型转为老年型。1953 年第一次人口普查时，0—14 岁人口占比为 34.3%，65 岁及以上占比为 6.4%，属于成年型人口。而 2010 年第六次人口普查时，0—14 岁人口占比为 16.6%，65 岁及以上占比为 8.9%，已属于老年型人口，但由于人口惯性，老龄化程度不如发达国家深。（见图 1-43、图 1-44）（3）人口流动普遍化。1982 年第三次人口普查时，流动人口不过 6.6 万人，不到总人口的 1.0%，到 2010 年第六次人口普查时流动人口规模已达 2.2 亿，占总人口的 16.5%，中国如此大规模的流动人口对流入地和流出地的经济社会发展、资源环境都产生了巨大影响。（见图 1-45）

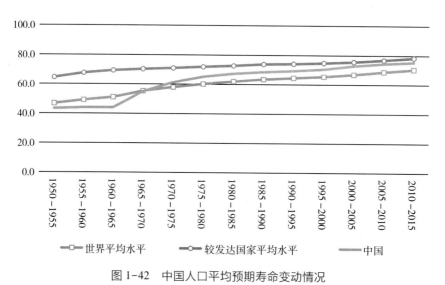

图 1-42　中国人口平均预期寿命变动情况

资料来源：United Nations, Department of Economic and Social Affairs, Population Division（2015），World Population Prospects：The 2015 Revision，DVD Edition.

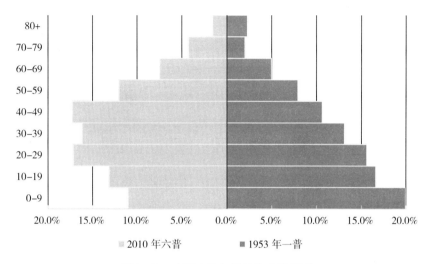

图 1-43　中国人口年龄结构变动情况

资料来源：国家统计局人口统计司：《中华人民共和国人口统计资料汇编》，中国财政经济出版社
1988 年版；中华人民共和国国家统计局：《中国 2010 年人口普查资料》，http：//www.
stats. gov. cn/tjsj/pcsj/rkpc/6rp/indexch. htm。

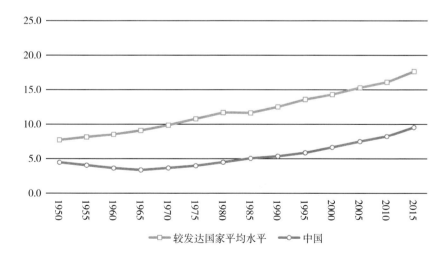

图 1-44　中国 65 岁及以上人口占比变动情况（％）

资料来源：United Nations, Department of Economic and Social Affairs, Population Division（2015），
World Population Prospects：The 2015 Revision, DVD Edition.

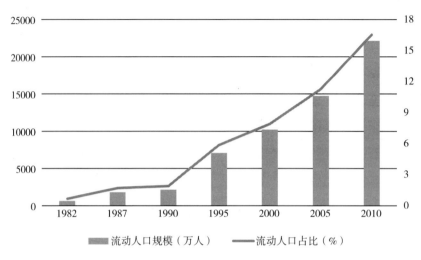

图 1-45　中国流动人口变动情况

资料来源：段成荣、吕利丹、邹湘江：《当前我国流动人口面临的主要问题和对策——基于 2010 年
第六次全国人口普查数据的分析》，《人口研究》2013 年第 2 期。

（2）中国人口转变原因

人口转变理论由于是根源于西方历史经验，因此主要从经济、社会、文化等角度分析了西方人口转变原因。人口转变的两个主要元素是死亡率与出生率，死亡率下降的原因争议较少，中国特别之处在于下降速度更快，这得益于新中国成立初中央集权下举国开展卫生运动有效控制了传染病等疾病；出生率下降的原因则更为复杂，由于中国的人口转变拥有明显的政府控制色彩，因此，在分析出生率下降时不免强调计划生育政策的作用。但是，从周边国家来看，韩国、新加坡、泰国等国在 19 世纪 50 年代与中国的总和生育率起点相近，都没有实行过强制性的计划生育政策，但这些国家与中国一样，总和生育率都在 20 世纪 90 年代左右下降到更替水平以下。（见图 1-46）雷伟立（William Lavely）和弗里德曼（Ronald Freedman）[1]（1990）指

---

[1]　Lavely, William, and Ronald Freedman, "The Origins of the Chinese Fertility Decline", *Demography*, 1990, 27(3) , pp. 357-367.

出：早在中国大规模实施严格的生育计划之前，生育率就已经出现了明显的下降，受教育水平的增加和城市化水平的不断提升，是导致这一时期城乡生育率下降的主要原因。李建民①（2009）认为：20 世纪 70 年代以来发生在中国的生育革命虽然有政府计划生育政策的强力推进，但是经济社会的快速发展仍是这场革命的最深层次动因……中国的生育率转变已经完成，已经开始进入了以成本约束驱动为主导的低生育率阶段。

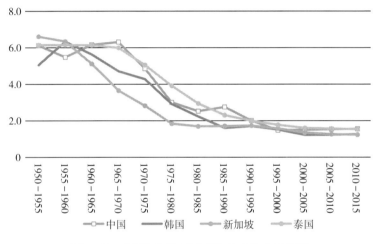

图 1-46　中国及周边国家总和生育率变动情况

资料来源：United Nations, Department of Economic and Social Affairs, Population Division（2015），World Population Prospects：The 2015 Revision, DVD Edition.

　　当然，中国的人口转变是市场化、工业化、城市化、计划生育政策共同推动的结果。经济发展和社会发展是人口转变的发动机，计划生育政策则是人口转变的加速器（李建民，2007②）。经济社会发展与生育政策共同发力，且相互影响，正如侯东民③（2003）在解释中国为何能在较低经济发展阶段

　　① 李建民：《中国的生育革命》，《人口研究》2009 年第 1 期。
　　② 李建民：《中国人口与社会发展关系：现状、趋势与问题》，《人口研究》2007 年第 1 期。
　　③ 侯东民：《试论中国人口转变特殊的社会经济机理——人口控制自我稳定的经济学作用》，《人口与发展》2003 年第 4 期。

实现稳定的人口转变时所说：我国人口控制特有的自我稳定生育率下降成果的经济学作用，其本质就是西方经济学所谓消费的棘轮效应的反应……控制人口降低平均生育水平、提高社会平均生育成本的作用，反转后，必然会形成抑制生育率反弹的经济学棘轮作用。

（3）中国人口转变特点

与其他国家或地区的人口转变相比，中国人口转变的特点主要体现在原因、速度、结果三个方面。原因上，前文已述是经济社会发展与政府控制相结合，在此不再赘述。

速度上表现为人口转变持续周期短。中国死亡率从新中国成立初的高水平下降到一半只用了 8 年，出生率从新中国成立初高水平下降到一半只用了 12 年。中国人口转变开始时间要比欧洲主要国家晚半个世纪甚至一个世纪，转变持续期要短几十年，从表 1-11 可以看到，人口转变开始时间越早，转变持续期相对越久。从人口转变乘数（即人口转变结束和人口转变开始时人口数量的比率）来看，中国在相对较短的时间内完成了人口转变，而且人口转变乘数也较低，这和中国实行了比较严格的计划生育政策以及同时实现了经济发展是分不开的。

表 1-11　部分国家（地区）人口转变起止时间、持续期和乘数

国家或地区	转变开始和结束	转变持续期（年）	人口转变乘数
瑞典	1810—1960	150	3.83
德国	1876—1965	90	2.11
意大利	1876—1965	90	2.26
苏联	1896—1965	70	2.05
法国	1785—1970	185	1.62
中国	1930—2000	70	2.46
中国台湾	1920—1990	70	4.35
墨西哥	1920—2000	80	7.02

资料来源：［意］马西姆·得维马茨：《世界人口简史》，郭峰、庄瑾译，北京大学出版社 2005 年版。

结果上表现为人口转变地区不平衡。按照中国在 2010 年完成了人口转变的共识，各省、市、自治区在 2010 年的出生率、死亡率和自然增长率是存在差异的，其中死亡率差异较小，出生率最高和最低的省、市、自治区相差近 10.0‰。（见表 1-12）这和在不同地区实行了不同的生育政策有一定关系，比如出生率排在前三位的新疆、西藏、青海，不仅经济社会发展水平较低，而且由于少数民族人口较多，并未实行严格的一孩政策。正是由于人口转变地区不平衡，人口对于经济影响的评估、人口政策调整的部署都更为复杂。

表 1-12　2010 年各地出生率、死亡率、自然增长率　　（单位:‰）

地区	出生率	死亡率	自然增长率
全国	11.9	7.1	4.8
辽宁	6.7	6.3	0.4
上海	7.1	5.1	2.0
黑龙江	7.4	5.0	2.3
北京	7.5	4.4	2.6
吉林	7.9	5.9	2.0
天津	8.2	5.6	2.6
四川	8.9	6.6	2.3
重庆	9.2	6.4	2.8
内蒙古	9.3	5.5	3.8
江苏	9.7	6.9	2.9
陕西	9.7	6.0	3.7
浙江	10.3	5.5	4.7
湖北	10.4	6.0	4.3
山西	10.7	5.4	5.3
广东	11.2	4.2	7.0
福建	11.3	5.2	6.1
河南	11.5	6.6	5.0
山东	11.7	6.3	5.4
甘肃	12.1	6.0	6.0
安徽	12.7	6.0	6.8
湖南	13.1	6.7	6.4

续表

地区	出生率	死亡率	自然增长率
云南	13.1	6.6	6.5
河北	13.2	6.4	6.8
江西	13.7	6.1	7.7
贵州	14.0	6.6	7.4
广西	14.1	5.5	8.7
宁夏	14.1	5.1	9.0
海南	14.7	5.7	9.0
青海	14.9	6.3	8.6
西藏	15.8	5.6	10.3
新疆	16.0	5.4	10.6

资料来源：中华人民共和国国家统计局：《中国 2010 年人口普查资料》，http：//www. stats. gov. cn/tjsj/pcsj/rkpc/6rp/indexch. htm。

此外，也有不少学者认为中国人口转变具有不稳定性（李建新，2000[1]），主要是从总和生育率下降超前于经济发展的角度来论述的。但是，从近些年各个生育意愿的调查来看，中国人的生育意愿已经非常低了。以 2013 年全国生育意愿调查为例，无论是城市居民还是农村居民，无论是双独、单独还是普通家庭，也无论何种生育政策，中国人的理想子女数均接近或低于更替水平。（见表 1-13）而"单独二孩"政策的"意外"遇冷也从侧面反映出目前中国的低生育水平波动和反弹的可能性非常小，中国的人口转变是真实的。

表 1-13　2013 年全国生育意愿调查结果

		理想子女数分布（%）				平均理想子女数
		0孩	1孩	2孩	3孩及以上	
合计		0.1	13.2	81.8	4.9	1.93
户口性质	农业	0.0	10.9	83.1	6.0	1.96
	非农业	0.2	19.2	78.4	2.1	1.83

① 李建新：《世界人口格局中的中国人口转变及其特点》，《人口学刊》2000 年第 5 期。

续表

| | | 理想子女数分布（%） | | | | 平均理想子女数 |
		0孩	1孩	2孩	3孩及以上	
家庭类型	双独	0.4	23.4	73.9	2.3	1.79
	单独	0.1	19.2	78.8	2.0	1.83
	普通	0.1	11.9	82.5	5.4	1.95
生育政策	一孩	0.2	18.4	79.5	1.9	1.84
	一孩半	0.0	9.9	83.4	6.7	1.98
	二孩	0.0	8.6	83.4	7.9	2.01
	三孩及以上	0.0	4.5	71.2	24.3	2.30

资料来源：庄亚儿等：《当前我国城乡居民的生育意愿——基于2013年全国生育意愿调查》，《人口研究》2014年第3期。

2. 中国人口发展趋势

人口是一国的家底，人口与经济社会的发展不是因果关系，而是互利的关系。我国已成为世界第二大经济体，在实现伟大复兴中国梦的过程中，面对世界风云变幻，有必要对人这一"生产力的第一要素"进行全面、科学的展望。

（1）中国人口基本情况展望

根据联合国中方案预测，中国人口出生率在10年后将保持在8.0‰—9.0‰，而死亡率受到老龄化影响将一直上升至本世纪80年代，再加上迁出率略大于迁入率，人口增长率在2030年开始将为负值并将持续到本世纪末，意味着20年后中国人口将负增长。未来10年内，印度将取代中国成为世界第一人口大国。到本世纪中叶，人口年龄结构将仍为老年型，直到本世纪末才会走向静止型人口。（见图1-47—图1-49）

目前中国人口的平均预期寿命已十分接近发达国家平均水平，未来将进一步提高，到本世纪末将接近90.0岁。人口平均预期寿命的提高也预示着人口老龄化的加深，目前中国的老龄化水平与较发达国家的平均水平还有一定距离，但快速的老龄化使得中国的老龄化水平在 30 年后将超过很多发达国家平均水平，继而达到 30.0% 以上，到本世纪末三个人中至少有一个老人，接近日本水平。此外，由于中国人口基数大，中国的老年人口数量为世

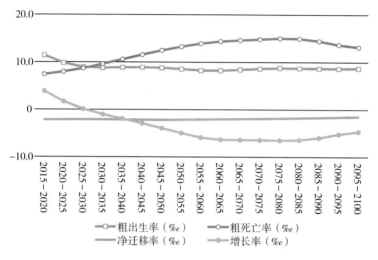

图 1-47 中国人口变动趋势（联合国中方案）

资料来源：United Nations, Department of Economic and Social Affairs, Population Division
（2015），World Population Prospects：The 2015 Revision，DVD Edition.

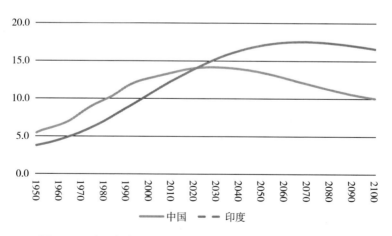

图 1-48 中国与印度人口总量构成变动趋势（联合国中方案）

资料来源：United Nations, Department of Economic and Social Affairs, Population Division（2015），
World Population Prospects：The 2015 Revision，DVD Edition.

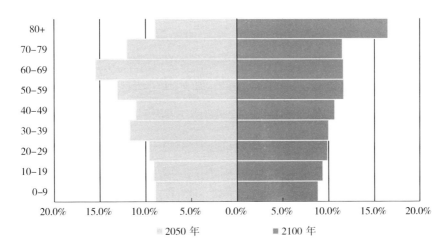

图 1-49　中国人口年龄结构变动趋势（联合国中方案）

资料来源：United Nations, Department of Economic and Social Affairs, Population Division（2015），World Population Prospects：The 2015 Revision, DVD Edition.

界之最，2015 年已经有超过 2.2 亿老年人口，到 2050 年这一数量将突破 4 亿，且高龄老年人口占比加大，这必将对中国的社会保障体系和老龄服务供给提出严峻考验。（见图 1-50—图 1-52）

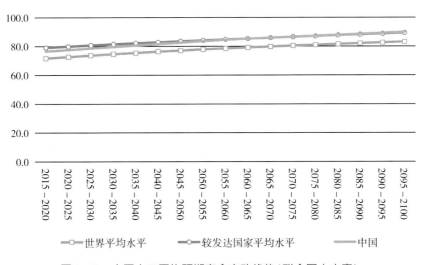

图 1-50　中国人口平均预期寿命变动趋势（联合国中方案）

资料来源：United Nations, Department of Economic and Social Affairs, Population Division（2015），World Population Prospects：The 2015 Revision, DVD Edition.

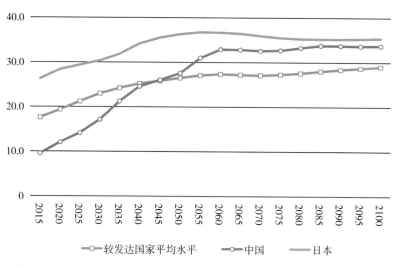

图 1-51　中国、日本及较发达国家 65+岁占比变动趋势（联合国中方案）

资料来源：United Nations, Department of Economic and Social Affairs, Population Division（2015），World Population Prospects：The 2015 Revision, DVD Edition.

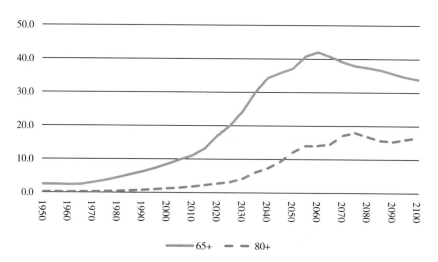

图 1-52　中国老年人口和高龄老年人口数量变动趋势（千万）（联合国中方案）

资料来源：United Nations, Department of Economic and Social Affairs, Population Division（2015），World Population Prospects：The 2015 Revision, DVD Edition.

（2）中国人口红利潜力展望

在 20 世纪 70 年代以前，对于人口在经济发展中的角色认识基本上都是比较消极的，人口增长的"危害论"占据了主导地位，尤其强调所谓的"人口爆炸"会对经济发展可能造成很强的负面效果。这一时期，世界上有 127 个国家的政府在某种程度上支持计划生育，涵盖了当时世界人口的 94%。到了 20 世纪 80 年代初期，经济发展理论已经开始更加强调技术进步、人力资本积累（而非物质资本）在经济增长中的关键作用（都阳，2010[1]）。哈佛大学大卫·布鲁姆（David E. Bloom）教授与杰佛瑞·威廉森（Jeffrey G. Williamson）教授[2]在 1998 年提出了"人口红利"（Demographic Dividend）的概念，以亚洲四小龙为例指出人口转变过程中人口结构变化为经济增长带来了发展契机。具体来说，就是在人口转变过程中，在生育率迅速下降造成人口老龄化加速的同时，少儿抚养比例也快速下降，劳动年龄人口比例上升，在老年人口比例达到较高水平之前，将会形成一个抚养负担轻、劳动力资源相对丰富、于经济发展十分有利的"窗口期"，形成了有利于经济发展的人口年龄结构。由于总人口中劳动年龄人口所占比重较大，为经济社会发展提供了充裕的劳动力供给，因而会对经济发展有着很大的促进作用。

人口抚养比是判断"人口红利"的重要指标，如果以总人口抚养比为 50% 作为衡量人口红利这一机会窗口是开启还是关闭的标准，那么，中国的"人口机会窗口"从 20 世纪 90 年代开启，根据联合国预测将在 2030 年关闭，人口红利将转为人口负债，前后持续约 40 年。（见图 1-53）值得注意的是，中国的总人口抚养比从上世纪 70 年代开始下降，正是中国从"晚稀少"生育政策向计划生育政策过渡的时期，从侧面反映出控制生育政策对

---

① 都阳：《人口转变、劳动力市场转折与经济发展》，《国际经济评论》2010 年第 6 期。

② Bloom, David E., and J.G. Williamson, "Demographic Transitions and Economic Miracles in Emerging Asia", *World Bank Economic Review*, 1998, 12(3), pp. 419–455.

经济发展的效果。目前，中国的总人口抚养比已经开始上升，而且少儿抚养比相对平稳，老年抚养比快速上升，这使得中国在承受深度老龄化的同时，也面临未来由于"少子化"引发的劳动年龄人口短缺的风险。

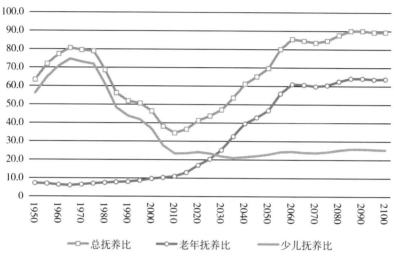

图 1-53　中国人口抚养比变动趋势（联合国中方案）

资料来源：United Nations，Department of Economic and Social Affairs，Population Division（2015），World Population Prospects：The 2015 Revision，DVD Edition.

从图 1-54 可以看到，中国的劳动年龄人口占比在 2010 年已经达到峰值，现在正在下降。应对人口红利走向人口负债的现实路径可以从提高增量和用好存量两个角度来思考。提高增量方面，一是吸引境外优质劳动力，这也是不少欧洲国家应对人口萎缩的常用策略；二是提高中国的生育水平，但未来中国将面临老龄化和少子化的双重风险，与欧洲、日本等国只需要想办法提高生育率就可以解决老年负担重和劳动力不足的双重困境不同的是，中国作为世界第一人口大国，控制人口数量一直是基本国策，从前文的分析可以看到，到本世纪末中国的人口仍将高达 10 亿，如果提高生育率，在缓解老龄化和劳动力不足的同时，也必须接受人口规模继续膨胀的现实，因此，合理地提高生育水平成为一项艰难又艰巨的任务，从"单独二孩"到"全

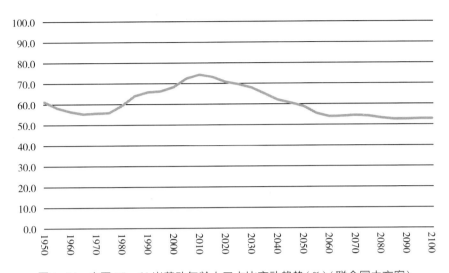

图 1-54　中国 15—64 岁劳动年龄人口占比变动趋势（%）（联合国中方案）

资料来源：United Nations，Department of Economic and Social Affairs，Population Division（2015），World Population Prospects：The 2015 Revision，DVD Edition.

面二孩"政策的推出预示着中国已经开始迈开历史性的一步。

　　用好存量方面，一是继续挖掘农村剩余劳动力的供给，中国近年来出台各种政策促进流动人口社会融合可谓正是顺应经济社会发展需要；二是拉伸人口的劳动长度，比如延长退休年龄和退休人群再就业，这也是中国目前正在考虑的政策工具；三是拓展人口的劳动宽度，即提高劳动人口的质量，孙文忠[1]（2008）提出新的人口转变理论（即人口量质发展理论），认为人口发展的第二个阶段是以提高人口质量为显著特征的人口质量内敛阶段，这个阶段也是社会生产力发展由原来的主要依靠人口数量增长而转变为主要依靠人口质量提高为显著特征的一次突变，这也是符合世界潮流的。

　　人口长期发展目标应该考虑到规模的适度性、结构的合理性和均衡的稳

---

[1]　孙文忠：《人口转变理论新论——兼论人口量质发展理论》，《人口与经济》2008 年第 S1 期。

定性（李建民，2000①）。如果说中国过去 30 多年为了更好地实现经济腾飞和协调发展，通过计划生育让人口发展"适应"了经济社会发展，那么今后"以人为本"要求人口发展应逐步复归其"主体"地位，经济社会发展要适应人口发展新的变化，满足人口发展新的社会需求，要不断提高人口的生活与生命质量（刘爽等，2012②）。

第三节　人口发展与区域治理创新

满足人口发展需要的资源与环境具有稀缺性，任何区域的资源与环境都不可能无限制地满足人口发展的需要；同样，区域间的发展也具有很强的竞争性。为了实现人口与区域乃至区域与区域之间经济、社会、资源、环境长期协调均衡发展的战略目标，以政府为主导的区域治理首要任务之一就是要实施人口发展的战略管理。区域政府要根据本地区的内外部环境要素及资源要素等情况，科学制定区域人口发展的目标、方向，对人口发展实施动态的服务与管理。

一、人口发展的区域治理分析框架

人口发展的区域治理既是指区域内部自身的人口发展与资源、环境协调可持续发展的战略管理，也指因区域间人口流动、市场、信息交流推动区域之间的合作协调治理。

---

① 李建民：《后人口转变论》，《人口研究》2000 年第 4 期。
② 刘爽、卫银霞、任慧：《从一次人口转变到二次人口转变——现代人口转变及其启示》，《人口研究》2012 年第 1 期。

（一）区域人口发展战略管理的演进

区域是具有一定自然或社会经济特征和一定边界的地域范围，也是人口生存发展、从事经济社会活动的载体。人口发展是区域发展的重要内容，不同区域的自然和社会因素的差异对人口发展的影响也有显著的差异。

由于政府目前仍然是区域社会治理的主体，人口发展在区域治理的实践中，更多地体现在政府对区域人口发展规划、人口空间分布引导、劳动力素质提升、人才政策环境营造、户籍政策、消费政策、人口城市化、人口老龄化、人口与资源环境等领域法规政策的制定和公共服务的供给等方面。

同样，人口发展规划是区域发展规划的重要内容，区域规划是20世纪初才在一些国家兴起的，特别是在第二次世界大战后，由于众多参战国的战后重建，以及摆脱殖民统治独立后亟须经济社会重建的国家需求，使得区域规划在世界范围内得到了普遍的施行。随着人口发展、资源环境、产业发展的不断演进变化，区域发展的理念和模式也在不断发生变化，区域发展规划的内涵也在不断地调整。

总体上来看，区域发展规划经历了"增长优先"向"注重发展"转变的过程，这也是从"增长的极限"问题的提出向"以人为本"可持续发展的转变。20世纪50—60年代，由于发达国家在世界范围内的大规模资源开发，工业化、城市化的快速发展虽然促进了经济的快速发展，但也极大加剧了世界范围内人口与资源、环境的矛盾，像1952年的伦敦烟雾事件等等。同时，继联合国1972年在首次人类环境会议上提出了"只有一个地球"的口号后，"石油危机"、国际粮食和原材料价格大幅上涨等，都凸显了科学控制人口的无序增长、节约资源与能源、保护环境的重要性和迫切性。由此，极大地促进了20世纪70年代中期起全球经济结构和社会结构的转型发展。当时，发达国家普遍开始进入了后工业化、人口老龄化、逆城市化时代，人们更加注重生活质量、生活环境与生产环境的改善，人口发展的新需求对区域发展也提出了更高的要求。而当时的发展中国家由于之前人口增长速度过快，导致物资匮乏，同时，大量农村过剩人口涌入城市后带来了城市环境的恶化等问题频频爆发，也使得这些发展中国家和地区在促进区域经济发展的同时，逐渐注重控制人口的过快增长，使得人口增长速度也在开始不断下降。这一时期，区域发展规划比较重视针对大城市过度扩张发展与农村发展滞后的问题。

经过 20 世纪 80 年代经济社会的结构调整和信息技术的发展，特别是从 20 世纪 90 年代起，经济全球化与信息化推动了全球一体化的快速发展，进入了国家、地区之间开展广泛合作以节约资源、保护人类共同发展环境的时代。人口、资源与环境可持续协调发展的理论与实践不断丰富，区域的发展规划也逐步由以经济发展为中心转变为注重以人为核心的可持续发展。区域治理的内涵也逐渐注重人口的科学规划，并从主要关注人口数量增长的控制，扩展到关注人口教育文化、科学技术水平的提升，通过产业结构调整、户籍制度改革有序引导人口流动、优化人口结构，注重开发人力资源与老龄产业，保障弱势群体等等。

（二）区域人口发展战略管理的新内涵

随着区域发展观念的转变，也随着越来越多的国家和地区进入人口零增长、负增长和人口老龄化阶段，人口发展战略的重要性也越发突出，作为区域治理重要内容的人口发展战略的内涵也有了非常显著的变化。

首先，强调了要以人的发展为基本出发点，对人口发展的尊重已经成为共识。传统的区域治理在处理人口、资源与环境的关系上，更多地是从经济发展的角度考虑人口容量、适度人口或资源环境对人口的承载力。可持续发展的治理理念则要求人口发展与经济、社会、资源、环境协调发展，当代人的发展不能影响后代人的发展。同时，更加注重对教育、科技、文卫的投入以提升人口质量，注重人力资本开发，注重公共服务保障和人居环境的改善，以提升人的生产与生活质量。

其次，强调了区域与区域之间、区域中不同阶层之间的共同发展、均衡发展，消减贫困、缩小贫富差距已经成为区域治理的重要任务。特别是中国幅员辽阔，地域庞大，由于自然条件、资源环境、文化传承、基础设施、产业基础、发展机遇的差异，区域之间、城乡之间存在巨大的发展差异和贫富差距；同时，同一区域内部也存在城乡差距问题、不同阶层的发展差异问题，城市棚户区、半城镇化现象、农村空心化等都是区域治理面临的现实问题。因此，区域治理的重点已经由过去的重点关注消除区域间差距为主，转变为关注区域间差距和关注区域内部不同人群之间差距并重。并更加侧重于尊重自然资源环境，根据人与自然资源环境的客观情况科学合理制定人口发展规划。

《科学界定人口发展功能区，促进区域人口资源环境协调发展》是原国家人口与计划生育委员会于 2008 年 1 月发布的研究报告，该报告在对中国未来 30 年的人口规模、人口流动、劳动年龄人口、人口城市化等做了科学预测的基础上，把全国划分出了四个大的人口发展功能区：限制区、疏散区、稳定区、聚居区。这是在国家人口发展战略的基础上，首次创新性地提出了人口发展功能区的概念，对人口发展与区域治理的研究与实践具有重要的战略指导意义。当然，如何对四大人口发展功能区根据人口、资源与环境特点进行有机整合，充分发挥各个功能区的特色作用以促进人口的合理分布和流动，使各个功能区都能够为人口发展发挥不同的积极作用，这是区域人口发展战略管理的重大问题，也是区域内部治理能力提升和加强区域之间治理协作的重要内容。

第三，改变了传统区域资源与环境的概念，在注重传统资源如土地、矿产等自然资源、劳动力资源、资金的同时，更加强调人力资源、科学技术资源、市场资源、文化资源、信息资源。充分认识到了人口质量提升、人力资源结构优化、消费观念的改变对区域资源的节约与循环利用、环境的技术性保护、产业结构的转型升级、市场的充分开发、信息的充分挖掘使用可以起到巨大的推动作用。可以说,新一轮的区域竞争更是人口发展的竞争。

二、人口发展的区域治理路径创新

科学的区域治理可以使人口规模得到有效调控,人口质量得到稳步提升,人口空间分布更加有序合理,人口结构更加科学优化,还可以使农业转移人口高质量市民化,使劳动力素质更加符合区域产业发展的需要,使人力资本跨区域流动更为便捷顺畅。同时,还可以有效应对人口老龄化带来的系列经济、社会问题。总之,针对人口发展的新形势,必须加快区域治理创新的步伐来保障人口发展与区域经济社会发展良性互动,与区域资源、环境协调均衡。

(一) 建立人口发展战略管理的区域治理协调机制

区域人口发展战略的制定、实施与协调是一个关系区域经济、社会、资源、环境方方面面的综合性战略举措。对区域内部治理而言,需要政府各部门之间的协调,需要政府与市场、社会组织、公民社会之间的协调;对区域外部协作治理而言,需要区域与区域之间的协调。不建立科学的内外部协调机制,势必会使区域人口发展战略与区域经济、社会、资源、环境之间发生冲突和矛盾,也会使区域之间难以形成优势互补的良性互动局面。

就区域内部来看,发展与改革部门、卫生与计生部门、公安部门、教育部门、民政部门、人力资源与社会保障部门等都涉及人口发展战略的制定与实施。但目前,政府相关部门还存在各自为政的现象,单就从信息的角度来看,人口数据就没有做到共享,各部门均从自身的职能出发,建立本系统内部的相关人口数据系统。但是,由于没有统一的人口管理协作机制,各类人口资源与信息分散,信息采集的角度和口径不一,造成人口信息重复采集、信息误差现象严重。不仅造成严重的资源浪费,更是无法为制定科学的区域人口发展战略，实施有效的区域人口、资源与环境治理提供准确的依据。因此，打破数据壁垒，建立区域统一的人口数据系统，使基于人口战略管理的相关数据采集、挖掘、使用有统一的标准和制度是实施区域人口发展有效治理的基本前提，也凸显建立人口发展战略管理的区域治理协调机制的必要性和迫切性。

从区域内部有关人口发展规划及相关政策制定层面来看，发展与改革部门可能更多地是从经济社会发展的宏观层面考虑人口发展问题，更多地会考虑人口与区域资源、环境的矛盾，当然也会考虑到劳动力与产业发展的关系；而卫生与教育部门可能更多地考虑到医疗、教育资源与人口增长之间的矛盾；民政部门当然更多地会考虑人口老龄化、残障人口等弱势群体与社会保障的问题。总之，由于部门承担的管理职能差异，会使得各自的政策制定和管理方式缺乏总体性，这都不利于区域的人口与经济社会均衡发展。

从区域与区域之间来看，由于缺乏有效的区域间人口发展的协作机制，固然有中央政府的宏观管理，但"公地悲剧"、"集体的行动"等制度经济学里常说的问题还时有发生。区域间的竞争与利益分配使得人口分布平面化、人口迁移的城乡壁垒及地区壁垒、劳动力与人力资本流动的限制、产业同构、水环境及空气环境的污染转移等现象比较严重。政策壁垒、市场壁垒没有打通，没有形成区域间一体化的人口流动、生育管理服务、人才政策。

建立人口发展战略管理的区域治理协调机制，对内部形成区域政府各部门、市场、公民社会在人口发展方面信息共享、目标一致的协同效应；对外部加强区域协作，统筹实现区域之间人口协同发展、产业互补、资源环境共享的"大人口"发展战略目标。

（二）注重人口发展战略管理的政策创新

毫无疑问，在还没有形成根深蒂固的法治思维、深厚的公民社会基础、发达的组织体系以及公私合作与协商治理文化的当前阶段，政府在实施人口发展战略的区域治理中必然发挥着重要的作用。具体主要体现在制定有利于促进区域人口、资源与环境协调发展的干部绩效考核体系；制定科学的区域人口发展规划；营造有利于人口发展的良好政策环境；制定有利于促进区域间人口、资源与环境协调发展的法律制度等。

首先，对区域人口发展战略规划的立法工作要得到高度重视，以地方法律法规的方式确保区域人口发展战略规划的规范组织、规范制定、规范执行和规范监督。这样可以使区域人口发展保持科学性、可持续性，避免区域人口战略规划受到短期效应和主观效应的不利影响。

其次，要注重根据区域的产业结构、人口规模、人口结构、资源与环境的要素特征，科学制定影响人口发展的落户制度、公共服务保障机制、产业规制策略、人力资本与消费政策、老年事业与产业的发展政策等。特别是要注重在有效利用居住证制度促进区域人口、产业、资源与环境良性发展方面的政策创新。

同时，政府政策的制定还应该立足于营造良好的人与自然、经济社会之间的协调发展环境，包括引导树立科学的生育观、低碳环保的生活与生产方式、崇尚教育与注重创新的文化氛围、尊老爱老的社会风气等等。

当然，制定完善的促进区域之间开展顺畅合作的法规政策也是促进人口发展的区域治理的重要内容之一。区域协调发展是区域治理的必然目标，但也是一个难点。竞争中合作、合作中竞争是阶段性长期存在的，只有制定规范的法规制度，才能使区域之间开展良性的人口、资源与环境方面的互补性合作，避免重复建设与恶性竞争。

第二章　多重动力机制下人口迁移的区域治理新模式

　　改革开放以来，我国人口迁移的规模、强度、流向均伴随着区域经济发展、个人社会网络、交通运输条件等因素的变化处于多样、复杂的变动中，并由此引发人口迁移空间格局的不断重组。多重影响因素中，以与区域经济发展的相关性最高，可以说，流动人口迁移所构成的空间格局与我国经济空间布局紧密关联。政府部门及学者愈加重视人口迁移与经济社会发展之间的相互作用机制及影响，并就如何利用二者之间的相关性展开系列研究。经济社会因素不仅直观地表现在可数据化衡量的人均 GDP、经济收入等指标上，更暗含并展现了农村转型、城镇化、区域协调发展、劳动力市场变化等一系列深刻的经济社会发展进程，诸如此类的经济社会发展变化才是并将一直是影响中国未来人口迁移的主要内在因素。人口迁移与区域经济发展之间互相影响，经济高度发展的区域往往是人口迁移的高度聚集地区，人口的高度聚集和持续的迁入、迁出活动又会给区域社会治理带来一定的挑战。兼之，随着经济社会发展、市民意识觉醒，流动人口在迁入地不仅对经济收入有所需求，其他方面的自身需求更加多样化，这对以往以防范型、管控型为主的流动人口社会管理模式提出了挑战。

　　如何理解当前因区域经济发展差异及其他因素导致的人口迁移空间模式，如何应对大范围、大规模的人口迁移所带来的区域社会治理难题，将是本章要重点探讨的内容。

第一节　人口迁移的动力机制与空间模式

受空间地理、人文历史、经济水平、社会网络等影响，我国几乎每时每刻都处在人口迁移当中。随着经济社会发展和快速交通体系的建成，我国流动人口的迁移选择愈发理性，各省际、省内流动人口除了将迁往经济发达地区作为普遍的首要考虑因素外，更带有各自省份的特色因素，多重动力机制影响下的人口迁移活动塑造了我国流动人口在空间分布方面的特有格局。

一、人口迁移的空间分布格局及其特征

我国省际、省内人口更倾向于选择迁往经济发达地区以获取更高的收入，因而，人口迁移的空间分布格局呈现较为明显的特征，即经济发达地区对应人口迁移高密度地区。比较中国第四次、第五次及第六次人口普查数据，以及2005年1%的人口抽样调查可以发现，我国人口迁移在总体格局上呈现持续向东部及东南沿海地区集聚的特征，同时，随着区域经济发展水平的变化，中部地区部分省份城市对迁移人口的吸引力越来越强势。我国人口迁移的空间布局呈现整体稳定、局部细节调整的特征。

（一）人口迁移的空间指向性

1. 人口迁移的空间集聚特征

我国人口迁移具有明显的空间集聚特征，无论省际迁移、省内迁移，均存在一定的空间指向性。中国正处在城市化快速发展进程中，城市经济发展水平吸引着以经济型为主导的大量迁移人口，各城市的经济发展水平在很大

程度上决定其对外来流动人口的吸引力，不同经济水平的城市所吸引的人口规模也存在着极大差异，流动人口往往高度聚集在大城市尤其是经济发达的特大城市和超大城市。多数学者的研究都曾表明，东部沿海地区 35 个经济发达城市构成的城市带聚集了我国半数以上的流动人口，且越来越集中流向其中的少数几个省份，人口迁移极化现象较为突出。总而言之，我国省际人口迁移的总体空间趋势为由中西部地区向东部地区流动，中部地区吸引能力逐渐突出；省内人口迁移的空间分布总体表现为从农村向城镇、城市迁移，并且，省会城市均成为各省省内迁移人口的首要选择和第一流入地。

城市规模不同、城市行政级别差异对流动人口产生的吸引力强度有所差别。王国霞[1]（2012）根据中国第五次全国人口普查部分区县的流动人口数据研究发现，地级及以上城市、百万规模级别以上城市在人口迁移中的优势地位较为突出，东、中、西部地区县级市之间的迁移人口规模相差较大。20 世纪末，中国人口迁移出现向大城市尤其是向超大城市集中的趋势。我们通常将大城市定义为人口规模在 100 万—200 万的城市，特大城市是人口规模在 200万—500 万之间的城市，超大城市则为人口规模在 500 万以上的城市，2000年我国迁往大城市、特大城市、超大城市的城市人口迁移率合计达66.26%。1990—2000 年期间，即第五次全国人口普查期间，占据地级市、县级市人口迁移规模之最头尾的城市均属于同一省份，广东省深圳市以总迁移人口近 600 万人占据城市人口迁移规模首位，是湖北省随州市总人口迁移数的 900 倍之多，湖北省随州市总迁移人口不足 7000 人，是全国地级市总迁移人口最少的城市。人口迁移规模最大的县级市仍在广东省，广东南海市以超 100 万人的总迁移规模傲视全国其他各县级市，人口迁移规模最少的县级同样仍在湖北省，湖北安陆市迁移人口的总规模仅 829 人，广东省与湖北省人口迁移规模的巨大差距与二者经济发展水平、产业结构及地方文化特色

---

[1]　王国霞：《20 世纪末中国迁移人口空间分布格局——基于城市的视角》，《地理科学》2012年第 3 期。

密切相关,这一点本章后文中将就人口迁移影响因素作出解释。

总而言之,我国东部县级市人口迁移规模大于中部县级市人口迁移规模、西部县级市人口迁移规模,人口迁移吸引力较强的县级市在空间上多数分布于东部,其次为中部,再次为西部。人口迁移量则呈现出不同的梯次特征,东部县级市人口迁移量大于西部县级市人口迁移量,中部地区县级市人口迁移意愿最弱,人口迁移量最少。我国县级市的平均迁移规模在三大地带间相差较大,东部地区县级市对流动人口的吸引力远大于中、西部地区县级市。

20世纪末中国流动人口主要选择进入地级及以上城市谋生或发展。(王桂新,2004①) 地级及以上城市的省际迁移人口空间分布呈现出两种格局,即:东南部沿海地区省际人口迁移出现明显的"圈层"结构,而中西部地区则出现"独峰"结构,整体空间分布格局呈现三个梯次。具有较大省际人口迁移规模的城市主要集中分布在珠三角、长三角、京津和福建省的沿海地区,尤其以珠三角地区的东莞、深圳,长三角地区的上海、温州,以及北京、天津规模最甚,而这些城市基本上都是东部沿海地区珠三角城市群、长三角城市群以及海峡西岸城市群、环渤海城市群的核心城市。由此形成以深圳、东莞、广州、中山为第一圈层,以江门、佛山、惠州为第二圈层,以肇庆、韶关、清远、河源为第三圈层的省际迁移人口规模递次减少的城市圈。西部省际迁移人口规模较大的地级市为昆明、成都、西安、武汉、乌鲁木齐等西部省份的省会城市,其省际迁移人口规模与周边城市的迁移规模相差极大。昆明与人口迁出大省四川省比邻,因此,省际迁移规模较大;重庆、西安和武汉均是中西部地区经济最为发达的城市,对中西部地区迁移人口具有强劲的吸引力,省际迁移规模较大;而乌鲁木齐传统上就是中国人口大省河南和四川两省农村外出流动人口的主要迁移地。西部地区具有较大规模省际人口迁移的地级及以上城市在空间上呈现出以省会城市为核心,一枝独秀的

---

① 王桂新:《改革开放以来中国人口迁移发展的几个特征》,《人口与经济》2004年第4期。

局面。具有较小省际人口迁移规模的城市集中连片分布在中、西部地区，具有中等及以上迁移规模的城市主要分布在东部沿海地区，在地理位置上与珠三角、长三角经济圈核心城市相比邻。

因此，可以说中国的地级及以上城市省际迁移人口的空间分布格局已经呈现出了三个梯状层次：第一层次是东部沿海地区的各大城市群的核心城市以及中西部地区的少数省会城市，即长江三角洲城市群、珠江三角洲城市群、京津冀城市群、海峡西岸城市群、辽东半岛城市群的核心城市以及武汉、昆明、西安等；第二层次是中西部地区大多数省会城市、山东半岛城市群以及东部地区紧邻京津冀、长三角、珠三角三大都市圈核心城市的周边城市；第三层次是中西部地区其他地级市以及东部地区距离三大都市圈核心圈层的较远城市。

2. 人口迁移的空间格局变化

"六普"期间，我国省际人口迁移空间格局发生了些微的改变，全国人口空间分布格局处于重塑过程中。纵览 2005 年 1% 人口抽样数据与中国第六次人口普查数据可发现，人口净增加主要集中在东部发达地区和西北部的新疆。东部发达地区人口净增加规模较大的城市和省份包括上海、北京、浙江、广东、天津、江苏和福建；中西部大部分省份都经历着人口净迁移损失，比如安徽、湖南、贵州、河南、江西、湖北、四川、广西等。中部区域人口流失，东南部沿海区域人口流入，呈现出"中间低、周围高"的空间格局。北京和上海作为教育、医疗、就业、文化等各方面优质资源的集中地，一如既往地吸引着来自全国各地的迁移者，保持着较高水平的人口迁入率和增长趋势。广东、新疆两省的省际人口迁入率在"四普"、"五普"期间均有所增加，但在"六普"期间发生明显的波动，据李扬等[①]（2015）的双组分趋势制图法研究，广东、新疆的省际人口迁入率在 2000—2005 年间均

① 李扬、刘慧、汤青：《1985—2010 年中国省际人口迁移时空格局特征》，《地理研究》2015 年第 6 期。

下降至少三个百分点，但在 2005—2010 年期间又有所回升。广东一直以来处于全国对外开放的重要门户位置，更易受到国际金融环境的直接冲击，一旦国际金融环境发生波动，那么在广东务工人员以及原本将广东作为迁入地选择的人群也会发生迁移变化，造成短期内人口流入与流出的不断变化；而新疆由于特殊的地缘地位，其发展受到国家政策支持，在西部大开发和国家支援新疆建设的背景下，大批来自四川、河南、甘肃等省的务工者流入新疆。但政策支持始终比不上经济因素对人口迁移的影响力，频繁的人口迁入迁出必然导致省际人口迁移率的波动。值得注意的是，"六普"期间出现新兴强势的省际人口迁入地。浙江、天津、福建和江苏四省人口迁入率初期的水平较低，随后增长态势明显。如浙江的人口迁入率在 1985—1990 年期间仅为 0.833%，而到 2000—2005 年间则一跃成为继广东之后排名第二的省份，2005—2010 年期间更是超越广东排名。纵观"六普"期间，天津市是十年间净迁入人口的比例变化最大的城市，由 6.63% 上升到 21.01%。与省际人口迁入相对应的是省际人口迁出变化，比较区域间差距，中部省份的人口迁出率普遍较高且保持着稳定快速增加，净迁出省份变化最大的则是安徽省，增加了 8.03 个百分点。西部省份人口迁出率次于中部省份，东部省份因其自身的优势条件，人口迁出率普遍较低而且无明显增速。另外，值得注意的是，迁出强度高的省份其强度变化趋势也较强，如河南、湖北、安徽、湖南、江西五个人口输出大省的迁出趋势一致处于持续增加中。迁出强度较低的省份中，新疆迁出强度的趋势也较低，其人口迁出规模较小，且迁出人口不断减少。

　　虽然，我国的流动人口迁移存在非常明显的空间指向性和总体方向，当前的省际人口迁移仍然以单向流动为主，而处于双向迁移状态省份的绝对量比较小。但也并不能否认省际间存在人口的双向流动，山西、云南、青海、内蒙古等地区双向迁移的区域迁移特征较为明显。[①]

① 雷光和、傅崇辉等：《中国人口迁移流动的变化特点和影响因素——基于第六次人口普查》，《西北人口》2013 年第 5 期。

（二）人口迁入迁出的空间相关性

我国省际人口迁出率较强的城市与人口迁入率较高的城市往往存在一定的空间对应关系，某地区的人口在迁出时往往倾向于选择相似的迁入地区。王桂新[1]（2003）通过研究认为与吸引中心相匹配的是吸引区域，并定义如某地区的人口表现出比较强烈的选择迁向某一吸引中心的倾向，则该地区就可以称为该吸引中心的吸引地区。

京津唐的平均迁入距离范围包括河北、山东、山西和辽宁的全部，河南和内蒙古自治区的大部分，还有安徽、江苏和陕西的北部，而处于京津唐迁入的平均方向上的地区主要有河北、河南、山东和安徽，事实上这四个省区所占迁入人口的比重也正好排在前四位。长三角的平均迁入距离范围主要包括江苏的全部和安徽、浙江，以及山东、江西和福建的大部分，还有河南和湖南、湖北的一部分，处于长三角迁入的平均方向上的省区主要是安徽省，根据 2000 年人口普查 0.95‰抽样数据，安徽省迁入人口占长三角迁入人口的比重高达 29.41%。[2] 珠三角的平均迁入距离范围包括湖南、江西、广西和福建的全部，贵州、湖北和重庆的一部分，处于珠三角迁入的平均方向上的地区主要是本省北部地区和湖南省，根据 2000 年人口普查 0.95‰抽样数据，其占迁入人口的比重分别为 19.15% 和 17.70%。三大都市圈中作为全国政治中心的京津唐迁移方向最多，这表明其与全国各地的联系最多，地区开放程度最大；其次是作为全国的主要经济中心的长三角地区，具有经济优势的同时占有得天独厚的地理位置，长三角位于中国的南北居中位置，其向四周联系较方便，强度也较高；而珠三角的影响范围主要集中于中国南部地区，迁入方向比较集中，这是由于其地理位置位于中国南部，迁入和迁出的

---

① 王桂新：《1990 年代后期我国省际人口迁移区域模式研究》，《市场与人口》2003 年第 4 期。

② 俞路、张善余：《基于空间统计的人口迁移流分析——以我国三大都市圈为例》，《华东师范大学学报》（哲学社会科学版）2005 年第 5 期。

主要流向大部分都是南部地区，对于全国而言，综合影响稍小。李薇①
(2008) 在对人口流动具有较强吸引力省份的人口迁移进行研究时，按人口
迁移吸引中心吸引作用的强弱划分，将吸引中心分为强势吸引中心和次级吸
引中心。强势吸引中心包括上海和北京两大直辖市，分别为长三角和京津冀
两大都市圈的中心区域；次级吸引中心位于东部及东南部沿海省份，具体为
天津市、广东省、浙江省和福建省。上海和北京吸引区域、吸引强度均有所
区别。上海市的吸引地区包括横贯东西（东起东部沿海，西至新疆地区）
的横向吸引带和沿海岸线省份北上的纵向吸引带，呈"V"字形分布，这其
中的横向吸引带为主要的吸引区域，且在横向吸引带内吸引地区的等级呈现
出随距离加大而不断下降的特点：上海近距离地区如江苏、浙江、安徽、江
西是其强势吸引地区；长江流域和东南沿海地区的河南、湖北、重庆、四
川、贵州和福建六省市是其中势吸引地区；而最为偏远的陕甘宁、新疆和青
海地区、湖南省以及纵向沿海吸引带上分布的省份均为其一般吸引地区。北
京市的吸引地区覆盖了除上海市、西藏自治区、云南省、广西壮族自治区、
广东省和海南省以外的全部国土。其吸引强度的空间分布并没有随距离增加
逐级递减，而是呈现出非常明显的地域差异。尽管上海市的吸引地区数量不
及北京市的多，但其强势吸引地区对其平均迁移指数高出北京强势吸引地区
对北京的平均迁移指数近一倍，两者中势吸引地区及一般吸引地区的平均迁
移指数则相差无几。综合看来，上海市的吸引地区较为聚集且吸引力较强，
北京吸引地区虽多但对其吸引地区的吸引力较为均衡。省际人口迁移次级吸
引中心中天津市吸引范围最广，其吸引区域基本覆盖除长江流域省份以南地
区和西北地区之外的全部国土。浙江省和广东省吸引地区的空间范围大体一
致，主要集中在秦岭—淮河以南地区，但广东省的吸引范围则更向西北内陆
深入。广东省、浙江省和天津市对其吸引地区的吸引力度均随距离增加而递

---

① 李薇：《我国人口省际迁移空间模式分析》，《人口研究》2008 年第 4 期。

减，呈现明显的圈层结构。但浙江省和天津市的圈层结构并不如广东省有几近严格的规律性，而是会偶尔出现较远距离的强势吸引地区，如浙江省较远距离的强势吸引地区为贵州省，天津市较远距离的强势吸引地区为黑龙江省。福建省的吸引范围最小，其吸引地区主要就集中在秦岭—淮河以南的内陆省份，并且其与广东是恰恰相反的，福建省的中强吸引地区分布在距离福建省最远的地区，而其一般吸引地区则分布在中强吸引地区与强势吸引地区之间的区域。究其原因可以发现，发生这种现象，主要是与上海、广东"争夺"相似地域迁移人口的结果。福建省的一般吸引地区均为其他吸引中心的强势吸引地区或中强吸引地区，如河南省和安徽省是上海市的强势吸引地区，河南省又是其他各个吸引中心的中强吸引地区，湖南省是广东省的强势吸引中心。福建省的一般吸引地区正好是受多个人口吸引中心共同影响的区域。由于福建省的自身吸引能力与其他吸引中心相比相对较弱，所以福建省对临近但同时受到其他更强大吸引中心吸引的区域吸引作用较弱，而对那些距离自身较远但受到其他吸引中心吸引作用也相对较弱的区域的吸引作用，在比较下反而较强。

与人口外迁中心匹配的是人口外迁中心的迁入地区，迁入地区是指如果一个人口外迁中心的人口表现出比较强烈的选择迁向某一地区的倾向，那么这个地区就是该人口外迁中心的迁入地区。京津唐的平均迁出距离范围稍大于平均迁入距离范围，在迁入距离所包含的城市基础上，还包括吉林、上海、浙江、河北等地，处于其迁出的平均方向上的地区主要有河北、江苏、广东和山东。长三角的平均迁出距离范围远大于其平均迁入距离，其范围还包括北京、天津、广东和辽宁等地，长三角迁出的平均方向几乎和迁入的平均方向正好相反，在这个方向经过的主要是安徽省、浙江南部、江苏北部和广东，而占据最高比重的仍然是安徽省。珠三角的平均迁入距离范围比其平均迁出距离范围略小一些，平均迁出方向还包括浙江、安徽和四川等地，珠三角迁入的平均方向上的主要地区为湖南省和四川省。俞路等①（2005）的研究认为，珠三角的迁出流中有相当一部分人口是属于回迁人口，真正从珠三角地区迁往外地的人口非常少，三大都市圈中最不愿意迁出的群体就是珠三角地区的人口。李薇②（2008）研究认为，强势人口外迁中心为安徽省、江西省以及重庆市。安徽、江西两省的人口外迁空间模式可概括为"沿海导向型"，安徽省的首选迁入地区是北京市和长三角地区，而江西省的首选迁入地区为长三角的上海市和浙江省以及广东、福建两省。"平衡型"是重庆市的人口迁移空间的典型模式，其并不具有明显的迁移偏好，迁入地区兼顾了西部、中部以及沿海三大区域。

（三）人口迁移空间特征及其变化

依托城市网络并以城市作为节点，将人口迁移流向和人口迁移流量连线，构成表征节点间关系的结构被称为人口迁移网络。我国省际人口迁移网络和人口迁移的空间分布随经济社会发展、产业结构调整等因素不断发生改变。

王珏等③（2014）的研究将人口迁移网络的演化过程分为四步，即均质离散阶段、单核心集聚阶段、多核心等级网络阶段、链式空间网络阶段。每一阶段都是人口迁移网络逐步成熟的过程。我国人口迁移早期受到自然条件的制约和交通手段的限制，人口迁移行为较少，且人口迁移主要集中在地理位置相近的邻近地区之间。因其具有相似的历史文化、物产资源等，这些地区之间经济发展势能相当、文化相通、亲缘相近，地域间可形成双向的人口迁移流，这样的人口迁移并不存在所谓的迁移核心，也无从衡量各吸引中心的吸引强度，此时人口迁移网络结构尚未形成，仅是空间上相互流通的状态。历经长期的城市规模、城市行政级别以及经济发展的累积作用，城市之

---

① 俞路、张善余：《基于空间统计的人口迁移流分析——以我国三大都市圈为例》，《华东师范大学学报》（哲学社会科学版）2005 年第 5 期。

② 李薇：《我国人口省际迁移空间模式分析》，《人口研究》2008 年第 4 期。

③ 王珏、陈雯、袁丰：《基于社会网络分析的长三角地区人口迁移及演化》，《地理研究》2014 年第 2 期。

间经济发展水平不尽相同，人口收入水平差距较大，经济发展程度高的城市出现对其他地区的引力作用，人口迁移开始具有明确的空间方向性，人口迁移网络特征开始出现。人口倾向于向网络中的强节点迁移，形成与强节点连接的迁移路径和迁移通道，逐步形成了从乡村到集镇，再到小城市，最后汇聚于大城市的等级集聚的特征。随着国家政策扶持、企业投资、经济辐射等原因，强节点周边的中小城市逐渐获得成长，发展成为迁移的次人口核心，即人口迁移网络中的次级节点，单一核心逐步向多核心发展，网络结构呈现出次级节点和强节点相互嵌套的特征。当多个诸如此类情况出现并达到一定规模时，各区域内以强节点为中心，次级节点分散于周边，如此多个引力单元重复叠加，形成链式的复杂网络结构，在链式的每一板块，都存在完整的、系统的人口迁移的空间趋向性。

人口迁移空间特征的变化主要体现在两方面，一是人口迁移吸引中心经历了由"多极化"向"极化"发展的过程。王桂新[1]（2000）研究发现我国省际人口迁移吸引中心的数量在 1982—1985 年为 6 个，1985—1990 年为 11 个，1990—1995 年为 11 个，2000 年则为 7 个。李薇[2]（2008）在此基础上进行研究进一步发现：2005 年，我国省际人口迁移吸引中心的数量进一步下降为 6 个。因此，1982—1995 年，我国省际人口迁移吸引中心是呈现"多极化"发展态势的；而 1995—2005 年，省际人口迁移吸引中心则呈现"极化"发展趋势。二是各吸引中心的吸引能力随之不断变化，以区域为板块逐步形成完善的区域人口迁移网络。以长三角地区为例，1995 年，长三角区内人口迁移格局较为单一，其强势吸引中心发育尚不成熟，二级人口吸引中心初步形成一定体系，但长三角区域内吸引体系的差别较大。此时的长三角地区，整个江苏省缺乏自身的一级吸引中心，一级吸引中心只有上海和

---

① 王桂新：《中国经济体制改革以来省际人口迁移区域模式及其变化》，《人口与经济》2000 年第 3 期。

② 李薇：《我国人口省际迁移空间模式分析》，《人口研究》2008 年第 4 期。

温州两个。其中的上海作为长三角首位城市，其人口迁移吸引能力较为强势，吸引范围几乎覆盖整个浙江省和江苏沿海地区；而温州的引力范围仅局限于其周边邻近的县市。但江苏省已经具备较为成熟的二、三级人口吸引体系，特别是"宁镇扬一级体系"和"无锡二级体系"都已经形成了自身的等级结构。而与之相比，浙江省并没能建构省内人口吸引体系，大部分地区都从属于上海引力体系，自身区内只有杭州和宁波两个二级吸引中心。到了2005年，长三角区内人口引力布局已经发生了较大变化。首先，上海对浙江的吸引力出现明显下降，江苏、浙江都已形成相对完善的地方引力体系；其次，长三角区内一级吸引中心显著增加，原有的二级吸引中心南京、杭州、宁波进一步发展成为一级人口吸引中心，而二、三级人口吸引中心相应地有所减少，同时，常州、盐城、连云港等吸引中心已经逐步萎缩、退化，不复存在。

因此，随着我国经济社会发展，人口迁移的空间分布指向性越来越集中，但在人口吸引中心附近往往会形成次一级的吸引中心，共同吸引流动人口，逐步形成多个网络单元叠加的复杂网络结构，且结构中的各个节点的吸引强度不断发生变化，此消彼长。

二、人口空间分布的影响因素

人口空间分布影响因素的相关研究较多，迄今为止，引力模型，即空间交互模型方法是预测人口迁移最流行的模型，这类模型是把人口迁移与迁出地人口、迁入地人口和两地之间的空间距离联系起来，认为人口迁移与迁出地人口、迁入地人口正相关，而与两地之间的距离负相关。国外众多学者也基于引力模型对跨区域的人口迁移进行了实证研究。David 等[1]（2010）基

---

① David, K., Oguledo, V. L., Davis, B., "A Gravity Model Analysis of International Migration to North America", *Applied Economics*, 2010, 32 (13), pp. 1745-1755.

于引力模型检验了经济、政治以及人口因素对北美跨国人口迁移的影响，研究结果表明，迁出地区的人口规模和迁入地区的收入对跨国人口迁移规模的影响最大。Henry 等① （2003） 通过引力模型来解释西非国家布基纳法索 30 个省份的省内人口迁移，发现经济社会发展水平对省内人口迁移的影响要远比环境因素更加重要。Crozet② （2004） 用引力模型研究 1980—1990 年间德国、意大利、西班牙、荷兰和英国的人口迁移情况，研究结果表明人口明显更加倾向于流向价格指数更低、市场潜力更高的地方，也就是生活更加富足的地方。我国人口迁移在 1980 年之前主要受到政治动员的影响，如"上山下乡"运动等，直到 1987 年的 1% 人口抽样调查和 1990 年第四次人口普查时才加入有关人口迁移的项目，因此，只有在 1990 年之后运用引力模型来研究中国人口迁移才成为可能。我国学者通过引力模型研究，发现影响地区之间人口迁移量的主要因素有经济差距、地理距离、人口规模和气候差别。也有学者将影响因素划分为直接的推—拉力因素及中间障碍因素，推—拉力因素主要表现为迁出省份的"推力"因素、迁入省份的"拉力"因素、迁出省份人口迁移的"能力"因素和迁出迁入省份人口迁移的"成本"因素；中间障碍因素则为距离远近、信息交流、社会环境等，且东西部之间人口迁移与南北方之间人口迁移的影响因素并不相同。东部和西部地区之间的人口迁移流动主要是受到经济因素和区域发展差异的影响，而南方和北方地区的人口迁移活跃程度主要是由自然地理环境以及文化差异所影响。

从迁移者的视角出发，影响其流动方向的因素无非出自以下三种考虑，即选择的迁入地是否能获取更高的收入，是否能获得情感慰藉，以及是否能适应当地生活。

① Henry, S., Paul, B., Eric, F. L., "Modelling Inter-Provincial Migration in Burkina Faso, West Africa: The Role of Socio-Demographic and Environmental Factors", *Applied Geography*, 2003, 23, pp. 115-136.

② Crozet, M., "Do migrants Follow Market Potentials? An Estimation of a New economic Geography Model", *Journal of Economic Geography*, 2004, 4, pp. 439-458.

（一）经济追求与成本控制

迁移者选择背井离乡去往另一个城市发展，往往最重要的目标就是获取更高的收入，经济因素一直是，并且将持续其在影响人口空间分布因素中的核心地位。迁入城市的经济发展水平直观表现为人均 GDP 水平、就业率、城镇化率和开放度水平较高等方面。

人口迁移流动主要由迁出省份的"推力"和迁入省份的"拉力"因素共同作用所致，不断扩大的区域经济发展差距已经成为人口跨省迁移的巨大推动力，人们更愿意从经济社会环境差的省份迁往经济发展水平较高的省份。中国改革开放初期，实行"让一部分地区先富起来"的方针，在这一时期，开放及投资政策基本上都是向着东部沿海地区倾斜。因而，东部沿海地区凭借良好的地理位置、先天的工业基础和一系列优惠政策，经济发展迅速起步，与中部和西部地区经济发展差距逐步扩大。尽管户籍制度等政策长时间限制着人口流动，但中国仍出现大量的人口由落后地区向发达地区迁移的态势。也因此，人均实际 GDP 对迁出省份的人口迁移有着显著的负向影响，而对迁入省份的人口迁入则有着显著的正向影响，人口更愿意从人均 GDP 低的地方迁移至人均 GDP 更高的地方。三大都市圈迁出规模较小，主要迁往经济发达的人口迁入大省，其互为迁出方向的比重很高，这也从反面说明了人口迁移更倾向于流向人均收入高的城市。值得注意的是，在 2000 年以前，迁入地失业率对人口迁移并无影响，这可能是因为城市本地劳动力与外来劳动力主要从事的工作存在市场分割情况，迁往城市的农村劳动力基本上不受城市下岗失业的影响。[1] 同时，也存在一定的信息阻碍因素，2000 年之前，人口迁移活动尚处于不成熟中，迁移者选择迁入城市时往往会忽略失业率这样一个统计学意义较浓的事实。但 2000 年之后，迁入地失业率对迁移决策产生了负面影响，这说明迁移者的迁移行为更加理性。无论人均

---

[1] 王德文、吴要武、蔡昉：《迁移、失业与城市劳动力市场分析》，《世界经济文汇》2004 年第 1 期。

GDP 还是失业率，对于迁移者来说都不是非常直观和易获得的信息。西方古典的推拉理论即认为（Lee，1966[1]），劳动力迁移流动是由迁入地与迁出地的工资差别所引起的。实际上，省际人口迁移对地区收入差距的反应更为迅速，也更为强烈，收入差距在迁移者的决策中占据了核心地位。托达罗（Todaro）[2] 研究认为传统的引力模型存在一定缺陷，增加了心理因素对迁移决策的影响，并提出了迁移预期收入的概念，认为迁移动机的主要方面是预期收入差距，预期收入差距越大，迁移倾向就会越强烈。

追求经济效益最大化始终是导致人口自主迁移流动的最根本因素，而经济效益最大化不仅需要考虑迁入地的收入水平，迁移者们往往还会考虑来往迁出、迁入地之间所需要耗费的距离成本。迁移距离是外出打工"迁移成本"中的重要部分，阻碍迁移者迁往远方，如果家乡城镇工资水平达到其预期，他们更愿意就近工作，而不是背井离乡，各地省内迁移率远高于省际迁移率正说明了这一点。诸多研究指出，迁移成本会随着迁出地与迁入地的距离增加而增加，且这种高成本会影响和限制迁移（Sandra，2006[3]）。如果迁出地与迁入地两地间的距离过长，克服距离过长的成本超过了迁移人口可接受的程度，那么，即使迁出地与迁入地两地间存在着较大的经济吸引力，人口移动也不会发生。俞路等[4]的研究以三大都市圈人口迁移为例，三大都市圈人口迁入流的第一次波峰都发生在 400 公里左右，长三角和珠三角人口迁入流第二次波峰发生在 1200 公里左右，而京津唐人口迁入流第二次波峰发生在 800 公里左右。对于很近的距离来说（200 公里以内），距离越近，迁移人口越少。依据托普勒地理学第一定律解释，距离越近的地理事

---

① Lee，E. S.，"A theory of migration"，*Demography*，1966，3（1），pp. 47-57.

② Todaro，M. P.，*Internal Migration in Developing Countries：A Review of Theory，Evidence，Methodology and Research Priorities*，Geneva：International Labor Office，1976，pp. 1-30.

③ Poncet，Sandra，"Provincial Migration dynamics in China：Borders，Costs and Economic Motivations"，*Regional Scienceand Urban Economics*，2006，36（3），pp. 385-398.

④ 俞路、张善余：《基于空间统计的人口迁移流分析——以我国三大都市圈为例》，《华东师范大学学报》（哲学社会科学版）2005 年第 5 期。

物，其性质也必然非常相似。那么相距 200 公里以内地区的经济文化条件均具有相似性，因而，距离很近的地区之间吸引力较小。近年来，随着我国交通事业不断快速发展，交通条件已经大大改善，距离的影响作用正在不断下降，尤其是对于中近距离来说，距离已经不再是人口迁移太大的障碍。但1200 公里仍然是距离影响人口迁移选择的临界点，在 1200 公里以内，距离和迁入人口规模并不存在明显的相关关系，但在 1200 公里之外，迁入人口规模随距离的增加而急速下降。

另外，区域快速交通体系的布局也深刻影响着区域人口迁移格局。朱杰[①]（2009）采用等时圈指标构建出 2005 年长三角一级吸引中心的一小时、二小时、三小时通勤范围，并以此衡量通达性水平对吸引区域格局的影响。所谓等时圈，是指在一定时间内，从节点城市出发通过交通网络可达的范围，反映的是城市最直接的经济腹地。将一级吸引中心的等时圈范围与其相应的人口吸引区域作对比，明显可以发现引力体系所覆盖的绝大部分区域与吸引中心的通勤时间都控制在三小时以内，特别是宁波和温州体系这些吸引区域相对较小的城市，其吸引区域基本上与一小时的等时圈重合。而辐射能力较强的几个吸引中心，其吸引范围形态与区内高速交通线的走向较为一致。譬如，上海的吸引范围就是沿区内盐通高速 204 国道向北延伸；南京的吸引范围明显与京沪高速和宁连高速的走向一致；而再看杭州的吸引范围，则是沿着杭千高速、杭徽高速、杭金衢高速向周边区域扩展。不难看出，快速交通体系布局对区域人口流动空间格局的形成起着非常重要的引导和支撑作用。

（二）社会网络与情感慰藉

社会网络一直是影响人口迁移的重要因素之一。我国省际人口迁移大多仍是从农村地区迁往城镇、城市地区。从区域人口迁移的路径来看，流动人

---

① 朱杰：《长江三角洲人口迁移空间格局、模式与启示》，《地理科学进展》2009 年第 3 期。

口倾向于在熟悉的城市之间流动，或者把熟悉的城市作为跳板向其他城市流动，这些都表明信息的重要性。[①] 获得准确的信息和必要帮助可以有效地减少外迁农民的迁移流动成本，降低其依靠自身独自处理分析信息的难度，从而得以缓解因社会环境变化而带来的心理压力。农民群体进入城市后，其身份角色转变为农民工，无论是农民还是农民工在我国社会环境下都是相对弱势的群体，难以通过正规部门等渠道获取有关迁入城市的信息。由亲戚、朋友、老乡等组成的初级社会群体内部通常有畅通的信息交流渠道，融入该社会网络往往意味着丰富的信息来源和情感慰藉，这也是我国当前流动人口获取迁移流动信息的主要途径之一，许多城市出现的同乡村就是很好的例证。

同时，语言、文化、宗教等属性在地方、小尺度上也赋予了人口迁移网络的独特性，进入由老乡、朋友、亲戚组成的社会网络往往意味着迁移者能够创造并维持一个排他性的社会经济网络，成员之间得以共享诸多的共性和特殊的社会资本。Mitchell 将这种网络称之为族裔网络，其所联结构成的商务关系系统则为族裔经济。族裔经济发挥其功能的主要条件是物理临近，即要求迁移者聚集在相近空间内，并能够自我认同，互通信息。

（三）地区差异与价值判断

从感知层面讲，人口迁移倾向于有共同文化、历史和认同感的区位。相似的文化、相似的气候对于迁移者来说更加容易融入迁入城市，因此，拥有相似文化、环境气候的城市更易得到迁移者肯定的价值判断。

"五普"数据显示，南方人口迁移的活跃性较强。平均而言，南方城市省内迁移人口规模较北方要大，省内迁移人口规模在 1 万—5 万人的城市主要分布在北方，呈现多且密集的特征，而南方则大多为迁移人口规模 10 万

---

① 田明：《中国东部地区流动人口城市间横向迁移规律》，《地理研究》2013 年第 8 期。

人以上的城市。李扬等①（2015）根据其双组分趋势制图法研究发现，人口迁移强度趋势较低的 10 个省份在 2005—2010 年间表现为人口迁出率下降或增速缓慢。其中，仅浙江和海南为南方省份，其余的 8 个省份全部位于北方地区。北方省份的居民相对南方居民而言，迁出原居住地的意愿更弱。李杨的研究还认为在 1985—2010 年间，南方省份的人口迁移较北方省份更活跃，这可能主要是受到南北方的自然地理环境以及文化差异的影响。北方历来是全国的政治中心，北方人心思"定"；而西方的近现代科学文化首先从东南沿海传入，改革开放更是把南方沿海省份推到了经济发展的浪头，南方人心思"变"。由于南北方思维习惯、生活方式等的差异，在人口迁移决策中，南方人更加愿意改变自己的现状而北方人则往往不愿离开自己的原居住地。人口迁入率低且强度趋势也较低的省份仅有处于中国最东北的黑龙江省，受地理位置、气候、温度、经济发展水平等因素的影响，人口迁入黑龙江的意愿较弱。人口迁出率低且迁出强度趋势也较低的省份只有新疆，新疆是距离全国地理重心最远的省份之一，由于特有的地理位置和深厚的少数民族聚居文化的影响，居民迁出原居住地的意愿较弱。由此可见，迁入地和迁出地的文化、气候环境在较大程度上影响着将这些因素纳入重要价值判断的迁移者们。

第二节　人口迁移与区域经济发展

人口迁移与经济发展之间的关系是区域可持续发展的重要问题，长期以来备受人口学家、地理学家和经济学家的高度关注。一方面，经济增长可促

---

① 李扬、刘慧、汤青：《1985—2010 年中国省际人口迁移时空格局特征》，《地理研究》2015 年第 6 期。

进人口聚集；另一方面，人口聚集带来的要素集聚又可有效推动经济的发展。人口与经济之间的关系概括起来，总体上主要可分为人口增长与经济的关系以及人口空间分布与经济格局的关系这两个基本方面。近年来，人口学研究开始重视人口空间分析，引入地理信息系统、空间分析和空间统计技术，譬如，用区域重心概念和模型来分析人口与经济系统的空间分布和发展之间的相互作用关系，以把握不同地区的人口、产业和经济的时空变化特征，为制定人口政策与区域经济发展战略提供依据。这方面的研究包括了对全国（廉晓梅，2007[①]；樊杰等，2010[②]；许家伟等，2011[③]）、省级（秦振霞等，2010[④]；刘英姿、董治宝[⑤]，2012；周一飞，2012[⑥]）和市级（曹晓仪等，2012[⑦]；田善淮等，2013[⑧]）等各个空间层面的分析。本研究认为，山东省作为中国东部大省，三产结构特征、经济发展和人口变迁相比较国内其他省份更加具有鲜明特征，然而却一直未有系统的空间经济分析。因而，本章即选取山东省作为典型区域研究，引入人口重心、产业重心和经济重心，系统分析山东省 2000—2011 年间人口分布演变规律及原因，并研究人口重心变动与产业重心、经济重心之间的偏离程度，进而，深入探讨人口与

---

① 廉晓梅：《我国人口重心、就业重心与经济重心空间演变轨迹分析》，《人口学刊》2007 年第 3 期。

② 樊杰、陶岸君、吕晨：《中国经济与人口重心的耦合态势及其对区域发展的影响》，《地理科学进展》2010 年第 1 期。

③ 许家伟、侯景伟、宋宏权、乔家君：《1990—2009 年中国区域差异与空间格局——以人口重心与经济重心为例》，《人文地理》2011 年第 4 期。

④ 秦振霞、李含琳、苏朝阳：《河南省 1987—2006 年人口重心与经济重心的空间演变及对比分析》，《农业现代化研究》2009 年第 1 期。

⑤ 刘英姿、董治宝：《陕西省人口重心与经济重心的空间演变及对比分析》，《陕西农业科学》2012 年第 2 期。

⑥ 周一飞：《1998—2009 年四川省人口、经济与产业重心演变轨迹对比研究》，《中国市场》2012 年第 39 期。

⑦ 曹晓仪、林天应、张艳芳、董治宝：《1999—2010 年重庆市人口与经济重心迁移研究》，《重庆师范大学学报（自然科学版）》2012 年第 1 期。

⑧ 田善淮、陈婧妍、郑行洋：《近 20 年福州市人口与经济重心演变轨迹分析》，《太原师范学院学报（自然科学版）》2013 年第 2 期。

经济之间的相互作用机制。

一、人口迁移对区域经济发展的影响

自马尔萨斯提出人口经济模型以来，众多西方人口学家、经济学家纷纷从不同的视角建立研究模型，论证人口与经济增长的关系。同样，我国学术界也在注重人口结构与区域经济发展关系研究方面有一定的突破。改革开放以来，中国经济的快速发展和人口政策的不断调整引发大规模人口迁移，成为我国最壮观的社会现象之一。人口迁移活动在特定区域内通过对人力资源和其他要素的重新配置和组合影响整个区域社会经济的发展。蔡昉等[1]（2001）通过对我国各地区发展绩效与人口密度关系的实证研究后认为，人口密度与人均收入水平之间存在显著的正相关性。李国平、范红忠[2]（2003）通过对人口空间分布与区域经济差异影响分析认为，人口空间分布不合理、滞后性导致了区域经济发展存在差异。我国人口迁移流总体上从中西部指向东部沿海地区以及从中部指向南北增长中心，其中，京津唐、长三角、珠三角是全国人口流向的主要目的地。近年来东部省份经济发展迅速，已经成为新兴型的人口迁入地，而经济相对欠发达的中西部地区则表现为明显的人口流失。由此可见，中国的省际人口迁移时空格局和区域经济发展有着密切强烈的联系，阶段性人口空间分布区域均与全国城市经济区的研究结论相符。可以说，区域经济发展差异导致人口空间分布变化；同时，人口空间分布变化又会反作用于区域经济发展。人口迁移空间格局与区域发展形态及其空间结构关系极为密切，通过系统研究人口迁移空间分布可理解和观测区域空间结构特征及其演变趋势，科学判断区域发展阶段。

---

[1] 蔡昉、王美艳、都阳：《人口密度与地区经济发展》，《浙江社会科学》2001 年第 6 期。

[2] 李国平、范红忠：《生产集中、人口分布与地区经济差异》，《经济研究》2003 年第 1 期。

（一）区域经济发展对人口迁移区域模式的影响

中国宏观地理环境所决定的区域开发与经济发展的基本空间格局经过历代积累，形成了较为明显的经济势能差，以及因此而定的区域宜居条件和经济发展差异等宏观因素，导致中国省级人口发生具有一定空间指向性的迁移活动，且人口迁移区域模式与人口分布一样具有相当的稳定性。中国改革开放的深化、西部大开发战略等国家利好性政策导向并没有能够改变由以上所说的因素而决定的区域开发与经济发展的基本空间格局，因而，中国省际人口迁移区域模式也并未能发生根本性变化。

通过比较"五普"数据和"六普"数据可以发现，20世纪90年代以来，中国省际人口迁移的区域模式具有相当的稳定性，但也随地区经济发展水平的差异出现了一些明显的局部性变化。传统的人口迁出大省的迁出规模及增幅仍居前列，但典型人口迁入省份的迁出增速更快，京津沪三大直辖市和广东省省际迁出人口规模增长迅速，特别是广东省迁往其他省份的人口规模以268.24%的高增长率居全国首位，这种现象在一定程度上说明影响广东省人口迁移的就业及国内外经济环境出现了变化，特别是其对人口迁入的强劲吸引力和容纳力已出现弱化态势，这主要是因为广东省以外向型经济为主，受国际金融危机影响比较大。东部三大都市圈仍为主要的人口迁入地，但迁入重心已经北移，长三角都市圈居首。我国省际迁入人口分布的集中趋势主要表现在长三角都市圈浙江、上海以及江苏迁入人口的快速增长，其增长规模均在270万人以上，分列全国前三位。特别是浙江人口迁入规模增长量达565万人，居全国之首，这主要是因为浙江省以民营经济蓬勃发展为特色，劳动就业人数的增长往往与民营经济的快速发展相同步。当前，随着中部崛起与西部大开发战略的实施，以及东部沿海地区的产业调整与转移，这些地区的经济获得较快发展，就业机会有所增加，从而使省际迁入人口增长较快。其中，安徽、江西、广西邻近东部沿海发达地区，受承接东部沿海发达地区转移产业的影响较大。

受中国地理环境的区域结构、宜居条件及经济发展差异的相对稳定等宏观因素的影响，中国省际人口迁移区域模式呈现出一定的稳定性。当然，由于中国区域发展战略的实施、国内外因素引起的区域经济发展环境的变化、交通发达使距离和相邻性等空间恒定因素对人口迁移区域模式影响的相对弱化，以及迁入地城镇收入水平等经济因素影响的明显增强，我国省际人口迁移区域模式也出现了一些局部性的变化。无论是人口迁移区域模式的稳定性，还是其内部局部的变化，都主要受到区域经济发展水平的影响。

经济发展水平较直观地表现在区域城市经济规模及迁移人口的经济收入两方面。经济规模因素对人口迁移量的影响比较大，主要影响人口的迁出，而经济收入因素主要是影响人口的迁入。经济规模往往与人口容量相对应，迁入地的经济规模影响其对人口迁入的吸纳容量，而迁出地的经济规模影响其对迁出人口的供排潜力。中国20世纪80年代后半期的省际人口迁移过程中，经济规模对人口迁出的供排潜力作用比较大，对人口迁入的容量吸纳作用相对较小，经济规模大省对中国80年代后半期省际人口迁移过程中迁出人口的供给及迁移量的大小具有决定性影响。而经济收入因素是影响迁移者选择其迁往区域城市的重要因素，自80年代后半期起，受东部沿海地区发达的经济水平和较高的收入水平的吸引，中国省际人口迁移由中西部经济发展较落后的区域向东部沿海经济较发达的地区流动，区域经济对人口迁移的影响表现在较高收入对经济落后省份人口的吸引作用。人口迁移并非完全以正向流动为特征，从迁出地来看，收入水平对人口迁出明显具有两种不同的作用机制。较低的经济收入水平对人口迁出的作用，主要表现为推排作用；而较高的经济收入水平，对人口迁出的作用主要表现为激发作用。中部地带的迁入人口，多来自经济发展水平相对较高地区，主要受来自迁出地经济收入因素的激发作用；东部和西部地带的迁入人口，多来自经济发展水平相对较低地区，主要是受来自迁出地经济收入因素的推排作用。

可以说，经济规模因素对迁出人口的供给及迁移量的大小具有决定性影响，经济收入因素对人口迁移的流向及其分布模式具有重要的导引、定型作用。

（二）人口迁移对区域经济发展的影响

从相对落后的中西部省份向东部沿海省份迁移是中国省际人口迁移的主要表现，这是因为中国东部沿海地区有着较为充裕的资本和就业机会，而中西部则有着较为充裕的劳动力，通过人口跨省迁移，中西部地区的劳动力能够与东部地区的资本相结合从而发挥更高的生产力，同时，中西部地区的劳动力也能够因此获得相对更高的收入，进而有效促进各地区的经济增长。王桂新①（1996）的研究认为，中国这种人口迁移的模式对区域经济发展起到非常重要的促进作用。

人口迁移主要通过人力资源红利、就业结构优化等方式影响区域经济发展。根据"六普"数据所反映的非户籍迁移人口的年龄构成可以明显发现，我国迁移人口年龄结构仍处于较为年轻的阶段，选择人口迁移行为的年龄段高度集中在 20 至 44 岁的年龄段，其中又主要集中在 20—24 岁期间，当前，迁移人口规模仍呈扩大的趋势；而且，迁移人口受教育程度较高，整体素质在不断上升。中国省际迁移人口的这种特点有利于收获由于教育发展而产生的直接收益，人力资源的红利效应将有可能抵消人口红利逐渐消失带来的负面作用，进而支持中国经济进一步保持中高速发展。我国省际迁移人口主要集中在商业服务、生产运输设备操作等行业，由于各省份城市的产业结构、劳动力需求存在较大差异，各地从事商业服务和生产运输设备操作的人员比例也各不相同。沿海各省市中，浙江、广东、江苏、上海、福建五地的外来人口规模在全国各省市中遥遥领先，其中从事生产运输设备操作的人员就占了绝大部分比例；上海从事商业服务业和从事生产运输设备操作的外来人员数量较多；在北京，从事商业服务业的人数占据迁移人口从事职业的将近一

① 王桂新：《中国人口迁移与区域经济发展关系之分析》，《人口研究》1996 年第 6 期。

半，从事生产运输设备操作的人数只占 1/4 左右；广东产业一直以劳动密集型为主，需要大量劳动力，而这类产业劳动附加值较低，流动人口获得就业机会的可能性也较大。从 2000 年以来，迁移人口中从事商务服务业的人口比重明显快速上升，而从事农业和制造业的迁移人口比重则出现大幅下降，显示出迁移人口就业结构随着产业升级的推进也在逐步优化，第一产业和第二产业人口不断向第三产业过渡。由于服务业的就业弹性较大，有巨大的劳动力吸纳能力，能够创造更多的就业机会，因此，服务业的稳步发展有助于降低失业率，提高劳动生产率，促进经济的持续发展和资源的优化配置。从长期影响看，人口迁移有利于平衡城乡和地区收入差距，促进整体经济社会发展水平提高。

有学者认为，我国人口迁移模式对我国经济发展，尤其是东部经济带的发展具有重要推动作用。王桂新、黄颖钰[①]（2005）谨慎地通过 1990 年与 2000 年经济数据的对比表明，中国省际人口迁移的区域模式至少对东部地带而言是合理的，且有利于带动东部乃至全国的经济发展。1995 年，东部地带的 GDP 约占全国 GDP 的 55.64%；2000 年，东部地带的 GDP 比重上升到 57.29%。五年的时间，东部地带的 GDP 增长率达 73.98%，明显高于中西部地带，且东部地带的增长量几乎占到了全国同期增长量的 60%。人口净迁入规模积极推动着东部地带的区域经济发展，庞大的人口净迁入规模意味着大量的劳动力涌入东部地区，满足东部地区经济快速发展过程中对劳动力的需要。而直至 20 世纪 90 年代后期，我国省际人口迁移与中西部地带区域经济发展作用关系的基本假说模型才真正成立，中西部地带迁出人口所形成的由东部地带向中西部地带的收入转移机制在 20 世纪 90 年代后期逐步发育成熟，从中西部迁出的人口相对于其迁出地人口来说，其受教育水平与人力资本存量较高，当其迁入到经济发达的东部地带获取较高收入，扣除其日

---

① 王桂新、黄颖钰：《中国省际人口迁移与东部地带的经济发展：1995—2000》，《人口研究》2005 年第 1 期。

常消费后仍能有高于迁出地收入水平的剩余部分，并将这部分收入寄回其迁出地，成为中西部促进经济发展的重要资本，推动中西部地区的经济发展。类似的收入转移机制经历孕育和成熟后，迁移人口自中西部迁往东部的行为能够同时推动迁入、迁出地的经济发展。这样的人口迁移模式说明，在中国以户籍制度为基础的二元社会体制的影响下，省际人口迁移绝大部分都是未伴随户口同时转移的所谓"人口流动"，这一"人口流动"模式虽然存在身份歧视、社会不公、流动人口很难在迁入地获得户籍"常住"下去等诸多问题，但却有利于控制和缩小区域经济发展的东西差异。如果这一部分流动人口能够在迁入地获得户籍"常住"下去，那么收入转移"链"就极有可能受到很大影响甚至发生断裂，其结果反而可能导致东部地带更发达、中西部地带更落后，出现区域经济发展的东西差异进一步扩大的消极后果。即使将来随着经济的发展、东部地带的辐射及与中西部地带的联动，也可以使二者发展水平缩小和收敛，但依然难以改变二者当前或近期发展差异扩大的趋势。因此，可以说，从控制和缩小区域经济发展的东西部差异来看，目前中国省际人口迁移以这种非"常住"人口流动为主体的模式存在，还有它一定的"积极意义"及相对的"合理性"。尽管将来这种省际人口迁移模式必然会被遵循市场规律、不受现行户籍制度影响、尊重个人迁移居住行为选择的、以常住人口迁移为主体的省际人口迁移模式所取代，但就当下而言，该模式仍然有助于推动区域经济发展，缩小东、中、西部区域经济发展差距（王桂新等，2005①）。

另外，人口迁移的双向流动机制表明，省际人口迁移及省内人口迁移往往选择从较低收入水平的地区迁往较高收入水平的地区，但同时，自我国经济体制改革后，处于较高经济收入水平地区的迁出人口同样表现出向负向经济收入差距区间迁移的趋势。省际人口迁移不但在空间分布上存在由东向西

---

① 王桂新、魏星、沈建法：《中国省际人口迁移对区域经济发展作用关系之研究》，《复旦学报》（社会科学版）2005年第3期。

的逆流，而且在经济发展水平及其差异方面，也存在由富向穷的迁移逆流。王桂新[1]（1997）认为这种空间—经济上的迁移"逆流"，对将较发达地区（特别是东部地带）的能量向较落后地区（特别是中、西部地带）辐射传播，带动较落后地区的经济发展，缩小各地区经济发展水平的差距具有重要的意义。

二、人口、经济与产业重心迁移比较研究

人口重心是指区域内某时刻的人口分布在空间上力矩达到平衡的点，对比区域几何中心，从而测量该区域内人口分布的均衡状况；经济重心则是指在区域经济空间中的某一点，在该点各个方向上的经济力量都能够维持均衡，若该区域经济重心向某方向移动，则表示经济活动正在向该方向转移，区域经济活动空间布局方面的演化可以从区域经济重心的演变轨迹测度。

进入 21 世纪以来，人口学研究越来越重视人口空间分布的研究，广泛引入了地理信息系统、空间统计技术与空间分析方法等，并运用重心概念与数理模型开展区域人口重心与经济重心迁移关系的研究。以分析区域不同人口、经济的时空演变特征，为实践部门制定人口政策及区域经济、产业发展战略提供科学依据。

本章选取典型区域山东的 17 个地级市作为研究对象，山东省位于我国东部沿海，黄河下游，濒临渤海、黄海和东海，是我国的海洋经济大省，具有资源富集、地位突出等区位优势。2012 年末，山东省常住人口达到 9685 万人，其陆地总面积为 15.71 万平方公里，海域面积为 17 万平方公里，国民生产总值从 2000 年的 8337.47 亿元上升到 2012 年的 50013.24 亿元，年均增长 16.1%。山东省各次级区域中心的坐标，取自该省各地级市行政中

---

① 王桂新：《中国区域经济发展水平及差异与人口迁移关系之研究》，《人口与经济》1997 年第 1 期。

心所在地的坐标，其各地级市的人口总数、三大产业产值及地区生产总值数据均摘自于《中国城市统计年鉴》（2001—2012）。

本研究中的区域重心概念借鉴了物理学的概念（即指某一要素在研究区域内力矩达到平衡的点），是衡量某种属性在区域总体分布状况的一个指标，通过研究其分布趋势可揭示该属性在区域内空间分布的均衡程度。假设某一区域由 n 个次一级的小区域单元构成，其中，第 i 个单元的中心坐标为 (x_i, y_i)，w_i 为该单元的属性值，则该属性意义下的区域重心的计算方法为：

$$\bar{x} = \frac{\sum\limits_{i=1}^{n} x_i w_i}{\sum\limits_{i=1}^{n} x_i} , \bar{y} = \frac{\sum\limits_{i=1}^{n} y_i w_i}{\sum\limits_{i=1}^{n} w_i}$$

总的来看，决定重心的因素有两个方面：各地的地理位置以及属性量值，本章中所选的属性值为人口总数、三大产业产值及地区生产总值。由于在本章研究选定的研究时段内山东省各地级市行政中心的地理位置是不变的，那么重心的变化就反映了其所代表的属性的变化。由于各个区域人口总数与增长速率、各产业及经济的发展速度与水平都是不同的，而且，在各年度间也存在一定的差异，这都会影响到人口、产业重心和经济重心的变化，即重心是处于一种不断变化的状态。当 w_i 表示各个区域单元的面积时，计算出的重心（x，y）为研究区域的几何中心，山东省的几何中心在这里计算出来为（118.137°E，36.333°N），位于淄博市中部偏南的博山区内。当研究的某空间现象的空间均值分布非常明显地区别于此区域的几何中心时，就可以说明此空间现象分布不均衡，其中，偏离方向指示的是该属性的"高密度"部位，偏离距离则指示了非均衡程度。

区域重心的分析方法具体包括空间定位和重心迁移两个方面。重心迁移具体反映了区域内某种属性的活跃性，可以用重心移动距离来表示。设第 k、m 年的重心坐标值为 (x_k, y_k)，(x_m, y_m)，则第 k、m 年间的重心移动距离可表示为：

$$D_{k-m} = r\sqrt{(x_k - x_m)^2 + (y_k - y_m)^2}$$

r 为常数,表示在地理参考坐标下每度所代表的曲面距离,通常取值为 111. 11。

(一) 人口与经济、产业重心迁移变化

由图 2-1 可知,山东省人口重心位于淄博市和莱芜市的交界处,介乎 117. 930°E—117. 980°E 和 36. 194°N—36. 212°N 之间。该省的人口重心位于几何中心西南面,说明山东省的人口密度西部高于东部,南部高于北部,人口分布不均匀。其人口重心与几何中心的最远距离为 27. 041km,最近距离为 23. 133km,大体趋势向偏离几何中心的西南方向移动。人口密集地区主要分布于胶济铁路以西的鲁西南地区,人口稀疏地区主要分布于山东省北部的黄河三角洲地区及其周边,且鲁中南山地丘陵、胶东丘陵的部分县域人口

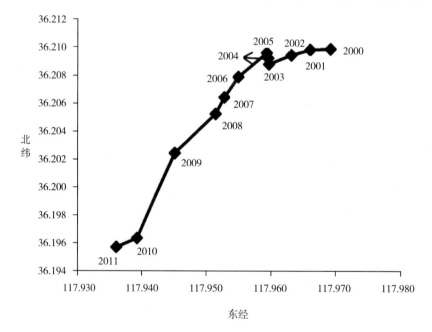

图 2-1　山东省人口重心迁移轨迹(2000—2011)

密度也较低，主要由于自然地理条件的作用形成了山东人口重心偏于西南部的基本态势。且人口持续向西南部集聚，人口分布不均衡性日益加大。从山东人口重心的迁移动态来看，在 2000—2005 年间，其人口重心总体上为向西迁移，迁移距离为 1.679km；在 2005—2011 年间，其人口重心呈现向西南方向迁移，迁移距离为 2.561km。而其中在 2008—2009 年间迁移距离为 0.758km、2009—2010 年间迁移距离为 0.936km，这两个时间内山东人口重心的迁移速度最快。

经济重心和产业重心的演变轨迹反映了经济活动空间布局方面的变化。此处经济重心的属性值用国内生产总值（GDP）来表示，而国内生产总值（GDP）由第一产业、第二产业和第三产业的生产总值构成，这里通过进一步分析各产业重心迁移轨迹的变化规律来深入探讨经济空间布局演变特征。

如图 2-2 所示，山东省 GDP 重心于 2000—2011 年间始终在 36.470°N—36.505°N 和 118.480°E—118.580°E 之间移动，一直在几何中心的东北面，具体位于潍坊市西南部的临朐县内。其 GDP 重心与几何中心的最远距

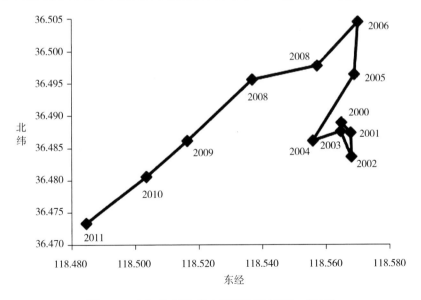

图 2-2　山东省 GDP 重心迁移轨迹（2000—2011）

离为 51.741km，最近距离为 41.632km。即山东省经济高密度集聚区为东北部沿海地区，该区包括了山东半岛蓝色经济区的青岛、东营、烟台、潍坊、威海、日照六市及省会济南市在内，交通便利、设施完善，是我国大陆地区与东北亚地区的联系纽带，也是山东省发展水平最高、活力最强、潜力最大的经济核心区。而山东广大的西南部地区由于地处内陆，属于经济欠发达地区。与人口重心相比，GDP 重心也更加远离几何中心，说明山东省经济分布不均衡性比人口分布不均衡性大。从总体上看，山东经济重心向西南方向迁移，表明西南欠发达地区在不断地加快经济发展步伐，从而使得山东省经济分布逐渐趋向于更加均衡分布，具体分析可分成三个阶段：2000—2004年间，经济重心集中分布于山东的东南面，迁移幅度非常小，迁移距离为 2.320km；2004—2006 年间，山东的经济重心大体呈现向北迁移，迁移距离为 2.734km；2006—2011 年间，山东的经济重心转而向西南方向迁移，迁移幅度加大，迁移距离为 10.210km。

根据图 2-3 可知，山东省在 2000—2011 年间第一产业重心的移动范围为 118.140°E—118.280°E 和 36.320°N—36.355°N 之间，位于淄博市南部

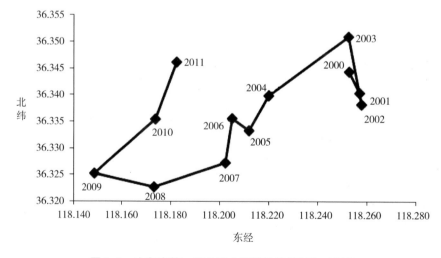

图 2-3　山东省第一产业重心迁移轨迹(2000—2011)

博山区和沂源县的交界处，在几何中心的东南方，与几何中心较为接近，与
几何中心的最近距离仅为 1.549km，最远距离也不过 13.408km。山东省作
为农业大省，其与人口分布相比，第一产业的分布也比较均衡。第一产业重
心的迁移趋势大致为向西移动，主要由于第一产业发展整体水平较低，受自
然条件影响大，致使其迁移方向的波动较大。在 2000—2002 年间，山东第
一产业重心主要向南部移动，迁移距离为 0.910km；在 2002—2003 年间，
山东第一产业重心转而向北移动，迁移距离为 1.540km；在 2003—2009 年
间，山东第一产业重心向西南方向移动，迁移距离为 12.764km；在 2009—
2011 年间，山东第一产业重心向东北方向移动，迁移距离为 4.518km。

　　由图 2-4 可见，山东省的第二产业重心位于潍坊市西南部的临朐县境
内，位于山东几何中心的东北面，邻近 GDP 重心，介于 118.480° E—
118.720°E 和 36.490° N—36.570° N 之间，与几何中心的最远距离为
64.843km，最近距离为 44.009km。由于山东省作为沿海省份，受到外向型
经济（外商和港澳台投资企业）的影响较大，工业经济主要集中在胶济铁

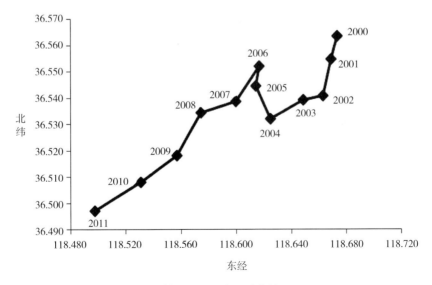

图 2-4　山东省第二产业重心迁移轨迹（2000—2011）

路沿线和东北部沿海地区，与人口重心相比，第二产业重心更加远离几何中心，说明山东省第二产业分布不均衡性比人口的不均衡性大。从山东省第二产业重心的迁移动态来看，总体呈现向西南方向移动，与其 GDP 重心的迁移态势较为接近，趋向于均衡分布发展，在 2000—2004 年间和 2006—2011年间山东省第二产业重心迁移方向都与 GDP 重心的迁移方向总体一致，前者的迁移距离为 7.117km，后者的迁移距离为 14.936km，而到了 2004—2006 年间，山东省第二产业重心则向北迁移，迁移距离为 2.706km。

如图 2-5 所示，山东省 2000—2011 年间第三产业重心也位于潍坊市的临朐县，位于几何中心的东北面，邻近 GDP 重心，在 118.520°E—118.620°E 和 36.450°N—36.475°N 之间移动，与几何中心的最远距离为 54.060km，最近距离则为 45.969km。山东省第三产业的发展依旧是东北沿海地区领先于西南内陆地区。与该省的人口分布相比，其第三产业分布的不均衡程度更大。该省第三产业的重心迁移态势并不十分明显，总体上为向西北方向移动，又可以分为以下几个阶段：在 2000—2003 年间，其第三产业的重心总

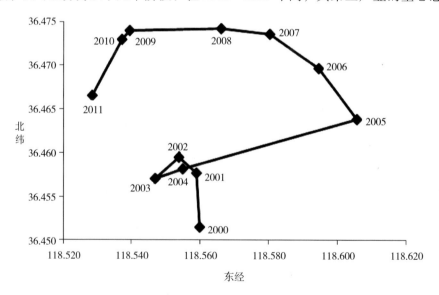

图 2-5　山东省第三产业重心迁移轨迹(2000—2011)

体向北移动，迁移距离为 2.112km；在 2003—2005 年间，其第三产业的重心总体向东北移动，迁移距离为 6.567km；在 2005—2011 年间，其第三产业的重心总体向西移动，迁移距离为 9.039km。

（二）人口、经济与产业重心对比分析

从图 2-6 可看出，山东省人口重心位于其几何中心的西南面，第一产业重心位于其几何中心的东面，而 GDP 重心、第二产业重心和第三产业重心则位于该省几何中心的东北面，与几何中心的距离由近到远分别是：第一产业重心、人口重心、GDP 重心、第三产业重心、第二产业重心，同时，表明各要素分布均衡性从低到高的排列。（见表 2-1）山东省的第一产业分布最为均衡，且其与人口重心之间距离较近，由此说明该省从事第一产业的人群比例仍然较高，符合山东省作为农业大省的历史传统定位；山东人口分布的均衡性仅次于第一产业，山东省人口高密度地区位于其西南部；经济分布和第二产业、第三产业分布则较不均衡，倾向于省内东北部沿海发达地区，且其 GDP 重心、第二产业重心和第三产业重心的位置较为接近，表明该省的第二产业和第三产业产值对 GDP 的贡献率较大。该省人口重心和经

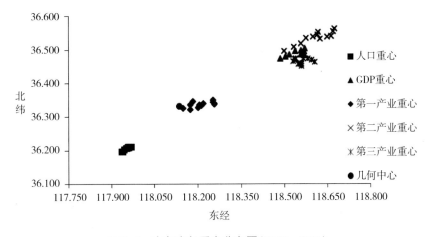

图 2-6　山东省各重心分布图（2000—2011）

济重心的地理位置之间存在偏离，这是由山东省特定的历史发展条件和自身的地理环境所造成的：山东省受地理环境影响，东部地势起伏的丘陵区和北部盐碱化的黄河三角洲人口稀少，人口分布集中于西南地区；而受外向型经济影响，东北沿海地区经济发达，西南内陆地区经济相对落后。

表 2-1　山东省各重心偏离几何中心距离（2000—2011）　（单位：km）

年份	人口	GDP	第一产业	第二产业	第三产业
2000	23.133	50.589	12.900	64.843	48.797
2001	23.415	50.836	13.337	64.015	48.889
2002	23.710	50.710	13.408	62.862	48.402
2003	24.058	50.514	12.964	61.270	47.585
2004	24.041	49.556	9.229	58.542	48.478
2005	24.047	51.294	8.312	58.008	54.060
2006	24.546	51.741	7.550	58.613	53.051
2007	24.840	50.151	7.280	56.276	51.671
2008	25.036	47.961	4.183	53.492	50.187
2009	25.783	45.440	1.549	51.035	47.383
2010	26.699	43.885	4.072	47.879	47.108
2011	27.041	41.632	5.222	44.009	45.969
平均距离	24.696	48.692	8.334	56.737	

　　山东省在2000—2011年间，人口重心往西南方向迁移，也就是往偏离几何中心的方向迁移，这一时期该省人口分布的不均衡程度明显加大；该省的经济重心、第二产业重心则往西南方向迁移，即倾向于往几何中心的方向迁移，经济重心和第二产业重心的迁移轨迹基本一致，反映了三大产业中第二产业对经济的贡献率最大，经济分布和第二产业分布趋向于均衡分布（如表2-2所示）；第一产业和第三产业重心迁移的态势不太明显，前者大体往西迁移，后者大体往西北方向迁移。总体来说，除了人口重心以外，其他重心都往靠近几何中心的方向迁移。山东省的人口重心在几何中心西南

面，经济重心则在几何中心东北面，而二者共同的移动趋势都为往西南方向迁移。随着近年来山东全省经济的快速发展，其沿海经济逐渐辐射带动内陆经济的发展，经济重心和人口重心于是同时往西南方向迁移，说明区域的经济增长带来人口的聚居，人口集聚也反之逐渐推动经济发展，人口分布和经济分布之间相互影响，从而发生重心的同向移动现象。此外，从山东省三大产业重心的迁移轨迹来看，第二产业已经成为影响人口分布的主要因素，这主要是由于山东省第二产业多为劳动密集型的，其工业的快速发展吸纳了大量的就业人口集聚。

表 2-2　山东省三大产业产值占 GDP 比重（2000—2011）　　（单位:%）

年份	一产比重	二产比重	三产比重	年份	一产比重	二产比重	三产比重
2000	16.62	49.17	34.21	2006	9.62	57.82	32.57
2001	15.22	49.25	35.57	2007	9.06	57.33	33.62
2002	13.78	50.16	36.06	2008	8.63	57.29	34.08
2003	12.27	52.96	34.77	2009	8.50	55.93	35.57
2004	11.40	56.02	32.59	2010	8.33	54.60	37.07
2005	10.62	57.40	31.98	2011	7.92	53.84	38.24

2000—2011 年间，山东省各重心的总迁移距离从高到低分别是：第二产业重心 24.760km，第一产业重心 19.732km，第三产业重心 17.717km，GDP 重心 15.264km，人口重心 4.240km。这表明山东省的第二产业迁移速度最大，发展最活跃，表现出不稳定性；其次是山东省的第一产业和第三产业；而山东省的 GDP、人口重心迁移速度最小，位置也最为稳定。人口重心与经济重心相比，人口重心从（117.969°E，36.210°N）迁移到（117.936°E，36.196°N），经纬度减少了（0.033°E，0.014°N），经济重心从（118.570°E，36.504°N）迁移到（118.484°E，36.473°N），经纬度减少了（0.086°E，0.031°N）；且山东省人口重心与几何中心之间的距离由

2000 年的 23.133km 增加到了 2011 年的 27.041km，而经济重心与几何中心之间的距离由 2000 年的 50.589km 减少到 2011 年的 41.632km。从中可见虽然人口重心和经济重心同向迁移，但其人口重心的迁移速度明显要滞后于经济重心，原因是受城乡二元化户籍制度的影响，人口的迁移赶不上经济变化的步伐，由经济发展到人口增加是一个漫长的过程。这样造成的结果是经济重心与人口重心之间的距离逐渐缩小（如图 2-7 所示），经济分布逐渐趋近于人口分布，从而使得地区间差异逐渐变小，开始出现区域平衡发展的态势。

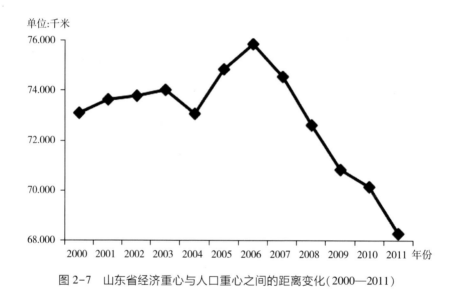

图 2-7 山东省经济重心与人口重心之间的距离变化(2000—2011)

（三）人口与经济重心空间演变关系

上述研究表明：从人口迁移轨迹来看，人口重心位于几何中心西南面，说明山东省人口分布呈西南密集东北稀疏的空间格局，这是由山东省特定的地理环境造成的。其人口重心逐渐往西南方向迁移的态势，导致该省人口分布的不均衡性逐渐增加。

从产业轨迹来看，第二产业、第三产业重心与经济重心接近，都位于几何中心东北面，即经济集聚于东北部沿海发达地区，且经济发展的推动力主要来源于第二产业和第三产业；第一产业重心与几何中心较为接近，其分布较为均衡。经济重心和第二产业重心呈现出基本一致的向西南面迁移的趋势，表明第二产业对经济的贡献最大，且经济和第二产业都趋向于均衡分布；第一产业重心和第三产业重心的迁移态势并不明显。各重心均在经度方向上比在纬度方向上迁移幅度要大，即人口和经济分布在东西方向上变化比较大，在南北方向上变化相对要小。

综合以上分析可以看出，山东省人口重心和经济重心在地理位置上存在着一定的偏离，其人口重心位于几何中心西南面，而经济重心位于几何中心东北面，反映了该省区域发展的不平衡。这也验证了之前类似的研究结果，"中国分省人口中心和经济中心不均衡"（沈续雷等，2009[①]）。随着经济重心和第二产业重心整体向西南方向迁移，人口重心也渐渐地向西南方向移动，经济发展地区逐渐吸引人口聚居，人口集聚又促进了所在地区的经济增长。而由于受到户籍制度的限制，人口迁移过程往往滞后于经济变化过程，因此，山东省经济重心的迁移速度要高于人口重心的迁移速度，且其第二产业的迁移是最活跃的，反映了在山东省从其东北沿海发达地区到西南地区的快速工业化推进过程中，第二产业的空间格局变化对人口分布具有重要影响。在其人口重心和经济重心同向迁移的过程中，经济重心与人口重心之间的距离逐渐变小，反映了山东省内的地区间差异正在缩小，人口和经济区域发展的不协调性有了一定程度的缓解，进而表明山东省内地区不平衡相比较十年之前相关研究已有所缓解。

总而言之，在经济发展和人口迁移的相互影响下，人口分布和经济分布的空间演变关系总体上呈现出了一定程度的耦合关系，这类耦合关系进而对区域发展产生影响。因此，区域政府决策部门要制定更科学和可持续的因地

---

① 沈续雷、王桂新、孔超：《中国人口分布和经济发展空间不均衡性对比研究》，《人口与发展》2009 年第 6 期。

制宜的区域均衡发展政策，极有必要参考人口、产业与经济重心演变的相关研究成果。

第三节　人口迁移与区域治理新模式

流动人口集中化趋势，使得一些城市的环境容量在加速或加剧饱和中，影响到城市健康发展。在未来中国 20—30 年经济发展中，城市主导地位将继续深化，人口向城市的迁移也将继续保持较大规模，这势必会对城市的人口压力、经济发展、社会稳定性等方面产生深刻的影响，在这样的背景下，如何针对人口迁移进行社会治理显得尤为迫切。

本节在现有研究基础上，基于人口迁移、治理理论等，提出应参照西方治理理论所提倡的多元化共治理念，即政府、社会组织与市场这几个角色间共同协调发展的理念，对工业园区流动人口实施社会协同治理；同时根据各地实际情况适时适地区别对待。受我国"强政府—弱社会"的体制影响，将政府打造成协作治理体系里的关键性引导角色这一问题变得迫在眉睫。总体上，要促进流动人口全面且自由地发展，从而实现人与社会共同发展；克服以往政府主导造成的社会行政化僵局，促使合作体系中的每个行动者都积极主动地参与到社会治理中来。

一、人口迁移的社会治理模式演变

20 世纪 80 年代末，在西方国家和一些国际性组织（如世界银行、国际货币基金组织以及经合组织等）中兴起了"治理理论"，可以说，"治理理论"是在对政府与市场、政府与社会、政府与公民这三对基本关系的反思中产生的，当前已逐渐发展成为公共管理领域的一个重要价值理念和实践追求（孙晓莉，2005[①]）。虽然，目前国际组织和国外学术界对"治理"的定义不尽相同，但其基本理念是相通的，它在政府、市场与社会三者角色的定位，以及如何通过相关制度和机制以实现三者之间的协调与合作等诸多重大问题上取得了研究上和实践中的巨大成效。中共十八届三中全会首次提出了社会治理的概念，其把"管理"的概念改成"治理"，不仅是党和政府对国际社会管理方法的借鉴，更是其社会管理理念的重大调整。流动人口作为城市社会力量的重要组成部分，不仅是城市建设的重要参与者，更是城市建设的重要主体，尽管当前我国人口迁移治理方面仍存在较多问题，但其理念已从绝对性的管理体制向更有人情味的治理模式转变（秦欢欢，2014[②]）。

（一）从无限管理到有限治理的模式转变

对于我国 1949 年以来的人口迁移模式，唐勇智[③]（2010）按照时间发展顺序，认为大致可分成五个阶段：（1）自由迁徙模式时期（1949—1958）；（2）限制型管理模式时期（1958—1983）：1958 年开始，新中国开始实行户籍制度，国家把控地区人民生活环境，从而限制人口流动速度；（3）防范型的管理模式时期（1984—2003）：政府通过控制社会保障和治安防范调节人口流动；（4）综合型管理模式时期（2003—2005）：多元政策目标，服务于改革、发展、稳定有机统一的整体局面；（5）大人口管理模式时期（2006 年以来）：践行以人为本、促进平等融合。

徐伟明[④]（2009）从国家与社会关系的视角出发，认为流动人口管理体制的建构、发展与成型带有浓厚的时代色彩，并且呈现出一定的阶段性特

[①]　孙晓莉：《多元社会治理模式》，《改革研究》2005 年第 5 期。
[②]　秦欢欢：《社会治理视野下的流动人口管理模式探讨》，《山东行政学院学报》2014 年第 5 期
[③]　唐勇智：《从防范到融合：追寻流动人口管理的足迹》，《改革与开放》2010 年第 22 期。
[④]　徐伟明：《城市流动人口管理模式的演变与前瞻——基于国家与社会关系的视角》，《湖南行政学院学报》2009 年第 4 期。

征。以 1978 年改革开放为时间分水岭，分为两种流动人口管理模式，两种模式中又分别细化到两个阶段。首先是 1949—1978 年，高度一体化的国家与社会关系背景下的流动人口管理模式，新中国成立之初，我国进行的"国家改造社会"运动确立了高度集权的政治经济体制，整个社会，从个人到组织、从微观到宏观都被纳入党和国家的权力结构中，国家通过对经济职能的极度扩展保证对社会公域的渗透，并强力把控住全体社会成员对国家的依附，最终确立了国家与社会的高度一体化模式。彼时，中国基本实行的是静态的等级人口流动制度，城市内部不同级别单位制之间的社会空间分异"固化"下来，使城市社会空间保持相对的单一性与同质性，限制城乡之间的迁移和"城—城"人口流动，致使不同社会群体被固定在一定空间上，难以迁移。这一制度的实质是人口"等级"制度，它依据国家再分配等级体系赋予不同空间居住的社会群体以不同的社会利益，且"等级身份趋近凝固化、世袭化"。这一时期大致可以分成两个阶段：第一阶段（1949—1957）为人口自由迁移时期，实行自由放任型管理模式；第二阶段（1958—1978）为限制户口迁移时期，实行计划控制型管理模式。1978 我国实行改革开放后，在经济转型中又形成新的流动人口管理模式，这一社会背景自 1978 年延续至今，这一时期也可分为两个阶段，第一阶段（1978—2000），我国实行防范控制型的流动人口管理模式，意图通过防范控制的管理手段使迁移人口对迁入地及当地人口的危害性降低或消失。这种管理模式是在"问题情境"的倒逼下所被迫采取的被动应对方式，以公安部门为管理主体，以来此谋生的非户籍人口为主要管理对象，管理手段生硬且将迁入人口无形之中置于敌对位置。这种防范控制型管理模式具有浓厚的应急色彩，政府往往针对不同目标制定不同的政策，容易引起政出多门而相互冲突。仍然将"以证管人"作为主要手段，经常开展清理整顿行动，与管理对象之间存在明显的排斥性，同时，由于权利与义务的严重不对称，使得流动人口对管理主体的抵制和规避倾向极为明显。因而，该管理模式无论在管理理念、管理方法、管理目标，还是管理效果上，都没有站在被管理者的立场上思考与处理问题，流动人口及其需求在管理者的视野中都处于消失状态，这种管理模式使得对流动人口的管理更像管物，而不是管人。第二阶段（2000 年至今）我国实行多元服务整合型的流动人口管理模式。随着经济社会发展，我国流动人口管理的目标除了社会治安以外，还有劳动力供给、社会保障、教育、计划生育等多元目标，既有的"防范控制型"流动人口管理模式显然已经远远无法胜任这种管理需要，"多元服务整合型"的流动人口管理模式在经济社会发展的实践要求下已经逐渐成形。多元服务整合型的人口管理模式通常以流入地政府为管理主体，形成"市级综合协调、区级综合管理、社区具体实施"的层级管理体制，以居住"落脚地"为管理抓手。这种管理模式弱化"户籍"概念，从单纯的治安防范已经延伸到了社会保障、教育培训、医疗卫生、务工经商和计划生育等多个领域，充分加入社会福利、综合服务的元素，突出体现了户籍人员和非户籍人员同为居民、共同居住的特性，这种模式的实质就是建立起更具广泛的社会整合力、更具有可持续性的城市居民管理服务框架，把长期游离于主流体制以外的流动人口纳入到城市公共管理服务的体制中。"多元服务整合型"的流动人口管理模式特别注重于服务型政府的构建、社会中间组织的积极培育和流动人口自组织的自我完善、自我约束与自我管理，是今后较长时期内我国流动人口管理的主要模式所在。

总体而言，当前人口迁移的区域治理模式有三种主要观点：

一是侧重于传统的管理模式，在管理的方式上持续改革、持续创新。如金其高[①]（2011）提出，长三角流动人口服务管理工作，要推崇三角模式，从一招管理发展到三招管理、从一抓管理发展到三抓管理、从一口管理发展到三口管理、从一代管理延伸到三代管理、从一方管理拓展到三方管理、从

---

① 金其高：《长三角流动人员服务管理的三角模式》，《犯罪研究》2011 年第 4 期。

一三管理转变为三三管理。虽然文字、逻辑相当繁琐，但是也对传统的管理进行了创新，不落窠臼。

二是纵向上，变管理为治理，开始注重流动人口与管理人员的互动。陈朝宗①（2005）提出，从社会控制和社会治理相结合的角度，进行政府社会治理的创新，着力点在于从控制对象选择、控制方式选择、控制因子三个方面。汪寅②（2011）的研究成果也将社会治理融合到了社会管理之中，他认为，从社会治理的视角看，社会组织作为现代社会多元管理格局中的一元，在政府、市场、社会三大组织环境中可以发挥重要作用。当前，我国的社会组织管理体制存在体制性困境，基于治理理论，社会组织的管理应从政府、市场与社会组织的均衡发展入手，要加强制度建设与环境建设，形成多元共治的社会组织管理模式，使社会组织的发展与社会建设及经济社会发展水平相匹配，要形成良性互动、同步发展的状态。任远③（2009）提出，我国现行的户籍制度、保险福利制度、人事档案制度以及城乡身份差别对人口迁移流动带来很大限制。流动人口正与城市体系发生更多的社会互动，这一切都迫切要求需要采取以融合为导向的流动人口服务管理的社会政策。

三是横向上，注重上下游即来源地和流入地之间相互配合与互动。金其高（2011）在《长三角流动人口管理服务研究的三角模式》一文中的次要方面提出，不仅要加强流入地管理，而且要加强流出地与流入地的配合，以外来人员管理外来人员，可收到意想不到的奇特效果。

总之，囿于发展阶段所限，人口迁徙自由这种基本人权还不具备完全实现的充分必要条件。地区经济发展推动了人口流动，这本身就显示了发展阶段的过渡性特征。户籍制度和与其挂钩的福利政策，是阻碍人口自由流动的

① 陈朝宗：《社会控制论与社会治理理论》，《福建行政学院福建经济管理干部学院学报》2005 年第 4 期。

② 汪寅：《治理理论下的社会组织管理探讨》，《经济研究导刊》2011 年第 24 期。

③ 任远：《长三角地区人口发展的基本背景和特殊性的问题》，《社会科学》2009 年第 1 期。

一大因素。此外，流入地的防范意识是难以把流动人口接纳并吸收融合的一大主观因素。

（二）人口迁移社会治理现状及问题

尽管我国针对社会治理问题提出了新的思路和构想，但长期以来由于相对稳定的城乡二元结构的存在，我国城市人口和农村人口被割裂开来，户籍制度更导致迁入人口与本地居民社会权利上的不平等。因而，"当前，我国的流动人口及流动人口问题都是一种'社会建构'，主要是由不合理的户籍制度及依托之上的社会公共管理服务制度所建构的"①。政府角色由控制型向服务型转变的过程中，由于长久以来的国情现实和意识观念，不得不承认在这一过程中，我国人口迁移社会治理仍然存在以下一些问题：

1. 思想观念落后导致流动人口公共服务缺失

当前，对流动人口的管控工作中，加强治安防范，维护城市社会稳定仍然是政府职能部门的工作重心。将服务视为管理的附属，以管理取代服务。户籍制度的存在，导致政府职能人员将流动人口视为"编外市民"，人为地设置歧视性障碍，流动人口基本被排斥在公共服务之外，尤其以社会保障的状况较差。诸多的问卷及访谈均表明，流动人口认为他们在"医疗卫生服务费用"，"养老服务"，"津贴、补贴、税费减免等福利"，"教育服务"和"就业服务"方面与城市居民存在差别。就业、医疗、住房、教育等方面的歧视，在一定程度上剥夺了流动人口的平等社会权利，人为地造成了社会的对立，破坏社会的公平正义，影响社会融合。对于流动人口所应享受的基本公共服务，国家尚未出台统一的规范性文件，缺乏统一规划和实施细则，不利于基本公共服务均等化工作的开展。

---

① 关信平：《中国流动人口问题的实质及相关政策分析》，《国家行政学院学报》2014 年第 5 期。

2. 管理的事后性和分散性使得流动人口管理成本居高不下

流动人口管理涉及较多的政府职能部门如公安、计生、劳动等，但是职能部门对流动人口的管理一般都是事后管理，在出现犯罪行为、出现劳动纠纷之后，政府职能部门才会有较多的介入，而事前管理、预防式的管理往往很少。另外，我国的政府部门在管理流动人口的过程中还明显存在着条块分割式管理。从"条"方面来看，从中央到地方存在着若干垂直的人口管理体系，如公安、劳动、计生等部门都涉及人口问题。从"块"方面来看，各级政府的职能部门之间也存在着较多的交叉重叠功能，同时，由于各部门之间缺乏统一的协调机制和平台，难以信息共享、协作管理，就出现了各自为政的局面。这种条块分割式管理不仅极大增加了政府部门之间协调沟通的成本，也造成了工作中较多的重复浪费，还严重影响了管理的水平和效果。

3. 自上而下的管理使得流动人口权益难以得到保障

政府主导的行政管理模式仍然更多强调的是管理，尤其是自上而下的管控，在这种模式下政府是管理的主体，而流动人口是参与的客体。也正是因为如此，目前我国对流动人口的管理仍然以防范式管理为主，更多地强调流动人口的责任和义务，而不是突出对管理主体的服务。这种管理方式的主要目的是及时发现迁移者中的违法犯罪分子，保证迁入地的安全和稳定，主要是以公安机关为主，往往重点排查、登记、备案流动人口信息，这种管理模式非但不尊重流动人口，也已无法适应流动人口提升生活质量，保护自我权益的需要。

（三）人口迁移社会治理的操作路径

近年来，随着我国政府管理体制深化改革的进一步推进，政府已经由计划经济时代的"管制型政府"日益趋向市场经济时代的"服务型政府"转变，其行使职能的重点在于如何通过管理和服务两种手段实现对迁移人口合理的社会治理。可从政府自身如何操作以及如何面向迁移人口操作两种途径出发思考。

1. 政府层面：制度设计与各司其职

我国流动人口服务和管理存在的问题，根源在于制度不健全。将其置于社会治理视域下进行审视，建立健全各项制度，是完善流动人口治理的根本途径。制度设计重中之重是需加强制度的顶层设计和创新，围绕流动人口登记、居住和落户三大制度，重新建构完善的制度。

流动人口治理模式旨在实现从管理方式到治理体制的转变，突出强调限制政府的行政权力，发挥社会组织的协同作用，强化流动人口的自治能力。这一模式以实现对流动人口的有限治理为核心，换言之，就是要求政府明确权力边界，转变职能。

首先，要正确认识和处理政府、社会组织和流动人口三者之间的关系，明确三者的权、责、利。政府是流动人口政策的制定者，要以创新社会管理，提供优质服务，维护社会公平正义为主要职能。社会组织独立于政府之外，承接政府职能之外的公共服务职责，参与流动人口服务和管理，流动人口是自我管理、自我服务、自我约束和自我教育的主体，配合和分担一定的政府流动人口服务和管理工作。其次，政府、社会组织和流动人口要实现角色转变。政府要尊重市场规律，优化市场机制，简政放权，推进政社分开，增强基本公共服务有效供给能力，实现从"无限管控"向"有限治理"转变。社会组织要发挥协同作用，依托社区，健全社会化治理网络，从"被动参与"向"主动参与"转变。流动人口要熟悉相关政策，掌握就业信息，从自身实际出发进行理性选择，从"无序流动"向"有序自治"转变。最后，以合作为基础，建立多元共治模式，实现互利共赢。

2. 流动人口层面：自组织与自治精神

流动人口往往通过一定的血缘、地缘和业缘等关系，以满足个体的利益需求和情感归属为目的而形成一些非正式群体，即流动人口自组织，流动人口个体经常隶属于这些不同的自组织之中。在这些自组织发展过程中，按其个体成员间人际关系，可以分亲缘群体自组织、业缘群体自组织、地缘群体自组织、情缘群体自组织。自组织没有合法地位，往往是"小团体"、"小集团"，组织化程度低，政府可通过集中式管理，加强对流动人口自组织的合理引导和疏通，使其达到服务自身、服务城市和服务社会的目的，同时，减少政府治理的成本。徐伟明①（2009）就此视角总结了三种管理模式：

一是所谓的"家庭旅店式"管理模式：这类组织人口较少，规模较小，以亲缘群体自组织为主体的流动人口可以采用家庭旅店式管理模式，从各家庭或亲戚当中，选出其先进分子作为组长，自愿组成自治小组，为家庭争取荣誉为目标，这些自治小组可以定期举行活动，以实现自我管理、自我服务。

二是所谓的"行业化"管理模式：这种模式主要适用于业缘群体自组织，按照自愿组合和政府引导的原则，把有着共同业缘关系的人员聚居在一起，这样就会减少自组织之间相互矛盾和利益冲突，也可以减少流动人口的行为失范给城市带来的损失。同样，这种模式也给政府管理的盲目性节约了成本。

三是所谓的"公寓化"管理模式：对于地缘群体自组织、情缘群体自组织可以采用这种形式，这类组织分布广，人数较多，集中居住、集中管理效果较好。把流动人口聚居在一起，既能发挥自组织自身的优势和功能，也便于政府引导和疏通以及管理和服务。

二、人口迁移的社会治理模式创新：以工业园区为例

改革开放以来的人口迁移是中国经济社会发展变迁中的一个重要现象。工业园区人口迁移则是其中重要的一个环节，伴随于工业化与城镇化进程

---

① 徐伟明：《城市流动人口管理模式的演变与前瞻——基于国家与社会关系的视角》，《湖南行政学院学报》2009 年第 4 期。

中，具有时间性、地域性、方向性，本节侧重于研究工业园区的人口迁移治理。工业园区人口迁移一般指工业园区内的非户籍迁移，即那些没有办理户籍迁移、但是离开原住地超过一定时间、迁入工业园区工作、生活的人口（马忠东、王建平，2010①）。工业园区流动人口的增加，在带来人口红利优势的同时，也潜在地增加了社会管理成本与社会治理风险。基于此，本节从加深对我国工业园区流动人口状况及其问题的认识与理解出发，选取了我国长三角工业园区为研究对象，探究工业园区流动人口社会治理新模式，以期创新针对工业园区人口流动问题的预防与应急对策，从而降低或消除人口流动可能带来的潜在社会冲突隐患，维护社会稳定与和谐。

现有的研究表明，中国流动人口的变化自从改革开放以来表现出九大趋势（段成荣等，2008②）：（1）流动人口普遍化：流动人口在全国总人口中所占比例大幅提高，近些年，已达到12%—15%，即约有2.21亿人（林李月、朱宇，2013③）（2010年人口普查数据）的流动人口大军；北京、上海、广东、浙江等省（市）的流动人口已逾25%。（2）经济因素成为流动的主要因素：改善生活现状、增加收入的欲求推动了人口的迁移。（3）流动时间趋于长期化：以前的短期民工潮变成了长期的民工族。（4）流入地分布向沿海集中：但近期也受新型城镇化就近就地市民化政策影响有所改变。（5）成年人在年龄分布里越来越占主流：而青少年在校学习更受重视。（6）性别构成逐渐均衡：女性成为流动人口大军的半边天。（7）流动人群中女性越来越自主：以往依靠父母、丈夫的流动女性越来越独立。（8）流动方式逐渐以家庭为主：个体打工让位于举家迁移。（9）文化水平越来越

---

① 马忠东、王建平：《区域竞争下流动人口的规模及分布》，《人口研究》2010年第3期。

② 段成荣、杨舸、张斐、卢雪和：《改革开放以来我国流动人口变动的九大趋势》，《人口研究》2008年第6期。

③ 林李月、朱宇：《农民工参加医疗保险模式的多样化选择及其影响因素——基于福建省福州市的调查》，《亚热带资源与环境学报》2013年第4期。

高：文盲半文盲大大减少，大部分流动人口受过一定的文化教育。

由此可见，伴随市场经济进程深化，人口流动已经变得日趋普遍化、常态化及理性化，而工业园区人口流动成为重要环节。长三角作为中国三大经济区之一、东部沿海重要城市群，是中国高度全球化、城镇化、工业化的区域，其工业园区人口流动较为普遍，随之社会治理的难度与要求也不断提高。因而，当前展开对长三角工业园区流动人口治理模式创新的研究具有重要理论与实践意义。

（一）长三角工业园区流动人口社会治理现状

中西部劳动力大规模由西向东聚集，大大地推动了长三角地区的经济发展。这源于全球化过程中，产业分工制造业环节向中国东部沿海转移，使得中国成为世界工厂。这使得长三角成为我国最大的外国直接投资（FDI）地区，其人口变动受到全球化的显著影响。大量的就业机会带来移民和人员流入，从而带来人口数量上巨变、结构上大调整。据估计，每年平均有约 100 万流动人口涌入这一区域，给地区经济发展提供了充足的劳动力资源。

全球化影响着长三角区域的人口空间分布。以上海为中心城市，长三角工业园区正逐步融入全球产业和世界体系，通过物流和交通，产业网络在全区域延伸，形成了层次分明的城市群。虽然在长三角的工业体系内部存在显著的产业同构和恶性竞争现象，但具体在同一产业内部，具有很强的互补作用和梯队差异。这种区内产业体系的逐步形成也使人口空间布局逐步呈现出层级化。在一些国际化城市，吸纳了数量庞大的第二产业工人，也相应促进第三产业发展，随着产业的蓬勃发展吸纳了大量的人口流入，人口结构转变明显：虽然大量流动人口处于城市边缘甚至形成了半城市化现象，但人口迁移极大改变了城市发展和居民生活方式。全球化也带动人口国际化，长三角已成为国际移民发生地，除临时性商务活动和学习外，随着跨国公司的业务开拓，使跨国工作成为全球劳动时尚，国外就业者也开始大量迁入，国外人口日益增加，上海等城市已出现一些国际化社区。在上海作为全球城市的辐射下，长三角全球化趋势加强，也影响着人口流动。人口流动是长三角区域人口变化的主要推动力，1995—2010 年流入长三角区域的人口高达 602 万人。而苏北、安徽、浙江南部、江西及四川这些地区迁入长三角的人口所占比例高达 70%。流入上海的人口在长三角总流入人口中所占比例为 29.3%，其中，浙江东北部占比 32.7%，江苏中南部占比 38.0%（任远，2007①）。长三角工业园区是世界性制造业重点区域，人口会在阶段性维持稳定聚集的态势。

长三角区域人口流入是我国东部人口发展的普遍特征。中国领土面积广阔，社会经济资源与生活环境差距甚大，所以各地人口战略应该有所差别。如，中西部区域，尤其是地广人稀的西部，与澳洲及加拿大的都市布局模型较为匹配；而在东部的珠三角、环渤海及长三角区域，更适合采用日本沿岸都市带模式（日本的京滨—濑户内—阪神沿海都市带的面积大约也为 5 万平方公里，人口数量在 7000 万左右，依靠现代化的城际交通设施，已形成成熟的沿岸都市模型，成为东京都市带的核心位置，可以给长三角提供发展范例）。受流动人口持续迁入趋势的影响，以上海为核心，南京、苏州、宁波与杭州为第二核心位置的长三角都市系统会日渐完善稳定。到 2010 年，以上五个城市人口数量在长三角总数量中所占比例为 52%。以这五大城市作为中心构成的长三角城市群与工业带模型，会极大影响地区经济发展及人口流动，决定将来长三角地区产业布局。长三角人口流动的主要特征为人口迅速、大量聚集，而这一特征也体现了长三角对全国经济社会的辐射作用。当然，这会带来良性作用（加快当地工业化进程，促进经济迅速发展，从而拉动国家经济），也会带来消极作用（给资源环境造成巨大压力，挑战地

---

① 任远：《长三角地区国内移民的总效果及对区域城市结构的影响》，《人口学刊》2007 年第 6 期。

区财政和公共管理，使地区公共设施与服务超负荷运载，同时社会分化也影响社会秩序，治安问题也会增多)。人口流动带来的多重问题需要创新治理模式，多管齐下、统筹兼顾地予以解决。

一方面，长三角工业园区人口调控这一问题越来越严重，亟待有效解决。东部区域的经济发展模式和产业结构不够灵活，在未能根据全球环境的变化而迅速调整、科技发展没有迅速跃升的条件下，人员随波逐流进入长三角工业园区将引致巨大负效应。不过，当地资源约束及其获取成本是人员流入的重要限制因素，如争论不休的逃离北上广（北京、上海、广州）就是鲜明例证。因此，用科学的规划、可持续的制度安排实现城市人口良好布局，才能实现人口、经济、政治、资源与环境的和谐共同发展。在发展可再生经济、加大力度调整产业方式和升级科技的同时，须注重在人口流动的管控能力和治理模式上的创新，从而使长三角工业园区人口实现全面持续发展。

另一方面，长三角应建立大规模人口迁移处理机制，加快都市人口治理制度创新。一段时间以来，随着金融危机加深，许多地方都出现了返乡潮和罢工潮，这直接危及到了企业的生存和工业园区的经济发展。要坚持将融合作为政府行为指导，城市、乡村公民身份差异以及诸如社保、人事档案、户籍等制度，极大地影响了城市化进程与人口流动。对于日益增多的进城农民，应摒弃一味的限制政策，取而代之同工同酬、社会保障与实际付出相匹配的公平原则。

表 2-3　2010 年之后长三角典型工业园区流动人口管理政策及其比较

地区	上海	南京	杭州	苏州	宁波
流动人口规模	965 万（2012）	177.6 万（2012）	398 万（2012）	624 万（2010）	475.05 万（2012）
政策制定部门	市政府	市政府	市人大常委会	市政府	市政府

续表

地区	上海	南京	杭州	苏州	宁波
文件名称	上海市流动人口计划生育工作规定	南京市流动人口计划生育工作办法	杭州市流动人口服务管理条例	苏州市流动人口计划生育工作办法	关于进一步加强外来务工人员服务管理工作的意见
实施时间	2012 年 3 月 1 日起	2012 年 12 月 1 日起	2012 年 6 月 1 日起	2011 年 10 月 1 日起	2011 年 11 月 1 日起
管理面向	本市行政区域内流动人口	户籍在本市行政区域以外，以工作、生活为目的来本市居住 30 天以上的成年育龄人员	在杭州市区居住的非杭州市区户籍的人员	本市行政区域内流动人口	外来务工人员
主要措施	信息服务与共享、动态监测、区域协作、避孕节育情况证明与通报、群众自律、免费指导和技术服务	免费计划生育技术服务、基本项目免费孕前优生、生殖健康检查	就业服务、参加五险、免疫和卫生服务	流动人口计划生育管理服务卡制度、综合管理机制、公共服务机制、信息共享机制、联合执法机制	完善基本公共服务，让外来务工人员享有"市民待遇"；加强社会管理，让外来务工人员遵守"市民规范"
主要政策效果	规范了上海流动人口计生管理	促进了南京流动人口计生管理	解决了杭漂族特别关心的问题	提高了苏州流动人口计生管理效率	促进了本地人与外地人的和谐相处

表 2-3 以上海、杭州、宁波、南京、苏州五地为代表列出了长三角主要地区流动人口规模和政策。从该表可以看出其共同点在于：这些城市都在强化管理的同时强化教育和服务意识，并取得了一定效果。不同点在于：杭州决策机关最高（人大常委会）、最全面（涵盖计生、社会福利的市民待遇、就业等方面）；上海最严格，原因是流动人口数目庞大，只有细致严格才能精确管理；南京流动人口相对较少，因此管理相对宽松，流动人口感受不到当地人的排外情绪；苏州强调联合行动，把流动人口的管理当成社会综合治理的重要环节，这是因为苏州流动人口已经超过了当地人口；宁波的政策最不规范，政府通知形式具有临时性，且侧重外来务工人员，说明宁波的

流动人口问题并不突出，尚未引起足够重视，还没有形成长期的政策。同时，上海使用政府条例，侧重计生服务，南京、苏州也如此。

（二）长三角工业园区流动人口当前治理问题及反思

目前，长三角工业园区的治理模式以"淡化户籍观念，强化居民意识"为核心理念，利用居住证这个平台，进而，一步一步使流动人口享受到与户籍人口相同的公共服务，例如医疗、保险福利、教育、就业。其实质是建立促进要素优化配置的动态平衡模型，将长时间处于都市边缘的流动人口并入到公共服务体系中来。在城市化过程中，在人民权利觉醒与统筹城乡发展背景下，实现流动人口平等权利的诉求日益强烈，亟须制度创新。2006年，中共中央、国务院明确提出"实行流动人口居住证制度"；国务院于2010年进一步提出"逐步在全国范围内实行居住证制度"。之后，上海、广东、深圳等地纷纷制定了规范人口流动、促进社会结构完善的居住证制度。2014年，国务院印发《关于进一步推进户籍制度改革的意见》，标志着进一步推动户籍改革已经进入正式实施阶段。

目前长三角工业园区流动人口的管理模式不足，主要体现在管理过于单一化，即与传统条块管理的行政管理体制相适应的单向管人模式，主要由下面四个特征组成：

1. 以限制管人

目前，长三角工业园区流动人口的管理模式总体上还是控制管理为主、防范有余，而良性循环不足。相对来说，我国有史以来追求的都是静态文化，公共安全方面倾向于让老百姓无为以实现维稳。传统公共治安为了遏制某种不良现象、制止部分人的不良行为，制定了一系列法律法规明令禁止这些情况。尽管有些行为和现象有利于经济文化的发展和环境资源的保护，但是只要其有危害公共安全的可能性，都会果断制止。简言之，为维稳而维稳，导致陷入凝滞化、僵硬化状态。如为保障城市的管理秩序过分限制人口流动，通过对部分不良现象和部分人不良行为的"禁止行动"以维持社会安定。

积极的社会平衡是处于动态平衡状态，即公民合理的要求得到满足，从而从根源上排除了公民采取极端手段报复社会的可能，消除了社会不稳的隐患。但是消极的社会平衡是一味用种种理由限制公民基本权利和合理要求，意图用静止的状态去实现社会安定。在新形势下，流动人口社会治理应该深入贯彻习近平总书记在政法系统讲话中指出"维稳就是维权"的新精神，把稳定与公民权利意识觉醒和公民权利的自主发展结合起来，促进社会良性发展，实现社会稳定的动态化，只有这样才能保证社会的长治久安。

2. 以证管人

一般来说，管理工作都有个抓手，从哲学上讲，就是抓住关键，抓住要害。长三角工业园区以往对流动人口治理，重点抓住证件，用证件去管控人口（即用盖章的证件去管控），如暂住证。在治安事件和一般的抽查活动中，证件是公安机关首先要查的内容，没有证件的，可能会被勒令限期办证；严重的，会受到警告甚至拘留。除此之外，证件仍然是社会生活一个重要方面，比如，计划生育部门要求流动人口必须先办理暂住证，然后才能接受计生服务；再比如报考驾照，外地户籍人员必须持居住证或暂住证才有报考资格。以证管人依然处于初步试水时期，办理证件的费用、时间、管控与信息化等尚有很多缺点，亟须完善。另外，部分地区居住证和暂住证的相关规定差异很小，不能充分发挥作用。

3. 以个体为对象、以就业管人

于改革开放之初到长三角工业园区"淘金"的老一代流动人口，大部分已经完成自己的更新换代和"结构转型"。但从某种程度上说，他们以往一直处于失语状态而被城市或多或少边缘化了，他们的充分社会融合没有得到应有的重视，惟有一些重大案情或社会事件发生时才能引起政府和公民的反省，可同时这种现象也使社会的疏离变得日趋严重。新生代农民工渐渐有了维护权益与权力的意识，这是社会的进步，只有越来越多的人对生存意志有了觉悟，才能越快实现以人为本，加快国家现代化进程。为了应对这些转变，政府应该做出迅速反馈、制定相应制度和措施，并且要准备得更加充分。

同样，以往对流动人口的理解充满贬义，对流动人口管理工作也主要是通过解决其短期临时性问题，不考虑其长期需求。长三角工业园区流动人口服务管理是关系地区长治久安、动力来源的战略问题，必须从宏观上加以改善。要真正全面的服务好、管理好流动人口，并要将其纳入社区建设的重要环节，为其能力智慧发挥提供平台，而不是仅将其看作需分享社会福利、增加财政支出的负担。

4. 以输入地管人

以往对流动人口的管控，仅仅依靠输入地单方面管人，缺乏就业地、尤其是输出地的配合，这是远远不足的。而且，输入地单方面管人，不了解具体个体的成长环境，容易造成不同程度的信息不对称，遇到问题时难以采取有效措施，在促进社会的总体安定上没做到个性化管理。

对长三角传统、一般性研究视角侧重于表层与地理特征上，而对流动人口治理措施与法律法规也只在区域上做文章。事实上，长三角可以有无形、隐形与有形之分，也可以有泛长、大长、狭长之分。必须兼顾经济、文化和地理等多方面，对长三角流动人口实施有效治理（金其高，2011①）。总的说来，目前的模式比起以往的各种模式，已经有了较大调整，但随着流动人口问题常态化，现行的治理模式将不能满足日益多样化的现实需要。传统的对待流动人口的方法容易产生隔膜和疏离感。而长期的隔膜和疏离，加上教育差异、高新科技条件导致的贫富分化明显下的仇富社会氛围，正成为诱发各种犯罪的心理动因。因而，须加快适时适地创新工业园区流动人口社会治理模式，从而维护社会和谐稳定与促进社会均衡发展。

---

① 金其高：《长三角流动人员服务管理的三角模式》，《犯罪研究》2011 年第 4 期。

（三）长三角工业园区流动人口社会治理模式创新

改革开放以来，长三角地区经济的增长对于国家经济发展起着至关重要的作用，其发展速度之快让人惊叹（田玲翠，2010①）。但长三角地区的发展伴随着社会越来越趋向多元化，从而自下而上呈现出一种过渡型社会的特征。面对这纷繁复杂的局面，需要创新社会治理模式，对工业园区的流动人口管理，为适应社会复杂局面，传统的自上而下管理要变为上下有效互动，形成将治理、教育、服务相融合的新型社会治理方式。只有多管齐下、点面结合的治理模式，才能适应这充满变化和日益复杂的社会。

任何形式的创新都需要在总结前人经验的基础上进行，本节在探索长三角综合治理新模式的时候，以人口迁移理论、治理理论、公共选择理论、善治理论等为理论借鉴，考虑长三角创建治理新模式需要厘清的问题与方向。众多西方学者基于人口地理学、发展经济学、政治经济学等诸多学科出发，已经提出了一系列的人口迁移理论。作为"推力—拉力"理论代表，E. G. Raven Stein 认为提升自身经济水平是迁移的重要驱动力，其在对人口迁移的结构、机制、空间特征规律分别进行总结的基础上，于 1885 年提出了著名的人口迁移七大定律。Burge 于 1969 年提出人口迁移的推拉模型。"推力—拉力"理论概念是由赫伯尔于 1983 年第一次系统总结的，其总结人口迁移是因为迁出地排斥力或外推力，以及迁入地吸引力与拉动力一起影响的现象。② 基于此理论基础的启发，工业园区流动人口治理须首先厘清流动的内外在推拉因素，从而以系统观分析问题本质，以战略观探寻对策路径。公共选择理论认为竞争制度不完备、缺少减少成本方法、政府组织盲目自负不作为、监察信息缺失、政府寻租行为等是造成政府单位工作效率低的主要原因。布坎南等公共选择理论家就此提出启发性的政策建议，提高社会民主程

① 田玲翠：《绚丽彩虹飞奔中国——写在沪宁城铁建成通车之际》，《文汇报》2010 年 7 月 1 日。

② 转引自朱杰：《人口迁移理论综述及研究进展》，《城市发展研究》2008 年第 7 期。

度，改善官僚机制运转效率，约束政府权力等。因而，对于工业园区流动人口社会治理，要考虑政府失灵的可能性。同时，善治理论随着公民社会的提出与发展，得到广泛传播，体现了还政于民、还政于社的过程。在工业园区流动人口逐步增加的背景下，流动人口社会治理须适时地运用善治理念，注重管理主体多元化，加强政府和公民社会的互动合作，引导、鼓励、支持公民社会积极参与，将合法、公平、互助、透明、回应统一到流动人口治理体系中。基于以上相关理论，本节针对长三角地区，结合制度、管理、技术等层面提出了工业园区流动人口社会治理的新模式。

1. 创新城市秩序治理体制，完善流动人口管理系统

要改革长三角工业园区流动人口社会治理模式，必须先革新城市秩序治理体制，具体操作为改变以往单一的以限制管人的特征，有效实施打击流动人口犯罪、追踪和控制流动人口总量与走向、加强流动人口服务管理是保障城市秩序的三个着力点，构成长三角工业园区社会治安工作的新模式。

加大流动人口治理力度、严格把控流动人口总体数量、打击流动人口违法犯罪率，这三方面互相区别，也互相关联，通过法律进行协调。三者构成一种社会治安体系，并与其他体系一道构成相互协调密不可分的综合社会管理体系。

2. 创新人口管理体制，实现以证管人、以房管人、以岗管人相结合

以房管人，就是指加强住所治理。住所是包含流动人口在内的广大居民休憩生活的地方，又是一些不良分子从事欺诈、偷窃、抢劫等违法犯罪活动的谋划、筹备、销赃场所。因此，需要掌握居住者的情况。一方面要管理好住所居民，另一方面要维护良好居住环境，防止违法犯罪活动的侵入。对于住在企业或者施工地的居民，所在企业或者施工地应当增强管控。人口密集的地方较容易发生治安问题，应当在增强常规管控的前提下，不时开展抽查、必要时对该地区彻底检查和治理。

以岗管人就是要加强劳动管理。一是要协助寻找合适工作岗位。二是必

须加强劳动管控，加强劳务市场的建设和完善，将招聘使用外来务工人员这一任务并入当地人才市场系统，使其守法经营、按章纳税、劳动致富。流动人口主要集聚在围绕经济开发区的乡镇、村落与城乡结合部，这些小村落常常集聚成千上万的流动人口。出于生活需要，一些"商业街"和"集市"渐渐出现在这些村落周边。在这些地方，管理相对薄弱，商业矛盾纠纷得不到控制时就容易成为治安事件。三是处理好外地劳动力的薪酬和社保等问题。打破城市和乡村户口对社保体制的二元分割（林李月、朱宇，2013①）。以房管人、以岗管人、以证管人，三者有机结合形成一个立体网状结构，有助于全面抓好外地劳动者的治理工作。

3. 强化治安服务职能，实行三代管理和就业、衣食住行、品行并重

积极推动社区融入工作，缓解隔阂造成的隐患。在加强常规治安服务管理的基础上，当地政府相关部门、企业、社区，应该关注流动群体的文娱生活。通过丰富流动人口的文化生活，从本质上完成对流动人口的治理任务。相关部门应该利用多种方式，对流动人口进行法律、政治、文化等方面的普及教育，例如给外来劳动者提供书籍、定期组织戏曲演出、进行扫盲学习等等，企业应增强员工工作技能的培养、法制规定的学习、基础知识的普及，地方社区应该营造良好的文化氛围，提升流动人口的文化素养。把流动人口纳入就业保障、社会福利（林李月、朱宇，2013②）、社区服务、公共管理等体系中，以增进流动人口的融入感与参与感，进而降低乃至消除违法犯罪活动发生几率。

此外，长三角工业园区流动人口服务治理，由一代治理趋向三代治理，要服务好新长三角工业园区人，由一代服务治理至三代服务治理。三代服务治理是新型治理的关键之处。

---

① 林李月、朱宇：《农民工参加医疗保险模式的多样化选择及其影响因素——基于福建省福州市的调查》，《亚热带资源与环境学报》2013 年第 4 期。

② 同上。

4. 注重长三角工业园区地域特色，加强与迁出地联系，调动流动人口积极性

流动人口治理，流出地和流入地必须相互协作共同治理，要突出流出地对流出人口的了解，及迁出人口对家乡的归属感这些特点。罗西瑙2010 年在《没有政府的治理——世界政治中的秩序与变革》中指出："治理与统治不同，其指的是一种有共同的目标支持的活动，这些管理活动的实施主体未必一定是政府，也无须依靠国家的强制力量来实现。"对于长三角工业园区流动人口的治理，应妥善处理流动人口本身、流出地和流入地的关系，找出三方关联处和不同处。三方协同更加有利于有针对性地治理流动人口。

长三角工业园区流动人口治理工作取得了很大成效的事实说明，流动人口治理不仅需要充分发挥流动人口输入地的工作职能，还应该激发流动人口参与到治理中的积极性与能动性，增强其社会归属感与社会治理参与感。人既是公共治理活动的客体，也是公共治理中的主体，应该重视对人员相应权利与义务的维护。长期在长三角工业园区工作生活的团员、党员应积极参与到长三角工业园区的党、团等组织的相关活动中来，同时竞选地区乃至全国人大代表，参与到地方政府工作，行使自身权利，参与社会协同治理。

同时，长三角工业园区流动人口的综合治理工作应该激励流动人口自身参与到治理活动中来，加强自身的管控与学习。应在人口密集地，采取适当的自治模式，解决流动人口难以深入细致综合治理的问题。最初应该让当地人妥善管理当地人，为流动人口做出正确的导向；其次要让本地人和外地人有效的互动共处，实现真正的互相融入；最终，完成流动人口的自我管理，从而转化为自治模式，这在一定程度上属于社区自治。

此外，还需要依据长三角工业园区地域特点实行综合管理。"在公共管理的事务中，还存在着其他的管理方法和技术，政府有责任运用这些新的方法和技术来更好地对公共事务进行控制和引导。"（格里·斯托克、华夏风，1999①）长三角工业园区流动人口的治理，应该从长三角工业园区政治、经济、历史文化、地理环境等多方面出发，利用地域特点采取合适运行方式。而随着世界经济一体化的发展，长三角工业园区的人口治理应该逐步完善法律法规体系，重视其为区域经济社会发展实施有效服务。

改革开放三十多年来，长三角发挥区域、人文优势，面向世界，积极解放思想，率先改革，弘扬传统文化，吸收外来文化（金其高，2011②），而流动人口在长三角工业园区的迁移进而促成该区域的文化认同。要在长三角的文化认同作用的范例下，形成长三角工业园区流动人口治理的法律和社会协同治理文化，充分调动各方积极性，协同发力以促进流动人口治理系统的良性运行。

本章通过研究分析，认为当前长三角工业园区要结合流动人口发展新情况，探究将居住地作为平台的人口服务模式，加快迁入人口的本地化进程。结合长三角实际情况有效落实国务院《关于进一步推进户籍制度改革的意见》，注重加快户籍体制的革新。转变当前流动人口的治理方式，将户籍体制逐渐从审批制转化为登记制，抓手证件、以证管人，缩小城市乡村治理差异。改进居住证制度，逐渐取缔与户籍挂钩的各种保险福利政策，践行权利与义务的等同化，确保实际付出与收益相匹配，加快当地居民与流动人口的融合。

新常态下，长三角工业园区流动人口社会治理面临着新的形势："十三五"期间长三角地区将加快产业结构调整步伐，长三角区域的流动人口结构也将随之调整，应鼓励社会组织参与职业教育事业，以弥补政府主导的职业教育不适应市场需求、企业主导过于关注成本而使有效培训不足。以加大

---

① 格里·斯托克、华夏风：《作为理论的治理：五个论点》，《国际社会科学杂志（中文版）》1999 年第 1 期。

② 金其高：《长三角流动人员服务管理的三角模式》，《犯罪研究》2011 年第 4 期。

职业培训力度提升流动人口就业能力，解决流动人口有效就业的同时为产业升级提供高素质劳动力支撑。同时，长三角首批农业迁入人员渐渐步入老年期，且数量巨大，不能再进行高负荷、高强度工作。并由于这部分群体子女大多在城市生活、工作，他们回家乡养老也成为一大难题，他们未来生活、养老、再就业都有很大隐患，成为新一代弱势群体。如何有效发挥政府、市场、社会组织的协同作用，特别是要鼓励国际上在弱势群体就业及老龄照料服务类领域可以发挥重要作用的社会企业蓬勃发展，经过专业技能培养让这类群体在不能进行高强度体力劳动的情况下，可以从事公益服务、爱心工程、社区服务类的工作，让该部分人群有较为合适的工作选择及良好的经济保障。既使他们实现了再就业，也为服务公益事业与有效应对老龄化发挥了作用，这是长三角工业园区在人口老龄化趋势下创新流动人员服务管理模式重要课题。在新形势下，从良性动态平衡上做好工业园区流动人口的社会治理，是一个新挑战、新课题。只有在不断发现和解决新问题、总结新经验的基础上，探索新模式，任重道远的工业园区流动人口社会治理工作才会大有可为。

总之，对工业园区流动人口的公共管理，应参照西方管理理论提倡的多元共治理念，即政府、社会组织与市场三个角色共同平衡发展的理论。但是，应用社会治理理念对工业园区流动人口的服务管理务必结合国家具体情况，在中国"强政府—弱社会"的体制背景下，当前如何重新厘定政府作为这个合作网络中的特殊行动者的角色定位尤为重要。总体上，要从根本上促进包括流动人口在内的广大公民自由而全面发展，以践行人的现代化；从而克服以往政府主导造成的社会行政僵化局面，充分调动各方积极性，向社会治理多元化的趋势发展。

第三章　新型城镇化与区域人口治理

中国的城镇化进程是伴随着工业化发展、城乡人口流动的城乡社会空间变迁过程，其突出特征就是农村人口向城镇地域空间集中、非农产业在城镇集聚，城镇化进程的指标也是国家现代化的重要标注。健康、稳妥、扎实、有序的城镇化对全面建成小康社会、落实新时期五大发展理念、实现现代化和民族复兴具有重要意义。在中共十八大报告中明确提出要"坚持走中国特色新型城镇化的道路"，新型城镇化由此上升为国家战略。随后在十八大二中、三中、四中、五中全会，以及中央经济工作会议、中央城镇化工作会议、中央城市工作会议、中央扶贫开发工作会议、中央农村工作会议中进一步强调了新型城镇化的重要意义，并提出了走中国特色新型城镇化道路的路径和举措。即按照经济建设、政治建设、文化建设、社会建设、生态文明建设"五位一体"的总体布局和全面建成小康社会、全面深化改革、全面依法治国、全面从严治党"四个全面"的战略布局，牢固树立创新、协调、绿色、开放、共享的发展理念，坚持走以人为本、四化同步、优化布局、生态文明、文化传承的中国特色新型城镇化道路。

新型城镇化一经提出，就确定了"以人为核心"的基本精神，2014年3月16日，中共中央、国务院印发了《国家新型城镇化规划（2014—2020年）》，《规划》指出："必须深刻认识城镇化对经济社会发展的重大意义，牢牢把握城镇化蕴含的巨大机遇，准确研判城镇化发展的新趋势新特点，妥善应对城镇化面临的风险挑战。"通过对《规划》的梳理，可以看出新型城镇化是围绕"以人为核心"等十个关键词来展开的。（见表3-1）关注人口的合理有序流动，积极推进农业转移人口市民化，进一步发挥城镇群的功能，同时实现各类城市协调发展成为新型城镇化的重要宗旨和目标。

表3-1 《国家新型城镇化规划(2014—2020年)》的十大关键词

十大关键词	主要内容
以人为核心	以人的城镇化为核心，合理引导人口流动，有序推进农业转移人口市民化，稳步推进城镇基本公共服务常住人口全覆盖，不断提高人口素质，促进人的全面发展和社会公平正义，使全体居民共享现代化建设成果
农业转移人口市民化	差别化落户政策；推进农业转移人口享有城镇基本公共服务，积极推进城镇基本公共服务由主要对本地户籍人口提供向对常住人口提供转变；建立健全农业转移人口市民化推进机制，合理分担公共成本
城镇群	发展集聚效率高、辐射作用大、城镇体系优、功能互补强的城市群，使之成为支撑全国经济增长、促进区域协调发展、参与国际竞争合作的重要平台
各类城市协调发展	优化城镇规模结构，增强中心城市辐射带动功能，加快发展中小城市，有重点地发展小城镇，促进大中小城市和小城镇协调发展
完善交通	构建城市群内部综合交通运输网络；建设城市综合交通枢纽；改善中小城市和小城镇交通条件
产业就业支撑	优化城市产业结构、增强城市创新能力、营造良好就业创业环境
多规合一	加强城市规划与经济社会发展、主体功能区建设、生态环境保护、国土资源利用、基础设施建设等规划的相互衔接。推动有条件地区的经济社会发展总体规划、城市规划、土地利用规划等"多规合一"
新型城市	绿色城市、智慧城市、人文城市
城乡一体化	坚持工业反哺农业、城市支持农村和多予少取放活方针，增强农村发展活力，加大统筹城乡发展力度，逐步缩小城乡差距，促进城镇化和新农村建设协调推进
生态文明	把生态文明理念全面融入城镇化进程，着力推进绿色发展、循环发展、低碳发展，节约集约利用土地、水、能源等资源，强化环境保护和生态修复，减少对自然的干扰和损害，推动形成绿色低碳的生产生活方式和城市建设运营模式

第一节　城镇化相关概念厘定与研究现状

一、城镇化的相关概念厘定

城镇人口、乡村人口与农业人口、非农业人口的划分体现出了中国体制和制度的作用。公安部门从户籍登记体制出发，将城乡人口划分为农业人口和非农业人口。而统计部门则根据属地信息等将城乡人口划分为城镇人口和乡村人口。这两种划分方法有一定程度的重叠但内涵又不尽相同，这也造成了城乡人口统计口径的复杂和多样。

（一）城镇人口与乡村人口

城镇人口与乡村人口的划分主要是依据人口的居住地和从事的产业进行划分的。"城镇人口"的概念也经历了历史演化的过程。1982 年前城镇人口是指市与镇中的非农业人口，1982 年后城镇人口开始以常住人口进行划分。国务院于 2014 年 10 月 29 日出台《关于调整城市规模划分标准的通知》进一步明确了要以城区常住人口为统计口径，以此作为新的城市规模划分标准。具体来看，就是以城区常住人口为统计口径，把城市划分为五类七档。[①] 城区是指在市辖区和不设区的市，区、市政府驻地的实际建设连接到的居民委员会所辖区域和其他区域。常住人口包括三类：第一类是居住在本乡镇街道，且户口在本乡镇街道或户口待定的人；第二类是居住在本乡镇街

[①]　城区常住人口 50 万以下的城市为小城市，其中 20 万以上 50 万以下的城市为 I 型小城市，20 万以下的城市为 II 型小城市；城区常住人口 50 万以上 100 万以下的城市为中等城市；城区常住人口 100 万以上 500 万以下的城市为大城市，其中 300 万以上 500 万以下的城市为 I 型大城市，100 万以上 300 万以下的城市为 II 型大城市；城区常住人口 500 万以上 1000 万以下的城市为特大城市；城区常住人口 1000 万以上的城市为超大城市。

道，且离开户口登记地所在的乡镇街道半年以上的人；第三类是户口在本乡镇街道，且外出不满半年或在境外工作学习的人。① 由此看出，在新的城镇化背景下，居住地域、居住时间成为界定城镇人口的重要因素。这也明显区别于之前的从事产业分类以及户籍等因素。乡村人口是指除上述城镇人口以外的所有人口。城镇人口与乡村人口在就业方式、生活方式、生活质量、公共服务水平、资源集约程度等方面都存在着明显差异。

（二）非农业人口与农业人口

农业人口与非农业人口是公安部基于户籍管理需要而确定的概念，因此，农业人口和非农业人口也对应的是二元户籍身份，居民户籍性质是区分两者的主要标准。由此，被确定为农业户口身份的居民即使进入城镇从事非农业工作，他们的户口性质也并不会改变，仍是农业人口，但是可统计为非农就业人口。同时，根据相关规定，乡镇企业工人，民办教师，乡村医生等参加乡村集体经济分配的人口，也被认为是农业人口；而从事非农业生产活动的劳动人口及其家庭被抚养人口即是非农业人口。根据之前的规定，农业人口和非农业人口在进行身份转化的过程中，需要通过较为复杂的手续才能实现。国务院于 2014 年 7 月 30 日印发的《国务院关于进一步推进户籍制度改革的意见》中要求创新户籍管理，推进户籍制度改革，建立城乡统一的户口登记制度。即"统一登记为居民户口，取消农业户口与非农业户口性质区分和由此衍生的蓝印户口等其他户口类型，体现户籍制度的人口登记管理功能。并建立与统一城乡户口登记制度相适应的就业、社保、教育、卫生计生、住房、土地及人口统计制度"②。根据该文件，非农业人口与农业人口将成为中国的一个历史概念，但是，需要指出的是虽然"取消了农业与非农业户口的区分"，但是户口登记制度的改革仅是户籍制度改革的第一

---

① 《国务院关于调整城市规模划分标准的通知》，国发〔2014〕51 号，2014 年 10 月 29 日。
② 《国务院关于进一步推进户籍制度改革的意见》，国发〔2014〕25 号，2014 年 7 月 30 日。

步，户籍身份对应的城乡就业、社会保障、土地等二元特征仍成为制约城乡一体发展的重要阻碍。

（三）户籍人口、常住人口、流动人口、半城镇化人口

户籍人口是指根据我国户籍登记条例在其常住地登记的常住户口，户籍人口是不论其是否外出，仅根据户籍注册地进行统计的人口。而根据第六次人口普查手册的概念界定，常住人口包括现有的居住人口，也包括户籍外出人口。因此常住人口既包括普查时居住在本地的人口，也包括普查时未居住在本地，但户口在本地的人口。由此可见户籍、实际居住地、居住时间三者是进行常住人口统计的重要考虑因素。在第六次人口普查手册中，其常住人口是指"本地户籍人口与居住半年以上的外来流动人口之和，包括居住在本乡镇街道且户口在本乡镇街道或户口待定的人；居住在本乡镇街道且离开户口登记地所在的乡镇街道半年以上的人；户口在本乡镇街道且外出不满半年或在境外工作学习的人"①。可以看出，常住人口对于城市发展、公共设施配给、城市化水平提升具有重要意义，也是其重要的基础数据。

流动人口是指户籍制度下衍生出来的概念，流动人口是实际居住地和户籍所在地不一致的人口。在快速城镇化的宏观背景下，流动人口和人口迁徙流动都成为一种普遍现象，甚至成为一种日常生活经历，现阶段最常见的流动人口类型就是农民工。因此，以农民工为代表的流动人口的市民化问题也是新型城镇化重点关注的问题。

而半城镇化是一种农村人口向城镇人口转换过程中的不完全的一种特有城镇化状态，表现形式为半城镇化区域和半城镇化人口。② 半城镇化人口是

---

① 2010 年第六次全国人口普查主要数据公报（第 2 号）。

② 何为、黄贤金：《半城市化：中国城市化进程中的两类异化现象研究》，《城市规划学刊》2012 年第 2 期。

指属于城市的常住人口，但不属于本地城镇户籍人口的这部分人口。可以看出，半城镇化人口具有"非农、非城"的特征，在其权益与公平方面，得不到与本地城镇户籍居民同等的待遇，处于相对被剥夺和尴尬的境地。根据第六次人口普查数据，全国80%以上的地级以上城市存在不同程度的半城镇化现象。① 因此，解决如此大规模半城镇化人口的城镇化和市民化问题也是未来相当长一段时期我国城镇化工作的重点。

（四）城市化、城镇化、新型城镇化

综观全球对于城市化和城镇化的研究，1867年西班牙人塞达的《城镇化基本理论》可以视为城市化和城镇化研究的开端，此后，城镇化的研究引发了学者的广泛关注。从根本上而言，城市化与城镇化在英文语境"Urbanization"中并没有显著差异，从字面意思理解，Urbanization应该就是城市化，而在中国本土化过程中，由于中国小城镇的特殊情况，因此也被理解为城镇化。城镇化和城市化：两个词都来源于英文单词"Urbanization"，只是在具体译文时，三种译法"城市化"、"城镇化"、"都市化"都有。译法上的不同造成了人们在理解和使用这两个词语时有了争端。1982年在南京召开的"中国城镇化道路问题学术讨论会"上，中国城市与区域规划学界和地理学界明确指出城市化与城镇化为同义语。并建议以"城市化"替代"城镇化"，以避免误解。而辜胜祖先生1991年在他的《非农化与城镇化研究》一书中广泛使用了"城镇化"的概念，并产生了广泛影响力。国务院2001年公布的《中华人民共和国国民经济和社会发展第十个五年计划纲要》中首次提出："要不失时机地实施城镇化战略"。这是近50年来中国首次在最高官方文件中使用"城镇化"一词，为了与国家公布的正式文件的提法相一致，建议都使用"城镇化"。此后，"城镇化"一词得到普遍使用。国

---

① 李爱民：《中国半城镇化研究》，《人口研究》2014年第3期。

内的研究中，也很少有学者将城市化和城镇化进行严格的区分和界定，而从本质上，两者也不存在明显差异。因此，在本章中，也不将城市化与城镇化进行区分，而统一用城镇化这一概念。

在对于城镇化这一概念的理解上，由于学科关注视角和焦点的差异，不同学科都有着不同的理解。经济学者从产业经济的角度理解，强调城镇化是从以农业为主的农村经济形态向以第二产业、第三产业为主的城镇经济形态转化的过程。城镇经济形态以非农产值增加、第一产业比例下降、二三产业比重上升为主要特征。社会学者强调生产、生活方式的转变，即城镇化是从农业生产方式和生活方式向城市生产、生活方式转变，并以人口结构的转变为主要动力。从人口学的角度，城镇化表现为农村人口向城镇的迁移，并随着人口的迁移城镇不断变大，城镇人口不断增加。地理学者和城市规划学者更多强调的是地域生产力的变化，并以消除城乡二元结构，实现城乡一体化发展为主要目标。可以看出，城镇化过程是一个涉及多方面转变的过程，这里面既包括生产力、资源要素等经济因素，也包括社会身份、社会结构等社会因素，因此内涵也较为丰富。[①] 因此，可以将城镇化界定为农业人口和相关要素不断向城镇集聚的过程，这一过程伴随着人口在城镇的空间集聚、产业结构的转变、生产方式、社会方式以及社会观念的演变。这一过程是一种自然历史过程，同时也是人类社会发展的客观规律，是国家现代化的标志。

对于中国而言，城镇化具有重大意义，一是，城镇化是实现现代化的重要基础，现代化的实现需要工业化、城镇化的同步实现。二是，城镇化是保持经济持续健康发展以及产业结构不断优化的重要动力。农村人口向城镇的集聚，必然会带来巨大的公共服务需求，消费潜力也不断释放。另外，目前我国服务业增加值占国内生产总值的比例仅仅为 46.1%，与发达国家 74%

---

① 孙振华：《新型城镇化发展的动力机制及其空间效应》，东北财经大学博士学位论文，2014年。

的水平还存在较大差距，城镇化过程带来的各项生活性服务需求，这对加快我国产业结构的优化具有重要意义。三是城镇化有利于消除我国长期以来的城乡二元结构，成为解决农业、农村、农民问题的重要手段。长期以来，"三农"问题是制约我国城乡可持续发展的重要问题，农村人口过多、生产方式落后、生产效率低下等问题尤为突出，城镇化有利于农村改变生产方式，走向规模经营，提高生产效率。四是城镇化有利于区域协调发展。东中西发展不平衡，中西部城镇发育不足，城镇化有利于推进人口经济的合理化布局，形成区域协调的发展态势。根据第六次人口普查的相关数据，中国大陆31个省、直辖市、自治区和现役军人中，居住在城镇的人口占总人口达49.68%，超过6.65亿人。而根据国家发改委公布的相关数据，截至2015年我国城镇化率达到56.1%，城镇常住人口达到7.7亿。我国在"十二五"时期，每年城镇人口增加2000万，城镇化率年均提高1.23个百分点。城镇化在就业方式、生活方式、生活质量、公共服务水平、资源集约程度等方面都存在着重要贡献。也因此，中央对城镇化的发展一直高度重视，出台了系列政策，以期推动城镇化的健康快速发展。（见表3-2）

表3-2 "新型城镇化"的相关政策文件

年份	会议/文件	政策要求
2004	十六届四中全会	提出"工业反哺农业、城市支持农村"的政策要求
2005	"十一五"规划	建立以工促农、以城带乡的长效机制，建设社会主义新农村。加快农业科技进步，推进农业产业化经营。
2007	中央一号文件	发展小城镇和县域经济，辐射周边农村；开发农业多种功能，健全现代农业产业体系
2007	十七大	城乡一体化发展将成为中国城镇化的方向，形成城乡经济社会发展一体化新格局
2008	十七届三中全会	扶持农民专业合作社加快发展，大力推进农业科技自主创新
2009	中央一号文件	发挥国有农场在建设现代农业，加大农业科技投入，加强和完善现代农业产业技术体系
2010	中央一号文件	发展农业产学研联盟；创建国家现代农业示范区

续表

年份	会议/文件	政策要求
2012	中央一号文件	依靠科技创新驱动,大力推进现代农业产业技术体系建设
2012	十八大	形成以工促农、以城带乡、工农互惠、城乡一体的新型工农、城乡关系
2013	中央一号文件	促进工业化、信息化、新型城镇化、农业现代化,四化同步发展
2013.11	十八届三中全会	建立城乡统一的建设用地市场,健全城乡发展一体化体制机制
2013.12	中央城镇化工作会议	推进农业转移人口市民化,解决好人的问题是推进新型城镇化的关键
2013.12	中央农村工作会议	坚持和完善农村基本经营制度,保证农产品质量和食品安全,加强农村社会管理
2014.1	中央一号文件	深化农村土地制度改革、构建新型农业经营体系、加快农村金融制度创新、健全城乡发展一体化体制机制、改善乡村治理机制
2014.3.16	《国家新型城镇化规划(2014—2020年)》	制定实施《规划》,努力走出一条以人为本、四化同步、优化布局、生态文明、文化传承的中国特色新型城镇化道路
2015.2	中央一号文件	城乡资源要素流动加速,城乡互动联系增强,如何在城镇化深入发展背景下加快新农村建设步伐、实现城乡共同繁荣,是必须解决好的一个重大问题。

资料来源:根据相关政策文件整理所得。

但与此同时,在如此快速发展的城镇化过程中,我国的城镇化也面临着诸多问题与挑战。主要表现在以下方面:首先,大量农村转移人口难以融入城市社会。中国城镇化的一个典型特征是半城镇化,据国家相关部门统计,被统计进城镇人口的农民工和随迁家属数量达到了2.34亿人,农民工也是半城镇化人口的核心群体。以农民工为代表的半城镇化人口在融入城市社会的过程中面临诸多困境,主要表现在不能享受与城镇户籍人口同等的教育、医疗卫生、就业、住房保障等基本城市公共服务,在农民工等准城镇化人口不能融入城市的同时,农村凋敝、空心村、留守儿童、留守老人等问题日益突出。① 其次，土地的城镇化明显快于人口的城镇化，土地利用粗放低效。我国快速城镇化过程是伴随着土地的低效扩张和蔓延的，但是土地的快速城镇化并未带来人口的有效空间集聚，很多城市所谓的"新区"、"新城"沦为"鬼城"。据统计，在1996—2012年间，全国建设用地年均增加724万亩，其中城镇建设用地年均增加达到357万亩；在2010—2012年间，全国建设用地年均增加953万亩，而其中城镇建设用地年均增加515万亩。在2000—2011年间，城镇建成区面积增长76.4%，远远高于城镇人口50.5%的增长速度；同时，在农村人口减少1.33亿人的情况下，农村居民点用地却增加了3045万亩。② 从这一组数据可以看出，无论是城镇还是乡村，我国的城镇化并未带来土地的集约利用，相反土地呈现出低效蔓延式扩张的特征。第三，我国城镇化的问题和挑战还表现在区域城镇分布不均衡，规模结构不合理，城镇缺少特色等多个方面。

基于此，针对我国传统城镇化过程凸显的诸多问题，2014年3月16日《国家新型城镇化规划（2014—2020年）》颁布，这标志着中国的新型城镇化上升为国家战略。新型城镇化强调城市现代化、城镇集群化、城市生态化、农村城镇化，同时新型工业化是动力、城乡一体化是重点、人的城镇化是落脚点、体制机制创新是支撑。新型城镇化意味着三个转型，一是发展模式上的转型。即从"速度型城镇化"转向"质量型城镇化"，要求改变传统的高耗能、高排放、高污染、高速度的增长方式，将人的发展、四化同步、优化布局、生态文明、文化传承作为城镇化的出发点和最终归宿。二是发展主线的转型。即从"被动城镇化"转向"主动城镇化"，实现农业转移人口没有选择权的"被动城镇化"转向居民自由迁徙、自主选择的、公共服务均等化的"主动城镇化"。三是空间发展格局的转型。即从"城乡二元分

---

① 在部分地区将留守农村的妇女、儿童、老人称之为"386199"部队，这种表述虽为戏称，但也一定程度上反映了我国农村的现状处境以及农民工进城的尴尬和障碍。

② 《国家新型城镇化规划（2014—2020年）》，2014年3月16日。

治"转向"城乡一体发展"。改变传统资源从农村向城市单向流动的格局，强化城乡产业之间的协作和联系、推进城乡基本公共服务制度对接。

虽然新型城镇化作为中国一个"国家话语"和"政治词汇"近几年才引起了各界广泛的关注，但是学术界已经很早就展开了传统城镇化和新型城镇化的讨论。仇保兴[①]（2012）认为，传统城镇化更关注的是城镇，与乡村相比，城镇处于优先发展的位置，而新型城镇化则更关注的是城乡互补、协调发展。陶友之[②]（2013）则认为传统城镇化最大的问题就是土地城镇化带来城镇低效蔓延，同时并未带来人口的城镇化。因此胡必亮[③]（2013）指出新型城镇化应该是一种综合性的城镇化道路，应该是经济增长系统、社会发展系统、自然资源系统、生态环境系统、空间结构系统和城市创新系统和谐共生的城镇化。马永欢等[④]（2013）则指出新型城镇化是在谋求区域空间和社会、经济、生态和谐发展的城镇化。武晓艺[⑤]（2014）则认为新型城镇化与传统城镇化的最大不同在于，新型城镇化不仅仅关注城镇化人口规模和用地规模的增大，更强调人口的安居乐业和市民化进程。通过对政策层面和学术研究层面的梳理，可以看出新型城镇化是科学发展、社会和谐、城乡统筹、环境友好、高效集约、特色鲜明的城镇化，是包含了空间格局、产业发展、社会进步、生态文明的城镇化。[⑥] 因此，可以从区域空间格局、经济社会发展以及生态环境保护三个方面对新型城镇化进行界定。在区域空间格局方面，新型城镇化一方面强调城镇和乡村一体化发展，同时，也是大中小城市和小城镇协调发展的城镇化推进模式。在经济社会发展方面，新型城镇化

① 仇保兴：《新型城镇化：从概念到行动》，《行政管理改革》2012年第11期。
② 陶友之：《新型城镇化：目标、步骤、措施》，《社会科学》2013年第9期。
③ 胡必亮：《论六位一体的新型城镇化道路》，《光明日报》2013年6月28日。
④ 马永欢、张丽君、徐卫华：《科学理解新型城镇化推进城乡一体化发展》，《城市发展研究》2013年第7期。
⑤ 武晓艺：《依法科学规划推进新型城镇化发展》，《城市发展研究》2014年第1期。
⑥ 吕园：《区域城镇化空间格局、过程及其响应——以陕西省为例》，西北大学博士学位论文，2014年。

强调与工业化融合发展，是新型工业化、信息化、农业现代化共同发展的道路。新型城镇化是以人为核心的城镇化，城镇化的核心目的和落脚点就是推进农村进城人口的市民化。在生态环境保护和建设方面，新型城镇化是人与自然和谐发展的城镇化，城镇化必须建立在资源环境承载力范围之内。

二、城镇化相关理论基础与研究现状

（一）城镇化的理论基础

1. 城镇化的动力机制理论

推动城镇化发生和发展所需要的动力的产生机理即是城镇化的动力机制，也是指维持和改善这种作用机理的各种经济关系、组织制度等所构成的综合系统的总称。[①] 从全球的城镇化发展历程可以看出，农业生产力的发展、工业化的持续推动和第三产业的不断发展是推动城市化发展的内生决定性力量。三者的共同作用，推动着产业结构的调整和优化，并成为城镇化发展的核心动力。

（1）农业生产水平的提高和农村剩余劳动力的出现是城镇化发展的基本前提

农业生产水平的提高是城镇化的基本动力和前提基础。城镇是非农产业和非农人口的聚集地，城市人口所需的粮食等生活资料需要通过农业生产提供，因此，随着农业生产效率的提高，农业从业者能够提供除满足自身需求以外的剩余农产品，这是城镇产生的基本前提。进一步，农业发展对于城镇化的作用不仅表现在农业和农村能够为城镇提供食品、原料等生产资料，同时还为城市提供剩余农村劳动力，市场、资本等。正是由于农业生产水平和效率的提高，使得农村出现了大量的农业剩余人口，这些剩余人口满足了城

---

① 王雅莉：《城市经济学》，首都经贸大学出版社 2008 年版。

市工业发展的需求，工业化吸引了大量人口在城市集中。

（2）工业化是城镇化发展的根本动力

纵观全球城镇化的发展历程，城镇化与工业化之间均存在着紧密的内在联系，城镇化是伴随着工业化发展，非农产业在城镇集聚、农村人口向城镇集中的自然历史过程，是人类经济社会发展的客观趋势，是国家现代化的重要标志。工业化是城镇化的根本动力，城镇化是工业化的必然结果和重要标志，也是工业化的空间响应和人口响应。工业化对城镇化的推动作用主要表现为：工业化为城镇化提供了物质技术基础，强化了城镇作为地域生产力中心的地位；工业化以及现代化为城镇提供了供水、供电系统、交通运输设备及能源系统等市政系统设施和工业产品，为城市规模的扩大和城市化进程的推进提供了动力，同时也为人口的空间集中提供了基础；工业化带来的产业结构的升级吸附大量的农村剩余劳动力发生空间转移，促进城市人口增加和城市化水平的推进；工业化也为城市化得以巩固和进一步发展提供基础和源泉。[1]

（3）第三产业和新兴产业发展是城镇化发展的后续动力

城镇第三产业的发展与工业化的发展也密切相关，而第三产业能够促使人口等各种资源空间集聚，并为城镇化带来明显的集聚效应，产业的集聚可以降低各项成本，实现资源和设施共享。同时人口的集聚也反过来扩大了消费需求，进一步催生与生产相配套的各项生活性服务业的发展需求，两者的良性互动可以有效地拉动城市产业结构转型和经济的发展。并释放更为完备的外部经济效应，为城镇化发展注入新的要素，从而促进城市化的健康协调发展。

2. 区域非均衡发展理论

（1）区位理论

区位理论是城镇空间组织理论中的基础性理论，它能够较好的解释企

---

① 孙振华：《新型城镇化发展的动力机制及其空间效应》，东北财经大学博士学位论文，2014 年。

业、产业的空间布局选择及结果。1826 年德国人杜能提出农业区位论，他指出产出和运输成本是不同农业生产方式选择不同区位的重要因素，正是基于此考虑形成了不同农业生产方式围绕中心城市新城同心圆式的空间格局。[①] 但是由于杜能的农业区位论过于理想化，并未将河流等自然要素，土地利用方式多样化等经济要素考虑进去，因此还存在一定的理论完善空间。1909 年，德国另一位学者韦伯提出了工业区位论。他认为工业区位的选择主要是基于运费、劳动力以及集聚度等三个因子。工业区位论的核心是运用最小运费原理来寻求最佳区位。德国地理学家克里斯泰勒 1933 年提出了中心地理论，他通过对德国南部几百个城市空间的布局分析，以及在广泛市场研究的基础上提出了中心地理论。中心地理论的核心是在一定区域内存在着不同等级、不同职能和不同规模的城镇，每个城镇都有着自身的影响范围和覆盖区域。

（2）增长极理论

一般认为，佩鲁提出的增长极理论是建立在中心地理论基础上的。[②] 法国经济学家布代维尔（J.R.Boudeville）和拉塞（J.R.Lasuen）进一步完善了增长极理论。增长极理论的主要观点是：一个国家或区域要想在经济发展过程中达到一种均衡性的发展格局几乎是不可能的，需要培育一个或数个经济中心，并逐步向其他区域传导和扩散，带动整个区域经济的发展。同时增长极的功能与城镇等级体系密切相关；增长极的形成离不开城镇的集聚功能；增长极不是无条件的发展，它也是遵循着中心地等级体系的；该区域该时段的经济发展模式是由增长极的空间结构决定的，增长极的空间模式也是不断发展变化的。因此地理空间上一定规模的城市、存在推进性的主导工业部门和不断扩大的工业综合体、具有扩散和回流效应；在实际的区域或城市经济发展中应依靠基础较好的区域，并试着培育成为经济增长极，从而在扩散效

---

① 李小建、李国平、曾刚等：《经济地理学（第二版）》，高等教育出版社 2006 年版。
② 陆大道：《关于"点—轴"空间结构系统的形成机理分析》，《地理科学》2002 年第 1 期。

应的带动下进而实现整个大区域的均衡化发展。

（3）点—轴开发理论

波兰经济家萨伦巴和马利士最早提出了点轴开发理论（点轴理论）。作为增长极理论的延伸，点轴开发理论把国民经济看作是由点和轴组成的空间组织结构，"点"所代表的就是增长极，"轴"代表交通干线，点轴贯通，就形成点轴系统。其核心思想可以解释为，从发达区域大大小小的经济中心（点）沿交通线路向不发达区域纵深地发展推移。该理论中的发展轴有着增长极理论中的所有特点，且范围明显大于增长极，在经济发展的过程中采用线性空间推进方式，属于增长极理论的聚点突破。

（二）城镇化的研究现状

1. 国外相关研究进展

国外关于城镇化的研究历史较长，并形成了不同的具有代表性的学派。包括生态学派、新韦伯主义学派、福特主义学派等等。虽然不同学者的视角不尽相同，但是学者们对城镇化的相关研究主要集中在城镇化的意义和作用、城镇化的发展规律、城镇化的基本模式和城镇化的动力机制等方面。

（1）城镇化的意义和作用研究

关于城镇化的作用方面，国外学者形成了旗帜分别的两种不同的观点。支持者认为城镇化能够为经济发展、人口社会水平提高带来一系列的积极意义，从而促进经济发展，最终会带动整个国家迈向现代化。Chenery[1] 通过对全世界范围内多个国家国民生产总值和城镇化的对比分析，指出城镇化与经济发展之间存在着正相关关系，随后 Berry[2] 和 Lucas[3] 的研究也得出了同

---

[1] Chenery, H.B., *Patterns of Development: 1950-1970*, London: Oxford University Press, 1957.

[2] Berry, B., *City Classification Handbook: Methods and Application*, John Wiley and Sons Inc., 1971.

[3] Lucas, R.E., "On the Mechanics of Economic Development", *Journal of Monetary Economics*, 1988, (1), pp. 3-42.

样的结论。随着研究的深入，更多的学者认为城镇化具有重要的积极意义，表现在 Kawsar[①] 认为城镇化可以有利于使城市吸纳更多的农村剩余劳动力，并发挥集聚效应。Quintana[②]、Farahmand and Akbari[③] 等也认为城镇化不仅可以实现产业的集聚，同时可以带来溢出效应。虽然更多的学者认为城镇化有着重大的积极意义和作用，但是也有悲观主义者认为，正是因为城镇化才导致了更多的社会问题的出现，如 Henderson[④] 认为城镇化会加剧人口拥堵、交通堵塞，Copel and Taylor[⑤] 则从环境污染的角度，阐述城镇化的消极意义。

（2）城镇化的发展规律研究

国外学者普遍认为城镇化的发展存在着一般性的规律，其演变过程也遵循着自身的阶段性规律。Chenery 通过大量的实证研究，认为城镇化水平和人均国民生产总值之间存在着正相关关系。Northam[⑥]（1979）经过大量的实证研究认为，能够把一个国家和地区的城镇人口占其总人口比重的变化过程概括为一条稍被拉平的"S"形曲线，即呈现出一条"逻辑斯蒂"曲线，并把城镇化的过程划分为初期（0—30%）、中期（30%—70%）和后期（70%—100%）三个阶段，同时，城镇化发展还表现出后发加速的规律。诺瑟姆提出的城镇化"S"形曲线是城市地理学的经典理论成果，并被后人应用到一国或区域城镇化的阶段划分和研究中去。美国学者弗里德曼（Friedman，1995）将城镇化过程区分为两个阶段，第一阶段即物化了的或实体化

---

① Kawsar, M.A., "Urbanization, Economic Development and Inequality", *Bangladesh Research Publications Journal*, 2012(4), pp. 440–448.

② Quintana, D.C., "Agglomeration, Inequality and Economic Growth: Cross-section and Panel Data Analysis", *Working Paper*, 2011.

③ Farahmand, S.& Akbari, N., "Spatial Affects of Localization and Urbanization Economies on Urban Employment Growth", *Journal of Geography and Regional Planning*, 2012(2), pp. 115–121.

④ Henderson, V., *Urbanization in Developing Countries*, London: Oxford University Press, 2002.

⑤ Copel, B.R., and Taylor, M.S., "Trade and Transboundary Pollution", *American Economic Review*, 1995(4), pp. 716–737.

⑥ Northam, R.M., *Urban Geography*, New York: John Wiley and Sons, Inc., 1979.

的过程，包括人口和非农业活动在不同规模城市环境中的地域集中过程、非城镇型景观转化为城镇型景观的地域推进过程；第二阶段包括城镇文化、城镇生活方式和价值观在农村的地域扩散过程，即抽象的、精神上的过程。[①]

（3）城镇化的基本模式研究

一是以西欧、日本城镇化的实践为代表的，以政府调控下的市场主导型的城镇化模式。由于这些国家具有发达的市场经济，因而市场机制在这些国家的城市化进程中发挥了主导作用，政府则主要通过法律、行政和经济手段，引导城镇化健康发展。城镇化与工业化、市场化总体上是一个比较协调互动的关系，是一种同步型城市化。这些国家的城镇化在经历了早期的快速发展阶段后，其城镇化和城市发展都进入了平稳时期，城镇化水平达到70%以上，形成了伦敦、巴黎、东京这样在世界范围内发挥影响的大都市。西欧成为目前全球人口自然增长最慢的地区，人口以城市间流动和移民为主，没有明显的城乡界限。二是受殖民地经济制约的发展中国家的城镇化模式，以拉美、非洲城镇化的实践为代表。由于历史传统和现实因素的作用，加勒比海与非洲大部分国家和拉美国家的城镇化与这些地区的国家长期沉陷为西方列强的殖民地直接相关，具有自身独特的发展模式。表现为落后的传统农业经济与外来资本主导下的工业化并存，工业发展明显落后于城镇化，政府调控乏力，城镇化大起大落。20 世纪 20 年代开始大部分非洲城市加速发展，喀麦隆的城镇化率从 1950 年的 9.8%上升到 1990 年的 40.3%，同期刚果、阿尔及利亚、突尼斯等主要非洲国家的城镇化水平也大幅上升，利比亚更是从 18.6%提高到了 82.4%。但由于政治不稳定和发生战乱的原因，其城市化过程有所起伏，但主要非洲国家城镇化的总体水平比拉美国家的城镇化率要低。三是自由放任式城镇化模式，主要以当今世界最发达的资本主义国家美国为代表。美国也是市场经济的典型代表，在其城镇化和城市发展

[①]　许学强、周一星、宁越敏：《城市地理学》，高等教育出版社 1997 年版。

的过程中，市场同样发挥着至关重要的作用。由于美国自身的政治体制决定了其城市规划及其管理属于地方性事务，联邦政府调控手段薄弱，政府也没有及时对以资本为导向的城镇化发展加以有效的引导，造成美国城镇化发展的自由放任，并已为此付出了高昂的代价。

（4）城镇化的动力机制研究

一是"推一拉"力机制。马卜贡杰（1970）认为，城乡人口迁移的最根本的动力机制来源于城镇拉力和乡村推力。城镇的拉力表现在工业化对农村剩余人口的吸引，乡村的推力表现在农业水平的提高带来的剩余劳动力的增加。[①] 二是经济动力机制。Northam（1979）证实了城镇化和经济增长之间的关系，两者之间存在共进关系，经济增长对城镇化的发展意义明显，经济动力也即成为城镇化的重要动力机制。三是非农化动力机制。这里的非农化重点是指工业化，以英国的哈维（D. Harvey）和美国的卡斯特尔（M. Carstelle）为代表的新马克思主义学派所坚持的观点。四是城乡政策的动力机制。Michael and Seeborg[②]（2000）认为，城乡政策的实施有助于通过鼓励劳动力的迁移而完成城镇化的过程，规避城乡劳动力市场的割裂现象。

2. 国内相关研究进展

（1）城镇化水平的测度研究

在关于城镇化水平的研究方面，曹桂英和任强[③]（2005）从人口学角度，对未来全国和不同区域人口城镇化水平预测；肖万春[④]（2006）论述了中国城镇化水平度量标准的合理化，认为应当从城镇化数量和素质的统一性来建立评价城镇化水平的综合指标体系，而不是单纯的用人口指标的标准去

---

① 王建廷：《区域经济发展动力与动力机制》，上海人民出版社 2007 年版。

② Michael C.Seeborg, "The New Rural-urban Labor Mobility in China: Causes and Implications", *Journal of Socio-Economics*, 2000(1), pp. 39–56.

③ 曹桂英、任强：《未来全国和不同区域人口城镇化水平预测》，《人口与经济》2005 年第 4 期。

④ 肖万春：《论中国城镇化水平度量标准的合理化》，《社会科学辑刊》2006 年第 1 期。

衡量；陈晓倩和张全景①（2011）构建了衡量城镇化水平的指标体系，并进行了实证检验；部分学者则对我国的城镇化水平与工业化水平进行了对比分析，并认为我国的城镇化水平滞后于工业化水平。②

（2）城镇化的动力机制研究

一是主体行为动力机制。在城镇化的进程中，行为主体多为政府、企业和居民，根据不同主体的推动类型，可以划分为由政府主导的自上而下型和由市场主导的自下而上型两种类型，这也被称作二元理论模式（阎小培，1998③）。前者主要表现为政府在城镇化中的比较优势，政府主体成为城镇化发展方向、模式等的决定性因素（辜胜阻等，2000④）。胡智勇⑤（2001）以南京市为例，认为改革开放以来，自上而下的城镇化发展模式一直主导着城市的成长。而对于后者，宁越敏⑥（1999）提出了"三元"城镇化动因说，政府、企业、个人三者共同作用将成为城镇化的动力机制。二是产业结构转换动力机制。对于产业结构转换的动力机制主要是借助于配第克拉克定律来分析。中国著名的发展经济学家张培刚⑦（2001）提出，工业化是城镇化的内生动力，缺乏工业化的城镇化是难以想象的，缺乏农业的城镇化也是不可持续的。汪冬梅等⑧（2003）研究认为，城镇化的基础动力是农业，根本动力是工业化，而后续动力是第三产业。三是制度变迁的动力机制。罗小

①　陈晓倩、张全景：《城镇化水平测定方法构建与案例》，《地域研究与开发》2011 年第 4 期。

②　胡序威：《沿海城镇密集地区空间集聚与扩散研究》，《城市规划》1998 年第 6 期。

③　阎小培：《中国乡村—城市转型与协调发展》，科学出版社 1998 年版。

④　辜胜阻、刘传江：《人口流动与农村城镇化战略管理》，华中理工大学出版社 2000 年版。

⑤　胡智勇：《新时期沿海发达地带城市化动力机制与战略对策的实例研究》，《科技进步与对策》2001 年第 6 期。

⑥　宁越敏：《新城市化进程——90 年代中国城市化动力机制和特点探讨》，《地理学报》1999 年第 2 期。

⑦　张培刚：《发展经济学教程》，经济科学出版社 2001 年版。

⑧　汪冬梅、刘廷伟等：《产业转移与发展：农村城市化的中观动力》，《农业现代化研究》2003 年第 1 期。

龙和张京祥①（2011）以苏南城镇化为例，认为行政管理体制创新、财政体制和有关制度的创新成为苏南城镇化的第三次突围。四是比较利益动力机制。傅崇兰②曹宗平③（2003）从我国的基本国情出发，研究得出农业人均劳动生产率相对于二、三产业而言偏低，这就导致大量的农村剩余劳动力向城镇迁移。（2009）提出，由于城乡之间在收入水平、受教育程度、交通便利度等方面存在着较大的差距，致使大多数的人口通常会理性地选择到城镇发展。五是产业集聚的动力机制。范剑勇④（2008）认为，造成中国东、中、西部及区域内部城市化差异的除了工业化原因之外，还在于产业的集聚水平，并提出通过转移人口集聚、形成产业集聚、发展产业集群等措施来缩小城市化推进的区域差异。六是农业剩余的动力机制。翟书斌和张全红⑤（2009）认为，农业发展是城市化的原始动力，主要表现为农业剩余的贡献，并为城市化的发生和发展奠定基础。

第二节　新型城镇化与区域人口治理的实证研究

一、县域新型城镇化路径与城乡人口治理：以湖北省 Q 县为例

（一）县域新型城镇化的意义与困境

1. 县域新型城镇化的意义

在中国经济版图中的重要一极就是县域，可以说，县域是推进新型城镇

---

① 罗小龙、张京祥：《制度创新：苏南城镇化第三次突围》，《城市规划》2011 年第 5 期。
② 傅崇兰：《小城镇论》，山西经济出版社 2003 年版。
③ 曹宗平：《中国城镇化之路：基于聚集经济理论的一个新视角》，人民出版社 2009 年版。
④ 范剑勇：《城市化推进速度的地区差异：基于产业集聚视角的分析》，《江海学刊》2008 年第 2 期。
⑤ 翟书斌、张全红：《发展经济学》，武汉理工大学出版社 2009 年版。

化的关键。主要表现在以下三个方面：首先，县域已构成中国经济版图中的重要增长极。县域经济是以农村为腹地、乡镇为纽带、县城为中心、城乡兼容的区域经济。截至 2012 年底，全国共有县级行政区划单位 2852 个。县域经济发展的历史事实证明，中国县域经济的发展有利于优化产业结构、提升消费需求、切实改善民生和提高国际竞争力。目前，中国的县域经济总量占国民经济总量的半壁江山。2008 年至今，中国县域地区生产总值增长速度保持在 12% 以上，增速明显高于全国水平。2012 年，全国县域地区生产总值达到 27.8 万亿元，占全国地区生产总值的 53.5%，县域人均地区生产总值平均值为 22580 元，为全国平均水平的 75.3%，县域地区生产总值增速为 15.2%。其次，县域已成为中国城市群网络体系的关键节点。中国近十年来的城镇化发展呈现大城市、中小城镇"两端集聚"的态势，20 万人口以下的城镇集聚了 51% 的城镇人口，县城和中小城镇人口的集聚能力明显不断加强。中小城镇是我国城镇化的主力军，已为我国城市群网络体系的关键节点和基础构架，当前，解决城镇问题的关键点，是促进城市群合理分工协作、提升集群效率、提高我国城镇化水平的动力源。第三，中国县域是联结城乡的纽带，县域城镇化是实现中国新型城镇的重要关键所在。一方面，县域是"三农"问题集中区和统筹城乡的关键区域。《国家新型城镇化规划（2014—2020 年）》提出"推动城乡发展一体化，加快农业现代化进程，建设社会主义新农村"。县域是农业、农村、农民问题的集中区域和统筹城乡发展的关键载体，在新型城镇化上升为国家战略的背景下，县域地区新型城镇化建设水平必然牵动着全国新型城镇化发展的大局；另一方面，中国县域是城乡二元的关键"联结点"与"切割线"。在我国的城镇化体系中，由于县域范围内的建制镇被划分到了乡村一元，而行政建制的县则是"城"与"乡"之间的纽带，但同时县域也成为了城乡二元结构的"切割线"。县域相对于农村而言，则是城乡一体化的龙头，更是实现新型城镇化和农业现代化的重要载体。因此，相对于大中小城市，县域是城乡一体化的基础和关键环节，是新型城镇化的重要组成部分，在现有行政区域设置的基础上，我国新型城镇化的侧重点应该放在以县域为核心的小城镇健康发展之上。必须以全新的思维方略构造新型的城乡关系，将县城及具有要素集聚功能的中心镇作为新型城镇化进程中的新生长点，发挥县城在市与乡之间的要素、产业、资源配置等方面的衔接、过渡功能，科学统筹县域城镇产业、经济结构、社会事业、公共服务的协调发展，并围绕产业功能分类把农业转移人口就近、就地分类聚集在县城或县域小城镇。

2. 县域新型城镇化的困境

统计资料显示，中国 2013 年的常住人口城镇化率已经达到 53.7%，然而中国的县域城镇化率却普遍不高。中国社科院的研究表明：县域城镇化严重滞后于工业化，受工业化发展落后的制约，县域产业不发达，就业岗位提供不足导致农业转移人口就近、就地就业率低，而据调查，我国迁移流动在城镇的农民工，70% 以上希望能够在家乡周边就业。因此，对于中国广大县域地区而言，仍面临一些普遍性的困境。首先，产业转型的困境。我国大部分地区的县域经济仍然处于工业化初级或中级阶段的低质量、低水平、低附加值状态。没有县域现代产业的大量聚集发展，县域城镇化就没有引力、解决不了农业转移人口的就业问题。如何强化区域产业结构协同演进，形成新型工业化、产业非农化的绿色城镇化道路，是县域城镇化的普遍困境之一。其次，区域协同的困境。中国的县域新型城镇化建设不仅需要本县域内的城乡统筹，更加需要大区域间有效的分工协作，而这种大区域间的利益调整则远远超越了县域政府的治理能力范围，需要更高层面的政府力量支持协调及国家治理环境的配合，需要对既有的部门利益格局、区域利益格局进行突破、重构。第三，特色塑造的困境。新型城镇化发展，除了人的城镇化、住宅集中化、产业城镇化，更为重要的是，要培育出县域自己的特色、具有自己优势竞争力的特色发展能力。当前，很多县域城镇化延续"摊大饼"的方式全面铺开，造成农民"被进城"和"被上楼"，而忽视了自身特色竞争力的塑造，降低了区域发展后劲和可持续性。最后，机制改革的困境。新型城镇化的核心是人的城镇化，是要让农业转移人口真正市民化，和城镇居民享有一样的社会保障和基本公共服务。其中涉及土地流转、户籍管理、合作组织、社会保障、农村金融、行政管理等诸多体制机制的改革与创新，包括复杂的政策问题、制度问题、利益问题、社会问题、法律问题。

（二）湖北省 Q 县的基本概况与城镇化问题分析

1. 湖北省 Q 县的基本概况

Q 县位于湖北省东部，县域面积 2398 平方公里，下辖 14 个乡镇和一个办事处，共计 578 个行政村，2013 年末该县总人口约为 101.84 万人，经济生产总值为 162.36 亿元。（见表 3-3）

表 3-3　Q 县基本概况

编号	乡镇名称	镇域面积（平方公里）	总人口（人）	行政村/居数（个）	自然垸/社区数量（个）	农民人均纯收入（元）
1	A 镇	163.8	161944	50	596	9268
2	B 镇	143.56	106859	45	531	8016
3	C 镇	72.52	97850	48	770	8020
4	D 镇	192.7	67334	48	480	7435
5	E 镇	148.97	32238	17	271	6760
6	F 镇	109.95	49524	29	505	6676
7	G 办事处	34.46	21622	18	50	7076
8	H 镇	214.6	94711	55	1021	7250
9	I 镇	241	51584	34	636	6285
10	J 镇	165.2	74330	44	959	6526
11	K 镇	192.02	68444	54	957	6513
12	L 镇	205.12	64676	38	877	6966
13	M 乡	207.4	46386	28	634	5705
14	N 镇	139.68	31770	28	573	6650
15	O 镇	166.92	49154	42	1052	6350
合计		2397.9	1018426	578	9912	7033

从总体上看，Q县所在区域整体处于经济起飞阶段，城市化进程缓慢，地区生产总值、规模以上工业增加值、人均地区生产总值、全社会固定资产投资、城镇居民人均可支配收入等多项社会经济指标均低于全省平均水平。又因位于湖北省边缘以及大别山山脉的阻隔，削弱了与周边区域的联系，成为经济发展的"洼地"，城乡居民收入增长缓慢。2013年Q县城镇居民人均可支配收入17638元，不仅低于全市、全省平均水平，也低于周边县市。

2. Q县城镇化问题分析

（1）城镇化水平较低，城乡人口呈现弥散分布的特征

表3-4　Q县人口城镇化的基本情况

编号	乡镇名称	2013年镇域总人口（人）	2013年镇域人口密度（人/平方公里）	2013年乡村人口数（人）	2013年乡村人口占镇域总人口比例（%）
1	A镇	161944	988.67	84484	52.17
2	B镇	106859	744.35	58825	55.05
3	C镇	97850	1349.28	84274	86.13
4	D镇	67334	349.42	61971	92.04
5	E镇	32238	216.41	25711	79.75
6	F镇	49524	450.42	43828	88.50
7	G办事处	21622	627.45	20153	93.21
8	H镇	94711	441.34	84035	88.73
9	I镇	51584	214.04	44932	87.10
10	J镇	74330	449.94	62051	83.48
11	K镇	68444	356.44	60453	88.32
12	L镇	64676	315.31	58106	89.84
13	M乡	46386	223.65	44719	96.41
14	N镇	31770	227.45	27884	87.77
15	O镇	49154	294.48	44777	91.10
合计		1018426	424.72	806203	79.17

通过表3-4可以看出Q县乡村人口占镇域总人口的比例相对较高，普

遍达到了80%以上，即使是县城所在地A镇，其乡村人口所占比例也超过了50%，可以看出Q县的城镇化水平较低。另外通过对城乡人口密度的分析可以看出，在县域内还未形成明显的极化中心，人口的空间集聚度相对较低，根据前文中城镇化的相关理论分析可以看出，人口的弥散分布状态不利于城镇集聚效应的发挥，更不利于农村转移人口的市民化进程。

（2）工业化带动不足，本地城镇化进程缓慢

表3-5　Q县外出流动人口与本地就业状况

编号	乡镇名称	2013年农村从业人数（人）	2013年外出从业人员（人）	2013年县外从业人员（人）	2013年本地满足就业比例（％）
1	A镇	42348	17566	15008	58.52
2	B镇	34790	23072	19107	33.68
3	C镇	47259	20941	18952	55.69
4	D镇	34952	17125	14431	51.00
5	E镇	14220	6391	5192	55.06
6	F镇	23402	12833	11383	45.16
7	G办事处	10173	3081	3081	69.71
8	H镇	45009	21164	18274	52.98
9	I镇	21787	12446	11111	42.87
10	J镇	34980	18538	28265	47.00
11	K镇	33805	15781	12734	53.32
12	L镇	34063	17627	29189	48.25
13	M乡	21900	10854	10559	50.44
14	N镇	15399	8762	7875	43.10
15	O镇	21276	11517	10707	45.87
合计		435363	217698	215868	49.58

从表3-5中可以看出，Q县表现为典型的人口流出县，外出从业人口占有较高比例，这也说明本地的工业化带动能力不足。从本地满足就业的比例数据更证明了此观点，各乡镇本地满足就业的比例相对较低。对比图3-1 Q县本地农村从业人口三次产业比例可以看出，即使是本地能够提供一定的就

业岗位，但绝大多数还位于传统农业领域，第二、第三产业对于人口的吸引能力严重不足。第二、第三产业的发展滞后成为城镇化进程的重要障碍，通过图 3-2 外出从业人口三次产业比例可以看出，外出从业人口主要的就业岗位绝大多数集中在二产和三产领域，由此也表现出农村就业人口对于二产、三产的就业需求。因此 Q 县迫切需要构建满足自身就业的产业体系，来加快自身的城镇化进程。

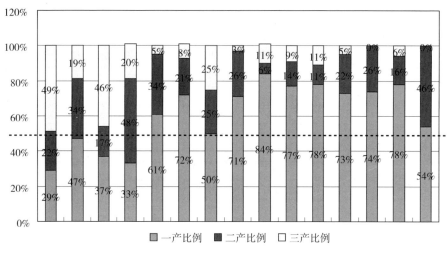

图 3-1　Q 县本地农村从业人口三次产业比例

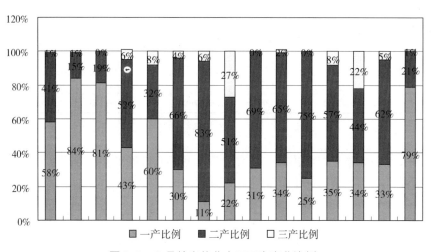

图 3-2　Q 县外出从业人口三次产业比例

（3）城乡建设用地粗放蔓延，城乡集约度有待提高

　　一方面城镇建设用地呈现出蔓延式增长的特征，城镇的土地城镇化并未带来城镇人口的集聚；另一方面，与城镇建设用地粗放蔓延相对应的是乡村居民点的空间分布呈现出数量大、规模小、分布零散、土地利用不节约的特征。Q县共计21113.77公顷的城乡建设用地，其中近80%（16774.5公顷）是乡村建设用地。从全县自然湾户数来看，Q县的乡村呈现出小型化、分散化的特征，10户以下的自然湾数量为3795个，占到总数的39.2%。其中，0—5户的自然湾数量最多，为2030个，占全县自然湾总数21.77%，6—10户的自然湾数量为1765个，占全县自然湾总数的18.93%。（见图3-3、表3-6）

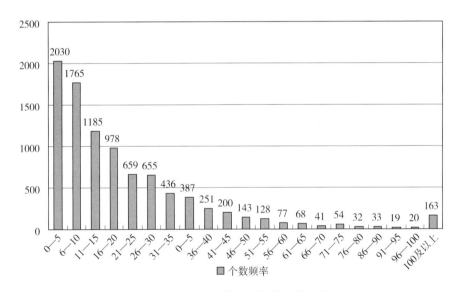

图3-3　Q县全自然湾户数分布频率图

表3-6　Q县各镇、村的自然湾状况

编号	乡镇名称	乡村行政村个数（个）	乡村自然湾个数（个）	乡村总户数（户）	行政村平均自然湾数（个）	自然湾平均户数（户）
1	A镇	41	457	15915	11	35
2	B镇	41	514	13905	12	27

编号	乡镇名称	乡村行政村个数（个）	乡村自然湾个数（个）	乡村总户数（户）	行政村平均自然湾数（个）	自然湾平均户数（户）
3	C镇	48	764	38105	16	50
4	D镇	46	457	17955	10	39
5	E镇	17	260	7610	15	29
6	F镇	29	504	13069	17	26
7	G办事处	17	44	2864	3	65
8	H镇	54	1009	20444	19	20
9	I镇	34	636	11806	19	19
10	J镇	44	952	18858	22	20
11	K镇	54	954	15831	18	17
12	L镇	38	866	15398	23	18
13	M乡	28	634	11361	23	18
14	N镇	27	573	6877	21	12
15	O镇	42	1049	13165	25	13
合计		560	9673	223163		

（三）湖北省Q县的新型城镇化路径与城乡人口治理策略

1. 产城融合、产镇融合、产村融合夯实城镇化发展动力

产城融合、产镇融合、产村融合是针对Q县产业与城镇、乡村分离的特征提出的新型城镇化发展路径，归根结底就是要求产业与城乡空间融合发展，没有产业的支撑就没有人口的集聚，空间的发展就没有依托。在Q县不仅要强调产业与城市、小城镇的融合发展，更要因地制宜，结合Q县农业发展和中草药种植的优势，实现农业功能的多样化，加强农业与制造业、旅游业等第三产业的融合发展，在产业发展的同时，带动城镇和乡村的共同发展。产城融合、产镇融合、产村融合也是解决本地人口就业和实现本地城镇化的重要手段和途径。以家庭农场为例，要实现家庭农场与旅游业的共生发展，从而在增加产品附加值的同时，解决本地非农业人口的就业问题。利

用 Q 县家庭农场发展的良好基础，Q 县的家庭农场可以细分为四种，第一，高效规模型家庭农场。Q 县农场规模巨大，通过农产品的"点对点"的有效供应模式，主要负责农作物的高效产出，同时辅以种苗生产过程的参观、参与活动。第二，科技示范型家庭农场。以室内为基地，运用科技手段培育农艺与园艺作物，同时，也可以开展各种生态农业科普教育活动，还可以借用电子商务等现代销售手段，扩大高效农产品、园艺产品的销售范围与经营规模。第三，主题创意型家庭农场。以丰富的农业资源作为基础，与专业的创意公司、投资公司进行合作投入、建设、管理相应的主题设施。第四，养生基地型家庭农场。利用特有的资源结合中医的独特医术进行健康保健，提供延年益寿的膳食、理疗、环境和服务。

2. 提升城镇空间承载力，实现人口有序的空间集聚

Q 县域的城乡聚落体系遵循城乡一体化、区域差异化策略构建的"城镇群—重点镇——一般镇—乡村社区"的四级城乡聚落等级结构。即一个网络化城镇群：南部的"长江时代"网络化城镇群，该城镇群以 Q 县南部六镇一农场为载体，通过网络化的交通基础设施、核心空间的建设，打造 Q 县承载"长江时代"的网络化城镇群。三个重点镇、五个一般镇和五种类型的乡村社区：集聚扩展型、控制发展型、特色发展型、新建型和迁移型。在城镇化空间和人口治理层面遵循四大原则。一是区域协调原则。加强 Q 县同周边各县市区的协调发展，发挥比较优势，产业分工协作，资源优势互补，同时努力加强区域环境保护合作，基础设施共建共享。二是城乡一体原则。统筹城乡发展，推进新型城镇化和城乡一体化，努力消除城乡差距，实现城乡协调发展和共同繁荣，打造精品城市，建设美丽乡村。三是融合发展原则。充分依托滨江片区丰富的资源，挖掘 Q 县的历史文化特征，彰显地域底蕴，将城市建设、产业发展、自然景观紧密联系，实现产城互动、城景交融、产景结合的新型城镇化。四是精明增长原则。保护和优化 Q 县山环水拥的独特地域特征，分区建设、分层开发，打造山城相依、水城交融的大

分散、小集聚的网络化城乡精明增长格局。

3. 创新体制机制，破除城乡人口流动的二元隔阂

通过对 Q 县的城乡体制机制分析，可以发现，存在九大障碍影响 Q 县城乡人口的有序流动。一是多重规划体系的各自为政难以实现"一张图"管理；二是阻碍农业人口市民化进程的城乡二元户籍制度；三是农村土地制度改革滞后削弱农民进城落户的能力；四是过度依靠财政的单一化资金保障加重政府财政负担；五是等级化行政体制，制约了低等级乡镇获取土地指标；六是农村自主建房产权关系不清，为矛盾纠纷埋下隐患；七是缺失针对外流人口的吸纳机制，人口以净流出为主；八是城乡公共服务一体化和均好化机制缺失；九是产业和就业服务机制不健全，农民缺乏进城积极性。

针对以上九大机制体制障碍，需要在六个方面寻求突破。一是通过挖潜存量用地、实现人地增减挂钩以及差别土地供应三方面，实现土地管理体制机制改革的核心突破。二是通过实行城乡一体化的户籍登记管理、建立专项返乡就业创业机制、健全人口信息库，加强数字化信息化管理、公共服务权益及福利与户籍相分离、对流动人口实施三级与三方管理、建立人口市民化成本分担机制等六方面措施加快农业人口市民化进程。三是通过吸纳社会资本、金融信贷支持、"市政债"申请、专项财政资金以及完善税收体系破解城镇化资金难题。四是采取因地制宜，建立多元化的生态补偿机制，如异地开发模式；分类整治，构建"美丽乡村"营造机制；园区再造，实施"园区再生"营造机制；生态考评，实施差别化经济和生态考评机制；标本兼治，加强城乡软环境治理机制建设等五方面措施推动生态环境保护的体制机制创新。五是通过尽快明确农村宅基地政策的各项执行标准。围绕农村集中居住区建设开展试点性工作；出台农村居民进入县城区的实施办法；建设政府和个人共有产权的保障性住房；传统社区住宅改造与中心镇村建设并举等五项举措，推进城乡住房体制机制创新。六是通过中心城市、小城镇和村庄协调发展、优先支持中心镇和重点镇的发展、农村整建制社区公共服务供给、实现以机会均等为核心的公共服务"均等化"等四项措施加快 Q 县城乡一体化发展。

二、城市人口规模影响因素及应对策略——以北京、上海为例

过去 30 多年里，我国城镇化战略取得重要成就。大量的农村居民转移至城市，城市规模随之变大。在这个过程中，部分大城市由于经济实力强、就业难度低、发展机会多等各种因素，吸引了大量的外来人口，城市规模迅速扩大，部分大城市甚至已经出现了交通拥堵、房价高企、环境污染等城市病现象。为了更好的为城市尤其是大城市提供管理人口规模的决策参考，本章通过对工业化与人口城市化的研究，并选取我国最具代表性的两个超大城市——北京和上海作为研究对象，通过因子分析方法对影响两市人口规模增加的影响因素进行分析，试图从中找出一般性的规律，最后根据相关结论为大城市人口管理提供相关建议。

自从我国城镇化战略开始实施以来，城镇化进程不断加快，城镇化率自 1978 年的 17.92% 提升至 2013 年的 53.7%，年平均增长率已达 1.02 个百分点，如图 3-4 所示。

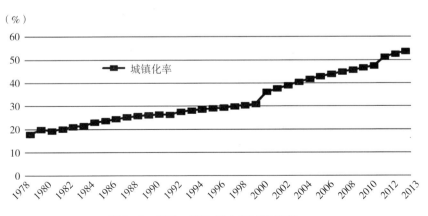

图 3-4　1978—2013 年中国城镇化率

在这段时期中，由于大量的农村人口涌入城市，我国的城市规模也随之变大，尤其是对于某些大城市而言，由于这些城市经济规模大，就业难度较低，这些城市对于外来人口的吸引力要远远高于中小城市，这也直接导致我国大城市的城市人口规模逐年增大。然而，人口流动行为是一个很复杂的行为，影响人口流动行为的因素众多。为了能够为大城市人口规模控制和管理提供可靠的对策建议，本研究试图采取因子分析模型对这些影响因素进行一个全面分析。

(一) 城市人口规模影响因素分析

1. 研究现状

由于人口对于一个区域可持续发展十分重要，人口流动问题一直是包括经济学、社会学、人口学和统计学等多个学科的研究重点。国外方面，早在19世纪，拉文施泰因[①]（Ravenstein，1889）就提出了人口迁移七大定律，指出区域间的经济差异是影响人口迁移的主要动力。20世纪50年代，刘易斯[②]（Lewis，1954）就注意到城乡之间存在着巨大的经济差距，并通过分析指出这种差距是农村居民流向城市的主要影响因素。博格[③]（Bogue，1969）对人口流动行为进行详细研究，认为在人口流动的过程中存在着两种截然相反的作用力：推力和阻力，当推力大于阻力的时候，人口就会选择迁移，这就是后来研究人口流动著名的"推拉模型"的理论基础。舒尔茨[④]（Schultz，1982）则从经济学视角出发，提出人口流动的决策基础在于流动行为带来的成本收益之比，当流动行为带来的潜在收益大于需要为此支付的

---

① Ravenstein, E. G., "The Laws of Migration", *Journal of the Statistic Society*, 2015, 151 (1385), pp. 289-291.

② Lewis, W. A., "Economic Development with Unlimited Supplies of Labor", *The Manchester School*, 1954, 22(2), pp. 55-89.

③ Bogue, D. J., *Principles of Demography*, New York: John Wiley & Sons, Inc., 1969.

④ Schultz, T. P., "Lifetime Migration within Educational Strata in Venezuela: Estimates of a Logistic Model", *Economic Development and Cultural Change*, 1982, 30(3), pp. 559-593.

成本时，人口流动行为就会发生。博尔哈斯[1]（Borjas，2006）则指出劳动力市场的异质型结构是人口流动的重要影响因素，在不完善的劳动力市场上，居民为了获得更高回报的工作必须进行迁移。贝尔托利[2]（Bertoli et al，2011）则指出政府所实施的居民居住和迁移政策会影响居民的流动迁移行为。除此之外，还有学者指出环境变化（Blacka et al，2011[3]）、城乡生活消费差距（Young，2013[4]）、人口社会网络（Liu，2013[5]）等因素都是影响人口流动行为的因素。

国内研究：李树茁[6]（1994）通过构建人口流动和区域差异的计量模型发现，区域经济发展水平差距越大，人口的流动率就越高。蔡昉[7]（1998）的研究结论同样证明了在区域差距与人口流动间存在着这种关系。段成荣[8]（2000）通过构建面板数据模型，运用回归分析法研究中国流动人口的影响因素后发现性别、年龄、受教育程度和婚姻状况是影响人口迁移最重要因素的结论，在之后的研究中，对于此前没有考虑的流入地选择过程，运用省际社会、经济差异指标、空间距离指标等分析其影响作用。朱农[9]（2001）根据 1990—1995 年的我国省际人口流动数据，剖析研究城市的正规与非正规

---

① Borjas, G.J., "Native Internal Migration and the Labor Market Impact of Immigration", *Journal of Human Resources*, 2006, 41(2), pp. 221–258.

② Bertoli, S., Moraga, J.F., Ortega, F., "Immigration Policies and the Ecuadorian Exodus", *The World Bank Economic Review*, 2011, 25(1), pp. 57–76.

③ Blacka, R., Adgerb, W.N., Arnellc, N.W., et al, "The Effect of Environmental Change on Human Migration", *Global Environmental Change*, 2001(Supp. 1), pp.S3–S11.

④ Young, A., "Inequality, the Urban-rural Gap, and Migration", *Quarterly Journal of Economics*, 128(4), pp. 1727–1785.

⑤ Liu, M., "Migrant Networks and International Migration: Testing Weak Ties", *Demography*, 2013(4), pp. 1243–1277.

⑥ 李树茁：《变革中的农村妇女参与和人口控制新机制》，《中国人口科学》1994 年第 1 期。

⑦ 蔡昉：《转轨时期劳动力迁移的区域特征》，《中国人口科学》1998 年第 5 期。

⑧ 段成荣：《影响我国省际人口迁移的个人特征分析》，《人口研究》2000 年第 7 期。

⑨ 朱农：《中国四元经济下的人口迁移理论、现状和实证分析》，《人口与经济》2001 年第 1 期。

部门、乡村的非农业部门对乡村人口流动所起的作用。周皓①（2004）结合第五次全国人口普查数据对我国上世纪改革开放后人口流动行为进行研究发现家庭迁移是这段时期的主要流动模式。林毅夫②（1994）则认为制约人口合理流动最严重的体制问题是不合理的户籍制度所造成的。该观点得到王桂新等③（2007）实证结果的支撑。原新等④（2011）结合 2008 年四大城市的流入人口问卷调查资料，应用多层次 Logit 模型剖析研究影响超大城市外来人口流动活动的个体及流入地因素，发现就业岗位的增加与工资水平的提高是主要影响因素。吕晨等⑤（2014）通过主成分分析和多元回归分析方法发现路径依赖拉力、就业岗位拉力、收入水平拉力是导致人口流向集聚区的三大原因。

2. 超大城市人口规模增加的实证分析

本节根据国务院于 2014 年发布的《关于调整城市规模划分标准的通知》中关于城市规模的划分标准，以我国发展水平最高、影响力最大，同时规模也是最大的两座超大城市—北京和上海作为研究样本，分析两市流入人口增加的趋向和影响因素。

北京和上海分别作为我国的政治中心和经济中心，也是我国目前仅有的两座城区常住人口超过千万的超大城市，自改革开放以来就一直处于外来人口集聚的中心，表 3-7、图 3-5 和图 3-6 是北京和上海两市 1978—2013 年常住人口、流动人口和流动人口比重占常住人口的比重变化情况。可以发现：

---

① 周皓：《中国人口迁移的家庭化趋势及影响因素分析》，《人口研究》2004 年第 6 期。
② 林毅夫：《制度、技术与中国农业发展》，上海三联书店 1994 年版。
③ 王桂新、刘建波：《长三角与珠三角地区省际人口迁移比较研究》，《中国人口科学》2007 年第 2 期。
④ 原新、王海宁、陈媛媛：《大城市外来人口迁移行为影响因素分析》，《人口学科》2011 年第 1 期。
⑤ 吕晨、孙威：《人口集聚区吸纳人口迁入的影响因素——以东莞市为例》，《地理科学与进展》2014 年第 5 期。

表 3-7　1978—2013 年北京和上海常住人口、流动人口及其比重变化情况

地区 年份	北京			上海		
	常住人口 （万人）	流动人口 （万人）	流动人口 比重（%）	常住人口 （万人）	流动人口 （万人）	流动人口 比重（%）
1978	871.5	21	2.50	1104	5.72	0.52
1981	919.2	18	2.00	1168	5.16	0.44
1984	965	19	2.05	1217	12.22	1.00
1987	1047	59	5.64	1265	15.49	1.22
1990	1086	53	4.95	1334	50.65	3.80
1993	1125	63	5.62	1381	85	6.17
1996	1259	181	14.43	1451	146	10.10
1999	1257	157	12.52	1567	253	16.20
2002	1423	286	20.16	1712	378	22.11
2005	1538	357	23.23	1890	630	33.33
2008	1695	465	27.44	2140	749	35.02
2011	2018	742	36.77	2347	928	39.54
2013	2114	802	37.96	2415	982	40.69

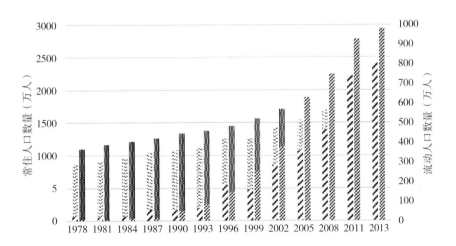

图 3-5　1978—2013 年北京和上海常住人口、流动人口变化情况

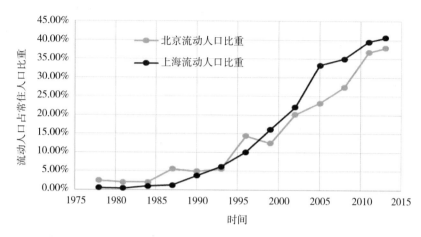

图 3-6　1978—2013 年北京和上海流动人口占常住人口比重变化情况

第一，北京和上海两市 1978 至 2013 年间人口规模逐渐扩大的趋势明显。1978 年北京常住人口规模为 871.5 万人，2013 年则达到 2114 万人，35 年间北京人口规模扩展 2.43 倍。而上海市的常住人口规模也由 1978 年的 1104 万人上升至 2013 年的 2415 万人，35 年间扩展 2.19 倍。这充分说明在过去 35 年时间里，北京和上海的城市规模迅速扩大。

第二，北京和上海两市的流动人口是两座城市人口规模扩大的主要原因。1978 年北京市流动人口数量只有 21 万人，占常住人口比重为 2.5%，而 2013 年北京流动人口数量高达 802 万，占常住人口比重为 37.96%。35 年间，北京市流动人口数量扩张 38.2 倍。1978 年上海市流动人口数量为 5.72 万人，占常住人口比重为 0.52%，2013 年上海市流动人口数量增加至 982 万，占常住人口比重为 40.69%，35 年间，上海市流动人口规模扩张 171.7 倍。

因此，可以认为北京和上海两座超大城市之所以人口规模增长迅速，其主要原因在于过去 30 余年这两座城市吸引了大量的流动人口，这些外来的流动人口在京沪两地的经济发展中发挥了重要作用，然而同时，持续增加的流动人口也给城市管理等带来包括城市拥堵、公共产品不足、社会犯罪隐患增加等挑战。针对这些问题，我国包括北京和上海在内的大城市开始采取提高外来人口落户难度和限制外来人口流向本地等措施，然而一方面这种做法会损害居民自由迁移的权益，在我国市场化经济逐渐成熟的背景下，这种做法并不可取；另一方面这种政策可能难以取得预期效果，其原因在于它并没有全面考虑影响居民流向大城市的因素。有鉴于此，为了更好的为大城市管理外来人口提供决策建议，本研究试图对影响大城市流动人口增加的因素进行分析。

本研究拟采用因子分析方法对北京和上海两座超大城市的人口规模变化情况进行分析。同其他方法如计量回归、分差分解相比，因子分析方法最大的优势在于能够全面考虑更多不同的影响因素。所以，根据本文全面探究超大城市流动人口增加影响因素的要求，本文选取因子分析方法。

（1）指标体系构建与解释

由于本节试图研究影响超大城市流动人口增加的因素，所选取的相关指标必须既满足与超大城市自身特征相关的因素，也必须保证指标能够从全国层面来解释中国超大城市人口规模增长的原因。在这种思路的指导下，本文构建了包括 26 个能够反映影响超大城市人口规模增长的因素，如表 3-8 所示。

由于指标体系包含的指标众多，在此对部分指标进行说明。其中，包含一些无法直接获得或较易混淆的指标，在此给予解释：

市场化指数：1990—2011 年指数来自于樊纲等人公布的《中国市场化指数——各地区市场化相对进程》，其中 2012—2013 年数据根据该文方法测算而得。

全国城乡差距与全国区域差距：全国城乡差距用城镇市民可支配收入与乡村居民人均纯收入之比来衡量、全国区域差距用区域基尼系数衡量，两大指标测算结果如表 3-9 所示。

表 3-8　影响超大城市人口规模增加的影响因素指标体系

指标	含义	单位	性质
X1	GDP	亿元	+
X2	市场化指数	%	+
X3	财政支出	亿元	——
X4	财政收入	亿元	——
X5	城镇职工平均工资	元	+
X6	农村居民人均纯收入	元	+
X7	最低工资标准	元	+
X8	公共交通价格	元	—
X9	世界 500 强企业数量	家	+
X10	居民就业率	%	+
X11	私人企业数量	家	+
X12	社区服务设施数	家	+
X13	企业三退人员养老金最低标准	元	——
X14	开发区规划面积	平方公里	——
X15	招聘会数量	次	+
X16	公路里程	公里	+
X17	人均公园面积	平方米	+
X18	城市绿化率	%	+
X19	图书馆博物馆等数量	家	+
X20	全国城乡差距	—	—
X21	全国区域差距	—	—
X22	铁路里程	公里	+
X23	机场航线数量	条	—
X24	最低失业保险金	元	+
X25	城市犯罪率	%	—
X26	高考录取率	%	+

注：其余所有指标数据源自北京市历年统计年鉴、北京市统计局以及相关部门网站。

表 3-9 1990—2013 年中国城乡和区域差距测算结果

地区/年份	城乡差距	地区差距	地区/年份	城乡差距	地区差距
1990	2.37	0.04508	2002	3.11	0.06800
1991	2.40	0.04645	2003	3.23	0.07023
1992	2.58	0.04756	2004	3.21	0.07125
1993	2.80	0.04927	2005	3.22	0.07334
1994	2.86	0.05235	2006	3.28	0.07563
1995	2.71	0.05300	2007	3.33	0.07893
1996	2.51	0.05571	2008	3.31	0.08109
1997	2.47	0.05809	2009	3.33	0.08314
1998	2.51	0.06132	2010	3.33	0.08211
1999	2.65	0.06334	2011	3.13	0.08065
2000	2.79	0.06502	2012	3.10	0.07923
2001	2.90	0.06689	2013	3.03	0.08012

注: 城乡差距根据 1991—2013 年中国统计年鉴以及 2013 年中国国民经济和社会发展公布计算而得，
地区差距根据各省份 1990—2013 统计年鉴以及我国区域统计年鉴运算而得。

最低工资标准：始于 2003 年的最低工资保障制度，2003—2013 年数据来源于统计局网站，1990—2003 年最低工资数据按照数值拟合方法进行估算，其余类似指标采取相同方法处理。

高考录取率：在现有统计中有一本录取率和本科院校录取率，本书选取本科录取率。

除此之外表 3-8 中的指标性质项指的是其数值的含义："+"表示此指标值越大越好；"——"表示此指标值应当保持在合理的高度，不可以过高，也不可以过低；"—"表示此指标值越小越好。

（2）因子分析结果

因子分析要求指标具有较高的相关性，因此必须对本文所选取的指标体系进行相关性检验。KMO 统计量是运用在对比变量之间简单相关系数与偏相关系数的一个指标，其取值范围位于 0 至 1 区间，当所有变量之间的简单

相关系数平方和远远大于偏相关系数平方和的时候，KMO 值越接近 1，越
适合做因子分析。根据 Kaiser 提供的计量标准：大于 0.9 是特别适用的；
0.8 是适用的；0.7 是一般适用的；0.6 是不太适用的；小于 0.5 是完全不
适用。对 26 个变量进行 KMO 检验和 Bartlett 球体检验，KMO 检验值分别为
0.892 和 0.913，Bartlett 球体检验显著概率都为 0，表明此因子分析模型具
备良好的效果。

　　一般来说，明确主成分的数量以特征根大于 1 为宜，依据此规则，我们
一共提取了四个公共因子，它们的单个贡献率和累计贡献率如表 3-10
所示。

表 3-10　相关矩阵的特征根与贡献率

主因子	北京市			上海市		
	特征值	方差贡献率（%）	累计方差贡献率（%）	特征值	方差贡献率（%）	累计方差贡献率（%）
F1（G1）	6.344	37.553	37.553	5.812	37.119	37.119
F2（G2）	4.290	28.271	65.824	3.244	28.881	66.000
F3（G3）	2.671	17.943	83.767	2.139	15.848	81.848
F4（G4）	1.081	8.122	91.889	1.102	7.218	89.066

　　表 3-10 表明在影响中国超大城市人口规模增加的 26 个因素中可以提取
四个公共因子进行解释，其中北京市提取的各因子的方差解释度分别为
37.553%、28.271%、17.943%、8.122%，四个因子总贡献率为 91.889%。
上海市各因子方差解释度分别为 37.119%、28.881%、15.848%、7.218%，
四个因子总方差贡献率为 89.066%。因此，这四个公共因子能够很好地解
释京沪两个超大城市人口规模增加的原因。

　　（3）京沪两市人口规模扩大的进一步解释

　　根据旋转因子矩阵，本文发现北京市人口规模增加因子分析所提取的因

子 1 与上海市人口规模增加因子分析所提取的因子 1 都与 GDP 规模、财政
收支、居民收入等指标之间具有较高的相关度，而这些因素属于宏观经济因
素。所以，因子 1 可以定名成"宏观经济因子"；北京市人口规模增加因子
分析所提取的因子 2 与上海市人口规模增加因子分析所提取的因子 2 都与城
乡差距、区域差距、铁路和航线等指标密切相关，故可将该因子命名为
"外部推动因子"；北京市人口规模增加因子分析所提取的因子 3 与上海市
人口规模增加因子分析所提取的因子 4 都与高考录取率、最低生活保障与最
低工资标准高度相关，而这些指标反映的都是本地户籍居民的利益，可将该
因子命名为"户口附带利益因子"；北京市人口规模增加因子分析所提取的
因子 4 与北京市人口规模增加因子分析所提取的因子 3 都与市场化指数、公
共服务设施数量、企业数量、城市化率等指标高度相关，而这些指标都能够
反映一个城市的自身魅力，故可命名为"城市自身魅力因子"。因子解释如
下表 3-11 示。

表 3-11　因子含义与对应的主要变量

因子编号	因子名称	所包含的主要变量
F1	宏观经济因子	GDP 规模、财政收支、居民收入等
F2	外部推动因子	城乡差距、区域差距、铁路和航线等
F3	户口利益因子	高考录取率、最低生活保障与最低工资标准等
F4	城市魅力因子	市场化指数、公共服务设施数量、企业数量、城市化率等

从表 3-11 中可以发现，宏观经济因子是京沪两市人口规模不断扩大的
首要原因。在市场化程度逐渐提高的背景下，居民逐渐流向经济发达地区以
获取更多的回报是符合经济学理论的，而京沪两市作为中国经济发展水平最
高的两座城市，其经济规模和产业结构所能提供的就业机会是其余城市难以
比拟的，在这种情况下，京沪两市的人口增加也是无可避免的。对京沪两市
人口规模增加影响排于第二位的是外部推动因子，由于我国区域之间和城乡

之间存有较大差距，人口会自发的由欠发达区域流入发达区域，同时交通基础设施的完善会进一步推动这种人口转移。对两座城市人口规模增加影响程度的第三位和第四位因子顺序有所不同，影响北京市人口规模增加的第三位因子是户口利益因子，第四位是城市魅力因子，而上海则相反。一方面，这种结果说明在现行户籍制度下，大城市户口所附带利益是影响外来人口流向大城市的重要原因，其中北京尤为明显。例如高考招生，2012 年北大在北京招收 246 人，在北京所有 73640 名考生中占比百分之三点四，而同年北大在河南招生 108 人，在河南所有 85.5 万名考生中占比万分之一点三，同样条件下，北京考生考上北京大学的概率是河南考生的 262 倍，类似这种利益还有很多。上海户口虽然没有北京户口所附带的教育利益如此明显，但是大城市的户口确实附带了其余城市户口没有的利益，这是导致人口规模不断扩大的重要原因。而城市魅力因子则是城市尤其是大城市作为现代文明最重要成果，其高度发达的经济水平、多样化和丰富的生活节奏、便利的各种基础和生活设施会对居民产生巨大的吸引力，这同样是导致北京和上海两市人口规模增加的原因。虽然在第三位和第四位影响因子的顺序上有所不同，但是总体而言，影响北京和上海人口规模增加的因素是比较一致的。

（二）区域城市适度人口规模的调控策略

1. 提高大城市规划和管理水平

当前，中国政府实施的是严格控制特大城市规模的城市发展战略，其主要原因在于特大城市人口规模过大。然而一方面，本研究的实证结果已经证明大城市人口增加的主要因素在于大城市经济发展水平高，外来人口在获取更高利益预期下自发流向大城市，这是一种市场行为，贸然采取行政手段干预大城市发展不一定能够取得预期效果。其次，中国实施严格控制特大城市规模的理由即城市规模过大的论点可能并不成立。根据相关学者测算北京和上海的人口密度要远远低于其余特大城市，如表 3-12 所示。

表 3-12　2012 年北京与国内外部分大城市人口规模比较换算结果

地区/指标	常住人口（万人）	地区面积（平方公里）	人口密度（人/平方公里）
北京	2069	16410	1275
上海	2380	6340	3754
深圳	1300	1953	6656
香港	696	1104	6295
台北	268	272	9853
东京	1300	2188	5941
巴黎	220	105	20952
纽约	817	1214	6723
伦敦	979	1738	5633

注：该表来于蔡之兵等（2014）文献。

通过上表可以发现，京沪两市的人口密度是九个大城市中最低的。东京 2012 年的常住人口为 1300 万人，约为北京的 63%，上海的 56%，但是东京的地区面积却只有京沪的 13%、34%。当然每个城市的地理环境如平原山区面积比例、城市功能定位等都大不相同，这样直接进行换算并不完全科学，但是至少可以说明在研究判断城市规模时仅以人口规模为标准是不科学的。实际上完全存在由于城市规划和管理能力滞后导致人口密度表现很大的这种情况存在。因此，对于大城市而言，首先应该充分提高自身规划和管理水平，疏解不合理的产业功能，加快智慧城市、绿色交通体系的建设步伐，注重宣传和培养城市居民形成节约资源、能源的绿色生活方式。而不应该将重点放在采取行政手段限制外来人口进入方面。

2. 加快区域均衡发展战略，缩小区域差距

由区域和城乡差距导致的大量人口流向大城市是导致大城市人口规模增加的第二大影响因素。虽然本研究认为发展超大城市无可厚非，但是所有的人口集中于几个大城市不利于区域经济均衡发展和社会稳定。因此在未来的发展战略中，必须加快区域均衡发展战略的实施，尽快促使欠发达地区进入

发展轨道。实际上很多居民选择流向大城市并不是因为大城市这种现代文明成果的吸引力，而是这些居民在其余地区就业机会、发展机会会大大降低。因此，可以通过实施区域均衡发展战略，推动欠发达区域的发展速度以及完善相关基础设施，让欠发达地区能够吸纳更多的本地人口就业，这能够减缓所有的人口都向几个超大城市集中的趋势。

3. 培育小城镇发展活力，吸纳农业转移人口就近就地城镇化

从世界经验来看，国际上城镇化率高达85%的美国，共有近2000个大中小城市，但其中90%以上的城市人口规模都只有10万人左右。德国70%的人口居住在200多个10万人口以下的城市，大城市人口则很少。反之，过度追求高城镇化率的一些拉美国家却因为没有有效调控城镇化的合理布局和城市适度人口规模，出现了现代化水平低下、城市失业人群高企、经济持续低迷的现象。目前，我国1.96万个建制镇的建成区平均人口仅有7000人左右，更是有相当多的镇不足5000人，而据相关研究测算每个建制镇可以容纳3万人左右，理论上可以具有再增加4.6亿人的巨大潜力，那对我国人口就近就地城镇化的贡献将不容低估，对疏解大城市的人口分流也将贡献巨大。因此，中央及各地方政府要高度重视培育小城镇的发展活力，从战略高度制定差异化的财税政策、产业政策，扶持、鼓励、吸引面广量大、可以提供大量新增就业岗位的小微型科技环保、现代农业、生态旅游、文化创意企业到小城镇落户发展。增加小城镇经济发展源泉、加快消费结构调整、促进文化理念提升的同时，为农业转移人口的就近城镇化提供就业机会。同时，要制定针对性的优惠政策吸引在大城市已经积累一定资金和技术的农业转移人口、有知识技能的大学生，选择返乡在门槛更低、政策更优惠的小城镇就业和创业。

4. 加大户籍制度改革，削减户口附带的不平等利益

户籍利益因子是影响超大城市人口规模增加的另外一个重要因素。户口尤其是超大城市的户口在高考、医疗和其他很多方面确实存在与其余地区不同的利益待遇，而正是这些利益成为导致外来人口千方百计甚至通过买卖户口试图留在超大城市的重要原因。这种户籍附带诸多利益的情况不改变，超大城市的人口规模将会继续保持不正常的增长态势。一方面，这种超大城市户口附带诸多利益的情形对于其余地区的居民并不公平，就如同本研究所列举的高考利益，超大城市由于院校数目众多，本地学生考上优秀大学的几率要远远高于其余地区；另一方面，这种情形也不利于保持整体区域的健康发展。因此，未来应该加快户籍制度改革，削减户口所附带的其他利益，将户口对人口流动的影响降为最低。

第三节　社会企业视角下区域城市治理创新

新型城镇化的推进，可以为社会企业这种创新型的社会组织提供巨大的发展机遇；同时，在这一进程中，政府与市场失灵现象也难以完全避免，在追求环保、绿色发展领域，在解决农业转移人口有效就业、应对第一代进城农民工高质量养老等众多方面，社会企业可以有效弥补政府与市场的不足。因而，本节创新地从社会企业视角为区域城市治理提供理论探讨和路径探索。

一、社会企业在新型城镇化中的作用

（一）社会企业的含义

社会企业作为一个相对新的概念，至今还没有一个统一的概念界定。但是，参考世界各国、各组织的定义，我们可以总结出一些重要的关键点。

欧洲委员会定义社会企业是介于传统私人领域和公共领域之间的组织。尽管目前对社会企业还没有统一认可的定义，但比较一致的理解是：社会企

业的主要特征是社会目标与私人领域企业家精神的结合。社会企业以商业运营的方式，同时，股东不参与分配，把盈余再投入到实现更大社会、社区目标的事务中。

香港政府认为通常一个社会企业是一种实现特定社会目标的商业组织，比如提供服务或者社区需要的产品，为社会弱势群体创造就业和培训机会，保护环境，通过挣得的利润资助其他社会服务。社会企业的利润主要用于其追求的社会目标的业务再投入上，而不是在股东中分配。

社会企业联盟认为社会企业是为了公共利益目标的企业。社会企业注重运用商业运营的手段以及市场的力量，推进自身设定的社会、环境和人类正义目标。因而界定社会企业需要满足以下三个条件：第一，社会企业的目标是直接应对严峻的社会需求，服务于公共利益，或通过社会企业的产品与服务，或通过培训和直接雇用弱势群体；第二，社会企业的商业活动是由收入推动的，或在一个非营利组织中有显著的经营性收入，或是营利企业；第三，公共利益是社会企业的首要目标，或者认为是深深植根在社会企业的DNA 之中。

根据以上三个定义，我们认为社会企业主要可以从"企业目标"、"运作模式"、"利润分配"三个要素进行定义。三个定义都强调了社会企业是以解决社会问题、服务社会公益为目标，都明确了社会企业是按照商业化的模式进行运作，都认为社会企业的利润应该更多地分配到与社会相关的领域中。这三个要素构成了对社会企业的定义。

（二）社会企业的特点

社会企业是一类特殊的企业形态。它与一般意义上的企业、政府作用以及非营利性组织都不同。它自身的特点构成了它区别以上三者的重要因素。

首先，社会企业具有混合性。社会企业无论从自身的企业目标、运营方式还是价值创造角度都体现出纯商业组织和非营利公益组织的混合特性，具体表征为：社会企业运用商业运营的手段和方法达到社会目标；融合商业企业与非营利组织的资本和管理方法；由市场驱动同时由使命引导；从商业经营活动中获得收益来支持社会公益项目；创造社会和经济价值；同时衡量财务绩效和社会影响；在满足经济目标时提供公共产品；从无约束收入中享受财务上的自由；在融入商业战略的过程中达成社会使命。

其次，社会企业具有组织形式上的连续性。传统意义上的非营利企业与营利企业在社会变革环境下，尽管初始的目标有所差异，但是为了形成自身可持续性的发展战略，两种组织形式最终都还是在向中间状态的社会企业或社会负责型企业靠拢。为此，金·奥特洛给出了更为详细的社会企业光谱图。

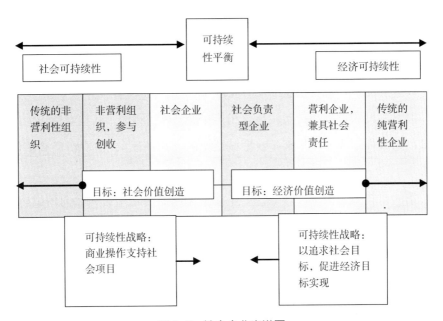

图 3-7　社会企业光谱图

从图 3-7 可以看出，社会企业与一般意义上的传统纯营利性企业以及传统的非营利性组织具有非常大的差异。但是，三者又是通过社会价值创造和经济价值创造二因素之间的比例分配区分成各类的企业形态。这表明，社会企业具有组织形式的连续性。

再次，社会企业的组织形式具有巨大的社会差异性。由于社会企业按照定义来讲，其目标是服务社会，所以，社会企业的组织形式与不同的社会形态、文化、政治、经济背景密切相关。所以在各个国家实践社会企业时也必定会产生不同的组织形式，会有巨大的差异性。譬如，在英国，社会企业具有自己独有的法律形式，即"社区利益公司"为社区民众谋利益；在芬兰，社会企业必须在法律意义上满足两条原则，即这种类型的社会企业要专门为长期失业者和残疾人提供就业机会；在美国，社会企业的组织特质最主要在于"类商业"活动，具体是指将市场形态关系引入到社会福利领域，也就是所谓的"福利市场化"。因此，也就产生了非营利组织的商业化与企业的非营利化两种形式。

（三）新型城镇化给社会企业发展带来的机遇

1. 集聚效应给社会企业带来了机遇

产业集聚的过程和新型城镇化相伴相随、相辅相成。新型城镇化为产业集聚创造条件，而产业集聚是新型城镇化的"加速器"，加快新型城镇化的发展。

第一，新型城镇化过程中，产业集聚可以促使新型劳动力向城镇转移，有效地解决周围甚至远郊的新型剩余劳动力问题。目前，在大中城市严格设定限制迁入的户籍控制制度和本身由于吸收过多的流动人口而造成的交通拥挤、环境污染、房价高企等"城市病"的双重压力下，剩余劳动力不可能再大规模地向大中城市转移。那么，小城镇区域是目前剩余劳动力的理想容纳和发展空间。主要由于：其一，发展成熟的大中城市受各种条件限制，继续接受大量剩余劳动力的可能性不大；其二，剩余劳动力向就近城镇转移并不会彻底割断农民与土地的天然依赖关系，农民尚有土地作为他们的最后保障，所以，就近向城镇转移无后顾之忧；其三，剩余劳动力就近向城镇转移便于他们子女的教育问题和老人的赡养问题的解决。

第二，新型城镇化过程中，产业集聚促使区域（镇）产业结构升级和经济结构转变。当前新型的产业结构低下的主要原因之一，就是没有形成产业链条或者产业链条没有得到充分的延伸，而产业集聚是产业链条形成的必要条件。传统工业化的"村村点火、户户冒烟"的产业布局导致新型的产业分布在空间上极其分散，没有集聚，因此难于形成产业链条，无法利用产业集聚带来的种种效应。只有在空间地理上实现产业的集聚才会衍生出产业链条，也才能产生对其他短线产业的强大需求并刺激相关配套产业的可能出现。同时，产业集聚可以促使镇域内的经济由以农业为主的经济结构向以非农业为主的经济结构转变，农民将不必继续从事农业生产，可以被吸收到产业集聚衍生的其他非农产业中，从而摆脱农民和土地的天然依赖关系。在这一阶段，对农民的职业技术培训，使之尽快适应非农产业需求，将是社会企业的重要目标和有效施展的空间之一。

第三，新型城镇化过程中，产业集聚导致公共产品的集聚。这里的公共产品包括硬件公共产品（道路、桥梁、通信等）和软件的公共产品（制度、政策等）。科学的城镇化过程实质上是一个区域内部的要素实现集聚的过程，即各种要素资源有效集聚整合、实现优化配置的一个过程。产业集聚的良性发展依赖于区域里良好的公共基础设施（道路、交通、通信、水利等）。可以说，基础设施是产业集聚实现的前提和基础。没有完善的公共基础设施，要素进入必然遇到壁垒，必然无法实现顺利自由的集聚。此外，制度、区域政策等投资的综合软环境也是决定区域经济吸引力大小的关键因素。产业集聚的成败与区域内综合软环境的优劣具有非常大的关联性，并且产业集聚的不断发展必然会对区域的公共产品供给质量提出更高的要求。因此，作为产业集聚的重要保障因素，政府部门应尽可能提供量多质优的公共产品和服务。而社会企业由于其公益性的目标，会使其以更低的价格、更高的质量承接政府的外包公共服务，进而在促进自身发展的同时，可以为政府提供更多量多质优的公共产品和服务，为促进产业的有效集聚创造良好的公共环境。

第四，新型城镇化过程中，产业集聚导致区域内精神文化生活和行为方式的转变。文化集聚加快区域文化的渗透，吸引社会人员参加城镇的文化生活，逐渐转变他们原有的生活习惯和方式，最终融入区域的精神文化生活。由此，从这一视角来看，区域产业集聚也是各种文化的整合、交融和集聚的过程，有可能凸显区域内的先进文化并传播扩散。

综上可见，新型城镇化通过将区域经济增长所需要的人力、资本、技术以及市场环境等因素的集中和优化促进产业集聚，并在集聚效应的相互作用下，推动着区域经济的增长。产业集聚的发展有利于社会企业获取关键资源，同时，又降低了社会企业的生产经营成本，提高了劳动生产效率，使社会企业的竞争力得到了提高，最终导致社会企业市场份额和经营规模的扩大，促进了社会企业的快速成长发展。

2. 城乡统筹发展给社会企业带来的机遇

在新型城镇化过程中，通过改革城乡体制，改变重城轻乡的倾向和城乡分治的做法，把城市和乡村纳入统一的经济社会发展大系统，以城带乡、以乡促城、城乡互动，最终实现城乡经济社会的协调发展。

在推进新型城镇化过程之中，主要在统筹城乡规划和制度建设、统筹城乡产业发展、统筹城乡就业市场、统筹城乡基础设施以及统筹城乡社会保障等方面开展工作。

第一，劳动就业的城乡统筹。大力推动农村富余劳动力向城镇转移，为社会企业提供了大量用工、职业技能培训的机遇，农民工向城镇居民转化，加强农民工就业安居扶持工作，为社会企业提供了以保障性住房为主要需求的新兴市场。反之，社会企业的公益性目标也会以质高价低的产品和服务满足农业转移人口的进城需要。

第二，基本公共服务、社会保障的城乡统筹。逐步提高农业转移人口及农民的社会保障水平，为社会企业带来了相关产业发展机遇。城乡统筹发展要强化政府提供农村公共产品和公共服务的职能，加大对农村社会保障、社会事业、生态环境、公共安全、基础设施等领域投入力度，大力改变长期严重滞后城市的农村基本公共服务水平状况，逐步使广大农民享有与城市居民均等的基本公共服务。这提供了巨大的教育、医疗卫生、养老服务体系建设的需求，必然带动社会企业的发展。

第三，国民收入分配的统筹。城乡统筹需要进一步调整国民收入分配格局，大力加强对"三农"事业发展的支持，大幅提高财政对"三农"发展的投入比重，确保财政支农资金稳定增长，加快新农村建设，为社会企业带来了商机。通过增加投入，积极搞好新农村规划，对农村产业、经济园区和农村居住点，按照因地制宜、集约建设、适当集中、提高效益的要求搞好统筹布局。这必将产生农村基础设施、公益事业的广泛需求，为相关社会企业带来巨大的商机。

3. 服务性行业受益良多——以银行业为例

城镇化在地域上既连着城镇也连着农村，在产业上既连着工业也连着服务业还连着农业，在促进经济发展上既连着投资也连着消费，对银行业而言，既是金融支持经济结构调整的重点和引擎，也是银行业实现自身转型发展所仰仗的动力，给银行业发展带来新一轮的机遇和挑战。

由于中国城镇化建设的飞速发展，由此带来中国各级政府财政收入2000年以后的成倍增长。这段城镇化的"黄金时期"，一方面，土地升值带来地方财政收入大幅度提高；另一个不可忽视的重要助力就是国家开发银行政策开发性金融模式在全国大规模的铺开，此后，各大商业银行逐渐涌入这个市场，带动城镇化发展的同时银行业也因此受益。

新型城镇化的绿色发展之路，在未来仍将是推动银行业规模与业绩增长的最主要动力之一。城镇化意味着需要保持一定量的基础设施建设，如道路、市政设施、住宅、学校、医疗机构等公共设施，建设这些项目除了政府的财政投入外，金融机构的贷款支持必不可少。一方面，加大对西部地区基础设施的投资，保持科学的投资增速，有利于增强西部地区对要素集聚的吸引力，推进其新型城镇化步伐加速的同时；另一方面也可以有利于提高劳动收入占比，促进经济增长和共享发展。

新型城镇化推进的同时，还意味着农村生产方式的转变，农业向集约化和规模化发展，工业经济的发展将吸纳更多农村剩余劳动力进城，进而促进与城镇化息息相关的服务业的发展，而服务业的发展则主要依靠民营和个体创业，这也将衍生大量小额信贷的需求。

在新型城镇化发展中有庞大而多样化的金融需求，可以借鉴国际经验，开设专门面向绿色创新、专门面向农业转移人口创业的社会企业性质的小额信贷等金融机构。孟加拉国的尤努斯博士于 1976 年创立了格莱珉银行，其是一家典型的社会企业，专向贫穷的农村妇女提供担保面额较小的贷款，即微型贷款，其救济贫困人口发展、改变其生活现状的模式得到了国际上的认可。这种社会企业的金融机构可以基于一些观点，注重对贷款者进行经营发展的导向，包括新型手工业等其他环保、绿色产业。譬如日本的"未来银行"，近年来，日本相继成立了多家非营利性银行，这些社会企业性质的草根银行在壁垒森严的商业银行中，致力于环境、社区发展等公共领域的项目融资。这都给中国新型城镇化进程中的社会企业助推绿色、共享发展，切实彰显作为，提供了经验借鉴。

二、促进农业转移人口发展的治理创新

以人为核心是新型城镇化的核心要义，大力、有序推进农业转移人口市民化是其中一项关键任务。2014 年 7 月 24 日，国务院印发了《关于进一步推进户籍制度改革的意见》；7 月 30 日，李克强总理主持召开国务院常务会议，部署做好为农民工服务工作。几天内，中央连续出台系列保障和改善农

业转移人口权益、避免因不能同等享受城镇基本公共服务使之成为城市"二等公民"等有序推进农业转移人口市民化的重大部署；兼之，国务院于2013年6月还专门成立了农民工工作领导小组。这些都充分体现了党中央、国务院对农业转移人口生存与发展状况的高度重视和关心，同时也反映出这项工作的重要性、艰巨性和紧迫性，亟须政府、社会组织和企业共同为之努力。

中国改革开放和城镇化实施以来，总计约有5亿多农业转移人口进入城市工作和生活。为城市化、工业化及经济社会发展做出巨大贡献的同时，由于历史的原因，造成了这些城市外来人口受教育程度、职业能力、文化素质、法律意识等方面的不足。因而，大量农业转移人口无法真正融入城市。其在城市化生活中，属于低收入人群，并逐步成为城市BOP（金字塔底层）人群的主要构成部分，对城市协调发展和城市治理现代化的实现带来了系列经济与社会问题。目前，由于政府财政压力巨大、公共物品供给不足、第三部门"志愿失灵"等原因，使我国大部分区域难以近期内有效改善农业转移人口的生存与发展现状。

同时，世界历史发展的事实也证明社会福利服务和经济再分配过程中的政府干预与市场调节都不是万能的，世界各国普遍存在着市场失灵和政府失灵的现象，而非营利机构依靠捐助的运作模式也受到缺乏稳定资金来源的限制。因而，使得仅仅依靠政府、市场和非营利组织已经难以全面有效、可持续解决随着发展带来的越来越多的社会问题；兼之，在传统社会体制下，政府部门、市场部门、非营利组织共同构成了现代社会的三大支柱，三者之间相对有着清晰的边界。但随着经济和社会的动态演进，非营利组织和公共部门被引入了商业化的运作模式，而传统的以盈利为目的的商业组织也开始向公共产品市场开放；且随着经济社会的不断发展和企业社会责任运动的不断兴起，人们对企业的社会功能和形象认识也已经发生了巨大变化，已经有越来越多的企业经营者们认识到，企业除了关心利益最大化以外，还要积极承担社会责任。

从共生理论的视角看，企业积极履行社会公益责任可以有效提升企业自身的品牌价值和企业声誉，为企业创造良好的发展环境，这也是企业可持续发展的重要保证。在此背景下，中国社会企业的运作模式已经逐渐从过往模糊的探索阶段走向了稳定的发展阶段。国际上近年来，社会企业作为推动社会治理创新的重要力量，已经逐渐演化为一场全球性的公益创新热潮，特别是在金融危机和"福利国家危机"过后，社会企业在更大范围内解决弱势群体就业、消减社会排斥、弥补政府福利不足、推动可持续发展等方面取得了令人瞩目的成就。

以商业运营为手段、以解决社会问题为目标是社会企业的显著特点，以承担和解决社会问题为目标，兼具商业的高效、专业、灵活等特征，是一种将商业模式创新与公益创新紧密结合的社会治理创新载体。其将社会性与企业性有效结合的特性，可以有效弥补政府与市场的不足。从微观层次上看，社会企业是现代公益的一种具体的实践形式；从中观层次来看，社会企业提供了一套社会创新的路径和理论；从宏观层次来看，社会企业体现了公民社会治理的新理念。从英美等国家的社会企业蓬勃发展的实践来看，在不增加政府与市场投入的情况下，社会企业可以通过有效的职业技能培训、职业素养提升、就业岗位提供、商业模式创新培养、发展资金帮助等综合服务方式，在有效改善城市困难群体生存与发展现状、缩小贫富差距、提供优质高效公共服务和公共产品等方面有突出的作用。新型城镇化发展的现阶段，中国理应有效借鉴国外社会企业效能发挥的成功经验，运用好社会企业的多重功能，为有效改善我国农业转移人口在城市的生存与发展现状、更好地有序促进农业转移人口市民化发挥创新引领作用。

第一，社会企业可以为农业转移人口实现稳定的就业有所作为。中国由于职业技能、专业素养与产业发展需求存在明显结构性矛盾，导致大量农业转移人口在城市中依然以从事建筑、家政服务等临时性职业为主，稳定性就业不足已成为该部分人群面临的首要问题。同时，大量顺应产业转型升级趋势的战略性新兴产业企业需要的高技能劳动力短缺。这种结构性矛盾一方面影响了农业转移人口实现高质量就业，成为城市 BOP 人群形成的主要原因之一；另一方面也限制了我国产业转型升级步伐，制约了战略性新兴产业的国际竞争能力。社会企业通过对城市内没有稳定就业、或从事低技能就业的农业转移人口进行有效的职业培训、职业素养提升和相关综合服务，向战略性新兴产业企业提供高素质的产业工人，为该群体提供高质量的稳定职业、改善其生活和发展状况的同时，有效促进产业转型升级，有效促进人口红利向人才红利转变，也是对传统职业教育体系的一种重要补充。印度的 LabourNet 就是典型的这类社会企业，其针对印度当时有 4 亿左右贫困人口从事临时性职业的现状，通过职业培训等综合性服务，每年为 1.5 万名左右的困难群体提高劳动技能，从而使其获得较为稳定的就业岗位、改变了生活状况。同时，LabourNet 通过从用工企业收取一定的服务费用实现了自身的财务独立和良性运转。目前，国内如厦门"五齐人文职业培训学校"等社会企业也是通过对进城的农民工群体提供人才、人格、人文保障及生活、工作理念和基本工作技能的培训，使他们跨出低层工作界限，能够从事自己向往的工作，从而掌握和改变自身的命运。有效的就业是改变农业转移人口生存现状的根本途径，我国大量的农业转移人口，特别是新生代农业转移人口，已经没有从事传统体力劳动或返乡务农的意愿，而政府机构的职业培训也存在总量不足、培训内容与用人单位需求不匹配的众多问题。中央对此已高度重视，2014 年 6 月 23、24 日，改革开放以来第三次全国职业教育工作会议在北京召开。国务院印发了《关于加快发展现代职业教育的决定》；多部委联合发布《现代职业教育体系建设规划（2014—2020 年）》，我国职业教育即将迎来新的发展机遇。可以说，发展职业教育是关系我国经济顺利转型升级和亿万农业转移人口真正实现市民化的重大战略问题。因此，应积极借鉴国际社会企业通过有效的职业技能和职业素养培训实现弱势群体高质量就业的实践，鼓励我国社会企业蓬勃发展，激励社会企业为有效弥补传统职业教育不足发挥巨大的创新和示范效用，为我国广大农业转移人口通过有效就业改善生活、改变发展现状做出贡献。

第二，社会企业可以有效引导和帮助具备条件的农业转移人口通过创业在城市立足、发展。社会企业通过将商业模式创新与公益创新紧密结合，特别注重帮助困难群体通过发展生产和有效创业来改变自身的困境，以实现"授人以鱼不如授人以渔"的企业目标。孟加拉国的小额信贷先驱穆罕默德·尤努斯教授创办的社会企业——"格莱珉银行"就是致力于为贫困人群提供低息贷款，以帮助其通过创业改善生活状况的社会企业典范。据统计，迄今为止格莱珉银行及其衍伸的社会企业已帮助数以百万计的底层困难群体通过创业脱贫致富，尤努斯教授也因此于 2006 年被授予了诺贝尔和平奖。目前，国内的残友、欣耕工坊、采桑子等具有相似功能社会企业的蓬勃发展也已经带动和帮助越来越多的 BOP 人群通过创业改变了自身的生存和发展现状。

第三，社会企业可以有效解决老龄农业转移人口在城市的二次发展与养老问题。大量第一代农业转移人口已经逐渐进入老龄时代，无法继续从事高强度的建筑施工类体力劳动。同时，由于该人群的子女大部分在城市务工、生活，返乡养老也有重重困难，其生存、二次发展和养老都面临巨大的经济和社会问题，形成了面广量大的特殊城市困难群体。社会企业可以有效为其提供适合的工作机会和较低成本的养老保障，通过开展技能培训使该部分人群能够从事照料陪护、社区服务、公益事务类工作，在实现其自身二次发展的同时为人口老龄化和社会公益贡献能量。香港的银杏馆就是专门为银发老人提供工作岗位的社会企业；欧洲及日本等发达国家，社会照料类的社会企业在老人以及儿童、残疾人、学习困难人群的日常照料服务部门发挥着重要作用。随着中国社会福利体制逐步向市场化、民营化转型，各类"社会办养老院"在全国发展迅速，也出现了许多由民间力量通过市场化经营获得收入的具有社会企业特征的养老服务组织，如"天津鹤童"等。这类社会企业可以通过老龄农业转移人口自身参与老龄照料类服务和其他公益活动的积累置换部分养老保障。兼之社会企业的社会性、公益性特征降低了老龄农业转移人口在城市的养老成本，可以为该部分人群提供较低成本的有效养老保障。

第四，社会企业通过组织社区居民相互帮助、合作发展形成良好的城市文化融合氛围，有利于农业转移人口和城市的真正融合。城镇化、工业化带来的大量农业转移人口集聚城市，由于其在城市多依据家乡来源地域或工作地分而居之。同时，由于文化习俗差异和广泛存在的城市冷漠现象，使不同的语言、文化、生活方式在城市中没有真正的互相融合，严重影响和制约大部分农业转移人口真正融入城市生活。发展社会企业，推动社区居民相互帮助、合作发展可以为我国城市各类人群之间提供交流了解机会、培养情感维系纽带、构建城市文化理念的认同平台。对促进城市多方文化互融、促进农业转移人口真正市民化起到重要作用。同时，对解决社区问题、促进和谐社会建设也起到积极作用，社会企业已经逐渐成为城市公共治理体系创新的重要载体之一。

第五，社会企业还可以通过有效促进、引领一般的商业企业注重履行社会责任，在企业组织体系中起到关怀和善待农业转移人口的示范作用。当前，大量为城市和经济社会发展做出巨大贡献，但依然因为种种原因还属于城市困难群体的大量农业转移人口的生存与发展需要党和政府的关心，也需要社会力量的呵护，尤其是吸纳众多就业、创造社会财富的企业更应担当重任。社会企业以商业运营为手段、以实现社会目标为宗旨的公益特性无疑可以引领和带动更多的商业企业积极履行企业社会责任。同时，企业积极履行社会公益责任，主动为农业转移人口等弱势群体提供良好的就业岗位、注重关爱员工、提供优质产品和服务、保护环境、节约资源、安全生产也会有效提升企业品牌美誉度和竞争能力，能够为企业发展创造一个更好的经营环境，从而使得企业进入可持续发展的良性循环状态。广大企业的良性发展就可以为社会提供更多高质量的就业岗位、可持续的财税贡献，也就能够为农业转移人口创造更多的就业机会、发展机会和更好的发展环境、发展成果。

社会企业是改进资源配置效率、构建现代福利国家、实现民生改善的有效载体。现阶段，有效改善我国农业转移人口的生存、发展现状，促进农业转移人口有序、有效市民化，大力推进以人为核心的新型城镇化发展，也需要从社会企业的发展壮大中找到部分解决的答案。然而，由于目前社会企业在我国发展面临许多问题，还远远没有发挥出其应有的作用。理应引起政府有关部门和社会各界的足够重视，通过借鉴国外社会企业发展的经验教训，强化社会企业核心价值的引领作用，鼓励探索社会企业发展的新模式，全方位完善促进社会企业发展的政策体系，建立社会企业的科学评价体系，加大社会企业家的培养力度，形成发展社会企业的文化氛围，推动社会企业和社会事业蓬勃发展，为有效改善我国农业转移人口生存与发展现状作出创新的引领作用。

第四章　区域劳动力就业策略与人口结构优化

在实现工业化与现代化的过程中，劳动力自传统部门向现代部门转移，既是世界各国都曾经或必将面对的一种普遍现象，同时也是实现"现代经济增长"的必经之路。乡城劳动力转移不仅带动了城乡人口结构的调整，而且也促进了区域产业结构的调整，这是因为大规模的农村剩余劳动力脱离了原有农业就业类型而投入到城市非农产业之中，城乡人口数量、农业与非农业就业人口结构均发生了显著性变化。

当前，从我国的整体劳动力市场来看，存在着劳动力资源数量较多、质量不高、结构也不尽合理的情况。本章对区域制定科学的就业策略进而有效引导劳动力合理流动和劳动力素质的稳步提升，从而对区域人口的年龄结构、素质结构优化起到极大的促进作用，进而带动区域产业的转型升级和整体经济社会走上可持续发展道路等，提出了创造性的政策建议。还通过地理信息系统手段对京津冀地区就业增长的空间集散趋势进行了具象分析研究，得出了区域就业空间集散的相关结论。

第一节　人口与劳动力供给的一般规律

人口是不断向区域生产过程提供劳动力的源泉，因而，区域人口与劳动力供给，区域人口与经济发展是有密切关系的。通常，区域中具有劳动能力的人口的总和就是劳动力，劳动力是能够为人类和社会创造价值、为人类和社会提供发展条件的积极人口，因而，劳动力在整体人口中具有极为重要的地位。15—64 岁之间的人口是当前大部分国家规定的劳动年龄界限内的人口，也就是劳动年龄人口。

一、人口规模、结构与劳动力供给

人口规模和人口结构是一个国家或地区在一个时点人口的基本状况和特点，人口数量的多少，人口自然、社会、地域结构的不同对劳动力供给、产业结构、消费与市场等都有巨大的影响。

（一）人口规模与劳动力供给

劳动力人口与人口规模的关系十分密切。一定时期，一定区域人口总体的一部分构成劳动力人口群体。人口总体数量发生变化，劳动力人口也要发生相应的变化。通常情况下，人口规模和劳动力供给的规模呈正相关性，区域劳动力的总量是由区域的人口规模决定的，区域人口规模越大，区域劳动力供给的规模也会越大。也就是说，区域人口缩小再生产将导致区域人口总量下降，则劳动力供给规模也会减少；反之，区域人口扩大再生产将导致人口规模扩大，则劳动力供给规模也会增加。可见，人口规模的变动直接影响劳动力供给规模的变动，从而又会直接影响区域的经济发展。但是，人口总量与劳动力人口变化的速度、方向并不一定总是一致的，同时，人口结构也会影响劳动力人口的数量，这在本节的后续研究中还会专门展开。

从经济学的角度看，区域的劳动力供给规模要与经济发展水平相适应。区域劳动力供给不足会影响产业的扩大再生产，进而影响区域经济的发展；反之，如果区域人口规模过大、劳动力供给规模过大，而经济发展水平不高、就业岗位供给不足，就会影响劳动年龄人口的充分就业，从而导致失业率大增、工资收入水平下降，进而影响区域经济社会的发展。很多发展中国家和地区由于经济欠发达、人口发展过快，大量低薪劳动力的无限供给，致使失业状况严重，影响了经济与社会的稳定与发展。因此，人口规模与区域经济发展水平相适应应该是区域人口均衡发展战略的一个重要内容。

当然，人口规模对劳动力供给规模变动的影响是十分复杂的，因为在一定人口规模的情况下，影响劳动力供给的还有诸如工资水平、福利待遇、劳动强度、劳动条件、劳动者的生活方式等因素。市场经济下，从微观人口经济学的视角看，区域经济发展水平高，高薪酬的劳动力资源也会较多，而高薪酬的人口往往会更加注重对生活质量的追求，而减少其劳动力投入。相反，当低收入水平的劳动力在工资水平上涨的过程中又会增加其劳动力的投入。

此外，在同等人口规模下，劳动力供给规模还受到人口所承载的家庭和社会负担的约束。人口所承载的负担下降会带来一定数量的劳动力供给增加。Lindh and Malmberg[1]（1999）研究表明，如果劳动力的负担降低，就可以促使更多的劳动年龄人口从家庭非生产性活动转移到市场上的生产性经济活动之中。因为，在养育子女比较多的情况下、在人口老龄化加剧的情况下，劳动力不得不消耗劳动时间、花费精力在子女抚养培育上面，在照顾失能与半失能的家庭老人上面，从而大大牵制了劳动力的市场参与。反之，如果区域少儿抚养负担的减轻、社会养老效率提升，就可以促使更多的劳动力尤其是女性劳动力从家庭照顾中解脱而参与到市场中去。同时，社会化幼儿与养老服务业的繁荣发展又可以提供更多的就业岗位，激发更多的劳动年龄人口投入市场活动，促进区域经济社会发展。

虽然，区域降低生育率，减轻少儿抚养负担，短期内可以增加劳动力特

别是女性劳动力的市场参与率。但是，降低生育率会缩小家庭规模，加速顶部人口老龄化，致使家庭养老照顾又会制约劳动力的市场参与度。但从长期来看，少儿抚养负担的下降必然意味着人口规模下降、未来的劳动力人口减少。因此，在中国少子化、人口老龄化严重的情况下采取降低生育率、减少家庭负担来释放劳动力的做法显然是不可取的了。

在当今开放的区域发展中，劳动力供给除了依托区域自身的人口发展外，完全可以根据自身经济社会发展大局的需要，通过产业规划、环境营造、政策制度引导劳动力的有序转移来实现。因而，在区域人口规模与劳动力供给治理中更多的应该从产业转型升级与劳动力优化配置方面着眼与发力。

（二）人口结构与劳动力供给

人口对劳动力供给影响中的一个重要表现就是人口结构。区域内人口的构成情况在短期内是相对稳定的，但随着时间和经济社会的发展，区域的人口结构又是在不断变化的。区域不同的人口结构对劳动力的供给影响也是完全不同的。

人口结构的划分是比较复杂的，既包括自然、社会结构，还包括经济、地域和质量结构。对劳动力供给影响最大的是人口自然结构中的年龄结构；人口经济结构中的产业结构；人口地域结构中的城乡结构、区域结构；人口质量结构中的人口素质等。

可以说，对区域劳动力供给影响最大的因素就是人口自然结构中的人口年龄结构。因为区域人口年龄结构随着人口出生率和死亡率的变动，也是不断变化的。区域人口年龄结构通过劳动年龄组的人口占总人口比重的变化来影响劳动力供给，同时，人口年龄结构也通过劳动年龄组内部年龄结构的变化来影响劳动力内部结构的变化。区域的人口如果处于年轻型或老年型人口结构，其必然是劳动力供给不足，这将会使区域劳动年龄人口负担增加，区域社会保障负担加重，影响区域经济发展。如果区域处于青年型向成年型转变的人口结构，将会有充足的劳动力供给，会促进经济的发展，但也会出现失业率上升的态势。

蔡昉等学者认为在人口转变第二阶段，人口由高出生、低死亡向低出生、低死亡转变，劳动年龄人口的增长会大于总人口的增长，因而，这一时期丰富的劳动力资源将为经济的快速增长提供充足的人力和智力支持。复旦大学的学者袁志刚、宋铮[①]（2000）都认为我国人口年龄结构的变化会对劳动力供给乃至经济的进一步发展产生影响。

人口地域年龄结构中的人口城乡结构及其变化，对正处于工业化和现代化进程中的发展中国家和地区的劳动力市场也可能会产生重大影响，特别是对该国家和地区的劳动力供给弹性会产生重大影响。农村劳动力向非农业部门的转移，可以使劳动力供给弹性趋向增大。[②] 中国改革开放以来取得巨大发展成就的重要影响因素之一就是随着城镇化、工业化的进程，5 亿多农村劳动力进入城市工作、生活，为城市工业化提供了大量的劳动年龄人口。

一般地，当区域人口结构中劳动年龄人口比例较高时，社会劳动力供给就会增强，社会储蓄也会增多，资本累积速度就会加快；也就是说，劳动力资源的相对增加，对经济的增长可以起到有利的推进作用，即人口红利。区域发展要充分利用人口年龄结构转变过程中生产性大大增强的阶段，来获得额外的经济增长动力，创造更多的经济增长。当然，在传统的人口红利消失以后，还可以通过合理的综合性政策引导创造和挖掘二次人口红利来为区域经济发展服务。

当前，区域可持续发展所需要的劳动年龄人口在人口结构变化的影响下，人口红利逐步消失、刘易斯拐点悄然来临。在这种情况下，区域治理要特别注重制度创新。首先，要以促进工资水平增长来提高劳动生产率。依靠

---

① 袁志刚、宋铮：《人口年龄结构、养老保险制度与最优储蓄率》，《经济研究》2000 年第 1 期。

② 赵建国等：《城市就业问题研究》，高等教育出版社 2005 年版。

廉价劳动力的低水平发展方式事实证明已经难以为继，只有通过完善市场机制保障劳动者收入的稳步提升，从而提高人口的消费水平，带动经济增长才是可持续发展之路；其次，以深化户籍制度改革激发劳动力潜力，2014 年我国常住人口城镇化率 54.77%，户籍人口城镇化率仅为 36.7%，有占总人口 18.07% 的农民工在城市工作，但依然是城市的边缘人口，没有成为真正的市民。2015 年 10 月刚刚推出的居住证制度就是顺应时代需求、促进社会公平正义的一项重要举措，以户籍制度改革推动公共服务均等化，激发原来处于半城镇化状态的农民工群体积极性与创造性从而提高劳动生产率，使之成为区域的主人，与区域发展融为一体，为区域发展提供更多的人力与智力支持；再次，要以提高要素生产率来保障区域经济持续增长。高消耗、高污染、低效率的发展方式已经难以为继，区域发展要建立科学的产业规制体系和劳动力市场保障体系，引导劳动力市场发展与产业转型升级匹配，转变依赖于人口红利的发展模式，是应对人口结构对劳动力供给规模影响的区域可持续发展根本之路。

二、人口质量与劳动力素质

（一）人口质量决定劳动力素质的作用机理

从促进整个经济社会发展的生产要素来看，人口质量已经处于越来越重要的位置。特别是工业革命以来，社会生产力的发展已经从依赖劳动力的数量转向依赖劳动力的质量，可以说，一个国家或区域经济社会发展水平的高低，很大程度上依赖于人口质量与劳动力素质的高低。同时，人口质量与劳动力素质又是相互作用、相互影响的。

由于劳动力人口是总人口的重要构成部分，因而，人口质量的高低必然决定着劳动力素质的高低，人口质量与劳动力素质是直接对应的关系，如果一个区域的人口质量高，就必然会拥有高素质的劳动力。同时，从世界各国的发展情况来看，具有资源优势的国家或地区并不一定具有发展优势，而注重提高人口质量，拥有高素质劳动力的国家或地区往往经济社会发展水平居于领先位置。

显而易见，高素质的劳动力是需要区域加大对人口质量提升的投资来获得。西奥多·舒尔兹认为，对人口的投资可以有效提高人口的质量，从而提高劳动力的生产力水平。他认为，人口质量也就是人的能力和素质，是决定贫富的关键，针对人口质量提高的投资能极大地提高劳动人口素质，可以造就大量高素质的管理人员、科研人员、技术人员等，从而有助于经济发展与繁荣。西奥多·舒尔兹还指出，人口的素质或能力虽然可以分为先天赋予和后天努力而获得的两大类，但人口的素质或能力作为一种稀缺资源基本上都是通过后天的不断努力获得的。综合来看，世界各国人口的先天能力是基本趋向接近和平衡的，没有太大的差别；各国人口质量与劳动力素质的差异，更多取决于后天的能力，但是，由于区域的经济发展水平和对人口质量投资的差距，而使得不同区域人口后天获得的能力相差较大。主要表现为文化知识水平、劳动技能、企业家精神和科技创新等，这些都是教育投资的结果。[1]

因而，提高区域劳动力素质的途径是加大人口投资和家庭人口投资，以此来提高人口质量。也就是说，要提高区域劳动力素质，就必须提高该区域整个人口群体的质量。[2]

从经济学的角度看，工资收入的高低与劳动力素质的高低呈正相关的关系，受教育年限多、技能等级高的劳动者收入较高。因为，在知识经济时代，高素质的劳动力对经济发展的贡献往往是倍增的。

（二）劳动力素质对区域经济发展的影响机制

区域经济发展的重要标志之一就是劳动生产率的提高，只有劳动力年龄

---

① 西奥多·舒尔兹：《穷国的经济学》，《农业经济问题》1981 年第 9 期。
② 李仲生：《人口质量与劳动力素质》，《中国人才》2004 年第 10 期。

人口具有良好的综合素质才能有效的提高劳动生产率。而劳动生产率的提高还可以有效应对受人口转变影响带来的劳动年龄人口数量不足的情况。

劳动力素质也是区域竞争能力的重要因素，多年来的粗放式发展方式带来的资源、环境问题已经引起高度重视，转型发展也已经成为共识。产业的转型升级并不是简单的设备引进、技术引进、人才引进，还急需面广量大与新技术、新模式相匹配的劳动力资源。因而，区域建立完善的鼓励社会组织、企业为主体以适应市场需求为目的的职业技术培训制度，切实提高劳动力素质是经济转型升级、保持经济持续增长的根本。

同样，随着人口老龄化的快速到来，原有的第一代农业转移人口也逐渐步入老龄人口序列。由于其之前受到的文化教育限制，这部分劳动力人口大多一直从事建筑施工等体力劳动，随着年龄的增长，这一部分劳动力人口势必将陆续退出重体力劳动行业。如果能对其开展适时、适当的技能培训，使其在物业管理、社会服务、老年照料等领域二次从事工作，既能有效缓解区域劳动力供给不足的情况，又能为这些老年劳动力人口提供合适的二次就业岗位、为其增加收入，既可能增加区域消费、促进经济发展，也可能为缓解由于老龄化快速到来的照料类服务技能型劳动力不足问题。

第二节　劳动力转移与区域治理创新机理

在实现工业化与现代化的过程中，劳动力自传统部门向现代部门转移，既是世界各国都曾经或必将面对的一种普遍现象，同时也是实现"现代经济增长"的必经之路（程名望、史清华，2007①）。同时，乡城劳动力转移不仅带动了城乡人口结构的调整，而且也促进了区域产业结构的调整，这是

① 程名望、史清华：《经济增长、产业结构与农村劳动力转移——基于中国 1978—2004 年数据的实证分析》，《经济学家》2007 年第 5 期。

因为大规模的农村剩余劳动力脱离了原有农业就业类型而投入到城市非农产业之中，城乡人口数量、农业与非农业就业人口结构均发生了显著性变化。

一、劳动力就业转移与区域产业结构调整

农村劳动力就业转移因改变城乡不同产业间就业人员的比例和城乡消费结构而促进产业结构调整和人口结构调整，本章研究运用 ECM 模型对这一基本判断展开实证检验，结果发现，劳动力就业转移无论从劳动力供给角度还是从需求角度均促进产业结构水平的提升，但劳动力供给要比需求对产业结构调整的促进作用更强烈。另外，制度安排对产业结构水平提高也具有显著促进作用。本章的研究还对劳动力就业转移产生的农村留守人员的生产生活、城市就业等区域治理问题，以及人口红利释放殆尽情景下中国产业结构如何进一步调整等问题提出研究思考。

（一）问题的提出

改革开放以来，中国农村剩余劳动力经历着从"限制流动"到"有条件流动"再到"规范流动"的大规模城乡转移（邓大松、孟颖颖，2008[①]）。这既是我国农村大量剩余劳动力自发的个体行为，也是在长期城乡二元经济下所积累的势能在中国体制松动下的补偿性释放（刘传江、徐建玲，2006[②]）。一般经验分析与发达国家经济发展的实践经验表明，国家经济发展水平与产业结构演化升级是以一种独特的方式相互作用的（Singh，

[①] 邓大松、孟颖颖：《中国农村剩余劳动力转移的历史变迁：政策回顾和阶段评述》，《贵州社会科学》2008 年第 7 期。

[②] 刘传江、徐建玲：《"民工潮"与"民工荒"——农民工劳动供给行为视角的经济学分析》，《财经问题研究》2006 年第 5 期。

1979①），而优化产业结构是转变经济增长方式、实现科学发展的关键环节。已有的研究成果更多是探讨产业结构调整对于劳动力就业转移的影响（Beach & Kaliski，1986②；Weiler，2000③；陈桢，2007④；廖文龙、龚三乐，2009⑤；朱轶、熊思敏，2009⑥；张湘赣，2011⑦），而较少关注到城乡劳动力转移对产业结构调整的作用，其实，两者是相互影响相互促进的（周兵、徐爱东，2008⑧）。本节的研究着重分析劳动力就业转移对区域产业结构调整的影响，这将是对这一相互关系研究的有益补充，这样的研究意义在于通过实证研究可以更加清晰劳动力就业转移与产业结构调整的内在关系，同时，也为当前国家经济社会急剧转型过程中遭遇的各种劳动力就业转移问题提供另一种破解思路。

（二）劳动力就业转移与产业结构调整：理论模型

1. 产业结构调整内涵界定

产业结构具体指的是国民经济各产业部门之间以及各产业部门内部的构成。产业结构调整即是产业结构系统从较为低级的形式发展到较为高级、有

---

① Singh, Ajit Kumar, "Economic Development and Industrial Structure: A Micro-Level Study", *Indian Journal of Industrial Relations*, 1979(14) , pp. 545-557.

② Beach, C.M.& Kaliski, S.F., "Structural Unemployment, Demographic Change or Industrial Structure?"*Canadian Public Policy/Analyse de Politiques*, 1986, 12(2) , pp. 356-367.

③ Weiler, S., "Industrial Structure and Unemployment in Regional Labor Markets", *Industrial Relations*, 2000, 39(2) , pp. 336-359.

④ 陈桢：《产业结构与就业结构关系失衡的实证分析》，《山西财经大学学报》2007 年第 10期。

⑤ 廖文龙、龚三乐：《产业转移对广西产业结构演化影响的实证分析》，《广西社会科学》2009 年第 10 期。

⑥ 朱轶、熊思敏：《技术进步、产业结构变动对我国就业效应的经验研究》，《数量经济技术经济研究》2009 年第 5 期。

⑦ 张湘赣：《产业结构调整：中国经验与国际比较——中国工业经济学会 2010 年年会学术观点综述》，《中国工业经济》2011 年第 1 期。

⑧ 周兵、徐爱东：《产业结构与就业结构之间的机制构建——基于中国产业结构与就业结构之间关系的实证》，《软科学》2008 年第 7 期。

效的运动转化过程，进而实现产业结构之间良好的、协调的转换能力以及较强的适应性，即实现产业结构科学化、合理化、高效化与高度化，能及时适应市场需求变化，并可以带来更佳的市场效益。产业结构调整具体表现为各产业之间的经济技术联系、数量比例关系以及相互作用关系趋向协调平衡的过程。而本研究主要探讨的是从产业结构数量比例关系角度来分析劳动力就业转移对产业结构调整的影响。

2. 劳动力就业转移促进产业结构调整的作用机制

依据比较优势原理，劳动力应向劳动稀缺型或劳动力密集型产业转移。国外发达国家的工业化进程表明，劳动力资源会由第一产业流向第二产业，再向第三产业流动，或者直接跳跃第二产业直接转入第三产业，这同时也是产业结构调整的演替过程，最终实现经济均衡。本节在研究劳动力就业转移促进产业结构调整时主要从需求和供给两个角度来加以分析。一方面劳动力就业转移可以增加城市二、三产业劳动力供给，从而改变劳动力在三大产业之间的分配，进而改变三大产业产值的增加额度；另一方面农村剩余劳动力进入城市后，因减少了农村消费转而增加了城市消费，从而改变了城乡消费结构，进而促进了三大产业结构调整。

图 4-1 报告的是中国三大产业产值与它们就业人口变化趋势。由图 4-1 可知：（1）第一产业的增加值与就业人数在国民生产总值与所有就业人数中的比例呈逐年降低趋势。具体而言，第一产业产值占国民生产总值比重由 1978 年的 28% 降低至 2011 年的 10%，而第一产业就业人数比重由 1978 年的 71% 降低至 2011 年的 35%。（2）第二、第三产业的增加值与就业人数占国民生产总值与劳动力总量的比例呈逐年上升趋势。就经验数据来看，第二产业产值占国民生产总值的比重变化不大，基本稳定在 47% 左右，而第二产业就业人数则由 1978 年的 17% 上升到 2011 年的 30%；第三产业产值在国民生产总值的占比从 1978 的 24% 到 2011 年的 43%；第三产业劳动力人口则从 1978 年的 12% 增加到 2011 年的 36%。

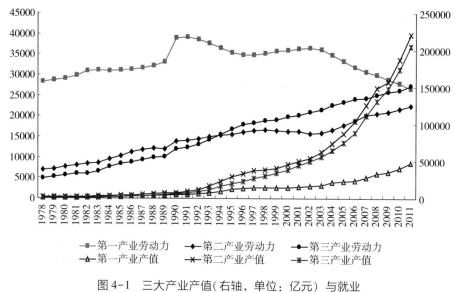

图4-1 三大产业产值（右轴，单位：亿元）与就业
人数（左轴，单位：万人）变化趋势

资料来源：国家统计局人口和就业统计司：《中国人口和就业统计年鉴》，中国统计出版社 2012 年
版；中华人民共和国国家统计局：《2012 中国统计年鉴》，http：//www. stats. gov.
cn/tjsj/ndsj/2012/indexch. htm。

　　从三大产业产值及其就业人口的变化趋势可知：劳动力在城乡之间的就
业转移而导致的三大产业劳动力数量分布与我国三大产业产值呈相同变化趋
势，表明劳动力就业转移与产业结构调整之间存在某种程度的因果关系。

　　此外，考虑到中国的特殊国情，改革开放使得中国从传统的计划经济体
制开始转向自由的市场经济体制，因此，制度安排为劳动力就业转移提供了
基本前提，进而为产业结构调整也扫清了政治障碍。可见，制度安排也在产
业结构调整过程中起到重要的直接作用。劳动力就业转移促进产业结构调整
的作用机制具体如图4-2所示。

　　以上理论分析表明，农村劳动力就业转移导致城乡就业人口重心、城乡
消费结构等产生一系列变化，并与城乡制度环境的调节共同作用推进了中国产
业结构调整与升级。然而，这种推动作用到底有多大还需要实证研究来度量。

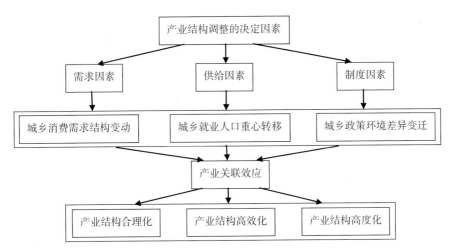

图 4-2　城乡就业人口重心转移促进产业结构调整的作用机制

（三）劳动力就业转移与产业结构调整：实证分析

1. 模型设定与指标选择

一般研究认为产业结构调整的影响因素包括需求因素、供给因素、制度安排和技术进步等（如姜泽华、白艳，2006[①]），在充分借鉴钱纳里经济结构研究模型（金素，2011[②]）的基础上，本研究将城乡就业人口之比（RUS）、城乡消费水平之比（RUD）和制度因素（P）引入模型，建立如下多元回归方程：

$$H = \beta_0 + \beta_1 RUD + \beta_2 RUS + \beta_3 P + \mu$$

其中，因变量 H，即产业结构水平。研究拟采用周昌林、魏建良[③]（2007）的产业结构试算方法加以计量，其测度方法为：

假设一个产业结构体系由 n 个产业部门构成，h_i 表示第 i 个产业部门的

①　姜泽华、白艳：《产业结构升级的内涵与影响因素分析》，《当代经济研究》2006 年第 10 期。

②　金素：《基于钱纳里模型的中国经济结构研究——来自 1978—2009 年的经验数据》，《经济问题》2011 年第 9 期。

③　周昌林、魏建良：《产业结构水平测度模型与实证分析——以上海、深圳、宁波为例》，《上海经济研究》2007 年第 6 期。

产业水平值，k_i 为第 i 个产业部门占整体产业结构体系的比重，则这个产业结构体系的产业结构水平 H 为：$H = \sum_{i=1}^{n} k_i h_i$，$n = 1$，$2$，$\cdots$，$n$。

因劳动力生产率是产业水平的集中体现，研究将采用劳动生产率作为产业水平值 h_i 的衡量指标，$h_i = p_i / l_i$，其中 p_i 为 i 的产值，l_i 为 i 的劳动力人数。p_i / l_i 为 i 产业的劳动生产率，则产业结构水平 H 为：$H = \sum_{i=1}^{n} k_i \cdot \dfrac{p_i}{l_i}$，$n = 1$，$2$，$\cdots$，$n$。

在实证研究中，各个产业的劳动生产率存在较大差别可能导致低劳动生产率产业的变化容易被高劳动生产率产业所掩盖，故对劳动生产率作开方处理以提高水平变化的敏感性，可得：$H = \sum_{i=1}^{n} k_i \cdot \sqrt{\dfrac{p_i}{l_i}}$，$n = 1$，$2$，$\cdots$，$n$。式中，$\sqrt{\dfrac{p_i}{l_i}}$ 称为第 i 产业水平系数，该系数越大，表示该产业水平越高。

图 4-3 报告的是按照周昌林、魏建良（2007）的产业结构测试方法加以度量的我国产业结构水平时间序列变化趋势。由图 4-3 可知，自 1978 年以来，我国产业结构水平经历三个变化时期：第一时期（1978—1984），产业结构不变期，产业结构水平平均每年增长 2.08%，产业结构水平基本稳定在 40% 左右。这一时期我国尚处于刚刚解冻计划经济体制时期，原有的制度惯性使得产业结构调整速度缓慢；第二时期（1985—1992），产业结构缓慢增长期，产业结构水平平均每年增长 6.67%。虽然刚经历改革开放，国家经济体制由计划经济转向市场经济，但是国家经济总体发展依然处于"摸着石头过河"阶段，产业结构水平因基础存量较低，其提升速度没有显著性变化，只是以一种较为积极的缓慢的方式在不断提升；第三时期（1993—2011），产业结构快速增长期，产业结构水平平均每年增长 11.32%。因产业结构水平经历第二阶段的积累已处在一个相对较高的水平，实际感受产业结构水平增长快速。此外，考虑到中国特殊市场背景，1997

年至 2000 年，中国逐步实行了将"减员增效"作为主旨的国有企业改革
（赖德胜等，2011①），这种积极的政策改革对国家产业结构水平的提高起到
明显促进作用。

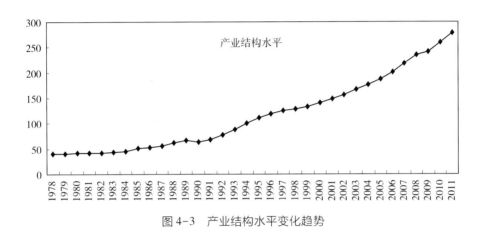

图 4-3　产业结构水平变化趋势

城乡就业人口之比（RUS）：研究将其作为产业结构调整的供给因素
来考虑。伴随农村劳动力的逐步转换，农村就业人口比例下降，同时城市就
业人口比例上升，其比值恰可以考察产业结构调整过程中供给因素。

城乡消费水平之比（RUD）：研究将其作为产业结构调整的需求因素
加以考量，农村劳动力就业转移过程中，其消费水平因受居住地（以城镇
为主）消费结构的影响而逐渐趋同，因此，用城乡消费水平之比可以近似
反映产业结构需求因素（没有剔除城乡价格不可比因素）。

图 4-4 报告的是城乡就业人口与消费水平对比的变化趋势。由图 4-4
可知，自改革开放以来，伴随着人口流动制度的逐渐放松，城乡就业人口与
城乡消费水平均呈现总体提升趋势，城乡就业人口之比（农村就业人口为
1）由 1978 年的 0.31 增加到 2011 年的 0.89。就经验数据而言，农村就业人

① 赖德胜等：《中国就业政策评价：1998—2008》，《北京师范大学学报（社会科学版）》2011
年第 3 期。

数从 1978 年的 3.06 亿人增加到 2011 年的 4.05 亿人，平均每年增加
0.95%，而城市就业人数由 1978 年的 0.95 亿人上升至 2011 年的 3.59 亿人，
平均每年上升 8.16%。但因农村就业人数基础存量比较大，城乡就业人口
之比相对较低。同时，城乡消费水平比（农村为 1）由 1978 年的 2.9 上升
到 2011 年的 3.3。就统计数据来看，农村消费水平由 1978 年的人均 138 元
提升至 2011 年的人均 5633 元，平均每年增加 117.11%，而城市消费水平从
1978 年的人均 405 元提高到 2011 年的人均 18750 元，平均每年增加
133.22%。这两项数据综合表明劳动力就业转移极大地改变城乡就业结构与
消费结构进而对城乡产业结构调整起到重要作用，尤其值得一提的是这种变
化趋势恰与我国产业结构水平变化趋势相一致。这个发现一定程度上支持了
本研究"劳动力就业转移促进产业结构调整"的基本判断。

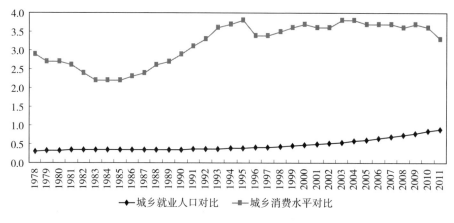

图 4-4　城乡就业人口与消费对比

资料来源：国家统计局人口和就业统计司：《中国人口和就业统计年鉴》，中国统计出版社 2012 年版。

制度因素（P）：将其设置为 0—1 虚拟变量来考察政策变化对产业结
构调整的影响。研究将采用方慧等（2012）的相关做法，1978—1997 年取
0，而 1998—2011 年取 1，其原因主要是 1998 年政府开始关注国家产业结构
调整（方慧等，2012）。

2. 计量过程及回归结果分析

(1) 多变量协整检验

因时间系列数据可能存在非平稳特性，因此，若要采用 OLS 回归必须对其展开平稳性检验，若平衡则可以直接进行回归分析；若不平稳，则需进一步判别其是不是存有协整关系以判定变量间是不是存有持久稳定关系。

建立 H 与 RUS、RUD 和 P 的一般回归模型：

$$H_t? =? 349.11RUS_t? +? 13.09RUD_t? +? 26.86P_t? -? 101.98$$

发现残差项稳定性检验结果（如表 4-1 所示）表明有较强的一阶自相关性。

表 4-1 残差序列稳定性检验 1

Breusch-Godfrey Serial Correlation LM Test：			
F-statistic	4.114873	Probability	0.027121
Obs ∗ R-squared	7.723249	Probability	0.021034

考虑加入适当的滞后项，得 H 与 RUS、RUD 和 P 的分布滞后模型：

$$H_t = -76.52RUS_t + 5.51RUD_t + 6.49P_t + 0.73H_{t-1} + 200.66RUS_{t-1} +? 0$$

$.31RUD_{t-1} +? 1.98P_{t-1} - 41.06$ 残差序列的稳定性检验结果（如表 4-2 所示）表明不存在自相关性，因此能够认为 H 与 RUS、RUD 和 P 存在长期稳定关系。

表 4-2 残差序列稳定性检验 2

Breusch-Godfrey Serial Correlation LM Test：			
F-statistic	1.012572	Probability	0.378913
Obs ∗ R-squared	2.670504	Probability	0.263092

(2) 误差修正模型（ECM 模型）

因模型选择的变量（ RUS 、RUD 和 P ）均存在非平稳性特征，若直接构建 OLS 回归模型，其结果并不能较好地反映变量之间的因果关系。同时，H 与 RUS 、RUD 和 P 之间存在明显的协整关系，因而可以将这种关系组成误差修正项，并将之作为其中一个解释变量，与其他反映短期波动的解释变量一起建立短期模型，即误差修正模型（Error Correction Model）。其模型具体形式为：

$$\Delta H_t = \alpha_0 + \beta_1 \Delta RUS_t? + ? \beta_2 \Delta RUD_t? + ? \beta_3 \Delta P_t? + \lambda ECM_t + \varepsilon_t$$

其中，误差修正项为：$ECM_{t-1} = H_{t-1} + \mu_0 + \nu_1 RUS_{t-1} + \nu_2 RUD_{t-1} + \nu_3 P_{t-1}$

运用 Eviews3.0 估计得到：

$$\Delta H_t =? 2.44 - 0.076ECM_{t-1} + ? 270.14\Delta RUS + ? 2.63\Delta RUD + ? 6.45\Delta P?$$

$R^2 = 0.6254 Adjusted\_ R^2 = 0.5699 F = 11.2710 S.E. = 3.6012 D.W. = 1.75$ 其中，误差修正项为：$ECM_{t-1} = H_{t-1} + 102.08 - ? 348.73RUS_{t-1}? - 13.18RUD_{t-1}? - ? 26.84P_{t-1}?$

误差修正模型回归结果显示，回归系数比较显著，拟合优度较好，并且修正系数为负，体现了长期非均衡误差对因变量的修正作用。同时模型表明，在短期内，城乡就业人口结构对产业结构水平的短期边际效应为 270.14，城乡消费水平对产业结构水平的短期边际效应为 2.63，即城乡就业人口比值与城乡消费水平比值每提高一个单位，产业结构水平将相应提高 270.14 和 2.63 个单位。制度安排对产业结构水平的短期边际效应为 6.45。而从长期来看，城乡就业人口结构对产业结构水平的短期边际效应为 348.73，城乡消费水平对产业结构水平的短期边际效应为 13.18，即城乡就业人口比值与城乡消费水平比值每提高一个单位，产业结构水平将相应提高 348.73 和 13.18 个单位。制度安排对产业结构水平的短期边际效应为 26.84。以上分析综合表明，农村劳动力进城务工从劳动力供给角度而言对产业结构水平起正向促进作用；从消费需求角度而言，对产业结构调整同样起正向促进作用。而两者再比，显然，劳动力供给要比劳动力需求对产业结构调整的促进作用更强烈，而且两者对产业结构调整的长期作用明显要比其短期作用更为有力。此外，制度安排也对产业结构水平调整起到正向促进作用。这些结构均符合我们研究初期劳动力就业转移对产业结构调整的基本判断。

此外，误差修正值的大小反映了模型对偏离长期均衡的调整力度，本研究估计值为 0.076，表明当短期波动偏离长期均衡状态时，模型将以 0.076 的调整力度将非均衡状态拉回到均衡状态，这与实际情况相一致，这也恰好反映了误差修正模型比一般回归模型更好地反映了产业结构调整与影响因素间的长期与短期的关系。

（四）劳动力就业转移的区域治理思考

本章的研究在以往研究基础上形成一个基本的关系判断，即劳动力就业转移将促进产业结构调整，并运用 ECM 模型实证检验其数理关系，结果表明，农村劳动力就业转移直接产生两个重要转变：其一，城乡就业人口比例上升促进产业结构水平的提升；其二，城乡消费之比上升促进产业结构水平的提升，并且劳动力供给要比劳动力需求对产业结构调整的促进作用更明显。另外，制度安排显著性促进了产业结构水平的提升。这些研究结果与前期对宏观数据的描述性分述结果一致，表明劳动力就业转移促进了产业结构水平的提升，最终表现为产业结构的合理化。

面对我国农村剩余就业人口大规模流动与产业结构水平指数上升趋势，中国经济快速稳定发展的同时也面临诸多社会问题值得反思：

第一，劳动力就业转移导致的城乡人口结构问题。这主要是指城乡人口数量结构与农村或城市内部人口性别、年龄结构问题，其中城乡人口数量结构主要是指过多的农村剩余人口拥入城市，导致城市各个部门就业长期处于一种超负荷之中；就业难度增加、交通堵塞、环境污染、犯罪等社会问题日

渐突出和增加。图 4-5 表明城镇人口与就业人口同农村人口与就业人口数
量增长呈现明显的反向变动，而且没有减弱的趋势，这意味着未来城市因人
口结构继续失衡而将出现更加恶化的生态关系。而劳动力就业转移导致的另
一更加严重的社会问题为农村内部人口结构的严重失衡。农村留守老人、妇
女和儿童因劳动能力、自我照顾能力等缺陷，不仅显著性降低了农村农业劳
动力的积极性和农业产出，而且增加了农村社会保护的风险，近些年来，一
些原本发生在城市里的犯罪行为有向农村蔓延的趋势。未来谁来种粮、谁来
充当农民已经是许多学者开始考虑的重要问题。

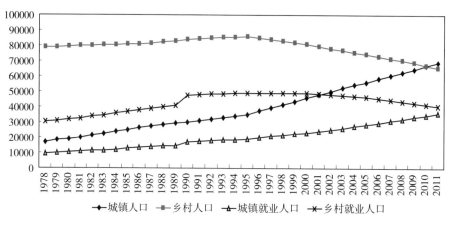

图 4-5　城乡人口与城乡就业人口变化趋势(单位：万人)

资料来源：国家统计局人口和就业统计司：《中国人口和就业统计年鉴》，中国统计出版社 2012 年版。

　　第二，产业结构调整速度与农村建设水平滞后之间的矛盾。伴随着新型
城镇化进程，越来越多的农村青壮年劳动力离开农村拥入城市，然则因其人
力资本等方面的不足他们又难以最终留在城市、融入城市，到一定的时候，
他们或将不得不返回农村，或将成为城市的灰色人口。而新农村建设中
"赶农民上楼"的行为并未真正解决农民养老保险、基本就业等现实问题，
或者说解决的速度比市化速度严重滞后，这就使得产业结构调整只取得了
显著的经济成效，而远未做好接洽农村剩余劳动力转移就业的准备。如何一

方面更好地开展新农村建设，有效利用农村资源发展生态农业、现代农业使农民就地进行农业生产；另一方面减轻城市的就业及资源环境等方面的压力，已成为迫切需要研究的区域治理中的重大民生问题。

第三，目前，我国的经济总量已超越日本成为全球第二大经济体，同时，我国经济自 2004 年以来已出现"刘易斯拐点"的迹象（蔡昉、王美艳，2005①），当这种因改革开放而带来的人口红利即将释放殆尽的时候，如何进一步提升产业结构水平以稳定区域经济增长是值得深入研究的重要命题（Ofer，1976②）。而且，相比较国外发达国家的三次产业就业人员结构状况（如表 4-3 所示），中国的三次产业就业人员结构比重还存在较大的距离，如中国的第一产业就业人口比重还比较高（30%以上，而发达国家均低于 10%），第三产业（不足 40%，而发达国家均超过 60%）因人力资源进入受阻而发展受限，如何进一步优化产业结构内部关系也是区域治理中需要认真思考的问题。

表 4-3　三次产业就业人员构成世界部分国家比较　　　（单位:%）

国家和地区	第一产业		第二产业		第三产业	
	2005	2010	2005	2010	2005	2010
中国	44.8	36.7	23.8	28.7	31.4	34.6
印度	55.8	51.1	19.0	22.4	25.2	26.6
日本	4.4	3.7	27.9	25.3	66.4	69.7
韩国	7.9	6.6	26.8	17.0	65.2	76.4
菲律宾	36.0	33.2	15.6	15.0	48.5	51.8
美国	1.6	1.6	20.6	16.7	77.8	81.2
法国	3.6	2.9	23.7	22.2	72.3	74.4

① 蔡昉、王美艳:《"民工荒"现象的经济学分析——珠江三角洲调查研究》,《广东社会科学》2005 年第 2 期。

② Ofer, Gur, "Industrial Structure, Urbanization, and the Growth Strategy of Socialist Countries", *Quarterly Journal of Economics*, 1976, 90(90), pp. 219-244.

续表

国家和地区	第一产业		第二产业		第三产业	
	2005	2010	2005	2010	2005	2010
德国	2.4	1.6	29.8	28.4	67.8	70.0
荷兰	3.2	2.8	19.6	15.9	72.4	71.6
西班牙	5.3	4.3	29.7	23.1	65.0	72.6
土耳其	29.5	23.7	24.8	26.2	45.8	50.1
英国	1.3	1.2	22.2	19.1	76.3	78.9

资料来源：中华人民共和国国家统计局：《2012 中国统计年鉴》，http：//www. stats. gov. cn/tjsj/ ndsj/2012/indexch. htm。

二、劳动力就业迁移与城乡差距治理

城乡差距悖论是指我国城乡居民的收入并没有随着城乡劳动力的大量流动而缩小。传统的诸多研究都对城乡之间劳动力流动行为及其意义和价值给予了高度关注，然而，这些研究对却于城乡之间劳动力的异质性和流动方向及其所附带的经济意义没有过多的关注。本节具体通过对城乡劳动力流动缩小城乡差距的作用渠道进行分析和研究，同时，构建数理模型将城乡劳动力的异质性和流动方向的经济意义进行研究和数值模拟。研究得出在考虑城乡劳动力异质性的情况下，城乡之间劳动力的流动方向对完全消除城乡差距具有重要意义。

（一）城乡之间劳动力流动行为及其意义

虽然中国的经济改革起步于农村[①]，然而中国经济的腾飞却来自于城市和工业，中国城市化进程的迅速推进实际上就是中国经济飞速发展的一个缩

---

① 学界一般认为中国的改革开放的标志性起点事件是 1978 年安徽省凤阳小岗村十八位村民冒着生命危险进行的土地承包行为。

影①。在这一时期里，农村和城市、农业和工业的差距被不可逆转的迅速拉开，这种差距更使得越来越多的农业人口开始自主或者不自主的离开农村进入城市谋生。在过去的很长一段时间甚至包括未来的一部分时间，中国的城市和农村、工业和农业、市民和农民群体都将依靠流动的劳动力这种载体来实现财富的转移以及差距的缩小。而过往实践和绝大多数学者的研究都已经证明流动人口这种形式在加快农村发展速度、提高农民收入方面具有一定意义。②然而，特别值得我们思考的是自 1978 年以来，中国的流动人口虽然增加迅速③，但是城乡差距并没有随之缩小④。表 4-4 清晰地表明我国的城乡收入差距自改革开放初期到现在逐步扩大的趋势。

表 4-4　中国城乡居民收入比(1989—2012)

年份	城乡居民收入比	年份	城乡居民收入比	年份	城乡居民收入比
1989	2.19	1997	2.47	2005	3.22
1990	2.20	1998	2.51	2006	3.28
1991	2.40	1999	2.65	2007	3.33
1992	2.58	2000	2.79	2008	3.31
1993	2.80	2001	2.90	2009	3.33
1994	2.86	2002	3.11	2010	3.33
1995	2.71	2003	3.23	2011	3.13
1996	2.51	2004	3.21	2012	3.10

注：数据来源于历年中国统计年鉴以及 2012 年中国统计公报。

① 2012 年中国城市化率已经超过 51%，数据来源于中国国家统计局网站。

② Antonio Spilimbergo, "A Model of Multiple Equilibriums in Geographic Labor Mobility", *Journal of Development Economics*, 2004, 73(2) , pp. 198–209. M.P. Todaro, "Migration, Unemployment and Development: A Two-Sector Analysis", *American Economic Review*, 1970, 60(2) , pp. 111–121. Lewis, A., "Economic Development with Unlimited Supplier of labor", *Manchester School of Economics and Social Studies*, 1954, 22(4) , pp. 39–51. Fei, J. and Ranis, G., "A Theory of Economic Development", *American Economic Review*, 1961, 51 (3) , pp. 30–44. 蔡昉：《劳动力迁移和流动的经济学分析》，《中国经济评论》1996 年第 2 期。

③ 2012 年流动人口 2.36 亿，1982 年流动人口只有 0.2 亿人，数据来源于卫生部网站。

④ 姚枝仲：《劳动力流动与地区差距》，《世界经济》2003 年第 4 期。樊士德、姜德波：《劳动力流动与地区经济增长差距研究》，《中国人口科学》2011 年第 2 期。

可以发现从 1989 年至 2010 年，我国的城乡收入差距呈现扩大趋势。虽然自 2010 年开始城乡收入差距比开始下降，但是一方面，这种下降可能是差距在长期增长趋势下的一个短期向下波动；另一方面，这种下降也可能是因为中国政府为了应对 2008 年全球金融危机带来的冲击所推出刺激性政策的暂时弥补性结果。所以，中国多年来的城乡之间劳动力流动，一方面，可以提高农村发展水平和农民收入水平；然而，另一方面，这段时期内城乡收入差距比却进一步增大。

较多的国内学者开展了对劳动力流动与区域差距之间的关系研究，然而，却鲜有学者对劳动力流动与城乡差距之间的关系开展研究，在这其中考虑劳动力异质性和流动方向的文献就更少了。[1] 蔡昉[2]（2005）的研究发现了流动人口规模和城乡差距同时扩大的悖论，并认为这种悖论主要是由中国的户籍制度造成的。户籍制度的制约使得大量的劳动力只能是短暂的流动行为而不是永久性的迁移行为，从而无法满足缩小城乡收入差距的条件。目前，虽然绝大部分国内学者都将流动人口规模扩大与城乡差距同时扩大的悖论归因于中国的户籍制度。[3] 但是，本研究认为这种解释是难以令人信服的，同时也难以根据这种解释提出针对性的对策与建议。

这种互相矛盾的局面和尚未统一的解释也是本研究形成的原因：城乡劳动力流动究竟能否消灭城乡差距？如果存在这种可能，这种流动必须具备什么样的特征？

---

[1] 陆铭、陈钊：《城市化、城市倾向的经济政策与城乡收入差距研究》，《经济研究》2004 年第 3 期。林毅夫、蔡昉：《中国经济转型时期的地区差距分析》，《经济研究》1998 年第 6 期。王小鲁、樊纲：《中国地区差距的变动趋势和影响因素》，《经济研究》2004 年第 1 期。

[2] 蔡昉：《农村剩余劳动力流动的制度性障碍分析——解释流动与差距同时扩大的悖论》，《经济学动态》2005 年第 5 期。

[3] 严浩坤：《劳动力跨地区流动与地区差距》，《地理科学》2008 年第 2 期。曾国安：《论工业化过程中导致城乡居民收入差距扩大的自然因素和制度因素》，《经济评论》2004 年第 3 期。张庆、管晓明：《单纯依靠农村剩余劳动力转移并不能缩小城乡收入差距》，《经济纵横》2006 年第 3 期。

（二）城乡劳动力流动缩小城乡差距的作用渠道分析

通过系统分析劳动力流动行为本身特质以及充分借鉴既往有关学者的研究成果，本节将我国城乡之间劳动力流动缩小城乡差距的作用渠道，分为如下三种：收入回流渠道、户口转移渠道、技能增长渠道。

1. 收入回流渠道

收入回流渠道具体指的是流动人口凭借一技之长或者凭借体力由农村进入城市务工。一般情况而言，由于城市发展水平要高于农村，工业的边际效益也远远高于农业，流动人口在城市务工所能获得的收益要远远高于在农村务农所能得到的收益。这种收益之间的差距将以年为周期，以务工收入的形式由流动人口从城市带回农村，这些收入能够极大的提高流动人口家庭的生活状况和改善农村的贫穷状况。但是，显而易见，收入回流渠道只能在某个速度界限以内加快农村的发展速度，这个速度界限就是城市和工业的发展速度。也就是说，农民通过收入回流渠道来加快农村发展的速度是不可能超过城市和工业本身的发展速度的。收入回流渠道本质上是一种城市为主、农村为辅的分配渠道，农村、农民、农业通过这个渠道得到的收益是不可能超过城市、市民和工业的。因此，依靠劳动力流动的收入回流渠道缩小乃至消灭城乡差距是不可能的。

2. 户口转化渠道

当前，鉴于我国农村较为落后，而城市相对较为发达的现状，劳动力流动缩小城乡差距的户口转化渠道指的是原先具有农村户口的农民获得城市户口变为市民。由于我国目前户籍制度的存在，对于农村居民而言，离开农村获取城市户口一般只存在四种途径：城市多年务工满足落户条件、与市民结婚、随城市化进程转化、考学。农村户口居民转为城市户口居民这种过程一方面通过减少农村人口间接减轻农村负担；另一方面，农村人口逐渐的转向城市也是实现农业现代化的根本要求。在此，必须指出户口转化渠道虽然能够在一定程度上改善农民生活状况和缩小城乡差距，但是，这种改变和缩小的渠道是有较强的前提和限制条件的，难以完全消除城乡收入差距。

3. 技能获取渠道

农村和城市最大的差距在于农业和工业的差距，而农业和工业的差距主要来自于两种产业目前所采用的技术水平上面存在的巨大差距。一方面，目前我国农业和工业所采用的技术水平存在较大差距；另一方面，城市和农村的人力资本在数量和质量方面也存在较大差距。因此，加大农村人力资本的教育和培养力度是提高农业技术水平从而提高农业生产率，实现缩小城乡差距的根本方法。同时，由于技术要素的产出弹性远远高于传统资本、劳动等要素的产出弹性，依靠技能获取渠道来消灭城乡差距这种途径是可行的。

通过分析发现收入回流渠道和户口转移渠道只能够帮助农村逐渐获取城市发展的部分成果从而逐渐能够在一定程度上改变农村的落后面貌，但是这两种渠道无法消灭城乡差距。实际上，城市和农村劳动力的最大差距在于工业和农业的差距，特别是技术水平的差距才是导致城乡差距的根本原因。因此，技能获取渠道的重要性不言而喻。然而，在现有的研究中，城乡劳动力间存在的异质性很大程度上是被忽略掉的，由此提出的缩小城乡差距政策是很难奏效的。本研究在现有框架下，通过区分城乡劳动力异质性以及流动方向对劳动力流动与城乡差距之间的关系进行研究，试图为缩小城乡差距、实现区域善治提供具有一定现实意义的政策启示。

（三）理论模型与数值模拟

前文对缩小城乡差距的三种渠道的特性进行了分析，并指出收入回流渠道和户口转移渠道是一种增量和单方面作用的渠道，难以消除城乡差距。本部分将通过构建数理模型将城乡劳动力异质性以及流动方向纳入分析体系，对劳动力异质性以及流动方向是如何缩小和消除城乡差距进行研究。

1. 理论模型

经济增长理论将经济增长归因于资本，劳动和技术要素，

$Y = f(K, L, A)$（1）

其中 Y 代表经济增长，一般用 GDP 指标衡量，K 为资本，L 为劳动力要素，A 为技术要素，根据（1）式，本文在如下假设的前提下分别构建城乡各自的经济增长方程。

假设1：城乡经济增长模型存差异，而且这种差异主要来自于劳动力和技术要素的差异，资本要素不存在差异。

实际上，城乡不仅在劳动力要素和技术要素上存在差异，在资本要素方面同样存在差距。但是，由于资本要素属于政府能够控制的要素，其在城乡之间的均衡分配很容易由政府来实现。如改革刚开始的时候，农村的资本在政府的控制下能够通过剪刀差大量流入城市；而在改革取得一定成绩时，政府又能够通过一系列的政策如新农村建设和发展现代农业将资本更多的分配在农村。因假定资本要素在城乡之间不存在差异至少在长期内不存在差异是合理的，由此可以得出城乡各自的经济增长模型。

$Y_C = f(K, L_C, A_C)$（2）

$Y_R = f(K, L_R, A_R)$（3）

其中变量的下标 R，C 分别代表城市和农村。

假设2：技术要素和劳动力要素间存在稳定的函数关系，城乡技术水平存在的差距可以在劳动力要素指标上表现出来。

技术研发水平和技术运用水平是技术水平的主要两个组成部分，而无论哪一个部分都和人力资本要素密切相关，技术研发需要科技人力资本，技术运用需要熟练劳动力资本，因此，我们可以认为技术要素和劳动力要素之间存在稳定的函数关系即 $A = h(L)$，从而上述经济增长模型也可被写成如下形式：

$Y_C = f(K, L_C, h(L_C))$（4）

$Y_R = f(K, L_R, h(L_R))$（5）

对于模型1而言，经济增长率可以由动态经济学方法，写成如下经济增长率形式：

$$G_Y = \alpha G_K + \beta G_L + \lambda G_A \text{（6）}$$

其中 G、G_K、G_L、G_A 分别为经济增长率、资本要素增长率、劳动力要素增长率和技术要素增长率。由假设1，增长率可化简为

$$G_Y = \beta G_L + \lambda G_A \text{（7）}$$

由假设2，经济增长率方程可进一步化简为

$$G_Y = \beta G_L + \lambda G_A = \beta G_L + \lambda h(G_L) = g(G_L, h(G_L)) = \varphi(G_L) \text{（8）}$$

其中 $\dfrac{\partial \varphi(G_L)}{G_L} > 0$，

上式说明，经济增长率最终只与劳动力要素的增长率相关，并存在正向相关的关系。在城乡之间存在差距的前提下，城乡差距缩小乃至消除取决于城乡增长率的大小关系，现在利用（8）探讨城乡劳动力流动与城乡差距之间的关系。

2. 劳动力异质性、流动方向与数值模拟

考虑到城乡间劳动力的异质性，本书分劳动力均质和异质两种情况进行分析和数值模拟。

a. 城乡劳动力均质情形

人力资本均质假设意味着城市劳动力和农村劳动力没有区别，此时实际上意味着流动方向没有过多意义，但是考虑到研究的全面性，在此同样考虑单向流动和双向流动两种情况。

情形Ⅰ：劳动力在城乡间单向流动

$$G_{YC} = \varphi(G_{LC}) \text{（9）}$$

$$G_{YR} = \varphi(G_{LR}) \text{（10）}$$

由于人力资本均质，城乡劳动力要素 L_C，L_R 不存在能力的区别，因此，城乡经济增长率主要取决于劳动力要素的增长率，在单向流动的假设下，$G_{LC} > G_{LR}$，又因为 $\dfrac{\partial \varphi(G_L)}{G_L} > 0$，故 $G_{YC} > G_{YR}$，也就是说在这种情形下，原

本落后的农村地区的经济增长率将低于城市的经济增长率，导致城乡之间的差距会进一步拉大。为了更清晰的表明这一过程，本研究采取简单的数值模拟过程对此进行展示。由于城乡劳动力资本均质，城乡经济增长率取决于劳动力数量的增长率，劳动力数量 L 标准化为 1，经济增长率随劳动力数量的变化而变化，劳动力的边际产出 $\dfrac{\partial \varphi(G_L)}{\partial G_L}$ 恒定，利用 matlab7.0 软件，根据公式（1）—（10）对城乡经济增长过程分别进行模拟得到图 4-6，可以看出在城乡劳动力资本均质且单向流动的情况下，农村的经济增长率一直低于城市经济增长率，这种情形只会使得城乡差距越拉越大。

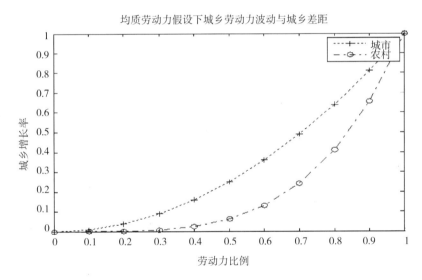

图 4-6　城乡劳动力均质性假设下劳动力单向流动与城乡经济增长过程模拟

情形 II：劳动力在城乡间双向流动

我国城乡劳动力的双向流动不仅意味着农村的劳动力向城市流动和城市的劳动力向农村流动，更重要的是这种双向流动隐含着这样一个假设，即：城市流向农村的劳动力数量还要比农村流向城市的劳动力数量多，也就是在这种假设下城市的净流入劳动力数量为负，而农村的净流入劳动力数量为正。实际上，总体来看我们可以将双向流动看成是城市劳动力向农村的单向流动。同样根据（9）、（10），可以知道在这种假设下情形刚好与单向流动假设的情况相反，即 $G_{YC} < G_{YR}$ ，也就是说在这种情形下农村的增长率将高于城市的增长率，城乡之间的差距也会缩小乃至消除，但是这种情形只存在理论上的可能性。因为，人力资本均质的假设意味着经济增长率取决于劳动力的增长速度，城乡差距的缩小意味着农村劳动力的增长率大于城市的劳动力增长率。然而，历史实践已经证明农业尤其是现代化农业是无法吸纳比工业更多的劳动力的。因此，依靠劳动力数量的增加缩小城乡差距只是在城乡人力资本均质假设下的一种理论上的可能性，并不具备实践性和指导性。

b. 城乡劳动力异质情形

城乡劳动力异质性假设意味着经济增长率方程（8）式变为如下形式：

$$G_{YC} = \varphi(G'_{LC}, G_{LRC}) \quad (11)$$

$$G_{YR} = \varphi(G'_{LR}, G_{LCR}) \quad (12)$$

其中 G_{LRC} ，G_{LCR} 为农村劳动力流向城市的速度和城市劳动力向农村的流动速度，G'_{LC} 、G_{RC} 分别为城市劳动力和农村劳动力的净增长速度，诸变量之间的关系如下：

$$G'_{LC} = G_{LC} - G_{LCR} \quad (13)$$

$$G'_{LR} = G_{LR} - G_{LRC} \quad (14)$$

$$\frac{\partial \varphi(G'_{LC}, G_{LRC})}{\partial G'_{LC}} > \frac{\partial \varphi(G'_{LC}, G_{LRC})}{\partial G_{LRC}} > 0 \quad (15)$$

$$\frac{\partial \varphi(G'_{LR}, G_{LCR})}{\partial G_{LCR}} > \frac{\partial \varphi(G'_{LR}, G_{LCR})}{\partial G'_{LR}} > 0 \quad (16)$$

同样分为单向流动和双向流动两种情形进行研究。

情形 I ：劳动力在城乡间单向流动

劳动力在城乡间单向流动意味着 $G_{LRC} > 0, G_{LCR} = 0$ ，故（11）、（12）式分别变为

$$G_{YC} = \varphi(G_{LC}, G_{LRC}) \quad (17)$$

$$G_{YR} = \varphi(G_{LR} - G_{LRC}) \quad (18)$$

由于 $\dfrac{\partial \varphi(G_{LC}, G_{LRC})}{\partial G_{LRC}} > 0$，$\dfrac{\partial \varphi(G_{LR}', G_{LCR})}{\partial G_{LR}'} > 0$，在这种情形下很容易得出 $G_{YC} > G_{YR}$ 即在城乡异质人力资本的假设下，城乡间劳动力的单向流动不能缩小城乡差距。

情形 II：劳动力在城乡间双向流动

劳动力在城乡间双向流动意味着 $G_{LRC} > 0$、$G_{LCR} > 0$，故（11），（12）式分别变为

$$G_{YC} = \varphi(G_{LC} - G_{LCR}, G_{LRC}) \quad (19)$$

$$G_{YR} = \varphi(G_{LR} - G_{LRC}, G_{LCR}) \quad (20)$$

对（19）、（20）进行线性化处理有

$$G_{YC} = m_C(G_{LC} - G_{LCR}) + n_C G_{LRC} \quad (21)$$

$$G_{YR} = m_R(G_{LR} - G_{LRC}) + n_R G_{LCR} \quad (22)$$

由于 $\dfrac{\partial \varphi(G_{LC}', G_{LRC})}{\partial G_{LC}'} > \dfrac{\partial \varphi(G_{LC}', G_{LRC})}{\partial G_{LRC}} > 0$，$\dfrac{\partial \varphi(G_{LR}', G_{LCR})}{\partial G_{LCR}} >$

$\dfrac{\partial \varphi(G_{LR}', G_{LCR})}{\partial G_{LR}'} > 0$

故 $m_C > 0, m_R > 0, n_C > 0, n_R > 0$，由于 $m_C(G_{LC} - G_{LCR})$、$n_C G_{LRC}$ 与 $m_R(G_{LR} - G_{LRC})$、$n_R G_{LCR}$ 异质，但是 $m_C(G_{LC} - G_{LCR})$ 与 $n_C G_{LRC}$，$m_R(G_{LR} - G_{LRC})$ 与 $n_R G_{LCR}$ 对于城市和农村经济增长的贡献却是分别"同质"的，根据这一原理可继续对（21），（22）式进行线性化处理有：

$$G_{YR} = (k + n_R)G_{LCR} \text{ 或 } G_{YR} = (m_R + k')G_{LR} \quad (23)$$

$$G_{YC} = (l + n_C)G_{LRC} \text{ 或 } G_{YC} = (m_C + l')G_{LC} \quad (24)$$

由于本书的研究对象为城乡间流动的劳动力而非城乡各自的劳动力存量，因此我们采用第一种化简形式进行分析。

$$\frac{G_{YR}}{G_{YC}} = \frac{m_R(G_{LR} - G_{LRC}) + n_R G_{CR}}{m_C(G_{LC} - G_{LRC}) + n_C G_{CR}} = \frac{(k + n_R)G_{CR}}{(l + n_C)G_{LRC}} = \frac{(k + n_R)}{(l + n_C)} * \frac{G_{CR}}{G_{LRC}} \quad (25)$$

$\frac{(k + n_R)}{(l + n_C)}$ 是由城市流向农村劳动力的边际产出与由农村流向城市劳动力的边际产出之比,我们可称其为城乡劳动力流动带来的技能效应,而根据目前我国农业落后于工业,农村落后于城市的实际情况,技能效应是大于 1 的,因此农村和城市的经济增长率比就取决于 $\frac{G_{CR}}{G_{LRC}}$ 项,与技能效应类似,我们将该项称为城乡劳动力流动带来的数量效应,当 $G_{CR} > G_{LRC}$ 时,城乡劳动力流动带来的技能效应和数量效应都大于 1。因此,农村的经济增长率将大于城市经济增长率,城乡差距毫无疑问会逐渐缩小乃至消除。采取同样的方法对此过程进行模拟,具体模拟时各块参数设置如表 4-5 所示,其结果如图 4-7,在城乡劳动力资本异质的假设下,农村经济增长率将超过城市经济增长率,城乡差距也会随之缩小。

表 4-5　数值模拟的参数设置

$k + n_R$	$k + n_R$	$k + n_R$	$k + n_R$	$k + n_R$	$k + n_R$	$k + n_R$	$k + n_R$	$k + n_R$
0.44	0.62	0.78	0.91	1.00	1.20	1.32	1.46	1.60
$l + n_C$	$l + n_C$	$l + n_C$	$l + n_C$	$l + n_C$	$l + n_C$	$l + n_C$	$l + n_C$	$l + n_C$
1.60	1.46	1.32	1.20	1.00	0.91	0.78	0.62	0.44
$\frac{(k + n_R)}{(l + n_C)}$	$\frac{(k + n_R)}{(l + n_C)}$	$\frac{(k + n_R)}{(l + n_C)}$	$\frac{(k + n_R)}{(l + n_C)}$	$\frac{(k + n_R)}{(l + n_C)}$	$\frac{(k + n_R)}{(l + n_C)}$	$\frac{(k + n_R)}{(l + n_C)}$	$\frac{(k + n_R)}{(l + n_C)}$	$\frac{(k + n_R)}{(l + n_C)}$
0.28	0.42	0.59	0.76	1.00	1.32	1.69	2.35	3.64

当 $G_{CR} < G_{LRC}$ 时,农村经济增长率,城乡劳动力流动带来的技能效应大于 1,而数量效应小于 1,城乡差距能否缩小乃至消除取决于技能效应带来的正向影响能否弥补数量效应带来的负向影响,如果技能效应足够大,城乡差距依然能够缩小。在 $G_{CR} < G_{LRC}$ 的情况下,通过设定技能效应 $\frac{(k + n_R)}{(l + n_C)}$

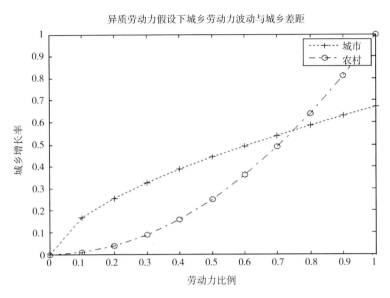

图 4-7　城乡劳动力异质性假设下劳动力单向流动与城乡经济增长过程模拟

的大小来模拟城乡经济增长过程，发现在 $G_{LCR} < G_{LRC}$ 的情形下，只要技能效应较大，城乡差距同样能够缩小。（模拟图 4-8）

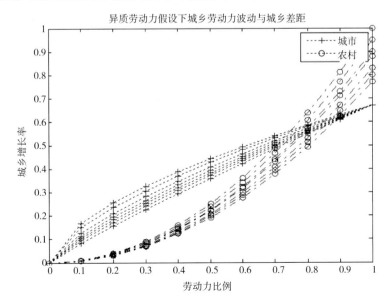

图 4-8　城乡劳动力异质性假设下劳动力双向流动与城乡经济增长过程模拟

根据上述两种假设四种情形的分析，本研究得到如下结论：在城乡劳动力资本均质的假设下，城乡劳动力的单向流动和双向流动都无法实际性地缩小城乡差距；在城乡劳动力资本异质的假设下，城乡劳动力的单向流动同样无法实际性地缩小城乡差距，而在城乡劳动力双向流动的情形下，如果由城乡劳动力流动带来的技能效应足够大，城乡差距将会逐渐缩小乃至消除。

（四）区域治理中缩小城乡差距的劳动力流动政策创新

本节通过研究发现，如果不考虑城乡劳动力的异质性以及流动方向，我国既有的城乡差距是不可能缩小乃至消除的。因此，旨在缩小城乡差距的区域治理政策创新必须将城乡劳动力的异质性以及流动方向作为政策制定的突破点和力点，据此，本研究提出以下三点建议。

1. 稳步推进以人为核心的新型城镇化战略，巩固现有城镇化成果，发挥城镇化战略的户籍改革作用

在区域发展差距、城乡差距较大以及公共资源分布极不均衡的背景下，贸然打破现在有些"不近人情"的户籍制度既不科学，所导致的后果发达区域和城市也无法承受。实际上，目前正在实施的以人为核心的新型城镇化战略本质上就已经是一种比较缓和的、逐步的、层次性的户籍制度改革方式。随着，我国城市化率的不断提高，越来越多的农民已经变为了市民，户口转移渠道也随之发挥作用。因此，区域治理中政府重点需要做好的是出台和完善保障这部分"新市民"公平的享受公共服务、切实提高生活质量的政策法规，这样不仅能够巩固现有城镇化已经取得的成果，同时还能为尚未城镇化的农民起到示范性的作用，从而推动城镇化战略的顺利进展最终使得越来越多的农民变成市民，进而缩小城乡差距。

2. 创新实施"半市民"落户政策，以点带面加快人口转移，发挥户口转移渠道作用

一般而言"半市民"指的是户口在农村，但是大部分时间都在城市生

活和工作的人，这部分人户口所在地尚没有适当的城镇化战略政策，故无法通过城镇化战略使之就近、就地成为市民。传统意义上的"半市民"特指农民工这一群体，但是本研究认为"半市民"这一群体还应该包括大学生这一群体，一方面大学生群体规模较大。据教育部数据公布，2012 年我国在校大学生数量在 3000 万以上；另一方面大学生毕业后顺利就业、落户城市也越来越困难。在这种情况下，政府不仅应该出台让"半市民"农民工落户城市的政策，同样应该出台让"半市民"大学生落户城市的政策，让想留在城市尤其是原本家在农村的学生能够顺利留在城市。这不仅要求落户政策的完善，同时保障房、廉租房政策也需要进一步完善，这样不仅能够保证"半市民"的权益，同时，还能以点带面更大程度的发挥户口转移渠道的缩小城乡差距的作用。当然，松绑户籍制度捆绑的公共服务保障，以居住证体现公允享受城市教育、医疗、就业、住房等共享发展的政策举措，也是有效稳定"半市民"在城市扎根，缩减城乡差距的关键举措。

3. 调整人才下乡战略方向，改善下乡人才结构，最大程度发挥技能效应

新农村建设的根本目的在于提高农村的发展水平，而人才下乡战略则是城市反哺农村战略的重要组成部分。然而，目前我国的人才下乡战略仍存在较大缺陷，其中最为明显的是下乡人才中的技术人才比例太低。以大学生村官群体为例，在该群体当中工农科学生所占比例远远低于文科类学生的比例，文科类大学生村官更多的是起到管理服务的作用，而工农科的学生往往能够直接在生产过程中发挥作用。在发挥技能效应方面，文科类的学生与工农科学生相比，其传播作用较小。因此，为了进一步加快农村和农业发展速度，应该调整人才下乡战略，加大技术化人才组成结构，引导更多的技术型人才流向农村。当然，掌握一定技术、资源、资金、经验的相关领域退休技术人员返乡支持农村发展兼顾自身生态养老，可能也是应该出台针对性政策鼓励的一个方面。

第三节　区域就业政策与充分就业

就业是民生大事，也是区域治理的重要内容之一。半个世纪以来，中国就业弹性系数呈现下降趋势，由于种种原因，经济增长对就业的带动作用正不断减弱。特别是在经济新常态下，经济增速放缓，对区域就业产生了一定的压力。因此，区域解决劳动力就业问题不能仅仅依赖经济的增长，应该从更微观的角度出发，消除阻碍就业的壁垒，促进劳动力供需的平衡。同样，区域就业政策也不应当仅仅只从就业的角度出发，更应当从就业政策对区域产业结构调整、劳动力素质提升、人口结构优化产生积极影响的战略高度出发。通过制定科学的区域就业政策，引导劳动力的发展和区域资源、环境、产业的发展协调有序。

一、区域就业增长的空间集散趋势分析

就业空间结构及其动态变化是城市与区域的重要研究内容之一。本节的研究以京津冀都市圈为例，采用两次经济普查就业数据，通过地理信息系统手段对京津冀地区就业增长的空间集散趋势进行分析研究。

（一）区域就业增长的空间集散态势

都市圈是城市经济演化的高级空间形态，就业空间分布正是刻画区域空间结构特征的重要变量。本研究以京津冀都市圈为例，首次利用两次经济普查的就业数据研究就业增长的空间集散特征。根据核密度分析结果，确定京津冀都市圈内的京津石为一级就业中心，唐保沧张为二级就业中心，秦承廊为三级就业中心。京津冀就业的整体空间集散特征表现为仍在进一步集聚，

且集聚特征趋于稳定。空间统计显示：京津冀都市区的重心在 2004 年和 2008 年均分布在廊坊境内，移动方向为东北向。北京、天津、石家庄、保定、唐山、沧州和廊坊所在的区域为京津冀都市圈的核心区，呈"东北—西南"分布模式。对比两年的变化可以得出，就业核心区范围在减小，密度在加大。再对其分产业和行业来看：三次产业中第三产业分布最为集中，第二产业就业分布最为均衡。其中生产性服务业仍在进一步集中，而生活性服务业已经在扩散。

近年来，随着经济全球化加速的发展，区域经济一体化的趋势也日益加强。国际上，以大都市圈为主要载体的城市经济，已成为发达国家城镇空间布局最为集约、要素配置最为高效、产业竞争力最为强劲的经济空间形态。[1] 就业空间分布也成为刻画城市与区域空间结构特征的重要变量之一，因为就业空间分布可以直接反映不同城市和区域居民白天的活动空间特征。[2] 从就业密度分布的视角分析都市圈经济的聚集与分散规律，对于揭示区域空间结构演化机制具有非常重要的理论价值。[3]

作为我国最重要的政治、经济、文化与科技中心，京津冀都市圈是我国参与全球竞争和率先实现现代化的世界城市区域。[4] 2010 年的第六次人口普查数据显示，京津冀都市圈的人口规模已达到 1.04 亿，占全国人口比重的 7.79%。京津冀地区人口密度近 4 倍于全国平均人口密度，高达 484 人/平方公里，是全国人口密度最高的地区之一。随着京津冀地区劳动适龄人口的不断增加以及经济结构调整力度的不断加大，就业已经成为该区域与高密度人口相伴而生的突出问题。同时，就业是与国计民生息息相关的重要课题，

---

① Fridemann, J.R., "The World City Hypothesis: Development & Change", *Urban Studies*, 1986, 23 (2), pp. 59-137.

② 沈体雁、张晓欢、赵作权：《东北地区就业密度分布的空间特征——基于两次经济普查数据的空间计量经济分析》，《经济地理》2012 年第 10 期。

③ 沈体雁、张晓欢、赵作权等：《我国就业密度分布的空间特征》，《地理与地理信息科学》2013 年第 1 期。

④ 李国平、陈秀欣：《京津冀都市圈人口增长特征及其解释》，《地理研究》2009 年第 1 期。

研究京津冀的就业集散问题为该区域内制定积极的区域就业政策、为我国主体功能区划提供定量的科学依据，尤其对解决该区域内经济空间布局存在疏密不均、过疏过密空间失调等问题，促进京津冀都市圈整体空间结构的优化具有重要的现实意义。①

　　一直以来，对区域空间结构的探讨是地理学家研究的重要领域之一。近年来，基于城市人口或就业人口分布的多核心空间结构及其演化、城市扩散形态，则已经成为学者的研究重点所在。②

　　自 20 世纪 50 年代以来，西方众多学者对城市人口空间分布展开定量研究。Clark 通过对 20 多个西方城市的研究归纳出单中心的负指数密度模型。随西方人口和就业的空间扩散，城市区域的空间结构表现出明显的多核心特点。③ 因此，相对于单中心模型，一些学者认为多中心模型可以更好地模拟城市的空间结构，既往的研究内容主要集中在两个领域，即就业次中心的识别和就业密度分布的空间模式研究。④ 在就业次中心的识别研究中，McDonald⑤（1987）提出就业密度和就业人口比是判断就业次中心的标准，McMillen 等⑥（2003）根据美国 62 个大城市数据给出首个和第二个次中心的具体人口数量。在就业密度分布的空间模式研究中，Small 等⑦（1994）对 70 年代洛杉矶的研究，提出洛杉矶人口分布属于多中心模型，

　　① 沈体雁、劳昕、张晓欢：《经济密度：区域经济研究的新视角》，《现代经济探讨》2012 年第 6 期。

　　② 冯健、周一星：《近 20 年来北京都市区人口增长与分布》，《地理学报》2003 年第 6 期。

　　③ 同上。

　　④ 刘霄泉、孙铁山、李国平：《北京市就业密度分布的空间特征.》，《地理研究》2011 年第 7 期。

　　⑤ McDonald, J.F., "The Identification of Urban Employment Subcenters", *Journal of Urban Economics*, 1987, 21(2), pp. 242-258.

　　⑥ McMillen, D.P., Smith, S.C., "The Number of Subcenters in Large Urban Areas", *Journal of Urban Economics*, 2003, 53(3), pp. 321-338.

　　⑦ Small, K.A., Song, S., "Population and Employment Densities: Structure and Change", *Journal of Urban Economics*, 1994, 36(3), pp. 292-313.

Giuliano[1]（1999）等提出靠近机场地区的就业次中心增长较快，纵观西方就业空间结构的研究结果，发现其开展研究的时间早，研究程度也较为成熟。

近年来，诸多国内学者也从各个角度对就业空间结构进行实证分析。周素红、闫小培[2]（2005）从居住和就业的均衡性着手，依据1996年广州基本单位街镇就业人口数据，分析了居住和就业的空间组织模式；朱宇[3]（2004）基于"四普"、"五普"数据，从空间角度研究得出上海人口和就业增长最快的是内圈；何流、黄春晓[4]（2008）则依据"五普"数据分析了南京市女性就业空间分布情况；王波、甄峰[5]（2011）采取就业密度分析方法，对南京市区的就业空间布局进行了实证研究；刘霄泉、孙铁山等[6]（2011）依据2004和2008两年的经济普查数据，研究得出北京的经济空间结构已经开始出现多中心发展的雏形；曾海宏、孟晓晨等[7]（2010）基于2001年基本单位普查和2004年经济普查数据，探讨深圳市就业空间结构的特征及演化。总的来看，关于就业及空间结构的研究从研究方法、研究对象等各方面不断发展，取得了一系列的成果。但是关于就业增长研究的空间尺度仍多集中在城市，时间上也多在2004年及之前。2004年之后，中国经济的高速发展对就业情况产生更加重要影响，但是对此时间段之后的就业研究

---

[1]　Giuliano, G., Small, K. A., "The Determinants of Growth of Employment Subcenters", *Journal of Transport Geography*, 1999, 7(3), pp. 189-201.

[2]　周素红、闫小培：《城市居住—就业空间特征及组织模式——以广州市为例》，《地理科学》2005年第6期。

[3]　朱宇：《1990年代上海市人口和就业变化的空间格局和国际对比》，《经济地理》2004年第6期。

[4]　何流、黄春晓：《城市女性就业的空间分布——以南京为例》，《经济地理》2008年第1期。

[5]　王波、甄峰：《南京市区就业空间布局研究》，《人文地理》2011年第4期。

[6]　刘霄泉、孙铁山、李国平：《北京市就业密度分布的空间特征》，《地理研究》2011年第7期。

[7]　曾海宏、孟晓晨、李贵才：《深圳市就业空间结构及其演变（2001—2004）》，《人文地理》2010年第3期。

却并不多见。因此，本研究的数据来源是采用 2004 年和 2008 年的经济普查数据，研究可得数据条件下就业增长的最新进展情况。

针对本节的研究对象——京津冀都市圈，目前开展的研究较为丰富。与就业相关的研究主要分为三类：一是针对某一种产业进行研究，如张旺、申玉铭①（2012）分析了生产性服务业空间集聚特征，赵继敏②（2008）对制造业进行了专业化分析，得出京津冀制造业专业化程度高于长三角的结论，马国霞、朱晓娟等③（2011）研究发现京津冀制造业产业链空间集聚度较低，但在逐年增长；二是集中在人口增长及迁移方面，如孙铁山、李国平等④（2009）基于区域密度函数分析了京津冀人口集聚与扩散及影响因素，李国平、陈秀欣⑤（2009）研究显示经济因素对京津冀都市圈人口增长的影响作用大于区位因素，李培、邓慧慧⑥（2007）研究结论认为，人均 GDP 差距已经成为影响京津冀人口迁移的首要因素；三是对就业及经济增长的现状分析和模拟⑦。

在区域经济发展中，由于资源、经济要素的空间分布组织状态各异，因而，就形成了各种经济活动的良好区位。在受经济活动内部经济、技术等联

---

① 张旺、申玉铭：《京津冀都市圈生产性服务业空间集聚特征》，《地理科学进展》2012 年第 6 期。

② 赵继敏：《京津冀地区与长三角地区制造业区域专业化特征分析》，《地域研究与开发》2008 年第 4 期。

③ 马国霞、朱晓娟、田玉军：《京津冀都市圈制造业产业链的空间集聚度分析》，《人文地理》2011 年第 3 期。

④ 孙铁山、李国平、卢明华：《京津冀都市圈人口集聚与扩散及其影响因素——基于区域密度函数的实证研究》，《地理学报》2009 年第 8 期。

⑤ 李国平、陈秀欣：《京津冀都市圈人口增长特征及其解释》，《地理研究》2009 年第 1 期。

⑥ 李培、邓慧慧：《京津冀地区人口迁移特征及其影响因素分析》，《人口与经济》2007 年第 6 期。

⑦ 王晓宇、李晓鹏：《京津冀地区就业现状分析》，《经济问题探索》2008 年第 5 期。王明浩、翟毅、刘玉娜：《京津冀经济区的研究》，《城市发展研究》2005 年第 1 期。马国霞、田玉军：《京津冀都市圈经济增长时空变化的动力机制》，《中国科学院研究生院学报》2012 年第 3 期。董冠鹏、郭腾云、马静：《京津冀都市区经济增长空间分异的 GIS 分析》，《地球信息科学学报》2010 年第 6 期。

系的制约条件下，为了提高经济效益，各种经济活动都会寻求到区位条件好的地方去发展，于是就产生了以资源、资金、技术、人员、信息、企业、部门等内容的区域经济活动的集聚与扩散。集聚具体是指要素、资源和部分经济活动等在地理空间上的集中趋向的过程。扩散具体是指要素、资源和部分经济活动等在地理空间上的分散趋向与过程。① 集聚和扩散的动力机制及空间表现各不相同，以下列举了二者形成、表现及联系。②（见表4-6）

表4-6　集聚扩散机制的形成与表现

	集聚	扩散
形成	（1）经济活动的区位指向 （2）经济活动的内在联系 （3）经济活动对集聚经济的追求	（1）避免集聚不经济 （2）寻求新的发展机会 （3）部分经济活动区位指向 （4）政府的政策作用
表现	（1）集聚产生极化现象 （2）加剧区域经济要素分布的不均衡 （3）促进发达地区、城市密集区、专业化地区、产业密集区等形成和发展 （4）引发和加剧经济发达地区与落后地区的马太效应	（1）就近扩散 （2）跳跃式扩散 （3）等级扩散 （4）随机扩散
二者联系	（1）在城市空间结构形成与发展的不同阶段，集聚与扩散机制发生的作用的强度不同 （2）集聚机制与扩散机制的作用都存在一定的惯性	

（二）研究的数据与方法

本节的研究对象是京津冀都市圈。研究地域范围包括北京、天津和河北省的石家庄、唐山、秦皇岛、保定、承德、张家口、沧州和廊坊8个地级市及下辖的158个区县。该区域是我国东部沿海三大都市圈之一，也是我国的政治、文化、科技中心，该区域总面积为183704平方公里，占全国国土面积的1.9%，2008年GDP占全国总量的11%，人口占全国总人口的7%。

---

① 覃成林、金学良、冯天才等：《区域经济空间组织原理》，湖北教育出版社1996年版，第82—83页。
② 李小建、李国平、曾刚等：《经济地理学》，高等教育出版社1999年版，第180—183页。

　　本次研究中收集的数据主要包括 2004 年第一次全国经济普查和 2008 年第二次全国经济普查的就业数据。两次经济普查的标准时点分别为 2004 年 12 月 31 日和 2008 年 12 月 31 日。普查对象是中国大陆境内从事第二产业和第三产业的全部法人单位、产业活动单位和个体经营户。本次研究中获得的两次经济普查数据已经过空间化处理,该数据来源于北京大学政府管理学院 GIS 与城市模拟实验室,空间化采用地址匹配的方法实现。

　　1. 京津冀就业分布形成三级就业中心

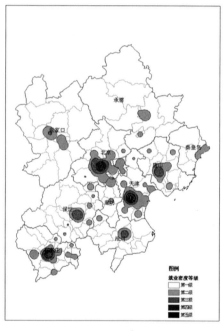

（a）2004 年　　　　　　　　　　　（b）2008 年

图 4-9　京津冀都市圈就业核密度分布

　　将各个研究单元的就业密度值赋予研究单元中心点,运用 Arcgis 软件进行核密度分析,并将就业密度划分五个等级,小于 0.3 人/km² 为第一级;大于 0.3 小于 5 人/km² 为第二级;大于 5 小于 50 人/km² 为第三级;大于 50 小于 150 人/km² 为第四级;大于 150 人/km² 为第五级;颜色越深表明等级越高，就业密度值越大。根据图 4-9 可以看到，从京津冀就业密度分布来看，京津冀地区经济空间布局现状具有多中心空间结构。北京是最大的中心大团，天津和石家庄紧随其后，中心区的就业密度均已达到第五级；唐山、保定、沧州、张家口中心市区的就业密度达到第三级；承德、秦皇岛和廊坊的就业密度停留在第二级。因而整体上，京津冀地区的就业密度仍由京津石三个中心大团所主导，且北京中心团最大，这表明京津冀经济空间布局仍是具有多中心主导的强中心结构。因此，本研究将北京、天津、石家庄划分为京津冀都市圈的一级就业中心，唐山、保定、沧州、张家口分为二级就业中心，承德、秦皇岛和廊坊划分为三级就业中心。

对比 2004 年和 2008 年核密度分析结果，除北京市区西南方向的房山区就业密度圈下降之外，其余各地就业密度圈均有增加，其中增长较为明显的是石家庄和天津。北京房山区就业下降的主要原因是为了有效促进首都工业产业结构调整，房山区的大量资源消耗型产业快速有序退出，使得房山区就业压力增大，就业形势较为严峻。在就业密度增长显著的地区中，石家庄地区东部的晋州市、辛集市就业密度圈已经连为一体，北部的新乐市增长从无到有跨入到第二就业密度级。天津市西北部的武清区到 2008 年已经与市区连为一体，其西南部的宝坻区发展迅速，也已与市区连接进入第二级。此外，唐山、保定也有部分下辖区县增长明显。

总体来看，京津冀都市圈就业分布具有非常明显的地域差异，北部、西北部山区就业密度较低，而南部、东南部平原地区就业密度显著较高，各城市市区之间以及市区和市区以外区县之间人口密度差异显著。平原地区的就业集中分布在以北京为起点，沿北京—保定—石家庄、北京—天津—沧州和北京—唐山的三条轴线上。这三条轴线所覆盖的区域也是京津冀都市圈就业增长较快的地区，这与京津冀人口快速增长区类似。①

---

① 孙铁山、李国平、卢明华：《京津冀都市圈人口集聚与扩散及其影响因素——基于区域密度函数的实证研究》，《地理学报》2009 年第 8 期。

2. 京津冀就业的集散趋势分析

（1）京津冀都市圈整体就业在集聚

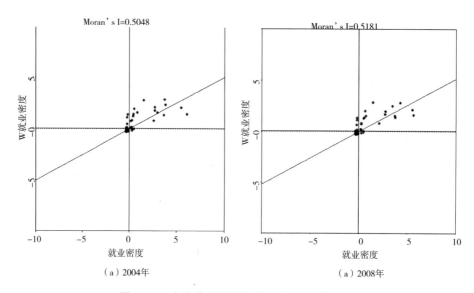

图 4-10 京津冀都市圈就业密度 Moran 散点图

根据 2004 和 2008 两年京津冀地区各区县的就业密度数据，分别进行全局空间的自相关分析（见图 4-10），对比两年的 Moran's I 数值变化，由 0.5048 增加到 0.5181，表明京津冀都市圈就业情况整体上仍呈现出集聚状态。在 Geoda 中采用蒙特卡罗模拟的方法来检验 Moran's I 的显著性，得出在 99.9% 置信度下该空间自相关检验是显著的。Moran's I 值为正且增大，因而，可以认为从区县尺度上看，京津冀地区都市圈的就业集聚为空间正相关，即各区县表现出相似值之间的空间聚集，也就是就业集聚地区互相邻接、产业集聚互相邻接的现象较为明显，且呈现进一步集聚的趋势。京津冀地区多数区县位于第一和第三象限内，为正的空间联系，2004 年，11% 属于高—高集聚类型，而 82% 的区县属于低—低集聚。而且，位于第三象限内的低—低集聚类型的区县比位于第一象限内的高—高集聚类型的区县更多。表明京津冀都市区内大部分区县属于低就业区，也有少部分集聚成为高

就业区，其不平衡分布的特征明显。2008 年，低—低集聚的区县数量仍占
82%，高—高集聚的区县数量则进一步上升至 12%。而高—低集聚和低—高
集聚区分布比例较低，维持在 6% 左右。对比 2004 和 2008 年的分布图，可
以发现大部分区县的所属自相关类型不变，仅有保定的新市区由第二象限变
为第一象限，即从低高异质区变为高高热点区。说明京津冀都市区就业的集
聚特征整体稳定，二级的就业中心如保定的中心性在增强，次一级的增长极
在集聚劳动力就业。

　　图 4-11 显示了 2004—2008 年京津冀都市区就业增长过程中异质性的空
间变化：①高—高集聚类型区域。2004 年，高—高集聚主要分布在北京市
的城八区、天津市的城六区和石家庄的老城区；到了 2008 年，高—高集聚
依旧为这些地区，反映出高—高集聚的稳定性特征。②低—低集聚类型的区

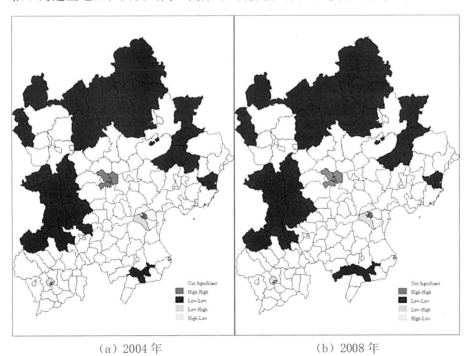

（a）2004 年　　　　　　　　　　（b）2008 年

图 4-11　京津冀都市圈就业密度集聚类型分布

域。2004 年，低—低集聚类型的分布以张家口、承德、保定西部、唐山北部以及秦皇岛和沧州的部分区县为主；而到了 2008 年，低—低集聚类型的分布仍然基本不变，唐山和沧州属于该类型的比例却有所增加，反映了次级就业中心在快速发展的同时，吸引了周边地区劳动力的流入，减缓了周边地区的经济发展。③高—低集聚和低—高集聚类型区域。这两个类型的区县在整个京津冀都市圈中较少，只有部分环绕天津和石家庄市区。

（2）就业从中心以集聚程度高低相间的形式向外扩散

为了进一步明确整个地区集聚变化，本研究重点考察了各级就业中心的局部 Moran's I 数值变动。①一级就业中心。北京市的崇文区、宣武区局部 Moran's I 下降，而东城区、西城区、海淀区、朝阳区的局部 Moran's I 增加，外围的昌平区、顺义区、房山区、通州区、大兴区、门头沟区和石景山区局部 Moran's I 下降，更加外围的密云县、延庆县、平谷区、怀柔区的局部 Moran's I 增加，形成增减相间的圈层结构。（见图 4-12）天津、石家庄的局部 Moran's I 空间变化同样有此特征。推测原因是由于中心城区就业密度下降，导致集聚程度的衡量指标即局部 Moran's I 减小，集聚程度降低。而自相关是根据邻接矩阵计算获得，因此，中心城区与相邻地区的局部

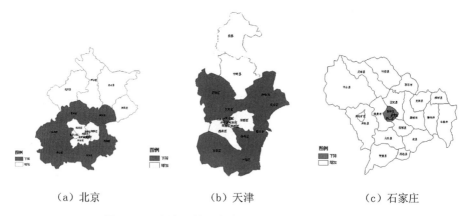

（a）北京　　　　　　　　（b）天津　　　　　　　　（c）石家庄

图 4-12　京津石就业密度 Moran's I 数值变化分布

Moran's I 密切相关，会导致周边地区局部 Moran's I 增大，进而使更加外围的区县局部 Moran's I 下降，产生一定的圈层结构。②二级就业中心。在二级就业中心中唐山的开平区和路北区，张家口的下花园区，和保定的满城县局部 Moran's I 下降，说明这些区县就业的集聚程度下降，但是幅度较小尚未影响到周边地区形成圈层结构。③三级就业中心。承德的双桥区、秦皇岛的海港区和山海关区局部 Moran's I 下降，同样下降幅度较小，尚未形成圈层结构。

（3）就业分布呈"东北—西南"分布模式

就业空间分布的整体增长趋势可以用描述二维空间变量的特征来描述。① 本研究通过就业重心的方法分析人口分布的集中趋势，通过标准距离圆分析就业分布的离散趋势。就业重心，也即是说一个区域内就业分布的平均点，是度量就业分布的一个重要指标。因此，研究重心的移动方向和移动距离有助于了解就业人口再分布的方向和强度。② 首先，可以看到，两年京津冀都市区的就业重心均分布在廊坊境内，这说明都市圈的就业整体偏南。这其中最主要的原因是由于北部山区经济发展远远落后于南部平原地区，即使有北京、天津两座特大城市位于偏北地区具有一定辐射带动作用，但仍不敌地理上的空间变量。其次，从图4-13局部放大图可以看出就业密度重心向东北方向移动，这主要是由于京津唐的就业近年来仍在进一步增加，且快于西南部就业增长。

标准差指出观测值偏离平均值的程度，标准距离反映出区域内就业分布偏离就业重心的程度，并采用距离单位表达。③ 标准距离在地图上表达其形状为一个圆，即标准距离圆。由于考虑到方向上的偏离，而采用标准距离椭圆代替。就业重心是椭圆的中心，旋转角是就业分布的主要方向，长轴长即

---

① 赵作权：《地理空间分布整体统计研究进展》，《地理科学进展》2009年第1期。
② 俞路、张善余：《近年来北京市人口分布变动的空间特征分析》，《北京社会科学》2006年第1期。
③ 赵作权：《地理空间分布整体统计研究进展》，《地理科学进展》2009年第1期。

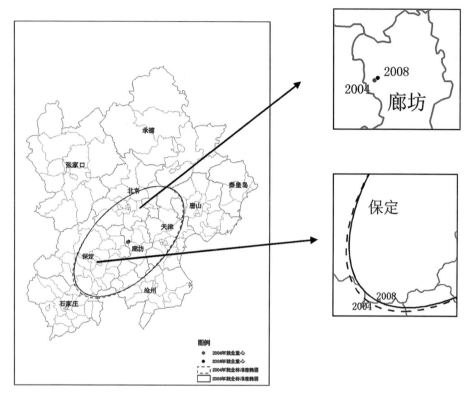

图 4-13　京津冀就业密度的整体增长态势

代表就业分布在主要方向上偏离就业重心的程度，短轴长代表就业分布在次
要方向上偏离就业重心的程度。首先，两年的就业标准离差椭圆范围差别很
小，同样说明近年来京津冀的就业核心区域变化不大，同前文结论一致。由
图中可见，就业标准离差椭圆的范围包含廊坊的全部，北京、天津、保定、
石家庄、唐山、沧州的部分地区。这些地区基本都是近年来发展迅速、经济比
较发达的地区，可以说是京津冀都市圈经济发展的核心区域。其次，两年的人
口标准离差椭圆的旋转角几乎完全相同，与正东方向大约成 45 度角，说明京津
冀都市圈的就业分布呈"东北—西南"分布模式。在这个方向上京津冀都市圈
就业人口分布最多，代表了京津冀的就业分布的主要方向。再者，三年的人口
标准离差椭圆的长轴长有缩小的趋势，短轴有增大的态势，说明京津冀的就业

分布在主要方向上有向内收缩、次要方向上有向外扩张的趋势。因此，在展布范围上，有向核心区进一步缩小的趋势，反映出核心区的分布向核心集中。

空间密集度指数是指所研究空间上的就业人数与标准差椭圆的面积之比，通过计算就业密度的空间标准差和径向距离，发现京津冀地区就业密度从整体上呈现出了西北—东南方向空间扩张、东北—西南方向空间收缩的趋势（见图 4-13 和表 4-7），但整体空间展布性有所降低（2008 年就业标准差椭圆面积小于 2004 年就业标准差椭圆的面积）。由表 4-7 可知，2008 年，京津冀地区就业分布的空间密集性指数大于 2004 年就业分布的空间密集性指数，所以，从 2004 年到 2008 年间，京津冀地区就业空间的密集性在增加。因此，京津冀核心区变小变密反映了核心区的经济持续高速发展，与边缘区的差距越发拉大，极化效应愈加明显。

表 4-7　京津冀就业密度整体增长态势的空间统计结果

年份	2004	2008
就业重心（x，y）	（116.278，39.219）	（116.307，39.234）
标准差椭圆面积（km²）	39472.9777	39319.1824
标准差椭圆长轴（m）	155206.0810	153279.0670
标准差椭圆短轴（m）	80961.6645	81659.8816
空间密集性指数	43.5451	43.9527

（4）一产就业分布扩散，二产三产就业分布集中

当前，有多个指标可以衡量产业集聚度，如区位商、E-G 指数、Hoover 系数、区域基尼系数、赫芬达尔指数等。综合考虑到数据可得性、结果精确性等因素，本研究用基尼系数的方法测度京津冀都市圈就业的产业集聚度。该方法的价值在于直观简便，它的值在 0 与 1 之间变动，越接近 1 表明产业集聚值越大，即产业在地理上愈加集中。[①] 基本公式如下：

----

① 吴学花、杨蕙馨：《中国制造业产业集聚的实证研究》，《中国工业经济》2004 年第 10 期。

$$G = \sum_i (S_i - X_i)^2$$

式中：Xi 是一个地区就业总人数占上位区域总就业人数的比重；Si 是该地区某产业就业人数占上位区域该产业总就业人数的比重。G 系数越大，表示某产业在地理上的集聚程度越高。G 取值范围为 0—1。为测度京津冀都市圈就业各行业的空间集聚程度，将相关基础数据代入计算公式，计算出 2004—2008 年就业整体和各行业的 G 值。

表4-8　2004 和 2008 年京津冀都市圈各行业的空间基尼系数

	2004	2008	变化率	排名
农、林、牧、渔业	0.2347	0.2758	17.49%	8
采矿业	0.0747	0.0492	-34.15%	19
第一产业	0.0726	0.0476	-34.35%	
制造业	0.0078	0.0108	38.68%	4
电力、燃气及水的生产供应业	0.0253	0.0191	-24.44%	18
建筑业	0.0028	0.0048	68.91%	3
第二产业	0.0050	0.0078	56.50%	
交通运输、仓储和邮政业	0.0150	0.0269	79.45%	1
信息传输、计算机服务及软件业	0.1274	0.2195	72.32%	2
批发和零售业	0.0079	0.0061	-22.82%	17
住宿和餐饮业	0.0182	0.0161	-11.35%	13
金融业	0.0510	0.0603	18.25%	7
房地产业	0.0215	0.0187	-12.70%	14
租赁和商务服务业	0.0413	0.0432	4.58%	9
科学研究、技术服务和地质勘查业	0.0406	0.0483	18.86%	6
水利、环境和公共设施管理	0.0042	0.0037	-12.97%	15
居民服务和其他服务业	0.0225	0.0188	-16.48%	16
教育	0.0030	0.0038	29.54%	5
卫生、社会保障和社会福利业	0.0034	0.0034	1.77%	10
文化、体育和娱乐业	0.0297	0.0288	-2.81%	12
公共管理和社会组织	0.0066	0.0067	1.12%	11
第三产业	0.0049	0.0051	3.93%	

表 4-8 结果显示：第一产业就业分布更加扩散，而第二产业和第三产业仍在进一步集中。从具体分行业来看，2004 年至 2008 年，京津冀 19 个行业的空间基尼系数中有 11 个是增长的，这 11 个行业呈现集聚趋势，其余的 9 个行业的空间基尼系数增速为负，其增速的算术平均值为 -28.56%，说明这些行业出现了一定程度的逆集聚，即扩散的趋势。其中交通运输、仓储和邮政业的空间基尼系数增长最快，四年间空间基尼系数增加了 79.45%；而负增长最大的是采矿业，其空间基尼系数出现了增速为 -34.15%。在呈现集聚趋势的行业中，按空间基尼系数增长程度进行降序排列，依次包括：交通运输、仓储和邮政业，信息传输、计算机服务及软件业，建筑业，制造业，教育，科学研究、技术服务和地质勘查业，金融业，农、林、牧、渔业，租赁和商务服务业，卫生、社会保障和社会福利业，公共管理和社会组织。集聚程度增长较快的多属于生产性服务业，而生产性服务业是与制造业直接相关的配套服务业，是从制造业内部生产服务部门而独立发展起来的新兴产业，集聚倾向性更强。

在呈现扩散趋势的行业中，按空间基尼系数降低程度进行升序排列，依次包括：采矿业，电力、燃气及水的生产供应业，批发和零售业，居民服务和其他服务业，水利、环境和公共设施管理，房地产业，住宿和餐饮业，文化、体育和娱乐业。这些呈扩散趋势的产业，大都属于生活性服务业。因为产业的地域性不强，或者原材料来源趋于分散，决定了最终空间基尼系数降低。

（三）区域就业空间集散趋势的结论

就业空间结构及其动态变化是城市与区域的重要研究内容之一。本研究以京津冀都市圈为例，采用两次经济普查就业数据，通过地理信息系统手段进行研究，得出如下结论：

第一，就业总体分布是以北京为首的京津石三大城市为京津冀经济活动主要集中区的空间格局。根据核密度分析结果，将北京、天津、石家庄划分为京津冀都市圈的一级就业中心；唐山、保定、沧州、张家口分为二级就业中心；承德、秦皇岛和廊坊划分为三次就业中心。

第二，自相关的分析结果显示，京津冀都市圈就业情况整体上仍呈聚集趋势，HH、LH、LL、HL四类集聚区的集聚特征保持基本稳定，次一级的就业中心的中心性在增强，反映出次一级的增长极在加速集聚就业劳动力。

第三，2004年和2008年，京津冀都市区的就业重心均分布在廊坊境内，表明都市圈的就业整体偏南，但就业密度中心向东北方向移动。标准差椭圆涵盖北京、天津、石家庄、唐山、保定、沧州和廊坊地区，为京津冀都市圈的核心区，呈"东北—西南"分布模式。对比两年变化，可以得出在展布范围上核心区有进一步缩小的趋势，反映出核心区的分布向核心集中；空间密集性指数在增加，反映出京津冀就业空间的密集性在增大，极化现象仍在进一步加剧。

第四，总体就业空间集中性较强，三次产业中第二产业就业分布最为均衡，第三产业分布最为集中。其中在第三产业中：以交通运输、仓储和邮政业，信息传输、计算机服务及软件业等为主的生产性服务业仍在进一步集中，而以批发和零售业，居民服务和其他服务业等为主的生活性服务业却在扩散。

二、典型区域的就业形势与对策分析

新常态下，中国经济发展的新特征使得以往许多旧有问题的解决要依靠新的思路与方法，尤其是关系民生的就业问题。随着我国经济转型升级的不断深入，整体产业对劳动力的依赖性呈下降趋势，人员雇佣量减少，就业问题阶段性愈加突出，主要问题是总量压力和结构性矛盾并存。为了解区域就业和社会保障在经济结构转型与人口老龄化的影响下呈现出的动态变化规律，并根据今后的经济发展形势，为"十三五"期间区域治理中的就业、社会保障与人口结构优化方面的政策制定提供理论参考与支持。本章选取南京展开区域就业形势、对策与人口结构优化研究。

南京处于经济社会转型的深化期，受资源禀赋条件、劳动力成本上升、环境污染严重、土地利用空间有限等客观条件限制，南京市正加快经济结构、产业结构调整，加速产业转型升级，构建现代产业体系。南京十三五期间经济转型将进入攻坚期，表现在投资结构继续改善，新兴产业和高技术产业发展较快，节能降耗成效明显。现阶段南京市明确发展新一代信息技术、生物、节能环保、高端装备制造、新能源、新能源汽车等六类产业，整体产业从资源、劳动力密集型向高附加值的方向转变。同时，截至 2013 年底，南京市 65 岁及以上老年人口比重达到 9.90%，已远远超过了 7% 的老龄化社会国际标准。南京市正在步入老龄化社会，未来"十三五"期间，这一趋势将进一步加重，事实上，老龄化给南京市经济社会带来的既是挑战也是机遇。

当前，南京劳动力就业市场虽然整体健康稳定，但其内部已经存在较为显著的结构性矛盾。一是大学生的就业难问题，当前，高校毕业生迎来了更大的就业压力；二是低端劳动力的短缺。大部分新生代劳动力对于一些繁重的体力工作岗位完全没有兴趣，例如建筑等行业。随着南京本地农村劳动力基本转移完毕，低端劳动力的供给更加依赖外来务工人员的补充；三是技术技能型劳动力短缺。很多企业存在大量的一线技工缺口，这与目前的大学生就业难形成了鲜明对比。

当前，劳动力市场上出现的大面积结构性失衡局面，实际上是经济结构失衡的一个具体反映。一方面，技术技能型人才的缺乏，反映了当前的人才供给状况无法为产业升级提供充分的支持。中国始于 1999 年的高校扩招政策，使得高校大学生的劳动力供给在过去 13 年间增长了 7 倍（2000 年高校本、专科毕业生仅 95 万），但是以培养技能为主的技校、中专每年向社会输送的人才反而在大幅度减少，职业教育不受"待见"，兼之对职业教育投入相对较少，目前职业教育已经存在严重短板，不少地区都面临生源短缺的状况。而另一方面，大学生就业难，则反映了我国第三产业发展不充分的现实状况。当前一些最容易吸纳大学生就业的金融、教育、医疗等行业仍然存在一定的管制，市场开放程度较低，导致岗位的供给严重不足，这是大学生就业难的一个重要原因。人社部的数据显示，2012 年我国第三产业吸纳的就业占比为 36.1%，而美国这一比例则高达 81%。由此可见，加快发展服务业、转变经济增长方式已经迫在眉睫，这不仅可以提高经济增长的质量，也是促使劳动力市场长期稳定的重要保障。

导致劳动力结构失衡的一个重要原因是观念的问题。一方面，社会理念视高等教育为正途，随着高校的扩招，大学生的人数不断膨胀；另一方面，长期以来体力劳动低人一等的观念使得技能型教育大大落后于社会的实际需求，技能型的蓝领工人极其缺乏。由此，产生了大学生的供给在某些城市大于需求，而技术型的工人又求之不得的局面。此外，大学生的创业观念和创业能力不强，而创业往往能够激发更多就业。南京市通过"万名青年大学生创业计划"、"321 人才计划"等措施，鼓励大学生自主创业，以创业带动就业，将优秀的人才资源留在南京，有效优化了南京市的人口年龄结构和人口质量结构。

"十三五"期间，南京市人口老龄化趋势将进一步加重，老龄化给南京市就业带来了新挑战和新机遇。能否有机处理好人口老龄化和经济转型的关系，对南京市未来经济的可持续发展至关重要。虽然，从总体上来看，老龄化将导致劳动适龄人口下降，劳动力供给相对减少，劳动生产率降低；人口红利不断消失，经济增速不断放缓；社会保障支出急剧增加，加剧财政负担等不利影响。但人口老龄化也可以对区域转变经济发展方式，调整优化经济结构，促进经济转型提供一种倒逼机制。因为，随着老年人口越来越多，老年人口需求在社会总需求中的比例会越来越高，老龄产业、老龄事业也将面临前所未有的发展机遇，尤其是老龄金融业、老龄用品业、老龄服务业和老龄房地产业等方面的需求更是潜力巨大，这将在很大程度上改变需求与消费结构，形成新的经济增长点和新的就业机会。此外，由于南京"特大型城市"对周边劳动力的吸引作用，外来劳动力可以不断为南京市劳动就业市场补充新鲜的血液，在单个城市的角度上有效改善了南京的人口年龄结构，也降低和缓解了人口老龄化对经济发展的不利影响。

（一）南京"十三五"经济转型期就业问题的主要矛盾

所谓的经济转型期，是指我国经济体制从传统计划经济体制向现代市场经济体制的转轨、过渡时期。这一时期，我国将逐步淡化传统计划经济体制对资源配置的影响，转向建设现代市场经济体制，并使市场机制在对资源的配置中起到主导作用。

在中国经济体制改革进程中，就业问题日趋成为中国政府所面临的一个十分严峻的社会问题。中国政府从亿万人民的根本利益出发，一直高度重视就业问题，《中国的就业状况和政策》（白皮书）明确表述：中国有 13 多亿人口，是世界上人口最多的国家。在中国，解决就业问题任务繁重、艰巨和紧迫。按照《中华人民共和国宪法》、《中华人民共和国就业促进法》等法律规定，中国政府积极采取各种政策措施，全力促进就业增长，公平保障劳动者的就业权利，不断满足劳动者的就业需求。

当前，南京市总体就业局势基本平稳，但也还面临着影响就业的诸多不确定因素，总体就业形势依然比较严峻。总结起来，南京经济转型期的就业问题存在的主要矛盾包括：

1. 复杂多变的经济形势加大了就业压力

2014 年以来，南京市经济形势总体向好，但企稳回升的基础尚不稳固，南京市乃至全国经济增长速度下调将成为"新常态"下的一种趋势，GDP增速下降带来的一个主要问题是能否满足全社会就业的需求，根据学者们的研究，每年 8% 的经济增速方能满足全社会的就业需求，因此，南京"十三五"期间可能出现的经济增速下滑将影响着经济对就业的拉动能力。同时，部分领域产能过剩、生态环境压力、资源能源制约等矛盾倒逼全市经济结构的调整和转型升级，传统劳动密集型行业面临着较大压力，现有很多就业岗位可能流失，新的就业增长点需要长期培育，产生区域性、行业性、阶段性失业风险的可能增加，为南京就业工作的平稳发展增加了诸多变数。

南京"十三五"期间就业工作的主要矛盾就是要在 GDP 增长放缓的必然趋势下，满足每年的新增就业需求，且通过高质量的产业结构、经济结构来促进高质量的就业。

2. 劳动力总量压力依然存在

南京市近年来劳动年龄人口改变了连续上升的趋势，就业总量压力有了一定的缓解。根据最新数据显示，2014 年的第一季度，南京市的用人单位通过人力资源市场招聘各类人员 9.33 万人，环比增长 9.43%，同比增长 27.89%，进入人力资源市场求职者的人员为 9.22 万人，环比增长 33.96%，同比增长 39.16%，求人倍率为 1.01，说明南京市的供求结构基本平衡。但仍然不可忽视的是南京市现阶段劳动力供给总量仍然处于高峰期，特别是 2014 年又是高校毕业生数量创历史新高的一年，南京地区高校毕业生达 26 万以上，要想把大学生作为人才资源更多的留在南京，就需要开发更多的适合大学生的就业岗位。

3. 就业结构性矛盾在一定时期内调整加剧

在就业总量面临挑战的同时，结构性矛盾也更加凸显，其实际表现是部分劳动者"就业难"与部分企业"招工难"的"两难"问题并存。在不同的经济发展阶段和产业结构条件下，社会对劳动力素质要求的不同，会产生不同的社会就业结构。在经济起步阶段，各产业急需大量劳动力来创造出社会需要的产品，因而对劳动力的素质要求不高；而在经济转型深化时期，经济、社会、科技进入了更高水平的发展阶段，对劳动力的素质要求就会相应提高。目前，从南京市劳动力的文化水平结构和技能结构状况来看，劳动者的素质整体不高，而社会上急需的高水平人才又难以在短期内培养出来，于是，导致了就业的结构性失衡问题。

随着经济结构调整的深入推进，求职者就业技能与产业的发展和用人单位的需求不匹配，使得技能人才短缺问题日趋凸显，就业结构性矛盾将会更加复杂。从数据分析看，南京市减员最多的仍然是住宿餐饮业和制造业这些对劳动者就业素质要求较低的行业。对于南京市来说，解决这一问题的关键就是依靠健康积极的产业政策，吸引更多的高精尖人才前来就业创业。

4. 就业问题主体分布较为集中

在经济转型时期，就业问题的主体分布较为集中，主要表现为应届毕业大学生、城镇失业人员、农村向城镇转移的剩余劳动力这三大群体。由于大学扩招政策的实施，近几年来，应届毕业大学生的数量逐年增长，而每年未能实现就业的大学生数量逐年累积之后达到的总量已经成为一个不容忽视的数目。由于高校培养的大学生存在着难以满足企业用工需求、高精尖人才匮乏等一系列问题，大学生就业现状日益严峻。大学生是社会利用众多资源培养出来的一笔宝贵的人力资源财富，如果不能够对其充分利用，不但会造成人力资源的闲置浪费，还会引发一系列社会问题。

南京是聚集约29万大学生的"大学城"，就南京市而言，更愿意把这种所谓的就业"负担"转化为优质的人才资源，帮助南京发展成为新型城市。近几年来，南京启动了"321"人才计划等项目，鼓励优秀的大学生留在南京创业就业，以带动城市的发展。而且，南京市委、市政府将促进大学生就业作为约束性的硬指标，大力重视大学生就业难这一问题，努力改善大学生就业环境。此外，在大学生就业这一问题中，大学生也必须充分重视自身因素，避免眼高手低，改善就业观念。

5. 农村向城镇转移的剩余劳动力且劳动力自由流动存在制度障碍

经济转型深化阶段，也是在工业化、城镇化不断发展的时期，城镇的大量生产部门需要农村劳动力来弥补内部的低薪、低技能岗位空缺。而农业生产技术的不断进步和农业劳动生产率的不断提高使大量农村劳动力从土地中解放出来，大量涌入城镇，但城镇生产部门所能提供的生产岗位数量是有限的，并且有些岗位也会优先考虑城镇劳动力。由于农村剩余劳动力的文化水平普遍低于城镇同年龄段群体，使他们在竞争中处于劣势，并且，在现代化社会，城镇人口存在一种城市优越感，他们会歧视来到城镇寻找工作的农村劳动力，这些因素都会影响由农村向城镇转移的剩余劳动力在城镇发展中顺利实现就业。

南京还需要在促进劳动力自由流动，充分发挥市场在劳动力资源配置中的决定性作用，逐步消除制约劳动力自由流动的制度障碍，在提高劳动力资源配置效率方面发力，以促进南京进一步释放人口红利和改革红利。

6. 人口老龄化对就业的"双刃剑"影响

随着人口红利的逐渐消失和人口老龄化比重的加大，人口老龄化也成为经济转型期的主要矛盾之一。据有关资料显示，2015 年前后，我国将由"人口红利期"转变为"人口负债期"。"十三五"期间，南京市人口老龄化趋势将进一步加重，如何未雨绸缪，把挑战变成机遇，是南京市制定就业策略必须提前思考的问题。

人口老龄化是每个城市发展的必然结果，想从根本上解决人口老龄化的负面影响，必须依靠城市自身的发展，只有通过实施健康的产业政策、依靠优质的人力资源才能缓解人口老龄化带来的压力。

7. 劳动力就业观念落后等其他社会矛盾

劳动力的就业观念落后主要表现在劳动力自主创业意识不强、择业观念不正确等方面，创业是解决就业的一大关键途径，在创业意识普遍不强烈的前提下，就业现状很难被有效改善。此外，经济社会转型期还将面临高精尖人才匮乏、劳动力需求层次与供给层次失衡、现行教育体制培育出来的劳动力与市场需求不匹配、劳动力的流动受到户籍等制度的障碍等诸多矛盾。

（二）"十五"以来南京就业形势的分析与预测

针对本章的研究重点，下面将针对"十五"以来，经济社会转型面临的产业结构升级、人口老龄化等主要矛盾，对南京市的就业状况进行回顾，分析进入 21 世纪以来，南京市的就业现状，以期对"十三五"做出较为准确的预测，并为未来发展提出针对性政策与建议。本部分主要通过定量与定性相结合，分析"十五"以来南京经济转型期的主要矛盾，即产业结构升级、人口老龄化、新型城镇化的发展对南京市就业形势的影响，以现有数据为依托，以期对未来做出合理预测。

1. 南京产业结构变化对就业总量的影响分析

南京市"十二五"时期，进入经济结构、产业结构调整的攻坚期，产业转型升级加速，现代产业体系构建逐步完善。现阶段，南京明确发展战略性新兴产业，包括新一代信息技术、生物、节能环保、高端装备制造、新能源、新能源汽车等六类产业，整体产业从资源、劳动力密集型向高附加值的方向转变。同时，南京市就业量总体呈上升趋势。截至 2012 年，南京市总从业人员达到 478 万人，比 1999 年的 266.81 万人上涨了 211.19 万人，年均就业增长率为 6.09%。

当然，影响就业总量的因素非常复杂，包括资本投入量、产业结构升级、经济增长水平、居民收入水平以及受教育程度等。本研究只考虑产业结构升级对就业总量的影响。在这个方面，普遍存在着两种对立的观点，即产业结构升级对就业具有抑制作用或对就业有促进作用。产业结构升级对就业的抑制作用源于产业升级后对劳动力依赖性下降，第三产业产值比重增大，同时知识密集型和资本密集型企业增多，一批劳动力有可能会由于知识结构或适应性差而失去工作，而这样的劳动力在现今社会中比较普遍。摩擦性失业与结构性失业增加，导致就业总量下降。然而，产业结构的升级遵从了社会生产力发展的要求，在很大程度上提高了资源配置效率，带来对就业的促进作用，使得劳动生产率大大提高，企业随之扩大经济规模，可以吸纳更多的劳动力就业。

为了探寻产业结构升级对就业总量的影响是正向还是负向，本研究采取时间序列模型。模型选取 1999—2013 年数据，以南京市就业总人数为因变量，以产业结构调整方向（用 GDP 总值中第三产业产值所占比重代表产业结构调整方向）为自变量进行分析。（见表 4-9）

表 4-9　南京三次产业产值与就业人数

年份	总从业人数（万人）	总人口（万人）	第一产业产值（亿元）	第二产业产值（亿元）	第三产业产值（亿元）	生产总值（亿元）	第一产业产值占比	第二产业产值占比	第三产业产值占比
1999	266.81	544.8885	51.1775	435.9479	412.2948	899.4202	5.69%	48.47%	45.84%
2000	266.77	544.89	55.0117	494.0811	472.2055	1021.2983	5.39%	48.38%	46.24%
2001	266.66	553.04	58.9959	546.8589	544.4486	1150.3034	5.13%	47.54%	47.33%
2002	270.27	563.2753	62.3991	613.9006	621.2728	1297.5725	4.81%	47.31%	47.88%
2003	280.68	572.2262	65.12	804.49	706.72	1576.33	4.13%	51.04%	44.83%
2004	306.74	583.6016	70	1003.99	993.19	2067.18	3.39%	48.57%	48.05%
2005	316.69	595.7992	80.04	1200.28	1130.79	2411.11	3.32%	49.78%	46.90%
2006	339.11	607.2261	82.02	1359.94	1331.82	2773.78	2.96%	49.03%	48.01%
2007	367.81	617.1667	86.44	1607.22	1590.07	3283.73	2.63%	48.94%	48.42%
2008	374.6	624.4613	119.4	1771.28	1923.94	3814.62	3.13%	46.43%	50.44%
2009	407.7	629.773	129.18	1930.66	2170.42	4230.26	3.05%	45.64%	51.31%
2010	457.75	632.4244	142.28	2327.86	2542.5	5012.64	2.84%	46.44%	50.72%
2011	468.34	636.3641	164.27	2760.84	3220.41	6145.52	2.67%	44.92%	52.40%
2012	478	638.4792	185.06	3170.78	3845.73	7201.57	2.57%	44.03%	53.40%
2013	—	—	204.64	3450.58	4356.56	8011.78	2.55%	43.07%	54.38%

资料来源：南京统计局《南京统计年鉴》。

结果表明，南京市就业总量与第三产业产值比重呈正相关，即产业结构升级对就业具有显著正向促进作用。这说明随着南京产业结构不断调整升级，尤其是第三产业的蓬勃发展有效拉动了就业总量。这里包括了两个原因：第一，各产业就业弹性不同。经济结构调整使得第三产业结构升级，而服务业的就业弹性较第一，第二产业大，即在同样的资本产出比率下，服务业一般会容纳更多的劳动力。因此，产业结构升级会创造更多的就业岗位。第二，经济发展过程中，除了产业结构本身的调整和升级外，各产业内部也在发生结构变化。在第三产业结构升级由传统服务业向现代服务业转变的过程中，一些新的服务行业，如新兴 IT 业、快递业、家政服务业等快速崛起，吸纳了大量新增劳动力，推动了就业总量的增长。因而，现代服务业比传统服务业可以创造更多岗位。

一般而言，产业结构升级能促进劳动力在三次产业间转移，进而形成与产业结构相适应的就业结构。但本研究在调查中发现，南京市仍然存在大量摩擦性失业和结构性失业的现象。理论上，这主要是因为经济产业的每次变动都需要劳动力供应也能够迅速适应变动，但劳动力市场的结构特征却与社会对劳动力需求不吻合，无法及时跟上产业结构变化的速度。

为此，需要研究产业结构变化速率与就业增长率之间的关系。

现为了衡量产业结构的变动程度，引入产业结构变动度指标。它表示某一地区一段时期内三次产业构成变化值的绝对值之和。其计算公式如下：

$$K = \sum_{i=1}^{3} | Q_{ij} - Q_{i0} |$$

式中：K 为产业结构变化值，Q_{ij} 为报告期 i 次产业构成百分比，Q_{i0} 为基期同次产业构成百分比。

就业增长率为当年新增的就业人数与前一年就业总量的百分比。其计算公式如下：

年就业增长率＝（当年就业人数－上年就业人数/上年就业人数）×100%，计算结果如下：

表4-10 南京就业增长率与产业结构变动值

年份	就业增长率	产业结构变动值	年份	就业增长率	产业结构变动值
2000	−0.01%	1.87%	2007	8.46%	4.49%
2001	−0.04%	2.23%	2008	1.85%	6.94%
2002	1.35%	2.13%	2009	8.84%	2.07%
2003	3.85%	7.42%	2010	12.28%	5.29%
2004	9.28%	6.34%	2011	2.31%	6.75%
2005	3.24%	2.51%	2012	2.06%	3.62%
2006	7.08%	2.87%	2013	4.23%	3.63%

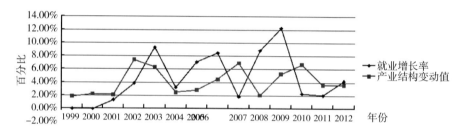

图4-14 南京就业增长率与产业结构变动值变化趋势及比较

从表4-10和图4-14中可以看出，产业结构变动值与就业增长率变动趋势相反，即产业结构变动速率对就业总量的影响为负。这表明在产业结构调整升级中，产业结构调整速度与就业结构调整速度未能同步，就业结构调整滞后于产业结构调整，造成一定的结构性失业，过快的产业结构调整速度抑制了就业总量。

综合以上比较，虽然产业结构调整速度抑制了就业，但从数据来看，就业总量呈现逐年上升趋势，产业结构调整方向对就业总量的促进作用要高于产业结构调整速率对就业总量的抑制作用。所以，南京市产业结构升级对就业总量起着积极的影响。

2. 南京产业结构与就业结构的演进

（1）从比重角度分析三次产业的产值及就业变化（见表4-11）

表 4-11　南京三次产业的产值比重与就业比重　　　（单位:%）

年份	第一产业		第二产业		第三产业	
	产值比重	就业比重	产值比重	就业比重	产值比重	就业比重
2000	5.39	26.17	48.38	34.73	46.24	39.10
2001	5.13	24.98	47.54	34.10	47.33	40.92
2002	4.81	21.23	47.31	34.52	47.88	44.24
2003	4.13	18.36	51.04	35.97	44.83	45.67
2004	3.39	14.65	48.57	40.46	48.05	44.88
2005	3.32	13.46	49.78	41.54	46.90	45.00
2006	2.96	12.32	49.03	41.65	48.01	46.03
2007	2.63	12.28	48.94	41.67	48.42	46.06
2008	3.13	12.24	46.43	41.20	50.44	46.56
2009	3.05	11.23	45.64	41.40	51.31	47.37
2010	2.84	11.21	46.44	38.18	50.72	50.61
2011	2.67	9.50	44.92	37.50	52.40	53.00
2012	2.57	9.21	44.03	36.82	53.40	53.97

　　产业结构方面，2000 年以来，随着市场化进程的持续推进、产业结构的不断优化以及经济水平的持续提高，南京产业结构日趋合理化与高度化，产业结构逐步由"二、三、一"转变为"三、二、一"的格局，其演进历程基本符合世界范围内产业结构演进的一般规律。具体表现在：第一产业产值不断下降，到 2012 年只占南京地区生产总值的 2.57%。随着工业化、现代化、信息化进程的不断加快，特别是近年来不断引进实施"321"人才计划、发展以新一代信息技术、生物、节能环保、高端装备制造、新能源、新能源汽车等为代表的新兴产业，第三产业已成为构成南京经济增长的主要支柱产业，2008 年以后，产值已占到南京地区生产总值的一半以上，并稳步上升。第二产业在"十五"期间发展较为迅猛，其产值比重先升后降，2003 年达到顶峰后略微超过第三产业，之后比重小幅度下降，到 2008 年后开始低于第三产业，原因在于第三产业迅猛发展，其占比增加，导致第二产

业占比相对下降。可见，2008 年第三产业产值比重首次超过第二产业，实现了结构升级的关键性突破。整体上，南京目前已基本形成以第二、第三产业为主导、且第三产业蓬勃发展的产业健康发展格局。

就业结构方面，从数据样本期 2000 年开始，南京市第三产业的就业比重已经超过了第二产业，成为非农产业中吸纳劳动力最多的部门，就业结构呈现为"三、二、一"格局。具体分析，第一产业就业比重呈明显降低态势，从 2000 年的 26.17%下降到 2012 年的 9.51%，这与一个国家或地区工业化进程的一般规律基本一致；第二产业就业比重基本上是先稳中有升，后小幅度降低，从 2000 年的 34.73%上升到 2007 年的 41.57%，而后开始有所下降，2012 年降至 36.82%；第三产业就业比重总体呈现上升趋势，从 2000 年的 39.10%上升到 2012 年的 53.97%，共上升 14.87 个百分点。且第三产业就业比重与产值比重数额基本接近，变动趋势基本相同，说明进入第三产业的大量劳动力，同时也带动了第三产业产值的快速增长。这是南京第三产业发展中非常协调的一个体现。

对比"十五"至"十二五"期间，南京市产业结构与就业结构演进基本符合工业化进程的一般规律，产业结构变动与就业结构的变动呈现不同态势，也存在一些就业结构与产业结构发展不匹配、不协调之处，主要表现在（见图 4-15、图 4-16）：

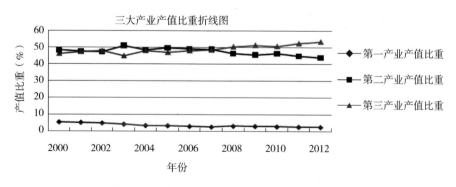

图 4-15　南京三次产业产值比重变动趋势

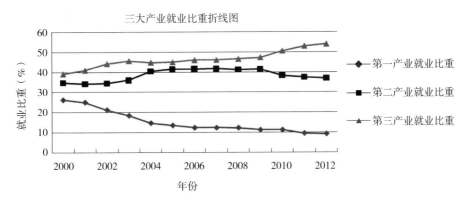

图 4-16 南京三次产业就业比重变动趋势

第一产业就业比重明显高于产值比重，呈现"低产出、高就业"特征，说明第一产业以较少产值吸纳了过多劳动力。从国际经验数据来看，第一产业占 GDP 的比重在20%以下的国家，其就业比重也一般在20%以下。可见，南京目前仍旧存在大量的农村剩余劳动力等待转移。除了农村劳动力等待转移以外，目前，南京市还存在第一产业产值过低这一亟待解决的问题，可通过发展农家乐、高效农业、创意农业、旅游农业来增加第一产业附加值，且这些措施还有利于增加农村劳动力的就业、改善生态环境，可谓一箭多雕之举。

第二产业产值比重高于就业比重，呈现"高增长、低就业"的发展态势，说明第二产业对劳动力就业的吸纳能力不强。从世界上主要工业化国家的情况来看，第二产业的产值和就业构成都在30%左右。可见，南京的劳动力资源优势没有得到充分发挥。此外，第二产业产值比重在十多年来变化很小，说明二产的结构变化较小，新时期发展高质量的产业结构对于第二产业来说挑战较大。

第三产业产值占比最高，说明南京市已经实现了经济结构转型质的飞跃。但是第三产业产值占比在2012年达到最高，占经济生产总值的53.4%，与发达国家第三产业占国民经济的80%相比，仍存在较大差距。说明第三产业的发展仍然不足，其中以服务业发展的层次不高、水平较低和旅游业发展不足为主要原因。尤其是旅游业，南京作为闻名全国的六朝古都，旅游资源相当丰富，但是旅游业的产值在 GDP 中所占的比重很少，而且也会导致与旅游业相关的餐饮、住宿等附加产业的产值过低，不利于经济的增长和促进就业。

（2）从增长率角度分析三次产业的产值及就业变化

从产值增长率来看，2000 年以来，南京一、二、三产业产值在所有年份里均实现了增长，第一产业产值增长率波动幅度较大，2006 年低至 2.47%，2008 年高达 38.13%，变动趋势表现不明显，但整体来看其增长率比第二、三产业产值增长率低一些，第二、三产业产值增长率总体较高。第三产业的产值增长速度在绝大多数年份里大于第二产业。（见表 4-12、图 4-17）

表 4-12 南京三次产业的产值增长率与就业增长率　　　　（单位:%）

年份	第一产业		第二产业		第三产业	
	产值增长率	就业增长率	产值增长率	就业增长率	产值增长率	就业增长率
2000	7.49	-4.19	13.33	-2.20	14.53	5.13
2001	7.24	-4.58	10.68	-1.87	15.30	4.62
2002	5.77	-13.84	12.26	2.62	14.11	9.58
2003	4.36	-10.21	31.05	8.21	13.75	7.20
2004	7.49	-12.79	24.80	22.93	40.54	7.41
2005	14.34	-5.16	19.55	5.99	13.85	3.51
2006	2.47	-1.97	13.30	7.37	17.78	9.52
2007	5.39	8.07	18.18	8.50	19.39	8.54
2008	38.13	1.53	10.21	0.70	21.00	2.96
2009	8.19	-0.09	9.00	9.37	12.81	10.71
2010	10.14	12.01	20.57	3.55	17.14	19.96
2011	15.46	-13.27	18.60	0.48	26.66	7.15
2012	12.66	-1.10	14.85	0.21	19.42	3.94

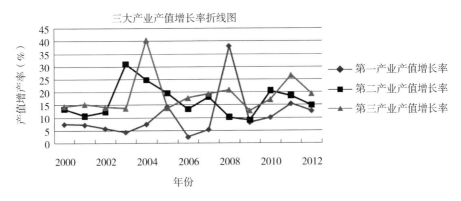

图 4-17　南京三次产业增长率变动趋势

从对劳动力的吸纳看，2000 年以来除 2007、2008、2010 以外的多数年份里，第一产业已基本成为劳动力净流出部门。第二产业在 2000 年、2001 年为劳动力净流出部门，后来逐步发展为劳动力净流入部门，但第二产业的产值增长一直远远超过就业的增长，呈现"高增长、低就业"的发展态势，如此低的就业增长率意味着第二产业发展虽然规模较大但质量不高，更加印证了上文所述的第二产业就业吸纳能力不足。第三产业的产值增长速度在一半以上的年份里均快于第二产业，并且就业增长率都为正值，说明第三产业是解决就业问题的关键领域，但除 2010 年，第三产业的产值增长速度也高于就业增长速度，下一步应充分发挥第三产业吸纳劳动力的潜力。（见图 4-18）

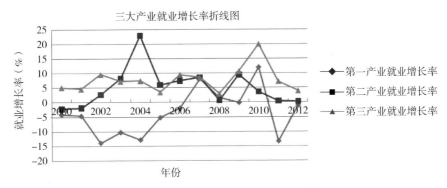

图 4-18　南京三次就业增长率变动趋势

（3）从贡献率角度分析三次产业的产值及就业变化

产值贡献率是指各产业增加值增量与 GDP 增量之比，就业贡献率指各产业就业增量与全社会就业增量之比。由表 4-13、图 4-19 和图 4-20 可知，总体来看，自 2000 年以来，第一产业产值贡献率很低，且在波动中呈小幅度下降趋势，这种下降的趋势是第一产业发展的必然结果，也符合产业结构变动一般规律。在就业贡献率方面，绝大多数年份里，第一产业基本成为劳动力净流出部门，其中在 2002、2003 和 2011 年第一产业就业贡献率处于比较大的波谷，而这几个年份正对应着第二、三产业就业贡献率的波峰（且第三产业的波峰高于第二产业），说明在这期间第一产业劳动力转移迅速，并主要流向第二、三产业，尤其是流向第三产业。随着科学技术水平的不断提高，第一产业产值相对比重还会不断下降，同时会排挤越来越多的劳动力，因此，滞留在第一产业的剩余劳动力如果不能顺利向第二、三产业转移，不仅会造成劳动力严重浪费，而且会使就业形势更加严峻。

表 4-13　南京三次产业的产值贡献率与就业贡献率　　（单位:%）

年份	第一产业		第二产业		第三产业	
	产值贡献率	就业贡献率	产值贡献率	就业贡献率	产值贡献率	就业贡献率
2000	3.15	225.01	47.70	250.27	49.16	127.25
2001	3.09	209.09	40.91	152.73	56.00	438.82
2002	2.31	-255.40	45.52	65.93	52.17	289.47
2003	0.98	-56.29	68.37	73.58	30.65	82.71
2004	0.99	-25.29	40.64	88.83	58.36	36.45
2005	2.92	-23.32	57.07	74.77	40.01	48.54
2006	0.55	-3.75	44.02	43.22	55.43	60.53
2007	0.87	11.74	48.49	41.81	50.64	46.45
2008	6.21	10.16	30.90	15.91	62.89	73.93
2009	2.35	-0.12	38.35	43.69	59.30	56.44
2010	1.67	10.99	50.77	11.99	47.56	77.02
2011	1.94	-64.31	38.22	7.93	59.84	156.37
2012	1.97	-5.07	38.82	3.83	59.21	101.24

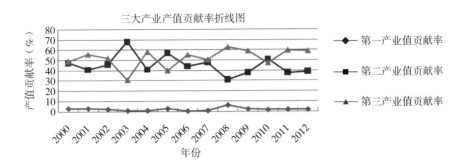

图 4-19　南京三次产业产值贡献率变动趋势

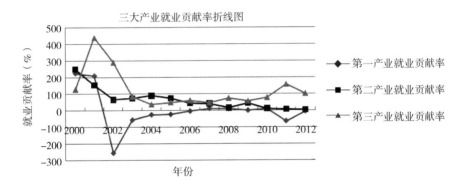

图 4-20　南京三次产业就业贡献率变动趋势

第三产业对南京市 GDP 的贡献居三大产业之首，其产值贡献率在大多数年份保持在 50% 左右，说明南京市经济增长依靠以服务业为首的第三产业拉动的作用很强。同时，其对就业的拉动作用在三产中也是最大的，在 2000—2012 年几乎所有的年份里第三产业的就业贡献率均高于其他产业，且近年来呈现快速发展的趋势。

（4）"十三五"南京就业情况预测

通过对南京市过去五年三产产值、就业人数变动情况的研究，得出经验就业弹性数据。

表4-14   南京三次产业就业弹性情况

		2008	2012	增长率（%）	就业增长弹性
第一产业	第一产业产值	119.4	191.37	60.27	-0.067
	第一产业就业人数	45.84	44	-4.01	
第二产业	第二产业产值	1771.28	3278.84	85.11	0.165
	第二产业就业人数	154.33	176	14.04	
第三产业	第三产业产值	1923.94	3976.79	106.7	0.449
	第三产业就业人数	174.43	258	47.91	
全部产业	总产值	3814.62	7447.00	95.22	0.29
	就业人数	374.6	478	27.6	

由表4-14可以看出，第一产业的就业增长弹性为负，随着一产产值的增长，第一产业的从业人员不断减少，这对应了农村剩余劳动力的流出，说明第一产业的就业人员具有较大的转移压力。第二产业、第三产业的就业增长弹性为正，产业的发展不断为社会创造新的就业岗位，但二、三产业的就业弹性比较悬殊，表现出第三产业的发展对就业的吸纳能力最强。因此，大力发展第三产业对于扩大就业量以及解决大学生就业难等问题至关重要。从全部产业来看，就业增长弹性为0.29，表示在2008—2012年的五年里，GDP每增长1%带动劳动就业增长0.29%。

根据南京市最近5—10年GDP增速的数据以及当前宏观经济条件的现实，对2016—2020年的GDP增长速度拟出高速、中速、低速三种方案进行预测，见表4-15。

表4-15   南京2006—2012年GDP增速

年份	GDP 增速（%）
2006	15.04
2007	18.38

续表

年份	GDP 增速(%)
2008	16.17
2009	10.9
2010	18.49
2011	22.6
2012	17.18
平均	16.97

由表4-15可见，南京市最近五年GDP增速均值约为17%，除去脱离趋势序列的2009年、2011年的数据，最高GDP增速为18.49%，最低为16.17。结合当前经济转型期结构调整带来的GDP增速的减缓现实，以及国家关于GDP未来增长的预期，做出2016—2020年南京市GDP增速预测。A方案为高速增长方案，2016—2020年间GDP平均每年增长14%；B方案为中速增长方案，2016—2020年间GDP平均每年增长12%；C方案为低速增长方案，2016—2020年间GDP平均每年增长11%。

在对南京市2016—2020年就业需求进行预测时，由于短期内就业增长弹性数据不会发生较大改变，因此，就业增长弹性指标采用2008—2012年间的经验数据。此外，假设由经济增长导致的新增就业全部能够得到实现，即不存在就业需求无法满足的情况。

表4-16　2016—2020年南京就业需求增长预测

		A	B	C
2016	新增就业需求	21.87	18.43	16.75
	总就业人数	560.48	548.09	541.97
2017	新增就业需求	22.76	19.07	17.29
	总就业人数	583.24	567.17	559.26

		A	B	C
2018	新增就业需求	23.68	19.74	17.84
	总就业人数	609.92	586.90	577.10
2019	新增就业需求	24.64	20.42	18.41
	总就业人数	631.56	607.33	595.51
2020	新增就业需求	25.64	21.13	18.99
	总就业人数	631.56	628.46	614.51

由表 4-16 可知，在方案 A 的条件下（对经济发展形势乐观），2016—2020 年间南京市新增就业人口 118.58 万人，到 2020 年底，全市就业人口达到 631.56 万人；在方案 B 的条件下，2016—2020 年间南京市新增就业人口 98.80 万人，到 2020 年底，全市就业人口达到 628.46 万人；在方案 C 的条件下（对经济发展形势悲观），2016—2020 年间南京市新增就业人口 89.29 万人，到 2020 年底，全市就业人口达到 614.51 万人。

3. 人口老龄化对南京市就业形势的影响

（1）南京人口老龄化的现状

据 2013 年度南京市人口发展报告，截至 2013 年底，南京市 65 岁及以上老年人口比重达到 9.90%，已远远超过了 7% 的老龄化社会国际标准，并且老龄化的程度在不断的加深。南京市人口老龄化呈现以下几个方面的特点：一是老龄人口基数大。2013 年底，南京现有 65 周岁以上老年人口 81.28 万人，占全市常住人口总数的 9.90%。二是老年人口增速快。南京市 65 周岁以上老年人口比重已由 2010 年的 9.20% 上升至 9.90%，提高 0.7 个百分点。南京市人口老龄化呈现出速度加快、程度偏高的特点，预计到 2015 年 65 岁及以上老龄人口比重将超过 10.0%，进入严重老龄化社会。三是高龄老人较多。据最新统计数据，目前，80 岁以上高龄老人接近 16 万人，高龄老人多，意味着需加快养老护理服务业发展。四是空巢化现象严重。空巢老人占全市老年人口的 50%，人口流动就业导致空巢老人的比例不断上升。五是老龄人口与总人口之间的结构发生了显著性变化。2013 年度南京市常住人口中 0—14 岁人口为 79.55 万人，65 周岁以上老年人口 81.28 万人，南京市的老年人口已经超过了少儿人口，劳动力人口上升已经到达了顶端，社会养老抚养比更进一步加重。六是失能半失能老人多。从南京市 200 多家养老机构入住的老人来看，失能或半失能的老年人口占了大多数，且以女性居多。

（2）南京人口老龄化对就业市场的影响

①人口老龄化对就业市场供给结构的影响

在未来南京市人口年龄结构走向老龄化的进程中，劳动年龄人口和劳动力的数量，总的趋势是先增后减。在老龄化的初级阶段，劳动年龄人口和劳动力数量在不断的增加。这主要是因为伴随着市场经济的发展，劳动力资源将会根据市场需求而流动，只要南京市有需求，将会有大量外来劳动力从生产力相对落后的地区进入南京的劳动力市场。2013 年，南京市常住人口总量是 818.78 万人，户籍人口数为 643.09 万人，高达 175 万的外来劳动力人口进入，正在弥补南京市人口老龄化对劳动力短缺造成的影响。2011 年度南京市劳动年龄人口比重 79.49%，2012 年度是 80.0%，2013 年增长为80.4%。从以上数据可以看出，近几年南京市劳动年龄人口比重在不断的上升，劳动力整体资源仍相当充足。老龄化后期特别是老龄化程度达到"警戒线"后，劳动力的供给将不断减少，新增劳动年龄人口的数量开始下降，可能会发生结构性的劳动力短缺。

②人口老龄化对就业市场需求结构的影响——老龄产业和老龄事业

随着人口老龄化而逐步发展起来的一项新兴产业就是老龄产业。老龄产业是为了满足老年人物质和精神生活需求而形成的产业，包括生产性产业和服务性产业，老龄产业的产生和发展是老年人口的特殊需求增长拉动市场消费增长的结果。老年人生活照料需求，是一种长期性的照料护理需求，它将随着老年人口数量的增长，特别是高龄老年人和失能半失能老人的增多而迅速增长。由于代际分离、家庭结构的小型化、空巢老年人家庭和双代老年人家庭增多，社会竞争和人口流动的加剧、家庭照料方式受到了严重的挑战。在这种背景下，我国老年人对社会、机构照料和护理服务、护理用品的需求也出现了迅速增长的趋势。但目前老年人机构照料和护理服务的发展水平、供给能力还相当滞后。为老年人服务的公共服务体系尚不完善，老龄产业发展刚刚起步，特别是老年服务设施和社会化照料服务严重短缺。老年人在日常生活、照料、看病、出行、购物等方面的公共服务需求也远远不能得到满足。因此老龄产业、老龄事业是一个很有前景的市场，这一市场的发展，既能为老年人服务，提高其生活质量，又能扩大就业机会，是当前刺激内需和实现再就业工程的一项重要举措，也是解决人口老龄化问题、实现积极养老、幸福养老的重要手段。

4. 南京新型城镇化进程中失地农民的就业形势分析

南京市正在积极推进以人为核心的新型城镇化，而如何保证农业转移人口就业问题则是在此过程中政府所面临的重要经济和社会挑战。改革开放以来，我国政府采取措施，千方百计的扩大就业，但由于我国人口基数大，城镇就业整体形势仍然严峻。党的十八大提出新型城镇化的概念，在新型城镇化的进程中，最主要的问题就是随着非农建设用地和城市住房需求的不断增加，大量农民的土地被征用，这不但切实影响了失地农民自身的利益，同时也不利于社会的稳定。由于部分集体土地被征用，失地农民的就业问题、生活问题就日渐突出。

（1）新型城镇化对现行的社会保障制度提出一定的挑战

新型城镇化使得劳动力流动的加快。我国现行劳动力市场上劳动力流动频繁不仅体现在农村剩余劳动力向城镇的流动，也包括城镇劳动力在不同的地区、行业、产业、部门、甚至在就业与失业状态间的流动，劳动力的频繁流动必然要求社会保障制度的配套与完善，而我国目前社会保障制度不仅没有促进劳动力的流动，反而抑制了劳动力流动。

（2）城镇化建设步伐的加快加大了农村劳动力向城镇转移的规模，提高了农村劳动力的就业充分程度

农业活动逐步向非农业活动转化和产业结构升级的过程是城镇化过程的主要特征，同时是农村人口逐步转变为城镇人口以及城镇文化、生活方式和价值观念向农村扩散的过程，也是各种生产要素和产业活动向城镇集聚以及集聚后的再扩散过程。因此，城镇化过程的推进，加快了农村劳动力向城镇转移以及劳动力在三次产业结构间的转移，改善城乡就业的市场环境，提高农村劳动力就业充分程度。加大了城镇吸纳农村劳动力的能力，同时，也会给城市带来一定的就业压力。

（3）新型城镇化和城乡发展一体化推进实现基本公共服务均等化

新型城镇化使得农村剩余劳动力平稳有序地向城镇转移，完善促进农业转移人口就业的基本公共服务，保障与城镇户籍就业人员平等共享就业与创业政策扶持、培训指导、信息咨询、劳动人事争议调解和仲裁等服务，实现城乡劳动者同工同酬、同城同待遇。

新型城镇化要不断推进农业转移人口随迁子女平等接受教育，提高农业转移人口医疗卫生计生服务水平，并不断完善农业转移人口社会保障体系，还要拓宽农业转移人口住房保障渠道。

总的来说，在新型城镇化的发展进程中，一方面由于城镇化带来更多的失地农民的失业问题，另一方面，由于新型城镇化也给这些农民提供了更多诸如工地、建筑、服务等方面的就业机会，挑战与机遇同在，需要政府在加强对失地农民、农民工的技能培训、社会保障等基础上，利用新型城镇化的发展契机，促进解决这些群体的就业问题。

5. 社会保障在经济转型期对促进就业的积极意义

经济转型对就业市场影响的同时对社会保障也提出新的要求。

（1）加大在失业保险、最低生活保障方面的财政支出

经济转型期，南京市经济结构和产业结构不断调整，整体产业对劳动力的依赖性下降，那些没有专业知识和专业技能的普通劳动者将面临着失业的风险。失业人员本来就是弱势群体，再加上失业后失去经济来源家庭生活陷入困境，甚至子女无学可上，病人无钱看病，再要让他们自己承担社会保险费对他们来说根本就无力承担，那么他们的最终选择有可能就是退出社会保障的范围。这与我国社会保障制度的目标是完全背离的，为了保证这部分人群的切身利益，作为政府应该适度提高财政资金在失业保险，最低生活保障方面的支出比重，保障失业人员基本的生活待遇。

（2）将更多的灵活就业人员纳入社会保障的范畴之内

灵活性就业由于其具有机制灵活，就业门槛低，包容性大，进退方便自由等优点，有利于充分解决就业问题，也利于促进经济发展，日益受到政府及社会各界重视。随着城市化进程的推进，统筹城乡促进城乡社会和谐发展，加快了农村富余劳动力向非农领域转移的速度，促进了灵活就业群体的发展壮大。总体上，灵活就业群体还是相对处于社会弱势群体的地位，尤其是其中工资收入和文化层次偏低的群体。这部分群体社会保障水平低，流动性大，如不妥善解决好这部分群体的社会保障问题，尤其是社会养老保险问题，将会给未来整个经济社会的稳定和谐发展带来诸多安全隐患。

而现行社会保险，尤其是养老保险制度是以就业的稳定性和缴费的连续性为基础，按照正规就业的特点设计和运作的，不能满足灵活就业的特点需要，最终在实践中导致大量的灵活就业人员被排除在社会保险范畴之外。南京市应针对这一问题出台相关政策，以方便灵活就业人员参保，将越来越多的灵活就业人员纳入社保的覆盖范围，是南京市今后在完善社会保障制度时必须解决的一大问题。

（3）人口老龄化需加大社会保障在养老保险的投入

首先，人口老龄化导致的劳动力供给变化将加重社会保障，尤其是养老

保险负担。根据我国现行的城镇基本养老保险制度规定，养老保险基金由社会统筹与个人账户两部分组成，其中，社会统筹缴费的部分用于基础养老金的计发，体现社会成员间的代际再分配，即由在职成员和企业缴费来供给上一代人的养老金需求。而在人口老龄化时期，社会上的退休人员较多，而在职人员较少，为实现养老保险基金收支平衡，只能不断提高缴费率，这必将进一步加重目前缴费率已经很高的企业和在职人员的缴费负担。政府应采取多种措施拓宽资金筹集渠道，增加养老保险的同时减轻企业和社会成员的负担，发挥全社会的力量积累社会保障资金使社会保障事业顺利运行。

（4）设计合适的社会保障制度避免对劳动力供给产生不利影响

人口老龄化导致的劳动力供给变化对退休年龄提出一定的挑战。总体而言，我国的退休年龄偏低，如果仍延续此退休规定，不仅会进一步减少我国的劳动力供给总量，给经济发展造成不利影响，也会加大社会保障的资金缺口。人口老龄化导致劳动力供给总量的减少、供给年龄结构的相对高龄化，必然要求社会保障制度在设计时避免对劳动力供给产生不利影响，而且应发挥社会保障的积极功能，尽可能开发劳动力，提高劳动力供给质量。

在考虑包括养老保险、失业保险在内的社会保障制度时，必须正视一个经常存在的社会现象，那就是在现实生活中，不乏那些依赖社会保障制度带来的各种福利而不愿意就业的部分群体的存在，因为依附在例如低保、养老保险上的其他附加福利也十分诱人，甚至要高于这部分群体就业所带来的直接收入，因此优越的社会保障可能会带来各种不良社会现象，滋生各种"寄生虫"。在这方面，今后南京市可借鉴美国等西方国家的做法，比如在失业保险方面，只提供有限期的失业保障金，帮助失业人员更好地度过困难，提高技能，以促进其就业，而不是一劳永逸的实施类似低保等社会保障措施，这样才更具经济性、公平性，更能促进经济社会的发展。

（三）经济转型期促进就业的国内外借鉴

1. 发达国家促进就业的政策

大多数发达国家已经经历了经济转型期并实现了成功转型，尤其是在发展就业、完善社会保障体系方面取得了较好的进展，这对于南京市在经济转型的关键时期促进就业具有很大的借鉴意义。

（1）美国经验

转换外贸政策，创造就业机会。美国根据国内就业状况的变化适时调整外贸政策：根据进口产品对本国就业影响度的测算及本国企业因进口增加受损害的调查，如果影响就业、企业受损，其就增加关税，限制进口。

积极发展服务业，推进信息经济发展，发展 IT 等高新技术产业，带动第三产业发展。南京市每年有 25 万名左右的大学生，但留在南京就业的不足两成，而新兴技术型产业与高端服务业是其主要就业去向。为把优质人才资源留在南京，妥善处理每年大量毕业生的就业问题，需借鉴美国积极发展服务业、大力推进信息经济发展的做法，为大学生就业创造更多的工作岗位，目前南京已有"万名青年大学生创业计划"、"科技九条"、"321 人才计划"等相关举措；此外，美洲银行专门设立贷款项目用于支持社区发展，发展社区小企业，为低收入者提供优惠住房贷款，发放消费贷款等。南京市在解决就业的过程中，应当高度重视社区就业的优势，通过整合社区资源、鼓励创业、开发岗位、帮扶就业等多种方式，就地就近开展创新的就业服务。

扶持中小企业的发展，增加就业岗位。如美国政府要求官方或半官方机构，采取切实措施促进中小企业扩大出口，建立投资和出口信贷资金，为中小企业出口提供优惠信贷担保；利用国际金融机构的贷款项目，寻找出口机会；政府采购确保一定份额留给中小企业；建立出口服务中心和信息网络等，提供一揽子服务。小微企业是中国解决就业问题的主力军，因而南京市政府可通过税收优惠、简化行政审批管控手续、缓解融资困难等方面改善中

小微企业生存环境，从而为社会创造更多就业机会。如南京市政府出台的
《南京市政府采购支持中小企业发展管理办法》、《南京市人民政府关于扶持
中小企业发展的若干意见》等都是扶持中小企业的相关举措。

　　建立完善的劳动力市场信息服务网络，多渠道、多方式搜集、分析和利
用、发布信息，加大用工单位与劳动力就业之间的信息对称服务。如美国已
建起了企业、求职者、职业介绍机构等多方共同参与的信息网络系统。

　　改进失业保险制度，积极促进就业。2001 年美国联邦政府提出对失业
保险和就业服务制度的改革方案。方向是联邦政府加大财政转移支付力度及
强化各州责任，由州政府对失业保险基金进行管理并采用更为自主灵活的政
策。目标是降低失业率，提高对失业者的保护水平，减轻雇主和雇员负担，
增加就业和振兴经济。对于南京而言，失业保险制度已经较为完善，但应在
制度设计和完善时考虑制度本身对就业的促进作用。极少部分市民选择不工
作，靠失业保险以及相关社会福利度日，如何克服此种消极就业的问题，是
政策设计的重点与难点。

　　（2）日本经验

　　制定税收优惠政策。通过制定优惠的税收政策支持濒临破产企业的重建
工作，确保就业机会。日本经济产业省会同财务和法务部门，制定了"濒
临破产企业或破产企业重建基金"的税收优惠政策，对已收购濒临破产企
业或破产企业，并通过整顿改革，实施重建为目的而设立的基金给予税收优
惠，并放宽对这些企业部分经济活动的限制，使这些濒临破产或破产企业能
够尽快摆脱困境。对于南京市，创办服务型、高新技术、软件业的小微企业
可享受最长自获利年度起 5 年的企业所得税减免；风险投资机构增加对小微
科技企业投资，可按比例抵扣其应纳税所得额，对小微企业信用担保、再担
保机构，免征 3 年担保业务收入营业税；且从 2008 年起，企业购置用于节
能节水、环境保护、安全生产等专用设备的投资额，可按一定比例实行税额
抵免。

为失业人员创业提供免担保、免抵押融资。日本针对失业人员有切实可行的创业计划的，即可向各个市、村、町商工会议所提出具体方案，经审定合格，以派遣经营指导员为条件，可从国有政策性金融机构获取上限为550万日元的无担保、无抵押开业资金贷款。针对南京市庞大的大学生就业群体，自主创业是解决就业的很好途径。改变落后的就业观念，鼓励大学生大胆创业，以创业带动就业，争取把优质的人才资源留在南京。

安排资金扶持，减免小企业税负。日本政府针对小企业普遍资金不足的问题，在通产省的中小企业厅设立了金融公库，以解决小企业投资和经营方面的困难。而中小企业融资难是中国目前较为棘手的社会问题，如何通过制度的设计为中小企业的发展提供充足的资金是南京市需要面对的现实问题。

健全就业市场，完善中介机构职能。日本政府拨出大量资金用于健全劳动力市场机制，完善就业中介机构职能，提高工作效率，扩大失业保险使用范围。南京市目前通过劳动部门公布的职业介绍机构有25家，当然，实际从事职业介绍的中介机构远远大于劳动部门批准公布的数字。政府对劳务中介机构违规认识不足、劳务中介机构普遍存在不规范、劳务中介市场细分不够明细、劳务中介机构招聘广告无序化、劳务中介机构相关法律法规不够完善等问题，需要对其进行规范。

（3）欧盟经验

扶持中小企业。德国《1996年税法令》规定，将小企业最高免税额由2.5万马克提高到3.25万马克。为缓解新联邦州经济和失业难题，对该地区的小企业给予特殊的投资和税收优惠。如不论小企业营业收入如何，可从银行优先获得贷款；在开办的最初两年免征所得税。

灵活就业方式得到承认和保护。欧盟在《非全日制工人指南》中规定，非全日制雇员与全日制雇员如从事同样的工作应得到同等的小时工资，并在病假、生育工资、职业年金等方面获得平等待遇。

实行非全日制就业补助制度。1998年德国政府规定，如企业安排55岁以上的劳动者在领取养老金之前转为非全日制就业，并将其原来从事的工作安排给其他求职者，联邦政府将支付给当事人原工资的 20%作为补助。

大力加快支柱产业的发展，促进就业。西班牙在几十年的时间里，大力发展了建筑业、汽车制造业和旅游业三大支柱产业，这三大支柱产业吸纳了大量的劳动力，在解决就业方面做出了重要贡献。对于有着"六朝古都"之称的南京而言，旅游资源本来不少，但南京的旅游业一直未能兴旺。作为第三产业的旅游业恰能吸收大量的劳动力就业，并给南京本地居民带来一定收入。因此，有必要深度挖掘并合理整合南京的旅游资源，使得旅游产业成为促进经济发展，吸收就业人群的一大阵地。

（4）瑞典经验

瑞典是目前世界上就业最好的国家，其就业政策一直是各国研究、借鉴的热点。瑞典尤其重视企业对职业教育和培训的参与，确立了在企业参与下的从"摇篮到坟墓"的终身教育体制。建立了一个完全覆盖全国的职业培训网络，全国所有的高中"技术学校"、社区职业学校或夜校以及各个大学都参与其中，在职人员、失业人员、残疾人员等均可自由的根据自身需求，免费参与各类行业的进修或深造。这在提高劳动者的素质，不断更新劳动者的知识和技能，以适应技术变革和劳动力需求的变化方面，起着巨大作用。瑞典就业政策的基本经验有：

一是通过需求刺激政策增加对劳动力的需求。具体措施包括举办失业救济工程；为了鼓励企业在经济衰退时或某些特定的情况下进行投资，维持就业和反经济周期，设立投资基金；在扩大劳动力需求的措施中，政府特别强调运用国家财政补贴和资助的手段。目前在中国经济不断下滑的背景下，国家以及南京市政府可通过积极的财政政策，利用公共基础工程的投资创造就业机会，并带动相关产业发展，扩大内需。

二是把劳动力市场培训作为影响和改善劳动力供给的重要手段。瑞典对于劳动就业培训的形式主要有：①失业培训，旨在改善劳动力素质，帮助失业者转岗或流动，其对就业的稳定增长有着重要的影响。②青年人培训，旨在为18—24岁的青年人提供进入劳动力市场的必要的见习性培训。③在职培训，旨在使工人的技能得到进一步提高，适应新技术应用的需要。④增加工作经历培训，旨在鼓励和帮助失业者继续从事他们原来的工作。瑞典劳动力市场培训的特点是：培训以劳动力需求为中心，其范围和重点随着劳动力需要的变化而变化。此外，不仅强调职业导向，而且重视难以安置的求职者的培训。

三是开展就业服务。具体包括与雇主联系，及时登记空缺职位变化情况，定期发布职位空缺信息；指导残疾人、老年人和年轻人就业。就业服务的主要工作是职业咨询和就业指导，通过职业介绍所为失业者找到新的工作。在瑞典，大约有300家就业办公室，其主要功能是就业的安置指导，为求职者、想调换工作者和困难者介绍不同职业的特点、要求和培训机会，从而有助于求职者更快、更有效率地填补空缺或是把求职者安置在各种准备性的项目中。目前，南京市通过劳动部门公布的职业介绍机构有25家，这些职业介绍所基本承担着与上述瑞典职业介绍所类似的职能，这有助于解决摩擦性失业与提供再就业的培训指导机会，未来应扩大此类机构的规模并规范其管理，形成类似瑞典的覆盖全南京、提供一揽子服务的就业服务体系。

2. 促进就业的国内借鉴

在国内主要大中城市中，大部分仍处在经济转型的关键时期，各项政策措施仍在探索之中，上海作为全国发展水平最高的城市，其在经济转型中所作出的成就较为突出，同时，杭州作为与南京发展水平相当的同类城市的就业政策也对南京起着很好的借鉴意义。因此，本研究将着力借鉴上海、杭州两市在促进就业过程中的若干新的指导性、操作性强的政策规定，以期对南京市未来发展就业提供参考。

总结起来主要有：

（1）上海主要做法

上海市按照劳动者自主就业、市场调节就业与政府促进就业的方针，实行城乡一体化的促进就业政策，并采取各种有效措施，增加就业岗位，扩大就业规模，控制失业率。篇幅所限，简要概括：

一是将促进就业纳入经济与社会发展规划；二是增加促进就业的政府投入；三是加强职业教育与职业培训；四是改变就业观念的选择，鼓励自主创业；五是组建公益性劳动组织；六是就业权益保障。

（2）杭州主要做法

因杭州作为与南京发展水平相当的同类城市，其促进就业的诸多措施都具有很强的借鉴意义。

一是完善政策支持体系，进一步实施积极的就业政策。包括对符合条件的城镇登记失业人员中的困难人员发放《杭州市就业援助证》，给以相应的政策扶持，困难人员主要包括长期失业人员、大龄失业人员、低保户、残疾人等。鼓励自谋职业、自主创业，通过税收、补贴、完善小额担保贷款政策等给以政策支持。鼓励用人单位吸纳就业，鼓励灵活就业，加强对灵活就业人员的服务。鼓励各级政府投资开发公益性岗位，安排就业困难人员就业。

二是进一步完善面向所有困难群众的就业援助制度，及时帮助零就业家庭、农村就业困难人员、农民工解决就业困难。通过公益性岗位援助等多种途径，对所有就业困难人员实行优先扶持和重点帮助。

三是强化公共就业服务能力，进一步加强就业服务和管理。建立竞争有序、统一开放的人力资源市场，加强公共就业服务能力建设，健全公共就业服务体系，规范公共就业服务机构，建立、健全就业登记和失业登记制度。

四是健全面向全体劳动者的培训制度，提升劳动者素质。包括建立、健全面向全体劳动者的职业技能培训制度，鼓励支持职业技能学校、各类院校和用人单位开展就业前培训、在职培训、再就业培训和创新培训，努力做好大学生实训和见习工作训练，建立高效毕业生就业工作协作机制，完善高效毕业生公共就业信息网络。

（3）国内城市促进就业的启示

在上海市促进就业的诸多政策中，例如将促进就业纳入经济与社会发展规划、增加促进就业的政府投入、加强职业教育与职业培训、鼓励大学生创业等众多措施，南京市也在逐步实施并完善，政府每年都将促进就业纳入政府工作目标之一，并规定有关就业的硬指标来促进就业。同时，大力鼓励创业，通过实施"321"等计划帮助更多的人走上创业之路带动就业，加强职业教育与培训，帮助就业者更好的融入到工作环境中。然而，上海市有些方面促进就业的政策仍然是南京市未来发展需要考虑的规划措施，可以为南京市提供一定的就业指导。例如要大力组建公共性劳动组织，扶持组建更多的公益性劳动组织，安排就业愿望迫切但难以通过市场实现就业的就业困难人员，以政府补贴、转移支付的手段予以必要的就业保障。当然，这需要包括政府在内的诸多社会主体的共同努力，也需要这些就业者的配合，才能促进就业工作的实施。

在杭州市促进就业的诸多政策中，由于南京是与杭州处于同一发展层次上的城市，因此杭州市促进就业的诸多政策对于南京未来的发展也具有十分重要的借鉴意义。当然，杭州市的很多做法在现实生活中，南京也是一样进行的。例如完善政策支持体系，实施积极的就业政策、强化公共就业服务能力，加强就业服务和管理、完善面向所有困难群众的就业援助制度、健全面向全体劳动者的培训制度，提升劳动者素质等措施，南京市也在积极的推行。可能在实现中，政策的到位力度、政策受众群体的广泛性、在不同地区实施政策的地区适应性是今后促进就业工作的方向与重点。南京市在未来的发展过程中，必须切实保障政府对于就业的托底力度，在主要依靠市场、优质产业政策、人力政策促进就业的同时，对于市场不能解决的就业问题，必须发挥"另一只手"作用，完善促进就业的社会保障制度。当然，一方面这些优质的产业政策、人力资源政策要靠政府来推动，另一方面要力图做到关于促进就业的社会保证措施不会滋生"懒惰"与"寄生虫"，对于有能力就业、政府推荐就业仍拒绝就业者，需要采取相关措施予以警戒。

3. 经济转型期促进就业与社会保障的对策与建议

就业是民生之本，促进就业是保障和改善民生的头等大事。南京市近年来，始终把保持就业局势稳定作为重大政治责任和第一位的任务。"十二五"期间，南京加快转变经济发展方式，产业结构升级加速，现代产业体系构建也逐步完善。整体产业从资源、劳动力密集型向高附加值的方向转变，给劳动力市场带来一系列影响，如淘汰落后产能对人员就业的负面作用，产业结构与就业结构矛盾以及多元的劳动力诉求等。

党的十八大报告提出"推动实现更高质量的就业"。这是继党的十六大报告提出"千方百计扩大就业"，十七大报告提出"实施扩大就业战略"之后，我国关于就业的理念和实践不断深化的结果，是推动新发展的战略抉择。体现出在共享发展理念的指导下，对就业工作的要求不断提高，从注重就业数量向就业数量与质量兼顾的转变。

预计"十三五"期间，南京劳动力供给仍有较大增量，而劳动力需求数量可能小于供给、需求质量将提升，经济与就业关系将出现拐点。为坚持"劳动者自主就业、市场调节就业、政府促进就业和鼓励创业"的新时期就业方针，进一步提升南京市就业工作水平，现根据上述研究结论，就南京市实现高质量的就业以及提高社会保障等方面提出如下对策建议。

（1）继续实施就业优先战略，健全就业再就业工作平台

首先，优先部署就业再就业工作。将就业工作纳入政府政绩考核体系，作为"基本现代化"、"经济社会发展目标"、"幸福都市建设"的重要考核内容，促进全市就业工作形成政府统一领导、相关部门协同推进、社会各界广泛参与、人民群众共建共享的工作机制，完善政府在就业工作中的托底作用。

其次，优先保障就业再就业资金。政府根据就业形势变化和工作需要，多渠道筹集资金，调整财政支出结构，逐步加大对就业创业工作经费投入，专项用于全市各项促进就业的工作。

再次，优先出台就业再就业政策。紧密结合南京实际，贯彻落实国家和省陆续出台的一系列新的就业创业政策的同时，对促进就业、鼓励创业等政策进行补充、完善和创新，使就业政策更具系统性、针对性和时效性。

此外，创造更多更高质量的就业岗位。把调整结构、促进发展与稳定就业、扩大就业有机结合起来，带动就业岗位的增加。搭建全员就业培训中心，更富成效的抓好各级各类的创业载体建设，全方位的健全就业再就业工作平台。

（2）发展中小企业，实现稳定就业

在美国和欧盟国家，中小企业贡献了60%以上的就业岗位，在日本，中小企业对就业的贡献率更是高达70%以上。中小企业是就业岗位的主要提供者，是解决就业问题的最好载体，具体来说，中小企业吸纳就业的优势主要包括以下几点：首先，中小企业大多是劳动密集型产业，就业岗位较为充裕；其次，就业准入门槛低，求职者择业回旋余地大；第三，用工机制和经营方式灵活，适合社会就业多样性需求。

当前，南京中小企业发展较为缓慢，不足以提供更多的就业岗位。南京多数求职者尤其是高校毕业生更愿意去考公务员或者去大型企业，不愿意去中小民营企业。有关调查显示，发展的不稳定以及用工环境相对较差、不规范，工资偏低是多数求职者放弃民企的主要原因。由于岗位供给与就业期望相差甚远，即使去了，大部分人也会频繁跳槽，造成就业的不稳定。因而，当前要想真正促进稳定就业，南京必须加大扶持力度发展中小企业，一要鼓励中小企业利用优势资源转型发展；二要缩小国有部门与中小企业的待遇差别；三要为中小企业建立社会化公共服务平台；四要建设人才培养机制提高员工忠诚度。

（3）鼓励大学生自主创业，以创业促进就业

"十三五"期间，南京市经济结构和产业结构逐渐调整，低端产业不断遭到淘汰，新型产业和高端服务业进一步得到发展。这将使得劳动力资源在产业中重新分配，从低端产业中流出大量的失业人员，同时摩擦性失业人员也会不断增加。再加上高校每年毕业人数持续攀升，相当一部分大学毕业生因找不到理想的工作也加入了失业的大军。为了缓解目前南京市严峻的就业形势，政府应继续给予多方面的政策支持，积极鼓励扶持自主创业，改善创业环境，提高失业人员特别是其中大学毕业生的创业意向，以创业促进就业。

一要改善创业环境，增强创业意向。创业意向是指潜在创业者是否采取创业行动的一种主观心理状态，受到各种内部和外部因素的影响。创业环境是促进创业意向产生的主要外部驱动力。作为一个特殊群体，大学生具备年轻人特有的创业精神和专业文化知识，学习能力强，是国家未来最主要的科技创业群体，这部分群体创业意向的强弱决定了未来创业的人数和质量。因此，良好的创业环境对于提高大学生的创业意向具有重要作用。近几年来，南京市陆续颁布和制定了多项支持、鼓励和促进自主创业的政策，包括：资助优秀创业项目、支持创业载体建设、提供创业场地扶持、减免相关税费等，这些政策的制定实施使得南京市的创业环境不断改善。南京市政府应在创业环境营造上继续多做努力，促使那些正处于徘徊阶段的有意向创业大学生走上创业的道路。

二要加强创业服务，提高创业能力。大学毕业生虽然具有一定的知识和技能，但创业能力有待提高，在创业实践中仍会遇到许许多多的创业难题，需要创业指导和培训。目前，众多驻宁高校结合大学生创业园建设成立了大学生创业指导站，推行大学生创业导师制，通过"创业导师进校园"、"一对一"创业指导、跟踪服务等多种形式大力帮助大学生提高创业实践能力。未来，南京市政府可以更多制定一些奖惩政策，将企事业单位纳入创业服务

的体系之中，激励各级企事业单位积极接纳大学生到本单位参观见习和实习，构建青年创业者交流平台，调动一切社会积极因素为大学生创业能力培养提供有效服务。南京市还应降低大学生创业服务中心和绿色通道的准入条件，不断拓宽创业服务的领域，努力为大学毕业生提供包括法律、咨询、科技、人才、中介、税收、信息等等方面的服务，使得更多的大学毕业生加入到创业成功的队伍中来。

三要完善创业融资制度，规避创业风险。大学毕业生往往会由于畏惧创业风险以及创业资金来源单一，创业启动资金不足而在创业的道路上停滞不前。南京市目前已经采取措施鼓励多渠道融资创业，但是，南京市针对大学生创业项目的风险投资机制、投融资市场还很不发达，应该加大力度设立重点、主要支持创业大学生的天使投资和创业投资基金；并联席银行、小额科技贷款、保险、工商、司法、税务等系统出台相应的支持和扶持大学生创业的配套优惠政策。

四要加强政府监管，确保政策落实。虽然各级政府出台了很多针对大学生创业的优惠政策，但是监督评价机制仍不完善。很多的优惠政策并没有真正改善大学毕业生创业的处境，政府要建立强而有效的监督机制，保证相关优惠政策的贯彻落实。上级政府要对政策的执行加强监管评价。对相关部门的工作要制定严格的标准，定期或不定期地进行检查和评估，对查出的问题要坚决进行整改，追究相关负责人的责任，对不到位的工作要悉心指导和纠正。

大学生创业需要全社会各行各业的支持，需要一个完整、成熟的支持体系，这一体系主要是由创业主体、创业教育和创业服务、创业环境、创业投资融资等等相关要素组成，要以完整的体系、科学的机制、人文的氛围鼓励创业，以创业带动就业。

（4）多角度扶持，促进农村劳动力充分就业

从南京市劳动力资源结构情况看，截至 2014 年 9 月底，南京市有农村

劳动力 107.10 万人，转移就业 90.69 万人，其中输出 34.97 万人，就近就地转移 55.72 万人，就业转移率 84.68%。农村劳动力主要集中在六合区、江宁区、高淳区、溧水区、浦口区。南京市农村劳动力性别构成中，男性人数多于女性人数，占 56.3%。年龄结构中 16—25 岁的劳动力 21.28 万人，占总量的 19.87%；26—40 岁的劳动力 34.41 万人，占总量的 32.13%；41 岁以上的劳动力 51.41 万人，占总量的 48%。文化结构中，初中及以下文化的 70.15 万人，占总量的 65.5%；中专和高中文化的 25.6 万人，占总量的 23.9%；大专及以上文化的 11.35 万人，占总量的 10.6%。

同时，从南京市劳动力就业情况看，南京市现有农村劳动力中，就业人员 94.65 万人，占农村劳动力总数的 88.38%，不充分就业人员 0.97 万人，占农村劳动力总数的 0.9%，失业人员 1.67 万人，占农村劳动力总数的 1.56%，其他人员 9.8 万人，占农村劳动力总数的 9.16%。

可以看出，南京市农村劳动力具有以下变化趋势及其特征：

一是农村劳动力总量减少。与 2013 年末相比，2014 年上半年三季度农村劳动力总量减少，劳动力减少的主要原因：一是随着城市化进程的加快，很多农村地区已被或正在进行征地拆迁，新生代农村劳动力迁出较多，而年龄偏大的除了本身技能水平有限外，也难以适应城市生活，更愿意留在农村，导致农村劳动力流失较多；二是深化户籍制度改革后，由传统的城乡分割的二元户籍制度，过渡和改革为城乡统一的一元户籍制度。

二是农村劳动力转移就业人数较为平稳。南京市春节前返乡的农村劳动力，节后就业意愿仍然很高，主要表现在以下三个方面：一是登记失业农民人数没有大幅波动，仍然保持相对平稳的状态；二是输出就业人数始终处于平稳状态，没有出现下降；三是根据就业市场统计，今年春节后的岗位需求、市场求职和成功介绍的数据相对稳定，未出现大的波动，就业岗位总体上仍略大于求职需求。

三是就近就地转移成为农村劳动力转移就业首选。较之上年末，南京市务工人员增加6.91万人，外出务工增加0.93万人，务农人员减少6.68万人。从就业走向来看，以企业打工和自主创业为主，非农产业带动农民收入不断提高，也带来了良好的经济效益。由于南京市经济的不断发展、城乡就业服务体系的不断完善以及小城镇发展步伐不断加快，使得越来越多的农村劳动力愿意留在本市、本地就业，既方便照顾家庭，也省下了很多不必要的开支。

南京市对农村劳动力下一步工作举措：

一是要完善服务平台，提高公共服务水平。将原本"新南京人"服务中心的服务对象由主要针对外来务工人员，逐步扩大到本市农村劳动力和外地来宁就读的大中专毕业生。将家庭绿植养护、宠物服务、家庭用品配送、洗染整烫、餐饮入户服务等家庭服务内容融入到新南京服务中心平台，为更多的人群提供更有针对性的公共服务。加大培训力度，促进农民工稳定就业。对农民工实行分类指导、分类培训。

二是要充分利用农村劳动力定点培训基地的培训资源，实施技能培训，培养具有专业技术特长、能适应市场需求的劳动者，强化维护农民工合法权益。进一步推进矿山、危化品、建筑施工等高危行业农民工安全培训，把农民工安全培训情况纳入安全生产日常监管监察范围。

总之，新时期南京市还面临着人口老龄化比重加大、新型城镇化带来的农村向城镇转移的剩余劳动力、劳动力自由流动存在制度障碍等诸多矛盾，影响就业的挑战尚在。因此，新时期南京社会治理的重要内容之一，应该是全面深化全要素的市场化改革，加大力度打破原有影响劳动力自由流动、户籍捆绑利益导致外来劳动力公共服务不均等的体制机制障碍；促进形成劳动力市场价格机制，健全市场决定劳动力要素价格的报酬机制；完善劳动保护、失业保险、最低工资、企业工资集体协商等制度，以有效保障劳动收入占比的不断合理提升。这不仅可以实现善治的公平性目标、提升南京的内需水平，还可以吸引符合南京产业需要的劳动力流入、促进老龄化时代下南京的技术进步。同时，还要有效利用南京高校、职业技术学校资源，以产业、企业需要为导向加大提升劳动力素质的力度，提高劳动力就业能力、增加就业机会的同时，为现代部门提供高素质的劳动力资源；制定配套的政策体系鼓励大学生在南京高质量就业、高成功率创业，在为南京创新型产业吸引大量人力资本的同时，优化南京的人口结构。（见表4-17—表4-21）

表4-17　南京三次产业产值与就业人数

年份	总从业人数（万人）	总人口（万人）	第一产业产值（亿元）	第二产业产值（亿元）	第三产业产值（亿元）	生产总值（亿元）	第一产业产值占比（%）	第二产业产值占比（%）	第三产业产值占比（%）
1999	266.81	544.8885	51.1775	435.9479	412.2948	899.4202	5.69	48.47	45.84
2000	266.77	544.89	55.0117	494.0811	472.2055	1021.2983	5.39	48.38	46.24
2001	266.66	553.04	58.9959	546.8589	544.4486	1150.3034	5.13	47.54	47.33
2002	270.27	563.2753	62.3991	613.9006	621.2728	1297.5725	4.81	47.31	47.88
2003	280.68	572.2262	65.12	804.49	706.72	1576.33	4.13	51.04	44.83
2004	306.74	583.6016	70	1003.99	993.19	2067.18	3.39	48.57	48.05
2005	316.69	595.7992	80.04	1200.28	1130.79	2411.11	3.32	49.78	46.90
2006	339.11	607.2261	82.02	1359.94	1331.82	2773.78	2.96	49.03	48.01
2007	367.81	617.1667	86.44	1607.22	1590.07	3283.73	2.63	48.94	48.42
2008	374.6	624.4613	119.4	1771.28	1923.94	3814.62	3.13	46.43	50.44
2009	407.7	629.773	129.18	1930.66	2170.42	4230.26	3.05	45.64	51.31
2010	457.75	632.4244	142.28	2327.86	2542.5	5012.64	2.84	46.44	50.72
2011	468.34	636.3641	164.27	2760.84	3220.41	6145.52	2.67	44.92	52.40
2012	478	638.4792	185.06	3170.78	3845.73	7201.57	2.57	44.03	53.40
2013	—	—	204.64	3450.58	4356.56	8011.78	2.55	43.07	54.38

表4-18　南京三次产业的产值比重与就业比重　　（单位:%）

年份	第一产业		第二产业		第三产业	
	产值比重	就业比重	产值比重	就业比重	产值比重	就业比重
2000	5.39	26.17	48.38	34.73	46.24	39.10
2001	5.13	24.98	47.54	34.10	47.33	40.92
2002	4.81	21.23	47.31	34.52	47.88	44.24
2003	4.13	18.36	51.04	35.97	44.83	45.67
2004	3.39	14.65	48.57	40.46	48.05	44.88
2005	3.32	13.46	49.78	41.54	46.90	45.00
2006	2.96	12.32	49.03	41.65	48.01	46.03
2007	2.63	12.28	48.94	41.67	48.42	46.06
2008	3.13	12.24	46.43	41.20	50.44	46.56
2009	3.05	11.23	45.64	41.40	51.31	47.37
2010	2.84	11.21	46.44	38.18	50.72	50.61
2011	2.67	9.50	44.92	37.50	52.40	53.00
2012	2.57	9.21	44.03	36.82	53.40	53.97

表4-19　南京三次产业的产值增长率与就业增长率　　（单位:%）

年份	第一产业		第二产业		第三产业	
	产值增长率	就业增长率	产值增长率	就业增长率	产值增长率	就业增长率
2000	7.49	-4.19	13.33	-2.20	14.53	5.13
2001	7.24	-4.58	10.68	-1.87	15.30	4.62
2002	5.77	-13.84	12.26	2.62	14.11	9.58
2003	4.36	-10.21	31.05	8.21	13.75	7.20
2004	7.49	-12.79	24.80	22.93	40.54	7.41
2005	14.34	-5.16	19.55	5.99	13.85	3.51
2006	2.47	-1.97	13.30	7.37	17.78	9.52
2007	5.39	8.07	18.18	8.50	19.39	8.54
2008	38.13	1.53	10.21	0.70	21.00	2.96
2009	8.19	-0.09	9.00	9.37	12.81	10.71
2010	10.14	12.01	20.57	3.55	17.14	19.96
2011	15.46	-13.27	18.60	0.48	26.66	7.15
2012	12.66	-1.10	14.85	0.21	19.42	3.94

表4-20　南京三次产业的产值贡献率与就业贡献率　　（单位:%）

年份	第一产业		第二产业		第三产业	
	产值贡献率	就业贡献率	产值贡献率	就业贡献率	产值贡献率	就业贡献率
2000	3.15	225.01	47.70	250.27	49.16	127.25
2001	3.09	209.09	40.91	152.73	56.00	438.82
2002	2.31	-255.40	45.52	65.93	52.17	289.47
2003	0.98	-56.29	68.37	73.58	30.65	82.71
2004	0.99	-25.29	40.64	88.83	58.36	36.45
2005	2.92	-23.32	57.07	74.77	40.01	48.54
2006	0.55	-3.75	44.02	43.22	55.43	60.53
2007	0.87	11.74	48.49	41.81	50.64	46.45
2008	6.21	10.16	30.90	15.91	62.89	73.93
2009	2.35	-0.12	38.35	43.69	59.30	56.44
2010	1.67	10.99	50.77	11.99	47.56	77.02
2011	1.94	-64.31	38.22	7.93	59.84	156.37
2012	1.97	-5.07	38.82	3.83	59.21	101.24

表4-21　南京三次产业就业弹性情况

		2008	2012	增长率(%)	就业增长弹性
第一产业	第一产业产值	119.4	191.37	60.27	-0.067
	第一产业就业人数	45.84	44	-4.01	
第二产业	第二产业产值	1771.28	3278.84	85.11	0.165
	第二产业就业人数	154.33	176	14.04	
第三产业	第三产业产值	1923.94	3976.79	106.7	0.449
	第三产业就业人数	174.43	258	47.91	
全部产业	总产值	3814.62	7447.00	95.22	0.29
	就业人数	374.6	478	27.6	

第五章　人力资本、消费政策与区域产业转型升级

传统经济学理论认为劳动力要素、资本要素以及土地要素是经济增长的源泉，其中又以劳动力要素最为重要，新增长理论则更进一步地将劳动力要素深化为人力资本，并构建数理模型对人力资本在经济增长过程中发挥的作用进行了大量的研究，经过多年理论研究和经济活动实践，人力资本对于经济增长的重要性已经被广泛接受。而对于中国而言，研究人力资本、消费政策对于区域转型升级与经济增长的意义更加重大。一方面，我国是一个人口与人力资本大国，研究人力资本、消费政策对区域转型升级与经济增长的作用，有助于我们更好地提高人力资本利用效率、制定科学的消费引导政策；另一方面，我国虽然人力资本存量较多，但是区域与领域分布却并不均衡，因此，研究人力资本对不同区域经济增长的作用强度同样意义重大。有鉴于此，本章拟对我国省级地区人力资本、消费政策与区域转型升级的相关问题开展研究。

第一节　人力资本与区域经济增长

本节在系统梳理人力资本相关文献的基础上，通过采用变系数面板数据模型，对中国 29 个省、市、自治区 1998—2010 年的人力资本与经济增长数

据之间的关系进行实证研究。

一、人力资本与区域经济增长实证研究

(一) 人力资本与区域经济增长的理论发展

Malthus[1] (1878) 较早地展开了对人口理论的研究,他提出了人们熟知的两个公理、两个级数、三个命题,随后孟德斯鸠、斯图亚特和斯密都将人口视为经济增长的源泉。人力资本一词最早是由美国著名经济学家 Fisher[2] (1906) 首次提出的,但并没有得到主流经济学的认可。通常而言,理论界以 1960 年在美国经济学会年会上 Schultz 发表"人力资本"的演说,作为人力资本理论诞生的标志。随后 Schultz[3] (1961) 在其论文中对人力资本做出如下定义:人们获得了有用的知识和技能——这些知识和技能是一种资本形态——用于教育、卫生保健和旨在获得较好工作出路的国内迁移的直接开支就是(人力资本投资的)明显例证。西方学术界认为 Becker 的《人力资本》是"经济思想中人力资本投资革命"的起点,其较为系统的提出了人力资本理论框架,进一步发展了人力资本理论,使人力资本理论成为系统而完整的理论体系。Becker[4] (1975) 指出所有用于增加人的资源,并影响其未来货币收入和消费的投资都称为人力资本投资。对于人力资本的投资是多方面的,其中主要是教育支出、保健支出以及劳动力国内流动的支出,或者是用于移民入境的支出等形成的人力资本。归纳起来可以理解为,传统意义上的人力资本主要是指人们在教育、职业培训、卫生健康、迁移等方面的投

---

[1] Malthus, T. R., *An Essay on the Principle of Population: Or, A View of Its Past and Present Effects on Human Happiness, with an Inquiry into Our Prospects Respecting the Future Removal or Mitigation of the Evils which it Occasions*, London: Reeves and Turner, 1878.

[2] Fisher, I., *The Nature of Capital and Income*, London: The Macmillan Company., 1906.

[3] Schultz, T., Investment in Human Capital, *The American Economic Review*, 1961, 51 (1), pp. 1–17.

[4] Becker, G., *Human Capital*, New York: Columbia University Press, 1975.

资所形成的资本，是体现于人自身的生产技能、文化知识及健康素质的存量，也是人们作为经济主体创造财富和获得收入的生产能力。人力资本理论于 20 世纪六七十年代在西方兴起，其极大地推动了经济学的发展，增强了经济学对社会经济现象的解释力。随着中国的改革开放，人力资本理论也逐渐被介绍到国内，并渐渐被广泛接受，人力资本理论在国内的影响力不断增加，运用范围更是不断拓展。国内学者在学习、借鉴西方人力资本理论的基础上，做出了深入的思考，对人力资本提出了不同的看法。如周其仁[①]（1996）研究认为，一方面，人力资本具有一种独一无二的所有权，它天然归属于个人，人力资本的所有权限归属于体现它的人。周坤[②]（1997）的研究认为，人力资本可以分为初级和高级两个层次，初级是指人的健康、体力、经验、技能和生产知识。高级是指人的才能、天赋和资源被发掘出来的潜能的集中体现——智慧。李建民和任关华[③]（1999）从企业理论的角度对人力资本的产权进行了研究，其把人力资本产权理解为人力资本的所有权，认为人力资本产权是存在于人体之内、具有经济价值的技能、生产知识乃至健康水平等的所有权。丁栋虹[④]（2001）则从同质性和异质性角度对人力资本定义进行了阐释。张凤林[⑤]（2006）在其专著中全面系统地探讨了人力资本理论的基本原理及其在众多领域的应用。

　　实证研究方面，Bils 和 Klenow[⑥]（2000）论证了学校教育和经济增长之间的关系，得出的研究结论指出，人力资本积累与经济增长之间可能存在着

　　① 周其仁：《市场里的企业：一个人力资本与非人力资本的特别合约》，《经济研究》1996 年第 6 期。

　　② 周坤：《论人力资本的特征及其价值实现》，《中国科技论坛》1997 年第 3 期。

　　③ 李建民、任关华：《人力资本通论》，上海三联书店 1999 年版。

　　④ 丁栋虹：《从人力资本到异质型人力资本与同质型人力资本》，《理论前沿》2001 年第 5 期。

　　⑤ 张凤林：《人力资本理论及其应用研究》，商务印书馆 2006 年版。

　　⑥ Bils, M., &Klenow, P. J., "Does Schooling Cause Growth?", *The American Economic Review*, 2000, 90 (5), pp. 1160-1183.

双向的因果关系。Petrakis[1]（2002）选取了三个经济发展水平不一样的国家，通过比较三个国家人力资本对经济增长的影响发现，不同的经济发展水平与教育之间的关系也会发生变化，发达国家的经济发展主要靠高等教育；而对于不发达国家而言，初等、中等教育显得尤为重要。William[2]（2004）的研究指出，教育支出与经济增长的关系并不是严格单调递增的，因为它同时还受到生产力水平、税收结构等诸多因素制约。国内诸多学者也从实证的角度解释了人力资本与经济增长、经济发展的关系：有的学者通过建立经验检验模型，得出了人力资本对于经济增长具有促进作用的结论。例如：蔡增正[3]（1999）的研究成果利用跨国数据，考察了 1965—1990 年间教育对经济增长的贡献，表明教育对经济增长有着巨大的贡献，并且随着经济的发展，教育对于经济增长的作用强度，表现为先弱、后强、最后略有降低的趋势；杨建芳、龚六堂、张庆华[4]（2006）利用 1985—2000 年，中国 29 省市的经验数据实证分析了人力资本的积累和存量，以及人力资本的形成要素："教育"和"健康"，对中国经济增长的影响，研究结果表明人力资本积累速度和存量都会影响经济增长，经济增长中既有人力资本积累的功劳，也有人力资本存量的贡献；钱晓蕾、王秦[5]（2008）运用变化产出函数来研究教育在 20 世纪 90 年代对中国经济增长的影响，他们发现人力资本投资的增加对中国经济增长起到了显著的促进作用，1990—2000 年人力资本投资约占了国内生产总值的 19%。然而，有的学者却通过其所建立的经验模型，及

---

① Petrakis, P. E., &Stamatakis, D., "Growth and Educational Levels: A Comparative Analysis", *Economics of Education Review*, 2002., 21 (5), pp. 513-521.

② Blankenau, W. F., & Simpson, N. B., "Public Education Expenditures and Growth", *Journal of Development Economics*, 2004, 73 (2), pp. 583-605.

③ 蔡增正：《教育对经济增长贡献的计量分析——科教兴国战略的实证依据》，《经济研究》1999 年第 2 期。

④ 杨建芳、龚六堂、张庆华：《人力资本形成及其对经济增长的影响——一个包含教育和健康投入的内生增长模型及其检验》，《管理世界》2006 年第 5 期。

⑤ 钱晓蕾、Russell Smysth、王秦：《中国教育与经济增长的互补效应》，《财经问题研究》2008 年第 12 期。

其所使用的数据得出了截然不同的结论，胡永远[1]（2003）运用国内数据，对我国人力资本的产出贡献率进行了估算，研究结果表明，我国人力资本的产出贡献率虽然显著为正，但其贡献值较小，同时，人力资本对产出并不具有长期的增长效应；曹晋文[2]（2004）通过建立结构方程模型对我国人力资本与经济增长之间的关系进行了实证分析，其研究结果表明，人力资本对我国经济增长的直接影响不大；郑鸣、朱怀镇[3]（2007）基于中国省际面板数据的实证分析利用中国 1999—2005 年间 31 个省市高等教育的面板数据，就各省市高等教育对其区域经济增长的关系开展实证研究，结果表明，自我国高校扩招以来，几乎有一半地区的高校对当地经济发展非但没有起到良好的推动作用，反而在一定程度上阻滞了当地经济的发展。

（二）模型与数据

1. 模型

（1）模型的选择

由于面板数据既具有时间序列性质，又具有截面性质，因此，以面板数据为基础建立的面板数据计量经济学模型在经济分析中更显优越性，这也已经成为近 20 年来计量经济学理论方法重要的发展方向之一。根据面板数据模型的以上特点，本文采用面板数据模型分析中国省级地区的人力资本与经济发展的关系。

（2）模型介绍

面板模型可以同时反映研究对象在时间和截面单元两个方向上的变化规律及不同时间、不同单元的特性。面板数据模型的一般表达式为：

---

[1]　胡永远：《人力资本与经济增长：一个实证分析》，《经济科学》2003 年第 1 期。
[2]　曹晋文：《我国人力资本与经济增长的实证研究》，《财经问题研究》2004 年第 9 期。
[3]　郑鸣、朱怀镇：《高等教育与区域经济增长——基于中国省际面板数据的实证研究》，《清华大学教育研究》2007 年第 4 期。

$$Y_{it} = \alpha_i + \beta_i X_{it} + \mu_{it} \quad i = 1,\ 2,\ 3 \cdots N, \quad t = 1,\ 2,\ 3 \cdots T \tag{1}$$

其中 X_{it} 是影响所有横截面单元的外生变量向量；β_i 是参数向量；α_i 代表了截面单元的个体特性，μ_{it} 反映了模型中被遗漏的体现个体差异变量的影响；t 是个体时期变量，u 代表模型中被遗漏的体现随截面与时序同时变化的因素的影响；下标 i 代表不同个体；t 代表时间。

当分析对象在横截面上无个体影响、无结构变化时上式转化为：

$$Y_{it} = \alpha + \beta X_{it} + \mu_{it} \tag{2}$$

当分析对象在横截面上存在个体影响，且表现为模型中被忽略的反映个体差异的变量的影响，但无结构变化时；

$$Y_{it} = \alpha_i + \beta X_{it} + \mu_{it} \tag{3}$$

当分析对象在横截面上除了存在个体影响外还存在变化的经济结构时，结构参数在不同横截面单位上是不同的，这时即为一般形式；

$$Y_{it} = \alpha_i + \beta_i X_{it} + \mu_{it} \tag{4}$$

要对模型进行正确估计，必须对模型的设定进行 F 检验；

F 检验如下：

假设1：斜率在不同的横截面样本点上和时间上都相同，但截距不相同；

假设2：截距和斜率在不同的横截面样本点和时间上都相同。

首先检验"假设1"，如果检验结果是接受的，则没有必要进行进一步的检验；如果是拒绝的，就应该检验"假设2"；如果"假设2"也被拒绝，就采用（1）式表示的变系数模型；

检验"假设2"的 F 统计量为：

$$F_1 = \frac{(S_3 - S_1)\,/\,[\,(N-1)\,(K+1)\,]}{S_1\,/\,[\,(NT - N(K+1)\,)\,]} \subset F[\,(N-1)\,(K+1)\,,$$
$$N(T - K - 1)\,] \tag{5}$$

检验"假设1"的 F 统计量为：

$$F_1 = \frac{(S_2 - S_1) / [(N-1) K]}{S_1 / [(NT - N(K+1))]} \subset F[(N-1) K, \ N(T-K-1)] \qquad (6)$$

在式（5）和（6）式中，S_1、S_2、S_3 分别为采用模型（2），（3），（1）的残差平方和，N 为截面样本点个数，T 为时序期数，N 为自变量数目。

在本研究中，运用 Eviews 软件经过 F_1 检验发现假设 1 与假设 2 都未通过，故本研究采用变系数变截距面板模型，以 GDP_{it}、HC_{it} 表示第 i 市第 t 年的真实 GDP 与真实地方人力资本的累计值，建立双对数模型。

$$\ln GDP_{it} = \alpha_i + \beta_i \ln HC_{it} + \mu_{it} \qquad j = 0, \ 1, \ 2 \qquad (7)$$

2. 数据来源

在开始任何关于人力资本量化研究之前，都必须对人力资本进行测算，然而正如 Ludger[①]（2003）所言：人力资本定义是一个容易的问题，但是人力资本的测算则是一个相对困难得多的问题。从目前的研究成果来看，人力资本的计量方法包括成本法，收入法以及受教育年限法等。

普遍认为，最早运用了成本法来测量人力资本的学者应该是恩格尔，他把单个人力资本理解成将一个刚出生的婴儿抚养成一个 25 岁的成年人所需要付出的成本。当然，现在看来，恩格尔的测量方法只是成本法的萌芽。后来，舒尔茨的教育成本法是最为突出的、也是真正以成本法来度量人力资本的，舒尔茨把教育成本加上学生放弃的收入（14 岁以上的学生因上学而放弃的收入计入间接成本）作为人力资本的近似估计值。但这种度量方法也一直受到一些学者的批评，对教育经费法的缺陷总结为以下几点：一是不符合人力资本的定义，人力资本投资的直接费用与劳动者的劳动能力并不完全一致；二是不准确，资本的价值应当由需求决定，而不是由供给方的花费所决定；三是间接成本或机会成本难以计量，投资性支出和消费性支出也很难区分，人力资本折旧率难以确定，这些都使成本法的操作性大打折扣。而收

① Wößmann, L., "Specifying Human Capital", *Journal of Economic Surveys*, 2003, 17 (3), pp. 239-270.

入法则是根据某个区域拥有不同水平人力资本的劳动者的收入，来衡量该区域人力资本的方法，威廉·配第是最早使用收入法来估算人力资本的，虽然现在看来其方法简单且粗糙，但却由其引发了一系列估计人力资本价值的研究。目前，比较有代表性的收入法研究主要有以下四种模型：JF 模型、K 模型、MS 模型、JE 模型。需要注意的是，收入法也为我们提供了一个新的途径去测量人力资本总量，但这种方法也受到一些学者的批评：首先，人力资本的效用不仅仅体现在市场劳动收入上，非市场劳动收入乃至休闲，在多大程度上是否应当计入人力资本很难确定；其次，人力资本也许只是影响劳动者收入的众多因素的其中之一，甚至不位于重要之列；最后，相关数据的收集存在一定难度，特别是在市场经济不发达国家，这些也都使得收入法的操作性值得怀疑。

受教育年限方法是用劳动者的受教育年限表示劳动者的人力资本总量，该方法综合了收入法和成本法的优点，且在实际测算过程中所需相关数据易于获得，故本研究将选择受教育年限法对我国各省市的人力资本存量进行测算。同时，由于西藏和海南数据缺失，因此，本研究只选取 29 个省、市、自治区进行研究，本研究模型的变量及数据来源如下：

GDP：国民生产总值，各地区生产总值来源于各地区统计年鉴，并经过价格指数处理；

人力资本存量：本研究采取教育年限法对人力资本存量进行测算，测算公式为：$H = \sum_{i}^{n} N_i X_i$ （7）

这其中，H 代表加权计算得到的人力资本存量，N 代表某学历层次劳动力数量，X 为反映生产力差异的系数。在本研究中，没有受过教育的劳动力人力资本系数和小学文化程度的劳动者人力资本系数为 1.5，中学文化程度的劳动者人力资本系数为 2，大学文化程度的劳动者人力资本系数为 4。

（三）实证结果

1. 人力资本存量测算结果

根据人力资本测算公式7，利用相关数据，本研究对我国29个省、市、自治区的人力资本存量进行测算，限于篇幅，在此只提供2010年的人力资本存量数据。（见表5-1）

表5-1　2010年中国29省市地区的人力资本存量数据

地区	人力资本（万人）	地区	人力资本（万人）	地区	人力资本（万人）
北京	4872	广东	20065	内蒙古	5780
上海	5590	福建	7130	新疆	7650
浙江	10882	四川	16732	河北	13319
江苏	18771	重庆	6784	黑龙江	8709
天津	3101	湖北	13081	吉林	5998
山东	19007	湖南	12990	辽宁	10086
宁夏	1899	广西	9893	河南	12890
甘肃	4902	山西	7890	贵州	7334
安徽	11922	江西	8706	陕西	8007
青海	1123	云南	8330		

2. 估计结果

运用Eviews6.0软件，根据$j=0$时的模型（7）建立变系数模型，估计结果如下表5-2所示。

表5-2　中国各省人力资本对经济增长的变系数模型估计结果

变量	系数	标准差	T统计量	概率值
α_i	0.173	0.1041	6.413	0.0148
各省市系数				
北京	1.224	广东	0.882	内蒙古	-0.131
上海	1.195	福建	0.702	新疆	0.091
浙江	0.889	四川	0.627	河北	0.232
江苏	1.261	重庆	0.690	黑龙江	0.104

续表

变量	系数	标准差		T 统计量		概率值
天津	0.739	湖北		0.431	吉林	0.152
山东	0.722	湖南		0.498	辽宁	0.226
宁夏	-0.167	广西		-0.136	河南	0.220
甘肃	-0.103	山西		0.319	贵州	-0.087
安徽	0.377	江西		0.330	陕西	0.265
青海	-0.102	云南		-0.119		
R^2	0.998	ADJ—R^2		0.993	F	1330.87

由表 5-2 可以得出以下三点结论。

第一，从 α_i 系数的估计结果而言，我国整体上处于一个比较好的发展环境和发展势头当中，显著的正数 α_i 值说明从我国总体水平上考察，人力资本对我国经济增长具备明显的正向激励作用；

第二，就全国范围而言，人力资本对于经济增长的作用是不同的。人力资本对经济增长作用程度最大的是江苏省，达到 1.261，广西自治区为 -0.1136，差距巨大，而且人力资本对经济增长作用系数的分布不均也从侧面反映出我国目前区域经济发展存在严重的失衡状况。另外，就具体的系数分布情况而言，在 29 个省、市、自治区中，江苏、北京、上海、广东、浙江、福建地区的人力资本对经济增长的影响程度居前六位；而宁夏、广西、内蒙古、云南、甘肃、青海地区的人力资本影响经济增长的程度居后六位，这种结果基本与现实情况符合，这种现象则可能暗示经济越发达的地区，人力资本发挥作用也就越大；

第三，从东部、中部、西部及东北四大区域分布而言，东部地区的省市人力资本作用于经济增长的系数都是比较高的，说明人力资本在该区域作用效果较好；其次是中部六省和西部的四川、重庆两地，这八个地方的人力资本作用系数位于我国所有省市的中游位置，与其经济实际发展情况也是相吻合的；西部地区省份的人力资本系数则普遍较低，甚至某些地区如广西、云南等地人力资本作用系数尚是负数，说明这些地方尚没有构建出良好的发挥人力资本作用的氛围，抑制了人力资本发挥其促进经济增长的作用；而对于东北地区而言，虽然东北三省的人力资本作用系数为正数，但是在全国范围看，尤其是与东中部地区进行对比可以发现，东北地区的人力资本作用系数是比较低的，仅高于西部地区，这也说明东北地区还必须进一步的开展人力资本引进和培育工作，最大程度的发挥人力资本作用。

二、区域差异化人力资本体系构建策略

本节通过采用面板数据模型，对 1998—2010 年间中国省级地区人力资本与经济增长数据之间的关系进行实证研究，得出以下结论：从 1998—2010 年的 12 年间，人力资本对我国各省市经济发展起到了极大的促进作用，对于不同省市而言，虽然绝大部分地区的人力资本对经济增长都具有促进作用，但是这种作用程度效果不同，甚至某些地方还存在明显的负值，这表明了我国区域发展的不平衡。这与现实情况极为吻合，虽然，我国对较为落后地区给予了大量的政策优惠和资源支持，但到目前为止，落后地区的软硬件与发达地区仍有较大差距，这使得人力资本难以发挥其对经济增长的作用。

本节的研究结论具备重要意义，我国过去几十年间，单纯依靠能源、资源的高消耗、高投入以及大量的廉价劳动力来推动高速经济增长的发展模式已不再现实，我国的经济发展方式亟须由粗放型向集约型转变。同时，人力资本投资对于缩小我国严重的区域经济差距也起着极其重要的积极作用，西部地区可以充分引进、应用和消化东部地区的先进技术，以更高的生产效率实现经济更加快速的发展，缩小与东部地区的差距。为了实现经济的持续增长，以及区域经济协调发展的目标，中央政府不仅要加大对落后地区的资金扶持力度，更要加大发达地区和落后地区区域之间人力资本流动、增加

落后地区的人力资本存量、缩小区域之间人力资本的差异程度，落后地区也应该加快完善基础设施，提高对人力资本的吸引力，尽快减小区域经济差异。

（一）国家层面上要继续坚持人才强国战略，加大人才培养与引进力度

虽然，人力资本对我国经济增长的影响整体上比较显著，但是不可否认的是人力资本对于各省市、各区域的作用程度是参差不齐的，甚至对于某些省市还难以发挥作用。因此，必须继续坚持人才强国战略，加大人才培育与引进力度，培养和造就具备规模、结构合理、素质优良的人才队伍，确立国家人才竞争的比较优势。只有国家人才总量增加、结构优化了，才可能满足各省市、各区域对适应地方经济社会发展需要的人才需求。另外，人才发挥促进经济增长的作用是需要一些前提条件的，比如，良好的创新平台与发展环境、合理的选拔与激励机制等。因此，除了大力培养人才、增加人力资本存量以外，构建合理的人力资本发挥作用的制度环境也至关重要。

（二）东部地区要继续完善人力资本作用环境，通过优化人力资源结构推动产业转型升级

我国东部地区省份人力资本对经济增长作用系数都比较高，说明人力资本在这些地区的作用效果比较好。东部发达地区在未来的发展过程中，一方面，应该继续完善人力资本作用环境，进一步扩大目前的人力资本优势以保证经济的可持续发展；另一方面，目前我国东部地区正处于经济结构调整、产业转型升级的关键时期，对于人力资本的结构也提出了新的挑战。在这种背景下，根据产业结构调整方向和未来经济发展定位，东部地区应该有侧重点的对人力资本结构进行相应调整，尽快完成产业转型升级。

（三）中部与东北地区应该积极利用东部地区产业结构调整机遇，提高待遇吸引东部地区人才流入

中部和东北地区目前是我国发展势头最为迅猛的地区，也是未来很长一段时间我国经济增长的领头羊。而随着经济发展水平的不断提高，中部和东北地区对于人才的需求也会逐步加大。同时，中部和东北地区由于紧靠东部地区，所以在未来的发展过程中应该充分利用东部地区产业结构转型升级的机遇，完善自身硬件和软件措施，大力从东部地区引进自身发展所需的人才，为中部和东北地区经济可持续发展提供新动能。

（四）西部地区重点应该加快改革力度，破除抑制人力资本发挥作用的制度瓶颈，提高对于人力资本的吸引力

与中东部地区不同，西部地区目前人力资本作用效果极低，这可能与西部地区经济发展水平较低，制度环境效率低下等原因有关。因此，西部地区采取大规模引进人力资本的做法并不可取，对于西部地区而言，首要工作在于改变自身环境，为人力资本发挥作用营造一个基本合格的环境，在这个基础上可以选择性的吸引一些人才进入。另外，基础设施建设也是西部地区必须注意和提高的地方，基础设施的完善同样是吸引人力资本的重要组成部分。

第二节　人口、消费政策与区域新兴产业发展

中国自 1978 年改革开放以来，经济持续高速增长，已经成为世界经济体系中的奇迹。但也因为结构性矛盾的长期积累，产生了资源能源消耗过高、生态环境破坏严重、缺乏持续增长动力、区域经济发展失衡等问题。当前，中国正处于工业化进程与经济体制转轨的关键时期，由于投资为主驱动

经济的弊端已经凸显，出口贸易因为在欧美市场对东亚、东南亚诸国的市场替代已基本完成而持续增长乏力，因而，既往依靠投资与出口贸易拉动的发展模式已经难以为继，不合理的产业结构已经严重制约经济竞争力的提升。再加上 2008 年世界经济危机的冲击等等，都迫使中国在应对过程当中必须更加注重开发拥有世界最大人口优势的消费市场，并提出了一个新的政策概念，即战略性新兴产业。发展战略性新兴产业不仅是调整产业结构、推动区域经济持续增长的最有效举措，更是中国抢占世界科技制高点的一次新机会。从经济发展的历史经验看，每次经济危机都会催生重大技术突破、孕育新的科技革命、形成新的产业和经济增长点。2008 年的经济危机同样带来了重大科技进步的历史机遇，世界各国为应对危机带来的挑战、提振本国经济，纷纷制订了各自的新兴产业发展规划，加大对高技术产业的投入，当前世界已经进入了一个前所未有的科技创新、产业创新时代。

中国政府自 2009 年正式提出发展战略性新兴产业以来，先后出台了《国务院关于加快培育和发展战略性新兴产业的决定》、《国务院关于加快培育和发展战略性新兴产业决定重点工作分工方案的通知》等政策文件，并发布实施了《"十二五"国家战略性新兴产业发展规划》。《关于加快培育和发展战略性新兴产业的决定》不但明确提出当下将选择新能源、新材料、高端装备制造、节能环保、新能源汽车及新一代信息技术、生物七个领域作为我国战略性新兴产业战略布局的重心，并且提出了发展七个领域战略性新兴产业的政策方向和基本思路，即"五大支持政策"和"三大任务"。随着加强宏观引导、加快体制机制改革、加大要素支撑、加强科技创新、积极培育市场、推进开展国际合作等各项政策措施的逐步落实，中国战略性新兴产业培育与发展实现了良好开局，战略性新兴产业快速发展，关键技术不断突破，产业规模不断扩大，促进经济发展的支柱产业地位日益凸显。

2010 年底，我国战略性新兴产业总值为国内生产总值的 4%，且在不断发展。特别是 2013 年以来，在整体经济低迷的状态下，中国战略性新兴产业发展速度逆势上扬，发展速度不断加快，部分战略性新兴产业的增长速度为工业总体增速的 2 倍左右。截至 2014 年上半年，战略性新兴产业上市公司占上市公司总数的 31.8%，已达到 808 家。在国家认定企业技术中心中，新兴产业企业的比例超过 50% 以上；多个区域还出现了大批战略性新兴产业企业研发投入占企业销售额的比例超过 5%，甚至有的超过 10%。近几年，战略性新兴产业已逐渐成为经济新常态下产业结构调整、经济转型发展的生力军。特别是在"互联网+"已经深入各个领域的背景下，战略性新兴产业更是在促进传统产业利用信息化技术提档升级、提供高质量就业方面发挥了巨大作用。

人才和消费是战略性新兴产业发展的"双引擎"，人口又是决定人才与消费的根本因素，同时，消费市场对技术创新又有巨大的引导作用。因而，制定科学的人口与消费政策是发展战略性新兴产业的重要基点和战略举措。本节通过对我国当前战略性新兴产业发展中的人口与消费政策作用及现状分析，指出当前区域治理中必须要根据我国经济发展进入新常态的实际，结合战略性新兴产业发展和自身区域的特点，积极创新，主动作为，完善顶层设计，强化人口政策的支撑作用；建立长效机制，增强消费需求的拉动作用；从促进战略性新兴产业的战略高度大力发展老年健康产业。

一、人口、消费政策对区域产业发展的作用机理

过去的 30 多年中，在中国经济持续高速发展的情况下，消费需求总量占 GDP 的比重和消费需求总量的增速一直都较低。现阶段，中国经济增长引擎从外需向内需转换的拐点已现，扩大内需、改变消费方式将是我国经济发展的中长期战略，而经济新常态也同时伴随着"新问题"、"新矛盾"和"潜在风险"，此时，人口、消费与经济的关系发生了重大变化，这也是我国战略性新兴产业发展的巨大潜力所在，因而，有利于区域经济转型升级的

战略性新兴产业发展迫切需要制定和实施科学的人口与消费政策。

当前，世界各国都在纷纷集中力量，抢抓新兴产业的发展机遇期，相对而言，作为世界第一人口大国，中国尽快制定合适的促进战略性新兴产业发展的人口与消费政策，谋求新一轮经济增长，就显得尤为迫切。然而，我国目前在促进战略性新兴产业发展的人口与消费政策方面，尚难以满足战略性新兴产业快速发展的需要，需要进一步加强战略性新兴产业发展中的人口与消费政策创新，为实现战略性新兴产业发展、促进区域经济长期增长提供更有效、更科学、更持续的人口和消费的支撑体系。

（一）人口、消费政策在战略性新兴产业发展中的作用

1. 人口红利是中国经济长期高速增长的重要原因

中国改革开放以来，经济取得了 30 多年的高速增长，人口红利的释放是其中非常重要的原因之一。根据柯布—道格拉斯生产函数，经济发展主要依赖于劳动力、技术和资本三个因素。其中，劳动力资源是经济发展的主要动力和决定因素，科学有效的人口政策对战略性新兴产业发展可以起到重要的支撑作用。人口规模的经济效应对战略性新兴产业的发展可以起到积极的推动作用，具体表现在：一是人口规模可以扩大市场容量，有利于推动分工深化和专业化生产，可以加速人力资本和生产经验的积累，有利于战略性新兴产业内部形成比较利益和规模效应；二是人口密度增加有助于形成集约化经济社会组织，有利于发挥战略性新兴产业的产业链条长、带动系数大、渗透性强的优势，使战略性新兴产业向更高的组织化程度方向演变；三是人口规模的扩大意味着战略性新兴产业人才增加，有利于提高战略性新兴产业科技进步的速度；四是人口规模扩大，有利于为战略性新兴产业的产品形成规模化消费市场，促进战略性新兴产业的快速持续发展。

2. 人力资本是促进战略性新兴产业发展的关键因素

知识技术密集是战略性新兴产业的显著特点，加强人力资本和人才队伍

的培育是发展战略新兴产业的关键。国内外相关理论与实践表明，拥有专业化人力资本的人才队伍是促进新兴产业发展的真正动力。当今世界，经济发达国家是因为拥有先进的科技实力，最主要的原因是有着一支庞大的人才队伍作保障，近年来，诺贝尔奖得主主要产生在这些国家就足以说明其核心要义。拥有人才并有效使用人才，是一个国家、地区和企业在激烈竞争中处于优势的关键因素。没有人才支撑，就谈不上战略性新兴产业的发展，就谈不上区域竞争力。提高人口素质、充分开发各年龄层次的人力资源是战略性新兴产业发展可持续的人口动力。

3. 消费需求是战略性新兴产业发展的内在要求

消费需求是经济增长的最终需求，消费政策是整个经济政策的重要一部分。消费需求是拉动经济增长的"三驾马车"中最为稳定的因素，消费政策对战略性新兴产业发展具有较强的引导和鼓励、支撑作用。战略性新兴产业发展如果过多地依赖政府投资支出，就会缺乏内在的驱动力。从宏观的角度看，如果消费需求规模大，战略性新兴产业发展的市场容量约束就弱。同时，通过消费拉动投资，增加利润以致消费增加，从而拉动投资再增加，如此循环不断，可以促进形成战略性新兴产业的自主增长机制。从微观层面来看，战略性新兴产业的企业实现利润最大化的前提是它所生产的产品能被市场所接受，如果有消费者来购买，企业就会进行投资和生产，并且，为了维持产品核心竞争力会不断加大技术创新力度。可见，消费对战略性新兴产业的生产、投资与技术创新具有明显的引导作用。

4. 消费增长是战略性新兴产业持续发展的根本动力

消费对战略性新兴产业发展具有较强拉动作用，消费增长会带动战略性新兴产业投资的增长，没有消费需求支撑的高投资是不可能长期持续下去的。目前，政府在推进战略性新兴产业发展的政策制定方面，呈现出一个比较大的、也较为科学的转变趋势，就是从供给端向需求侧转移，重视从技术研发、生产投资环节的扶持转向侧重在市场拓展、需求培育的角度扶持战略性新兴产业。伴随着消费结构的优化和升级，战略性新兴产业的消费增长会直接推动消费性供给增长，而消费性供给的增长又会扩大生产性需求，从而推动战略性新兴产业的持续发展。因而区域治理中必须采取正确的消费政策，激发释放消费潜力，使消费继续在推动战略性新兴产业发展中发挥基础性、关键性作用。

（二）区域战略性新兴产业发展中的人口与消费政策现状及问题

1. 区域战略性新兴产业发展中的人口与消费政策现状

人口形势的变化是中国经济新常态的主要根源之一，也是中国经济新常态的主要特征之一。国家统计局公布的人口数据显示，我国劳动年龄人口连续三年成百万级减少，2012 年第一次减少 345 万，2013 年继续减少 244 万，2014 年接着减少 371 万。多年来生育率的持续低迷和劳动年龄人口供给的持续减少，不仅已经使中国进入超低生育率陷阱，而且会进入人口减少陷阱。[①] 针对严峻的人口形式，2013 年 11 月，中共十八届三中全会决定启动实施"单独二孩"政策，标志中国生育政策朝着新阶段的正确方向迈出了实质性的一步，但"单独二孩"的政策效果大大低于预期，还远远达不到十八届三中全会所要求的"促进人口长期均衡发展"的目标。2015 年，中共十八届五中全会决定：坚持计划生育的基本国策，完善人口发展战略，全面实施一对夫妇可生育两个孩子政策。2016 年，全国人大常委会修订《人口与计划生育法》后，"全面二孩"政策将在全国同时落地。然而，中国人口生育政策的调整已经滞后了若干年，严重的劳动力锐减和老龄化形势，对中国经济必将产生重要影响。实际上，近年来的民工荒、劳动力工资快速上涨、外资企业撤离中国等现象无一不跟中国的劳动力形势密切相关，这也必然会影响到我国战略性新兴产业的发展。

---

① 陈喜乐、曾海燕、任婧杰：《我国战略性新兴产业理论研究综述》，《未来与发展》2011 年第 11 期。

　　近年来，国家高度重视在消费领域扶持战略新兴产业发展。2014年10月29日，李克强总理主持召开国务院常务会议，部署推进消费扩大和升级，出台了三大措施：一要增加收入，让群众"能"消费；二要健全社保体系，让群众"敢"消费；三要改善消费环境，让群众"愿"消费，三大措施打造消费升级版，重点推进信息消费、绿色消费、旅游休闲消费、教育文体消费、住房消费、养老健康家政消费等六大领域的消费。尽管这两年消费对增长的贡献率有所提高，但消费对经济增长的拉动作用并未有效释放，尤其是对战略性新兴产业的拉动不够明显，制约着战略性新兴产业的发展向"消费驱动"的转变。因此，制定科学的消费政策，推进增长动力由供给推动向扩大内需为主的转换，促进我国战略性新兴产业发展，仍是目前亟须关注的重点。

　　2000年以来，我国最终消费率和居民消费率连续十几年呈下降趋势。伴随着模仿型、排浪式消费阶段的基本结束，个性化、多样化消费已经逐渐成为主流，通过创新供给、优化供给来激活需求、扩大需求、改善需求的重要性显著上升，供给侧结构性改革也已适时提上中央的议事日程，这对战略性新兴产业的蓬勃发展也是一个好的机遇期。

　　2. 当前战略性新兴产业发展中的人口和消费政策存在的问题

　　（1）人口负债逐渐成为中国人口与经济关系的新常态

　　随着人口红利的消失，我国开始进入人口负债期，严重的劳动力短缺和老龄化形势作为重要的因素之一推动中国经济进入新常态。根据易富贤和苏剑撰写的一份关于中国2015—2080年的人口展望报告估计，中国的工作年龄人口在2015年到达峰值9.24亿，2080年的时候降到3.39亿。65年时间，中国的工作年龄人口将减少2/3，绝对数将减少近6个亿。未来"十三五"和"十四五"这十年间，整个中国人口格局将处于大转折的时期。[①] 以

---

　　① 冯春林：《国内战略性新兴产业研究综述》，《经济纵横》2011年第1期。

降低生育率和降低死亡率为主要特点的人口转变已经完成，国家发展过渡到如何应对长期低生育率、长期低死亡率的后人口转变时期的新阶段。中国人口格局转折性的变化，对于经济增长、社会保障体系、城乡基本公共服务体系、区域均衡发展等都带来深远影响，也会深刻影响战略性新兴产业发展，进而影响区域的经济社会发展。未来人口格局的大转折需要布局新的人口发展战略框架和实施新的人口政策体系，从而得以支撑战略性新兴产业的发展，支撑经济发展方式的转型和发展能力的可持续性。

（2）人口老龄化对战略性新兴产业发展影响日益增加

2015 年，国家统计局公布的数据显示，中国 60 岁及以上老年人口已达到 2.12 亿，占总人口比重为 15.5%，65 岁及以上老年人口已达到 1.37 亿人，占总人口比例为 10.1%。虽然据联合国预测，到 2022 年印度人口就会超过中国，但由于"十三五"期间老龄化程度将快速"起飞式"提高，中国将长期作为世界上老年人口最多的国家。[①] 快速老龄化是国家发展所面临的巨大挑战，对战略性新兴产业的影响具体表现在：一是挑战劳动力供给结构。人口老龄化必然会造成劳动力老龄化，中老年劳动力虽然拥有丰富的经验，但是他们接受新鲜事物如新技术、新知识、新工艺、新方法、新制度的能力一般低于青壮年，会影响新技术的推广使用进而影响战略性新兴产业发展的竞争力、影响区域创新能力；二是挑战消费产业调整能力。中国的快速人口老龄化，以及老年人的市场需求相对快速扩大，亟须整个社会在短时间内完成投资、产业结构的转变来适应、满足老年人口特殊的商品和服务需求；三是经济发展面临消费需求不足。老年人一般是纯消费者，他们的消费受其收入水平、消费习惯和社会供给能力的制约。低生育率水平形成的老龄化使得社会消费需求不足，对战略性新兴产业发展和区域发展的拉动不足。现有的社会保障、退休制度等政策体系需要从人口老龄化对经济社会发展影

---

① 冯春林：《国内战略性新兴产业研究综述》，《经济纵横》2011 年第 1 期。

响的新视角出发，做出新调整，以支撑战略性新兴产业的发展，支撑区域经济的长期增长。

（3）战略性新兴产业人才培育集聚能力有待加强

战略性新兴产业是知识型、创新型经济，必须让创新成为驱动发展新引擎，这对提高人口素质的需求更加强烈。当前，我国劳动力成本已经上升，劳动适龄人口数量和比重已经下降，人力短缺问题已经逐渐上升为主导性的新人口问题。通常只有少数高端人才拥有战略性新兴产业的高端技术、核心技术，只有通过适宜的政策土壤环境才能让战略性新兴产业技术在中国"星火燎原"。该产业人才的缺乏表现在两个方面。一方面是高端技术人才的匮乏。这类人才通常既具有国内扎实的基础教育，又学习了发达国家先进的创新技术。在引进这类人才过程中，其不愿意放弃国外先进的研究基础与技术环境，同时，国内尚不成熟的资本市场、融资环境、创业文化也会成为他们的"拦路虎"，所以吸引这类高端人才的集聚往往要通过政府的引导而非市场行为。另一方面是技能人才的缺乏。虽然国家已经制订了战略性新兴产业技能人才培育计划，并依行业目录在高校开设相关专业与课程，但仅处于起步阶段，人才的培育尚需时日。[①]

（4）消费政策对战略性新兴产业发展的引导作用不够明显

消费政策对战略性新兴产业发展的引导和促进作用不够明显：一是缺乏适合消费政策发挥作用的体制环境和市场环境。当前，中国正处于体制转轨过程中，市场经济体制的建设还在进一步完善中，与市场经济相适应的各种间接调控手段短期内还难以发挥有效的作用，降低了我国消费政策的调控能力和调控效果。二是消费政策调控方式僵化、调控手段单一。西方国家在消费调控中往往综合运用财政、收入分配、货币、价格、消费引导等多种政策工具，既有对微观消费主体的调节和控制，又有对宏观消费结构的引导和调

---

① 刘爱雄：《国内战略性新兴产业研究述评》，《商业时代》2012 年第 1 期。

整，在实践中依据经济形势的变化情况，相机抉择，灵活运用，往往可以收到良好的效果。而我国消费政策的调控手段则显得单调僵化，缺乏调控消费的有效政策工具和实施办法，实践中的效果也不尽人意。三是消费者主权原则有待进一步彰显。西方国家新兴产业消费政策的实践表明，战略性新兴产业消费政策制定的首要目标应该是保护消费者的合法利益。而我国的消费政策多数站在政府和企业的立场上，制定的消费政策往往偏离了消费者主权原则，从而无法客观把握消费者心理，难以准确预测社会消费变动的趋势，结果是某些消费政策往往难以实现预期目标。

二、促进区域新兴产业发展的人口与消费政策创新

（一）完善顶层设计，强化人口政策的支撑作用

面对我国严峻的人口和劳动力形势，需要对人口发展战略和相关政策进行根本性的调整，在研究世界人口变化规律基础上，制定适合国情的人口政策，科学增加生育数量进而改善人口结构，通过人力资本红利促进战略性新兴产业发展，进而带动区域经济增长。

1. 调整计划生育政策，逐步转向鼓励生育

调整和改革现行人口发展政策，首当其冲的是使我国的生育政策回归常态、回归家庭。应该立即调整计划生育政策，并转而鼓励生育二孩。如果担心立即彻底放开生育政策会导致人口爆炸，可以采取小步快走的方式调整人口政策，先在一些区域放开试点，然后逐步向全国推广。也可以按照育龄妇女的年龄设计政策，比如对30岁以上的妇女先放开。目前，通过"单独二孩"政策的实施，可以发现中国新的生育文化和观念已经形成，极低的生育率很可能是老百姓的自然选择。为了应对未来的人口新形势，迫切需要根本转变20世纪70年代以来（特别是80年代以来）生育政策的原则、方向、目的和执行方式，实现长远的人口均衡发展，使生育率水平能对经济内需和

战略性新兴产业乃至区域的发展提供有效的支撑。

2. 提高人口素质，发挥人力资本红利作用

把大力提高人口素质作为实施人口发展战略、促进战略性新兴产业和区域发展的关键环节，推动我国由人口大国向人才强国转变。新人口发展战略的核心就是要通过劳动者的人力资本替代劳动者的劳动力数量，努力使人口红利转化为人力资本红利，通过人力资本的规模、质量和结构的全面提升，推动实现战略性新兴产业发展质量和增长效率的提高。构建新的人才战略，坚持强调人才是第一资源的观念，一是通过人才集聚来尽快推动我国战略性新兴产业发展，使其进入人力资本规模经济效应阶段；二是通过构建产、学、研、市场创新联盟，来吸收知识和技术溢出、提高人才质量、人才层次；三是通过构建人才结构与产业结构的动态互动机制，来提高战略性新兴产业的人才供给效率。

3. 以市场为导向，宏观调控人才分布

首先，按照发展战略性新兴产业对劳动力的需求，进一步完善劳动力市场体系，推进人才市场的信息化、网络化、体系化和法制化；其次，规范人才市场秩序，创造公平的就业环境，促进人力资源合理流动和通过市场实现精准就业；第三，制定多层次的人才培养计划，加强对劳动力职业生涯规划的宏观调控，保证将数量一定的劳动力转换为最大的人力资本，来保证劳动力供给，保持劳动力竞争优势，达到为战略性新兴产业发展提供更有效和更可持续的人口源泉。

（二）建立长效机制，增强消费需求的拉动作用

紧扣国家战略性新兴产业发展战略部署，遵循战略性、先导性及带动性原则，制定具有区域特色和优势的战略性新兴产业消费政策，建立健全消费观念、消费环境、消费结构、消费水平等一系列政策，形成完整配套的拉动战略性新兴产业持续发展的消费政策体系。

1. 适应战略性新兴产业发展需要，培养新的消费热点

区域政府应该设立专门机构，在充分调查论证的基础上，加强舆论引导、政策支持等多种途径，积极培育战略性新兴产业的消费热点。通过优先发展某些消费热点产业，让消费者对这些战略性新兴产业产品"能"消费、"敢"消费、"愿"消费。同时发挥消费热点所具有的强大示范效应，带动其他相关产业的健康快速发展，进而形成新的消费热点和新的经济增长点，推动战略性新兴产业的发展，以促进形成消费需求与战略性新兴产业发展之间的良性循环。

2. 增强鼓励消费的政策力度，创造和引导需求

着眼于战略性新兴产业潜力市场的培育，调整消费政策，转变管理观念，促进战略性新兴产业的消费升级，提升战略性新兴产业的新产品、新技术的消费者认可度，形成强大市场份额。除了要引导开展战略性新兴产业的商业模式创新，提升商业化运行能力以外，还需要做到：一是及时清理并取消限制战略性新兴产业消费的各种政策和行为，加大消费政策的调整力度，鼓励发展新的消费热点和消费方式，大力促进消费结构的升级；二是完善社会保障制度和发展社会公共事业，增强居民社会保障的安全感，降低居民的支出预期，增强消费信心；三是继续整顿市场经济秩序，改善战略性新兴产业的消费环境，提高消费质量；四是积极创造和引导需求，将对战略性新兴产业的消费需求潜力转化为现实购买力。

3. 发展消费信贷和信用体系，促进消费升级

全面规划和精准发展战略性新兴产业的消费信贷，尤其是发展能起到较大带动作用的消费热点的信贷消费，以刺激战略性新兴产业的相关消费。着力把居民自我积累型的滞后消费转化为有信用支持的、科学的适度超前消费，充分发挥消费需求对战略性新兴产业发展的拉动作用。同时，完善和规范信用体系，合理促进储蓄转化为消费，使居民消费快速升级。特别针对居民不熟悉消费贷款政策、程序等问题，大力发展代办贷款服务机构，促进居民储蓄向消费转化，有效缩短居民消费升级的时间，提高消费升级效率。

（三）从战略性新兴产业高度大力发展老年健康产业

健康产业是朝阳产业，老年健康产业是指能够满足老年人身体和心理等方面需求的健康产品和服务的新兴产业。随着人口老龄化的不断深入，为顺应老龄化社会对健康产业发展需要，将老年健康产业作为战略性新兴产业来培育和发展具有极强的必要性。

1. 从国家层面确立老年健康产业为战略性新兴产业

从国家层面确立老年健康产业为战略性新兴产业加以扶植和引导，以有效应对人口老龄化困境。首先，老年健康产业具有极强的战略引导性、产业辐射性、产业关联性特征，与战略性新兴产业的基本特征相一致。其次，持久稳定、不断扩大的需求收益将为老年健康产业发展提供不竭的动力支撑。据推算，我国老年人口消费规模到 2020 年将接近 4.3 万亿元，到 2030 年将达到 13 万亿元。第三，国际老年健康产业的发展经验为其成为战略性新兴产业提供了依据。目前，日本已将老年健康产业放到国家战略性新兴产业高度进行扶植和引导，美国的医药生产、医疗服务、健康管理等健康产业增加值占 GDP 的比重超过 15%。①

2. 将老年健康产业纳入国民经济规划，加强财税政策倾斜

做好老年健康产业规划，进行产业、经济结构调整，引导财政资金向老年健康产业领域流动，鼓励区域结合本地实际和特色优势，科学规划、合理定位，在产学研结合、科技创新转化、税收、市场准入、政府采购、财政补贴、基础设施、人才引进、土地规划、执业环境以及融资上提供便利和优惠。同时，坚持创新驱动，突破传统商业和技术模式，以核心产业和技术为支点，加大研发，激励民营企业自主创新，推动产业向高端、高效、高辐射方向发展，并注重发挥政府调控职能，推动产业技术联盟的构建和发展，完善科技资源共享利用机制，在不断加大对中小企业创新发展扶持力度的同

---

① 姜大鹏、顾新：《我国战略性新兴产业的现状分析》，《科技进步与对策》2010 年第 17 期。

时，促进企业联合和培育龙头企业。

3. 完善产业政策的法律调控机制，规范老年健康市场运作

首先，要以全局性、前瞻性视野规范老年健康产业市场化运作，准确把握产业发展方向，科学筹划，减少政策临时性和碎片化缺陷；其次，加快推进老年健康产业立法进程，以法律形式明确产业定位、产业评价，规范老年健康产业企业生产、加工、宣传、销售、服务行为，提高老年健康产业标准化水平，确保老年健康市场良性运转；第三，完善监督机制，明确监管部门职责，依法规范从业机构行为，强化日常市场监管，严肃查处不法行为，确保老年健康产品、服务的质量和安全。①

第三节　促进区域转型升级的人才政策创新

新中国成立后，廉价劳动力是"中国模式"的主要构成要素，也使中国占据了全球制造中心地位。这种模式所取得的成就举世瞩目，但它的缺点也越来越明显，比如低附加值、低增长、高能耗、高污染等，都亟须调整。如果继续保持廉价劳动力成本的发展模式，中国倡导多年的"转变发展方式"和"内需经济"将不可能实现。要解决这个问题，必须调整现有的"中国模式"，使其在全球的核心竞争力由"人口"转为"人才"，逐渐实现从人力资源大国转变为人才强国，以充分发挥人才的智力优势，有效推进中国的产业转型升级。

因此，在"三重冲击"因素叠加、经济增速放缓的经济新常态下，区域经济转型升级，实现人口、资源与环境协调可持续发展的关键在于人才的比较优势，人才比较优势的形成则需要切实有效的体制机制保障。当前，需

---

① 李世才：《战略性新兴产业与传统产业耦合发展的理论及模型研究》，中南大学硕士论文，2010年。

要改善区域政策环境，纠正人力资本错配，投入更多资源以加快创新人才的引进与培养，从而有效激励技术创新，抢先抓住新兴产业的发展机遇，促进战略性新兴产业蓬勃发展以推动区域新一轮的经济增长。

一、区域新兴产业发展的人才政策创新

掌握关键技术是战略性新兴产业发展的最重要因素，而高科技的发展依赖于稀缺人才的培养。虽然我国人力资源储备量足够大，可是人才的素质和水平并不是很高，高端技术人才和复合型人才较为缺乏，并且，因为目前我国高水平人才流失现象日趋严重，导致我国战略性新兴产业高级人才更为短缺。受国家产业政策影响，战略性新兴产业高级人才的需要表现得越来越迫切。

（一）新兴产业发展对人才的需求机理

1. 战略性新兴产业发展与人才概况

战略性新兴产业这个概念是由温家宝总理 2009 年 11 月 3 日上午，在首都科技大会上发表的名为《让科技引领中国可持续发展》的发言中提出的。当前国家战略性新兴产业主要培育和发展七个领域：新能源、新材料、节能环保、高端装备制造、新能源汽车及新一代信息技术、生物等产业。尽管目前学术界还没有对战略性新兴产业的内涵作明确的规定，但是有很多学者对战略性新兴产业作了研究，国内有很多书籍资料对战略性新兴产业的内涵作了解释，但同国外研究的领域较为不同。

国内学者（陈喜乐等，2011[①]；冯春林，2011[②]；刘爱雄，2012[③]；等

[①] 陈喜乐、曾海燕、任婧杰：《我国战略性新兴产业理论研究综述》，《未来与发展》2011 年第 11 期。

[②] 冯春林：《国内战略性新兴产业研究综述》，《经济纵横》2011 年第 1 期。

[③] 刘爱雄：《国内战略性新兴产业研究述评》，《商业时代》2012 年第 1 期。

等）研究战略性新兴产业的重点是：战略性新兴产业的特质和含义；培育战略性新兴产业的条件；战略性新兴产业的选择原则；国外战略性新兴产业的发展经验与启示；培育战略性新兴产业的模式；发展战略性新兴产业面临的问题；发展战略性新兴产业的思路与对策。

学者们认为发展战略性新兴产业的对策与思路有：一要拟定战略规划，加强企业创新建设，使其成为技术创新的主体，提升战略性新兴产业的核心竞争力；二要调整金融投资模式，使其更加完善，从而使投资主体更加多元化；三要加大政府对战略性新兴产业的扶持，进一步加强政府主导作用，重视知识产权的维护；四要将传统产业与战略性新兴产业结合起来，促进行业融合；五要重视体制机制创新，实行有效人才培养机制、激励机制为产业发展提供战略支持和制度保障。[①]

外国学者就"新兴产业"的探索是从20世纪中下期开始的，并主要体现于两大理论：一是20世纪50年代中期美国麻省理工Solow教授创建的"全要素生产率"理论；二是于20世纪80年代中期出现的新经济增长理论。"全要素生产率"理论就是经济增长中减去资本与劳动的贡献率以后即为技术进步对经济增长的贡献，这就被称为"全要素生产率"。新经济增长理论认为："如果不断增加投资和资本劳动力，那么经济将会持续的增长。"对于"战略产业"，外国学者的主要探索是基于主导产业理论。[②]

随着我国科技人才管理实践的深入开展，国内学者对科技人才政策的理论研究也日渐增多。在这些成果中既有宏观的政策体系、政策环境研究，又有微观的科技人才激励等具体政策研究；既有不同时期的科技人才政策研究，又有不同地域的科技人才政策研究；既有国内不同地区的对比研究，又有国外的科技人才政策研究；既有经济政策与人才政策的关系研究，又有创

---

① 姜大鹏、顾新：《我国战略性新兴产业的现状分析》，《科技进步与对策》2010年第17期。

② 李世才：《战略性新兴产业与传统产业耦合发展的理论及模型研究》，中南大学硕士论文，2010年。

新型国家建设与科技人才战略的研究；既有科技人才思想研究，又有科技人才政策方法研究。

当前，国内现有相关研究主要体现在下面几项：

对于科技人才的政策体制方面的研究。如：娄伟[①]（2004）和何青[②]（2001）对于科技人才的框架体系和相关政策进行了思考和研究；李成武[③]（2005）整理了新中国成立以后至2004年科学和技术的政策。

对于部分高级科技人才群体的特定政策研究。如：娄伟撰文并分析了国家科技人才的吸引、培养、激励等政策；高金浩、白敏植[④]（2001）研究了海外高层次创新人才的开发政策。

从比较角度的研究。例如：李恩平、杨丽[⑤]研究了德国、美国、日本等发展较快的国家是如何引进、培育高级人才的，并依据中国具体情况作了一些分析与建议；钟杰、覃宪儒[⑥]（2005）对比了西南区域与东部区域不同的人才政策，分析两个地区相同并可借鉴的地方，从而学习东部区域的成功经验。

其他相关政策研究。例如：刘建军[⑦]（2004）分析研究了新中国成立后留学政策的变化过程，阐述了留学政策对于国家经济与科技进步的重大影响。

近年来，随着战略性新兴产业的提出，关于战略性新兴产业发展与人才

---

① 娄伟：《中国科技人才培养政策体系分析》，《科学学与科学技术管理》2004年第12期。

② 何青：《关于科技人才队伍建设的政策框架体系的思考》，《攀枝花大学学报》2001年第1期。

③ 李成武：《中华人民共和国人才工作大事记（1949—2004）》，社会科学文献出版社2005年版。

④ 高金浩、白敏植：《国外高层次创新型人才开发政策综述》，《河北学刊》2001年第6期。

⑤ 李恩平、杨丽：《发达国家引进高科技人才政策的比较及启示》，《经济论坛》2010年第6期。

⑥ 钟杰、覃宪儒：《当前西南民族地区科技人才流失的原因及对策》，《开发研究》2005年第4期。

⑦ 刘建军：《新中国留学政策及其科技影响力分析》，山西大学硕士论文，2004年。

政策关系的研究也开始增多，但尚缺乏系统性，仍留有许多空白，而本节的研究目的就是弥补这一空白，力图根据中国国情探讨如何优化、完善人才政策以有效促进我国战略性新兴产业的良性可持续发展。

（1）区域新兴产业发展所需人才极度匮乏

当前，随着大规模工业化的到来，特别是重化工业化阶段的终结，外来技术的可获得性越来越小。因而，相对于其他时期，如今发展战略性新兴产业更加迫切需要自身有力的技术支持以及坚实的科学基础，也更需要造就一支大规模、高素质、有合理结构的创新型科技人才队伍，来更好地实现战略性新兴产业的飞跃发展、更好地建设创新型国家。当前，我国的学科专业目录严重滞后于产业发展实际，战略性新兴产业所急需的专业人才急缺。据"我国产业创新发展与工程科技人才培养"课题组研究显示，截至 2008 年我国战略性新兴产业拥有工程科技人才总计 75 万人，预计 2020 年这一人才的数量将有 234 万，年均增长大约达到 10%。[1]

人是生产力中最积极、最能动、最活跃的因素，人才作为人力资源中的先进部分，是知识的重要载体，是一个国家发展的最重要资源。同样，人才承载着科技的发展，所有科技的研究都少不了人才。是人才创造、拥有和传播着科学技术，通过人才我们才能实现科学的发展和技术的创新。要想创造核心优势、为发展提供源源不断的动力，从而实现新的跨越必须要有突破性的科技创新。而要想发展先进生产力、推动经济社会科学发展以及取得突破性的科技创新也必须依赖人才来实现。

人力资本与人才之间具有密切的联系，高层次人才就是人力资本积累到一定程度的表现形式。战略性新兴产业的人力资本群体包括：风险企业家与经营管理者、技术专业人员和技术创新人员等。战略性新兴产业是建立在知识的基础之上的，知识和技术的密集程度高，需要多技术、多门学科、多种

---

① 章丽萍、姚威、陈子辰：《面向战略性新兴产业发展的工程科技人才培养研究》，《中国高教研究》2012 年第 10 期。

专业所组成的综合型人才。这就注定了人力资本在战略性新兴产业发展中扮演非常重要的角色，而当前中国战略性新兴产业发展的主要限制因素就是人才因素。所以，人才供给与人才政策就成了促进中国战略性新兴产业可持续发展的关键。

（2）发达国家推进新兴产业发展与科技人才工作的经验

各个国家虽然在文化及社会制度等方面有着很大不同，这些不同也表现在政府与市场的相互作用模式上，但各国都竭尽全力的选择和培育战略性新兴产业，有较多的经验教训非常值得发展中国家汲取借鉴：

第一，事前充分论证，要对世界产业和科技发展趋势进行充分了解，以制定正确的产业发展战略，战略性新兴产业发展要根据本国的实际情况而定。日本在 20 世纪 80 年代中后期的时候，在这一环节就陷入了误区，其投入巨大资金的第五代计算机以及高清晰度电视没有取得理想成绩。日本有着领先的电脑技术和芯片技术，当时却大力发展只有一定市场容量的大型计算机，美国与日本相比选择了大力推进个人电脑产业的发展，由其发展出的信息产业前景十分广阔，这就造成了日本在信息产业领域与美国 5—10 年的差距。美国发展了数字技术，但日本坚持用模拟技术路线来发展高清晰度电视，直接导致日本家电业的国际竞争力大大降低。对于自身失误的产业发展战略，日本进行了反省并且改变了传统的"技术立国"思想，将重点转向科技创新和基础研究。美国、日本和欧盟在金融危机后都开始在战略上重点强调新能源、环保产业，当时政府在考量战略性新兴产业发展方向的主要因素是：产业发展基础和前景、就业机会以及市场潜力。但上述各国用于支持基础研究和健全制度环境的手段都是通过完善立法和财政金融手段，并没有对技术发展细节过多参与和干预。美国在选择新兴产业时对于就业机会和带动效应十分重视，例如新能源工业方面，美国新能源工业在 2006 年的产值为 362 亿美元，产生的直接就业机会和间接就业机会分别为 19.6 万个和 45.2 万个。在 2009 年 6 月审议《美国清洁能源法案》时，众议院对于创造就业就是讨论重点。建筑、IT、通讯、材料、汽车、电力等产业都会因为新能源产业的发展产生巨大变革，一些新兴产业也会因此产生。日本的这种认识也具体体现在低碳产业的发展定位上面，从《2010 年经济产业政策重点》中就可以看出，日本重点发展可再生能源和核能等，尤其是高效低成本新一代汽车用高性能蓄电池、智能电网、太阳能发电及绿色 IT、快中子反应堆、制造材料等新兴产业上。

第二，无论是政府主导型国家又或者是自由市场经济体制国家，对战略性新兴产业的引导和支持都是在立法、财政、金融和产业政策方面，这样产生的环境有利于新兴产业发展。美国在 2009 年通过了《美国电力法案》、《美国清洁能源法案》和《复兴与再投资法》来重新定位新兴产业从而明确发展方向，投入大量资金在新兴产业项目的研发与建设上，并且用法规法律形式确定下来减排目标、确立产业和技术标准、保障能源独立和安全；政府通过税收抵扣和补贴、完善基础设施建设、提供担保贷款、设立风险投资基金以及政府资助项目等多种方式全方位的从消费、基础设施建设、产业化、研发等方面支持新兴产业发展。德国促进新兴产业发展重视的是应用法律法规，德国可再生能源在最初是很弱小的，而 2001 年通过的《可再生能源法》是德国可再生能源发展的一个转折点，其决定了新能源产业能否取得革命性的进步。德国政府制定发布了新能源发电无条件入网、政府补助等一系列特殊的支持政策，依照实际情况发生的变化，德国多次修订这些法案来扶持新能源企业发展，例如，出台《生物能发展法规》、促进太阳能应用的"十万屋顶计划"以及实行补贴新能源电价等措施，从对上游产业支持和引导慢慢的开始转移到下游产业，2009 年初推出的 500 亿欧元经济刺激计划中用于电动汽车和车用电池的研发就占了很大的部分；传统石油、煤炭产业的内在资本收益和新能源有很大悬殊，德国政府实现传统能源向新能源的转移支付用的是维持传统能源高位定价与补贴、强制新能源发电入网等方式。日本政府对于技术创新十分的重视，从《创新 25 战略》我们就能看出这点，对于新能源和节能环保产业的进一步发展他们采取的行动是提供财税补贴以及完善法规等。近几年日本政府发布《可再生能源配额制法》、《关于促进新能源利用等特别措施法》等政策对于各方责任以及目标都进行了说明，在财政和税收上支持节能产业，对能效标识采取强制性规定，节能领域的投入也进一步增加，这些对于节能技术和产品的推广起到了有利作用。

第三，注重以科技引领新兴产业发展，关键核心技术的掌握要得到重视，基础研究和科技创新研究的投入要进一步增大。美国从 20 世纪 90 年代开始，科研经费不断提高，在其国内生产总值中所占的比例由 1994 年的 2.40%增长到 2000 年的 2.69%。尽管美国经济发展速度 2000 年以后有所放慢，但其科研经费的投入始终保持占其国内生产总值的 2.6%以上。为了能在航天、干细胞研究、新能源和基础科学等领域有一定的突破，特别对其能源部科学办公室、美国国家卫生研究所、美国国家科学基金会等科研机构的投入增加幅度更大。同时，美国政府为了推广先进技术，每年甚至将其军事研究预算中的 300 亿拿出来用于投资全美计算机网络、生物技术、光纤通信等一些民用的技术，726 个致力于军事研究的国家实验室都被要求把 10%—20%的预算投入与工业界合资去兴办一些民用企业，以这种方式让高技术创新成果能应用于民用工业。日本的赶超就是由于美国在 20 世纪 80 年代忽视了先进技术的发展与应用，因此，之后美国即将科技研发和推广进一步重视起来并放在了战略高度，"新经济"就是这一调整的产物。由于美国经历金融危机后依旧在研发投入上进一步增加，新一轮产业革命也必然会因此产生。同样，西方其他发达国家也一直不断地加大科研经费的投入，在 1997—2007 年间，英国的研究经费翻番；2005 年法国政府的研究预算提高 10%；2010 年德国研究与发展经费占国内生产总值的比例提高到了 3%。二战之后只有韩国和日本成功的追赶了上来，这两个国家都是政府主导的，并且他们的技术都是从引进先进技术模仿开始进行发展的。日本 1979—1986 年是技术创新有着最辉煌成绩的时间段，用于研发的投入从 4 万亿日元直接增长到了 19 万亿日元，增长上看年均达到 29.6%，日本对于核心技术的掌握就是在引进并吸收最后提高的这一过程之中。韩国的优势主要表现在信息产业上，2000—2004 年韩国在无线通信、互联网、软件、数字广播、计算机以及光通信六个新兴产业投资了超过 4 万亿韩元，这一时期光用于开发因特网技术的核心设备的投资就达到了 5000 多亿韩元。2009 年，韩国出台了《IT 韩国未来战略》，其中为了融合信息产业与其他产业，计划五年内在电子信息核心战略产业上的投入将达到 189.3 万亿韩元。

第四，为了使更多社会资金用于新兴产业发展，要实现多元投融资体系的完善和振兴中小企业，对资本市场的发展，例如风险资本和天使投资人等的发展要加大关注。在技术、产品和产业化上新兴产业有很大的风险，也有十分的不确定性，这使得这一产业产品和产业化成为了一个全球性的难题。美国的统计数据表明，高科技成果产业化有 70% 的失败率，20%—30% 可能完全失败。发达国家迅速发展新兴产业大多通过政府资金的增加或者市场资本的完善来扶持中小企业等。主要包括以下方式：设立产业基金、税收减免、提供贷款担保、政府直接拨款、通过政府代理机构间接资助企业、提供长期低息贷款等。在初级阶段，风险资本是新兴产业在政府资金之外的发展引擎，特别是天使投资的参与。美国约有 25 万的天使投资人，有相当于机构投资二到五倍的资金规模，每年在初创企业投入的资金大约是 20 亿到 50 亿美元。美国实行规范化经营、创立天使投资网、天使投资税收优惠等方式来帮助天使投资发展。日本经济在 90 年代陷入停滞，日本用鼓励和放宽风险投资来振兴高科技中小企业，发布"天使税收待遇"条例来优惠税收，天使投资市场因为这些政策迅速发展起来，从而促进了日本高科技中小企业的进一步快速发展。[1]

第五，建设一流的科技人才队伍，勇于将领导职务交给有能力的专业人

---

[1] 宋宗宏：《发达国家推进战略性新兴产业发展的启示》，《广东经济》2011 年第 2 期。

员，很多发达国家在引进创新性人才时都开始着重于在全球范围内引进。世界发达国家成功经验进一步证明，建设一流的科技人才队伍，不仅要注重加大政府对科学技术研究与发展的投入，更要建立完善的引进、培养优秀人才的长效机制和合理的人才管理政策。各发达国家的人才观也都日趋开放，注重全球范围内引进，着力培育和大力使用专业科技人才。美国重要领导职务都是专业人才担任的，能源部长朱棣文就是 2008 年诺贝尔物理学奖得主，美国海洋和大气管理局局长就是科学家卢布琴科教授。美国在加大教育投入来培养人才的同时，对移民法案也进行了调整，用更加宽松的绿卡政策来增加技术人才的临时工作签证和永久居留签证，利用这一政策来招募全球更多人才；在美国由国家经费支持的科研实验室有接近 1000 个，极大有利于吸引更多的全球范围内的国外人才；美国的人才库中也包含很多的外国留学生。德国绿卡政策从 2000 年开始，用较好的移民政策来吸引大量国外的 IT 人才；为了让更多青年学者留在高校，很多学校都用"青年教授"来留住优秀青年学者从事科研工作；"赢取大脑"工程拥有上亿欧元的投资，从 2001 年开始启动，通过提供研究资金来帮助全球各地的高水平人才开展研究工作。日本的人才缺口明显体现在生命科学、材料、电子信息等高科技领域，本国的人才缺口要求他们招募更多的外国人才，日本为了有利于招募相关的专门技术人才，对入境条例进行了修改；为了吸引更多的外国科学家，日本还将一些实验室开放使用；对进行合作研究的来日外国科学家创设了国际合作奖励基金来对他们进行补助和奖励。

2. 战略性新兴产业人才内涵与人才体系

（1）战略性新兴产业人才内涵

战略新兴产业人才是对在相关领域中具有较强的科技研发、专门技术和经营管理能力，可以参与战略性新兴产业的各项研发生产与经营管理活动，并且取得创新成果、为产业发展做出贡献的人才的总称。

战略性新兴产业人才是产业发展突破和科技创新的开拓者、引领者，是实现经济社会发展，加快经济和科技发展的关键要素，培养科技创新人才的关键就是异质性人力资源供给。战略性新兴产业人才问题的解决必须加强分类指导和总体规划，要围绕产业实用的专业技术人才、产业技术创新人才、科技领军人才和工程技术人才，对其开发机制、保障机制进行创新。

（2）战略性新兴产业人才体系

一是科技创新领军人才。指在战略性新兴产业相关领域的创新水平处于顶尖地位，在这些人才的带领下可以使科研团队得到重要科技创新成果，这些高层次人才可以带领新兴产业得到巨大突破与发展。这部分的群体处于战略性新兴产业的人才金字塔"塔尖"，该群体人数不多，但却是决定新兴产业的发展关键。

二是研究与开发人才。指战略性新兴产业领域中相关高校、科研机构和企业中进行研究与开发工作的人员，他们科研能力很强并且能够获得一些成果。这是新兴产业发展的中坚力量，大批研究与开发人才在科技创新领军人才的带领下同心协力，就能在重大科技项目中取得突破。

三是高技能创新人才。主要是指战略性新兴产业领域中专业技能高超并可以解决操作问题，拥有高级职业资格并活动在生产一线的技能人才。在新能源、新材料、高端装备制造等产业中，非常需要高技能人才来解决实际生产过程中可能出现的问题从而推动技术创新。

四是经营管理与科技创业人才。主要指战略性新兴产业企业中作为运营管理和日常安排的主体。这部分人才领导着现代民营科技企业的发展，决定着整个新兴产业的发展。

五是科技成果转化人才。指在生产过程中对新的发明创造、专利遇到的实际问题来进行解决的人员，这些人员可以有效沟通实际生产力和技术创新。变为生产力的科技成果才能促进产业的发展，这就需要科技成果转化人才和科研人员的协同努力。

3. 中国战略性新兴产业发展中的人才价值

战略性新兴产业是新兴产业与科技的高度融会，先进科技与高级人才是发展战略性新兴产业的支柱。当今世界，从表面上看，经济发达的欧美国家是因为拥有先进的科技实力，其产业经济布局合理。而实际上，最关键的原因是有庞大的科技人才队伍为这些先进的工业实力保驾护航，拥有人才并有效使用人才，是一个国家、地区或企业于激烈竞争中取得领先位置的关键。

首先，战略性新兴产业急需高级人才团队丰富的知识支持其发展。战略性新兴产业必须要有强大的科技创新人才力量进行支撑，进行自主研发与创新。所以，吸收各大高校、科研机构和企事业研发单位的各种高级研究人员建立高水平研发团队，在七大战略性新兴产业领域中进行科技创新和研发工作，是推动战略性新兴产业发展的关键。

其次，战略性新兴产业急需高级人才强大的技术保障其发展。对产业具有支柱作用的关键技术成功研发出来后，仍然需要很多专业人才将科技研究成果转化成先进生产力，从而实现研究成果的产业化，这是一段很漫长的过程，所以，高水平人才团队的保障贯穿整个科研过程，各种高级人才团队相互配合十分重要。

第三，战略性新兴产业稳定发展急需高级人才团队为其提供优良的管理理念，并持续创新产业模式、商业模式。产业发展离不开企业管理，科技成果经过开发、转化、生产等一系列流程之后，最终通过产品销售出去才能支撑产业的发展。优秀的经营管理人才能够统筹规划企业人力、物力、财力以及信息资源，促进战略性新兴产业快速发展。政府必须有目的通过多种渠道、多种方式引进人才特别是战略性新兴产业人才，以保证经济社会又好又快、可持续发展。[①]

---

① 阳立高、贺正楚、韩峰：《战略性新兴产业人才开发问题与对策——以湖南省为例》，《科技进步与对策》2013 年第 19 期。

4. 我国战略性新兴产业人才供给现状分析

（1）战略性新兴产业中的人才环境

一是战略性新兴产业仅源于原始创新。原始创新大多产生于西方国家，这些国家掌握了新兴产业的关键科技，而之前一段时期我国只是利用本国丰富的劳动力资源和自然资源为西方国家进行生产制造。因而，我国所获得的利润相比拥有知识产权的发达国家来说，是非常少的。因此，一个国家只有抢抓先机，掌控原始创新，才能在战略性新兴产业的发展中处于优势位置。只有拥有掌握战略性新兴产业关键技术的优秀人才，才有可能成为世界各国争夺跟随的焦点。因此，吸引全世界掌控核心技术的优秀人才，对我国战略性新兴产业的发展至关重要。

二是战略性新兴产业大多出现在中小企业中。大企业具有稳定且较高的经济利益，没有转型的动力，且现有厂房设备完善、从业人员众多，决策流程长，所以转型较为困难。而中小企业则灵活机动，有良好的创新氛围，大多可以随产业的方向调整自身经营范围和方向。由中小企业发展成为引领世界经济的大企业的创业者，一般都是掌握高新技术的高级人才。因而，国家颁布的譬如金融优惠、创业支持等政策，可以极大地调动优秀人才的创业积极性，同时推动国家战略性新兴产业的繁荣发展。

三是战略性新兴产业发展初级阶段往往伴随着比较高的风险。尽管战略性新兴产业发展迅速，回报较高，但发展的初级阶段经常都是投入阶段，有的资金回收期还较长。高级人才可能出于对风险的考虑而从事相对稳定的职业，放弃对新兴产业的投入，这种情况不利于战略性新兴产业的发展。因此，国家应该完善相应的人才政策来解决这个问题，譬如，对进入新兴产业的高新技术人才应该降低其税收压力，甚至免除部分税收，通过这样的政策鼓励优秀人才进入战略性新兴产业。

四是战略性新兴产业不同发展阶段的影响因素不同。在市场经济时代，有市场需求才有发展。产品成功研发后，便会向市场生产和销售。所以除了先进的知识与技术，配套商业模式的建立也尤为重要。而国家制定的吸引和培养各类高级人才的各项措施，能够推动战略性新兴产业迅速发展。①

（2）我国战略性新兴产业的人才现状

《"十二五"国家战略性新兴产业发展规划》提出要建设高素质人才队伍，推动战略性新兴产业迅速发展。随着战略新兴产业的不断发展，对人才的数量与质量上都提出更高的要求。参照中国第六次人口普查数据，从整体上看，中国战略性新兴产业人力资源储备比较充足，人才质量不断提升，人才区域需求逐步加大，培育力度持续加强。中国战略性新兴产业人才的整体状况表现在如下几方面：

一是战略性新兴产业人力资源储备比较充足。近年来，由于全面施行人才强国战略和科学人才观，中国人才队伍发展迅速，人才增长迅速，总量上升显著。《2012 年度人力资源和社会保障事业发展统计公报》显示：截至 2010 年，中国人力资源储备已经达 1.14 亿人，包括专业技术人才 4195.6 万人，高技能人才 835.5 万人。以环渤海区域为例，包含北京、天津、河北、山东、辽宁之内的环渤海区域各省市，为抢占相关战略性新兴产业发展制高点，先后推出了相应人才发展规划，培育及引入战略性新兴产业人才。在人才培养方面，该区域院校相继开设研究战略性新兴产业的课程，不断为新兴产业发展输送人力资源；在人才引进方面，北京、河北等省市先后提出了"北京海外人才聚集工程"、"引智工程"等措施。

二是战略性新兴产业领域人才质量不断提升。战略性新兴产业是典型的知识密集型产业，依赖受过高等教育，拥有高级技术的优秀人才。近年来，我国高等教育快速发展，拥有高等教育学历的人才数量已经接近达到九千万，战略性新兴产业已经引入大批优秀人才，我国已经在生产过程智能化、工业设计研发信息化、经营管理网络化、生产装备数字化水平等方面不断取

---

① 王春明：《战略性新兴产业与高级人才政策研究》，《郑州大学学报（哲学社会科学版）》2013 年第 5 期。

得新进展；在高性能计算机、通信技术、卫星导航、超大规模集成电路等现代技术的高端范畴不断获得新突破，这都表明我国相关领域高层次人才的质量水平已经处于世界较高水平。

三是战略性新兴产业人才区域需求加大。得益于中国产业政策拉动，战略性新兴产业人才有了越来越强烈的需求。依据赛迪公司对重要地区和城市人才市场的需求分析，工程技术人员、企业高级管理人员、科技研发设计人员是高级人才需求的前三位；机械制造加工、机电产品装配工、市场营销人员是高技能人才需求的前三位。具体来看，2010年，中国信息产业人才总量达到1050万人，而到了2015年和2020年，人才总流量将高达1300万人、1800万人。战略性新兴产业人才区域需求剧增，如无锡计划至2015年投入40亿元，建立全国领先的物联网产业集聚地，汇聚各类传感网企业500家，达到500亿元的产值，将引入物联网高端人才5000名，汇集行业人员将达5万人。仅无锡就有5000位物联网高端人才的市场需求，中国范围内的物联网高级人才需求量可见一斑。[1]

四是战略性新兴产业对人才的培养力量不断加强。依据战略性新兴产业的发展需要，2010年，教育部颁布了批准高等院校设立若干本科专业，增设了25种与新兴产业相关的专业，较为全面地覆盖了新一代信息技术产业、新材料产业、新能源产业、现代农业、医药产业等相关产业。除了高等院校，还有社会上大量的职业教育培训、企业培训和第三方培训，这些机构在战略性新兴产业人才培养方面具有很强的针对性、专业性和系统性，虽然某一机构只针对某一具体领域，但是社会培训的普遍推广，人才投资的不断加强有利于战略性新兴产业人才的蓬勃发展。

（3）我国战略性新兴产业人才发展面临的问题

虽然中国战略性新兴产业人才整体发展比较好，可因为不同区域战略性

---

[1] 唐宏、张雨微：《战略性新兴产业的人才供求特征及人才战略》，《经济研究导刊》2014年第10期。

新兴产业的布局不一样，进而使得不同区域对应新兴产业的人才需求各有差异。从而造成了战略性新兴产业不同区域人才发展的矛盾与和挑战，表现在以下几个方面：

一是各区域高层次人才数量紧缺、人才培养与开发模式滞后。尽管中国的人才整体规模已逾 6000 万，可高级人才仍旧非常短缺：引入海外人才规模小，公派留学生数量低，高端技术专家与复合型人才缺失，经济较为落后地区教师资源不足，高等院校教师资源增加迟缓，国有企业人才流失现象严重，私营企业人才情况让人担忧。主要的原因一方面是因为战略性新兴产业市场规模不断扩大，政府、高校和企业虽然不断加强研发投入，各地也纷纷建立研究院和技术中心等机构，但是人才的培养是一个长期过程，需要理论与实践的不断融合；另一方面，我国目前高层次人才选拔教育制度也存在较多的不合理之处，资源投入的准确性与评价模式的科学性因此均受到影响，这些都将限制区域战略性新兴产业的发展。

二是区域间人才分布不平衡、区域内人才结构有待优化。根据全国第六次人口普查统计，2010 年中国人才构成中仍以大学专科、本科学历为主，其占比高达 97%，而研究生学历人才占比仅为 3%。东部、东北、中部以及西部的研究生及以上学历的人才占比依次为 4.61%、3.06%、2.48% 和 2.50%，比例上的差距很明显。从人才地区分布情况看，华东、华南等沿海区域人才最为密集，从城市分布来看，北京、上海、广州、深圳聚集了超过 30% 的人才。而广阔的东北、中部、西部等区域的人才较为缺失。环渤海、长三角以及珠三角是我国战略性新兴产业相关人才集聚地区，从城市分布看，北京、上海、深圳、杭州、无锡、武汉等城市聚集了超过 30% 的战略性新兴产业优秀人才。然而，广阔的东北、中部、西部等区域因为产业发展相对缓慢，基础设施不够完善、人才激励制度较为缺失等因素，未能吸引足够的人才，导致人才缺口很大。由于区域竞争愈发激烈，人力资源将成为区域争夺的关键性因素。在各个区域内，由于国家战略性新兴产业发展整体上位于初级制造业时期，制造行业人力资源占很大的比重，但是科技开发和高级人才不足，有待随着产业结构进一步优化升级而进行调整。各地区的高端人才比例比较低，高级技工人员缺失，技师及高级技师在战略性新兴产业领域里的比例非常低，这些都已经严重制约关键区域的战略性新兴产业的发展。

三是管理机制僵硬化、高层次人才流失严重。因为战略性新兴产业本来就是一个新生产业，各方面的发展都不够成熟，从而使其人才的培养内容非常不清晰。一方面，高度重视人才已经成为共识，纷纷采用各种有利政策吸引和留住人才；另一方面，却很少有人愿意用大批时间和资金来培育人才。短期来看，重金聘用可以解决企业高级人才缺失的问题；可从长期来看，这样非但无法增加人才的整体数量，反而可能导致人才流失问题日益严重。当前，中国高级人才流失状况非常严重，大批高级人才不断流向西方发达国家。据教育部统计数据显示：2010 年，中国出国留学的人员达到 17.7 万人，然而同期归国的人员仅为 5.3 万人；中国 1052 个高新产品研究项目的一些核心人才（项目负责人）已经出国，在这其中，硕士以上学历的人员超过流失总人数的一半以上。由此可见，人才的流失将会成为制约区域战略性新兴产业发展的重要因素之一。[①]

5. 我国高层次人才政策现状

从政策文本来看，1986、1999、2000、2006 年，高层次人才政策文本颁布数分别达到了同一阶段年度最高点即分别为 12、11、11、15 件，这与我国高层次人才政策演进历程是基本吻合的。1978 年至 1985 年间对高层次人才而言，政府以拨乱反正为重点同时恢复被破坏或停滞的各项人才政策，并探索切实有效的人才政策；1986 年至 1999 年初步建立高层次人才培养、使用、流动、引进、评价、奖励、福利退休等政策体系且实现制度化、机构化和规范化，同时高层次人才专项计划也已成为培养、引进高端人才的重要

---

① 李德煌、彭笑一：《战略性新兴产业区域人才发展对策研究》，《中国统计》2014 年第 2 期。

平台和手段，标志着我国高层次人才政策体系已基本确立并初步发展；2002
年至 2005 年这是高层次人才政策战略转型时期，即"人才战略"正式被确
立为国家战略，第三代国家领导人集体创造性提出"人才资源是第一资
源"，标志着中国高层次人才政策已实现战略转型；新时期《国家中长期科
学和技术发展规划纲要（2006—2020 年)》颁布实施，标志着以自主创新为
核心理念的高层次人才政策进入了新的发展阶段并逐步走向成熟。

（1）中国特色的人才政策体系框架

历经 30 多年发展嬗变，我国人才政策与改革开放历程相伴随，政策内
容、涉及领域、关注对象持续扩展，初步形成了具有中国特色的人才政策体
系基本框架，表现在：

一是中国人才政策初步完成了顶层设计。以人才强国战略为总纲，《国
家中长期人才发展规划纲要（2010—2020 年)》完成了全国范围内十年人才
强国战略实施的总体部署，在此统领下，各地区、各部门加紧对所辖领域和
范围内人才规划的制定。2011 年 5 月，中央人才工作协调小组负责人在就
《人才发展规划》落实情况回答新华社记者提问时宣布，截至当时，全国 31
个省区市人才规划编制工作已经完成，中组部、人力资源和社会保障部、民
政部等部门已制定六支人才队伍组建计划，生物技术人才、装备制造人才、
金融财会人才等 18 个经济社会发展重点领域人才规划的编制基本完成，标
志着我国人才规划体系初步形成。

二是中国人才政策基本内容框架已经搭建起来。人才政策的内容框架以
六支队伍人才政策系统为主体，包括党政人才政策系统、企业经营管理人才
政策系统、高技能人才政策系统、专业技术人才政策系统、农村实用人才政
策系统、社会工作人才政策系统，其下涵盖了各类人才开发的各个环节，包
括人才的培训开发、评价发现、选拔任用、流动配置、激励保障等，并兼顾
西部地区、东北地区、农村基层及艰苦边远地区人才开发，兼顾发展非公有
制经济组织与新社会组织人才。人才政策的层级架构也初步形成：第一层

次，由全国人大或全国人大常委会制定和颁布的与人才相关的各项法律，如由十届全国人大常委会第 15 次会议表决通过《中华人民共和国公务员法》。第二层次，是由国家最高行政机关（国务院）制定发布的有关人才工作的行政法规，可称为"条例"，也可称为"规定"、"办法"等。如 1993 年 6 月 28 日由国务院颁布的《中华人民共和国发明奖励条例》。值得注意的是，我国国家层面的人才政策有很多是由中共中央与国务院联合发布的，这是党管人才原则的重要实现方式。这些政策按其效力级别应该属于第二层次。第三层次，是由国务院各部委在相应权限范围内制定的部门规章，一般称"规定"、"办法"。如 2001 年 9 月 11 日人事部、国家工商行政管理总局发布的《人才市场管理规定》。由于我国人才工作坚持党管人才原则，其中一个重要内容是"管政策"，针对全局性、长远性的重要人才问题制定大政方针并赋予效力。如由中共中央或其下级牵头主抓人才工作的中组部制定的人才政策。这些政策对于国家制定法律、法规、规章都具有全局性指导意义。但与此同时，党章强调党必须在宪法和法律的范围内活动。所以，如果一定要把这部分由党的机关制定的人才政策纳入体系中的话，它们大体应该处在低于第一层次而高于第二层次的位置。

三是基本形成了与人才政策体系相适应的人才工作管理体制。在坚持党管人才原则前提下，已经形成了由党委统一领导，组织部门牵头抓总，有关部门密切配合、各司其职，社会力量广泛参与的中国特有人才工作格局。首先是党（委）的统一领导。我国人才工作的大政方针基本都是在党的建议和指导下确立的。第一次全国人才工作会议以代表党和国家最高意志的文件正式确定实施人才强国战略和党管人才原则，在我国人才工作史上具有重大意义。在这次会议之前，于 2003 年 5 月举行的中共中央政治局会议专门讨论人才工作问题，并决定成立中央人才工作协调小组统筹全国人才工作，积极筹备首次全国人才工作会议，体现了党对人才工作的领导。其次，组织部门牵头抓总。中组部有专门负责人才工作的人才工作局，与中央人才工作协调小组办公室合署办公，对全国人才工作牵头抓总，具有影响的、比较重大的人才政策，多是由中央人才工作协调小组组织起草制定而由中央转发。再次，有关部门各司其职。在党的统一领导和组织部门的抓总下，人力资源和社会保障部、教育部、农业部、民政部等各部门之间，各自负责的人才工作范围亦有比较明确的界定。而中央人才工作协调小组的建立保证了部门、单位的彼此配合、相互协调。党政联动、上下贯通，体系化的人才工作格局是实施人才强国战略强大的组织保障，也是中国特色人才政策体系框架基本形成的重要表现之一。[①]

（2）我国高层次人才政策的特色

一是以科学发展观为指导思想。科学发展观的第一要务是发展，发展是大局、发展是目标，用发展的理念来指导高层次人才政策是一种科学的思维模式。同时，科学发展观的核心是以人为本，完全符合马克思主义经典论断——"人是生产力中最活跃的因素"，"以人为本"为高层次人才政策的本质内涵。因为，有了人的全面发展，才能实现社会和经济的真正发展，以科学发展观为高层次人才政策的指导思想，是完全具有鲜明中国特色的，也必将有利于促进社会、经济和人的全面发展。

二是以党管人才为根本原则。在国际高端人才争夺日益激烈的大背景下，审时度势地提出党管人才原则，即"党管宏观、管政策、管协调、管服务"，是"党管干部"原则在新世纪、新阶段的继承和发展，是我国实施人才强国战略的必然要求。这充分体现了党对人才工作和人才队伍建设的高度重视，也是我国人才政策中独具特色的政治谋略和战略思维。高层次人才政策在党管人才原则下，从国家层面提升了我国人才工作的层次和水平，既有利于人才政策的贯彻实践，又有利于高层次人才政策在实践中不断创新与发展。

---

① 王丽娜：《变迁路径、演进机制、体系框架——改革开放以来中国人才政策的历史演进分析》，《华北电力大学学报（社会科学版）》2012年第1期。

三是以人才强国为国家战略。如今在世界经济格局下，为了在国际人才争夺这场没有硝烟的战争中赢得主动权和占领制高点，我国在新世纪初就明确提出了人才强国战略。这是我国科教兴国战略、人才战略在新形势下的发展和升华，标志着我国的人才工作和人才队伍建设进入到整合力量、全面推进的新时期。人才强国的战略重点是建立高层次人才队伍，高层次人才政策在这种国家战略思维的指导下，必将有利于高层次人才集聚、创新的制度机制和社会环境的形成，必将加大自主培养和引进国外高层次人才的力度，从而建立高层次人才库，真正凸显"人才是经济社会发展的第一资源"这一理念。

四是"一体两翼"式的决策思维。众所周知，高层次人才是中国特色社会主义建设中最重要的战略资源，我国如今的高层次专业队伍无论人数和总体能力上都无法适应我国的经济建设需求，我国采用"一体两翼"的政策来满足高层次人才的需求，"两翼"是将国家自主培养的方式与引进国外优秀人才两种方法结合起来，以满足经济发展和社会进步对高端人才的需求。这种政策是基于引进与培养相结合的互补战略，这既符合我国建设创新型国家的战略目标，又能接力于国外高端人才，实现建设有中国特色社会主义的伟大事业。

五是"多重肯定"式的激励模式。为了形成"人尽其才，才尽其用"的用人模式和形成"海阔凭鱼跃，天高任鸟飞"的用人氛围，高层次人才政策对高层次人才在经济、社会和政治方面均做出肯定。在政治方面，赋予高层次人才领导职位，让他们领导集体工作并承担领导责任；同时对特别突出的人才授予终身荣誉称号，如我国的院士制度等；在经济方面，从国家奖励、政府津贴、股权和提高工资待遇等方面，为高层次人才提供优厚的物质保障；在社会生活方面，目前有关高层次人才的居留、出入境、落户、医疗、保险、住房、子女入学等方面都有一整套完善的政策体系，为高层次人才工作与生活提供了良好的环境和全面的保障。

　　六是"党政并存"式的组织机构。在培养和引进高层次人才的组织机构方面，我国实行"党政机构"同时运作机制。在政府机构中，国务院下属的人力资源与社会保障部、中国社会科学院、科技部、教育部等部门主要负责制定高层次人才自主培养和国际引进的相关政策以及实施专项人才计划；党在 2003 年成立的人才协调小组就是培养和引进高层次人才的主要机构，这是在隔了 15 年后国家又一次建立的有关人才组织的专门机构；党政人才机构的并列实施可以将两者的长处相结合，使高层次人才政策进一步的成熟和全面，使我国的人才工作有中国特色。人才工作组织机构演变如图 5-1 所示。

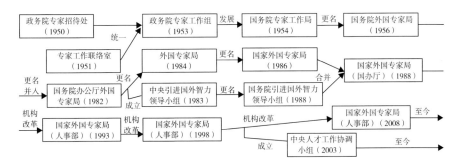

图 5-1　新中国成立以来引智机构与组织的历史变迁

　　七是"指导、协作与分工"式的实践机制。我国高层次人才政策的运行机制主要表现为国家层面的政策以指导性、法规性为主，而地方层面的高层次人才政策主要以具体落实和制定相关配套措施为主，如此可以在人才政策实践方面让中央和地方形成"指导、协作与分工"的模式。这种实践机制对高层次人才政策制定以及之后的实施都会有很大影响，就是中央把握好政策的方向，守住原则，而地方则对于细则可以根据地方的实际发展情况进行调整。这种"分工式"政策体系有利于高层次人才的自主培养和国际引进，进而激发高层次人才的工作积极性和能动性。[1]

---

　　[1]　郑代良、钟书华：《高层次人才政策的演进历程及其中国特色》，《科技进步与对策》2012 年第 13 期。

（3）我国主要区域高层次人才政策梳理

第一，长三角高层次人才政策情况。

长三角是中国经济最发达和战略性新兴产业发展最有活力的地区，而这两点都与当地政府的高层次人才政策有着密切的联系。以江苏省来看，江苏省的强省之本一直都是人才，从 2006 年开始实行了"高层次创新创业人才引进计划"，"江苏万名海外人才引进计划"，其对于人才项目设立专项资金计划，该省财政"十一五"期间每年拿出 1 亿元以上资金，用于围绕全省优先发展的产业面向全球延揽人才，2008 年，江苏省的引才资金进而从 1 亿元增加至 2 亿元。人才的招募面向全球，对于海外的人才以及海外团队的资金支持一次都高于 100 万元。江苏全省各地资助并招募的创新人才到 2009 年底已经超过 2000 名，其组成了 550 多个创新团队，这些团队中的 62 人入选了我国的"千人计划"。这些人才中国外的占比高达百分之八十、有自己知识产权的占其中百分之七十，江苏省这些人才多在重点关注的新兴产业领域，包括新医药、环保、新材料、新能源等，已申请的专利达到了 1200 多个，并研制出了 960 多个新型的产品，这些产品总的销售金额达到了 860 亿元。根据江苏省实际情况制定的《人才规划纲要》确定了 2015 年和 2020 年江苏的总体发展战略目标。《纲要》中要求到 2015 年，江苏省创新能力依旧保持在全国的领先地位，并要更快地完成人才强省的要求；而到了 2020 年，江苏省要建设成为人才聚集的一块高地，各项指标都向国际标准看齐并达到国际标准。

江苏各地在引进高层次人才上因地制宜，各取所需。各地市紧密结合当地经济社会发展和产业结构调整的需要，制定自身的引智政策，促进了当地产业崛起和经济发展。如无锡市重点引进物联网方面领军型创新创业人才；徐州市的高层次人才引进，则突出太阳能光伏产业；盐城市明确"沿海牌"定位，助推沿海开发；而连云港市的人才引进过程中，紧紧围绕自身新能源、新医药、新材料、装备制造等重点产业以及徐圩片区开发需要展开。同时，在相关配套服务上实现"保姆式"跟进，解除后患。苏州、南通、无锡、常州等市的"三个100"举措的含义就是100万元和两个100平米，100万是提供的一次性资金100万来为人才创业提供支持，提供三年内免费创业场所和公寓住房并且均不少于100平米。有些地方还提供医疗、税收、子女入学、执业资格、出入境签证办理、保险、驾照转换、配偶安置等帮助解决人才的各方面的需求。①

再以上海为例，比如"上海千人计划"，其内容是在五到十年根据国家和上海市的发展需求招募一批海外的急缺高层次人才，在达到一定条件的地方设立20到30个人才创新创业基地，并针对这些海外人才给予每人100万元的资助。

"上海千人计划"引进对象主要有三类：

一是依靠重点学科和重点实验室、重大专项、工程研究中心、重点创新项目、工程实验室和创新创业基地等，引进拥有重大发明或者创新的，能够带动新兴学科发展、培育战略性新兴产业、突破关键技术、发展高新技术产业的人才。

二是聚焦高新技术产业化的九大领域，招募拥有核心技术并且了解知识产权运作和战略谋划，可以最大程度发挥知识产权价值、提高自主创新、有自主知识产权的创新人才与创新团队。

三是基于加快现代化国际大都市和"四个中心"建设，对长于经济、航运、贸易、国际金融领域的高端人才，以及有国际高知名度的文化艺术大师和创意人才着力引进。

以落户、税收、薪酬为抓手，三方面留住人才：

人才的发展不光要求引进人才，还要做到留住人才，"上海千人计划"在生活待遇的各个方面努力为人才服务。在税收、薪酬、资助等方面的激励

---

① 曹俐、雷岁江：《江苏省延揽海内外高层次人才政策现状与对策探讨》，《中国人才》2010年第21期。

机制更加灵活；对符合标准来华的海外高层次人才和上海本地的其他高层次人才，一并纳入"上海千人计划"，按照一定程序，并授予"上海特聘专家"称号。

上海对于本土的人才也可以适用"上海千人计划"，经用人主管部门推荐、有关机构认定评估、单位申请等程序，对符合标准条件的高层次人才，纳入计划，并为其授予"上海特聘专家"称号。

为配合"上海千人计划"的具体实施，上海市专门成立了人才引进工作小组，并在市委组织部建立了人才工作专项办公室，这些机构对于海外高层次人才做具体的引进及服务管理工作。如今，上海"千人计划"网站已经开始运行，开设网络服务专窗以及网上沙龙，可以在网上进行互动交流。

以浙江省为例，浙江在 2010 年起启动这一计划。与以往不同的是，此次对要引进的海外人才有特别高的标准：是领军型的人才并且具有战略眼光，能独当一面。浙江五年内引进 1 万名海外优秀创新人才和 10 万名外籍专家。未来 5 年至 10 年内，浙江将通过重大建设工程、重大科技专项、重中之重学科和重点学科、高新技术产业开发区和留学人员创业园区、公共创新平台、重点实验室等引进各类海外高层次人才大概 300 名。浙江省政府为尽快实施这一计划，在 2010 年 3 月到美国和加拿大举办了三场的大型招聘活动，不同地区的目标不同。在纽约的主力是金融等服务业人才，在旧金山硅谷的目标是高科技人才，在多伦多是各类人才都考虑在内。

第二，珠三角高层次人才政策情况。

2008 年，广东省委、省政府颁发了《关于加快吸引培养高层次人才的意见》，这是广东第一次以政府名义和团队形式在高层次人才引进上实行规模化。资助金额最高的高达 1 亿元，并实现一次性拨付、30%可用于人力成本费、团队带头人有 2%的经费自由支配权等突破，在国内国际都引发了很大的讨论。该计划是广东省委组织部组织，具体实施是由广东省科技厅自 2009 年 11 月开始，至今聚集的海内外人才有近 700 人以及 91 个科研团队。

2011 年初的广东省人才工作会议颁布了《广东省中长期人才发展规划纲要（2010—2020 年）》，《纲要》中要求在 5 到 10 年的时间内引进 100 个在国内具有先进水平的团队。

《广东省引进高层次人才"一站式"服务实施方案》（简称《"一站式"服务方案》）规定，来省工作的高层次人才只需给"一站式"服务专区提供相关资料，就会有专人负责受理包括社会保险、子女入学、税收减免、学历学位认证、出入境、配偶就业、落户等 23 个项目的各种办理手续。并对责任人及完成的时间进行确定，高层次人才来广东创业的各项手续都被简化，方便了高层次人才并提高了对于他们的服务水平。广东省是全国"一站式"服务专区设置最早的省份之一。

广东省到 2014 年 4 月成功引进高层次人才 700 人和 91 个海内外科研团队，在这些人才中有两名诺贝尔奖获得者，26 人为海内外院士，世界 500 强企业高管、长江学者、国家杰青、终身教授、千人计划入选者等顶尖人才近 300 名。[1]

广州市在高层次人才的引进方面处于广东省的领先地位。2005 年广州市发布了《关于开展广州市人才引进贴身服务活动的通知》，标志着正式开始引进高层次人才，为人才引进开展"直通车"，并开辟"绿色通道"等服务。广州市在 2008 年发布《关于鼓励海外高层次人才来穗创业和工作的办法》，启动"万名海外人才集聚工程"，在购房和财政补贴等方面给予人才最大程度帮助。广州在 2010 年发布了《关于加快吸引培养高层次人才的意见》及 10 个配套办法，打造一个培养人才的宽领域、多层次、全方位机制。2011 年，广州出台《广州市创业领军人才创业启动资金管理暂行办法》等政策，还在 2011 年出台了《广州市中长期人才发展规划纲要（2010—2020 年）》，明确提出要充分发挥人才在集聚各类技术和项目等方面的重要

---

① 刘佐菁、陈敏、江湧：《广东省引进创新科研团队政策存在问题与对策建议》，《科技管理研究》2014 年第 14 期。

作用，用高层次人才促进广州经济社会的快速发展。2010 年实施了"创新创业领军人才百人计划"，对计划内的创新领军人才给予不超过 50 万元的科研经费资助及安家补贴。给予计划内的创业领军人才 100 万到 500 万的创业启动资金，30 万到 100 万的安家费及三年 100 到 500 平方米的工作地来鼓励特别优秀者。两类人才都享有的待遇如下：五年内每年个人所得税补贴最高达到 30 万；享受广州市优秀专家管理，以及"1＋10"文件规定各项优惠政策。①

第三，京津冀高层次人才政策情况。

从 2009 年开始，由北京海外学人中心组织的引进海外人才工程又被称为"海聚工程"，该工程主要针对来京创业类人才和工作类人才。计划在 5 到 10 年内引进 10 个研发团队，这些团队都由战略科学家领衔；科技领军人才领衔团队大约 50 个；吸引大约 200 名海外高层次人才来北京创业；并建设大概 10 个针对海外创新人才的创新创业基地。一旦被认定为海外高层次人才，北京市将在其工作、生活以及创业方面给予支持；市政府一次性给人才 100 万元奖励；中国籍子女在普通高校招生入学考试，可以在同等条件下享受优先录取的待遇。

北京市朝阳区推出引进高层次人才的"凤凰计划"。每年下拨专项资金达到 3000 万元，用来奖励海外高层次人才的创新创业。在 5 到 10 年内，奥林匹克公园和电子城等重要区域组成一批高科技创业团队，支持 100 名左右海外高层次人才在朝阳区的发展。

《天津市实施海外高层次人才引进计划的意见》指出天津市在 5 到 10 年内引进海外高层次人才 1000 人，并对这些人才给予资金支持：创新和创业人才分别给予每人 100 万元和 300 万元资助。这一计划的目标任务是：自 2009 年起，在 5 到 10 年内，在全市企业和商业金融机构、重点创新项目、

---

① 陈敏、黄欢、郑晓娟：《浅析广州市高层次人才政策发展现状》，《广东科技》2012 年第 6 期。

重点学科和重点实验室等领域，引进 1000 名左右能够突破关键技术发展高新技术产业的一流科学家和科技创新创业领军人才，以及社会工作、教育、金融、社会科学以及文化等领域的人才。

河北省出台《关于认真做好 2010 年"百人计划"申报推荐工作的通知》，2010 年起 5 到 10 年间，引进 100 名左右的海外高层次人才来河北创业，简称"百人计划"。2010 年河北省"百人计划"申报有两类：一类是创新人才；一类是创业人才。创新人才条件：引进后能全职回国工作；工作合同签订于 2008 年 1 月 1 日之后。创业人才条件：在海外要取得硕士及以上学位；是企业的主要创办人，并且是企业的第一大股东（股权不少于30%，一家企业只有一个名额）；其企业成立时间在一到五年之间，该企业核心技术的产品在产业化阶段或者中试阶段。

第四，西部地区高层次人才政策情况。

重庆市 2007 年通过了《重庆市"十一五"高技能人才规划》，2009 年出台《关于印发重庆市引进高层次人才若干优惠政策规定的通知》，并以此拟定《重庆市引进高层次人才若干优惠政策规定》。在 2010 年发布了《重庆市中长期人才发展规划纲要（2010—2020 年）》确定了重庆市下一阶段关于人才强市的战略，提出了"完善人才公共服务政策"。同年底，全市人才工作会议召开，针对《重庆市中长期人才发展规划纲要》就实施好当前一段时期人才工作作出安排，这对于建设人才强市，推动该市的科学发展都有重要意义。2011 年，重庆市委办公厅印发《2011 年全市人才工作要点》，对 2011 年的重点人才工作及其责任部门作了进一步明确。

重庆市在国家各项人才培养工程基础上，制定了自己的高层次人才培养工程，如"巴渝人才工程"、"322 重点人才工程"、"巴渝科技创新人才工程"。重庆市还开通了四条人才"国际航班"，即从美国引进汽摩方面人才；从欧洲引进环保、规划建设方面人才；从亚洲引进信息产业人才；从港澳台引进服务贸易方面的人才。重庆还公开聘任 16 名首期"两江学者"，此次聘任面向海外学者。与这些工程相配套，重庆市出台了一系列关于人才引进、选拔的政策，如《重庆市关于巴渝科技创新人才工程的实施意见》、《重庆市人事局关于开展 2007 年新世纪百千万人才工程国家级人选推荐选拔工作的通知》、《关于开展 2009 年新世纪百千万人才工程国家级人选推荐选拔工作的通知》、《重庆市"322 重点人才工程"实施方案》、《重庆市高等学校巴渝学者特聘教授岗位制度暂行办法》，相应的，这些人才在科研经费、学历认定、职称评定、工龄认定、落户问题、子女就业等方面均享有优惠政策，相关配套服务也得到优先保证。

对于海外留学回国人员、博士后和特殊人才，重庆市还制定了相关技术资格认定办法。相关政策包括《重庆市博士后研究人员专业技术资格认定办法（试行）》、《重庆市海外留学回国人员专业技术职务任职资格认定办法》、《重庆市职称改革办公室关于开展我市留学回国人员博士后研究人员专业技术资格申报认定工作的通知》、《重庆市特殊人才高级专业技术资格认定实施细则》，这些政策给予了海外留学回国人员、博士后、特殊人才在专业技术职务认定上一些特殊的政策。

一系列人才公共服务政策的出台和实施，极大地促进了重庆市人才队伍建设的步伐，为"314"总体部署和建设内陆开放高地提供了人才力量的保证。截至 2010 年末，重庆市拥有 9.1 万的高层次专业人才，61 万高技能人才，1717 名紧缺人才，还有 5830 个国外专家。增加了 12 个博士后科研工作站和 15 个市级博士后科研工作站，共培养了 134 个博士后。全市有 15 万人次的技术人员参加继续教育并举办 4 期高级研修班，共培养了 150 名中高级专业技术人才。

另据《重庆市统计年鉴·2011》，2010 年，重庆市科技经费支出达178968 万元。在科技奖励情况方面，2010 年获国家级、市级科技进步奖分别为 14 项、155 项。2009 年，重庆市研究与试验发展（R&D）人员为53359 人，R&D 项目数为 16140 项，项目经费为 615756 万元，专利申请数

7464 个，有效发明专利数 3573 个，专利所有权转让及许可数 199 件，专利所有权转让及许可收入 2933 万元，形成国家或行业标准数 378 项，发表科技论文 30339 篇，出版科技著作 889 种。2009 年专利申请量、授权量分别为 13482 件、7501 件，比 2008 年分别增长 5185 件、2681 件，增长率分别为 62.3%、55.6%。从这些数据的变化中，不难看出，重庆市出台和实施的一系列人才政策产生了明显的效果。[①]

（4）我国高层次人才政策存在的问题

根据对中国高层次人才政策文本的数量、政策文本主体及政策文本内容转变和理念创新等的分析和反思，当前中国高层次人才政策主要存在五方面不足。

一是政策"弱法律化"。到目前为止中国还没有专门的人才基本法。在已颁布的法律中仅有《劳动合同法》、《就业促进法》和《公务员法》等涉及了高层次人才。中国高层次人才方面虽然有一定法律体系，但政府规章比重偏大而大大弱化法律法规的情况，这既不适应我国实施"人才强国"、"依法治国"的战略需求，也无法保持人才政策的连续性。虽然新世纪以来中国制定了第一个综合性的人才队伍建设规划纲要和颁布了《国家中长期人才发展规划纲要（2010—2020)》，对自主培养和引进国外高层次人才起到了积极的指导和纲领性作用，但由于缺乏高层次人才基本法的规范和引导，不可避免造成人才政策之间的互相冲突或趋同化等问题，这大大限制了人才政策的体系化、结构化、规范化和科学化进程。

二是政策激励"官本位化"。激励性政策占高层次人才政策体系的绝大部分。目前，中国高层次人才激励政策体系包括国家科学技术奖励政策、选拔两院院士政策、政府特殊津贴政策、激励青年高层次人才政策（留学生、博士后）、股权激励政策等。但中国在人才激励政策中经常强调和突出行政

---

① 重庆市人才公共服务政策研究课题组、王佳宁：《重庆市人才公共服务的政策演进与框架设计》，《重庆社会科学》2012 年第 1 期。

职务的激励作用，说明在中国现有制度环境中存在"官本位"价值取向，没能真正形成"尊重知识、尊重人才"的良好人文环境和健康科研氛围。前中国科协主席周光召对科研系统官本位曾进行严厉批评，并认为"要搞科研就不要当官，要当官就不要搞科研，当了官就要好好为科研工作者服务，既想当官又想搞科研肯定什么都做不好。"前面本研究提出要"勇于将领导职务交给有能力的专业人员"，并不是要强调高层次人才必须兼任一些领导职务，更不是为了凸显权力。而是建议勇于为具有一定领导能力的高层次人才提供施展才能的舞台，以便于其通过专业知识在某一部门、某一领域，甚至在国家层面、国际层面发挥更大的作用。总之，对于高层次人才的使用要破除官本位意识，以建立"人尽其才、才尽其用"的机制为目的。

三是政策项目"碎片化"。20世纪90年代以来中国实施了一系列人才专项计划。中央人才工作协调小组、中国科学院、人事部、教育部、科技部、国家自然科学基金委员会等机构和部门为了共同的最高目标和宗旨即：引进和培养高层次人才，纷纷启动了人才专项计划。毋庸置疑，这些人才专项计划的实施对吸引和培养高层次人才起到了积极作用。但目前存在三个方面问题亟待解决：其一多个人才专项计划之间可能出现"趋同化"现象，即可能每个部门都按自己的需求与偏好来制定相关的人才计划，缺乏协同性和交流沟通，从而导致人才政策较混乱；其二许多人才专项计划到底是短期性计划还是长期性政策，定位不太明确；其三多个人才专项计划缺乏有效的评估，运行效果到底如何也无法得到科学的评价等，这些问题有力反映了当前我国高层次人才专项计划存在明显的"碎片化"现象。

四是政策"弱企业化"。西方发达国家吸引高层次人才的重要途径之一就是企业或跨国公司利用丰厚的薪酬福利、良好的工作环境和企业文化吸引杰出人才，并且各国政府出台一系列法律法规和人才政策以支持企业或跨国公司吸引国外高层次人才。但目前从中国所颁布的高层次人才政策来看，政策支持的重点主要集中在科研院所、高等院校等层面，而对企业或跨国公司吸引国外高层次人才方面，中国在人才政策方面没有展现很强的支持力度。在所有高层次人才政策中有关企业人才政策仅占 4%，处绝对弱势地位；另外，"百人计划"、"百千万人才工程"、"长江学者奖励计划"、"千人计划"等人才专项计划项目中引进的高层次人才绝大部分也在科研院所和大学中工作，企业所占比例极少。这是目前中国高层次人才政策的倾斜性和"弱企业化"造成的，这既不利于调动企业自主培养高层次人才的积极性，又不利于企业在国际人才竞争中抢占先机，故高层次人才政策"弱企业化"现象必须扭转，且从政策层面要加大力度支持、激励企业对高层次人才的自主培育和国际引进。

五是政策"重引进轻自主培养化"。目前，中国在高层次人才方面采取"培养与引进并举"之战略措施，基于国情这是一种非常有战略远见之举，但实践上中国高层次人才政策在自主培养和国外引进两方面的重视程度完全处于不对等状态。中国高层次人才政策体系中人才引进政策占总政策文本的12%，而人才培养教育政策仅占 4%。这说明中国目前过于重视引进国外高层次人才，而轻视国内高层次人才培育的环境营造和制度创新。"重海龟，轻土鳖"是目前客观存在的事实，也可形象地把它比喻成"儿子与女婿的关系"，结果造成"招来女婿，气跑儿子"的不利局面。客观上讲，高层次人才在中国确实比较奇缺，但加大力度引进国外高层次人才为我服务既是一种战略措施又是一种权宜之计。从长远来看，中国"人才强国"战略目标的实现绝不能建立在引进国外人才基础之上，而是必须依靠自主培养教育的高层次人才，这是关乎国家根本的问题所在。①

（二）区域新兴产业发展的人才政策创新

国际金融危机爆发后，战略性新兴产业成为各国培育新的经济增长点、

---

① 郑代良、钟书华：《中国高层次人才政策现状、问题与对策》，《科研管理》2012 年第 9 期。

占领国际竞争制高点的重要手段。各国都通过各种手段来鼓励和支持本国战略性新兴产业的发展，人才政策是其中重要的一环。

1. 发达国家高层次人才开发经验

（1）发达国家战略性新兴产业人才开发经验

一是大力发展教育。①加大教育投入，提高国民受教育水平，提升人才整体素质。②合理调整学科设置，重视交叉学科发展，优化人才学科结构。③加强继续教育，坚持职业教育与高等教育并重，优化人才学历结构。④高度重视基础研究，培育高层次领军人才，形成人才的合理布局。

二是营造良好环境，引导人才合理流动。①通过倾斜性的移民政策和良好的待遇等吸引全球高层次人才为其所用。②通过人才选拔和竞争机制等促进人才向战略性新兴产业流动和区域间合理流动。③通过激励政策为人才的创新活动扫除后顾之忧，为使其在行业内稳定持久地工作创造条件。

三是推动产学研用结合。①充分发挥政府引导作用，搭建产学研用一体化工作平台，放大系统协同效应。②充分发挥市场主导作用和企业主体作用，促进人才优化配置，提高人才贡献度。

（2）主要发达国家高层次创新型人才开发经验

一是美国：将高层次创新型人才的引进作为国家战略。①大力吸引高层次创新型人才。从 1990 年美国实施 H-1B 签证计划，这个临时工作签证有效期为六年，让外国的有学士及以上学位的人来美国工作。美国吸引高端人才一个重要政策就是"杰出人才绿卡"，将在美永久居留权授予外籍的专业工作人员并可以携带家人，以留住高端人才。②提供充足的科研经费。美国 100 家最大的工业企业在科研等方面的经费年均增长达到了 25%，其中福特汽车、通用汽车、杜邦化工、麦道飞机等公司年均增长大约在 40%。这些企业为科研人员配备世界一流的实验室，并提供充足的科研经费与后勤保障。

二是英国：放权与营造环境。①放权给用人单位来判别高层次人才。以前，英国判别高层次人才仅仅用硕士研究生及以上学历，现在放权给用人单位来判断，尤其是用人单位可以签发工作许可证。②营造良好环境。为了吸引人才，英国重视环境保护并且大量投入在城市的舒适化、便捷化、多样化方面。

三是韩国：制定人才回流政策，实施高层次人才培养项目。①人才回流政策。为了吸引人才回国，韩国营造了良好的政策环境，用数量少却素质精良的标准引入人才。20世纪50年代到70年代，韩国人才流失现象严重，大约90%的留学生结束学业后没有回归。80年代之后，流失人口陆续返回韩国，而90年代以来，人才回归速度加快，回归比例达到63%。②用多种措施进行高层次人才的培育。韩国的高层次人才培养项目很多，如优秀研究中心项目、21世纪韩国智囊团项目和产学研合作项目等。

（3）主要发达国家高层次技能型人才开发经验

一是美国：社会本位开发。美国根据市场需求，制定培养高技能人才计划，市场确定了高校培育人才的课程、模式、范围与学科安排，学校会根据市场需求的变化，及时调整教学内容。①法律保障。美国非常重视职业教育，为成教和职教都颁布了相关法案。例如在1994年出台的《学校—工作机会法案》倡导把理论学习和实践学习良好融合，让实践技能的培养辅助文化知识的学习。②经费保障。美国的职业教育办学以政府为主，学校不以营利为目的。办学经费源自学生学费、地方纳税、美国政府援助、地区政府拨款、企事业单位与个人捐助、高校自主产业创收。

二是德国：双元制开发。德国传统文化注重高级职业人才的培育，拥有高超专业技能是非常受人尊敬的。①"双元制"职业教育。强调理论与实践的紧密结合，接受培训的学生具备学徒及学生的双重身份，学生既是企业的学徒，又是职业学校的学生。学员每个星期只上一到两天的文化课程，剩下的时间都在公司接受实践训练。根据德国相关法律规定，所有仅接受初中教育的待业青年，只有在经过 2.5—3 年的"双元制"职业教育，才能被企业录用为正式员工。②完备的法律体系。《联邦职业教育法》、《联邦职业教育促进法》及《手工业条例》是德国三个职业教育基本法。《职业教育法》规定：正式就业前必须进行规定时限的职业教育，任何企事业单位都必须遵守这项法律规定。

三是韩国：职业高中教育和技能竞赛。①职业高中教育。韩国学生初中毕业后就开始进行职业教育，初中生毕业后会根据自身情况进入职业高中或者普通高中，职业高中是为了进入高职专科院校，普通高中未来将参加高考进入大学。②技能竞赛。韩国有三个层次的技能比赛：地方性比赛、全国性比赛、奥林匹克性比赛。这种技能比赛有法律保障可靠、资金来源充裕、鼓励政策优惠的优势。①

2. 我国当前战略性新兴产业人才政策存在的问题

（1）人才政策不够完善，未形成整体合力

人才政策不是某个单独的单位或者部门可以实现的，其具有明显系统性。对于政府来说人力资源部、教育部、税务部、财务部均有可能参与到人才政策的制定，而这些部门往往难以照顾全局，部门与部门互相制约、致使人才政策很难得到落实，不能形成整体力量。据有关对战略性新兴产业调研，有多位企业负责人和创新人才都反映，制定人才政策需要耗费巨大的人力物力，超过政策所产生的收益。

（2）人才培养模式不尽合理，校企供求脱节

目前，高校和企业未能充分建立深度、稳定的合作模式，高等院校对人才的培养不能紧随市场需求的变化而调控，战略性新兴产业等人才的缺失，紧缩产业的人才富余，致使新兴产业招聘难，人才就业也很难。同时，许多企业还没有科学的中长期发展规划，往往只顾短期不顾长远，不愿意为大学

① 阳立高、贺正楚、韩峰：《战略性新兴产业人才开发问题与对策——以湖南省为例》，《科技进步与对策》2013 年第 19 期。

生提供实践机会、实习平台和成长保障。另一方面，高等院校绩效评价机制不完善，绩效考评及职称职务晋升大多重科研却轻教学、强调理论成果却忽视了实践教育，校企合作很难落实到现实，缺乏长期、稳定、系统的机制保障。

（3）人才激励力度不够，人才支撑体系不强

战略性新兴产业所需专门人才的工作积极性和创造性的更好发挥，往往需要涉及到工资薪酬、养老保险、子女教育、住房等各方面配套的人才政策。过去，部分地区未能完全认识人才的重要性，人才观念不先进，人才政策激励不显著，人才激励机制不健全，制约了高层次人才的引进和能力的发挥。同时，部分地区人才政策制定过于复杂，宣传手段及领域有限，最后都流于形式，导致成效较差，使很多专业性人才因难以理解政策要义而失去了政策吸引力。多种因素叠加导致很多地方人才政策流于形式，很难真正为企业提供强有力的人才支撑体系。

（4）人才服务机制不健全，人文关怀不够到位

目前，我国的人才服务机制体制还不够健全。中国处于计划经济向市场经济转变期间，一直是政府建立人才服务机构，政府管理人才市场。但是，人才服务机构作为政府机构，经常打着政府名号进行盈利型公共事务，扰乱市场公平稳定的秩序，影响了人才服务机构与人才市场的发展，也不利于政府人才服务机构的完善，使得人才工作陷于两难困境。同时，当前我国人才服务机构尤其是政府所属人才服务机构还存在服务理念落后、服务水平低下、服务意识不强等问题，人才服务机构的人文关怀不到位，人才服务无法满足人才的现实需求，不利于吸引和激励人才，也不利于通过良好的服务促使人才开展创新活动。

3. 战略性新兴产业发展的人才政策创新

（1）完善人才政策，强化人才顶层规划

坚持战略性、先导性及带动性原则，与国家战略性新兴产业发展的战略

部署紧密结合，加强战略性新兴产业人才发展顶层设计，制定具有区域特色和优势的战略性新兴产业人才政策，建立健全人才引进、使用、流动、激励保障等一系列政策，形成完整配套的政策体系。具体包括：一是围绕战略性新兴产业发展重点，确定人才尤其是领军人才的规划目标，对于战略性新兴产业高层次紧缺人才要定期向海内外发布人才目录；二是按照主攻方向和发展要求，绘制高端人才在全球范围内分布地图；三是设立人才开发专项资金，实施"人才特区"制度，加大对引进人才创新创业的财政补贴和税收减免力度；四是对人才实行"柔性流动"政策，"不求所有，但求所用"，用使用权替代人才的所有权。同时，工资分配方式应该更多样，鼓励企业任务聘用、项目聘用等方式；五是政府要发挥自身优势，领导企业组织起来成立人才招聘联盟，政府和企业联合起来招募人才，加强各个部门之间有效的利益协调，真正的实施好人才政策。

（2）加强基础管理，完善人才培养机制

健全战略性新兴产业人才培养制度，创新人才培养培训方式，强化基础管理，协调运用国际交流、企业培养、高等教育等途径，构筑建立在协作基础上的完整体系。逐步形成一批适应于战略性新兴产业特色发展要求的战略梯队人才，构建出一套符合战略性新兴产业人才需要的人才孵化机制，用人才支撑产业的发展。一是构建一个良好的联合培养机制来培养战略性新兴产业人才。高校以市场为导向优化专业结构，要与企业合作对接，提高人才培养的应用导向和实践能力，使高校培养的各专业、各层次人才与市场需求相吻合；二是开展战略性新兴产业领军人才成长工程。创造条件鼓励学术交流活动的进行并让行业高层次人才都积极参与，开展培训交流来对于产业的新技术和工程实践进行交流和培训，及时更新战略性新兴产业人才技术发展的相关知识，建立平台和机制来帮助领军人才成长并实现人才之间的沟通交流；三是实施战略性新兴产业人才团队支持计划。重点支持具有重大市场前景或重大原始创新项目研究的相关团队。要用资金培养创新人才及团队来服务于相关新兴产业项目。

高校、科研院所和企业共同建设研究生工作站，从项目、课题、论文、实习等多环节对所招收的研究生进行联合培养，使研究生可以有机会把在校已经获得的丰富理论知识结合在企业实际的生产经营活动中，在亲身投入相关科研项目的同时锻炼未来在企业工作所需要的素质和能力，以切实有效的提高创新能力，便于毕业时可以更加顺利的进入企业开展工作，学生可以在这些实践基础上很快成为职场达人，争取在学生毕业时学校输出的就已经是具备初步创新能力的研发人才。另外，高校、科研院所可以与有实力的企业一起设立博士后科研工作站来培养所需要的创新人才，从而对于生产经营中的一些问题作出及时解答，营造出"多赢"的良好局面。

进一步加强产学研合作，培养具有扎实专业基础的高技能人才。比如学校与企业联合建设稳定的实训基地，为学生提供全真的实习环境，学生在学校学习相关理论并做了初步实践之后可以直接到与学校联合的企业实习，并负责一定的生产任务从而融入到企业工作环境中来现身实地提高技术水平。同时，高校还可以与企业进行合作并签订协议来确定一定招生计划，学生在学习完成学业后到企业实习并且以后在企业工作，就像一种"订单式"培养模式，这种模式紧密结合了学校培养和企业需求，对于高技能人才培养有重要帮助。

（3）优化层次结构，提高创新创业能力

针对我国目前"低端人才多、技术骨干人才短缺、战略管理人才稀缺以及人才结构不均衡"等情况，以及我国地区经济发展和社会发展"东富西贫"状态下区域产业发展不均衡和人才跟进断层的现实，要想发展战略性新兴产业，必须优化人才的层次结构。从宏观上看，国家要基于以区域功能定位并围绕产业布局，通过战略性新兴产业聚集区为条件来对于科技人力资源进行最优调节，形成符合要求的现代产业聚集区。同时，要建立健全与西部大开发、中部崛起、东北老工业基地振兴、自贸区、一带一路、长江经济带相配套的人才流动机制。具体来说：一是建设可以预测科技人力资源供应和需求的系统，系统的动态平衡依靠产业结构的调整来实现，可以使人才使用效率得到最大的发挥；二是着力构建人才信息系统，整合相关领域信息资源，形成大数据，广泛搜集人才供求信息，对信息进行分析、整理、贮存，为产业发展提供所需的专业化人才；三是加快培养高层次创新型科技人才，使其数量、规模稳步扩大；四是构建多层次、多领域人才体系，逐步形成基层人才、技术骨干、科技专家、战略管理人才等全方位、立体式人才培养体系。

（4）加大政策扶持，创新人才引进和任用机制

制定富有吸引力的人才引进政策，加大战略性新兴产业人才引进的政策扶持力度。一是实施战略性新兴产业高层次人才引进计划。围绕战略性新兴产业重点发展领域，运用项目引进、核心人才引进、团队引进等方式来带动新兴学科、发展高新产业，重点引进开发新兴市场、突破关键技术和拓展新兴领域的领军人才和团队；二是努力构建海内外专家引智平台。抓住与国外企业经济技术合作的良好机遇，以项目促进本地战略性新兴产业人才成长成才，在工作实践中锻炼提高，推动本地战略性新兴产业人才国际化。同时，对于战略性新兴产业人才仍需要进一步更加有效的完善并分梯次进行引进。

战略性新兴产业相关领域的企业必须重视经营管理人才的培养和任用，树立现代企业经营管理理念。一是从企业中有管理能力并且对于产业技术也十分熟悉的人员，选送这些人员学习一些经济管理课程，并送到一些相关岗位进行锻炼培养，渐进的将这些人员向管理人员的方向培养。二是引进高层次管理人员，借助其先进的管理理念和丰富的管理经验，领导和带动企业的发展。同时，应鼓励科技创业。营造"大众创业、万众创新"的人才政策环境。一方面，调动相关人才的创业积极性可以利用充分利用创办学科性公司、校办产业等平台，让学科带头人和教授等人员利用办企业的力量来转化

科研成果，进一步的发展战略性新兴产业企业。同时政府、高校和科研院所等相关单位给予政策、资金等方面的帮助，也可以与有条件的企业进行联合创业，共同培养出一批科技创业人才。另一方面，继续在高校中进行创业教育，提高学生的创新创业意识，鼓励学生组成专业互补的创新团队，积极参与"挑战杯"等大学生科技创业类比赛，并在国家和高校的帮助下将参赛计划书转化为实际创业成果，从学校开始培养科技创业人才。

（5）强化人才激励，健全人才评价机制

建立评价机制来评价战略性新兴产业人才能力和绩效，用多元激励机制来激励人才参与创新创造。一是建立健全人才评价体系，打破地域、身份、年龄、学历、资历、名额等限制，推行社会公认与业内认可相结合、考试考核与同行评议相结合、资格考试与评聘相结合的评价体系；二是分配制度要进行深化改革，对于人才的激励机制要进一步的完善，在分配政策中加入知识要素和技术要素并提高科技奖励的支持，形成一个更加多元的人才激励体系，使战略性新兴产业领军人才更加有动力来服务于产业；三是建立战略性新兴产业人才专家库，要实现实名推荐战略性新兴产业领军人才，这样就可以更长久的服务于战略性新兴产业人才。①

（6）坚持以人为核心，优化人才创业环境

要明确战略性新兴产业人才发展规划愿景，通过优化战略性新兴产业领军人才创业环境，搭建完善的公共服务平台，为领军人才发展提供政策性服务。一是营造战略性新兴产业人才创业创新的人文环境，广泛宣传战略性新兴产业人才工作的相关政策和典型事例，让尊重战略性新兴产业人才成为普遍共识，引导各类战略性新兴产业人才争做贡献；二是拓宽融资渠道，在财政和税收方面帮助战略性新兴产业企业减少创业成本；三是优化成长环境，对战略性新兴产业人才更加关爱，政府部门要从政策制定上多注重宏观方面

---

① 张惠娜、栾鸾：《首都战略性新兴产业领军人才发展问题与对策研究》，《人力资源管理》2013年第9期。

引导、支持，切实改善战略性新兴产业人才的生活待遇、工作待遇、人文关怀等软环境；四是在法律法规上保护人才的知识产权，在知识产权政策上面保护战略性新兴产业发展，对于人才申请、注册和保护重大发明专利、商标的一些知识产权进行立法保护，支持国内企业申请国外专利。

建立健全技术成果交易平台、技术成果转化服务中心、技术产权交易中心和企业孵化器等科技成果转化平台，努力办好各种项目成果交易会等大型科技成果转化展会，为科技成果转化人才提供更多的平台和渠道。在人才培养过程中，即要引导其关注产业发展动向还要鼓励其重视试验、技术能力的开发，了解国家政策和产业发展要求，使在高效转化科技成果的同时在经济上也可以取得丰富回报。[①]

二、典型区域新兴产业发展的具象分析

（一）江苏发展高新技术产业的钻石模型分析

江苏省作为我国人才强省以及出口贸易大省，在发展高新技术产业方面不仅具备得天独厚的优势，同时，为了按时完成在全国率先实现现代化的历史重任，实现"四个全面"在江苏区域具体化："经济强、百姓富、环境美、社会文明程度高"，做大做强高新技术产业对于江苏省而言意义重大。有鉴于此，本节试图采取钻石模型方法对江苏省发展高新技术产业进行分析，并根据分析结论提出针对性的对策与建议。

1."钻石模型"简介

一个国家或区域的某一产业能够比其他国家或区域的同类产业更有效地向市场提供产品或服务的综合素质即是其产业竞争力。迈克尔·波特通过不同国家和区域之间的产业集群竞争特点对国家竞争优势作了具体的比较研

---

① 李玲、忻海然：《产学研合作与战略性新兴产业人才开发路径探究》，《福州大学学报（哲学社会科学版）》2013 年第 1 期。

究，在此基础上提出了国家竞争优势的"钻石模型"，同样，该模型也能够
对产业的竞争力进行研究。该模型主要由四个基本因素（要素条件，相关
及支撑产业，需求条件，企业的战略、结构与竞争）和两个附加要素（政
府和机遇）组成。在图 5-2 中，方形框内四个基本因素即是产业竞争力的
决定因素，圆形框内的两个附加因素对产业竞争力产生重要影响。由四个决
定因素组成四个实顶点，由两个附加因素构成两个虚顶点，它们之间相互联
系、相互作用，构成了一个动态的、多向强化的系统。

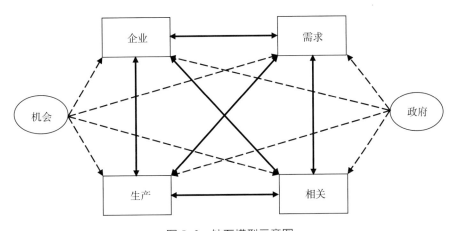

图 5-2　钻石模型示意图

要素条件：要素条件涉及国家或地区在该行业发展中所投入的各种要
素，包括人力资源、物质资源、知识资源、资本资源以及基础结构等；

需求条件：市场对产品的需求不仅为企业的投资和创新提供初始的动
力，而且促使企业对投资和创新进行动态调整；

相关及支撑产业：产业竞争力不仅取决于该产业的企业，而且，同其相
关及辅助产业的状况有密切关系；

企业战略、结构和竞争对手：企业经营的得失常常可追溯到企业的经营
战略；在企业战略、结构和竞争对手中，竞争对手最为重要，竞争为产业的
高级化和创新提供了推动力；竞争对手在地域上的相对集中又为企业创新提

供了合适的组织环境；

机遇和政府：机遇是外在因素，非企业的影响力所能左右；政府在提高产业的竞争力中所起的作用是通过政府行为影响四个决定因素来实现的；

由上述四项关键要素构成的"钻石模型"，其关系到一个区域的产业发展能否成功，而且"钻石模型"中任何一项因素的效果都会影响到另一项的状态。拥有"钻石模型"其中的每一项因素并不等于必然拥有竞争优势，只有促使这些因素形成自我发展、自我强化的系统，才是真正的产业竞争优势。

2. 江苏省高新技术产业竞争力钻石模型的内部因素分析

根据前文波特的"钻石模型"可以知道一个具有较强竞争优势产业的培育与形成，需要需求条件、生产要素、企业战略与竞争的时空背景、相关与支撑产业四大因素的互动与有机结合。其中，生产要素与需求条件则可以直接决定一个地区能否培育一个较好的产业，而另两个因素则决定了该产业能否形成竞争优势，进而壮大。本节采用该模型对江苏省高新技术产业的竞争力进行分析。

（1）江苏省发展高新技术产业的生产要素条件

发展高新技术产业所需要的各种要素投入即是生产要素，生产要素主要包括人力资源、知识资源、基础设施等。其中的人才、技术以及一些后天形成的专门要素因不易模仿，对产业竞争力的形成又有着直接影响，因而是产业竞争力的决定因素。

一是人力资源条件。江苏省雄厚的人力资源是其发展高新技术产业的最大保障。2012 年，全省人才资源总量 900 万人，全省高层次人才达 60.65 万人，占人才资源总量的 6.68%；高技能人才占技能人才总量 28.25%。全省人力资本投资比 2011 年增加了 1000 亿元，高达 7614 亿元，人力资本投资占 GDP 的 14.1%，仅省级各项财政性人才发展专项资金就达 17.2 亿元。江苏人才资源总量截至 2014 年末已达到了 1009.86 万人。其中，全省高层次人才达 72.71 万人，占全省人才资源总量的 7.2%。共拥有院士数量居全国第 3 位，共有院士 90 人，其中，中国工程院院士 49 人，中国科学院院士 41 人。同样，到 2014 年底，江苏省人力资本投资额占江苏 GDP 的 14.24%，已高达 9267.88 亿元，人才贡献率达 35.5%，全省实现高新技术产业产值 5.73 万亿元，比 2013 年增长 10.36%。在大学生人才资源方面，流入江苏的比流出高。江苏籍高校毕业生生源 423701 人，到江苏就业的高校毕业生有 467212 人，流入比为 1.10。由此可见，雄厚的人才总量和资金支持是江苏省发展高新技术产业的有力前提。

二是 R&D 资源条件。高新技术产业区别于传统产业的一个主要特点即是高新技术产业对 R&D 投入，包括 R&D 经费投入和 R&D 人员投入的要求较高，没有大量的 R&D 资源的投入，发展高新技术产业难以持续。

R&D 经费投入方面：2012 年苏省 R&D 投入达到 1298 亿元，占 GDP 的 2.3%，位居全国第一，但与国外发达国家如美国、欧盟、日本等国或地区相比，江苏省的 R&D 经费与 GDP 投入比相对偏低，发达国家的 R&D 经费与 GDP 之比一般都远远超过 3%。当然，江苏 R&D 经费投入还在逐年增加，2014 年，江苏 R&D 经费投入已达到 1630 亿元，占 GDP 已达 2.5%；

R&D 人员投入方面：2012 年江苏省从事科技活动人员 98.23 万人，其中研究与发展活动（R&D）人员 54.92 万人，占从事科技活动人员的 55.91%，江苏全省共有各类型的科技机构 17734 个；高校科技机构 761 个，拥有研究与试验发展（R&D）人员 1.10 万人；规模以上工业企业技术开发机构 16417 个，拥有研究与试验发展（R&D）人员 28.17 万人；江苏全省拥有大学科技园、软件园、科技创业园、创业服务中心等各类科技创业载体 431 家，孵化场地 2156 万平方米，比 2011 年增长 10.85%，在孵企业近 2.4 万家，累计毕业企业突破 5610 家；

总体来讲，江苏省的 R&D 资源条件在国内省份地区中还是比较优异的，基本能够保证高新技术产业在江苏省的发展需求，但是与发达国家相比，在 R&D 人员投入和 R&D 经费方面还存在较大差距。

三是基础设施条件。基础设施主要表现在基本基础设施、商务基础设施等方面。江苏省的基础设施条件在全国居于领先地位。在基本基础设施方面，江苏省拥有全国密度最高的高速公路和铁路系统；省内有七个民用机场，而靠近江苏省的上海市则有浦东等国际性的大机场；而在海运方面，江苏省有连云港、洋口港、大丰港等海港，也有诸如太仓、张家港、江阴等内河港，这种四通八达、海陆空交通完善的交通设施系统也是中国其他省市无法比拟的。而在商务基础设施方面，江苏省商贸发达，苏州、无锡、常州、南京等苏南城市是中国著名的经济发达城市，商业贸易极为繁荣，每年举办各类的区域性、全国性、专业性交易会、博览会、洽谈会达上千场次。对于发展高新技术产业的基础设施而言，江苏省的基本基础设施、商务基础设施有明显的优势。

（2）江苏省发展高新技术产业的需求条件

持续上涨的需求是产业规模得以扩大的原动力，是产业竞争力的另外一个决定因素。本研究将对江苏省高新技术产业的国内外需求市场进行分析。

一是国内需求。江苏省高新企业从事的产品和项目都具有很强的用户针对性和广阔的潜在市场。从产品的市场前景来看，多数产品都具有较强的成本降低和功能替代作用，下游市场广阔，并且部分产品在国内和国际市场上，尤其是在国内市场上已占据了很大的份额。但是，总体而言，江苏省高新技术企业缺乏名牌产品和具有核心技术的产品。高新技术产业群、特色产业基地，还缺少像华为、联想、海尔、海信、方正、中兴那样产值在数百亿元以上的超大型龙头企业和企业集团。除少部分高新技术企业外，大多数企业位居国际产业分工的中下游，产品附加值较低，在全国有影响力的高新技术产品品牌还偏少。

二是国外需求。江苏省高新技术产品的出口额保持一个比较稳定而且快速的增长速度。从表5-3中可以看出，江苏省的高新技术产品出口贸易额从2005年的534.7亿美元到2010年的1256.9亿美元，创历史新高，随后虽然有所下降，但是2012年仍然超过全国高新技术产品出口额的20%。由此可以看出，江苏高新技术产品出口一直保持一个良好的势头。

表5-3　江苏省与全国高新技术产品出口情况单　（单位：亿美元）

	2005	2006	2007	2008	2009	2010	2012
江苏省高新技术产品出口	524.7	699.6	831.4	1040.5	928.4	1256.9	1309
中国高新技术产品出口	2182	2815	3478	4156	769	4924.2	6012
江苏省出口/中国高新技术出口	24.04	24.85	23.03	25.03	24.63	25.52	21.77

资料来源：中国和江苏省2005—2012年统计公报。

而高新技术产品出口在江苏整个出口贸易中也占据了重要地位。由表5-4可以看出，江苏省的高新技术产品出口占江苏省总出口贸易比从2005年的42.67%上涨到2010年占总出口贸易额的46.46%，而2012年高新技术产业占比虽然有所下降，但是同样接近总出口贸易额的40%。

表5-4　高新技术产品出口对江苏省出口贸易的贡献（单位：亿美元）

	2005	2006	2007	2008	2009	2010	2012
江苏省高新技术产品出口	524.7	699.6	831.4	1040.5	928.4	1256.9	1309
江苏省出口贸易	1229.8	1604	2037.3	2380.4	1992.4	2705.5	3272
高新技术产品出口/总出口	42.67	43.62	40.81	43.71	46.60	46.46	39.9

资料来源：江苏省2005—2012统计公报。

因此从表5-3和表5-4中可以知道江苏省高新技术产业产品的出口需求情况良好，但是值得我们注意的是，虽然江苏省的高新技术产品的出口规模较大，增速明显，但仍然存在诸如附加值低、产品技术含量低、加工贸易占据高新技术产品的绝大多数部分，缺乏独立拥有自主产权的高新技术产品群、外商投资企业贡献大、内资企业比重小等问题。因此，江苏省在面对国外的需求市场时，要逐渐的从"被动接受订单"的出口方式转向到利用自己的产品"创造订单"的出口方式。

（3）相关及支持性产业条件

一是金融机构。目前江苏省的高新技术产业处于快速成长期，资金缺口不断加大，除了国家财政补贴、税收政策优惠外，更需要风险投资来保障其对大量流动资本的需求。但是，处于这一阶段的高新技术企业产品和市场都不够成熟，经营风险较大，金融机构大都出于规避风险的角度考虑，不愿为之提供贷款。而中国资本市场的品种单一、规模又小、效率不高，因此，高新技术企业融资方式单一、融资渠道狭窄、融资成本高等问题已成为了江苏省高新技术企业发展的瓶颈，这非常需要构建一个完善的区域性资本市场来解决江苏省高新技术企业融资难的问题。

二是科技机构。雄厚的科技资源是江苏省高新技术企业发展的依托，在研究机构方面，江苏省目前就有高等院校 124 所，研究生培养单位 50 余个，市级以上科研机构 700 余家，国家重点实验室 60 余个，专业技术人员 50 多万人；在科技企业方面，江苏省拥有国家级高层次人才创新创业基地 3 家，省级高层次人才创新创业基地 11 家。国家级高新技术产业园区 6 家，省级高新技术产业园区 10 家。拥有科技创业园、大学科技园、软件园、创业服务中心等各类科技孵化器 200 家，面积 941 万平方米。国家级留学人员创业园 7 家，省级留学人员创业园 28 家。江苏省规模庞大的科技机构是高新技术企业创新的动力支撑点。

（4）企业结构、战略与竞争

一般情况下，宏观层次的区域比较优势决定产业竞争力，微观层次的企业竞争优势也决定产业竞争力。高新技术企业的竞争力决定着高新技术产业的竞争力，企业战略、结构和竞争更是高新技术产业竞争力的决定因素之一。高新技术企业的规模情况、创新能力、战略能力、经营策略、管理经验和企业品牌，以及合理的产业组织结构都对高新技术产业竞争力的形成发挥着极其重要的作用。这其中，企业所具有的不可交易和不可模仿的独特优势，也就是企业的核心能力，是企业竞争力中最具有决定性和长远性影响的内在因素。

（5）机会与挑战

目前，江苏省发展高新技术产业存在三大机遇：第一，全球性的国际金融危机大大削弱了部分西方国家高新技术产业的竞争力，江苏省由于自身得天独厚的先天和后天条件，完全可以利用这次金融危机带来的机遇大力发展高新技术产业，抢占部分国际市场；第二，国内目前经济发展方式的强烈转型要求，为江苏省发展高新技术产业同样带来了机遇。由于实现经济可持续发展的紧迫性，中央政府和省政府及各部门对于经济发展方式的转型十分重视，在这种背景下，江苏省发展高新技术产业无疑会得到更多的要素支撑；第三，中国目前正处于全国性范围的产业转移阶段，一方面东部地区的制造业会向中西部抓紧转移；另一方面，海外的高新技术产业同时会向沿海地区转移。江苏省作为发达的沿海省份之一，必须牢牢把握住这次产业大转移的机遇，将高新技术产业作为下一发展阶段的主导产业。这一系列的机会为江苏省的高新技术产业发展带来了良好的条件，而就目前来看，江苏省的高新技术产业发展势头良好，处于中国各省份前列。

然而，必须清醒地意识到，在江苏省目前的高新技术产业体系中仍存在很多潜在的威胁因素。首先，最为显著的就是江苏省高新技术产业区域分布的不均衡。目前，江苏省高新技术产业主要分布在苏南及沿江地区，部分在苏中地区，苏北地区只占很少的一部分。苏南的苏州、无锡、常州、镇江、南京五市的高新技术产业产值 28663.20 亿元，占全省的 63.64%；苏中的南通、泰州、扬州三市高新技术产业产值 9568.79 亿元，占全省的 21.24%；苏北的盐城、淮安、连云港、宿迁、徐州五市高新技术产业产值 6809.49 亿元，占全省的 15.12%，这种严重的区域布局不均衡局面对江苏省高新技术产业的全面和顺利推进都有不利影响。其次，持续投入大、回收周期长，企业融资困难越发突出。高新技术产业发展的关键技术攻关研发需要大量的资金投入和较长的投入回报周期，但大部分新兴产业尚处于起步阶段，企业销售收入较低。受回报周期长、可抵押固定资产少和风险成本高的影响，从金融机构直接融资难度较大，后续跟进投入相对不足，企业通常面临较大的资金困境。目前，江苏高新技术和战略性新兴产业企业融资渠道较为单一，缺少多元化的融资途径。创业投资多重短线投资而轻长线投资，据统计，只有不到20%的创业投资机构愿意投资于孵化期或者成长期的新兴企业，并且逐年下降，风险投资引导作用没有充分发挥，并且陈旧的考核制度阻碍了其发展，从而削弱了创业投资的引导作用，使战略性新兴产业获得创业投资的难度加大。此外，省内缺少多元化、专业化、政策性的融资机构，现有金融机构同质化严重。融资性担保机构未形成规模效应，省内融资性担保机构在业务创新、风险控制、发挥实效等方面存在很多问题。资金短缺、融资困难严重制约了江苏战略性新兴产业的发展。如昆山维信诺公司 OLED 项目还处于中试阶段，销售收入仅有 1.7 亿元，利润仅有 2000 万，但项目投入需 140亿—150 亿元，存在巨大的资金缺口，依托现有融资渠道难以解决。三是市场应用拓展困难，产业发展遇到巨大阻力。一方面，国际市场发生巨大变化，对产品销售高度依赖国际市场的战略性新兴产业影响较大。国际经济危机给江苏战略性新兴产业特别是光伏和海洋工程装备制造业的发展带来了负面影响。2011 年以来，光伏产业持续低迷，2012 年一季度，光伏产业销售收入同比下降约 30%，光伏产业发展陷入困境。继美国对中国风电产品和光伏企业征收反补贴与反倾销"双反"关税之后，欧盟也于 2013 年对中国光伏企业展开了"双反"诉讼。2013 年 1—4 月份，光伏设备及元器件制造业虽然利润率达到 10.2%，但利润总额同比下滑 118.2%，市场供需失衡，产能严重过剩，产业发展遇到一定困难。另一方面，战略性新兴产业的部分产品，由于其技术和工程的复杂性，决定了产业较高的进入门槛，关键核心技术的突破有限，致使部分产业领域的技术成熟度严重不够、产品成本高企、市场竞争能力不足。全球的市场份额通常被大型跨国公司垄断，国内企业包括江苏的很多企业起步晚、规模小，在与跨国公司抢占市场的竞争中很难取得优势。四是创新人才不足，关键技术环节制约产业发展。高新技术产业发展需要大批具有国际领先科技水平的人才，尽管江苏省引进了很多高科技人才，但是就单个项目而言，多数只有一个人或几个人，其掌握的技术也只是某一个环节或某一方面，研发团队没有整体形成，研发能力仍然不强。部分高新技术企业多为技术研发者创建和运作，缺少现代企业的管理手段，市场经营意识不强，迫切需要优秀的运营管理团队。同时，基础技术支撑人才也还较为缺乏。因而，江苏整体人才创业环境有待进一步优化，人才留用机制还须进一步创新。

目前，江苏在高新技术产业一些技术相对比较成熟的领域，科技成果产业化程度较高。但是在一些前沿技术领域，在个别环节虽然已经有所突破，但一些关键技术、核心制造设备和重要的上下游产品还没有取得整体突破，"高端产业、低端环节"的矛盾较为突出。如无锡物联网技术，只是在个别环节取得突破，还没有形成一定规模的产业链；昆山的小核酸项目，创新采用基因沉默技术用于临床医疗，但是目前产出效应还不明显；平板显示产业，玻璃基板主要依靠进口；OLED 照明关键设备主要是韩国厂商生产，上游材料被美、欧、日控制，制约了产业的进一步发展。

（6）政府

在市场经济条件下，政府的规划、政策、管理体制、激励政策对高新技术产业竞争力的形成仍然具有不可替代的作用。一个在尊重市场规律前提下有较强预见性的政府对于有效促进产业竞争力的提高具有举足轻重的作用；反之，政府非但不能促进产业竞争力的提高，还会起到负向的抑制作用。在市场经济条件下，政府的首要任务是创造一个支撑高新技术产业发展的良好环境，同时，制定科学的产业政策，实施合理的产业规制，预见性的引导产业结构转换，实现区域产业结构从劳动密集型向资本密集型再向知识技术密集型的转换。

近年来，江苏省在认真贯彻落实国家有关高新技术产业法律法规和政策的基础上，先后制定出台了《江苏省关于进一步加快高新技术产业开发园区建设的意见》、《江苏省高科技产业发展（841 攀登计划）技术纲要（试行）》、《江苏省高新技术产品认定实施细则》等一系列加快高新技术产业发展的地方法规和政策，取得了明显成效。

3. 促进江苏省高新技术产业发展的策略选择

钻石模型显示江苏省在发展高新技术产业的人力资源、知识资源、基础设施等方面都具有明显的优势，但是在 R&D 投入、科技成果转化率、相关支撑行业等方面尚存在不足。根据上述分析、结合江苏省目前面临的机遇和挑战，本研究认为采取下列措施有助于江苏省提高其高新技术产业竞争力。

（1）区域间协调发展

全省要强化全方位的对外开放，特别是针对苏北欠发达地区，要帮助该地区加强对外开放度，鼓励该地区吸纳来自国内发达地区和国外的技术辐射，更大力度的加强省内南北合作产业转移工程，将一些苏北有实施优势的产业和项目，通过地区间组织对接的做法，有计划的实施由南向北转移。区域支柱产业的形成与发展具有其自身的规律性和路径依赖性，很大程度受区域自身自然条件、产业基础、人才、产业政策和技术发展水平等多方面的制约，按照区域经济学和发展经济学理论，各地应该因地制宜的选择适合自身发展的高技术产业。尽快改变江苏经济失衡的区域结构现状，进而促使苏南、苏中、苏北形成各自发挥优势、各具自身特色、要素资源互补的区域协调发展态势。当前，在多方努力之下，高新技术产业日益成为苏北支柱产业的新宠，连云港医药产业"一枝独秀"的发展格局所形成的北部"增长极"就是较为典型的案例。

（2）发挥好政府的服务调控作用

政府应该从制度创新、立法等方面着手，为高技术产业创造良好的发展环境，保证市场的公平、活跃竞争。政府需将完善市场经济体制，鼓励企业竞争和创新视为首要任务，积极提供各类公共物品，以创造一个有利于提升生产率的制度环境。要着力培养高级生产要素的创造机制，完善社会化服务体系，还需要加大知识产权保护力度，保护江苏省企业的相关权益。此外，作为初创期的高新技术产业由于其本身特性，极具脆弱性和不确定性，此时政府的激励和扶持制度则是高新技术产业发展急需的内生环境要素，江苏要借鉴发达国家经验，制定鼓励高新技术企业投入科技研发的税收抵免政策；拟定相应优惠政策支持高等院校、职业技术学校学生毕业后去江苏省内小微企业就业，提升小微企业人力资本强度；要对具备增长可行性的创新型高新技术企业直接提供政策资金支持；还要加大政府在市场需求侧的引导力度，省级财政制定针对小微企业颠覆性创新产品在省内市场需求侧的补贴目录及实施细则，着力启动省内市场需求，制定江苏高新技术产业新产品推广目录，帮助企业突破新产品进入市场初始阶段的瓶颈约束等。美国法律就明确要求政府、军工企业及大型企业 20% 的采购份额要留给本国的小微企业。

还要构建完善的政府服务系统为高新技术领域的小微企业服务。构建产学研信息交流平台，加大支持创新力度。企业技术创新能力已经成为体现一个国家或地区综合实力的重要组成部分，支持企业尤其是中小企业技术创新的政策已有不少，然而由于信息不对称，中小企业难以靠自己的力量来解决自身的问题。政府要帮助畅通企业与企业、企业与院所、企业与政府之间的信息沟通渠道，在江苏省全省范围内搭建企业与科研院所之间的产学院信息交流平台。即：一方面，建立专门数据库，及时真正了解企业对技术的实际需求；另一方面，收集院所已有的可供给技术。通过匹配需求和供给，由信息交流平台提供给企业，让企业与科研院所之间信息畅通，有效提高科技资源利用率。政府成立技能培训机构，免费为中小高新技术企业提供综合培训及技术、政策指导。美国政府出资建立为科技型小微企业服务的信息平台，使其拥有完备的信息资源，打破信息不对称等；美国政府还出资建立超过一千个小微企业技能培训机构，免费为其提供培训及技术指导。在政府的一系列政策法规支持下，美国小微企业平均经营时间超过八年，而我国的小微企业寿命平均不到三年。因而，江苏要注重有利于促进省内企业技术创新、商业模式创新、管理创新的公共服务平台建设。

（3）提高高新技术产业企业的自主创新能力

虽然在2009—2013年，江苏省的区域创新能力连续五年排在全国首位，但与江苏省高新技术产业中的外资企业相比，目前，江苏省的本土高新技术产业企业尚不足以与其全面抗衡。在这种背景下江苏省应大力激励研发人员的原始创新能力，采取多种政策工具包括税收优惠、政府援助、创业投资、政府采购等，鼓励企业自主创新，使企业的出口和发展能力建立在自主技术基础之上。开展自主创新，可广泛建立与省内外甚至国内外高校、研究机构及企业间的技术创新联盟，注重发挥民营企业在技术创新中的主力军作用。运用政策调控手段推进粗放型向集约型经济的转变，提高产业和企业集中度，推进传统产业向高新技术产业化转变，提高产品的附加值，构筑技术高新化、资源集约化、产业集聚化为特征的新型产业格局。

（4）创新金融体制机制，加大扶持小微科技企业力度

前文已经阐述，大企业具有稳定且较高的经济利益，没有转型的动力，且现有厂房设备完善、从业人员众多，决策流程长，所以转型较为困难。而中小企业则灵活机动，有良好的创新氛围，大多可以随产业的方向调整自身经营范围和方向。同时，经济转型期，从江苏来看，小微企业在增加就业、扩大出口、推动江苏科技创新，助力江苏经济从高速增长向高效增长转变等方面发挥了重要作用。然而，当前江苏小微企业的生存发展依然受到发展资金严重不足的制约，因而，金融体制机制改革要重点考虑为小微企业服务，保障面广量大的小微企业有资金支持实现转型升级，极大的调动小微企业创新的积极性，使小微企业成为高新技术企业的主体，才能推动区域高新技术产业及战略性新兴产业繁荣发展。

目前，江苏共有约130万户中小微企业，创造超过60%的经济总量，解决超过80%的人员就业，贡献75%的技术创新成果，是江苏实现大众创业、

万众创新的重要载体。但截至 2014 年底，江苏省小微企业贷款余额为 22041 亿元，仅占全部贷款的 30.4%。可见，往往由于小微企业规模小、可抵押资产不足、财务管理不规范等自身原因而不符合贷款条件，加上银企信息不对称、银行力求规避风险、政府信用担保系统不完善等外部原因，江苏小微企业还没有得到有力的信贷扶持，小微企业的生存发展依然受到资金不足的严重制约。

经济新常态下，受"三重冲击"等因素叠加影响，目前小微企业劳动力成本上升、原材料价格波动、市场竞争加剧、为扩大销售导致应收账款较多等导致其内部积累率普遍较低。因此，成本最低、抗风险能力最强的内源性融资严重不足；同时，受国内资本市场发育欠缺和小微企业自身发展阶段的限制，小微企业大部分也不具备股票融资、债券融资、风险投资等直接融资的能力。故而小微企业融资渠道仍只能以金融机构贷款和民间借贷等间接方式为主。但是，金融机构贷款的过高门槛与民间融资的高成本、不可靠性更是引发了小微企业资金链断裂、企业倒闭的系列危机。

当前，政府平台、大型国有企业的融资成本仅为 6% 至 7%，但是江苏省一些小微企业的综合融资成本却已高达 20% 以上。二者之间差距为 13% 以上。而通常发达国家大型企业与小微企业融资成本的差距平均只有 5% 至 6%。融资门槛过高、方式有限、融资链条长直接导致小微企业融资成本过高。其一，小微企业贷款利率除了随货币政策影响及供给不平衡带来的更高利率之外，还需要承担由于自身弱势地位而带来的银行附加负担。2014 年 11 月以来的两次降准、降息，但其中地方政府平台、国有企业、股市和部分僵尸企业占用了大量资金，释放的流动性和降息利好基本未能进入小微企业，小微企业融资成本依然高企不下。其二，银行捆绑存款等政策削减了小微企业可利用的实际贷款额度，提高了融资成本。由于小微企业的融资需求迫切，往往受制于银行，许多小微企业要获得银行贷款，必须将贷款金额的 20%—30% 作为存款，各种附加条款使小微企业负担高利率的同时，还减少了融资量。

因此，要加大对小微企业的金融支持力度，营造良好金融环境。首先，金融机构要注重金融产品和金融服务创新。及时了解小微企业不同时期的融资需求，以小微企业的实际需求作为出发点，开发服务方式与金融产品，并利用大数据等网络信息技术加强金融产品、渠道和服务创新。例如江苏银行推出的"小快灵转期贷"、华夏银行的"宽限期还本付息贷"创新了还款方式。德国的银行就特别注重在小微企业金融服务中创新，例如复兴贷款银行就有专门针对中小微企业的创业、技改贷款等多种优惠便利的低息贷款。其次，要注重推进银政企联合创新以拓展小微企业融资途径，例如江苏省银监局与省经信委联合推动中小微企业融资网建设，打造线下"融资超市"；江苏银行与省科技厅合作的"科技之星"、民生银行与省财政厅、省农委合作的"惠农贷"等。商业银行还要加大与保险公司合作力度，推动开发贷款保证保险、信用保险等产品，构建为小微企业融资的多方合作、风险共担机制。要推动金融机构开展对小微企业投放中长期贷款，借鉴浙江、青岛等地商业银行推行的"连连贷"等金融产品，避免短期流动资金贷款期限短、调头贵对小微企业的伤害。第三，提升信息管理水平，打破信息不对称的状态。针对小微企业财务报表不健全、信息披露不完善等现状，银行可以通过实地调查、第三方信息、运用信息技术手段等途径，了解企业实际财务信息情况，从而决定是否批准相应贷款，避免因信息不对称而惜贷、拒贷。第四，要切实落实针对小微企业融资的各项优惠政策，要在完善小微企业贷款风险定价机制基础上，对优质小微企业降费让利。同时要缩短融资链条，清理各类融资附加条件，规范对小微企业的金融服务收费项目，减少变相收费、附加条件行为。

其次，要完善江苏金融体系，拓展小微企业融资途径。一是根据小微企业特点，政府要完善扶持小微企业发展的服务系统和政策体系，以提升小微企业内源性融资能力。还要借鉴国外经验，以产权交易市场为依托，推动江苏区域性公司债券市场的创新发展，鼓励小微企业发行长期债券。二是构建江苏非营利性、面向小微企业的政策性银行体系。可以由省市财政联合出资成立，专向对创新型小微企业予以低息贷款扶持。同时，推进建立健全江苏小微企业征信体系、融资性担保体系，建立坏账清算和风险防控机制，防范、化解政策性银行的金融风险。德国由政府财政主导出资的针对小微企业的政策性银行可以为年营业额 1 亿马克以下的小微企业，提供年利率 7%、长达 10 年、占其总投资 60% 的优惠贷款；韩国也成立了主要针对扶持初创型和创业失败的企业再创业的政策性银行。三是江苏省要大力发展地区小金融机构。降低风险投资、民间资本、外资等有利于小微企业融资的相关机构成立门槛，吸引风投机构等在江苏加大投资规模，创新设立可以有效满足小微企业发展需要的投资基金；江苏还要适当放宽小额贷款公司单一投资者持股比例限制；鼓励服务于小微企业发展的金融机构到县市区设立分支机构；积极引导、规范民间借贷行为等。

（5）吸引优秀人才

在当今知识经济背景下，高新技术产业竞争力的一个重要衡量指标就是一个城市高新技术人才的数量。在激烈的人才争夺战中，江苏省应注重培养适应高新技术产业发展的专业和高级管理人才，努力建设创新型省份。不断深化改革、创新人事制度，以政策吸引人，以事业发展留住人，打破地域、行业、部门限制，实现人才资源的合理配置，形成开放、自由、人尽其才的用人机制。提供更适合科技人才发展的体制与机制环境条件，更多地让市场机制对人力资源发挥调节作用。同时政府应在税收、创业投资、人才交流等方面为科技人才提供更宽松的良好条件，使一大批高科技人才脱颖而出，为提高江苏省的高新技术产业竞争力做出贡献。

（二）重庆市战略性新兴产业发展研究

笔者在清华大学公共管理学院从事博士后研究期间，作为中国工程院重大咨询项目"中国战略性新兴产业培育与发展研究"课题政策组成员，多次参加课题组赴重庆、深圳等地开展战略性新兴产业发展的调研工作。"重庆市战略性新兴产业发展情况"是 2013 年 6 月 4 日至 7 日，在徐匡迪院士、周济院士等率领下赴重庆调研后，笔者与邴浩博士、周源博士共同执笔完成的，经邬贺铨院士、薛澜教授审稿后，收录在 2014 年《中国战略性新兴产业发展报告》第 29 章中。

重庆作为中国四大直辖市之一，是中国中西部最具投资潜力的特大城市，地处长江上游经济圈核心地区，区位条件优越，是我国西部重要的交通枢纽。重庆市也是我国老工业基地之一，工业基础较为雄厚，基础设施较为完备，综合配套能力较强，目前在信息技术、节能环保、新能源、新材料等领域取得较快的发展。当前，重庆经济正处于转型升级的攻坚期，市委市政府高度重视培育和发展战略性新兴产业，出台相关政策规划，集中力量，统筹资源，积极依托战略性新兴产业等实体经济的发展，带动经济的平稳快速增长。目前，重庆市战略性新兴产业的发展呈现出了良好的态势。

2013 年 6 月 4 日至 7 日，中国工程院调研组对重庆市战略性新兴产业发展情况展开调研，深入重庆材料研究院、四联集团、西永微电园、重庆声光电公司、长安汽车、恒通客车、西山科技、华邦制药、海扶科技、国虹科技、远达环保、三峰环保、中移动物联网基地、重庆长客轨道车辆有限公司、中船重工海装风电设备有限公司等单位访问调研，总结了重庆在发展战略性新兴产业中采取的措施及取得的成效，分析了战略性新兴产业发展过程中存在的困难和问题，为进一步优化政策支撑提供了建议。

1. 重庆市培育和发展战略性新兴产业取得的成效

自国务院 2010 年 10 月发布《关于加快培育和发展战略性新兴产业的决定》以来，重庆市抢先抓住发展契机，转变发展方式，创新发展模式，着力推动战略性新兴产业的培育与发展。重庆市政府先后于 2011 年 5 月和 7 月发布了《关于加快发展战略性新兴产业的意见》和《重庆市"十二五"

科学技术和战略性新兴产业发展规划》。明确了重庆市将新一代信息产业作为重要支柱产业，培育新材料、生物、新能源三大先导产业，做大做强新能源汽车、高端装备制造、节能环保三大优势产业，建设"2+10"战略性新兴产业集群，即：建设笔记本电脑和离岸数据开发处理"2"个全球重要基地，培育通信设备、集成电路、轨道交通装备、新能源汽车、新材料、环保装备、光源设备、风电装备、仪器仪表、生物医药"10"个"千百亿级"产业集群。

重庆市成立了战略性新兴产业发展工作领导小组，发改委、科委、经信委等多部门协力推进战略性新兴产业的培育与发展，建立每年滚动推进百项重点战略性新兴产业项目的工作机制。重庆市 2012 年战略性新兴产业百项重点项目完成投资 412 亿元，占重庆市工业投资总量 13%，对全市投资增长贡献约达 5 个百分点，成为重庆市保持投资平稳增长的重要支撑。战略性新兴产业产值在 412 亿元投资的带动下，增量已达重庆市工业增量的 35%，出口额增量占全市出口额增加量的 38%，这表明战略性新兴产业已经成为重庆市经济发展的重要驱动力。2013 年重庆市战略性新兴产业百项重点项目完成投资约 630 亿元，投资额又有大幅提升。项目的有效实施不仅促进了"2+10"战略性新兴产业集群的形成与发展，也为重庆调整产业结构、转变发展方式提供了有效支撑，更为经济持续、健康、稳健发展提供了重要驱动。

（1）产业发展迅速，规模持续扩大，实力不断增强，初步呈现出协调推进的良好格局

重庆市经过几年的努力，信息产业、新能源、新材料、节能环保等战略性新兴产业发展迅速，规模及市场份额持续扩大，形成了协调推进的良好格局。重庆市信息产业（含软件、信息服务）迅猛发展，销售值由 2009 年的 1085 亿元，增加到 2012 年的 3966 亿元。声光电、声表面波器件进入国际通信设备厂商采购体系，多模卫星导航通用模块位居北斗业界前三甲。中航

微电子正迅速成长为集芯片设计、制造和封装测试为一体的业内一流企业。两江云计算产业已经形成 5 万台服务器规模。风电装备产业链初步形成，850KW、2.0MW、2.5MW、5.0MW 四大系列产品装机遍布国内 20 余省市，2.0MW 风电装备机量名列全国第二。节能环保产业超亿的龙头企业达 30 余家，远达环保跻身国内前三甲，已建成国内首台单机百万机组烟气脱硫工程、世界首台单机百万机组烟气脱硝工程和国内首个万吨级烟煤电厂二氧化碳捕集装置，拥有亚洲规模最大、技术领先的脱硝催化剂生产线。铝镁合金材料加工规模全国第一，是国家重要的航空航天铝材保障基地和板带材生产基地。跻身全国三大无碱玻璃纤维生产基地之一，ERC 玻璃纤维产能占据全球半壁江山。

（2）产业技术水平不断提升，突破并掌握了一些关键核心技术

由于重庆市注重加强科技管理机制创新、健全科技评价体系、完善产学研结合机制、促进军民融合科技创新、创新有利于产业发展的体制机制，同时强化知识产权政策导向，因而有效促进了产业技术水平的不断提升，突破并掌握了一批核心技术。拥有超声医疗、微系统医疗器械、血液净化设备、胃病疫苗等一批技术领先的自主创新研究成果和产品，正在研发抗艾新药、治疗肺癌肝癌用药（HC-1 康布瑞汀磷酸二钠）、齿疫苗等十余个国家 I 类新药；数十种原料药获得美国 FDA 认证，并大规模出口。长安、力帆、恒通、五洲龙等多家整车企业发力新能源汽车，驱动电机和电控专用部件开发生产居国内领先地位，长安已建成全国首家新能源汽车研制国家地方联合工程实验室，轻度混合动力技术在部分成熟车型中普遍采用，长安杰勋混合动力、志翔油电中混、恒通气电混合动力乘用车、客车在全国率先进入市场。节能环保产业迅速起步，其中燃煤烟气净化技术及装备国内领先。重庆材料院开发的耐腐蚀高性能特种合金、光敏材料、特种温度传感材料及器件达到国际先进水平。

（3）逐渐培育形成了一些特色产业链条，集群效应逐步显现，部分龙

头骨干企业发展势头良好，发挥了引领作用

重庆市根据战略性新兴产业培育与发展的规律和特点，积极引导集聚战略性新兴产业的相关配套产业，垂直整合产业体系，大力推行产业链垂直整合模式，分类推动，抢占先机，培育形成了一批特色产业链条，推动建设多个产业分别建设成为国家重要的产业集群。以新能源汽车为例，重庆发挥汽车工业龙头企业的整车及继承技术优势，以纯电动车为主攻方向，以混合动力汽车为转型过渡，建立了节能与新能源汽车推广配套体系，不断完善汽车产业链条，聚集整车及关键零部件企业，依托龙头企业长安新能源汽车项目、力帆纯电动轿车项目、恒通纯电动客车等项目引领动力电池、驱动电机、控制系统、阳极材料等相关产业发展迅速。吸引了世界知名企业汽车产业项目相继入驻，进一步增强了重庆汽车产业的集聚效应，形成了汽车产业要素的集聚地。单体电池、驱动电机、车身控制模块、电机控制系统、总线控制系统、整车控制系统等重大项目集聚形成了产业集群效应。笔记本电脑产业也形成了"5+6+700"品牌商、代工商、零部件企业垂直整合的集群发展态势，并加速向平板电脑拓展。

（4）财政资金对社会资本的引导和带动明显增强

重庆市的政府科技投入增长，已经成为稳定的机制，其设立战略性新兴产业培育与发展的专项资金，综合运用政府财政拨款、风险投资、贴息、担保等方式激励引导企业不断加大科技投入，吸引社会资金支持科技创新和产业发展，形成了多渠道、多元化的投入模式，财政资金的投入在取得显著效益的同时起到了很强的导向、带动作用。

2. 重庆在培育与发展战略性新兴产业中的特色举措

（1）运用示范、试点等需求激励政策，促使市场机制发挥作用

重庆市政府大力鼓励创新产品开展大规模的示范应用，积极争取国家相关培育计划支持。推进实施绿色三峡、智慧重庆等市场培育工程，拓展通信设备、笔记本电脑、下一代互联网，轻量化、小型化节能汽车，混动、纯电

汽车，新型医疗器械和节能环保产品等形成市场规模。

（2）加大财政扶持力度、创新资金使用方式，构建多层次的金融支撑体系

首先，重庆市建立了稳定的政府科技投入增长机制，确保财政科技投入增长幅度高于财政经常性收入的增长幅度，设立战略性新兴产业发展专项资金，综合应用财政拨款、贴息等政府引导手段和风投、科技担保等科技金融方式，带动全市研究与试验发展经费支出占地区生产总值比重不低于2.2%。其次，重庆市从创新融资模式、优化股权投资、健全多层次资本市场入手，吸引、鼓励社会资本进入战略性新兴产业领域，创新构建"投、保、贷、补、扶"五位一体的科技金融支撑体系。在优化股权投资方面，落实股权投资扶持政策，发挥创投及引导基金集聚作用，通过增资扩股、发起新设等方式吸引更多社会资本加入重庆创投行业，推动区县和科技园区出资设立天使投资引导基金，加大对初创期企业投资。在拓宽战略性新兴产业企业融资渠道方面，创造条件支持企业发行债券直接融资，引导金融机构建立适应战略性新兴产业特点的贷款评审体系和信贷审批、管理制度，以财政贴息鼓励金融机构加大贷款力度，推动财政和民间资金联合组建融资性担保公司，积极发展知识产权质押、租赁融资、产业链融资等新型融资模式。健全多层次资本市场体系方面，充分发挥了重庆股份转让中心功能，推动不同发展阶段创业企业进入该中心挂牌，帮助挂牌企业实现股权质押贷款和定向增发融资，支持企业境内外上市，满足不同发展阶段创业企业的需求。

（3）基于现有产业集群，大力实施培育工程，积极部署产业升级和重要领域

重庆市重视体制机制创新、强化规划实施保障，坚持突破重点、开放引进、创新模式、无中生有、龙头带动、集群发展等总体原则，打造新一代信息产业使之成为重要支柱产业，培育新材料、生物、新能源三大先导产业，做大做强新能源汽车、高端装备制造、节能环保三大优势产业，实施

"2+10" 产业链集群建设方案，建设笔记本电脑和离岸数据开发处理 "2"
个全球重要基地，培育通信设备、新能源汽车、集成电路、轨道交通装备、
环保装备、风电装备、新材料、光源设备、仪器仪表、生物医药 "10" 个
"千百亿级产业集群。

（4）建立工作协调机制，提供有力组织保障

首先，推动科技与经济社会部门联动合作。强化重庆科教领导小组和战
略性新兴产业发展工作领导小组的统筹协调职能，开展联合组织实施重大工
程、重大项目、重大基地建设等试点示范，统筹突破体制分割、资源分散等
瓶颈，形成部门分工协作，市、区、县协同联动的良性工作机制，集中各方
资源共同解决科技、经济发展的重大问题。制定落实 "区县、产业、民生、
创新能力" 四大科技示范工程实施方案和 "2+10" 战略性新兴产业集群建
设方案，厘清具体思路，明确创新能力建设、科技攻关、龙头企业培育、知
识产权、重大招商、市场拓展等战略任务，细化保障措施，明确牵头负责部
门，推进各项工作落到实处。其次，加强科技系统资源统筹与共享。积极对
接国家科技战略，深化部市会商机制，加强国家科技计划和重庆市级科技计
划互动合作，建立积极推进国家科技资源和重庆科技资源梯次配置和合理布
局的新机制。构建重庆全市科技资源统筹协调机制，提高科技规划、科技政
策、科技经费的协同集成度，规避多头管理、分散投入。系统构建全市科技
资源社会共享机制，提高科研设施、科技人才、科技信息与数据的利用效
率，避免了重复研究、重复建设。

3. 启示与建议

重庆市充分发挥各类资源、政策优势，在全面贯彻落实 "314" 总体部
署的进程中，科学把握建设统筹城乡综合配套改革试验区、实施三峡后续工
作规划、两江新区开发开放、建设成渝经济区等重大历史机遇，积极探索、
大力推进战略性新兴产业的培育与发展，相关经验值得借鉴。但总体来看，
重庆市战略性新兴产业的发展尚处于起步阶段，遇到了资金、人才、体制、

政策等相关约束与瓶颈，进一步分析，其深层次原因在于目前尚缺乏对于战略性新兴产业的发展规律以及创新活动的内在特质的深入分析与准确把握。为了更好地推动重庆市战略性新兴产业的发展，需要充分发挥各类优势，在继续完善已有模式的同时，积极探索新的应对措施和政策。

（1）加大战略性新兴产业市场需求侧的引导和支持力度

在培育战略性新兴产业方面，政府的工作重点要从主要出台支持供给的政策逐步转移到出台支持供给和刺激需求并重的政策上来，加强对于市场需求的引导。首先，积极发挥政府采购的激励作用。将具有自主知识产权的新兴产业产品纳入政府采购目录，优先予以采购。完善各类重大技术装备国产化政策，加快建立政府补贴和重大建设项目工程采购制度，鼓励优先使用国产首台套设备，充分发挥政府首购和订购的激励、引导作用。其次，实施产品应用示范工程。科学选择社会效益大、尚处于产业化初期、市场机制难以有效发挥作用的重大技术和产品，组织实施一批重大应用示范工程，采取必要措施推进战略性新兴产品在社会公共领域的推广应用，努力创造战略性新兴产业的初始需求，努力培育市场，拉动产业发展。再次，着力启动本土市场需求。制定本土新产品推广目录，对采购国产战略性新兴产业技术设备提供政策支持，帮助企业突破产品进入市场初始阶段的瓶颈约束。积极帮助企业宣传产品、发布市场信息，提高战略性新兴产业产品的市场认可度。综合运用价格杠杆、税收优惠、费用减免、标准体系建设、完善基础设施等手段，开拓市场空间。

（2）重视提升企业国际化水平，加大对企业发展的支持力度

政府需出台相关政策，鼓励企业走国际化发展战略，鼓励国内企业积极参与国际竞争与合作，支持其与国外企业开展深入合作。同时，鼓励国内企业走出去，引进、吸收或收购国外的先进技术成果，鼓励国外具有独立知识产权的公司的研发部门来渝落地，为形成产业集群创造条件。对于走出去的国内企业，国家应在产业结构调整中给予具体支持，建议出台和 WTO 原则

相符的相关政策，解决部分产业转型升级、人民币汇率升值等问题，促进国内企业的成长。

（3）改善产业发展的市场环境，重点出台普惠性政策

政府相关政策支持的重点应从"择优"支持具体项目转移到普惠"改善市场环境"上来。要将注意力集中到着力提升长期产业竞争力、构建良好产业发展环境方面，包括公平有效的市场环境、高质量的人力资源和产业要素、良好的人文社会生活环境等。建议政策支持的重点从支持大中型企业转移到支持大型企业与支持民营中小企业并重。建议在发展机会、住房配套、子女教育以及个人所得税减免等方面加大对人才培养、引进以及人才队伍稳定方面的扶持力度，鼓励企业、研究院所充分利用全球人才资源和技术资源不断提升技术创新能力和管理水平。

（4）加强产业创新平台建设，构建产业技术创新体系

围绕战略性新兴产业重点领域，着力抓好关键领域的技术创新，集中优势力量，组织联合攻关，实施核心技术攻关、关键领域突破，促使一批具有自主知识产权的关键核心技术的产生。推进相关领域重大创新成果产业化，加快形成产业发展突破口。加强现有产业创新平台建设，加强对产业技术基础研究的投入，构建适应战略性新兴产业特点的产业技术创新体系。建议国家在研究型大学设立战略性新兴产业技术国家实验室，使高校相关科研机构集中从事战略性新兴产业技术的基础研究工作，为企业研发工作提供支撑和储备。建议对国家地方联合创新平台建设给予资金支持。建议政府部门加强产学研用的联合与深度合作，依托高校、科研院所的科研力量积极开展战略性新兴产业的基础研究，依托企业研发中心推动相关技术的产业化与市场化，促进战略性新兴产业技术创新体系的形成与完善。

（5）进一步改善财政、税收政策，加大对企业的支持力度

政府相关部门应对具有较强国际竞争力的国家和地区进行深入调研（如新加坡、香港等国家和地区），参照其财税政策制定相关优惠政策，使

得国内企业在参与国际竞争时，能够在税收上与其他跨国公司站在同一起跑线。加快制定针对战略性新兴产业、有差异化的税收补贴、税费减免等激励政策。适当降低营业税税率，返还一定比例的增值税抵扣研发支出，在供给侧降低企业负担，增加企业竞争能力。此外，汇率波动对出口企业影响较大，建议政府部门制定相应的补贴政策。

（6）进一步激发民营及中小企业的创新活力，推动原始创新与颠覆性技术的涌现

发展战略性新兴产业不能仅仅依托国有企业与大型企业，更需要将民营企业和中小企业作为推动战略性新兴产业发展的重要抓手，着力打造战略性新兴产业的产业链与产业生态环境，为战略性新兴产业的持续发展提供动力。政府应当制定促进中小企业与民营企业创新的激励政策，调动中小企业技术创新的积极性，充分释放民营企业的创新活力，鼓励企业立足产业发展前沿开展基础研究，为颠覆性技术的涌现创造环境与氛围。

当前，中国正处于工业化进程与经济体制转轨的关键时期，人口发展与资源环境的约束，劳动年龄人口下降与传统产业的发展压力，消费不振、人才不足与产业升级面临的挑战等，均彰显转变经济发展方式、保持经济新常态下合理的经济增速已经是区域治理的一项重要课题。同时，合理的经济增长是现阶段有效解决就业、解决贫困及其他低收入等弱势群体问题、消减区域差距、创造更多发展成果的根本。因而，区域治理中，亟须根据我国经济发展进入新常态的实际，结合战略性新兴产业发展和自身区域资源、人才、自然环境、产业基础等要素特点，科学选择适合自身发展的战略性新兴产业，强化人口政策的支撑作用，制定科学的人口与消费政策；完善发挥人才推进产业结构调整作用的制度环境。使战略性新兴产业成为经济新常态下区域产业结构调整、经济转型发展的生力军，加快形成区域新的产业和经济增长点。进而提振区域经济，为推进区域实现共享发展视阈下的人口、资源、环境均衡发展有所作为。

第六章　人口老龄化与区域治理创新

　　第六次全国人口普查结果显示，中国 65 岁及以上老年人口已经达到 1.19 亿。同时，根据 OECD 预测，至 2030 年，中国将成为世界上人口老龄化程度最高的国家，中国人口老龄化的形势已经十分严峻。同时，中国人口老龄化具有发展速度快、准备不足、未富先老等特点，这无疑会对经济社会可持续发展形成巨大考验。产生了养老保障问题、医疗保健问题、城市规划问题、劳动力结构问题、消费与需求结构问题、文化服务问题、财政分配比例问题等一系列连锁反应，极大影响着经济社会的可持续发展。

　　同时，改革开放以来，特别是随着人口城市化的推进，我国流动人口规模不断扩大。第六次全国人口普查资料显示，其中 60 岁以上的户口登记地在外乡镇街道的人口已经超过千万，应该说，流动人口普遍化和人口老龄化已经是我国当前面临的两大人口问题。拆迁搬家、投亲靠友、随迁家属以及第一代农民工中部分不再返乡，都是老年流动人口数量急速增加的根源。由于流动人口的社会保障、公共服务、社会融合等方面自身还存在诸多问题，这就为老年流动人口提供有效的养老服务、提升这部分群体养老质量更是增加了难度。这一庞大群体能否顺利实现与流入地的社会融合、能否得到有效的养老保障，不仅关系到这部分老年人及其家庭的福祉，也极大影响着区域的健康发展、社会的和谐稳定，这一切都对当前区域政府治理能力提出了新的挑战。

因而，系统研究我国人口老龄化的发展现状与发展趋势；从实证角度考察社会保障制度对老年人生活质量的影响；创新建构人口老龄化趋势下的区域基本公共服务供给体系；借鉴国际经验，发挥在照料类领域大有作为的创新型社会组织形式——社会企业"以商业运营实现社会目标"的积极作用，以有效提升整个社会养老效率，对当前人口老龄化背景下有效提升区域治理能力、推动幸福养老事业的健康快速发展，具有重要的理论与现实意义。

第一节　中国人口老龄化的发展现状、趋势与影响

人口老龄化是成年型人口向老年型人口的转变过程①，它特指发生在老年型人口内部老年人口比重上升的过程②。根据国际人口学会编著的《人口学词典》界定，人口老龄化具体为："当人口中的老年人口比例增大时，即称之为人口老龄化"③。《国家人口发展战略研究报告》则把人口老龄化界定为"人口中老年人比重日益上升的现象"④。人们通常对人口老龄化的理解包含着：老年人口规模的增加、增长速度加快、老年人口占总人口比例的增加等内容，因为，在一般的人口发展过程中，三者通常是同时出现的，相悖的情况是极其罕见的。⑤ 1956 年，联合国发表的《人口老龄化及其社会经济后果》中，将 65 岁以上人口的比例低于 4% 以下，作为年轻型人口的标准，高于 7%以上，作为老年型人口的标准，介于 4%—7%之间作为成年型人口

①　北京师范大学交叉学科研究会：《中国老年百科全书·生理·心理·长寿卷》，宁夏人民出版社 1994 年版，第 307 页。
②　廖盖隆等：《马克思主义百科要览》（下卷），人民日报出版社 1993 年版，第 1647 页。
③　联合国国际人口学会：《人口学词典》，商务印书馆 1992 年版，第 41 页。
④　国家人口发展战略研究课题组：《国家人口发展战略研究报告》，《人口研究》2007 年第 1 期。
⑤　杜鹏：《人口老龄化与老龄问题》，中国人口出版社 2006 年版，第 3 页。

的标准。[1] 目前，最常用的老年型人口判断标准是：当一个国家或地区 60 岁及以上人口所占总人口的比例达到或超过 10%，或者 65 岁及以上人口达到或超过总人口比例的 7% 时，其人口即被称为 "老年型人口"。[2]

一、人口老龄化的发展现状与趋势

（一）我国人口老龄化的水平及趋势

根据普查资料，2000 年（"五普"）时我国 60 岁及以上老年人口占总人口的比例已经达到 10.5%，65 岁及以上的老年人口占总人口的比例已经达到 7.1%，这表明我国在 21 世纪之初人口年龄结构已经转变为老年型人口。到 2010 年（"六普"），我国 60 岁及以上老年人口占总人口的比例达到 13.3%，65 岁及以上老年人口占总人口的比例达到了 8.9%。（见图 6-1）21 世纪上半叶，我国人口老龄化的迅速发展已经成为难以扭转的趋势。[3] 不少学者和机构对我国的人口老龄化趋势进行了预测：于学军[4]（2003）预测认为 65 岁及以上的老年人口 2020 年和 2050 年将分别达到 1.70 亿人和 3.36 亿人，占总人口比重为 11.65% 和 23.97%；谢安[5]（2004）的研究预测认为，到 2025 年，我国老龄人口预计可达到 20725 万人，到 2050 年将达到 37422 万人，中国占世界老龄人口总数最多的地位仍不会改变；杜鹏等[6]（2005）预测认为 2041 年到 2064 年，可以称为中国的 "老年高峰"，每年

---

[1] United Nations, "The Aging of Populations and Its Economic and Social Implications", *Population Studies*, No. 26, 1956.

[2] 国家人口发展战略研究课题组：《国家人口发展战略研究报告》，《人口研究》2007 年第 1 期。

[3] 邬沧萍、王琳、苗瑞凤：《中国特色的人口老龄化过程、前景和对策》，《人口研究》2004 年第 1 期。

[4] 于学军：《中国人口老龄化与全面建设小康社会》，《全面建设小康社会中人口与发展问题学术研讨会论文》2003 年。

[5] 谢安：《中国人口老龄化的现状、变化趋势及特点》，《统计研究》2004 年第 8 期。

[6] 杜鹏、翟振武、陈卫：《中国人口老龄化百年发展趋势》，《人口研究》2005 年第 6 期。

的老年人口数都将保持在多达 4 亿人以上，伴随着人口老龄化过程的是老年人口高龄化，老年人口中高龄老年人所占比重将会逐步提高。翟振武①（2007）预测认为，如果按照现在的总和生育率 1.7—1.8 的趋势发展，我国人口的老龄化速度将明显加快，2040 年 65 岁及以上的老年人口在总人口的比重将达到 21%，2050 年达到 23%；据联合国中方案预测②（2015），我国人口老龄化程度在本世纪将继续加深，到 2050 年 65 岁及以上人口比重将达到 27.6%，80 岁及以上人口比重将达到 8.9%，而 65 岁及以上人口的数量将在 2060 年达到 4.2 亿，之后才会下降。从多方预测结果来看，我国未来面临着深度老龄化和高龄化的严峻形势。

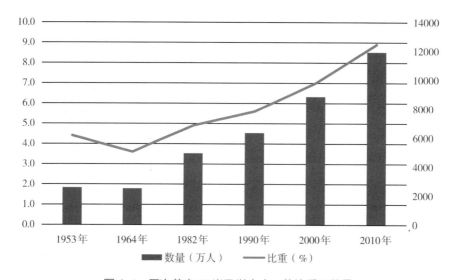

图 6-1　历次普查 65 岁及以上人口的比重及数量

资料来源：国家统计局网站，http：//data. stats. gov. cn/easyquery. htm？cn＝C01。

---

① 翟振武：《中国人口发展、新的挑战与抉择》，《理论视野》2007 年第 9 期。

② United Nations, Department of Economic and Social Affairs, Population Division(2015) .World Population Prospects: The 2015 Revision, DVD Edition.

（二）我国人口老龄化的特点

1. 区域和城乡分布不平衡

我国老年人口呈现出区域和城乡分布不平衡的特点。（见表6-1）从各省人口老龄化程度看，2010年上海、辽宁65岁及以上人口的比重突破了15%，而福建、海南、广东65岁及以上人口的比重还在10%以下。李秀丽、王良健[1]（2008）研究认为我国人口老龄化水平在全国呈现阶梯状分布，即东、中、西部区域所对应的人口老龄化程度呈现为"高、中、低"，区际间的差异及东部区域内的省际差异呈现出减小的趋势，但是，总体省际间的人口老龄化水平差异却仍在不断扩大，尤其是中部和西部区域的省际差异。

表6-1　2000年和2010年人口普查各省65岁及以上人口比重（单位:%）

		2000	2010
全国		10.5	11.5
东部	上海	15.0	15.3
	辽宁	11.6	15.1
	天津	12.1	13.1
	江苏	12.6	12.6
	北京	12.5	12.3
	河北	10.3	12.1
	山东	11.6	11.5
	浙江	12.3	10.1
	福建	9.6	8.7
	海南	9.9	8.7
	广东	8.8	7.3

---

①　李秀丽、王良健：《我国人口老龄化水平的区域差异及其分解研究》，《西北人口》2008年第6期。

续表

		2000	2010
中部	黑龙江	9.0	14.0
	吉林	9.4	13.6
	湖北	9.5	11.9
	安徽	11.0	11.9
	湖南	11.2	11.6
	江西	9.4	11.3
	河南	10.2	10.7
	山西	9.5	10.0
西部	四川	11.4	13.5
	重庆	11.9	13.2
	陕西	9.6	12.0
	甘肃	8.7	11.7
	青海	7.6	11.1
	云南	9.2	11.0
	新疆	7.8	10.9
	贵州	9.4	10.8
	内蒙古	8.9	10.8
	广西	10.7	10.3
	宁夏	7.3	10.0
	西藏	7.4	5.7

资料来源：国家统计局网站，http://www.stats.gov.cn/tjsj/pcsj/6rp/indexch.htm, http://www.stats.gov.cn/tjsj/pcsj/5rp/index.htm。

从我国的城乡人口老龄化程度看，2010年我国城市65岁及以上人口的比重为7.7%，镇65岁及以上人口的比重为8.0%，而乡村65岁及以上人口的比重为10.1%，这归因于改革开放以来我国流动人口迅猛增长并以乡—城流动人口为主，孟向等人[1]（2004）研究发现流动的老年人多为年轻老年人口。此外，杜鹏等人[2]（2010）在研究人口老龄化过程中提出了"城乡差

---

[1] 孟向、姜向群等：《北京市流动老年人口特征及成因分析》，《人口研究》2004年第6期。

[2] 杜鹏、王武林：《论人口老龄化程度城乡差异的转变》，《人口研究》2010年第2期。

异转变模型"，他们研究发现，许多国家普遍地表现出农村人口老龄化程度高于城市的特点，即城乡人口老龄化程度倒置明显；大量的农村劳动年龄人口由农村向城市的迁移，从而加速了农村人口老龄化，这种乡—城的人口迁移行为是导致人口老龄化城乡倒置的主要原因；但人口老龄化城乡倒置只是人口老龄化过程中的一个阶段，这种状况不会长期持续。当社会经济发展达到一定水平，大规模的城乡人口迁移基本完成，人口老龄化程度农村高于城市的城乡倒置状况将发生转变，即城市老年人口比例会最终将超过农村。据预测，2020 年以后，中国城市和农村人口老龄化程度都会迅速上升，城市老年人口开始激增，老年人口数量将超过农村，并将在很长时期内都是农村老年人口数的三倍以上，城市人口老龄化程度将在 2045 年左右超过农村，届时中国人口老龄化的重心将由农村转入城市。

　　2. 未富（备）先老

　　中国人民大学人口研究所的邬沧萍教授最早提出了"未富先老"这一概念。邬沧萍在其 1986 年出版的《漫谈人口老化》一书中，解释了人口老化的有关概念、剖析了人口老化的成因及其在我国社会主义条件下的特点，并在该书中将我国人口老龄化和经济发展水平与发达国家进行了对比研究。邬沧萍[1]（1986）在该书中指出：发达国家的人口老化是在工业化、现代化出现以后，当其人口出现明显老化时，这些国家的工业化程度、劳动生产率和人均国民收入都已经达到了相当高的水平。因而，人们一直普遍认为人口老化是发达国家特有的人口问题，是"富国的人口病"。邬沧萍教授率先将我国人口老龄化的特点概括为"穷国患了富国的人口病"，并首次使用了"未富先老"一词。杜鹏和杨慧[2]（2006）研究发现，"未富先老"并不是发展中国家普遍具有的人口老龄化特点，而是我国特有的，具有中国特色，"未富先老"不但客观地反映了当前我国人口老龄化和经济发展水平的关

---

① 邬沧萍：《漫谈人口老化》，辽宁人民出版社 1986 年版，第 36—37 页。
② 杜鹏、杨慧：《"未富先老"是现阶段中国人口老龄化的特点》，《人口研究》2006 年第 6 期。

系，而且，在未来几年内仍将和我国的实际情况相吻合。田雪原①（2010）认为，不能以"未富先老"来人为掩饰我国老龄事业发展的滞后现状，不能以"未富"遮百丑，并且他也认为"未富先老"将在我国长期存在。然而，李建民②（2006、2007）的研究认为，中国是"即富即老"，问题的本质不是做的"蛋糕"是否够大，关键而是"蛋糕"分的是否合理；相关制度安排的缺位和缺陷、公共服务体系建设的长期滞后才是造成我国老龄危机的根源所在，我国人口老龄化挑战的本质特征并不是"未富先老"，而应该是"未备先老"，即在老年人口迅速增长和人口老龄化大幅度提高的"银色浪潮"即将到来之际，我们在社会制度安排、公共服务保障体系建设、社会道德文化培育等诸多方面还没有做好应有的准备。原新③（2011）认为，"未富先老"是一个预警，警示社会在经济发展水平还相对落后的条件下，人口迅速转变导致的人口老龄化潜伏着一定的危机，其积极的政策意义在于警示政府应该尽早在经济、社会等相关制度安排上做好准备；面对中国急速发展的人口老龄化，无论是养老、医疗，还是长期照料服务和公共资源分配等社会管理系统和社会政策体系，都还处在"未备先老"的状态，解决不好将会危及经济发展、社会进步和政治稳定。

（三）我国老年人口的经济生活状况

1. 经济状况

研究老年人的收入来源对研究我国人口老龄化问题有着十分显著的作用。一般情况下，老年人的经济状况越佳，其生活质量和健康状况也就越好。研究者通过对大量的资料处理、研究分析，发现了老年人的收入来源从

---

① 田雪原：《"未富先老"视角的人口老龄化》，《南方人口》2010 年第 2 期。
② 李建民：《中国真的"未富先老"了吗?》，《人口研究》2006 年第 6 期。李建民：《"未富先老"? 还是"未备先老"》，《人口研究》2007 年第 7 期。
③ 原新：《未备先老，未富先老——人口老龄化对我国经济社会发展的挑战》，《中国社会科学报》2011 年第 235 期。

总体上来说最主要的方式是依靠家庭成员的供养，其次是老年人自己的劳动收入以及退休金（杜鹏，2003[1]）。大多数研究者也得到了相似的结果。刘宏等人[2]（2011）从实证角度研究分析发现，中国老人的经济来源有一半是依靠子女供养，46%有退休金等独立经济来源，4%需要政府或社团救助。张翼[3]（2013）研究发现，老年人在健康时期，其生活来源主要依靠劳动收入和退休金，而在其生活不能自理时则主要依靠其他家庭成员的供养，总体上，较少的老人依靠离退休金生活。姜向群、郑研辉[4]（2013）利用相关数据研究发现，现阶段，我国老年人的经济收入结构单一、来源较少、群体分化明显、社会保障不足，总体上，我国老年人生活来源的最主要方式仍是家庭成员的供养。基于上述研究，我们可以看出老年人的经济来源最主要的还是家庭成员的供养，不过退休金也是非常重要的一个经济来源。随着社会竞争的日益激烈、生活压力的增大，部分老龄人仍然选择了继续就业。姜向群、杜鹏[5]（2009）分析指出，我国60岁以上的老年人中有1/4—1/3的人仍然在就业，且老年人就业人数还在逐年增加。老年人的经济收入不仅仅是自给自足，而且，他们与家庭成员内部也存在着经济上的往来。陈功、郭志刚[6]（1998）利用数据资料，通过对老年人家庭代际经济流动类型及其流向和流量的分析研究，发现家庭财富在代际之间既有向上的流动，也有向下的流动；且子女供养仍在现实生活中发挥着无法替代的作用。他们还用净流量来反映代际经济流动关系的主流，也得到了相似的结论，即我国养老的主要方式仍然是子女供养老年人。王树新、马金[7]（2002）也认为对于当前的老

① 杜鹏：《中国老年人主要生活来源的现状与变化》，《人口研究》2003年第6期。

② 刘宏、高松、王俊：《养老模式对健康的影响》，《经济研究》2011年第4期。

③ 张翼：《中国老年人的家庭居住、健康与照料安排》，《江苏社会科学》2013年第1期。

④ 姜向群、郑研辉：《中国老年人的主要生活来源及其经济比重问题分析》，《人口学刊》2013年第2期。

⑤ 姜向群、杜鹏：《中国老年人的就业状况及其政策研究》，《中州学刊》2009年第4期。

⑥ 陈功、郭志刚：《老年人与子女之间的代际经济流量的分析》，《人口研究》1998年第1期。

⑦ 王树新、马金：《人口老龄化过程中的代际关系新走向》，《人口与经济》2002年第4期。

年人，总体上代际经济流动方向都是子代流向父代。陈功等人① （2005） 继续沿袭以前学者用净供养量来反映代际经济流动关系的主流，论证说明了双向流动的老人和子女的经济状况好于纯粹的只接受子女经济供养的老人。王跃生② （2008） 的研究认为，在人口老龄化进程加快、人口流动性增强和家庭规模缩小的背景下，中国的代际关系是抚养—赡养关系和交换关系两种关系并存、且有互补的关系。江克忠等人③ （2013） 基于 CHARLS 数据，利用 Heckman 两步估计法，实证分析发现，中国家庭代际转移呈现向上转移和隔代向下转移的特征。

随着老年人口的年龄逐渐增加，他们的消费需求也在发生着明显的变化，主要为健康方面的。何纪周④ （2004） 认为老年人口的基本特征决定了其消费需求更倾向于医疗和照料服务方面的消费，老年人的消费观念更为成熟理性，理智型、经济型、习惯型消费才是老年人消费的心理特征，老年人基本属于纯消费者。李建民⑤ （2001） 利用 "标准消费人" 预测中国老年人的消费需求在以后必定会迅速增长。老年人的有效消费需求主要取决于两个方面：一方面是老年人的收入水平；另一方面是老年人的消费倾向。王俊、龚强、王威⑥ （2012） 认为老年人服务市场是由健康需求派生得到的。 "老龄健康" 状况的改善将会使得护理市场的单位产出呈现先增后减的规律，人均寿命的提高势必会带动长期护理需求的不断增加。

2. 居住模式

老年人口的居住模式对老年人的健康状况有着非常重要的影响作用，通

---

① 陈功等：《老年人家庭代际经济流动分析》，《市场与人口分析》2005 年增刊。

② 王跃生：《中国家庭代际关系的理论分析》，《人口研究》2008 年第 4 期。

③ 江克忠、裴育、夏策敏：《中国家庭代际转移的模式和动机研究》，《经济评论》2013 年第 4 期。

④ 何纪周：《我国老年人消费需求和老年消费品市场研究》，《人口学刊》2004 年第 3 期。

⑤ 李建民：《老年人消费需求影响因素分析及我国老年人消费需求增长预测》，《人口与经济》2001 年第 5 期。

⑥ 王俊、龚强、王威：《"老龄健康" 的经济学研究》，《经济研究》2012 年第 1 期。

过分析我国老年人口的居住模式，可以为政府有效改善日益增加的老龄人群的福利提供客观可靠的依据。杨宗传[①]（2000）的研究认为，我国老年人口集中居住在各敬老院、托老所、福利院等机构养老者为数极少，不足1%，老年人口基本上仍然是分散居住在各自家庭养老，虽然，今后集中在养老机构中居住的老年人口有逐渐增长的趋势，但其比例总会占少数。郭志刚[②]（2002）根据调查数据对高龄老人居住方式进行交互分析发现，多数老人仍是与后代一起生活。孙鹃娟[③]（2013）在"六普"数据基础上结合"五普"数据进行比较分析，发现三代同堂仍是老年人的主要居住方式，二代户比例降低，空巢化、独居化情况日益显著。

3. 特殊老年人口的基本状况

特殊的老年人群体是我国在解决人口老龄化问题时需要着重关注的一块内容，残疾、空巢、高龄、五保、三无等特殊老人的生活更需要政府和社会的帮助。我国各年龄组的残疾人口比例明显呈"倒金字塔"，随着年龄的增长，残疾人口的比例在不断上升，进入老年后，残疾比例上升非常迅速。研究者经过调查发现，老年残疾人最大需求是护理照料和服务，占95%。此外残疾老人的生活来源非常集中，主要体现在家庭成员的供养和离退休金（丁志宏，2008[④]）。还有的学者在对残疾老人进行研究时，也同样发现了我国分性别年龄组的残疾人数，各年龄组人口数的比率明显地呈现"倒金字塔"。并且我国残疾老人在残疾人总数中所占的比重大大高于人口老龄化水平，我国残疾老人的康复需求非常巨大（桂世勋，1999[⑤]）。刘梦琴[⑥]（2010）研究指出残疾老年人经济贫困而且社会保障不足，大多生活不能自

---

①　杨宗传：《居家养老与中国养老模式》，《经济评论》2000 年第 3 期。
②　郭志刚：《中国高龄老人的居住方式及其影响因素》，《人口研究》2002 年第 1 期。
③　孙鹃娟：《中国老年人的居住方式现状与变动特点》，《人口研究》2013 年第 6 期。
④　丁志宏：《我国老年残疾人口：现状与特征》，《人口研究》2008 年第 4 期。
⑤　桂世勋：《中国残疾老人发展趋势及残疾状况研究》，《中国人口科学》1999 年第 1 期。
⑥　刘梦琴：《老年残疾问题及其社会政策思考——基于第二次残疾人抽样调查广东数据分析》，《南方人口》2010 年第 4 期。

理。随着老年残疾人口在总人口比例中的不断增长，社会抚养比会不断增加，社会负担也会较重，现有社会服务体系远远满足不了快速增长的大量服务需求。在我国残疾老人中，3/4 的残疾人为农村人口，他们往往受教育水平低，经济活动参与率低，主要靠家人供养（杜鹏等，2009[①]）。张翼[②]（2013）研究发现老年空巢家庭的比重在 10 年中增加了将近 9%，第六次人口普查中，"独居空巢家庭"和"夫妻空巢家庭"占比合计 31.77%。因此，对于空巢老人的健康状况和幸福度的关注显得格外重要。中国老龄科学研究中心课题组[③]（2011）借助三次调查数据分析发现，我国失能老人的规模、发展趋势在不断扩大。我国传统的照料模式已经不能适应当前的经济社会发展要求。失能老人由于自身身体状况的变化毫无选择的成为了"室内老人"。约八成失能老人自报患有慢性疾病，健康自评差，感到孤独的比例高达 50%。目前，社会服务存在着诸多制约性因素，支持非常有限。杨庭[④]（2014）从五保老人精神缺失方面进行分析，认为五保老人具有"孤、老、病、贫、弱"等特征，他们心理上缺少亲情、安全感、平衡感，得到的社会关注少之甚少。从我国目前关于特殊老年人口群体现状的分析看来，他们对各类社会服务的需求十分旺盛和迫切。

二、人口老龄化对区域发展的影响

（一）人口老龄化对区域劳动力供给的影响

15—64 岁的人口在人口学上被界定为劳动年龄人口，一般来说，劳动年龄人口的数量可以决定劳动力供给的数量。随着社会的发展、文明程度的

---

① 杜鹏等：《中国农村残疾人状况及政策建议》，《人口与经济》2009 年第 2 期。
② 张翼：《中国老年人的家庭居住、健康与照料安排》，《江苏社会科学》2013 年第 1 期。
③ 中国老龄科学研究中心课题组：《全国城乡失能老年人状况研究》，《残疾人研究》2011 年第 2 期。
④ 杨庭：《论五保老人精神供养的缺失及对策》，《社科学论》2014 年第 4 期。

提高，人们受教育年限已经普遍大幅增加，起始工作年龄也在不断推后，而退休制度也已非常规范，这都使得人们真正从事社会生产工作的时间大大缩短。兼之人口老龄化的快速到来导致的劳动年龄人口减少，更加导致了总体社会劳动时间的供给减少。

　　1. 对劳动力数量和劳动强度的不利影响

　　目前来看，几乎所有的研究都说明中国的快速人口老龄化对劳动力供给是呈负效应的，因为人口老龄化对经济社会发展带来的最直接影响之一就是劳动年龄人口比例下降，劳动力供给增长趋缓，从而导致劳动力供给规模趋于缩减，这显然会成为抑制经济增长的因素。

　　在中国过去的一段时间里，处于人口老龄化程度不断加深与劳动年龄人口比重持续增加并存的阶段，从第四次、五次、六次人口普查的数据分析来看，65 岁及以上老年人口占总人口比重从 5.80% 上升到了 8.87%；另一方面，经济活动人口占总人口比重却从 1990 年的 66.29% 增加到了 2010 年的 74.53%，劳动年龄人口达到 99809.14 万人，比 2009 年增加了 2454 万人，这主要是由于建国后的三次生育高峰带来的积极影响。从第六次全国人口普查的数据对比显示，1953—1964 年间劳动年龄人口增长率为 1.05，这是一个劳动年龄人口低速增长的阶段；1964—1982 年间劳动年龄人口增长率为 2.64；1982—1990 年间劳动年龄人口增长率为 2.51，这两个时期是我国劳动年龄人口高速增长的阶段；1990—2000 年间劳动年龄人口增长率为 1.63；2000—2010 年间劳动年龄人口增长率为 1.17，这两个时期我国劳动年龄人口增长速度逐步放缓，回归到中速增长阶段。由此，明显可以看出，我国劳动年龄人口数量增长的速度和趋势已经逐渐放缓。同时，随着中国人口老龄化程度的不断加深，就业参与率也已经从 1990 年的 84.85% 缓慢下降到了 2010 年的 76.15%。

　　随着劳动力供给数量的下降，"人口红利"将逐渐消失，甚至有可能出现劳动力供给不足而影响区域经济发展的情况。据专家预测，到 21 世纪中期，我国劳动年龄人口将下降到 6.4 亿左右。

同时，根据生命周期理论及相关调查数据显示，劳动力在到达一定年龄阶段时（大部分调查都认为是 40 岁以后）劳动强度会快速的随着劳动力年龄增长而不断下降。中国随着劳动年龄人口的平均年龄增长，劳动强度已经从 1990 年的 1.181 下降到了 2010 年的 1.174。也就是说，随着老龄化程度的加剧，劳动参与率逐渐下降已成为必然。

2. 与劳动力质量的正向效应

从积极的角度看，由于人口老龄化带来劳动力供给规模下降，劳动力从而会具有稀缺的物品属性，这反而应该会成为促进科技进步、提高劳动生产率的动力。

另外，从劳动力素质的视角看，由于经济社会和教育事业的发展，新进入劳动力市场的年青劳动力受教育水平往往显著高于因年龄原因退出劳动力市场的老年劳动力。相关数据显示，1990 年，中国劳动年龄人口平均受教育的年限为 5.95 年，而到了 2010 年劳动年龄人口平均受教育的年限则增加到了 9.13 年。由此可见，随着人口老龄化的不断发展，退出劳动力市场的老年劳动力越来越多，同时，也就意味着进入、留在劳动力市场的受教育程度较高的年青劳动力就越多，这势必对区域劳动力市场质量提高、创新型产业发展、区域创新能力提升都有积极的意义。

总之，对处在不同发展阶段的区域来说，老龄化带来的劳动年龄人口下降对经济社会发展的影响也是不同的。对于以传统经济、劳动密集型经济为主导的区域势必在一定时期内会产生不利的影响。当然，从另一角度看，这也可能是促进区域提升资本密度和劳动生产率、加快经济转型升级的一个积极倒逼因素。在技术变革和科技进步都比较领先的区域，会因为通过对劳动力质量的提升来弥补因劳动力数量下降带来的不利影响，因为，劳动力质量的提升远远会比劳动力数量对区域经济增长的影响力、贡献度更大。

虽然，过去 20 年间由于中国人口规模的不断增加，使得在人口老龄化程度不断加深的情况下没有对劳动力供给数量产生过于显著的负面影响。但随着人口出生率的阶段性持续下降、人口老龄化的不断加剧，以及劳动力素质提升只能延缓而不能彻底改变劳动力下降趋势的情况下，如何缓解日益严峻的中国人口老龄化趋势下劳动力供给不足问题应当引起重视。

因而，当前区域治理的重要内容之一就是抢抓人口红利期的发展机遇，深化改革释放制度红利，鼓励科技创新、提高全要素生产率和资本密度，尽快实现经济的转型升级和经济的持续增长；注重加大人力资本培育，把人口红利转向人才红利；试点改革、放宽计划生育政策，延缓人口老龄化带来的劳动年龄人口下降速度，以鼓励生育二孩为主导制定系统的生育和社会保障政策；制定政策鼓励老年人力资源再开发等等，都是亟须考虑的问题。

特别是在区域老年人力资源再利用方面，多年来退休制度的严格执行，使得大量具有技术、技能、业务经验、科学知识的老年人退出了人力资源市场，更有很多老年人是科技、文化、政治领域的精英。要创新政策制度，充分鼓励身体状况许可、自身具有意愿的老年人口从事与原有专业、爱好相关的行业或社区、公益领域从事力所能及的工作。一方面，随着老龄化的不断加剧、人均寿命的不断增加，有着源源不断、丰富的老年人力资源供给，可以缓解老龄化带来的劳动参与率下降的问题；另一方面还可以丰富老年人口的养老生活，老有所为使老年生活增加丰富感和成就感；第三个方面，还可以增加老年人口的收入水平，从而有效改善老年人的消费水平、生活质量。

（二）人口老龄化对消费的影响

人口是消费的主体，消费市场规模由人口数量的大小、消费能力的强弱等因素决定，同样，区域人口年龄结构的变动必然会引起消费结构的变化。随着中国进入快速人口老龄化阶段，老年人口的比重不断上升、消费结构的不断变化都会对中国的经济社会发展产生深远影响。

从老年人的消费模式看，老年人口随着退休后收入水平的变化，消费水平也会发生变化，当然，养老制度、供养模式也会影响老年人的消费。必然的是，随着老年人口数量的增加和老年人口占总人口比重的加大，针对老年人口的服务和产品需求会持续上升，可以有效带动区域老龄产业和银发经济的蓬勃发展。

相关研究表明，中国老年人口与教育、文化、娱乐、食品、衣着、金融服务和保险服务、耐用消费品等方面消费的关联度要明显小于其他年龄组人口；但与家庭设备、家庭服务、医疗保健、居住、交通和通讯等方面消费的关联度要大于其他年龄组人口。当前，中国正处在快速人口老龄化的阶段，同时，在转型期中国经济发展也显露出了国内消费需求不足的增长困境。因此，现阶段深入研究中国人口老龄化进程对消费需求的影响，不仅可以对人口老龄化与消费这二者之间的相互关系可以有一个相对清晰、系统的理论认识，也可以为当前区域产业调整、消费引导的应对措施提供相应的参考和借鉴。以期在有效满足老年人日常消费需要、提升老年人生活质量的同时，有利于扩大消费、提振区域经济，应对人口老龄化带来压力的同时充分抓住其中的发展机遇，这对于我国必须面对的严峻人口老龄化背景下有效促进消费、保障经济平稳发展具有非常重要的意义。

人口老龄化对消费的影响基本有两种途径：一是老年人口自身的消费偏好和消费习惯对消费产生的影响，同时，老龄人口因为其自身健康情况、年龄段不同对消费需求也不相同；另一方面是人口老龄化改变了社会中人口年龄结构的比重，对消费结构也产生了巨大的影响。因此，在人口老龄化背景下，地方政府应该科学分析区域人口老龄化对消费需求的影响，进而有效调整产业与消费引导政策，大力发展老龄健康产业，完善老年服务体系建设，以促使区域老年人口比重不断增加的情况下拉动未来消费，促进地方消费与经济发展的同时，为幸福养老提供产业支撑和服务保障。

（三）人口老龄化对社会保障的影响

1. 人口老龄化对社会保险的影响

当前，社会保障体系的核心和主体是社会保险。我国的社会保险制度包含养老、医疗、失业、工伤、生育保险五大类。而紧密事关老年人的是养老和医疗保险，随着人口老龄化的快速发展，已经对这两项保险产生了巨大的影响。

简单来看，随着人口老龄化的快速发展，老年人口增加，劳动年龄人口相对减少。养老、医疗保险的缴费主体人数就对应减少，但领取保险支出的刚性人数却在快速增加，养老、医疗保险费用支出的数额在快速上升。如此而言，对于社会保险的管理就提出了严峻的考验：一方面，由于劳动年龄人口的相对减少，社会保险基金缴纳的对象和总额就在减少，如果维系筹取的资金能够满足不断增加的支出需求，就势必要提高缴费费率。提高缴费费率则会增加在职劳动群体、企事业单位和政府的负担，从而导致企业单位更加的精减人员而造成结构性失业，或者由于增加成本而失去市场竞争力；也会使劳动者为了减少支出而不愿意与用工单位签订规范劳动合同以逃避缴费，从而引发更多的劳动纠纷和不稳定因素；地方政府也会因为费率增加而不堪重负。另一方面，如果不能保障足够的养老与医疗保险的支出，又会极大影响老年人的生活保障和生活质量，引发极大的社会问题。

全国人大财经委在相关报告中提出，在2007—2013年期间，中国社保基金的年均收益率仅为2.2%，大大低于同期居民消费价格指数3.8%的涨幅，换句话说，养老钱已经因为管理的低效率而严重"缩水"。因此，在人口老龄化快速发展、经济发展水平还没有达到较高程度的情况下，只有借鉴国际经验、提高政府治理能力、开拓社会保险投资范围、有效提升社会保险基金的投资运营效率、增加社会保险基金的投资收益率，这才是有效缓解社会保险费收取不足与支出增加之间矛盾的可行之道。

随着经济社会的发展和人口政策的实施，随着家庭人口结构的变化、家庭保障能力的弱化，养老观念也已经发生了巨大改变，传统的家庭养老、养儿防老观念已经被颠覆。养老的家庭责任已经被逐渐转移到家庭和社会并重，甚至需要更多依赖社会保障。因而，人口老龄化对社会保险的影响机理除了直接对养老保险基金收取与支出的影响外，也同时体现在对养老保险的制度认知上。对养老保险制度认知的提高，会有效影响养老保险费用的缴纳，也会因为大众的高度关注而直接积极影响政府主管部门实施适度调整个人、单位、政府的保险费用缴纳比重。

长期以来，中国企业和个人缴纳的五险一金标准一直显著高于国际平均水平，全国人大代表谢子龙调查了解到，在全球被统计的 125 个国家中，缴费比例超过 40% 的只有 11 个国家，这其中除了中国以外，其他 10 个都是欧洲的高福利国家。2015 年 1 月 23 日，国家人社部有关人士也表示"目前，我们国家各项社会保险的综费率超过 40%，总体是偏高的"。在 2014 年 12 月举行的十二届全国人大常委会第十二次会议上，国务院副总理马凯也表示"现在的养老保险缴费水平确实偏高，五险一金已占到工资总额的 40%—50%，企业觉得负担重"。这样的缴费制度，直接的后果就是：一方面，企业负担重，影响了企业的市场竞争能力，导致企业盈利能力弱，缴纳税收减少，影响政府的财税收入和区域经济发展；另一方面，导致员工实际收入低，影响消费支出，不利于扩大内需，也影响地方政府的财税收入和区域经济发展。因此，适时、适度先行试点调整个人、单位、政府之间的缴纳比例，减少个人、单位负担、适度增加政府承担的份额，提高各项基金的收益率。这是在经济下行之际扶持企业发展、促进消费增长、增加财政收入，以实现稳增长、促发展的区域治理要务。

人口老龄化对养老、医疗保险金的支付要求加大。随着人口老龄化的快速发展，老年人口不断增加、老年抚养比不断提高，也就是说，领取养老金的退休人员不断增加，而缴费的人员在不断减少。2011 年老年抚养比是3.16：1，2013 年时已基本为 3：1。另据北京大学经济学院风险管理与保险学系主任郑伟教授测算，到 2030 年，我国的老年抚养比会降到 2∶1，到 2065 年更会进一步降到 1∶1，也就表示如果按目前的人口政策和人口发展情况，将出现一个在职人员养一个退休人员的严重情况。此外，随着经济社会的发展，养老金待遇水平也在不断提高，2005 年至 2014 年，国家已经连续 10 年以每年 10% 的幅度提高企业退休人员的基本养老金水平，2005 年调整前月人均养老金为 700 元，2013 年调整后企业退休人员的人均月平均养老金已达到 1893 元，这都必然加大养老金的支出。

国家财政部关于"2013 年全国社会保险基金决算说明"的数据显示，2013 年企业职工基本养老保险基金一项中，支出 16699 亿元，同比增长 20%，相比五年前翻了一倍。虽然由于目前每年财政投入近 3000 亿元的补贴，所以养老保险的总收入减去总支出，还有盈余，但是如果按照缴费收入和支出情况来看，出现缴费赤字应该不会太久。

随着城市化的发展，青壮年人口流出的加速，农村人口老龄化现象更加严峻。有关学者研究表明：我国农村人口老龄化程度与速度已经超过城市，农村面临的人口老龄化挑战比城市更为严峻。[1] 随之导致的城乡居民基本养老金较城镇职工基本养老金的支付压力更为巨大。

同样，随着人口老龄化的快速发展，对医疗卫生服务需求会急剧加大，因为身体健康、医疗需求和人的年龄增长有必然的关系。卫生部门的资料显示老年人比中青年人的发病率要高 3—4 倍，住院率要高出 2 倍以上。同时，随着经济社会发展水平、医疗水平、人们的保健意识不断提升，各种先进的检查、医疗设备和医疗手段也容易推动医疗费用的上升。因此，快速发展的人口老龄化必然会导致医疗费用的大幅度增加、必然会导致医疗保险基金支出的压力加大。

从发展的趋势来看，受我国 20 世纪 80 年代第三次人口出生高峰的影

① 张良礼主编：《应对人口老龄化：社会养老体系构建及规划》，社会科学文献出版社 2006 年版。

响，到本世纪中期，人口老龄化对养老保险、医疗保险需求的压力将更加巨大。当前一定要立足长远，在人口老龄化高峰到来之前，创新制度安排，科学调整缴费结构和缴费标准，培育缴费意识，加大政府投入力度。提升养老、医疗保险金的管理效率，增加基金收益率。来有效应对快速人口老龄化对养老、医疗保险金不断增长的刚性需求，确保老年人口的健康养老和幸福养老。

人口老龄化对养老、医疗保险金的收入要求加大。据财政部数据显示，2014 年，全国社会保险基金预算按险种分别编制，其中包括：基本养老保险基金（含企业职工基本养老保险、城乡居民基本养老保险）、基本医疗保险基金（含城镇职工基本医疗保险、城镇居民基本医疗保险和新型农村合作医疗）、失业保险基金、工伤保险基金与生育保险基金等社会保险基金。汇总中央和地方预算，2014 年，全国社会保险基金总收入为 37667 亿元，比 2013 年增长 9.1%，其中：保险费收入 28088 亿元；财政补贴收入 8212 亿元。2014 年，全国社会保险基金总支出 32581 亿元，比 2013 年增长 13.9%。2014 年收支结余 5086 亿元，年末滚存结余为 48527 亿元。分险种情况如下：2014 年，企业职工基本养老保险基金收入为 21489 亿元，比 2013 年增长 8.1%，其中：保险费收入 17554 亿元；财政补贴收入 3038 亿元。当年支出为 19117 亿元，比 2013 年增长 14.5%。企业职工基本养老保险基金 2014 年收支结余 2371 亿元，年末滚存结余 28251 亿元。2014 年，城乡居民基本养老保险基金收入 2296 亿元，比 2013 年增长 9.5%，其中：保险费收入 648 亿元；政府补贴收入 1569 亿元。支出 1554 亿元，比 2013 年增长 10.5%。2014 年收支结余 743 亿元，年末滚存结余 3790 亿元。由此可见，由于人口老龄化快速发展的影响，各类分险种的支出增长幅度都远远大于收入的增长幅度，不大幅增加各险种的收入，必将陷入入不敷出的局面。同时，由于历史的原因，兼之对养老保险金的管理水平和效率不高，在我国养老保险制度从现收现付到部分积累制的改革过程中，形成了个人养老保险账户空账的状况，并且空账规模持续扩大。虽然辽宁等地从 2001 年起就陆续开启试点做实个人账户，但其以财政补贴为主的方式，至今收效甚微。综上，尽快加大我国养老、医疗保险金的积累已经是势在必行、迫在眉睫了。

　　然而，从现实费用收缴状况来看，企业单位承担了高达员工工资总额 20% 的养老金费率，员工个人承担了自身工资总额 8% 的费率，这种高额的缴费比率已经使企业单位和员工个人承受了巨大的缴费压力。已经对企业的良性发展、提升竞争能力造成了一定的影响，已经成为推动用工成本上升兼之用工难而导致部分企业外迁的因素之一；巨大的缴费压力还会使企业人为降低缴费标准、和劳动者协议直接以工资形式支付而不交养老保险金，从而降低参保率和缴费率。同时，高额的扣费率导致在职员工实际收入下降，也已经严重影响了当期消费水平。因而，难以再通过提升单位、个人的缴费率来改善养老、医疗保险金收取不足的现状。同时，由于我国的计划生育政策及现有的人口发展状况也使得我国的人口出生率在较长一段时间内将维持在低生育率的水平上，这就使通过提高人口增长率来增加劳动年龄人口，从而增加养老、医疗保险金的缴费人数完全不太可能。这些都为增加我国养老、医疗保险金的收取、维系收支平衡增加了难度。

　　现实中，我国的养老、医疗保险金制度中也还有很多不尽科学、合理之处。以养老保险金为例，对保险金筹资征管、监督实施的法律体系还不健全，我国养老保险覆盖面还严重偏低。当前，随着中国人口老龄化的快速发展，兼之部分地区出现的养老金缺口问题被片面放大、延迟退休被误读仅为缓解养老金压力等，已经引发了全社会关于养老金是否将入不敷出导致可能性老无所养的焦虑与关注。但现阶段，从全国情况来看，中国的养老金仍有大量结余，据财政部相关数据表明，2015 年，全国社会保险基金累计结余为 57000 多亿元，预计到 2016 年底时累计结余将超过 6 万亿元，这其中，企业职工基本养老保险基金到 2016 年底时结余将达到 33712 亿元。然而，由于中国养老保险制度的不尽完善，筹资不公、权益不等、结构性不合理、地区分割等问题已经突显，制度困局直接导致局部地区出现了养老基金收支缺口问题。未来五年辽宁省的养老金缺口将超 2500 亿；而广东的社会保险基金滚存结余却已近 1 万亿元，其中养老保险基金滚存结余更是高达 6000 多亿元；同样，经济发达的江苏、浙江、山东等省份的基金结余也都是高达数以千亿元计。总体来看，拥有大量外来年轻劳动力的深圳等人口老龄化程度较低的城市，近若干年内，完全没有养老保险金的压力；而辽宁、黑龙江、吉林等老工业基地将陷入逐日严峻的困境。在制度性地区分割的条件下，养老保险基金区域间的"马太效应"将日趋明显。因而，尽快改革、优化养老保险基金的制度安排，最大限度的激发现有的各种有利因素，是有效应对人口老龄化、解决区域均衡发展等治理难题的迫切需要。

一是实现养老保险基金的全国统筹是优化制度安排的根本和前提。只有全国统筹才能实现区域间的均衡、共享，才能确保制度公平。发达地区、新兴城市由于吸纳了后发地区大量的农业转移劳动力，在带来区域自身快速发展的同时，还在一定程度上优化了自身区域的人口年龄结构，降低了抚养比，有效缓解了人口老龄化、养老金压力。因而，从法理和制度的公允化角度出发，这些区域在中央的统一调控下，应当为养老保险基金的全国统筹制度优化做出贡献。

二是要提高社会保障基金资产的高效投资能力。在确保投资风险控制的前提下，提高收益率，以其投资收益来缓解未来养老金支付压力。据了解，当前全国社会保障基金资产为 1 万多亿元，全国社会保险基金累计结余达 5 万多亿元，其中养老保险基金累计结余近 4 万亿元，整体上看收益能力还有待提高。如能实现高效投资，其可观的收益将可以在一定程度上弥补区域养老金支付的不足。

三是要优化相关制度细则，有效提高参保率。当前，由于费率偏高，导致企业与个人负担过重，特别是在经济下行压力加大的情况下，部分企业人为压低缴费基数、与劳动者协议约定不参保等现象较为普遍，导致养老保险基金交纳流失。同时，由于劳动力区域间流动性偏高，现有制度致使其难以有效参保。诸如此类的制度性的障碍使得当前中国养老保险基金参保率仅为80%左右，还有 2 亿的劳动年龄人口没有参保。因而，尽快适当调低缴费率、完善流动人口的缴费制度、提高养老保险制度福利性的社会公信力，吸引目前还没有参保的以农业转移劳动力为主体的 2 亿多人口尽快参保，有效提高参保率，是有效降低抚养比、减轻缴费负担和化解区域养老金支付压力的当务之急。

四是建立国有资本直接划转充实养老保险基金的制度体系。中国多年来依托大量低工资的廉价劳动力推动经济快速发展，其创造的财富有很大部分凝结在国有资本中。同时，十八届五中全会也提出"共享发展"理念，明确让发展成果更多更公平地惠及全体人民，因而，当前民生改善领域的重要内容之一，就是要着重研究、加快推进建立国有资本划转充实养老保险基金的制度体系。

五是要完善延迟退休的配套政策体系、加大宣传力度，避免因误读延迟退休政策导致断保或退保现象高发。随着人均寿命的延长、人口质量的提高，且我国平均退休年龄过低（不到 54 岁），以及劳动力市场变化等因素，借鉴国际经验，延迟退休的审慎、渐进出台应该是符合经济社会发展及人口发展需要的。但延迟退休政策推出的同时，必须完善相关提高延迟退休养老金支付标准等配套政策，不应该、也不需要简单地把延迟退休作为缓解养老金支付压力的工具与手段，更要避免因之导致出现断保或退保现象，对养老保险基金交纳产生负向效应。

在医疗保险方面，也存在保障范围窄、社会化程度不高；存在一定的不公平性，等等。针对人口老龄化的快速发展对医疗保险基金的收支、对医疗保险的公平性都提出了更高要求的情况。还要特别注重医疗保险制度的公平性安排，重点是要考虑在职职工与退休人群之间的公平、不同群体之间的医疗待遇公平。江苏的镇江市在 1994 年已经率先启动了试点城镇职工医疗保险改革，与江西九江市被并称"两江模式"。镇江在其提出的医疗保险改革中，特别提出了无特权的制度建设，产生了非常好的社会反响。制度规定，机关事业单位工作人员与城镇企业员工待遇一致；其医疗保险费由用工单位和在职职工共同承担等。目前，已经成为全国医疗保险改革的典型。2014年12月13日下午，习近平总书记专程到镇江市丹徒区世业镇卫生院，详细了解农村医疗卫生事业发展和村民看病就医情况，这也令镇江的医改再次受到公众关注。

总之，面对快速人口老龄化对养老、医疗保险金收支产生巨大影响的现实状况，我国要加大在该领域的改革力度，区域政府要根据自身的经济社会发展及老龄人口发展现状、趋势，制定科学的应对策略。要将扩大养老保险覆盖面，将养老保险惠及每一个老年人；逐步完善关于社会保险的法律、法规体系，将社会保障以行政管理手段向以法律规范为主转变；采取多层次的养老保险、医疗保险体系，确保制度公平：即国家要建立起能维持最低生活、医疗水平全覆盖兜底的保障制度，区域地方政府建立具体符合区域发展特点的保障制度作为补充，鼓励、扶持商业保险业、社会企业创新发展为经济实力相对较强的特殊需求者提供更高质量的保障；还要树立全民科学的养老、医疗意识：养老不纯粹是政府或家庭的责任，要由国家、单位、个人共同承担养老责任和费用。世界上经济较发达的美、英、德等国家的养老保险制度也是重视发挥国家、单位和个人在社会保障中的共同作用，这样会避免由国家支付高额养老金而造成支付危机。同时，加快推进养老保险资金来源多元化和社保基金管理运营公开化、高效化，进而提升回报率以补充保险基金的不足。

2. 人口老龄化对社会救助的影响

社会救助是由政府、社会面向弱势人群提供物质救济和服务帮助的社会保障政策和制度，毫无疑问，老年群体在身体健康、心理状况、经济能力、社会融合等诸多方面都处于相对的弱势地位，老年人口特别是高龄老年人口是典型的弱势群体。其也是最容易因病致贫、因病致困的群体，对各个方面的社会保障需求无疑应该是更多的。然而，在处于转型期的中国，还有很多制度上的缺失、经济发展上的不足、区域间的差异和壁垒等众多因素的制约，这些都使我国老年人口面临更多的不确定风险。因而，随着老年人口的快速增加，必然对包括社会救助在内的诸多社会保障服务有着急速增长的需求，这就对公共服务、社会保障的制度设计者和主要承担者——政府部门提出了新要求，进而对区域治理能力提出了新的挑战。

目前，全球只有中国的老年人口超过 1 亿人。中国 2014 年底达到的 2 亿老年人口数相当于印尼的总人口数，已超过了俄罗斯、日本、巴西这几个国家各自的总人口数。即使作为一个国家的总人口数，也已经排在了世界第四位。据预测，未来 20 年我国平均每年还要增加 1000 万老年人，到 2050 年左右，中国老年人口将达到全国人口的 1/3。

随着老龄人口的急剧增加，中国的空巢老人也不断增多，《中国老龄事业发展报告（2013）》显示，中国"空巢老人"数量已经占老年人口比例接近 50%，2014 年"空巢老人"已经突破 1 亿人。其中农村的空巢留守老人规模越发庞大，无子女老人和失独的老年人群也开始增多，其中许多人存在孤独自闭、苦闷悲伤、抑郁甚至厌世等心理问题。

同样，随着老龄化程度的加深，高龄老人也在快速增多，我国 80 岁及以上高龄老人以每年 100 万人的速度在加速递增，到 2013 年末，已经达到 2300 万人。2014 年，中国 65 周岁及以上老年人口达到 1.38 亿。而更为突出的是，失去自理能力的老年人口不断增加，已经从 2012 年的 3600 万人增长到了 2013 年的 3750 万人，到 2015 年底将达到 4000 万人以上，其中，完全失去自理能力的老年人口也将达到 1200 万人以上。

这些特殊群体老年人口都迫切需要社会救助以保障其基本的生存权利，同时，这其中部分老年人口的家庭也会因为负担这些老人而陷入困难境地，也需要给予一定的救助帮扶。面对需要救助的老年人口数量、需要救助的老年人口家庭数量的剧增，地方政府势必要加大财力、人力的投入，以保障老年人口日益增加的救助需求。以江苏为例，省政府分别在1996年、2007年两次下发文件，明确规定对70周岁以上老年人在原有补贴基础上适当上浮。

人口老龄化形成的以上情况，应当尽快把为高龄老年人口、失能老年人口提供的心理疏导、精神抚慰、救护照料、生活服务等纳入社会救助的内容体系。但是，当前社会救助除了受经济发展水平和公共财力不足的限制，除了在物质补助、经济补偿方面还没有全覆盖和充分改变老年受救助群体的生活状况外，我国针对老年人口照料护理、生活服务的人员数量和水平也还远远不足，并严重缺失服务的规范标准。因此，针对快速老龄化背景，当前区域治理创新的重要责任之一，就是各级政府、特别是社区要充分发挥社会组织在为老年人口提供社会救助中的作用，特别是要发挥在国外已经发展成熟、在老年照料服务类领域大有作为的创新型社会组织——社会企业的作用，使其能充分对相对年轻的老年人口，譬如60岁到70岁之间的身体健康、有服务意愿的老年群体，展开应急救护、照料服务、精神疏导等老年人急需的服务内容开展免费的系统培训。充分调动这部分相对年轻的老年人口的工作热情，发挥同样作为老年人其更加了解被救助老年人心理需求、便于沟通的优势，可以通过社区调控为失能或其他需要的救助老年人口提供就近救助，同时，为这部分参与社会救助服务的老年人自身未来需要的救助服务建立公益积分。这样，一方面缓解了人口老龄化快速发展导致的劳动力就业不足、特别是老年照料类从业人员不足的现状；另一方面也可以为年轻老年人口老有所为提供平台、为自身积累养老保障；同时，还可以减少救助资金的支出，有效缓解救助资金不足的矛盾，并可以弘扬老有所为、老有所养、热心公益的社会新风，为区域政府构建幸福养老工程创新思路。

3. 人口老龄化对社会福利的影响

随着我国人口老龄化的快速发展，老年社会福利事业也得到了前所未有的重视，中央及各地方政府都在积极出台相应的政策和措施，努力通过社会化的福利津贴和福利措施来提升老年人的生活质量。当前，由于家庭规模变小、家庭功能转变以及养老观念发生改变，对养老方式的选择开始多样化和社会化，对养老服务的需求也快速加大，这些都在促进社会福利事业快速发展的同时，对社会福利事业的资金投入、人员投入等方面提出了巨大的挑战。

随着社会养老服务需求的加大，单一靠政府投资已经不能满足老年人口快速增长的需要。各地也都在鼓励社会资本参与投资兴办非营利性的老年福利机构、养老机构，并出台了各自的鼓励办法。譬如对养老机构床位的补贴，上海、江苏、天津、重庆等省市对非营利性养老机构的床位补贴达到了每张床位 1 万元，北京更是达到了每张床位 1.6 万元。即使这样，我国养老机构的床位数依然远远低于发达国家每千名老人 50—70 张床位的标准，大部分养老机构仍然是一床难求。据《社会养老服务体系建设规划（2011—2015）》指出，我国截至 2015 年底，养老机构建设要达到每千名老人拥有 30 张养老床位数的目标。

另外，为了提高老年人口的生活质量，高龄补贴制度已经在多个省市实施，已经惠及了一千多万高龄老年人口，多地政府还相应出台了针对高龄、失能、独居的低收入养老困难群体接受居家、社区和机构养老服务的养老服务补贴制度，补贴标准也都在不同程度的逐渐提高。因此，随着机构养老的需求不断加大、养老困难群体的加大、高龄老年人口的不断增加，区域治理中这些老龄社会福利事业、产业的资金投入也会不断加大。

但是，快速人口老龄化对社会福利事业带来巨大挑战的同时，也带来了巨大的发展机遇。各项老龄事业、老龄产业的快速发展，一方面提供了大量的就业岗位；另一方面也会推动医疗保健、照料服务、老年用品、福利设施等银发民生产业的蓬勃发展，对推动区域服务业发展，加快产业结构调整起到一定的积极作用。

第二节 社会保障制度与老年人生活质量

伴随中国人口老龄化时代的逐步到来，提高老年人生活质量日益成为社会保障制度的重要目标。本研究基于 2011—2012 年"中国健康与养老追踪调查"基线数据，运用加权最小二乘法模型考察了养老金和医疗保险对老年人生活质量的作用。结果表明基本医疗保险和养老金都可以积极改善老年人的主观经济地位，养老金有利于提高老年人的生活满意度，但基本医疗保险和养老金对老年人自评健康状况的正向作用并不明显。同时，研究发现，社会支持对老年人生活质量有显著提升作用。因此，有必要从制度设计、政策执行和制度支持三个方面继续改革和完善中国的基本医疗保险制度。老年人合法权利的维护、老年人的自我发展和老年人合理生活方式的培养，都离不开老年人生活质量的提高。如何提高老年人生活质量，是当前社会保障制度必须考虑的课题。[①] 那么，当前以养老保险和基本医疗保险为主要组成部分的社会保障制度，究竟能否提高老年人的生活质量呢？该问题的回答，既从理论上关照了老年人生活质量的制度因素，也从政策上对制度绩效予以了评估。基于 2011—2012 年"中国健康与养老追踪调查"基线数据，本研究从实证角度考察了养老金和医疗保险参与对老年人生活质量的作用。

一、社会保障制度与老年人生活质量的理论考察

（一）老年人的生活质量与制度保障

生活质量集中反映了社会及其成员对其客观的物质生活、精神生活和自

[①] 邬沧萍：《提高对老年人生活质量的科学认识》，《人口研究》2002 年第 9 期。

身健康的满意度和幸福感。生活质量最早源于 20 世纪 20 年代美国 Ogburn 的研究。经济学家加尔布雷斯给出了生活质量最早的定义："生活质量是指生活舒适、便利程度及精神享受。"社会学家 Campbell 则更强调认为生活质量就是生活幸福的总体感觉。[①] 从上述两个定义可以看出，生活质量的概念，包括以物质生活为基础的客观生活质量和精神生活为主的主观生活质量。结合健康相关生活质量的研究看，生活质量的讨论也包括以躯体为依托的健康生活质量。

从过往研究看，生活质量问题的研究视角、研究维度、测量方式和研究内容，都经历了不同程度的转变。这种转变体现为：研究视角上，以经济学为主的视角转变为社会学、心理学和生理学视角。研究维度上，从单纯的物质生活质量研究转变为精神生活质量和健康相关的生活质量研究。测量方式上，生活质量的量表，越发强调测量社会成员对生活的主观满意度和幸福感，强调健康自评的重要性。从研究内容上看，从对生活质量的主客观权重的争议，转变为对弱势老年人群体的生活质量、社会保障制度和预防性干预项目等问题的研究。[②] 总体来看，随着经济发展水平的提高和人们健康意识的增强，健康相关的生活质量主观维度的研究日益成为研究的主流。但是，这些研究转变与特定的社会制度也是密切相关的。如美国和欧洲国家对社会保障干预程度和筹资方式的差异，欧洲地区仍然比较强调物质生活质量研究，而美国则相对强调生活质量的主观方面。[③] 因此，必须结合我国的发展阶段和相关体制来研究老年人生活质量。

中国的生活质量研究起步于 20 世纪 70 年代的探讨，80 年代以林南为

---

① 余宏：《上海城市居民生活质量》，上海大学博士论文，2008 年。
② 曾毅、顾大男：《老年人生活质量研究的国际动态》，《中国人口科学》2002 年第 5 期。
③ 王凯、周长城：《生活质量研究的新发展：主观指标的构建与运用》，《国外社会科学》2004 年第 4 期。

代表的学者在中国开展经验调查研究。[①] 中国于 20 世纪 70 年代启动改革开放，无论是城市，还是乡村，居民的收入水平在国际上都处于较低水平，因此，此时生活质量的研究，主要集中在居民的物质生活质量改善方面。[②] 老年人生活质量成为生活质量研究的重要课题。结合生活质量分析的三维度，可以将老年人生活质量理解为老年人的物质、精神和健康质量。

为了应对人口老龄化和经济发展中存在的高储蓄率等问题，中国政府在民生领域上积极转变职能，逐步建立覆盖城乡的社会保障制度。为什么社会保障制度能提高老年人的生活质量？比较普遍的解释是社会保障制度缓解不确定性，减少居民的预防性储蓄和医疗费用，增加老年人离退休后的可支配收入，以期扩大消费、保证老年人营养补充和医疗护理，增进老年人的幸福感，从而最终提高老年人的生活质量。这就是经济学所谓的"预防性储蓄"理论。[③] 当前中国社会保障制度，涵盖社会保险、社会救助、社会福利、优抚安置和保障住房等。其中，养老保险和医疗保险是社会保障的重要组成部分。以往研究注重强调社会支持和婚姻等社会因素对老年人生活质量的作用。[④] 社会视角的研究无法解决当前上述制度改革亟须解决的问题：首先，中国老年人的养老保险制度和医疗保险制度究竟是否需要改革？其次，社会保障制度和医疗保险制度是否对老年人的生活质量有影响？再次，究竟是哪一种制度的改革对提高老年人的生活质量更为迫切？上述制度建立的效果究竟怎样？从预防性储蓄理论来看，在现有养老金和医疗保险制度下，若老年人的医疗消费和非医疗消费有所扩大，则社会保障制度就会提高老年人的生活质量。

---

① 林南、卢汉龙：《社会指标与生活质量的结构模型探讨——关于上海城市居民的一项研究》，《中国社会科学研究》1989 年第 4 期。

② 风笑天：《生活质量研究：近三十年回顾及相关问题探讨》，《社会学研究》2007 年第 6 期。

③ 凌晨、张安全：《中国城乡居民预防性储蓄研究：理论与实证》，《管理世界》2012 年第 11 期。

④ 李建新：《老年人口生活质量与社会支持的关系研究》，《人口研究》2007 年第 3 期。

因此，提出研究的第一个假设：相比社会支持因素，制度保障对老年人生活质量的提高更为重要（记作假设 1）。

（二）养老金与老年人生活质量

中国医疗保险制度包括城镇职工养老保险、机关事业单位养老保险和农村养老保险。计划时期的中国城市养老保险都是依托单位提供的。从 20 世纪 80 年代中期开始，城镇养老保险经历了两个阶段改革：1984 年到 1993 年建立社会统筹阶段。1993 年至今为建立和完善统账结合阶段。中国的养老保险体系，包括基本养老保险、企业补充养老保险、职工互助养老保险和个人储蓄性养老保险。[1]

老年人生活质量的物质方面，主要是指维持老年人日常消费的收入保障水平。由于老年人以再就业方式提高收入的方式不稳定，其物质生活状况总体取决于老年人的退休金、养老金和救济金等方面的收入。结合中国老年人目前的收入来看，养老金、离退休金、劳动收入、家庭成员供养收入和其他收入是老年人收入角度的主要来源。在养老保险发展初期，城市的老年人参加养老保险的比率要高于农村老年人，农村老年人的收入多半依赖家庭成员供养的收入和自营收入。[2] 随着城市化的不断发展和社会保障覆盖面的不断扩大，传统主要依赖家庭供养的老年人也逐步转变为参加农村养老保险，以期提高未来的生活水平。

有关养老金和老年人物质生活方面的研究，过往研究集中关注在养老保险和消费间的关系。一种观点认为养老金会减少居民在未来收入或支出的不确定性，从而会刺激人们减少储蓄，拉动老年人的消费。代表性的观点

---

[1]　邱玉慧：《代际正义视角下的社会养老保险制度研究——兼中国城镇职工基本养老保险制度的实证分析》，吉林大学博士论文，2013 年。

[2]　康顺岐：《陕西农村养老资金需求预测及保障研究》，西北农林科技大学博士论文，2013 年。

如 Feldstein[1]（1999）。何立新等[2]（2008）通过考察中国养老金和消费的关系，发现养老金的资产替代效应在中国更强，会增加中国家庭的当期消费。此外，张继海[3]（2008）利用 2002—2003 年辽宁省的数据表明养老金有利于城镇居民消费支出。上述研究都未直接表明养老金对老年人消费支出的作用。张虹和王波[4]（2014）利用 1995—2011 年消费总支出数据，从政府养老金供给的角度表明，政府养老保障基金支出越大，老年人的消费越多。与此同时，另一种观点认为养老金的缴纳，会导致当期边际消费倾向高于未来，从而减少当期消费。如 Brown 等[5]（2009）利用安徽和江苏的农户数据，依据倾向值匹配法发现新农合有助于减少食品支出的比例，但没有显著提高农户的非医疗类消费和总消费。那么，养老金究竟是会抑制或增加老年人的当期消费支出？还是从长远看，养老金会增加老年人的消费呢？养老金收入水平和养老保险缴费比率是回答上述问题的关键概念。

养老金与老年人生活质量其他方面的关系，多数研究认为养老金收入的提高，会增加老年人未来的储蓄，以应对疾病和身体护理带来的经济负担，有利于提高老年人的健康水平。李实、杨穗利用 2002—2007 年城镇住户调查数据，指出随着收入差距扩大和城市贫困，不平等对老年人的健康影响逐渐增大[6]。养老金的健康保障作用越来越重要，养老金收入水平越高，老年

---

① Martin Feldstein, "Social Security Pension Reform in China", *China Economic Review*, 1999, 10(2), pp. 99-107.

② 何立新、封进、佐藤宏：《养老保险改革对家庭储蓄率的影响：中国的经验证据》，《经济研究》2008 年第 10 期。

③ 张继海：《社会保障养老金财富对城镇居民消费支出影响的实证研究》，《山东大学学报（哲学社会科学版）》2008 年第 3 期。

④ 张虹、王波：《社会基本养老保险对老年人消费影响的实证研究》，《财经问题研究》2014 年第 4 期。

⑤ Brown, P.H., Theoharides, C., "Health-seeking Behavior and Hospital Choice in China's New Cooperative Medical System", *Health Economics*, 2009, 18 Suppl 2(S2): S47-64.

⑥ 李实、杨穗：《养老金收入与收入不平等对老年人健康的影响》，《中国人口科学》2011 年第 3 期。

人自评健康状况越好。国外研究也发现类似的关系，如 Case 等[1]（2007）认为养老金保障家庭成员的营养状况，提高生活水平，从而保护所有家庭成员的健康。Ingrid Esser 和 Joakim Palme[2]（2010）分析 2002—2005 年 13 个 OECD 国家老年人养老金、自评健康和幸福的关系。研究中作者区分了两类适合不同群体的养老金（失业或工作时间短暂的老年人群体和长期缴纳保险的老年人）即"基本保障"和"收入保障"。总之，他们认为国家提供的养老金水平越高，老年人的自评健康水平越高。但是，他们也发现这种关系存在着性别差异。其中，女性的健康和幸福水平更多依赖基本保障养老金。Ola Sjöberg[3]（2014）利用 93 个中高收入的国家数据发现，养老金有效覆盖范围和预期寿命存在正相关。但是，Adams 等[4]（2003）研究财富、自评健康和死亡率之间的关系，发现老年人群中，养老金对健康几乎没有影响。养老金的量和度、养老体制特征都是提高老年人生活质量健康方面的关键。结合上述讨论，提出研究的三个假设：

假设 2：养老金有利于改善老年人的主观经济地位。

假设 3：养老金有利于提高老年人的生活满意度。

假设 4：养老金有利于提升老年人的自评健康水平。

（三）医疗保险与老年人生活质量

医疗保险按其保险范围大小，通常分为广义和狭义两个层次的医疗保

---

[1]　Case Anne, Menendez Alicia, "Does Money Empower the Elderly? Evidence from the Agincourt Demographic Surveillance Site", *South Africa*, 2007, 35(8), pp. 157–164.

[2]　Esser, Ingrid, and J. Palme, "Do Public Pensions Matter for Health and Wellbeing among Retired Persons? Basic and Income Security Pensions across 13 Western European Countries", *International Journal of Social Welfare*, 2010(19.Supplement s1), pp.S103–S120.

[3]　Ola Sjöberg, "Old-age Pensions and Population Health: A Global and Cross-national Perspective", *Global Public Health*, 2014, 9(3), pp. 271–285.

[4]　Adams, Peter, et al, "Healthy, Wealthy, and Wise? Tests for Direct Causal Paths between Health and Socioeconomic Status", *Journal of Econometrics*, 2003, 112(1), pp. 3–56.

险。前者是指健康保险，后者仅仅是指对参保人因病就医所需费用的补偿。当前，中国的医疗保障制度由三个方面组成：医疗保险、免费医疗和医疗救助。其中，医疗保险由社会医保和商业医保两部分构成。现阶段的医疗保险体制主要是由城镇职工医保、城镇居民医疗保险和农村合作医疗保险三部分组成。随着人口老龄化时代的到来，人口老龄化对中国医疗保险体制的影响表现在两个方面：其一，人口老龄化减少了医疗保险的供给；其二，人口老龄化由于老年人疾病和健康护理等问题带来医疗保险金支出的不断扩大。

从目前研究来看，医疗保险与老年人生活质量的关联表现在三个方面：一、医疗保险是否提高老年人生活质量的物质方面？如医疗保险是否能提高老年人的消费水平？此外，医疗保险是否增加老年人所在的家庭消费？白重恩等① （2012） 对 2003—2006 年参加农村合作医疗保险的农户调查面板数据研究，指出新农合可扩大家庭非医疗性的消费支出。此外，村民对政策的信任也是影响上述关系的重要因素。邹红等② （2013） 利用 2002—2009 年广东省城镇住户数据，发现医疗保险，无论是在参保，还是在医疗保险缴费率方面，都会促进居民的家庭消费。具体而言，医疗保险是否会增加或抑制老年人的医疗费用？如果增加这种医疗费用是否会造成国家医疗资源的浪费？如 Koziol 等③ （2002） 结合加州住院的数据，发现医疗保险的参加，导致了住院费用的急剧上升。类似地，医疗药物费用也不断增加，从长远看，都降低了老年人的物质生活质量，增加了老年人不合理的消费。相反，

---

① 白重恩、吴斌珍、金烨：《中国养老保险缴费对消费和储蓄的影响》，《中国社会科学》2012 年第 8 期。

② 邹红、喻开志、李奥蕾：《养老保险和医疗保险对城镇家庭消费的影响研究》，《统计研究》2013 年第 11 期。

③ Koziol, J.A., Zuraw, Christiansen, "Health Care Consumption among Elderly PatientsinCalifornia: A Comprehensive 10-year Evaluation of Trends in Hospitalization Rates and Charges", *Gerontologist*, 2002, 42 (42), pp. 207-216.

Dana 等[1]（2003）则认为由于医疗保险覆盖水平较低和给付中存在的问题，从 1998 年起，参加医疗保险而经济收入较低的居民，不仅不会增加老年人的医疗消费，反而会增加老年人的参保成本，从而减少了老年人必要的医疗开支。二、医疗保险是否会改善老年人生活质量的精神方面？如医疗保险的参加方式是否会影响老年人的幸福感？亓寿伟、周少甫[2]（2010）通过中国健康和营养调查 2006 年的数据，表明参加医疗保险的老年居民在幸福感方面，显著高于未参加医疗保险的老年人。该研究中的幸福感着重考察了老年人对过去和目前两种状态的主观评价，且测量的是老年人的孤独和不满。三、医疗保险是否会改善老年人的健康方面？如医疗保险的参加是否会影响老年人的医疗服务利用和使用？黄枫、甘犁[3]（2010）利用 CLHLS 数据，发现享受医疗保险的老年人增加的医疗卫生支出，显著有利于促进老年人的健康水平。胡宏伟等[4]（2012）通过倾向值匹配的方法，指出老年人参加医疗保险，会提高医疗消费的水平。

通过对上述三个方面研究的回顾，可以看到该领域着重强调老年人生活质量的物质和健康方面。[5] 这两个方面的问题又包括：医疗保险身份是否能够提高老年人的日常消费水平？医疗保险制度究竟是助长了老年人在健康方面有效的消费，还是过度的消费？同时，由于生活质量精神方面的测量，过往研究忽视了认知和心理等因素在精神层面的作用。因此，本研究目标一方面旨在验证医疗保险制度对老年人生活物质和健康方面的效能，另一方面着

---

[1]　Dana Goldman, J. M. Zissimopoulos, "High Out-of-Pocket Health Care Spending by the Elderly", *Health Affairs*, 2003, 22(3), pp. 194-202.

[2]　亓寿伟、周少甫：《收入、健康与医疗保险对老年人幸福感的影响》，《公共管理学报》2010 年第 1 期。

[3]　黄枫、甘犁：《过度需求还是有效需求？——城镇老人健康与医疗保险的实证分析》，《经济研究》2010 年第 6 期。

[4]　胡宏伟、张小燕、赵英丽：《社会医疗保险对老年人卫生服务利用的影响——基于倾向得分匹配的反事实估计》，《中国人口科学》2012 年第 2 期。

[5]　刘晶：《城市居家老人生活质量评价指标体系研——以上海为例》，华东师范大学博士论文，2005 年。

重考察医疗保险对老年人的精神方面生活质量的作用。最后，提出研究的另外三个假设：

假设5：基本医疗保险的参与，有利于改善老年人主观的经济地位。

假设6：基本医疗保险的参与，有利于提高老年人的生活满意度。

假设7：基本医疗保险的参与，有利于提升老年人的自评健康水平。

二、社会保障制度影响老年人生活质量的实证研究

（一）研究设计与数据描述

1. 数据简介

研究数据取自北京大学中国社会科学调查中心"中国健康与养老追踪调查（2011年）"的村/居问卷数据库和成人问卷数据库。CHARLS全国基线调查于2011年开展，覆盖150个县级单位，450个村级单位，10257户家庭的17708个样本，由北京大学中国社会科学调查中心（ISSS）负责实施。调查采用分层、多阶段、与人口规模成比例的概率抽样方式（PPS），分四阶段抽取，其中，第一阶段抽取150个行政性区（县）；第二阶段，按规模比例概率抽取450个行政性村（居），对于人口规模较大的社区（大于2000户），基于地图的抽样框架花费较高，允许负责人选择该社区的一个地理分区作为PSU。抽样需包含足够的子社区以保证足够数量的合格抽样受访者；第三阶段，抽取17000多个适龄家庭户，采用CHARLS-GIS软件随机抽取；第四阶段，采取过滤问卷选择适龄要求的受访者。若存在多个40岁以上的人，采取随机抽样的方法。上述程序，提高了样本获得效率（Efficiency）和估计精度（Estimation precision）。调查的累积应答率为81.25%，合作率为96.58%，联系率为84.13%，拒绝率为2.67%。个人层面整体应答率为84.14%。

该调查人口覆盖了中国除香港、澳门、台湾外总人口数的94.5%，样

本人口学特征与 2010 年国家统计局全国人口普查结果相近，数据具有较高的代表性和可信度。最后，调查组采用了严格的质量控制和数据清理手段以保证数据的质量，避免因问卷设计不当、末端抽样不准确、访员行为不规范、数据汇总和整理过程出错等一系列可能影响数据质量的因素，总之，良好的执行团队和学术信誉确保了调查实施质量。

2. 数据置备、分析策略与变量描述

（1）数据置备与分析策略

由于 CHARLS 原始数据是以问卷各测量因素作为组织基础，因此，研究依据个体编号合并各项分支数据，并采取列删法剔除数据中的缺失值和无法正确合并的数据。

本研究着重考察老年人个体社会、生理和制度身份对老年人个体生活质量因素的作用。因此，传统研究中重要的控制变量如家庭人均消费支出和收入都不纳入研究分析。原因在于这类变量无法体现老年人个体层面的收入和支出。此外，这类聚合层面的变量，容易导致生态谬误（ecological falacy），高估预测因素对老年人生活质量的作用。为了解中国 60 岁及以上老年人口的生活质量现况和检验研究假设，研究采取以下分析步骤：第一步，采取交叉表，分组描述老年人的生活质量差异；第二步，通过建立定序逻辑斯蒂回归模型（ordinal logistics）与比较嵌套模型，以求寻找导致老年人生活质量差异的主要原因。

（2）测量指标与变量描述

老年人生活质量包括物质、精神和生理等方面的内容，无法以物质、精神和生理方面中的单一指标作为测量依据。因此，研究中采取多维指标测量的方法。回顾既有研究的测量指标，通常选取主观经济地位来测量老年人生活质量物质方面，以生活满意度测量老年人生活质量精神方面；以自评健康状况测量生活质量生理健康方面。相对老年人客观的收支状况数据和具体的生理精神测试，老年人生活质量的主观测量更能反映老年人对自身经济状况、健康状况和精神状况的主观认知和感受。在相同制度、生理、经济和社会环境下，老年人的主观感知是体现老年人间的唯一差异，因此，以老年人生活质量的主观测量更适合测量老年人生活质量。

（3）解释变量

"社会支持"通常包括两个维度：一是社会资本，指老年人个体社会交往、参加各种组织和老年人与邻里关系等方面的测量；二是经济支持，指老年人家人对老年人经济支持和馈赠，这体现了家庭对老年人的作用。社会资本的测量指标通常包括：老年人对家庭、邻里、社区事务的参与。而经济支持强调测量家庭、邻里和社区对老年人的帮扶作用。由于社会支持中的经济支持变量缺失比超过40%，无法以多重插补法处理。为保证有足够的样本支持数据分析，因此，本研究选择社会资本的指标，以测量老年人的社会支持。

"社会保障制度参与"包括了两个虚拟变量：一是公共医疗保险的参与；二是养老金。问卷对公共医疗保险制度的测量指标，包括城镇职工医保、城镇居民医保、新农村合作医保、城乡居民医保、公费医疗和医疗补助等。本研究认为，上述医疗保险类型比较完整涵括了中国的公共医疗保险体系。以老年人"是否参加了上述医保或享有相应的医疗补助"来测量老年人的公共医疗保险参与身份；以"老年人是否领取养老金"作为测量老年人养老保险参与的指标。

（4）控制变量

"户籍"：问卷中"户籍状况"包括"农业户口、非农户口、居民户口和没有户口"。由于"无户口"和"居民户口"所占比重极低，为了考察农业户口和非农户口老年人在生活质量上的差异，本研究将该变量转化为以非农业户口和农业户口构成的虚拟变量，并以非农业户口为参照类。

年龄：原始问卷中询问"您的出生日期是"，以被访者的调查年份作为基准，推算出老年人的实际年龄。

受教育程度：原问卷中询问"到目前为止，您已完成（毕业）的最高学历是"。原有变量分类较为分散，部分类别百分比较低，不利于考察老年人受教育程度变量。本研究采取以下步骤建立了老年人"受教育程度"变量：首先，合并变量中的部分类别，将变量转换为"学前教育"、"小学教育"、"初中教育"、"高中教育"和"高等教育"；其次，选择百分比较多的"学前教育"作为参照类，以比较受教育程度不同的老年人群体间差别。

老年人配偶情况：成人问卷中询问"您目前的婚姻状况"。变量中包括"已婚与配偶一同居住"、"已婚，但因工作原因未跟配偶居住"、"分异"、"离居"、"丧偶"、"从未结婚"。为了考察配偶对老年人生活质量的影响，研究将老年人配偶状况划分为"有配偶"和"无配偶"。

老年人"15 岁以前的健康状况"变量：问卷中用数字从 1 到 5 表示从极好到不好。由于老年人的身体健康状况对老年人自身的历史健康情况有着一定依赖，因此，本研究将老年人 15 岁以前的健康状况变量作为重要的控制变量。

了解调查数据的基本分布对于理解数据分析及其结果非常重要。表 6-2 分别列举了本文所用连续变量和虚拟变量的各项描述统计指标。

表 6-2　变量、变量定义及其赋值

变量名称	变量定义	变量分布（标准差）	变量赋值范围
主观经济地位	评价自家的生活水平，包括"非常高"、"偏上"、"中等"、"偏下"和"贫困"。	2.479（0.773）	[1—5]
生活满意度	对自己生活的满意程度，包括"极其满意"、"非常满意"、"比较满意"、"不太满意"和"一点都不满意"。	3.105（0.712）	[1—5]
自评健康状况	对自己健康状况的评价，包括"极好"、"很好"、"好"、"一般"和"不好"。	2.778（0.922）	[1—5]
户籍	=1 农业户籍（非农业户籍为参照类）	0.759（0.427）	[0—1]

续表

变量名称	变量定义	变量分布（标准差）	变量赋值范围
受教育程度	包括"学前教育"、"小学教育"、"初中教育"、"高中教育"和"高等教育"五个水平。	2.829（1.911）	[1—10]
配偶	=1 有配偶（无配偶为参照类）	0.742（0.438）	[0—1]
性别	=1 男性（女性为参照类）	0.501（0.500）	[0—1]
年龄	60 岁以上老年人	68.462（7.061）	[60—101]
15 岁前健康状况	15 岁之前的身体健康状况，包括"极好"、"很好"、"好"、"一般"和"不好"。	3.234（1.079）	[1—5]
社会资本	过去进行的社交活动，原问卷包括 12 项。由于后四项与老年人社会交往关联较小，予以剔除。	-1.65e-15（1）	[0—1]
基本医疗保险	=1 参保（没有为参照类）	0.922（0.268）	[0—1]
养老金	=1 领取（没有为参照类）	0.173（0.378）	[0—1]

注：为保证分析时变量符号方向一致，所有变量皆按升序排列并赋值。

（二）医疗保险、养老金与老年人生活质量

1. 2011—2012 年中国老年人生活质量状况描述

以往老年人生活质量研究强调老年人的生活质量存在户籍、性别和配偶状况下的差异。那么，上述变量不同状态下的老年人生活质量究竟是怎样分布的呢？通过纳入户籍、性别和配偶等变量，以交互表展现了老年人生活质量在上述变量的组别差异。

表 6-3 表明非农业户口的居民比农业户口的居民在主观经济地位方面更高。一方面，选择"贫困"非农户口老年人的占比为 6.17%，而选择"贫困"老年人的占比为 15.57%；另一方面，选择"中等以上"的非农户口老年人的比例也远高于农业户口同类选择的比例。这充分表明主观经济地位方面，非农户口老年人要高于农业户口老年人。此外，非农户口老年人主

观经济地位的分布较为均匀，而农业户口选择"贫困"的老年人比例为
15.57%，"非常好"的比例为0.26%，农业户口居民的内部差异要高于非
农户口。这再次表明非农户口老年人的主观经济地位评价要高于农业户口，
反映了非农户口的老年人在生活质量的物质方面要优于农业户口。类似地，
表6-3还表明女性老年人的主观经济地位评价要高于男性老年人；有配偶
老年人的主观经济地位也要高于无配偶的老年人。总之，经济发展水平差
异、社会保障制度建设的完善程度和家庭的经济支持模式差异，是影响不同
户籍下老年人主观经济地位的重要因素。

表6-3　2011—2012年中国不同户籍、性别和配偶下60岁以上老年人
主观经济地位描述表　　　　　　　　　　　　（单位:%）

	户籍状况		性别		配偶状态	
	非农户口	农业户口	女性	男性	无配偶	有配偶
贫困	6.17 (105)	15.57 (828)	14.27 (499)	12.32 (434)	18.01 (301)	11.81 (632)
偏下	29.07 (495)	29.50 (1569)	28.03 (980)	30.76 (1084)	27.77 (464)	29.91 (1601)
中等	59.66 (1016)	51.75 (2752)	54.32 (1899)	53.01 (1868)	50.33 (841)	54.71 (2928)
偏上	4.93 (84)	2.91 (155)	3.09 (108)	3.72 (131)	3.35 (56)	3.42 (183)
非常好	0.18 (3)	0.26 (14)	0.29 (10)	0.20 (7)	0.54 (9)	0.15 (8)
合计 样本数	100.01 (1703)	99.99 (5318)	100.00 (3496)	100.01 (3524)	100.00 (1671)	100.00 (5352)

表6-4表明生活满意度方面，非农户口老年人要高于农业户口老年人；男
性要高于女性；有配偶的老年人要强于无配偶的老年人。从各组的内部分布来
看，生活满意度更高的组别，选择"比较满意"的比例都高于60%以上。相比
性别，户籍和配偶下老年人的生活满意度差异更大。总体来看，无论户籍和性
别，还是配偶状态，中国60岁以上的老年人生活质量是较高的，都高于90%。

表 6-4　2011—2012 年中国不同户籍、性别和配偶下 60 岁以上老年人
生活满意度描述表

（单位：%）

	户籍状况		性别		配偶状态	
	非农户口	农业户口	女性	男性	无配偶	有配偶
一点儿都不满意	1.40 (22)	2.75 (126)	2.87 (86)	1.97 (62)	3.19 (44)	2.18 (104)
不太满意	8.02 (126)	12.57 (575)	11.80 (354)	11.03 (347)	12.67 (175)	11.03 (526)
比较满意	68.51 (1077)	59.15 (2706)	59.13 (1774)	63.82 (2007)	56.84 (785)	62.91 (2999)
非常满意	19.66 (309)	23.63 (1081)	24.10 (723)	21.21 (667)	25.20 (348)	21.86 (1042)
极其满意	2.42 (38)	1.90 (87)	2.10 (63)	1.97 (62)	2.10 (29)	2.01 (96)
合计样本数	100.01 (1572)	100.00 (4575)	100.00 (3000)	100.00 (3145)	100.00 (1381)	99.99 (4767)

表 6-5　2011—2012 年中国不同户籍、性别和配偶下 60 岁以上老年人
自评健康状况描述表

（单位：%）

	户籍状况		性别		配偶状态	
	非农户口	农业户口	女性	男性	无配偶	有配偶
不好	4.41 (40)	7.91 (233)	8.28 (156)	5.94 (117)	6.89 (67)	7.14 (206)
一般	22.36 (203)	33.19 (978)	33.23 (626)	28.21 (556)	32.10 (312)	30.17 (870)
好	52.53 (477)	41.16 (1213)	41.19 (776)	46.37 (914)	42.08 (409)	44.42 (1281)
很好	15.97 (145)	13.74 (405)	13.85 (261)	14.61 (288)	15.33 (149)	13.90 (401)
极好	4.74 (43)	4.00 (118)	3.45 (65)	4.87 (96)	3.60 (35)	4.37 (126)
合计样本数	100.01 (908)	100.00 (2947)	100.00 (1884)	100.00 (1971)	100.00 (972)	100.00 (2884)

　　表6-5同样表明自评健康状况方面，非农户口要比农业户口更为积极；男性要比女性更为积极；有配偶的老年人要比无配偶的老年人更为积极。由于分析中定义了缺失值，自评健康变量方面，分析的样本数要少于生活质量的经济方面和生活方面。从自评健康状况变量的测量结果来看，中国老年人总体的自评健康状况相对较低，符合老年人生活质量三维度内在一致性的假设。但老年人总体自评健康状况较低，部分反映了当前中国医疗保险制度对老年人自评健康的激励效果有限。总之，从上述分析来看，中国老年人的主观经济地位和自评健康状况水平相对较低，老年人的生活满意度水平较高。从实践上看，结合老年人的收入特点和健康状况，医疗保险和养老金是影响老年人生活质量最为重要的制度。因此，有必要从实证上检验医疗保险、养老金对老年人生活质量的作用。

　　2. 医疗保险、养老金与老年人生活质量

　　本研究设置了三组定序逻辑斯蒂嵌套模型，以考察老年人生活质量、社会支持与社会保障制度的关系。

表6-6　2011—2012 年中国 60 岁以上老年人生活质量的 Ordinal Logistics 模型

	主观经济地位 Model1（发生比）	主观经济地位 Model2（发生比）	主观经济地位 Moodel3（发生比）	生活满意度 Model（发生比）	生活满意度 Model（发生比）	生活满意度 Model（发生比）	自评健康 Model（发生比）	自评健康 Model（发生比）	自评健康 Model（发生比）
控制变量									
户口	0.784 **** (0.050)	0.795 **** (0.050)	0.773 **** (0.048)	1.041 (0.071)	1.040 (0.070)	1.008 (0.068)	0.789 *** (0.067)	0.763 **** (0.064)	0.726 **** (0.061)
小学教育	1.105 * (0.065)	1.105 * (0.065)	1.120 * (0.066)	0.974 (0.064)	0.976 (0.064)	0.990 (0.065)	1.165 * (0.093)	1.162 * (0.093)	1.179 ** (0.094)
初中教育	1.372 **** (0.111)	1.375 **** (0.111)	1.403 **** (0.113)	1.052 (0.090)	1.052 (0.090)	1.075 (0.092)	1.268 *** (0.136)	1.239 ** (0.132)	1.264 ** (0.135)
高中教育	1.333 (0.237)	1.320 (0.234)	1.406 * (0.249)	1.333 (0.242)	1.303 (0.236)	1.392 * (0.251)	1.231 (0.307)	1.189 (0.297)	1.281 (0.319)
高等教育	2.063 **** (0.263)	2.070 **** (0.263)	2.214 **** (0.280)	1.022 (0.128)	1.015 (0.127)	1.092 (0.136)	1.535 *** (0.247)	1.485 ** (0.238)	1.603 *** (0.256)

续表

	主观经济地位 Model1（发生比）	主观经济地位 Model2（发生比）	主观经济地位 Moodel3（发生比）	生活满意度 Model（发生比）	生活满意度 Model（发生比）	生活满意度 Model（发生比）	自评健康 Model（发生比）	自评健康 Model（发生比）	自评健康 Model（发生比）
配偶	1.241**** (0.072)	1.257**** (0.073)	1.241**** (0.072)	1.021 (0.067)	1.029 (0.067)	1.013 (0.066)	0.879 (0.069)	0.874* (0.068)	0.860* (0.067)
性别	0.883** (0.044)	0.887** (0.044)	0.887*** (0.044)	0.925 (0.051)	0.926 (0.051)	0.925 (0.051)	1.190*** (0.080)	1.190*** (0.080)	1.186** (0.079)
年龄	1.014**** (0.004)	1.014**** (0.004)	1.014**** (0.004)	1.018**** (0.004)	1.018**** (0.004)	1.017**** (0.004)	0.983**** (0.005)	0.983**** (0.005)	0.982**** (0.005)
15岁以前健康状况	1.018 (0.022)	1.018 (0.022)	1.021 (0.022)	1.091**** (0.026)	1.091**** (0.026)	1.095**** (0.026)	1.097**** (0.032)	1.097**** (0.032)	1.104**** (0.032)
社会支持变量									
社会资本	1.118**** (0.027)	1.127**** (0.027)		1.129**** (0.029)	1.135**** (0.029)		1.196**** (0.039)	1.194 (0.038)	
社会保障制度									
公共医疗保险	1.278*** (0.113)			1.126 (0.115)			0.804* (0.097)		
养老金	1.281**** (0.080)			1.238*** (0.084)			1.210*** (0.101)		
τ1	−0.598 (0.298)	−0.830 (0.287)	−0.893 (0.287)	−2.112 (0.346)	−2.234 (0.331)	−2.306 (0.331)	−3.915 (0.407)	−3.752 (0.394)	−3.809 (0.393)
τ2	1.017 (0.297)	0.782 (0.287)	0.715 (0.286)	−0.219 (0.338)	−0.343 (0.323)	−0.417 (0.323)	−1.710 (0.401)	−1.550 (0.388)	−1.616 (0.387)
τ3	4.650 (0.305)	4.409 (0.295)	4.335 (0.294)	2.755 (0.340)	2.627 (0.325)	2.543 (0.324)	0.375 (0.400)	0.532 (0.387)	0.453 (0.387)
τ4	7.387 (0.385)	7.146 (0.277)	7.071 (0.376)	5.552 (0.352)	5.424 (0.338)	5.337 (0.337)	2.025 (0.406)	2.181 (0.393)	2.097 (0.393)
样本量	6897	6897	6897	6067	6067	6067	3546	3546	3546
Pseudo R2	0.013	0.012	0.010	0.006	0.005	0.003	0.015	0.014	0.010
Log Likelihood	−7421.504	−7433.267	−7445.560	−6333.643	−6339.259	−6351.531	−4565.873	−4570.095	−4585.428

注：**** 表示 0.001 的显著水平；*** 表示 0.01 的显著水平；** 表示 0.05 的显著水平；* 表示 0.1 的显著水平。

表 6-6 三组嵌套模型分别考察了老年人主观经济地位、生活满意度和自评健康状况的影响因素。模型着重考察社会支持、社会保障制度对老年人生活质量的作用。老年人的主观经济地位方面，老年人户口、年龄、教育、性别、社会资本和社会保障身份，对老年人的主观经济地位都有显著的影响。从表 6-6 可以看出，无论是养老金，还是基本医疗保险，都有助于改善老年人的主观经济地位，二者的发生比（odd ratio）分别为 1.278 和 1.281。可能的原因是当前基本医疗保险制度与养老保险制度相比，覆盖率及给付水平较低，且基本医疗保险制度主要的功能在于减少老年人的医疗费用支付，对老年人消费和收入则是一种更为间接的因素。而养老保险则是一种为老年人在晚年规避收入减少风险的保障制度，可在老年人离退休后以养老金形式为老年人提供直接的收入。同时，表 6-6 反映了相对于老年人的制度参与，老年人对家庭、邻里和社区事务的参与和互动，也有利于改善老年人的经济地位（odd ratio = 1.127）。当纳入制度变量后，社会资本的作用有所减少，但依然是正向且显著的（odd ratio = 1.118）。总之，公共医疗保险和养老金的领取都有利于提高老年人的主观经济地位，这与预防性储蓄理论的预测是一致的。这表明社会保障制度在保证中国老年人的主观经济地位是有一定成效的。从横向上看，社会支持在提高老年人的生活质量各个方面都是比较稳定的，但制度保障的作用则比较波动，因此，虽然研究无法证实假设 1，但证实了假设 2 和假设 5。

就其他控制变量影响而言，从发生比的数值来看，Ordinal Logistics 模型表明相比男性，女性的主观经济地位更高（odd ratio = 0.883）。但这种差异是在统计上显著性为 0.05 的情况下才成立，因此，对这种性别差异存在保留性；受教育程度越高的老年人，其主观的经济地位越高，这符合经典的人力资本理论预测；相比农业户籍的老年人，非农户籍的老年人，其主观的经济地位越高（odd ratio = 0.784）；与那些没有配偶的老年人相比，有配偶相伴的老年人经济地位更高（odd ratio = 1.241）。这些都验证了以往研究所涉及教育、经济地位等实质性因素导致不同的主观经济地位后果。

虽然定序逻辑斯蒂模型回归结果显著，表明社会支持、社会保障制度与老年人的主观经济地位具有较高相关性。但由于相应的伪 R^2 值均不到 0.1，可见相应的解释程度较低。当然，即使考虑老年人主观经济地位的复杂影响因素，被认为最重要的社会支持和制度保障变量解释程度如此低还是有待进一步思考和验证的，本节的研究结果也验证了假设。通过对有关制度保障对主观经济地位影响文献的评述发现，大部分研究发现其有正面效果，但正面效应影响的幅度较为有限。

类似的，本研究分别建构了有关老年人生活满意度和自评健康状况的定序逻辑斯蒂模型，建构的方法与步骤等同老年人主观经济地位模型的建构。首先，老年人生活满意度的定序逻辑斯蒂模型中，参与家庭、邻里和社区事务越加积极的老年人，其生活满意度越高（odd ratio = 1.129）。同时，养老金依然有利于提高老年人的生活满意度（odd ratio = 1.238），假设 3 得到验证。但是，基本医疗保险对老年人的生活满意度是没有显著影响的（odd ratio = 1.126），假设 6 没有得到验证。其他控制变量方面，定序逻辑斯蒂模型表明有别于老年人主观经济地位模型，在生活满意度方面，农业户籍的老年人要高于非农户籍老年人（odd ratio = 1.041），但在统计上不显著。但这表明了老年人生活质量的经济方面和精神方面的区别是存在区分度的，也表明老年人主观经济地位和生活满意度之间的关系并非简单的线性相关。老年人青年时期的健康状况越好，老年人对生活的满意度越高（odd ratio = 1.091）。这是符合既往研究观察的。与此同时，可发现老年人生活满意度方面，教育和性别上不存在明显的区分度。

最后，老年人自评健康模型中，社会资本越多的老年人，其自我评价的身体健康程度要高于社会资本低的老年人（odd ratio = 1.196）。这再次表明社会支持对老年人生活质量的正向作用。同时，参加基本医疗保险的老年人，自评的健康水平要低于没有参加基本医疗保险的老年人（odd ratio =

0.804），假设 4 没有得到显著支持。养老金与老年人的自评健康状况是显著相关的（odd ratio = 1.210），假设 7 获得验证。可能的原因在于养老金给老年人增加的收入，并未用以改善老年人的健康状况。此外，自评健康状况的缺失比例也高于 40%，因变量的缺失一定程度导致了偏差问题。其他控制变量方面，在自评健康状况评价上，非农户籍的老年人要高于农业户籍的老年人。此外，受教育程度越高的老年人，自评健康状况越好；男性要比女性的自评健康状况更好（odd ratio = 0.726）；老年人的自评健康程度的确依赖于老年人 15 岁前的健康程度（odd ratio = 1.097）。最后，年龄越大的老年人（odd ratio = 0.983），自评健康越差，这与老年人的生理发展特征是紧密相关的。

3. 稳健性检验

为考察定序逻辑斯蒂模型估计结果的稳健性，研究分别从估计方法和测量方式对上述结论的可靠性予以检验。

表 6-7 分别显示了 OLS 和 Ordered Probit 估计的结果。对比 OLS、Probit 和 logit 模型的估计结果，可发现社会支持、社会保障制度对老年人主观经济地位的影响方向没有发生变化。类似地，老年人生活满意度和自评健康状况的影响因素方向也未发生变化。影响系数方面，相比 logit 下估计的结果，OLS 严重低估了社会支持、社会保障制度对老年人生活质量的作用，Probit 下的影响因素介于 OLS 和 Logit 之间，且上述估计的显著度不变。相比养老金，基本医疗保险对老年人主观经济地位的作用下降的更为明显。上述模型说明定序逻辑斯蒂模型估计的结果是相对稳健的。同时，这些模型再次验证了当前公共医疗保险供给效果不足的假设。

其次，为了更好地测定老年人自身的生活质量，研究选择了主观态度的测量指标。然而，主观态度的测量方式，通常存在因受访者"搭便车"造成的低估，或基于"担忧"、"礼貌"等动机造成的高估。解决该问题的方法之一是采取重新赋值。由于老年人生活质量三个指标都是采取五级测量，

表 6-7　中国 60 岁以上老年人生活质量的 OLS 和 Ordered Probit 稳健性检验

	主观经济地位		生活满意度		自评健康状况	
	OLS	Ordered Probit	OLS	Ordered Probit	OLS	Ordered Probit
控制变量						
户口	-0.109**** (0.025)	-0.149**** (0.037)	0.003 (0.024)	0.007 (0.038)	-0.102 ** (0.041)	-0.129 *** (0.049)
小学教育	0.045* (0.024)	0.062* (0.034)	0.003 (0.023)	-0.002 (0.037)	0.068* (0.039)	0.083* (0.046)
初中教育	0.133**** (0.032)	0.197**** (0.047)	0.038 (0.031)	0.051 (0.048)	0.098* (0.052)	0.121* (0.062)
高中教育	0.115* (0.068)	0.185* (0.100)	0.130 ** (0.065)	0.195* (0.103)	0.100 (0.119)	0.109 (0.141)
高等教育	0.255**** (0.047)	0.406**** (0.070)	0.024 (0.045)	0.032 (0.072)	0.218*** (0.078)	0.258*** (0.093)
配偶	0.088**** (0.023)	0.121**** (0.033)	0.019 (0.023)	0.023 (0.036)	-0.058 (0.038)	-0.071 (0.045)
性别	-0.044 ** (0.020)	-0.065 ** (0.029)	-0.024 (0.019)	-0.040 (0.030)	0.082 ** (0.032)	0.100 *** (0.038)
年龄	0.005**** (0.001)	0.009**** (0.002)	0.007**** (0.001)	0.010**** (0.002)	-0.008**** (0.002)	-0.010**** (0.003)
15 岁以前健康状况	0.010 (0.009)	0.014 (0.012)	0.030**** (0.008)	0.048**** (0.013)	0.053**** (0.014)	0.059**** (0.017)
社会支持变量						
社会资本	0.048**** (0.009)	0.069**** (0.014)	0.046**** (0.009)	0.071**** (0.014)	0.085**** (0.0156)	0.103**** (0.019)
社会保障制度						
公共医疗保险	0.100*** (0.035)	0.141*** (0.051)	0.061* (0.036)	0.088 (0.056)	-0.098* (0.058)	-0.116* (0.069)
养老金	0.103**** (0.024)	0.149**** (0.036)	0.086**** (0.024)	0.134**** (0.038)	0.092 ** (0.040)	0.110 ** (0.048)
$\tau 1$	—	-0.337 (0.171)	—	-1.014 (0.188)	—	-2.193 (0.232)
$\tau 2$	—	0.614 (0.171)	—	-0.109 (0.186)	—	-0.969 (0.229)

续表

	主观经济地位		生活满意度		自评健康状况	
	OLS	Ordered Probit	OLS	Ordered Probit	OLS	Ordered Probit
$\tau3$	—	2. 632 (0. 174)	—	1. 679 (0. 187)	—	0. 293 (0. 229)
$\tau4$	—	3. 665 (0. 190)	—	3. 065 (0. 191)	—	1. 132 (0. 231)
样本量	6897	6897	6067	6067	3546	3546
(Pseudo) R^2	0. 031	0. 014	0. 015	0. 007	0. 036	0. 014
Log Like-lihood	—	−7412. 553	—	−6327. 568	—	−4567. 014

因此，本研究采取取"中"低估，舍"中"高估的策略。通过重新编码，研究分别采取二元逻辑斯蒂模型（BinaryLogistics）对上述因变量的两种赋值状况估值，重新估计了老年人生活质量的影响系数。模型结果表明无论是低估还是高估。上述研究表明受访者主观动机"误差"并不能显著影响估计结果。

此外，由于原始的教育变量采取了分类变量形式，虽经虚拟变量转换，仍存在自由度消耗的问题，可能导致结果不够稳健。从理论上看，这也会导致模型不够简约。因此，研究针对原始的教育变量予以重新赋值，将上述分类变量转换为连续变量，即假设"受教育程度"对于老年人的生活质量的作用是线性的。具体的赋值规则是，"小学以下"记作1，"小学"记作6，"初中"记作9，"高中"记作12，"中专"记作13，"大专毕业"记作15，"大学或大学以上"记作17。基于定序逻辑斯蒂模型，再次估计各因素对老年人生活质量的作用。结果表明，纳入重新赋值的教育变量，对社会保障制度和社会支持的作用系数影响与原始模型估计系数一致。因此，研究的定序逻辑斯蒂模型估计结果是比较可靠的。

（三）创新养老保险和基本医疗保险制度提升老年人生活质量

本研究基于 2011—2012 年中国健康与养老追踪调查数据，运用定序逻辑斯蒂模型，检验了社会保障制度、社会支持和老年人生活质量的关系。研究发现当前中国的养老保险和基本医疗保险制度，是改善老年人生活质量的重要因素。上述制度对老年人生活质量的作用，不仅在不同类型的制度上存在差异，而且对老年人生活质量的不同方面也存在差异。基本医疗保险和养老金都可积极改善老年人的主观经济地位；养老金有利于提高老年人的生活满意度。这在政策上表明当前中国实行的养老保险制度和基本医疗保险制度可提高老年人生活质量的物质和精神方面。从理论上看，研究证实预防性储蓄理论在解释中国老年人主观经济地位和生活满意度的适用性。研究还表明"医疗不足"理论更适于解释中国老年人的自评健康状况，这与 Grossman[1]（2004）的理论是不一致的。分析发现医疗保险参与者在健康自评上要低于没有医疗保险参与者，这与薛伟玲和陆杰华[2]（2012）的研究结论是一致的。

这种现象出现的原因通常来自两个方面：其一是参加基本医疗保险的老年人，多是收入较低的老年人，这部分老年人在自付健康照料上的成本更高，通常无法运用除基本医疗保险覆盖外的医疗服务，导致这些老年人在自我评价健康的状况下表现得更为消极；其二是医疗保险制度设计的自选择效应。当前中国基本医疗保险制度的规定，导致一些身体健康差，医疗需求服务高的老年人，因收入低而无法参保。同时，基本医疗保险制度还规定医疗报销中有城乡差异化的自付比例，且异地享受差异性的基本医疗服务报销比例。对医疗政策执行过程中的担忧，进一步减少了老年人在基本医疗保险中的参与。因此，当前中国基本医疗保险制度，尚未发挥对提高老年人健康自评水平应有作用。区域治理中，创新和完善城乡统筹下的基本医疗保险制度

---

① Grossman, "The Demand for Health, 30 Years Later: A Very Personal Retrospective and Prospective Reflection", *Journal of Health Economics*, 2004, 23(4), pp.629-636.

② 薛伟玲、陆杰华：《基于医疗保险视角的老年人医疗费用研究》，《人口学刊》2012 年第 1 期。

是提高老年人健康的必由之路。

上述分析表明，当前中国的养老保险和基本医疗保险制度对老年人生活质量的作用是较为复杂的。一方面，当前制度的确有利于提高老年人在物质和精神方面的生活质量；但另一方面，当前制度对提升老年人健康水平下的保障作用还不够显著。因此，未来区域治理中应着重加强基本医疗保险制度的完善和改革。要加强结合人口学、法学和经济学等学科对基本医疗保险制度改革的研究。中国基本医疗保险制度改革应从以下三个方面入手：

第一，制度设计上，应强调基本医疗保险制度的法治、公正和公平原则。法治上，当前中国政府财政对城镇居民医保和新农合的财政补贴是随意的，这违背了保险待遇水平法定化的要求，因而，未来这种财政补贴必须经过预算程序以法定义务的形式确认并履行。公正上，强调医疗保险管理当局在保险政策的制定和保险给付过程中，必须严格遵守管理机构的义务，加强个人账户基金的管理和运营。公平上，强调对所有老年人，无论城乡、地区和险种类型上，需以医疗费的公平负担为目标。这要求扩大医疗保险覆盖范围，同时合理规定老年人的医疗负担。①

第二，政策执行上，必须着力培养老年人对基本医疗保险制度的合理认知和制度信任。由于城乡二元结构造成的城乡老年人对待制度存在着认识隔阂，老年人就医的主观愿望是不同的。因此，针对农村老年人收入低和对制度运行过程认识较为缺乏的特征，应加大政策宣传，引导老年人充分利用基层卫生服务。②

第三，制度支持上，应注意扶植和发挥社会力量在老年人医疗服务和护理上的供给作用。为此，政府需通过项目或服务购买等激励方式为社会力量

---

① 李文静：《高龄化背景下老年人医疗保险之立法因应——日本老年人医疗保险立法之考察》，《比较法研究》2013 年第 6 期。

② 白重恩、李宏彬、吴斌珍：《医疗保险与消费：来自新型农村合作医疗的证据》，《经济研究》2012 年第 2 期。

的发展提供条件；政府应为各类非政府公益组织和社会团体营造良好的政策环境，降低这些团体服务的准入门槛。针对老年人个体，应积极动员老年人参与各类社区为组织单位的文娱活动。

第三节　人口老龄化语境下的区域治理创新

当前，发展速度快、准备不足、未富先老的中国特色人口老龄化会对经济社会可持续发展形成巨大考验。已经产生了养老保障问题、医疗保健问题、城市规划问题、劳动力结构问题、消费与需求结构问题、文化服务问题、财政分配比例问题等一系列连锁反应，已经极大影响了区域经济社会的可持续发展。因而，在区域治理现代化中，应当准确把握人口老龄化的现状与发展趋势，在区域公共服务创新、鼓励社会力量参与等有效应对人口老龄化方面有所作为。

一、人口老龄化趋势下的区域公共服务创新

在人口老龄化趋势下，如何增强相应的公共服务能力，提升社会整体公共服务水平，以更好应对人口老龄化带来的诸多问题与挑战，成为社会各界共同关注的议题。本节的研究正是基于此背景，选取位于东部地区的人口大省——江苏省为例，探析该省人口老龄化现状及其影响下的基本公共服务供给需求，以期为探索人口老龄化趋势下区域治理中的基本公共服务供给机制与路径，提供政策建议与思路。

（一）基本概念、理论借鉴与理论逻辑

国际上，通常将 60 岁及以上人口占总人口比例达 10%，或者 65 岁以上

人口占总人口比重达 7%，作为一个国家或区域步入老龄化社会的标准。由于总人口中年轻人口数量减少、年长人口数量增加而导致老年人口比例相应增长的动态过程即是人口老龄化。人口老龄化既是一个相对概念，也是一个变化的过程，特指一个国家或者区域的老年人口相对于总人口的比例具有显著性，具体即是指该国家或者区域的老年人口在总人口中所占比例逐渐上升的过程。

公共服务是公共行政领域的一个关键议题，反映了公权力行使的质量和整合。各学者基于不同视角与理论对公共服务进行了阐释分析。1912 年，法国的公法学者莱昂·狄骥（Leon Duguit）在其著作《公法的变迁：法律和国家》中首次正式的阐述了"公共服务"的概念，即"那些政府有义务实施的行为"，"任何因其与社会团结的实现与促进不可分割、而必须由政府来加以规范和控制的活动，就是一项公共服务，只要它具有除非通过政府干预，否则便不能得到保障的特征"。20 世纪中期，西方公共经济学家奥斯特罗姆（Elinor Ostrom）、马斯格雷夫（Musgrave）、萨缪尔森（Samuelson）、布坎南（Buchanan）等从公共产品和物品的角度剖析了基本公共服务的内涵，界定了公共服务的根本特性，同时，提出了纯公共产品这一概念。20 世纪中后期，伴随新公共管理运动和新公共服务运动的兴起与发展，基本公共服务定义及方式产生了巨大变化，基本公共服务的责任主体和供给主体逐步分开，其定义也已经和政府治理价值比较密切的联系起来，较为代表性的如詹姆斯（James）将基本公共服务定义为"由人民建立起来的，为公民提供服务、维护集体利益，并承担相应义务的相关活动"。①

在公共服务的供给研究上，有关其提供方式的研究经历了由单一化向多

---

① ［美］詹姆斯·S.鲍曼等：《职业优势：公共服务中的技能之角》，张秀琴译，中国人民大学出版社 2005 年版。

元化，由传统式向现代智能化转变的发展过程。Savas① （1992） 的研究明确提出了政府推动私营部门提供公共产品的三种路径：委托、撤资及代替。Yavuz，Nilay② （2010） 立足于电子政府广泛流行趋势，认为随着公共部门越来越多的通过新技术向公民提供服务，须处理好数字化悬殊问题，建立一个更为公正的利益分享机制，从而使不同层次的人们都可以分享技术带来公共服务的实惠。Albert Jacob Meijer③ （2011） 基于经验性信息交流与社会情感支持的考虑，主张构建数字社区以补充政府为中心的单一公共服务提供方式。在许多发达国家，社会企业已经发展成公共服务提供的首要现象。基于理论框架 "Blended Value Accounting" （BVA），Manetti,G.④ （2014） 对社会企业的社会经济影响的测量实践进行了探索性分析。随着电子政务的发展，公共电子服务 （public e-services） 产生并越发受到关注，譬如Wihlborg，E.⑤ （2014） 通过关注公共电子服务供给探讨电子政府的合法性问题。

在新公共服务理论框架下，本研究认为人口老龄化趋势下的基本公共服务供给是为适应老龄化的要求和需求，涉及养老、医疗、福利、护理等方方面面的公共服务供给。人口老龄化趋势下的基本公共服务反映的是一种老龄人口与政府、社会间的需求与供给关系，在服务主体、对象、项目、手段等方面需做到多元化、多样性，以提升其效益与效率，实现经济社会的可持续

---

① Savas, E.S, *"Privatization"in Mary Hawkeaworth and Mau-rice Kogan*, (Eds) , Encyclopedia of Government and Politics, New York: Routledge, 1992.

② Yavuz, Nilay, "Understanding Citizens' Adoption of New Technologies Used in Delivery of Public Service and Information", *Dissertations & Theses-Gradworks*, 2010.

③ Meijer, A. J., "Networked Coproduction of Public Services in Virtual Communities：From a Government-Centric to a Community Approach to Public Service Support", *Public Administration Review*, Vol. 71, No. 4, 2011, pp. 598-607.

④ Manetti, G., "The Role of Blended Value Accounting in the Evaluation of Socio-Economic Impact of Social Enterprises", *VOLUNTAS*, Vol. 25, No. 2, 2014, pp. 443-464.

⑤ Wihlborg, E., "Legitimate e-Government-Public e-Services as a Facilitator of Political Legitimacy", 2014 *47th Hawaii International Conference on System Sciences*, 2014, pp. 2148-2157.

发展。

本节研究主要借鉴新公共管理、新公共服务与善治等理论以分析人口老龄化趋势下的基本公共服务供给问题。

新公共管理理论是指自 20 世纪 80 年代中期以来，主要以欧文·休斯（Owen E. Hughes）为代表的学者基于经济学理论与私营部门管理理论，主张在公共部门采用私营部门管理方法与竞争机制，关注结果的实现及其责任的一种典范与方法。新公共管理理论更加强调治理而不是行政性的，支持公共部门引入竞争机制，政府在于"掌舵"而不是"划桨"。批判了政府传统官僚等级制下的政治与行政二分，以及政府规模、范围与方法的过度所导致行政浪费、效率低下等恶果。虽然新公共管理的一些观点遭到来自新公共服务理论学派等的批判与质疑，但其强调市场机制运行的观念仍具有指导意义。在人口老龄化趋势下，基本公共服务体系必将有所革新，其过程中可发挥公共服务市场机制的调节与分配功效，以及发挥市场主体的参与主动性与良性竞争。

新公共服务理论是美国的行政学家登哈特（Robert B. Denhardt）提出的，其是以公民权理论、社区与公民社会理论、后现代公共行政理论、组织人本主义以及新公共行政学作为主要思想来源的。具体而言，"新公共服务"即是指关于在以公民为中心的治理系统中，公共行政所扮演角色的一套理念。登哈特明确指出，在执行公共政策与管理公共组织时，行政官员应该致力于承担向公民放权以及为公民服务的职责，同时，行政官员的工作重心既不应该是为政府航船掌舵，也不应该是为政府航船划桨，而更应该是注重建立一些明显具有完善整合力与回应力的公共服务机构。在这一理念的指导下，在人口老龄化趋势下，增强公共服务能力与水平应加强公共服务供给领域的合作关系，通过自由对话与公民积极参与，实现地方政府社会管理与公共服务的负责任角色。

善治理论兴起于 20 世纪 90 年代，随着公民社会的提出与发展，得到广泛传播，体现了还政于民、还政于社的过程。俞可平认为，善治是公共利益最大化的社会治理过程，政府和公民社会对公共生活的合作管理是其最本质的特征，并具备法治、回应、合法性、责任性、透明性五个基本要素。在人口老龄化趋势逐步增强的背景下，基本公共服务的供给必须适时地运用善治理念，注重公共服务供给主体多元化，强调政府和公民社会的良好合作，引导、鼓励、支持公民社会积极参与，将法治、回应、合法、责任、透明五个基本要素统一到基本公共服务供给过程中。

基于以上理论借鉴，结合客观实际，笔者建构了人口老龄化趋势下的基本公共服务的理论分析逻辑图。（见图6-2）

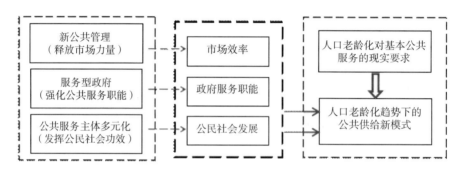

图6-2 政府权力限制理论逻辑图

政府具有公共性、权威性、正当性、强制性等管理优势，人口老龄化趋势下的公共服务供给体系构建须发挥政府管理职能，健全相应的公共服务机制、制度，为市场、公民社会多元化社会主体参与创造良好的机制、制度环境，这也符合建构服务型政府的内外在要求。然而，由于政府失灵可能的存在，还权于社、还权于市，注重公民社会、市场功效的发挥尤显重要。市场虽然具有自发性、盲目性、滞后性等缺陷和不足，但同时，其具备分配资源和促进竞争效率的作用。新公共管理理论与实践者所主张的引入竞争体制、关注结果与责任、"购买者与提供者的分离"等观点某种程度上是可取的，有利于释放市场积极力量。在政府、市场之外，另外一个系统也正在处于积极变化中——公民社会不断发展完善。后现代社会中，社会需求、意识呈现多元差异化，非营利组织、新闻媒体、普通民众等多元化主体参与社会管理的积极性不断增强，且发挥着重要社会功效，提供了与政府、市场相协同的公共治理与公共服务的新路径，这为人口老龄化趋势下的公共服务供给模式的创新探索提供了新思路。

（二）江苏省人口老龄化及其基本公共服务供给需求分析

人口老龄化所产生一系列连锁反应是多因素相互作用与耦合的复杂动态过程。如何化解矛盾，推进健康老龄化和积极老龄化，增强人口老龄化下基本公共服务供给能力成为理论与实务界共同关注的话题。

1. 江苏省人口老龄化现状其影响分析

2005 年的全国 1% 人口抽样调查结果显示：江苏 60 岁及以上与 65 岁及以上老年人口在总人口中占比分别达 15.40% 与 10.86%，较全国平均水平分别高出 4.73 个百分点与 3.17 个百分点。2012 年，《省政府关于印发江苏省"十二五"人口发展规划的通知》指出当前江苏省"十二五"人口发展面临人口老龄化挑战，人口老龄化速度加快。截至 2014 年底，江苏 60 周岁及以上的老年人已高达 1579.23 万人，老年人口占户籍人口总数的比例，也第一次突破了 20%，高达 20.57%。江苏的人口老龄化正处于加速期，与 2013 年比，一年就新增了 84.44 万老人。

当前，江苏作为我国人口最多的省份之一，人口老龄化趋势加强，已成为全国老龄化进程最快的省份之一，其所辖市区亦是明显。江苏的南通市，截至 2014 年底已经达到相当于发达国家人口老龄化水平，占户籍人口比重高达 26.52%，有 203 万位老年人口。苏州和无锡等市的人口老龄化程度也已经达到 24%，进入深度老龄化阶段。之前，众多学者都对江苏人口老龄化状况进行了较为详尽的调研剖析。黄健元[①]（2010）运用 Leslie 矩阵方程对 2010—2050 年江苏 65 周岁及以上老年人口数量与其在总人口中占比、80

---

① 黄健元：《基于 Leslie 方程预测的江苏省人口老龄化特征分析》，《南京师范大学报（社会科学版）》2010 年第 3 期。

岁及以上人口数量与其在总人口中占比等人口老龄化相关指标进行了预测，其认为江苏省人口老龄化已经呈现出速度快、水平高、高龄化现象严重，未来人口老龄化阶段性明显等特征。张静[1]（2011）的研究也总结出江苏省人口老龄化具有四个突出特征：老龄化速度快；具有阶段性和累进性；地区差异明显；城乡差异显著。

在人口老龄化趋势下，江苏省在物质生活、精神文化生活等方面的公共服务面对广度、强度、深度上的要求更高。公共服务也面临新难题与新挑战：个人及家庭层面上，中高龄老年人的赡养问题、养老保障制度问题、医疗保健问题等；区域社会治理层面，城市规划问题、劳动力结构问题、经济产业结构问题、消费与需求结构问题、文化服务问题、财政分配比例问题等。然而，人口老龄化在显示劳动力减少的同时，间接意味着年轻人的就业压力有一定缓解，老年服务行业将受到重视与关注，老年专业服务队伍和志愿者队伍建设成为可能。因而，人口老龄化带来的也并不全是困难与问题，关键在于推动其健康积极的良性发展。

2. 江苏省人口老龄化趋势下的基本公共服务供给需求分析

针对江苏人口老龄化现状，江苏省政府于 2012 年发布的《省政府关于印发江苏省"十二五"人口发展规划的通知》提出，从人口老龄化政策体系、社会养老保障制度、劳动就业制度改革等各方面，全方位积极应对江苏人口老龄化问题与挑战。本研究认为应对江苏省人口老龄化下的基本公共服务供给问题，须在省政府层面做好顶层设计与底层设计；同时，在基层政府层面推进基层公共服务的具体执行与管理，强化基层养老保障性公共服务与城乡老年社区服务。

随着人口老龄化趋势的加剧，其所带来的老年人口社会保障问题所涉及的养老、医疗、服务、福利、护理保健等方面的需求也将逐步加大，相应地

---

① 张静：《人口老龄化与老龄服务问题的研究》，华中师范大学硕士论文，2011 年。

养老保障公共服务须构建多方位、多水平、多层次的完备体系。首先，江苏在人口老龄化趋势下，须完善关于老年人的法规体系，健全人口老龄化政策体系；其次，加快完善社会养老保障制度，探索老年护理保险制度，规范养老保障水平，规范养老保障性公共服务供给方式、标准等，从而促进资源的合理配置；再次，加强基层人口和计划生育服务机构等在居家养老、医疗服务等方面的支持性服务功能，营造良好的社会互助互爱的文化氛围。目前，江苏省在养老保障性公共服务方面的重视程度不断提升，并取得一定成效。《常州市进一步加强老年人优待工作的意见》于 2014 年 7 月出台，该市老龄办联合多个有关部门，对常州市 60 岁及以上的老年人，陆续拓宽其优待的福利范畴，明确了包括卫生保健、政务服务、商业服务、交通出行、文体休闲、维权服务等六个方面共 35 条在内的老年优待项目，内容非常系统、范围也更加全面，涉及老年人生活的各个方面，对外来常住本市的老年人口也将给予同等优待。在健全的法律制度体系框架内，应对人口老龄化的基本公共服务供给体系将走向全面化、动态化、人性化。

伴随经济社会的迅速发展，老年人的物质生活有一定的整体提升，物质消费需求比重相对较低。因而，当前江苏省人口老龄化趋势下的基本公共服务供给需要更加注重老年精神文化生活服务方面的供给。在城乡社区不断发展健全的时代背景下，江苏省应适时适地运用社区这一平台，完善城乡老年社区服务，以更好地应对人口老龄化下的公共服务需求。强化老年社区服务，社区组织可根据当地情况提供特色公共服务。与此同时，政府须加快相应财政转移支付，增强社区公共服务的财力。《省政府关于印发江苏省"十二五"人口发展规划的通知》中就指出，要加速构建养老服务设施，探索空巢老人、独生子女老人和失去自理能力高龄老人的养老服务补贴制度，以家庭为基础、社区为依托、机构为支撑的社会养老服务系统要健全完善。增强老年服务产业的服务标准、行业规范，管理制度构建，鼓励国有、民营资本进入养老产业。还要制定实施扶持政策，注重加强老年人宜居环境建设，推广适合子女、老人就近居住的公寓建设新模式，积极开展养老社区的创建活动。同时，社区是探索老年劳动力机制的重要场地，是积极发展老龄事业和产业，推进老年福利事业社会化的首要平台。城乡社区服务可以有效带动老年人更加主动地参与社会活动，提高其生活质量，有效延长其健康年限。培育壮大老年人护理团队，构建职业化老年服务团队。

（三）江苏省人口老龄化趋势下的基本公共服务供给体系建构路径探析

江苏省人口老龄化趋势下，为实现基本公共服务供给体系建构，本研究认为首先须明确好政府自身的角色定位，强化其公共服务职能，但该服务体系的建构不单单仅靠政府行政部门的力量就可以实现，还需要协同市场、社会等多元化力量。（见图6-3）

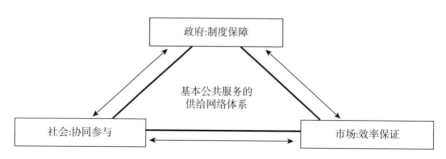

图6-3　人口老龄化趋势下的基本公共服务供给体系建构路径

1. 制度保障：明确政府角色，强化服务职能

楚德江①（2010）的研究将学界所持的政府角色观具体归纳为三种：悲观主义的政府角色观、谨慎乐观主义的政府角色观和乐观主义的政府角色观。三种角色观是基于不同的理论与视角，而对于政府角色的定位，笔者认为当前应立足于行政生态环境，发挥政府在为市场运转、社会参与创造良好环境方面的功能与作用。

---

① 楚德江：《政府角色观的理论分歧》，《甘肃社会科学》2010年第4期。

当前，我国政府的文化和服务观念还相对较为淡化、规则制定和行为监督仍有缺位，兼之全能政府模式的习惯性越位、部分政府服务职能履行不到位、政府职能重点和引导错位，这些都严重影响着行政绩效的提高和实现区域善治。在江苏省人口老龄化趋势下，为更好提升公共组织的公共服务能力，需努力提高依法行政水平，提高公共服务意识，努力建设服务型政府。具体说来，在制度层面，须建立健全基础公共服务系统，改革与创新公共服务模式；还要完善财政资金配置机制，科学优化财政转移支付制度，进一步创造条件提高基层政府提供基本公共服务能力。在管理层面，规范公共服务供给具体执行的操作原则、制度等标准；完善和规范政务服务体系，运用创新的科学技术，发展、完善电子政务，构建公民—政府文化、事务互动交流平台，充分利用网络技术提高政务绩效，扩宽信息交流渠道，打通数据壁垒，进而有效促进江苏省市县政务信息资源共享。

2. 效率保证：完善市场机制，释放市场力量

伴随经济社会快速发展，人们对生活幸福指数的关注日益增加。但由于就业、通货膨胀等因素，虽然 GDP 有所增长，但这些并未带来人们实际购买能力的大幅度上升。社会管理的复杂性增强，社会差异化也不断突显，而公共服务的提供在这方面却没紧跟上发展的步伐，人们的社会意识也有所下降，社会信任危机亟须解决。在江苏省人口老龄化趋势下，基本公共服务供给方式须在考虑公平原则的基础上保证效率，保证公共资源的合理有效配置。

我国社会管理与公共服务的问题不仅仅在于政府的保障性、平衡性的公共产品不足，而更是社会管理与公共服务运行的机制性问题。因而，做好公共服务无疑需要完善好各项机制，特别是市场机制，从而创造良好的公共服务基础机制；再在其基础上，释放市场力量，合理分配社会资源，积极协调好经济部门、政府部门、第三部门—非营利组织（NPO）的工作。2014 年的《江苏省政府工作报告》就明确提出要强化公共服务，规范制定政府购

买公共服务的措施与目录，凡是属于事务性的管理服务，原则上都要引入竞争机制，通过合同、委托等方式向社会购买。因而，探讨江苏省人口老龄化趋势下的基本公共服务供给不得不充分重视市场积极功效的发挥。

3. 协同参与：健全公民社会，促进多元治理

在我国体制转轨时期，做好江苏省人口老龄化趋势下的基本公共服务供给就应当健全公共社会的规范机制，发挥公民社会治理功效，促进公共服务多元差异化发展。一方面，平衡社会管理主体的责权利，通过责权利的界定，增强公民——政府间的信任，为公共社会中各主体的积极社会参与提供良好平台，另外，提高对文化经济下文化混合产品的规制部门——非营利组织（NPO）的作用认识。

楚德江①（2010）认为政府政策的简单化和单一性使其难以满足民众的个性化要求。而进入后现代社会，人们的需求、认识、观念态度越显差异，重视公民社会管理的参与度，强调社会管理主体、方式的多样化将有助于社会管理的有效性，满足公共产品与服务的多元个性化差异需求，进而真正提高公共服务效率。这主要在于资源配置完全依靠市场机制的作用来提供人类生存发展所需的全部产品，将无法实现帕累托最优状态及公平准则；而政府以依靠政治权利获取生产成本——税收来提供的公共服务，因共同消费特征又无法满足群众日益差距的偏好、需要；因而，在市场失灵、政府失灵的情况下，增强代表不同社会群体意识，满足不同社会需要的 NPO 在社会管理层面上的地位就十分必要，发挥其提供混合产品的作用，特别是文化混合产品及其服务的提供尤为重要，建立完善相应制度、实施细则、责任机制至为关键。

总之，人口老龄化是一个相对的动态过程，其产生的一系列连锁反应亦是多因素相互作用与耦合的复杂过程。而人口老龄化趋势下的基本公共服务

---

① 楚德江：《政府角色观的理论分歧》，《甘肃社会科学》2010 年第 4 期。

涉及社会保障、社会治理、经济结构等各方面、各领域。因此，人口老龄化趋势下的相应公共服务体系的建构必将是一个长期复杂的系统工程。须基于战略系统的视角，在公共服务内容与形式上做到完整性；在公共服务对象上做到全面性；在公共服务主体上做到多元性；在公共服务手段与途径上做到合理合法性；在公共服务管理与机制建设上做到动态性。在这一系统工程中，政府、市场、社会等多元化的社会主体都将发挥其不可或缺的职责与功效。政府层面的制度保障，市场层面的效率保证，社会层面的协同参与将共同推动人口老龄化趋势下的基本公共服务供给工程建设与发展。

二、社会企业视角下人口老龄化应对策略

社会企业作为一种介于公益与营利之间、运用商业运营手段达成社会公益目的的新型社会组织，有在欧美等发达国家和地区有效参与老龄服务事业的成功实践。而江苏人口老龄化尤为形势严峻，在 1986 年更是率先进入了人口老龄化社会，比全国（1999 年）提前了 13 年。2010 年人口普查资料显示，江苏 60 岁及以上、65 岁及以上人口的数量、比重均居全国第三，已经对江苏经济社会的可持续发展构成了严峻挑战，老龄服务事业亟待加强和创新。

因此，本研究依然选取江苏为例，针对人口老龄化背景和老年社会保障中社会责任定位不清的客观现实，基于社会企业理论，分析了社会企业参与江苏人口老龄化的现实基础，提出了基于社会企业视角更加有效应对江苏人口老龄化的系统应对策略。期待探索出一条适合江苏省情、中国国情的应对人口老龄化策略理论体系，为区域应对人口老龄化提供新的视角。以加深企业对老年社会的认知，增强对人口老龄化的社会责任，提高整个社会的养老效率，以有助于解决好迫在眉睫的老年社会保障问题，因而，具有十分迫切的战略意义。

关于社会企业，本研究的第三章第三节也已经简单涉及相关内容，这里

仅作概要阐释，社会企业于 20 世纪 80 年代逐渐兴起于欧美国家，随后在世界多国受到广泛关注而得以蓬勃发展。社会企业在欧美发达国家实践中的大量出现是与福利国家的转型相伴随的，作为推动社会治理创新的重要力量，社会企业在应对人口老龄化方面取得了令人瞩目的成就。在我国，越来越多的学者将目光投向了这一领域，对社会企业的概念、特征、类型等方面进行了较为系统而深入的研究，但基本上还处于对国外发展的情况介绍以及对国内发展的理论思考上，实践研究数量不多，从社会企业视角来探讨人口老龄化对策的研究才刚刚起步。

（一）社会企业的理论发展与本土实践

1. 社会企业的概念界定

"社会企业"的概念最早源自欧洲，虽然在世界各国的实践已超过 30 年，但在学术领域，社会企业的核心内涵存在多种表达方式，在实践领域，社会企业的组织形式也是多种多样，"既可能是非营利性机构采用企业化的管理模式，亦可能是营利性企业涉入公益非营利领域，还有可能是为了达到社会公益目的几个非盈利性组织共同投资所创设的营利性公司"①。总之，社会各界对社会企业的概念界定尚未达成共识，但社会企业兼具公益性和营利性的双重属性却得到普遍认可：

公益性是社会企业区别于传统营利性企业的本质特征。与传统非营利组织一样，社会企业具有明确的社会目标，如满足社会需要、创造就业机会、推动可持续发展等。为实现既定的社会目标，社会企业采取商业手段所获得的利润用以服务社会，而不是在股东之间进行分配。

营利性是社会企业有别于传统非营利组织的显著标志。为赚取利润，社会企业也参与市场竞争，从事与商品或服务的生产、流通相关的经济活动。

---

① 黄承伟、覃志敏：《我国社会企业发展研究述评》，《学习与实践》2013 年第 5 期。

与传统意义的营利性企业一样，社会企业在经济活动中也具有自主经营、自负盈亏的能力，并积极追求企业的核心竞争力以获得自身的可持续发展。

因而，基于社会企业公益性与营利性的双重属性，可以将社会企业定义为一种介于公益与营利之间的新型社会组织，简言之就是运用商业手段来达到公益目的社会组织。

2. 社会企业的本土实践

20 世纪末，社会企业开始进入我国香港和台湾地区，后进入内地。由于发展历史很短，我国尚未对社会企业进行明确的法律界定和规范。有学者根据西方社会企业的界定，认为当前我国存在四类"类社会企业"或"准社会企业"：民间组织（包括社会团体、基金会、民办非企业单位）、合作社、福利企业、社区服务中心①。《中国社会企业与影响力投资发展报告》尝试对社会企业进行本土化定义，提出了社会企业的三级概念框架②（见表6-8），认为在现存的诸多"类社会企业"类型中，福利企业与社会企业的

表6-8　三类社会企业定义的多维度比较

属性	A 类：广泛意义	B 类：严格意义	C 类：特殊意义
定义	以创造社会效益为核心文化的企业	以社会效益为首要目标、社会公益投资为主要利润分配的企业	经营性收入为主的民办非企业单位
行动主体	投资者 教育者 创业者	政府机构 第三方评估机构	政府机构 社会组织
主要动机	推动私人资本流入 促进社会企业被广泛地传播、认知 鼓励社会企业家实践	有助于制定扶持社会企业的政策和法规 促进社会企业有效管理和监督	保留中国体制内特色的组织形态 推动公益组织向社会企业转型
法人结构	企业	企业	社会组织

① 丁开杰：《从第三部门到社会企业：中国的实践》，《经济社会体制比较》2007 年增刊。
② 《中国社会企业与社会影响力投资发展报告》，http：//www．serc-china．org/research/overview/sewhitepaper．html，2015—1—22。

续表

属性	A 类：广泛意义	B 类：严格意义	C 类：特殊意义
经营模式	经营性业务	经营性业务	经营性业务、传统捐助
主要目标	社会目标、经济目标	社会目标	社会目标
利润分配	没有限制	超过 50% 利润流入社会公益投资	不能分红
监管机构	工商	民政、工商	民政
政策优惠	没有	有	有
投资收益	全部的投资回报收益	有限的投资回报收益	没有投资回报收益，视同慈善捐款
认证重心	社会效益、财务可持续性	社会效益、利润分配	经营收入
定义的价值诉求	推动社会企业文化、投资	协助政府有效管理和政策制定	保留中国特色的社会企业形态

组织目标、组织性质、业务领域等方面的契合度最高，而民办非企业单位则是特殊意义上的社会企业。因为，虽然民办非企业单位其本身已经满足了以经营性活动作为运作模式，以及以社会服务目标为使命的社会企业两大主要维度，但在目前的法人结构体制下，它属于社会组织范畴，受民政系统管理，能接受捐款资助，但是不能分红，因而，其与社会企业还是有组织上的差异的。总之，当前我国严格意义上的社会企业屈指可数，有些社会团体和基金会正在转向社会企业。①

（二）江苏人口老龄化与老龄服务事业

1. 江苏人口老龄化形势严峻

老年人口绝对数量大、比重持续提高、老年抚养比加重。以常住人口为统计口径，2010 年江苏 65 岁及以上人口超过 855 万人；每 10 个人里面至少有 1 个

① 徐君：《社会企业组织形式的多元化安排：美国的实践及启示》，《中国行政管理》2012 年第 10 期。

65 岁及以上老年人；平均每 7 名劳动年龄人口就要负担 1 名 65 岁及以上老年人。（见表 6-9）有学者预测，江苏老年人口比重的上升趋势会一直持续到 2050 年。[①] 关于江苏人口老龄化的严峻现状，前文已有研究说明，在此不再赘述。

表 6-9　历次人口普查江苏老年人口数量、比重及老年抚养比

指标	1953	1964	1982	1990	2000	2010
65 岁及以上人口（万人）	169.22	165.07	335.67	455.28	645.84	855.86
65 岁及以上人口比重（%）	4.49	3.71	5.55	6.79	8.84	10.88
老年抚养比（%）	7.75	6.56	8.47	9.77	12.36	14.30

资料来源：历次人口普查资料。

高龄化趋势明显、家庭小型化、空巢老人多。以常住人口为统计口径，江苏 80 岁及以上的高龄老年人口比重不断攀升；平均每户家庭的人口数量从建国初的 4 人多一路跌至 2010 年的不足 3 人（见表 6-10）；空巢家庭超过 30 万，空巢老人超过 481 万（见表 6-11）。

表 6-10　历次人口普查江苏老年人口结构及家庭户规模

指标	1953	1964	1982	1990	2000	2010
80 岁及以上人口占 60 岁及以上人口比重（%）			7.67	8.81	10.78	13.34
家庭户规模（人/户）	4.19	4.09	3.91	3.66	3.25	2.94

资料来源：历次人口普查资料。

[①]　卜承祖、葛韶华：《江苏省应对人口老龄化挑战研究》，江苏人民出版社 2009 年版。黄健元、王欢：《人口老龄化对经济社会发展的影响及其对策研究——以江苏省为例》，科学出版社 2014 年版。

表 6-11　第六次人口普查江苏空巢家庭户

	单身老人户	只有一对老夫妇的户	合计
规模（户）	1302724	1754782	3057506
比例（%）	5.34	7.20	12.54

资料来源：江苏省 2010 年人口普查资料。

　　地区差异大。一方面，苏中总体上人口老龄化程度更严重。南通无论从户籍人口统计口径看还是从常住人口统计口径看，都是人口老龄化程度最高的地市；苏州和无锡虽然户籍人口老龄化程度高，但常住人口老龄化程度低于全省平均水平（见表 6-12），主要是流动人口数量较多；另一方面，乡村人口老龄化程度高于城市。有学者认为，这种人口老龄化城乡倒置现象只是人口老龄化过程中的一个阶段，当经济社会发展到一定水平，大规模的城乡人口迁移基本完成，城市老年人口比例最终将超过农村。[1]

表 6-12　江苏各地市、分城乡老年人口比重

	60 岁及以上人口比重（%）			
	2013 年户籍人口统计口径	2010 年常住人口统计口径		
	总体	总体	城镇	乡村
全省	19.65	15.99	13.54	19.68
南京	18.93	13.75	12.60	17.82
无锡	23.10	14.70	13.83	16.77
徐州	16.23	14.74	12.90	16.82
常州	21.95	15.04	12.79	18.91
苏州	23.08	12.76	11.19	16.43
南通	25.40	23.45	19.30	28.69
连云港	14.74	13.29	11.99	14.68
淮安	16.38	14.87	11.60	18.24

---

[1]　杜鹏、王武林：《论人口老龄化程度城乡差异的转变》，《人口研究》2010 年第 2 期。

续表

	60 岁及以上人口比重(%)			
	2013 年户籍人口统计口径	2010 年常住人口统计口径		
	总体	总体	城镇	乡村
盐城	18.65	17.52	13.91	21.43
扬州	21.46	18.98	14.99	24.22
镇江	21.91	16.26	13.98	19.98
泰州	22.75	20.82	17.30	25.23
宿迁	14.27	13.87	11.90	15.70

资料来源：江苏省 2013 年老年人口信息和老龄事业发展状况报告、江苏省 2010 年人口普查资料。

2. 江苏老龄服务事业亟待加强和创新

政策安排、模式拓展、制度创新等方面积累了宝贵经验。江苏为了积极应对人口老龄化困局，缓解老龄服务压力，除依据国家老龄服务政策获得国家层面的扶持外，同时，主动探索地方老龄服务政策。据不完全统计，各级政府制定有关老龄服务方面的政策法规在江苏范围内适用的达到 50 余项，其中国家 13 部、江苏省级 13 部、江苏省各地区合计 24 部。[1]

江苏不断加强老龄服务模式的探索，逐渐形成了具有江苏特色的、深受老年人口认可的五种社区居家养老服务模式：依靠居家养老服务组织机构的"机构运作"模式、依靠养老服务信息平台的"虚拟养老"模式、依靠居家应急呼叫系统的"应急服务"模式、依靠农村土地和住房资源的"集中居住"模式、依靠社会爱心人士的"志愿服务"模式。此外，南京市鼓楼区已在全面推广"政府买单+民间组织运作"的居家养老服务模式。

江苏老龄工作制度化建设方面也有诸多创新。例如，南京市玄武区从 2009 年起将政府资助的居家养老项目进行网上招标，玄武区居家养老服务

---

[1]　杨文健、邹海霞：《江苏现行养老服务体制机制存在的问题及对策研究》，《学术论坛》2014 年第 5 期。

评估中心作为第三方介入，每季度、半年、年终对中标单位的服务情况以及享受服务的老年人口满意率进行评估。江苏还在创新建立养老服务评估制度，争取到 2020 年实现养老服务评估覆盖全体有需求的老年人口。以政府购买服务的方式，委托专业机构对养老服务进行调查，对社会组织和养老机构开展养老服务评估，通过科学评估确定服务类型、照料护理等级和养老服务补贴领取资格等。

有效供给不足、服务内容单一、产业化程度低等困局仍须破解。截至 2013 年末，江苏机构养老床位共有 42.8 万张，每千名老年人拥有床位 28.6 张[①]，与我国"十二五"规划提出的"每千名老年人拥有养老床位数达到 30 张"的目标仍有差距。此外，专业化的养老服务人员极其短缺，一方面，尽管所有社区都配备了养老管理方面的社会工作者，但由于社区事务繁多，社会工作者一般都身兼数职，难以把工作做细做透；另一方面，相当一部分居家养老服务中心（站）没有专职的养老服务人员，政府"买单"雇人或依托家政为特定老年人服务，但相关服务人员年龄偏大，文化程度较低。[②]

目前，江苏大多数的养老机构都还是基本养老保障型，"医护型、养护型"的养老服务机构建设不足。大部分养老机构的服务内容都比较单一，还是以基本的起居生活为主，缺乏人性化特色和个性化的服务，无法有效满足老年人身体康复、精神赡养、心理慰藉、文化娱乐等更高层次的需求。这反映出针对老年人需求层次、需求对象、需求服务的标准分类指标体系尚未确立，对于老年人的养老需求缺乏足够的认识和了解。

老龄产业作为一项重要的服务业，未来发展空间巨大。总体说来，江苏老龄产业虽然起步较早并有所发展，但仍存在着产业规模小且零散、服务领

[①] 江苏省老龄工作委员会办公室：《江苏省 2013 年老年人口信息和老龄事业发展状况报告》，http://www.jsllw.gov.cn/cms/site/1111/tzgg/content263.html。

[②] 宋言奇：《打造多元化的养老服务体系——基于江苏的养老服务发展实践》，《现代城市研究》2012 年第 8 期。

域狭窄且粗放、管理水平低下且管理标准缺失等问题，无论是老年产品还是老年服务，都远远无法满足老年人的需求，与产业化的要求更是相去甚远。老龄产业之所以需求很大、关注很多，但至今没有达到理想状态，难点之一就是如何坚持市场盈利性和福利性的统一，政府既要让位于市场，但又须避免"产业化就是完全市场化"，因为，和其他产业相比，老龄产业还无法割舍的包含着福利的内涵。

（三）社会企业参与应对人口老龄化的现实基础

1. 社会企业参与应对人口老龄化的价值分析

社会企业的发展不仅有利于改善社会公共服务，而且还有利于扩大社会就业、引导培育公民的公益精神。现有的政府、市场及志愿供给老龄服务的三条路径都有各自的缺陷，社会企业则能够提供低成本、高效率的老龄服务，并能同时解决自身发展的可持续问题。具体来说：

一是弥补政府失灵。面向市场引导社会力量参与是解决我国"未富先老"、"未备先老"问题的必由之路。[1] 政府行为受到机制体制的制约，在提供老龄服务时不可避免地出现高成本、低效率甚至无效率的现象，此外，政府提供的老龄服务存在单一性的缺点，无法满足老年人多样化的需求。社会企业的公益性经营属性决定其是在考虑尽可能实现供给成本最小化的基础上来供给最有效的老龄服务，同时，社会企业商业运营的特质可以迅速回应老龄服务需求的变化。

二是弥补市场失灵。市场机制在提高资源配置效率方面具有显著的优势，但老龄服务（尤其是基本养老服务）具有公共产品性质，市场机制天生的逐利性，使它容易忽略那些不能带来高回报的社会需求，从而导致老龄产品、老龄服务的供给失衡。社会企业不同于一般企业，它不以利润最大化

---

① 郭林、丁建定：《试论完善中国社会保障制度体系的基本原则——以"四维体系"为视角》，《华中师范大学学报（人文社会科学版）》2013 年第 1 期。

为目标，而是以解决社会问题为目的，会充分考虑到供给对象的现实需求，尤其是中低收入者的支付能力，以生产成本为基础来设定老龄服务的价格。

三是弥补志愿失灵。非营利组织迅猛增长使其相互间的竞争日益加剧，加之传统捐助资金来源的不确定性，非营利组织的财务压力越来越大，资金来源缺乏稳定性已成为非营利组织可持续发展的瓶颈。相对于传统非营利组织，社会企业很少依赖政府和慈善组织等传统的外部资金来源，社会企业通过可持续的经济活动创造财富，并确保来自这些活动的收益能够直接回馈到社会当中，具有较高的财务自给和可持续发展能力。

2. 社会企业参与应对人口老龄化的机理分析

一是政策有力支持。近几年，中央出台了一系列法律、政策文件，体现了老龄服务在应对人口老龄化中的重要地位，确立了老龄服务发展走政府与市场并重、事业与产业双轮驱动的道路。此外，"政事分开"为第三部门突破双重管理体制提供了重大机遇，有助于今后社会企业保持独立性。从江苏省内情况看，2014 年，江苏南京、无锡两市获批全国养老服务业综合改革试点，江苏并出台了《关于做好政府购买养老服务工作的通知》，该文件明确提出，到 2015 年底前，全省以县（市、区）为单位要有序推进政府购买养老服务工作，并完成购买服务制度建设。

二是市场供需推动。一方面，越来越多的商业企业不再满足于单纯的经济回报，还希望通过商业手段解决社会问题，履行企业社会责任，提升自我社会价值；投资人也对"社会影响力投资"（最主要目的在于创造有利于社会环境的正面效应，并高效解决社会问题，但也不排除传统意义上的财务回报收益）这个概念表现出空前的热情[①]；另一方面，江苏人均 GDP 一直居全国前列，随着人民生活水平的提高，老龄服务需求将不仅仅局限于"老有所养"的最基本层次，老年人口的需求逐渐多样化，需求层次将由"生

---

① 《中国社会企业与社会影响力投资发展报告》，http：//www. serc-china. org/research/overview/sewhitepaper. html。

存型"向"发展型"、"享受型"不断升级。

三是社会积极响应。越来越多的非营利组织正试图摆脱对传统捐款的依赖，谋求可持续的财务来源，它们中的大多数有转变为社会企业的潜力，在未来，很多有志于解决社会问题的个人和组织可能会直接选择社会企业这种形式。同时，近年来，与社会企业相关的理论研究、成员组织、研讨会议、孵化器不断出现，我国的社会企业已开始萌芽，例如，南京爱德社会组织培育中心由爱德基金会于 2009 年 10 月创办，得到了南京市民政局、建邺区民政局支持，并由建邺区南苑街道免费提供办公场地，开展社会组织培育工作。

3. 社会企业参与应对人口老龄化的成功实践

随着我国社会福利体制逐步向市场化、民营化转型，各类"社会办养老院"发展迅速，出现了许多具有社会企业特征的老龄服务组织，如"鹤童"等。① 1995 年，鹤童在天津成立，其是典型的非营利机构法人组织（NGO-NPO）。经过近 20 年的努力，鹤童已经从最初的老人院发展成为鹤童老年福利协会、鹤童民办非企业系列单位、鹤童老年公益基金会三位一体的养老服务综合体。目前，鹤童民办非企业系列单位年收入突破 5000 万元，包括七座长期照护老人院、一座老年病医院、七座老人护理职业培训学校、一个国家职业技能鉴定所。目前尚未登记的试运行机构主要包括餐饮配送中心、免陪护派遣中心、老年用品研究所，另有一个已进行企业登记的公益性物业服务公司。

鹤童的产权不属于任何个人，故不设股东，有着服务老年人的公益使命，不追求利润最大化，没有分红，除了员工工资和日常行政开销外，所有的资金都投入用于支持发展老人福利的专项项目和老人院护理；除了创办人的投资和社会的捐赠，鹤童主要采用商业化运营模式维持自身的运转和再发

---

① 余晓敏：《社会企业发展路径：国际比较及中国经验》，《中国行政管理》2011 年第 8 期。

展，包括提供有偿护理服务、销售老年相关产品、提供物业管理服务等；鹤童用工与企业用人模式相似，培养了大批专业水平高于一般养老院的护理人员，1998 年注册成立的"鹤童老人护理职业技能培训学校"是全国首家老人护理职业技能培训学校。

鹤童的成功首先要归功于社会企业家精神和魄力，鹤童的公益本质、公司化管理、专业服务和负责人的个人魅力创下了优秀的口碑，为鹤童吸引来客户青睐和捐赠；鹤童从初期的仿效到如今的自主式学习，形成了一个学习型组织，鹤童走出了一条对老年人集中高水平陪护与医疗护理结合的创新之路；鹤童采用类似企业的决策方式，由机构筹资机制向商业化转变，增加了自营收入的比例，在提高自身独立性的同时，由于它不追求利润最大化，又保证了服务质量、降低了服务费用。

（四）基于社会企业视角的人口老龄化应对策略

1. 政府应为老龄服务型社会企业建立良好的制度环境

一是推动社会企业法律法规体系的制定。社会企业不同于传统的第三部门，又不同于一般的商业企业，必须明确社会企业的法律地位，并在此基础上逐步建立与之相关的组织管理、收入来源、利润分红、资产配置、监督机制等具体制度。需要注意的是，对社会企业立法初期，应考虑已有的与"类社会企业"相关的法律法规体系，恰当地建立关联。考虑到社会企业发展的阶段性和复杂性，建议对社会企业实行分级、分资质认定，在资质认定和享有政策支持之间建立起对应关系。

二是积极培育老龄服务型（类）社会企业。在社会企业取得法律身份前，社会组织等类社会企业仍然是社会企业的重要依托形式。具体来说，一方面要降低（类）社会企业的准入门槛，简化注册登记，提供咨询服务，实施"宽准入—严监管"；另一方要通过多种载体孵化与培育（类）社会企业，比如苏州等地设立了社会组织孵化基地，投入资金超过 1000 万元人民币，扶持对象包括公益慈善组织，也应当包括老龄服务型（类）社会企业。

三是大力培育社会企业家精神。将社会使命与企业创造性有机结合，是社会企业家精神有别于政府、市场、第三部门活动的主要特征。在社会企业发展较为成熟的英国，社会企业家个人财力在创办社会企业之初起到了很关键的作用，而我国目前还很缺乏这种社会企业家精神。政府可采取设立社会企业家表彰奖励机制等措施，广泛宣传社会企业家精神，推广成功的社会企业模式，引导公众认识、了解社会企业，形成认可社会企业的氛围。

四是拓展（类）社会企业的资金来源。对于支持（类）社会企业发展的各种基金会，要从政策制度上给予倾斜，同时要帮助（类）社会企业获取适当的融资，吸引私人投资和风险投资进入社会企业，以支持其对老龄服务的供给。此外，应加强政府与（类）社会企业之间的合作，可因地制宜地采取授权委托、直接资助、购买服务、财税补贴等多种形式。

2. 社会应为老龄服务型社会企业营造良好的成长环境

一是整合社会力量为社会企业发展提供咨询服务。在我国，社会企业目前还是一个新鲜事物，严格意义上的社会企业数量很少，老龄服务型社会企业可供参考的经验不多，不管是在创办之初还是在发展过程中，规范、全面的咨询服务可为其指明方向。在英国，有很多从事社会企业家培训以及从事创办社会企业的咨询公司，这类型的公司会听取前来咨询者个人的想法，为其出谋划策，提供一系列涵盖创办社会企业所需要的各个方面的课程安排；此外，英国社会企业网站（www. socialenterprise. org. uk）中就有专业的创办社区老龄服务型社会企业的指导教材，教材涉及经营的各个步骤、经验分享、资金来源、管理与提供的服务等。在这方面，我国的先行者可以是发展较为成熟的社会企业，也可以是专门的非营利性组织，还可以是政府主导。

二是科学建构社会企业社会监管的网络体系。在促进老龄服务型社会企业发展过程中，要强化社会监管，突出行业协会的规范与约束。行业协会公共行政的权威具有较强的公共性，其在设立从业规范、开展行业自律监管、维护公平运行机制、推进行业制度和服务创新等方面发挥着重要作用。社会企业的行业协会应从长远利益和整体利益出发，公开、公正、公平的发挥引导、规范、监督作用，促进社会企业的健康持续发展。同时，要积极发挥媒体对社会企业的宣传、监督作用。新闻媒体可以开辟专栏，大力宣传良好履行社会责任的企业和曝光不履行社会责任的企业，促使其变压力为履行社会责任的动力，并向良性方向发展。

三是开展社会企业观念和相关知识教育。通过在大学设立社会企业专业、开设社会企业课程、开展社会创业教育来培养社会企业人才、培育社会企业文化。要集中全国相关领域的理论研究者和实际工作者来加强对社会企业理论的研究，攻克国内社会企业发展中的难点问题。欧美国家许多一流大学已经做了有益的尝试，比如哈佛大学商学院的社会企业发展中心，斯坦福大学商学院的社会企业家精神发展中心，牛津大学赛德商学院的斯科尔社会企业研究中心，剑桥大学贾吉商学院也提供了社会企业硕士学位课程。

四是建立健全社会企业的评估体系。老龄服务型社会企业是协助社会及政府提供公共服务的一种创新商业模式，需要探索和建立一套多方参与实施的社会企业评估指标体系，设立科学合理的评估指标和办法，提倡评估主体的多维化，做到内部评估与外部评估相结合，多维度地看待评估结果，通过定期开展社会企业评估，以提升社会企业的公信力和诚信度，促使社会企业健康发展。评估结果要作为政府和社会对社会企业提供政策优惠、协调扶持和资金倾斜的重要参考，促使老龄服务型社会企业不断向规范方向发展，鼓励和支持社会企业在为老龄服务的过程中实现其自身的社会价值。

3. 老龄服务型社会企业应加强自身建设与创新

一是科学进行社会企业定位，全面推进公益品牌战略。老龄服务型社会企业的公益性要求它在微利的情况下必须拓展资金来源以实现可持续发展，而营利性要求它必须面向市场并与其他经济单位展开竞争，这种社会公益和市场经济的有机结合，需要通过创新来完成。需要老龄服务型社会企业通过充分的市场调查，了解所服务区域老年人口的真实需求，老年人口的需求会涉及医护服务、复健服务、身体照顾、家务服务、关怀访视服务、电话问安服务、餐饮服务、紧急救援服务、住家环境改善服务等多元服务。一家老龄服务型社会企业在创立之初不可能面面俱到，需要科学定位，结合自身优势和老年人需求找到突破口。同时，注重宣传和推介自己，恪守社会公益责任，构建良好的企业声誉，积极塑造优质公益品牌形象。

二是优化社会企业治理结构，广泛开展管理创新。完善企业治理结构，能有效促进社会企业公益责任的真正落实。老龄服务型社会企业在承担法律意义上社会责任的同时，应以倡导利润最优化来取代利润最大化作为公司治理目标。在利润最优化的治理目标下，公司治理层不再以最大化股东利益为公司治理的唯一目的，而应通过增加收入并追求对社会老龄服务有直接影响的公益目标来优化企业利益。同时，注重人才建设，进行全方位的管理创新，除了用合理的报酬、人生的价值来吸引有老龄服务经验的人才加入社会企业，还要加强日常的培训，让个人得到成长、使社会企业成为一个学习型组织，推广养老时间储蓄制度，将尚有余力的老年人吸纳到人才队伍中。

三是创新社会企业商业模式，提高市场运作和公益创新能力。社会企业包括"社会"和"企业"两个元素，之所以社会企业与一般的非营利组织不同，其关键就在于有自己的"造血"能力，它能实现自我盈利并靠此生存和发展下去。鼓励社会企业"济世为怀"之余，也要鼓励和引导社会企业大胆探索新的发展模式，掌握市场脉搏，融社会公益、商业之间和谐统一。我国的社会企业多是从公益性社会组织发展而来，市场运作和公益创新能力普遍不强，缺乏可持续的商业模式，仍难以摆脱对政府和基金会的资金依赖。还有一些社会企业为"道德"所困，过度强调了企业的公益性而非商业性，甚至超出了社会企业自身的能力承受范围，不利于社会企业的永续发展。要通过创新商业模式，增强老龄服务型社会企业造血功能，将市场收益以市场的手段用于老龄服务公益事业，提升公益事业的社会公信力，保持老龄服务型社会企业的持续发展。

四是倡导先进的社会企业文化，大力提升社会企业综合竞争力。社会企业慈爱文化的精神感召是企业发展的竞争力，它能够激发员工的创造性和干劲，体现社会价值，对社会企业提升综合竞争力具有不可替代的重要作用。社会企业之所以是社会的，就是因为它具有实现社会价值的基本目标，将实现公益目标作为核心理念是社会企业所具备的高社会品质的集中体现。老龄服务型社会企业在企业文化建设过程中，要特别注意加强企业正确价值观的塑造，准确定位在社会发展中的自我位置，坚持核心价值，突出社会公益的终结经营目标，并用此来凝心聚力，使之成为企业全体职工共同的价值准则，促进老龄服务型社会企业的持续健康发展。

第七章　区域治理视域下人口均衡发展的新方略

人口战略构成了中国区域发展与治理的重要对象和核心思考路径，在这种情况下，一方面要形成对整个中国目前人口均衡发展和区域治理的全面认识；但是，更为重要的是，必须深入理解人口作为一种资源要素、经济要素和发展要素，对于整个中国未来区域治理的重要性和关键性。并在此基础之上，从几个核心着手切入，形成区域治理能力提升视角下的人口均衡发展新方略，并最终实现人口、资源与环境可持续发展的中国战略。

因此，本章从中国当下及未来区域治理三大核心视角切入，这三大视角实质上构成了中国未来可持续发展的核心框架和思考路径，而且又都与中国人口问题有着密不可分的关系。在这个基础之上，本章提出这三个视角之下不断驱动实现区域人口、资源与环境可持续发展的中国战略，也以此作为中国区域治理创新中的人口战略进行顶层设计和实施路径思考。

第一个区域治理审视的视角是中国经济经历多年高速发展之后的转型和调整。在改革开放之后，中国经济经历了一段高速发展的时期，这背后有很大一部分原因是因为中国具有极强的人口红利，大量丰富而又性价比极高的劳动力构成了驱动中国经济高速发展的核心动力源。但是随着中国人口红利的逐渐消失以及资源、环境倒逼的经济转型，中国经济进入了由高速发展转向中高速发展的新常态。在这种情况下，如何厘清人口红利与中国经济发展新常态的关系，如何提纲挈领提出未来人口均衡发展的核心思路，就成为必须要进行思考的问题。同时，中国人口结构的整体素质提升与结构转型是未来中国区域治理必须要面对的核心问题，当然，在这个方面，过去也出现了很多问题和缺陷，比如区域发展的不均衡、比如城乡发展的不平等，等等一系列问题。在未来的区域治理中，如何充分吸纳高素质人口资源为区域发展服务，如何切实创新科教文卫投入的体制机制，精准推进中国人口素质的普遍提升，这些都会成为决定中国人口结构未来走向和区域发展活力乃至区域经济长期稳定增长的关键因素。

第二个区域治理审视的视角是中国城乡关系再调整对未来发展提出的挑战，具体落脚点实际上就是"新型城镇化"下如何审视未来。在过去由于中国一直奉行的是城乡二元体制，在户籍、房价以及其他市场因素的限制下，人口要素流动所带来的积极效应并未完全释放，人口迁移过程的畸形特质带来了区域发展不平衡、人口与资源、环境的矛盾加剧等一系列问题。而最新一轮以人为核心的新型城镇化提出要城乡一体发展，这种情况如何将人口迁移与人口、区域的均衡发展相结合，构成了这一部分所必须要回答的问题。

第三个区域治理审视的视角是未来区域治理当中人口、资源与环境的协调可持续发展。可持续发展是全人类共同关注的议题，现代经济社会发展的文明程度越高，人类对生态环境质量的要求和标准就会越高。在区域治理过程中，必须树立可持续发展的治理理念，纠正资源高消耗、环境高污染、生态被破坏的错误发展观，实现中国经济转型升级、加速新型工业化的可持续发展，完善构建人口、资源与环境可持续发展的战略部署、制度安排和政策体系。

第一节　人口红利的再建设与人口素质的新提升

众所周知，中国的"人口红利"创造了人口要素的比较优势，是中国改革开放以来的 30 多年经济持续高速增长的核心动力，因而，中国的"人口红利"及其发展趋势对中国经济发展的影响至关重要。根据国家统计局公布的数据显示，中国劳动年龄人口绝对数量占比在 2012 年首次下降，也即是说，中国的"人口红利"已经在 2012 年出现拐点。这也说明中国第一次人口红利已经接近尾声，潜在的经济增长速度将会有所回落。

同样，人力资源是一种稀缺的生产要素，是一种很宝贵的资源和发展经济的关键因素。一个国家和地区的人口素质直接决定着其劳动力知识存量的多少、人力资本的形成现状和国民素质的高低，进而决定其经济发展的水平和速度。

在这个背景和趋势下，如何创新政策和制度环境，激发劳动力自由转移和尽快有效提升劳动生产率以延长人口红利期；如何继续有效加大科教文卫的投入提升人口素质，保持区域经济持续增长，应该是一段时期内区域治理需要面临的重要课题之一。

一、人口红利的调整与再建设

（一）人口红利背景下的经济高速增长态势与结构优化

国外经济学家在研究"东亚经济奇迹"时首先提出了"人口红利"这一概念。而联合国人口基金会在《世界人口现状（1998）》一书中正式使用了"人口红利"一词，从而使这一概念被学界所逐渐认同、接受并广泛使用。在后续开展人口转变对东亚经济增长推动作用的研究当中，David E. Bloom 等学者第一次使用了"demographic gift"，即人口礼物或人口红利。此后，David E. Bloom 等学者更是明确指出，人口转变将产生有利于经济增长的人口红利，即"demographic dividend"。具体来说，就是出生育率、死亡率等指标的降低和人口年龄结构的改善会给绝大多数国家，尤其是发展中国家提供经济稳定快速发展、生活水平迅速提高的窗口和机遇期。中国在

《国家人口发展战略研究报告（2007）》一书中就指出：人口再生产类型转变使人口的年龄结构变化依次形成：从高少儿、低老年型的高人口抚养比；到低少儿、低老年型的低人口抚养比；再到低少儿、高老年型的高人口抚养比的三个不同阶段。而在人口转变的第二阶段，劳动年龄人口比重高，人口抚养负担轻，人口生产性强，社会储蓄率高，这都有利于经济增长。这一人口年龄结构最富生产性的过渡时期，通常被称为人口红利期，人口年龄结构对经济增长的这种潜在贡献就是"人口红利"。

1. 中国经济的高速增长态势与结构优化

自 1978 年改革开放以来，中国经济总体呈持续高速增长态势，不管是经济规模、产业结构还是人均收入等指标都有着非常显著的提升，已成为影响中国发展乃至世界整体经济形势的决定性力量。具体来看，主要表现在以下三个方面：

（1）经济保持快速增长态势

整个中国的经济规模①虽然年增长速度波动较大，但总体呈持续高速增长态势。尤其是在改革开放之后，由于政策放宽和国内外的环境改善，整个中国经济呈现高速增长。在上世纪 80 年代，经济增长甚至一度达到年增长 15%，1984 年也由此成为改革开放至今经济增长速度最快的一年。但随后，由于受到社会秩序波动和国家宏观经济调控等因素的影响，80 年代末的年度经济增长低至 4% 左右。在 1992 年，邓小平发表一系列"南方讲话"后，又一次助推经济高速增长，形成中国经济增长速度的第二个高峰。中间虽有波动，但基本保持了一波长周期的高速增长，年增长率保持在 10% 以上。而进入新世纪之后，我国经济开始进入稳定高增长的持续加速阶段，从 2003 年开始，一直保持着 10% 的高经济增长速度。从不同时期来看②，中国经济在 1980—1985 年、1990—1995 年和 2000—2007 年三个时期经济年平均

---

① 以 1978 年为基准推算的可比价 GDP。

② 国家统计局：《中华人民共和国国家统计数据库》，http：// www. stats. gov. cn/tjsj/ndsj/。

增长率都超过 10%，其他时期略低。总的来看，自 1978 年实施改革开放到 2007 年的 29 年间，中国经济年平均增长率为 9.79%。如果考虑到中国庞大的人口规模和作为发展中国家的起步条件，能在 30 年的时间内保持经济年均接近 10%的高速增长，不得不说在全世界经济发展历史上也实属罕见，可以称得上是一种"中国奇迹"。

（2）各项经济指标全面提升

伴随着改革开放以来几十年的快速发展，中国作为一个原本落后的发展中国家经济规模迅速扩张，目前，中国的经济规模（以 GDP 为主要代表数据）已经跻身世界一流，成为目前全球化时代屈指可数的经济大国。从以当年价格计算的名义 GDP 来看，1978 年，中国国内生产总值仅仅只有 3645 亿元，到 2007 年迅速增加到了 249530 亿元，29 年时间增长了 68 倍以上。即使按（实质 GDP 的变化幅度进行考察，即以 1978 年不变价格计算的可比价），中国国内的生产总值也快速增长大约 15 倍[1]，与此相对应，整个中国经济规模的全球排名从 1978 年的 11 名一跃成为 2013 年的第二名，成为紧随美国的世界第二大经济体。

与此同时，中国人均国民收入水平也得到明显提高。如果按照可比价格进行计算，在改革开放至今，中国人均的国民收入年均增长率达到了 8.79%，这一速度不仅高于世界平均收入年增长水平和美、日、欧等发达国家和地区，也高于印度等同类型的发展中国家。1978 年，中国人均国民收入只有 190 美元，低于印度（200 美元），只是世界平均水平的 1/10，是日本和美国的 2.7%和 1.8%。[2] 到 2006 年，中国的人均国民收入就已经达到 2010 美元，增长为 1978 年的 10 倍以上。在 1978 年的时候，印度人均收入还高于中国，但到了 2006 年，中国的这一指标已经增长为印度

---

[1]　国家统计局：《中华人民共和国国家统计数据库》，http://www.stats.gov.cn/tjsj/ndsj/。
[2]　世界银行：《2008 年世界发展指标》，王辉等译，中国财政经济出版社 2008 年版，第 14—16 页。

的 2.45 倍。正是这种增减不对称，使得中国的人均国民收入快速增长。这是其他发展中国家都无法实现的成绩，比如同为发展中人口大国的印度。实际上，这种人均收入的增长收益于和中国经济总体规模高速增长相伴生的计划生育等人口规模控制政策。当然，我们必须认识到，中国当前依然是一个发展中国家，虽然经济规模已跃居世界前列，人均国民收入也取得了较快增长，但与日、美等发达国家相比，其他相关经济指标和经济增长质量还有非常大的差距，还有相当大的发展空间，必须继续加快发展。

（3）产业结构持续优化

在高速发展过程之中，中国整体产业结构当中的第一产业比重大幅下降，第三产业比重稳定上升，产业结构高度化变动趋势明显。众所周知，中国的工业基础薄弱，服务业等第三产业更是长期停滞不前。因此，改革开放之初的中国是一个标准的农业国家，第一产业产值在 1978 年的整个经济规模中占比 28.2%，高于第三产业 4.28 个百分点。但自实施改革开放政策以来，中国的经济结构正在发生明显的转变。

由于中国 1978 年是首先从农村开始启动改革开放的，因此，农村的率先改革，非常有力地提高了农业劳动生产率，极大地推动了第一产业的快速发展，致使第一产业产值比重在 20 世纪 80 年代前期一直呈上升趋势。随着改革开放的逐步深入，特别是城市改革开放的快速启动，又促进了非农产业的发展，尤其推动了第三产业的快速发展，使第三产业比重多年来稳步上升。1985 年，第三产业产值比重首次超越第一产业，形成中国经济结构高度化的第一个变换点。此后，伴随着第一产业比重的持续下降，第三产业比重稳定上升，到了 2007 年，中国第一、三产业比重已分别下降和上升到 11.26% 和 40.1%。而与此相对应，第二产业则保持了一段时间内的稳定，从改革开放初期的 47.8%，在 20 世纪 90 年代经历了一段时间的升降变化，随后稳定在 41% 左右，到了 2007 年又上升到 48.64%，这时基本恢复到略高于改革开放初期的水平，但仍未达到50%。①那么，这实际上也显示出中国产业相对结构还并不优化，仍然比较落后，但这同时也显示未来中国还是有比较大的经济增长空间。因此，中国经济未来要保持长期中高速增长，很大程度上要取决于中国经济产业结构的高度提升和结构优化。

2. 人口红利是经济高速增长的主要动力源

这种经济高速增长的背后当然有很多原因，但从人口学的角度出发，可以看到人口变动因素对改革开放以来中国经济持续高速增长的推动作用。这种人口变动因素包含多个方面，但可以将其统一称之为是人口红利因素，分解来说主要表现在以下几个方面：

（1）多层次且高性价比的丰富劳动力资源供给

中国依托庞大的人口规模和年轻的年龄结构，可以非常充分的满足自身经济高速增长对劳动力资源的巨大需求。数据表明，在改革开放初期的1982年，中国15—64岁的劳动年龄人口数量大概占当时全部人口的60%以上，此后这一比重持续上升，进入新世纪之后超过70%。这实际上与当时中国情况相吻合，由于当时产业基础比较落后，因此，改革开放以来国内外的大量投资基本上都是投向低层次的劳动密集型、资源密集型产业，这也使得中国形成了"世界工厂"的独特发展路径。应该说，在工业化初期的经济发展阶段，低层次的劳动密集型产业发展是必不可少的，也因此带来了对劳动力的大量需求。中国改革开放以来的经济起飞很大程度上遵循了这一定律，由于适逢"计划生育"等政策叠加，因此，形成了"黄金"人口年龄结构以及较为丰富的劳动力资源，每年大概有1000万左右的劳动力供给规模，正满足了低层次劳动密集型产业对劳动力的巨大需求。中国在工业化初期经济起飞阶段拥有如此丰富的劳动力资源优势，在其他国家是比较少见的。1978年，中国就业人口为4.58亿人，约占总人口的47.92%；2007年，

---

①　世界银行：《2008年世界发展指标》，王辉等译，中国财政经济出版社2008年版，第14—16页。

这一数字增长到 7.7 亿人，占总人口比重继续提高到 58.27%。不可否认，劳动力资源的丰富度结合产业投资的充足性，一起形成了巨大的生产力，并进而成为改革开放以来推动中国经济稳定高速增长的重要动力。

（2）庞大且无缝对接的消费需求市场

中国人口红利其中的重要一条就是庞大的人口规模形成了巨大的、不断扩张的消费需求市场。作为世界上人口最多的国家，在 1978 年的改革开放之初，中国的人口规模就已经达到了 9.63 亿人，正如笔者前面所言，虽然与改革开放这一国家战略同步实施的是严格的"计划生育"控制政策，但由于人口基数较大，到 2010 年，我国的人口仍然增长到 13.39 亿的规模。改革开放以来，随着经济持续的高速增长，人均国民收入与人民生活水平都明显提高，居民消费结构也不断升级。这就使得原本规模庞大的中国人口具备了较高的收入水平和消费能力，也因此形成了非常多样且庞大的市场潜力空间和消费需求。另外，由于中国长期以来比较落后，基础设施建设缺口很大，加快基础设施建设也是中国发展经济和满足公共服务的基本需求，同时，还可以提高劳动收入占比，增加居民可支配收入，进而提升居民消费能力。所以，必须认识到，投资是推动中国经济增长的重要动力之一，尤其是依托十几亿人口所形成的巨大消费市场，各方面投资无不纷至沓来，从而有力推动中国经济的高速增长。

（3）人口迁移形成以人口为核心的生产要素优化集聚

虽然有户籍管制以及城乡二元体制等限制因素，但是在强大市场作用的推动之下以及城镇化的发展，中国的人口迁移还是非常频繁，而这种流动往往具有明显的集中性，这实际上促进了生产要素的优化配置和集聚效益的提高。改革开放以来，中国迅速完成人口转变，出生率、死亡率都已下降到很低的水平，而人口迁移则日趋活跃，成为人口变动的主要形式。改革开放以来的人口迁移主要表现出以下特点：一是迁移规模、迁移强度日益增大。实际上，改革开放以来数十年除了带来经济发展效果的积累，也不可避免地增大了地区、城乡之间经济收入差异，并也因此形成了城乡区域间就业机会的推、拉作用，推动中西部人口向东部沿海地区及农村人口向城市地区的迁移流动规模急剧膨胀，使人口迁移日趋活跃。中国省际迁移人数及迁移率在1995年达到了350多万和3‰，而这一数据在2000年提高到1000多万和8‰以上，人口迁移的规模与强度均增加2倍左右。根据1990年、2000年的人口普查数据显示，中国省内、省际人口迁移规模在1985—1990年间为3413万人；而在1995—2000年间已高达12466万人，10年时间后者增长为前者的3.65倍。二是中西部及农村地区人口向东部及城市地区迁移构成改革开放以来人口迁移的主流。特别是省际迁移人口更是逐年向东部地区的泛长三角、泛珠三角地区迁移集中。[①] 中国经济发展落后地区，比如中西部及农村地区等，由于资金短缺，技术落后，基础设施薄弱，劳动力富余，因此，该区域的劳动力主要从事生产率和生产价值较低的第一产业；而东部（特别是泛长三角、泛珠三角地区）及城市地区则经济比较发达，相对拥有资金和技术优势，绝大多数外资几乎都集中在东部城市和沿海地区，从中西部及农村地区迁移而至的劳动力也都基本转移到生产率较高的第二、三产业。因此，人口由中西部及农村地区向东部及城市地区迁移是人口迁移的主流，这背后实际上是这样一种迁移过程：即是劳动力从资金不足、技术落后、基础设施落后、劳动力富余的相对欠发达地区和生产率较低的产业向资金充沛、技术优势明显的经济较发达地区和生产率较高产业转移的过程，这样就实现了生产要素的优化配置，创出和提高了集聚效益，有效提高了全要素生产率，从而促进了全国经济的高速增长。

在未来，区域间的人口迁移主流规模越大、强度越高，实际上就越能强力推动中国经济的高速增长，这也是目前中国在总体尚不发达、经济刚欲起飞、区域差异仍十分显著的基础上实现经济增长的必然选择。根据蔡昉等学

---

① 根据中国历次人口普查和1%人口抽样调查数据计算。

者的研究①，中国 GDP 增长在 1978—1998 年的 20 年间，劳动力从农业领域向非农业领域转移的贡献率达到 21%。而相关研究则进一步显示，人口迁移对经济增长具有明显的推动作用，比如在 1980—2000 年间，省际人口迁移规模每增加 1 万人，则中国国内生产总值 GDP 和人均 GDP 都分别增加 100 亿元和 8 元；省际人口迁移率每提高 1 个千分点，其对经济增长的即时作用，可使国内生产总值增加 1.3 万亿元，人均 GDP 约增长 1000 元。②

　　当然，基于自身不同的研究视角，不同的学者对人口红利的看法不尽相同，但基本上都认为，人口红利包含两大基本要素：一是劳动力的数量和所占总人口的比例要较大；二是抚养负担相对较轻。其中，总抚养比是指被抚养的老年人口和少年儿童人口数量之和与劳动年龄人口数量的比，表示一个国家或地区人口负担的轻重。但抚养比和经济增长率并非是一定正向对应的。根据《中国统计年鉴（2007）》的统计数据，全国总抚养比低的吉林省（这一数据为 27.2%），其劳动年龄组的人数比例比较高、而相对应的老年和儿童人数比例低，但这并未推动经济快速发展，实际上吉林省的经济发展水平仅仅处于全国中后游，人均 GDP 是全国的第 13 位，而东北三省和内蒙古等省市与吉林的情况十分相似。然而，经济发展较快的广东省，人均 GDP 为全国第 6 位，仅次于上海、北京、天津、浙江和江苏，但总抚养比却居全国中游，这一区域的劳动年龄组人数比例相对低，而相对应的老年和儿童人数比例高，在 2003 年甚至以 52.9% 成为全国最高，江苏等东部沿海发达区域也与之类似。从抚养比和经济增长率对比的视角出发来看，日本低抚养比与"经济高速增长期"也不一致。日本 1960—1970 年 10 年间的年均 GDP 增长率为 9.4%，平均总抚养比为 49.1%；而后 1970—1980 年的 10 年间，日本的年均 GDP 增长率为 4.5%，平均总抚养比为 47.1%；1990—2000

---

　　①　蔡昉、王德文：《中国经济增长可持续性与劳动贡献》，《经济研究》1999 年第 10 期。
　　②　王桂新、沈建法、魏星：《中国省际人口迁移与经济发展互动关系研究》，《中国劳动经济》2004 年第 1 期。

年日本的年均 GDP 增长率为 1.5%，抚养比均值为 49%。因此，虽然日本 20 世纪 70 年代的抚养比仅仅是略低于 60 年代的抚养比，但日本的经济增长率却下降了一半还多；同样，日本 90 年代的抚养比与 60 年代相当，但这一阶段日本的经济却实质上陷于停滞。[①] 以上数据在一定程度上证明了人口低负担比并非经济高速增长的必要条件，人口低负担比与经济发展呈弱相关性和弱因果性。[②]

实际上，人口红利对中国经济高速增长的作用存在阶段性差异和作用点不同等特质。学界普遍认为，就一个国家和地区来说，影响经济增长的因素是综合性的，资本、劳动力、技术进步、企业家才能和制度等因素均对经济增长有影响，只是在某些特定时期某些因素会起到更为重要的作用。因此，必须具体分析决定经济增长实质性要素有哪些，以及这些要素如何运作实施。有很多不同的研究试图论述改革开放以来我国经济高速增长背后的动力等问题，蔡昉[③]就指出，改革开放 30 年来我国经济增长的动力很大一部分来自人口红利，比如人均 GDP 增长率的 27% 贡献来自于人口红利。而根据国务院发展研究中心的研究显示，1978 年到新世纪初，劳动力对经济增长的贡献率在 10.6% 左右，而且这种贡献率随着阶段更替呈现出逐步下降的趋势，由 1978—1985 年这一阶段的 12.9% 下降到 1990 年以后的 4.5%；远远低于资本贡献率的 63% 和技术进步等因素的贡献率 26.2%。[④] 王文举等[⑤]（2007）则对新世纪初期全国经济增长因素进行分解，认为资本的贡献率为

---

① 黄润龙：《"人口红利"质疑：虚化了人口与经济的关系》，《现代经济探讨》2009 年第 8 期。

② 穆光宗：《中国的人口红利：反思与展望》，《浙江大学学报（人文社会科学版）》2008 年第 3 期。

③ 蔡昉：《人口红利仍有潜力可挖》，http://finance.jrj.com.cn/people/2010/01/1615236818835.shtml。

④ 孙自铎：《中国进入"刘易斯拐点"了吗？——兼论经济增长人口红利说》，《经济学家》2008 年第 1 期。

⑤ 王文举、范合君：《我国市场化改革对经济增长贡献的实证分析》，《中国工业经济》2007 年第 9 期。

72.44%，劳动的贡献率为 7.79%，而市场化改革的贡献率为 14.22%，技术进步的贡献率则是 5.55%。这些研究均说明人口红利对经济的增长的贡献率是比较低的。

而当我们深入思考人口红利与经济增长关系的时候就会发现，实际上单纯的人口规模等传统人口红利指标不能够完全驱动经济增长。与此相对，当将人口红利放在影响经济增长的因素之中考虑时，我们应该将人口红利的重点放在劳动力这一落脚点，尤其要强调劳动力是数量与质量的统一。必须认识到，劳动力质量在科学技术高度发达的时代对单一的劳动力数量有很强的替代性，而这种替代关系反过来的程度则比较弱，甚至根本没有。在经济学中有一个著名的"里昂惕夫之谜"①，按照传统的国际贸易理论，一个国家最有比较优势的生产资源应该出口，最缺乏的生产资源应该进口。最典型案例是，历史上英法两国之间的国际贸易中，英国出口的是工业品，从法国进口农产品；法国出口的是农产品，从英国进口工业品。但里昂惕夫等研究了美国的外贸结构后发现，美国虽然资本实力、技术实力最为雄厚，但劳动密集型商品反而是其对外出口的主要产品。这种悖论背后的原因实际上是美国劳动力的劳动效率和平均素质比其他国家高许多（大概四倍左右），因此，美国的劳动密集型产业和其他国家相比具有很强的竞争力。经济增长理论和"里昂惕夫之谜"均说明了劳动力素质比劳动力数量更为重要，也更有利于经济增长。

因此，基于中国语境，我们可以认为，结构性和层次性是人口红利驱动中国经济增长的核心特征，而这又可以进一步分解：首先是人力资本红利。实际上是指多类型教育发展所产生的直接收益，可以直观的用国民受教育年限这一指标来衡量，随着国民受教育年限的提升，一国的总人力资本也可以随之提升；其次是就业总量红利。提高劳动参与率必须依赖教育水平的提

---

① 黄润龙：《"人口红利"质疑：虚化了人口与经济的关系》，《现代经济探讨》2009 年第 8 期。

高，而教育水平的提升还可以提高女性的就业参与度，从而国家整体的就业总量也随之扩大，这可以用就业人口与非就业人口之比这一指标进行衡量；最后是就业结构红利。尤其强调的是高等教育水平的提高，这实际上会对一个国家的服务业发展发挥重要促进作用，会加速劳动力从低效率的农业部门向高效率的非农产业部门转移，从而不断提升单位劳动力所能贡献的劳动效率和劳动产值。此外，中国经济增长背后的人口红利因素还包括缩小城乡差距、促进社会公平、减缓地区差距、消除贫富差距等社会效应。一言以蔽之，高质量的人口红利是人力红利的本质要求，人力资源红利的边际效率要明显高于人口红利。一旦出现人口红利下降的情况，就必须加速实现对人力资源的充分开发和利用，从而可以抵消人口红利下降的不利影响，形成支撑中国下一阶段经济持续增长的不竭动力。

（二）人口红利结构性递减的矛盾与挑战

1. 多要素作用下人口红利的衰退

正如笔者前述所言，中国这种经济高速增长背后的动力有很多，但是比较关键的无疑是中国人口数量和人口结构所形成的庞大人口资源要素。也因此，在面向未来的区域治理过程当中，如何在人口红利不断下降乃至逐步消失的情况下始终维持中国经济稳定增长，人口层面的动力源就显得弥足珍贵。

但实际上，中国经济增长由于结构性的人口红利消退，已经出现了一定的经济增长乏力。这种可能性不能仅仅从数据上进行判断，由于中国人口结构以及增长速度等因素受到政策的强力干预，因此，未来极有可能会出现"断崖式"的人口红利衰退。具体来说，"计划生育"政策的实施以及快速城市化的推进使得人口结构在中国呈现出快速而且剧烈的变化，实际表现在劳动力缺口加大，人口老龄化加速，抚养比升高等多个方面。改革开放以来，我国劳动力在数量增长这一指标上呈现出明显的降低趋势，实际上已经不能持续满足经济高速发展的要求。虽然当前劳动力数量仍比较充裕，但根据《人力资源蓝皮书：中国人力资源发展报告（2013）》，2013 年我国技工缺口达两千多万。计划生育政策的另一个负面效应是人口老龄化加速。2000年，我国老龄人口占总人口的比重达到 7%，已进入老龄化社会，近年来则加快了深度老龄化的步伐，2014 年老龄化水平达到 15.5%。老龄化水平不断加重，导致老年人口抚养比不断升高。很多学者认为，中国经济增长的减速可以在很大程度上归结为整个国家人口结构的变化，由此产生了对中国人口结构发展的担忧。认为这些人口结构呈现出来的负面影响，会导致减少劳动力数量等结果，从而对中国经济发展的未来产生深远影响，降低经济的潜在增长可能性。蔡昉等①（2013）的研究表明，劳动年龄人口的减少会降低经济的潜在增长率，从而降低长期的经济增长。但通过提高劳动力参与率和全要素生产率，可以使经济的潜在增长率上升，从而长期维持经济的中高速增长，但这需要政府采取适当的措施。Jean②（2013）等进一步明确指出，经济增长的决定因素可以被认为是人口结构的变化，具体来说就是劳动投入、资本投入以及全要素生产率等经济指标都会受到人口结构变化的冲击，从而最终传导至经济增长。

实际上，学者的研究也得到了来自现实反馈的支撑。我国"十二五"时期人口年龄结构变化的主要特征就是人口老龄化的持续加速。③ 总结"十二五"期间的人口发展，不难发现少儿人口比例和劳动年龄人口比例双降、老年人口比例上升这一最为明显的特征，在这其中，0—14 岁的少儿人口比例延续了前期下降的趋势，从 2010 年的 16.6%下降到了 2013 年的 16.4%，但其下降速度放缓；而与此相对应，15—64 岁的劳动年龄人口比例则在

---

① Fang Cai, Yang Lu, "Population Change and Resulting Slowdown in Potential GDP Growth in China", *China & World Economy*, 2013(2), pp. 1–14.

② Oi, Jean, C., "Will Demographic Change Slow China's Rise?" *Journal of Asian Studies*, Vol. 72, 2013, pp. 505–518.

③ 张车伟、林宝：《"十三五"时期中国人口发展面临的挑战与对策》，《湖南师范大学社会科学学报》2015 年第 4 期。

2010 年达到 74.5% 的高峰，从此开始逐步下降，到 2013 年"十二五"收官的时候更是下降了 3.9%；而中国 65 岁及以上的老年人口占总人口的比例则从 2010 年的 8.9% 上升至 2013 年的 9.7%。2014 年末，中国劳动年龄人口较 2013 年占比又下降 0.6 个百分点，而当年末，60 周岁及以上人口已达 21242 万人，占总人口比重达到了 15.5%，比 2013 年提高 0.6 个百分点；65 周岁及以上人口 2014 年末达到 13755 万人，占总人口比重的 10.1%，比 2013 年提高 0.4 个百分点，这相当于中国每 10 个人中就有一个 65 岁及以上的老年人。2014 年也是中国劳动力人口连续自 2012 年开始第三年绝对量下降，中国劳动力人口已经从增速的降低到绝对量的下降。下一个阶段，根据中国人口的发展趋势，我们认为，少儿人口的比例将趋于稳定，而劳动年龄人口的比例则将有很大可能会继续下降，老年人口的比例则将持续上升。与各年龄段人口比例变化相联系，"十二五"期间中国人口总抚养比（0—14 岁人口与 65 岁以上人口之和/15—64 岁人口）出现了上升，即劳动年龄人口的相对负担开始加重。实际上，在"十二五"期间，由于少儿抚养比比较稳定，老年抚养比不断上升，整个国家的总抚养比开始从 2010 年的历史低位逐渐向上攀升。2011—2013 年期间，少儿抚养比基本稳定在 22.1%—22.2% 左右，而老年抚养比则从 12.3% 上升到 13.1%，社会整体总抚养比也从 34.4% 上升至 35.3%。

因此，根据相关学者的预测，中国人口红利的消失将在下一个 10 年，具体就表现在人口老龄化的程度不断加深。① 15—59 岁劳动年龄人口及其占比在整个预测期内保持下降趋势。截至 2015 年末，中国 16 周岁以上至 60 周岁以下（不含 60 周岁）的劳动年龄人口 91096 万人，比 2014 年末减少 487 万人、占比又下降了 0.7 个百分点。预计中国 16 周岁以上至 60 周岁以下（不含 60 周岁）的劳动年龄人口 2023 年开始降至 9 亿以下，2035 年降

---

① 张车伟、林宝：《"十三五"时期中国人口发展面临的挑战与对策》，《湖南师范大学社会科学学报》2015 年第 4 期。

至 8 亿以下，2047 年降至 7 亿以下，到 2050 年约为 6.51 亿。2015 年占总人口的比例是 66.3%，预计到 2029 年这一数据降至 60% 以下，2050 年则稳定在 50.05% 左右。这背后实际上是老年人口规模和占比持续增长。根据估计，从 2015 年到 2050 年，全国 60 岁及以上人口预计会从 2.22 亿左右一直增长到 4.92 亿，占总人口的比例也会从 16.16% 上升到 37.88%；而从 2015 年到 2050 年间 65 岁及以上的老年人口将会经历更大的增长，从 1.45 亿增长至 3.75 亿，占总人口的比例则会从 10.52% 增长到 28.81%。0—14 岁少儿人口将在 2020 年以后开始下降。2020 年是少儿人口增长的波峰，在这之前少儿人口将持续保持上升趋势，在 2020 年达到 2.35 亿的顶点之后开始下降，2030 年将下降到 2 亿左右，2050 年将进一步下降到 1.57 亿左右，届时，少儿人口占总人口的比例约为 12.07%。

联合国人口展望（2012）的相关人口预测（中方案）数据以及相关学者预测分析，未来中国的人口老龄化速度会继续显著性领先于世界平均水平。全球 65 岁及以上人口所占总人口的比例大概需要 40 年左右的时间才会从 7% 上升至 14%，而中国对应这一增幅可能只需要 23 年的时间。而下一个阶段，65 岁及以上老年人口比例从 14% 上升到 21%，全球平均需要 50 年左右的时间，而中国实现这一增幅只需要 11 年左右。因此，即便我们将中国的老龄化速度与联合国关于世界人口预测的低方案相比，那么 65 岁及以上人口比例从 7% 上升至 14%、从 14% 上升至 21% 的时间也都要比世界平均水平短 12—13 年左右。

2. 动力衰退与要素缺失：人口红利消失所带来的主要问题和矛盾

中国这种"人口红利"的逐渐消退实际上会带来一系列问题。站在维持中国经济稳定中高速增长的角度出发，人口红利消失带来的主要问题就是劳动力缺失，以及因此所导致的成本上升，乃至劳动力要素结构性不足等问题。中国劳动力短缺不断加剧的趋势早在"十一五"期间就已经出现，"十二五"时期，这种劳动力短缺的局面没有得到有效缓解，而在"十三五"

时期这一趋势势必将持续存在。① 根据学界预测，"十三五"时期，我国
15—59 岁劳动年龄人口继续下降。在 2012 年，中国 15—59 岁的适龄劳动
年龄人口首次出现了规模下降②，这标志着劳动力短缺情况的开始，"十二
五"期末，适龄劳动力人口已经下降至 91096 万人，"十三五"时期还会进
一步下降。在我国劳动参与率不发生显著变化的情况下，中国劳动力供给在
"十三五"期间总体将呈现下降趋势。而与劳动力供给不同的是，在"十三
五"时期劳动力需求将依然保持强劲的势头。即使我们考虑到中国经济面
临新常态及改革深水期叠加等减速因素，并且劳动力市场可以保持近年来的
就业弹性，那么在综合考虑劳动力供求变化趋势的情况下，劳动力供给相对
不足仍将是"十三五"期间的常态。

　　劳动力成本的快速上升也形成了这种劳动力短缺的直接影响因素之一。
自 20 世纪 90 年代末以来，劳动力市场上正规劳动力的工资水平一直保持两
位数的增长，近年来，农民工工资也出现了相应上涨。③ 农民工工资在"十
二五"时期保持了快速增长，2011—2013 年农民工实际工资水平的年均上
涨幅度接近 12%④，比同期城镇在岗职工的平均实际工资增长率高出了大约
4 个百分点。实际上，考虑到农民工工资整体上仍然大大低于城镇职工的平
均工资，因此，随着劳动力短缺逐步成为全局性现象，未来农民工在劳动力
市场上的地位将更加重要，与之相伴随的议价能力也必将会一步增强。所
以，预计在未来的发展阶段，农民工工资仍然将呈持续快速上涨趋势，从而
带动劳动力成本的整体上涨。中国经济的长期增长将会很大程度上取决于劳
动力成本上涨的幅度与应对方式。劳动力丰富并成本低廉，是中国在国际贸

---

　　① 都阳：《人口转变、劳动力市场转折和经济发展》，《国际经济评论》2010 年第 6 期。
　　② 朱剑红：《劳动年龄人口首次下降》，http://finance.people.com.cn/n/2013/0119/c1004 -
20256249.html。
　　③ 蔡昉：《中国劳动力市场发育和就业变化》，《经济研究》2007 年第 7 期。
　　④ 根据国家统计局《2013 年全国农民工监测调查报告》中的农民工收入和《中国统计年鉴》
中的相关价格指数测算。

易中享有比较优势的主要原因，也是中国经济起飞和发展的重要条件。[①] 中国的比较优势，尤其是在欧美市场替代东亚、东南亚地区的出口优势，都会因为劳动力成本的上涨受到较大损害，这实际上会严重削弱中国经济增长的动力。因此，面向未来，中国必须寻找新的动力源，以有效适应人口结构变化所带来的劳动力市场变化的影响。

中国的劳动力短缺正在成为全局性现象，即在"十三五"期间，城镇与农村都会逐渐显示出较为明显的劳动力短缺问题。农村劳动力的短缺不是绝对数量的不足，而是适应农业现代化的新型农民的短缺，各种迹象都指向一个事实，即农村劳动力的组成主要以老人和妇女为主，农村的青壮年劳动力基本上已经转移到了城镇。但这种劳动力结构的不合理在农业现代化不断推进的进程中会产生问题，农业劳动力的高要求是农业现代化的根本和必然，而发展现代农业、推动绿色农业产业与农村生态文明建设又是消减城乡差距、建设美丽乡村，进而推动区域经济社会全面发展的必由选择。因此，农村劳动力短缺问题在"十三五"期间将逐渐凸显，农业生产的优化提升很有可能会受到具备符合素质需求的劳动力不足的实质性影响和制约。鉴于此，面向未来新农村和新农业发展需要的高素质劳动力稀缺的关键问题，区域治理进程中必须进行一些必要的战略谋划和实际准备。

由于经济高速增长背景之下的中国出现了人口红利不足所引发这种区域性用工荒的困境，对区域经济的健康可持续发展所产生的影响是巨大的。以用工短缺最为严重的珠三角地区研究为例，学界在过去相当长一段时间，普遍认为区域性的用工荒只是一种结构性和局部性的特殊现象，而并非劳动力出现整体短缺。[②] 当时，对于整个用工荒出现原因的主要解释多半集中在阶段性、部分性、区域性原因的阐释上，主要有以下几种核心观点来解释珠三

---

① 蔡昉：《劳动力无限供给时代结束》，《金融经济》2008 年第 3 期。
② 郑升：《劳动力与产业结构需双调整：用工荒再袭珠三角》，《世纪经济报道》2014 年 2 月 22 日。

角劳动力缺失原因：

其一，是区域间劳动力因选择成本和选择机会差异形成的流动和不均衡。学者普遍认为，相对于珠三角、长三角工资和工作条件更具吸引力。作为中国发展势头最强劲的两大经济带，珠三角和长三角就有非常不同的劳动力选择倾向和发展情况。珠三角以劳动密集型产业为主，这种产业发展倾向使得珠三角在全球分工体系中处在加工制造环节——即"微笑曲线"的中部，所生产产品的附加值较低，市场议价能力也较弱。因此，绝大多数利润都被产业链条中处于上游的国外品牌企业和渠道经销商赚取，企业在生产过程所能实现的利润非常低，导致珠三角的发展只能依赖廉价的劳动力。而长三角的产业发展则结构相对较为优化，通过引入高新技术较多、产品附加值较高的外资企业，长三角的企业普遍利润率较高，也因此可以跨越单纯的来料加工阶段迈入研发和设计等后发阶段，由此，长三角的外来务工人员工资收入也较高。实际上，具有吸引力的工资和舒适的工作条件当然是企业能吸纳到合适工人的重要前提。目前，珠三角企业其用工成本已经较高，但由于产业结构不合理、企业利润空间较小，无法更大幅度提高工人工资，同时，也很难加大投入来改善工人的生产和生活环境。而与此对应的长三角则依托经济结构相对较好、企业利润空间较大，能够为外来务工人员提供较好的生产、生活环境，以及较高的薪酬水平，吸引了外来务工者的流入，从而导致部分务工人员脱离珠三角。

其二，则是中西部等劳动力流出区域经济崛起导致大量劳动力回流。市场经济条件下，劳动力流动是普遍现象。但绝大多数外来务工人员在中国二元经济体制以及现行户籍制度的约束下，都不会把珠三角当做安身立命之所，原籍养老依然是必然的选择。同时在国家加大中西部地区基础设施建设、鼓励就近就地城镇化等政策的支持下，近年来，沿海产业开始加快向内陆地区进行梯度转移，中西部省份出现了越来越多的产业单位和工厂，本地化的用工需求明显加大，所以很多农民工不用出省就可以实现就地就业。以河南为例，作为曾经珠三角最大的劳务输出地，因本地化就业机会的增多，在 2013 年，河南省有 1523 万劳动力在河南省内就业，远高于 1137 万的外出就业人数。同为珠三角主要劳务输出地的四川，如今只剩下 599 万人在外就业，相比较于金融危机爆发前的 700 万人，四川到珠三角外出就业的人数明显减少了。① 近 10 年，珠三角制造业工人实际工资在没有获得根本性提高的情况下，薪酬吸引力在逐年下降；再加之这一地区的物价逐年上涨，租房、交通、医疗等生活成本不断提高，子女教育等公共服务获取领域受到歧视，因此，导致外省人员来珠三角就业的意愿大幅度下降。就地、就近就业已经成为很多农民工的最优选择，珠三角大批劳动力向中西部回流的现象也因此形成。原本作为全国劳动力流入中心的珠三角，近年来反而出现了原有劳动力外流的现象。

其三，就业市场存在信息不对称等低效率因素制约。突出表现就是就业信息发布的不准确和不及时。就业信息引导合理就业的功能尚不完善，是目前中国劳动力市场的主要问题，劳动力供求信息网络仅仅存在于地方和区域，全国通用的就业新网络尚没有建立，因此，大范围的劳动力供求关系无法及时调节，劳动力资源配置更不能达到最佳。一方面，中国的劳动力需求大于供给将成为必然趋势，随着经济快速发展，岗位需求量会不断增加，这一局面将会越来越普遍；另一方面，信息的不对称现象非常突出，这就导致局部区域可能仍然有大量的富余劳动力、甚至存在就业压力，但却不能对珠三角等地区的用工信息和缺工情况实时了解，导致劳动力的区域性失衡。

其四，则为新生代农民工需求多样化的冲击。在中国当前，"80 后""90 后"出生的"新生代农民工"已经在外出农民工总数中占据了超过60%的比例，这个比重在珠三角的农民工中，更是已经高达 75%，也就是说，这个年轻群体已经成为城市用工的主力。老一代农民工属于生存型农民

---

① 王仕豪、张智勇：《制造业中农民工用工短缺：基于粘性工资的一种解释》，《中国人口科学》2006 年第 2 期。

工，新生代农民工属于发展型农民工。相比于第一代农民工，新生代农民工的维权意识更强，对于扎根城市有着更大的渴望。学界普遍认为，"用工荒"在珠三角的普遍出现在很大程度上折射出新生代农民工新的求职诉求。在提升自身学历和技能之后，这些农民工所需要的不仅再是一份工作来养家糊口，更是对企业环境、企业文化和自身未来发展前景提出了新的要求，自身劳动的体面性和发展性成为重点考虑的因素，社会的尊重和承认也已经出现在农民工的求职诉求中，这就伴随着会对岗位更加理性的选择。也正因为如此，随着新生代农民工的逐渐成为主流，企业招工难度也在不断加大。

　　可以看出，目前针对珠三角等区域用工荒的阐释多半集中在机制层面和具体要素层面，多半不认为是一个普遍现象。但实际上，从珠三角扩展到长三角、京津冀等区域乃至具体到富士康等传统广受工人欢迎的用工企业，用工荒出现的范围越来越大，这种用工荒实际上就变成人口红利逐渐消退之后的结构性要素供给不足，是整个中国在面临多年来经济高速增长之后的一个人口难题。经济呈现出高投资、高储蓄和高增长的局面，很大程度上得益于整个国家的劳动力资源丰富和劳动力成本优势，因而，必须切实认识到，中国改革开放以来经济持续快速增长的一个至关重要的原因就是人口红利。然而，转折点在2012年已经来临，劳动年龄人口占总人口的比重下降0.6%至69.2%，这实际上意味着人口红利衰退的开始，减速成为经济发展的主流。[①] 实际上，2012年之前中国的劳动力供给曲线几乎是水平的，之后才开始变得陡峭，预计未来几年曲线的变化趋势将更为陡峭。劳动力市场在需求方面依然旺盛，这就导致供需矛盾进一步加大，从而"用工荒"成为必然结果。因此，我们认为，用工荒现象在中国将长期存在。

　　而更为严重的是，这种人口红利的削减在这个阶段与刘易斯拐点耦合，形成了制约中国经济未来保持稳定高速增长的一个重要人口学因素，也正是

---

　　① 李传志、张兵：《珠三角"用工荒"的思考》，《经济问题》2015年第8期。

因为刘易斯拐点的存在，人口红利的锐减效应才会如此显著。根据刘易斯的二元经济理论，发展中国家工业化过程的一般规律是，农村剩余劳动力向非农产业进行逐步转移，而随着工业化发展的不断深入，剩余劳动力会越来越少地滞留在农村，最终城乡间的劳动力转移会停止，从而形成"刘易斯拐点"，即劳动力从无限供给到相对短缺的根本转变。根据国家统计局发布的数据，2012 年，中国劳动年龄人口大概为 9.37 亿人，较前一年下降 345 万人，这是中国劳动年龄人口数十年来的首次下降；2013 年中国劳动年龄人口较上年下降 240 万人；中国劳动年龄人口在 2014 年比上年再减少 371 万人，由此，大范围引发了对中国劳动力人口萎缩和经济增长前景担忧的讨论。同时，劳动参与率显著下降更是成为比劳动年龄人口萎缩更为严重的问题，由于大学扩招，更多的劳动年龄人口选择在学校读书；家庭收入的增长又使得一些原来可以在外工作的女性选择留守家中，等等，种种原因都导致劳动力总量显著减少。

（三）结构性人口红利提升的中国战略

针对维持经济高速增长背后的人口红利的逐渐消退，应该如何处理？应该如何维持、改善并且创造新的人口红利，从而继续实现未来的经济稳定增长和有效的区域治理？这些都是必须要进行回答和思考的关键问题。要充分实现人口红利，就必须抓住人口窗口机会。

首先，要具备覆盖政治、经济、社会、环境、政策、制度等多维度的支持。五个要素构成下一步劳动力运行的关键：第一，实现人口红利的关键在于实现对劳动力资源的充分利用。如果未能够充分利用丰富的劳动力资源，那么实际上劳动年龄人口就不能真正参与生产，人口红利必然就难于兑现，社会也将面临巨大的就业压力。劳动人口规模如果严重超过经济发展的总体需要就会减少"人口红利"，继而缩短"人口红利"持续的阶段，如此，原本的窗口期也有可能成为"人口陷阱"。因此，实现人口红利和经济持续高速增长的关键在于充分就业。① 第二，要建构有效的劳动力资源配置制度来保障人口红利的有效利用。王丰、安德鲁·梅森②等学者认为经济快速增长过程中，人口转变只是为其提供了可能性和机会，政策制度体系的保障支持才是抓住这个机会的前提和保障。其中，最主要的是提供有利于促进劳动力自由流动的制度保障。第三，要激发劳动力本身参与劳动的意愿，确保劳动参与率保持在较高水平。区域治理中要完善体制机制的保障、激励作用和积极文化的影响，切实激发劳动力的劳动意愿。第四，人口红利的大小受劳动人口素质制约。要有效提高劳动生产率，增加人口红利，就必须培养较高的劳动力人口素质。第五，各区域不同的资源禀赋决定了人口红利的未来发展。如果缺少足够的资源作为支撑，比如土地、水源以及物质生产所需要的原材料、基本设施和动力等等，那么"人口机会窗口"就不可能通过生产和服务过程转变成为"人口红利"。③

同时，必须认清人口形势，避免片面理解人口红利的观点而误导我国的人口政策。我国人口总量的压力依然阶段性存在。即使持续稳定在低生育水平，那么中国未来在 21 世纪 30—50 年代，劳动力的数量仍将保持在 8 亿至 10 亿之间，每年新增的人口数量也将保持在 1300 万至 1600 万之间。④ 中国总人口将在 2030 年左右达到峰值 15 亿人，劳动年龄人口规模持续庞大，15—64 岁的劳动年龄人口在 2016 年将达到峰值 10.1 亿人，这一数据已经超过了发达国家劳动年龄人口的总和。⑤ 同时，由于供给侧改革、产业转型、结构调整，大力削减钢铁、煤炭等领域过剩产能等举措更会阶段性对劳

---

① 蔡昉：《人口转变、人口红利与经济增长可持续性——兼论充分就业如何促进经济增长》，《人口研究》2004 年第 2 期。

② 王丰、安德鲁·梅森：《中国经济转型过程中的人口因素》，《中国人口科学》2006 年第 3 期。

③ 叶文振：《客观看待"人口红利"现象》，《福建日报》2007 年 10 月 30 日。

④ 国家人口发展战略研究课题组：《国家人口发展战略研究报告》，中国人口出版社 2007 年版，第 23—26 页。

⑤ 同上。

动力就业产生挤出效应，带来更大的就业不确定性。因此，中国在"十三五"期间，乃至更长一段时期内都不会严重缺少劳动力，当然，劳动力结构性短缺的矛盾在人口素质、劳动技能等因素的制约下可能还将长期存在。人口总量过多、资源相对缺乏、生态环境承受巨大压力仍是我国一段时期发展的主要障碍。因而，必须统筹考虑，全面谋划，科学制定我国的人口红利提升战略以保障经济社会的长期健康发展。

1. 厘定宏观思路，平衡供需动态，盘活存量人口

中国必须从供需两方面入手，实现动态平衡，以面对可能出现的全局性劳动力短缺等人口红利消退局面。从劳动力需求方面，必须提高劳动生产率，减少对新增劳动力的依赖性需求，从而实现经济增长方式转变和经济结构转型升级；劳动力供给方面，则要开发大量低龄老年人力资源，以此来积极推进人力资源开发。经济增长方式转变和经济结构转型升级是中国进入经济新常态后面临的艰巨任务，也是"十三五"期间面对将出现的全局性劳动力短缺应该采取的必要措施。中国经济的增长方式在劳动力短缺日益明显、劳动力价格不断攀升的情况下必须发生深刻的变革，其中，最主要的变化就是需要从要素积累的增长模式转向以改善经济效率为主的经济增长方式[①]。从劳动力投入来说，劳动者素质的提高进而提高劳动生产率应该成为驱动经济增长的主要动力，而非依靠更多的劳动力投入。为此，一方面，要实现劳动力资源的合理配置，同时继续消除劳动力流动的各种制度性障碍；而另一方面，必须从培训和教育两个环节实现劳动力供给与产业结构需求的更好结合，继续加大人力资本投资，促进劳动生产率的提高。

由于我国目前存在大量低龄退休人员，因此，今后的主要方向应该是开发这部分人群的潜力。始于几十年前的退休年龄规定已经显得过低，目前明显不再适用，面向未来应该进一步科学延迟法定退休年龄，以制度性安排为

---

① 都阳：《劳动力市场变化与经济增长新源泉》，《开放导报》2014年第3期。

开发低龄老年人力资源打下基础。具体来说，应该按照并轨先行、渐进实施和弹性机制的原则将退休年龄逐步延迟。中国社会科学院 2015 年的最新研究认为，首先，在实现养老金制度并轨的基础上，将退休年龄归为两类：即职工养老保险领取年龄和居民养老保险的领取年龄。其次，针对职工养老保险的退休年龄改革方案应该分为两步走。第一步：养老金制度并轨在 2017 年左右应完成，在这一节点取消女干部和女工人的身份区别，将 55 岁统一规定为职工养老保险的女性退休年龄。第二步：女性退休年龄从 2018 年开始每 3 年延迟 1 岁，男性每 6 年延迟 1 岁，2045 年这两个指标将同时达到 65 岁。再次，从 2033 年开始，居民养老保险的退休年龄每 3 年延迟 1 岁，在 2045 年基本完成。同时，退休年龄改革要将弹性机制引入，以法定退休年龄为考虑基准，规定可提前或延迟退休 5 年，但退休年龄与养老金待遇挂钩。测算表明，延迟退休年龄能够较为有效地改善城镇劳动力的供给，增加城镇适龄（即退休年龄以下）劳动年龄人口的数量，并进一步延缓劳动年龄人口比重的下降趋势。[①]

同时，要充分开发劳动年龄人口人力资源，实现存量人力的深度挖掘。第一，进一步完善劳动力市场体系，推进劳动力市场的信息化、网络化、体系化和法制化，在促进人力资源合理流动的同时，有效保障劳动力合法权益，规范市场秩序，最终实现劳动力通过市场实现充分就业，并谋求创造公平的就业环境。第二，优化产业结构和转变经济增长方式，大力发展第三产业，努力促进就业。第三，积极推进新型城镇化建设，不断放宽中小城市和相关城镇的户籍落户限制，促进农村剩余劳动力的转移。目前，中国农村仍有 1.5 亿—1.7 亿规模左右的剩余劳动力，这就说明未来城乡间大规模的劳动力流动将阶段性持续存在，我国经济持续发展的重要动力和源泉就来自于这部分农村剩余劳动力的转移。

---

① 张车伟、林宝：《渐进式延迟退休年龄的方案和影响》，见《全面深化改革二十论》，社会科学文献出版社 2014 年版，第 276—292 页。

2. 优化宏观设计，以改革开放、结构升级和人口政策调整为主

首先，要继续坚定不移地推进改革开放、实施以经济建设为中心的发展战略。通过对内改革，发挥市场作用，优化要素配置，提高生产效率。特别要改革以户籍制度为核心的二元社会体制，统筹城乡发展，促进社会和谐；通过对外开放，加强国际交流，积极学习和引进国外先进科技，吸收国外直接投资和跨国企业进驻。政府也一定要继续坚持把工作重点放在经济转型发展上，坚持质量与速度并重，保护与发展并重，以科学发展观指导和推动经济增长。通过坚持深化改革的战略方针，为实现经济持续增长创造更加有利的制度环境和战略保障。

其次，要着力调整推动经济增长背后的动力结构，逐步实现高效增长。中国的经济增长到目前为止都主要依赖资本和劳动力等生产要素，在工业化刚起步的经济起飞阶段，中国作为一个发展中国家选择这种传统的数量扩张型经济增长方式是不可避免的。但为了提高国际竞争力，实现经济持续增长，必须加大科技投入，推动科技创新，转变增长方式，主要依靠技术进步和提高生产率来推动经济增长。只有这样，一个发展中人口大国才能保持自己的发展活力，实现经济的可持续增长。

最后，要调整和完善人口政策，保持人口可持续发展。人口是改革开放以来推动中国经济持续高速增长的重要因素，中国要实现未来经济持续增长，必须首先保持人口均衡可持续发展。为了实现人口均衡可持续发展：一要不断适时调整计划生育政策，在全面放开生育二孩的情况下，加大更进一步优化与调整人口政策的前瞻性研究力度，探讨制定完善配套的公共保障政策，延缓人口高龄化进程，保持社会和谐发展；二要深化改革开放，进一步活跃人口科学迁移，激发人口活力。大力发展非农产业，继续推进农业劳动力人口向非农产业类转移、农村人口向城市地区集中的城市化，以此来不断调整产业结构；三要大力发展教育，加大人力资本投资，努力提高人口科学文化素质，以人力资本的提高和积累替代劳动力数量的扩张，实现未来中国劳动力资源由数量优势向人力资本优势转变，这将是中国保持未来经济持续增长的重要途径。

3. 提升劳动力要素的生产效率，提升国内人才存量层次，着力国际人才增长发展

在人口老龄化的现实情况下，我国要想保持经济可持续发展，就要提高劳动生产率，原因在于劳动生产率是经济长期可持续发展的引擎之一，是经济增长的不竭动力。在不同的经济发展阶段，促进劳动生产率提高的途径也不尽相同。在改革开放后一段时间内，通过加大投资力度，提高资本劳动比从而提高劳动生产率。但由于资本的边际收益是递减的，单纯依靠物质资本的投入对提高劳动生产率的贡献在减小，并且粗放的投资方式是不可持续的。目前，我国劳动力加快从第二产业转移到第三产业，但第三产业的生产率比第二产业的生产率低，因此，我国面临劳动生产率下降的考验。我国提高劳动生产率的一个可行途径是创造人才红利，从劳动力的存量和增量两方面着手，一方面加快培养实用性人才和创新型人才，提高劳动力存量的技能水平；另一方面，在当前国际间交流和合作日益频繁的情况下，我国政府需要积极引导企业抱团走出去，采用多种灵活方式在海外建立研发机构，在整合全球研发资源的基础上，更加充分地利用国际研发资源和国际人才资源。

4. 积极应对用工荒，政府全面着手，创造经济提档升级与劳动力素质提升的有利条件

首先，必须促进产业转型升级。用工荒折射出以珠三角为代表的区域产业转型升级滞后，暴露了产业结构仍然低端化的问题。在后金融危机时代，加速产业结构优化、促进产业转型升级，"转变经济发展方式"实现经济成功转型已成为必然选择。必须清楚的理解，用工荒是产业转型升级的必然前奏，日本在20世纪50年代就出现过这种现象，廉价劳动力的增长模式因为产业工人的短缺也在这个阶段走到了尽头。为了解决这个问题，日本采取了推动设备投资，促进技术进步和调整产业结构等办法。现阶段，我国已经出

现类似问题的区域（比如珠三角等）地方政府应利用积极的产业政策予以引导，对于符合转型发展要求的企业给予更多政策优惠，加速其技术进步。比如深圳市财政每年安排5亿元支持机器换人，按照东莞推进企业机器换人行动计划，2014—2016年市财政每年拿出2亿元专项资金扶持企业机器换人，预计每年可节省普工4万人。同时，要鼓励产业升级区域将产业转移到原材料和劳动力资源丰富的中西部产业转移园，但必须注意避免高污染及高消耗企业的转移。对无法升级的企业采取腾空换鸟，并将总部办公、研发设计等留在高价值区域。

其次，要加强劳动力市场的信息服务。必须不断完善全国性劳动力供求信息网络，为此要依托互联网等先进科技手段加强人才供求网络平台的建设和运用，以此来促进就业信息交流，拓宽劳动力与用工企业对接渠道。具体来说，一是要做好劳动力供求信息收集的工作，着眼企业需求与求职者匹配建立广泛的信息库。并要向社会及时发布较为准确的供求信息，消除"信息不对称"的市场阻碍和不经济，从而促进劳动力市场的供需匹配。二是要加强跨区域性的劳务协作，着力与劳务输出地政府加强联系，要加强市场信息的分析和预测，引导劳动力的合理有序流动，减少农民工无序流动，在输出地和输入地之间搭建劳务对接平台，提升农民工求职效率和企业招聘的效率。继续深入推进户籍制度改革，把居住证制度落到实处。同时要建立覆盖范围更广的就业服务网络，积极培育完全市场化的劳务中介组织，帮助求职的劳务工尽快、尽早、准确地实现就业。

更要加大政策扶持力度，特殊培育具有社会企业性质的劳动力服务组织。当前，由于专业素养、职业技能与产业发展需求存在结构性矛盾，导致大量的农业转移人口依然以从事建筑等低技能含量的临时性职业为主，稳定性就业不足已成为城市BOP人群面临的首要问题。同时，大量顺应产业转型升级趋势的战略性新兴产业企业劳动力短缺。这种结构性矛盾一方面影响了农业转移人口实现高质量就业，成为城市BOP人群形成的主要原因之一；

另一方面也限制了我国产业转型升级步伐，制约了战略性新兴产业的国际竞争能力。社会企业通过对没有稳定就业的城市 BOP 人群进行有效的职业培训、职业素养提升和相关综合服务，向战略性新兴产业企业提供高素质的产业工人，为 BOP 人群提供高质量的稳定职业、改善其生活和发展状况的同时有效促进产业转型升级，有效促进人口红利向人才红利转变，也是对传统职业教育体系的一种重要补充。因此，应积极借鉴国际社会企业通过有效的职业技能和职业素养培训实现弱势群体高质量就业的实践，鼓励社会企业发展，为我国城市 BOP 人群通过有效就业改善生活境况、改变发展现状、补充高素质劳动力市场作出贡献。

最后，要继续加大力度推进"劳动力公共服务市民化"的配套制度改革。经济发达国家都曾经历过农村人口向城市流动的过程，这也是城市化乃至人类发展的一种趋势。在中国由于户籍制度的束缚农民工流入城市的渠道一直不畅通，在迁入地难以驻留，形成了严重的半城市化现象。其实，被时常诟病的并不是户籍制度本身，而是与户籍捆绑的教育、医疗、养老等市民化待遇问题。

2014 年，中共中央审议通过的《关于进一步推进户籍制度改革的意见》明确指出，要坚持以人为本，着力促进有能力在城镇稳定就业和生活的常住人口有序实现市民化，稳步推进城镇基本公共服务常住人口全覆盖。2015 年 10 月 21 日，国务院第 109 次常务会议通过了《居住证暂行条例》，2015 年 11 月 26 日国务院总理李克强签署第 663 号国务院令，该条例将于 2016 年 1 月 1 日起正式实施。《居住证暂行条例》明确了居住证持有人可以享受的基本服务包括义务教育、基本公共就业服务等六项，其中"基本公共卫生服务和计划生育服务"更是引人注目，这为一些在城市工作、常住却没有户籍的人口进一步确立了让他们能享受和当地有户口的居民一样的基本公共服务和便利。建议区域政府应该以此为契机，依据自身的城市承载力、经济承载力、社会相关因素等综合情况，改变一直以来延续的经济吸纳、社会拒入之态度。因地制宜、加大推进户籍制度改革力度，积极推进社会公共服务均等化，并采取多样手段，不断降低外来务工人员进入城市的各类型门槛，提高他们享受社会基本公共服务的水平，使他们从游离于城市的边缘人成为正式的城镇人，最终目的是为了让农民工获得和城市居民一样的平等待遇，能够真正融入城市。当然，诸如我国东部沿海区域的多个城市已经实施的积分入户等措施都被视作是很好的尝试，将外来务工人员当中的优秀成员吸纳进入城市。今后应该以此为试点，进一步加大力度，扩大规模，适应劳动力需求的变化。有些城市即使做不到入户，也应解决其社会保障、医疗服务、子女入学等方面的问题，让他们能安心在城镇工作。为城市的发展涵养人口红利。

5. 鼓励多元主体，以企业为核心推进人口红利生态体系的优化升级

我们必须认识到，为了维持经济高速增长背后的人口红利和多元化要素供给，不能够仅仅是政府进行政策和发展方向的引导，更为重要的是，用人单位和要素使用体系要采取更加与时俱进的策略，更为有效的应对人口红利消退所带来经济增长与企业增长困难的巨大压力。

其一，企业必须改变经营战略，加快转型升级。企业必须清醒地认识到。随着人口红利的枯竭，传统劳动密集型产业优势将丧失，用工荒必然会带来整个行业的重新洗牌，原本依靠廉价劳动力发展的老路将不再适用，积极的转型升级才是根本应对之道。我国东部沿海发达地区的企业面对劳动力供给格局的转变，必须转变经营模式和管理理念，有意识地转移到技术、资金密集的行业；大力推广新技术、新工艺、新模式，加快技术、产业、产品升级步伐，不断提高自主创新能力；从劳动密集型生产方式向技术密集型生产方式转变，向资金和技术密集的高端产业挺进；要减少用工依赖，降低经营成本，形成自己的竞争优势，根本上要通过不断的技术创新来实现。也惟其如此，才能从根本上解决用工紧缺的问题。

其二，企业必须推进技术革新，不断降低劳动成本。劳动力短缺将呈长

期化趋势，未来劳动力成本会不断上升；与之相反，机器人技术迅速发展，机器人等新技术的成本不断降低。按照经济学原理，机器换人在未来是大概率事件。机器和劳动力的成本考量对企业来说非常必要，要在未来适时用机器替代人力。在高端、精密制造业中利用机器取代人力，逐渐实现生产自动化，这也是未来中国产业发展的必然趋势。机器换人短期内虽然会让企业生产成本增加，但长期趋势中，却只会给企业带来更大的利益。对于那些无法进入高端产业又严重用工短缺的企业，进行梯度产业转移，向土地和劳动力价格更低廉的中西部区域转移也是一种选择。

其三，企业必须尽可能地提高薪酬待遇。用工荒实质就是廉价劳动力缺少，既往情况下，农民工可以忍受低工资甚至不参与经济红利的分配。但在用工短缺的今天，伴随用工荒矛盾的不断凸现，农民工的收入期望越来越高，他们有权要求也理所应当分享经济发展的成果，否则他们就会选择离开企业。我国一些东部发达地区的农民工工资水平长期偏低，相应的薪酬待遇不具备吸引力，这也是导致这些区域大多数中小型企业面临招工难的重要原因。企业必须善待工人，尽可能提高工资福利待遇，让工人分享企业发展的成果才是彻底解决用工难问题的核心路径。

其四，企业必须满足新生代农民工的发展需求。用工荒实际上也是对企业的一个警示，即必须改变简单利用、忽视培养的用人观念。建立让新生代员工可以持续成长、安心工作的环境，不仅要待遇留人、感情留人，更要事业留人、发展留人，让员工分享企业发展成果，增强员工归属感；建立员工实现自我成长的企业运作机制，将员工的职业发展愿望放在重要位置。同时，必须重视员工的学习和教育，主动承担员工培养的责任，加大技能培训的力度，帮助员工实现职业追求，拓宽员工职业发展路径。最后，必须完善以人为本的现代管理制度，满足员工面向未来的发展需求。

6. 实行积极老龄化战略，努力开发老年人力资源

人口老龄化是世界各国普遍的趋势，中国人口老龄化的问题又更加面临

加剧的趋势。这种情况下，众多老年人口的闲置无疑会造成劳动年龄人口比重的下降，相应产业的劳动力资源减少，劳动年龄人口不断老化，有储蓄能力的人口及储蓄额不断减少，老年人赡养系数不断增加，国家、社会用于老年人口保障的支出不断加大等不利影响。《2002 年老龄问题国际行动计划》在马德里联合国世界老龄大会被提出，成为面向新世纪的积极老龄化战略，其主要精神有两点：一是老年人不是社会的包袱和负担，而是全社会、全人类、全世界的宝贵财富，同时还是面向未来可持续发展的重要资源；二是倡导老年人自己要以积极、主动、健康的姿态参与社会发展。积极老龄化是老龄观的一个革命性变革，它把老年人口社会参与的权利重新还给老年人。[1]这就使得人口老龄化对社会经济的压力和滞后性转变为促进经济社会持续发展的动力。在积极老龄化背景下，积极开发和利用老年人力资源，尤其是城镇知识型老年人力资源，充分发挥老年人才的社会作用，已成为我国应对人口红利消减、缓解人口老龄化问题，保障经济运行与增长的重要途径。开发老年人力资源，一是要树立"积极老龄化"观念，积极营造有利的社会舆论环境；二是建立健全政策法规，保障老年人口的合法权益；三是分阶段、分层次科学推行适当的弹性退休制度或推迟退休年龄；四是开拓对应老年人口的专业劳动力市场，促进老年人口的人力资源优化配置。

二、人口素质的均衡与新提升

（一）人口素质持续提升的区域治理新审视

从理论上来看，中外学者都对教育与人力资本等方面展开了诸多的相关研究。经济学家李斯特早就提出教育是未来生产力。马歇尔也敏锐地认为，对人本身的投资是所有资本中最有价值的。在 1962 年舒尔兹更是运用了大量

---

[1] 中国老年学学会：《走向积极的老龄化社会》，华龄出版社 2003 年版，第 103—123 页。

的统计数据，通过计算出 1929—1957 年美国各级教育平均收益率为 17.13%，从而得出了美国国民收入增长额中的 33% 是通过教育取得的结论。苏联著名学者斯特鲁米林运用劳动简化率计算得出，1940—1960 年苏联国民收入增长额中，有 30% 是由于教育投资提高了劳动者整体文化程度而取得的。[1] 经济学家罗默提出了一个具有内生技术变化的竞争性均衡长期增长模式，其强调知识积累是经济增长的决定性因素，而诸如资本、土地、劳动等因素都受边际收益递减率的制约，不可能决定长期增长。但知识却不同，其决定着各种投入要素组合在一起的方式，随着知识的积累，即使同样的投入要素也可以以多样的、异常的形式加以组合，由此带来边际生产力无限的递增空间。罗默还进一步指出，理解增长的钥匙在于知识的连续增进，这不仅包括大的知识，而且还包括在平凡的生产过程中，不计其数的小知识的发现与应用。

从世界经济发展的经验来看，日本和亚洲四小龙所创造的世界经济奇迹，都有一个共同的原因：高度重视国民的教育投资，人力资本在其经济发展中处于绝对重要的地位。二战致使日本损失了巨大的物质财富，但其最为重要的资产——人的巨大潜能并没有丧失，日本之所以能够在战后迅速崛起，完全得益于明治维新以来国家长期对国民教育的高度重视和巨大投入。正如日本经济学家大本来左武郎所指出的那样：国民所受教育程度、所积累的技术知识和工商业者卓越的经营能力等因素的发挥，决定了日本战后经济的复苏和起飞。香港的经济腾飞主要原因之一，也是香港政府高度重视发展教育事业，长期致力于人口素质的提升。

近年来，中国人口素质的提升和人口资源化的改善也呈现出显著的加强趋势。通过对"五普"、"六普"相关数据的分析，可以清晰地了解到中国人力资源变化的新特点、新趋势。

其一是大学受教育程度人口大幅增长，整体人口素质结构大幅度提升。

---

[1]　揭东慧：《提升人口素质：西部经济持续增长的关键》，《经济问题探索》2001 年第 6 期。

大学受教育程度人口规模明显扩大，是中国人口国情在最近阶段发展的最大亮点。中国过去 10 年（2000—2010）的 GDP 年均增长率超过 10%（为10.46%），大学文化程度人数年均增长率也超过了 10%（为 10.12%）。（见表 7-1）从国际比较来看，这不仅创造了世界经济增长率的最高历史纪录，也创造了人力资本增长的最高历史纪录。中国具有大学（大专以上）文化程度人口数，从 2000 年的 4563 万人增加至 2010 年的 11964 万人，与世界第十大人口国家日本总人口（为 12648 万人）相当，已经高于世界第十一大人口国家墨西哥的总人口（为 11372 万人）。具有高中（含中专）文化程度人口，由 2000 年的 14068 万人增加至 2010 年的 18799 万人，年均增长率达到 2.94%。中国具有大学（大专以上）文化程度和具有高中（含中专）文化程度人口二者的合计人数从 2000 年的 18631 万人提高至 2010 年的30763 万人，已与世界第三大人口国家美国的总人口（为 31323 万人）相当接近。预计，到 2020 年中国大学文化程度人口将突破 2 亿人，高中与大学文化程度人口合计将接近 4 亿人，大大超过美国总人口数（约 3.4 亿人），相当于美国劳动力总量（1.7 亿人）的两倍。在考虑到中国劳动生产率与美国劳动生产率水平加速趋同的情况下，其将为中国成为世界经济强国、世界人才资源强国、世界创新型国家提供最重要、最丰富的人力资本基础。

表 7-1　全国高中、大学文化程度人口迅速增长（2000—2010）

	2000	2010	年均增长率（%）
大学（大专以上）文化程度人口（万人）	4563	11964	10.12
占总人口比例（%）	3.60	8.73	—
高中（含中专）文化程度人口（万人）	14068	18799	2.94
占总人口比例（%）	11.11	13.72	—
合计（万人）	18631	30763	5.14
占总人口比例（%）	14.72	22.45	—

其二则是人才聚集现象凸显，世界级人才集聚区域逐步形成。从"六普"数据可以看到，中国大学（大专以上）文化程度人口集聚趋势更为明显，北京、上海等地已经迅速成为世界级人才城市。北京市大学（大专以上）文化程度人口，1990 年只有 100 万人，2000 年有 233 万人，2010 年达到 617.8 万人；上海市大学（大专以上）文化程度人口，1990 年只有 87 万人，2000 年有 179 万人，2010 年增加到了 505.31 万人；天津的大学（大专以上）文化程度人口从 1990 年的 41 万人，2000 年的 90 万人，迅速达到2010 年的 226.16 万人；重庆大学（大专以上）文化程度人口，2000 年仅为 87 万人，但 2010 年已达到 249.3 万人，年均增长 11.15%，重庆的年均增长幅度是四个直辖市中最高的。四个直辖市合计大学（大专以上）文化程度人口占全国大学（大专以上）文化程度人口总数高达 11.5%。（见表7-2）可以看出，北京、上海大学（大专以上）文化程度人口居全国各城市之前列。

表 7-2　我国四直辖市大学文化程度人口（1990—2010）

	北京	上海	天津	重庆
大学（大专以上）文化程度人口（万人）				
1990	100.63	87.18	41.01	—
2000	232.8	179.5	90.15	86.58
2010	617.8	505.3	226.2	249.3
占全国比重（%）	5.16	4.22	1.89	13.35
1990—2010 年平均增长率（%）	9.5	9.18	8.91	11.15
每 10 万人口大学文化程度人数				
1990	9301	6534	4668	1070
2000	16843	10940	9007	2802
2010	31499	21952	17480	8643

中国各类人才资源迅速发展是教育最典型的外溢性，哪里高等教育发展

越快,哪里各类人才资源越多。仅以北京为例,根据最新的《2010年北京人才发展报告》,北京人才数量达到337万人,相当于东京(为207万人)的1.63倍,相当于纽约(为108万人)和伦敦(为109万人)的3.12倍。这表明,北京、上海不仅是中国大学之都、人才之都,而且也是世界大学之都、人才之都,其人才数量居世界各大城市前列。从全球来看,中国大学(大专以上)人口居世界首位,中国人才总量已居世界首位;从长远来看,中国人才发展潜力巨大,中国优秀人才也将居世界首位。这种人口素质高速增长的背后,实际上是教育对人口结构性优化的成果显现。

首先,这种优化具有非常重要的现实作用,教育红利外溢产生的人力资本红利大幅上升可以部分抵消人口红利下降的不利影响。教育发展的一个直接收益就是国民受教育水平的提高,带动全国总人力资本的提高。这里将一国总人力资本定义为国民平均受教育年限和劳动年龄人口的乘积,这一指标不仅可以反映劳动力的数量,也可以在一定程度上反映出劳动力的质量。比较中美两国人口的平均受教育年限会发现,自新中国成立以来,中国人口的受教育水平加速追赶美国。2010年,中国15岁以上人口平均受教育年限已达到9.0年;据估计,到2020年中国人口平均受教育年限将达到10年以上,到2030年将达到12年。采用追赶系数来分析中国对美国的"教育追赶"和"经济追赶",1950年,中国15岁以上人口平均受教育年限只有1.0年,追赶系数是11.9%,高于人均GDP的追赶系数(为4.7%);1980年中国15岁以上人口平均受教育年限为5.3年,追赶系数是44.3%,远高于人均GDP追赶系数(为5.7%);到2010年教育追赶系数提高至73.8%,更高于人均GDP的追赶系数(为25.6%),这表明,中国对美国的"教育追赶"快于"经济追赶",属于"教育优先"发展类型。充分反映了中国特色社会主义制度的优越性,即使在相对低的收入水平下,仍然可以"集中力量办大事",实施教育强国战略,从而大大缩小与美国人口平均人力资本水平的差距,培养了更多的人才;预计到2030年中国教育追赶系数将达到

96.0%，会明显高于人均 GDP 的追赶系数（为 56.2%）。美国用 200 多年完成的现代教育和人力资本提升的历史过程，中国只用 80 年（1949—2030）就基本可以完成。而且，中国人口规模要比美国大 4—5 倍，人力资源红利要比美国大 3—4 倍。中国六十多年社会主义现代化事业发展历程中，最大的变化就是中国人口不断的实现现代化，即全国所有人口的现代化要素——人力资本（受教育年限、专业化程度、技能经验、健康和文化）水平不断提高，并已经形成世界最大规模的变化。教育水平提高，平均受教育年限上升，将有力地带动中国人力资本水平的提高。

比较中国劳动年龄人口占世界比重和中国人力资本总量占世界比重两条曲线可以发现，尽管中国劳动年龄人口占世界比重从 20 世纪 90 年代以来就开始下降，但中国人力资本总量占世界比重却一直处于不断上升的过程中。特别是，到了 2000 年，中国总人力资源占世界的比重达到 24.1%，已经超过劳动年龄人口占世界的比重（22.2%）。由此可见，改革开放以来中国确实享受到了人口红利和教育红利。由于中国人口平均受教育年限不断提高，尽管劳动年龄人口占总人口的比重在下降，但中国总人力资本占世界比重却在不断提高。估计到 2030 年，中国劳动年龄总人口比重占世界比重将下降至 17.7%，但是中国总人力资本却将提高到世界总量的 27.9%。需要指出的是，这个预计尚不包括学前教育年限的统计，因此，上述估计是相对保守的。

其次，教育水平提高，劳动力素质上升，劳动者的就业参与率提高，就业总量规模持续扩大，中国将收获就业总量红利。教育发展的直接成效，就是可以提高劳动力的素质，直接扩大就业规模，就业人口与非就业人口之比不但不会下降，反而会持续上升。由于人口结构的变化，中国的劳动龄人口与非劳动年龄人口之比在 2010—2015 年达到峰值后，出现了下降趋势；而就业人口与非就业人口之比持续上升，2010 年至 2030 年，就业人口占总人口的比重将始终保持在 59% 左右。今后随着人口平均预期寿命、平均健康预期寿命、人口平均受教育年限不断提高，进一步提高并统一男性女性退休年龄，退休金与实际工作年限直接挂钩，工作时间越长，未来收益就越高，鼓励人们自主创业、自主就业，实际的就业人口与非就业人口的比重还将会进一步上升，能够使得就业总量红利保持更长的时间。因此，就业人口比率提高，在一定程度上可以抵消人口红利消减、人口老龄化加速带来的负面影响。

最后，教育水平提高，劳动力技能提升，就业从农业部门向非农部门转移，从低生产效率部门向高生产效率部门转移，中国将收获就业结构性红利。[1] 尽管中国正在经历快速的工业化和城市化历程，已经有 5 亿多农业转移人口进入城市工作，但目前农村就业人员和农业劳动力的规模仍然较为庞大，2009 年分别为 4.7 亿和 3.0 亿人。而随着高等教育和职业教育的不断发展，农村劳动力将继续向城镇迁移，从传统的农业部门向乡镇企业、城镇正规部门和城镇非正规部门等非农业部门转移。2010 年，农业部门的就业比例为 38.1%，非农就业的比例为 61.9%；预计到 2030 年，农业部门的就业比例将降至 16.6%，非农部门就业的比例将提高到 83.4%。劳动力从第一产业向二、三产业的转移过程中就会形成转移就业红利，即从低劳动生产率部门转移到高劳动生产率部门使得转移后的劳动生产率提高 2—5 倍，成为提高全要素生产率的重要来源。

（二）人力资源化进程中的问题和困境

在中国总体人口素质升级转型的进程中，一方面要看到其积极效应；但另一方面，更应该注意防范这背后可能出现的问题，即中国这种人口素质提升的过程之中存在很大程度的区域差异和结构性不平衡。这种差异化和不平衡成为提升整体人口素质、区域治理现代化进程中必须考虑的重要

---

[1]　国家统计局：《新中国六十年统计资料汇编》；国家统计局：《中国统计摘要（2011）》。

视角。

1. 出生人口素质亟待提高

中国是人口大国，也是出生缺陷和残疾的高发国家，出生缺陷和残疾日益增多不仅成为影响中国人口素质的重要问题，同时，也给家庭和社会造成沉重的经济负担、精神负担，进而严重影响人口的生活质量和家庭的幸福指数。1986 年，中国建立了以医院为基础的出生缺陷监测系统。据该监测系统的数据表明，目前，中国围产期出生缺陷总发生率约为 5.6%，处于世界中等收入国家平均水平，且近年来呈上升趋势。以当前阶段每年全国出生人数 1600 万计算，平均不到 30 秒就有一名缺陷儿出生，每年新增出生缺陷人口高达约 90 万例，其中，出生时临床明显可见的出生缺陷高达 25 万例。同时，全国先天性心脏病发生率更是呈明显上升趋势，2011 年已经为 2000 年的 3.56 倍，先天性心脏病已经成为我国发生率最高的一种出生缺陷，也是我国新生儿自然死亡的首要病因。我国每年因神经管畸形、先天愚型、先天性心脏病等的治疗费及其造成的直接经济损失高达数百亿元。出生缺陷不论其直接造成了死亡，还是大部分存活下来的出生缺陷儿所形成的残疾，由此给家庭造成的心理负担、经济压力和精神伤害都是难以衡量的。因此，我国出生缺陷的现状已经不仅仅是一个严重的家庭发展和公共卫生问题，而且已成为影响经济发展和人口均衡发展的重大社会问题。

当前，提高出生人口素质工作仍然面临很多问题和困难。中国幅员辽阔，存在很大的区域差异、城乡差距，受自然、地理环境，卫生条件，文化习俗影响等，造成这种情况的原因是多方面的。在严重缺碘地区，碘营养不良儿童智商明显低于正常值；近些年来，女性劳动参与率大大提高，一些地区女工身体由于职业危害因素造成的损害而导致出生缺陷儿多发的情况已有上升的趋势；贫困落后区域，近亲婚育导致的先天愚型和残疾发生率依然未得到有效控制，等等。

2. 教育体制改革需继续深化

据第五次人口普查资料显示，我国 15 岁以上人口中有 8700 万文盲，其中 3/4 分布在农村。中国农村劳动年龄人口人均受教育年限仅为 7.33 年，而城市已达到 10.20 年。从不同地域劳动年龄人口受教育水平方面考察，在城市、县镇和农村之间悬殊巨大，并且呈现梯度递减差距越拉越大的趋势。城市、县镇和农村之间受小学教育的人口比为 0.37：0.55：1；受初中教育的人口比为 0.91：1.01：1；受高中教育的人口比为 4：3：1；具有大专及以上受教育水平的人口比例是 20：9：1，造成我国乡村落后于城市、农业落后于工业、小城市落后于大城市的最根本原因是人口素质的参差不齐。在各个区域之间，劳动力文化素质也呈现出较大的不均衡性，东部高于西部，沿海高于内地，经济发达地区高于经济欠发达地区。

以西部为例，根据相关学者针对 1998 年的全国人口教育研究为例[1]，在教育经费上，东部占全国总投入的 62.6%，而西部仅为 16.5%；在 15 岁以上人口中文盲和半文盲所占的比例上，东部为 14.57%，而西部高达 20.07%。从全国情况看，东部省份仅有山东是高于平均数的（22.05%），其余全部在西部，其中青海为 42.92%，西藏为 59.97%，甘肃、宁夏、贵州、云南均超过 25%。西部地区每万名劳动者中拥有中专以上学历及初级以上技术职称人员仅有 92 人，不足东部地区的 1/10。由于劳动力市场文化水平不高，人才外流、断流现象依然严重，在整个经济社会发展过程中人力资本含量普遍偏低。在采用新技术、运用新知识、R&D 以及实施现代化的科学管理措施方面，整个西部地区比东部沿海地区更是大为落后。以 1998 年为例，R&D 和其他科技活动的经费筹集总额东部大大超过西部，参与 R&D 和其他科技活动的人员东部也比西部多得多。因此，西部地区在人才教育、科技投入均严重不足的状况下，造成了该区域人口素质的普遍不高，

---

[1] 揭东慧：《提升人口素质：西部经济持续增长的关键》，《经济问题探索》2001 年第 6 期。

进而导致了其人均 GDP 低于全国平均水平 75% 的经济发展结果。由此，西部人口素质贫乏的另一个明显表现就是观念瓶颈现象严重，形成了一种普遍趋于保守和守旧的社会现象，与传统的计划经济思想交织在一起，形成一种群体性思维和行为定势，表现出的群体文化不利于形成开放、创新的区域发展氛围。

除了区域间的人口素质不均衡，实际体制上形成的教育不均衡也导致了整体教育水平偏低，严重降低了我国的人口素质结构性转型和提升，进而影响了我国相关产业领域的劳动生产率提升和产业的国际竞争能力。同样以第五次人口普查结果为例，[①] 中国第一产业农林牧渔业从业人员的平均受教育年限为 6.79 年（初中及以下教育水平的人超过 95%）；而同期的日本，同样的农林牧渔业人员平均受教育年限却为 10.67 年，比我国高出近 4 年。劳动力受教育年限不同，劳动生产率也大不一样，中国 1997—1999 年间的农业劳动生产率仅是同期日本的 1.03%，从业人员受教育年限低是导致我国农业劳动生产率低的重要原因。再以制造业和建筑业为主的第二产业为例，对比的结果也大体如此：中国第二产业从业人员平均受教育年限为 9.44 年，仅相当于初中毕业水平，比日本的同行业从业人员人均受教育年限低 3 年。中国第二产业从业人员中大专及以上教育水平的从业人员的比例，与日本相比，相差 5 倍左右。第二产业劳动力的整体文化素质，难以支撑和应对我国制造业的技术进步要求，势必严重阻碍劳动生产率，成为影响转型发展的瓶颈。虽然我国第三产业从业人员的整体文化程度较高，但也难以适应现代产业、行业结构升级的要求，以我国金融、保险业从业人员人均受教育年限为例，2000 年平均受教育年限为 13.19 年，是整个第三产业中受教育水平较高的行业，但仍比日本同类行业从业人员低很多。第三产业特别是科学技术产业，由于劳动者教育文化素质的差异，中国几乎落后于日本近半个世纪。

---

① 宋宝安：《人口素质与教育公平》，《社会科学战线》2007 年第 6 期。

这种教育体制所导致的人口素质提升不均衡主要有以下几个方面：

第一，由于城乡教育资源投入差别巨大而产生不公平。多年来，我国教育资金过多地向城市倾斜，特别是向大城市倾斜，由此形成了马太效应，导致好的教育设施、高素质的教师、高水平的管理等公共教育资源向少数城市学校集中。而农村，能够得到的国家优质教育投资相对较少，在农村发展落后、农民不富裕、基础教育负担过重的情况下，农民子弟很难有机会享受到高质量、高水平的教育。长期以来，其入学率、升学率和受教育程度均远远低于城市，由此，形成农村人口素质普遍低于城市人口素质的后果。

第二，高等教育机构严重分布不均，特别是能够集中体现教育水平的重点大学，地区分布更加不均衡。越是发达的省市，大学特别是重点大学越多；越是人力资源丰富的政治经济文化中心城市，越是形成培养造就高素质人力资源的高校集群。反之，越是急需人才的偏远落后地区，则越是很少甚至没有重点大学。从人口分布的密度上看，越是最需要布置高等教育力量解决多数人文化素质低的落后地区，反而很少有高水平的高校，由此，形成入学受教育机会的严重不平等。在省际间、在同一省市的各个地区之间的大学分布，都是很不平衡的，因而，形成日趋严重的区域人口素质差别。

第三，高等教育的招生准入制度不平等。我国实行录取线因地制宜的高考制度，按户籍归属划定不同的录取分数线，城乡之间、不同区域之间取得相同成绩的考生，却有极不相同的受教育机会。同校同专业高考录取线在不同地区竟相差达百分以上，就是最为突出的例证。究其实质，是对不相关因素的区别对待，是真正的教育不公平。

第四，进城农民工子女没有享受平等教育的权利。国家统计局发布的2015年国民经济和社会发展统计公报数据显示，2015年，全国农民工总量27747万人，比2014年增长1.3%，农民工规模巨大，这其中，外出农民工达16884万人，是重要的社会阶层之一，曾经和正在为推进现代化进程作出不可磨灭的贡献。但其子弟进城上学，却受到不公正待遇，借读费、寄校费等各种门槛，额外增加了农民工对子女教育的投入成本，加大了农民工子女入读公办学校的难度，客观上制造了城里孩子和农民工子弟受教育权的不平等，公平教育大打折扣，人为影响了不同社会阶层之间的和谐发展，更甚至于影响了人才培养和国家科学事业的发展。因为，历史事实已经证明，科学家中间，有相当多的是来自农村中的孩子，剥夺了农民工子女平等接受高质量公平教育的权利，实质是很大程度上剥夺了相当多的农民工子女未来有可能成为科学家的机会。目前，教育乱收费与教育腐败问题，已经成为群众普遍关心、政府高度重视、受害者深恶痛绝的问题，这也是关系到教育公平的一个重要方面。权力、人情、金钱，都是影响教育资源合理分配的因素，这也使得城市学生和农村学生、富裕学生与贫困学生、有背景者与无背景者之间的竞争天平失去平衡，形成受教育机会和实际待遇上的不平等。显然，高等教育资源分配的不公平，会造成享受教育机会的不均等，背弃国家办教育的初衷，完全有可能使教育成为一项没有充分体现公平性的公共政策。

第五，形式上的机会均等掩盖事实上的不平等。从表面上看，每个人都有接受学历教育的条件和机会，但是在实际上，随着教育产业化的普及和发展，接受非学历教育的门槛越来越高，在收入差距越拉越大的情况下，教育投入水平差距也必然随之扩大，形成公众接受教育条件和获得发展基础的差别巨大，进而造成教育结果的极大落差。

（三）人口素质均衡与提升的路径选择

面向未来的均好性人力资源建设方案是有效提升人口素质的关键，区域治理进程中，必须有效整合利益相关者，形成合力，在着力提高出生人口素质，全面提升全民健康素养，建立预防—治理—反馈为一体的公共卫生体系；坚持教育优先发展，加大对农村基础教育和职业教育的投入，提高全国人口受教育水平；实施公民道德振兴计划，全面提高全民思想道德素质等方面有所突破。

1. 着力提高出生人口素质，促进人口长期均衡发展

提高出生人口素质是提高人口质量、促进人口长期均衡发展、统筹解决人口问题的一项前提性、重要性、基础性任务，是我国新时期人口政策和人口计划生育工作的重要方向和主要内容之一，也是新时期区域治理中人口均衡发展的重要内涵。

政府、社会、家庭各方均已深刻认识到出生缺陷严重危害儿童健康，影响国民素质提升。近年来，我国出生缺陷防控体系得到了很大加强，相关举措不断推出。2002 年，国家卫生部、中国残疾人联合会，为了从根本上解决出生缺陷和先天残疾高发的状况共同制定了《中国提高出生人口素质、减少出生缺陷和残疾行动计划（2002—2010）》、确定"9·12 预防出生缺陷日"、颁布《特殊教育提升计划（2014—2016 年)》等，各项预防措施基本得到有效落实，工作机制也逐步建立、完善，出生缺陷的防治工作成效已经初显。

首先，要构建起以政府为主导，社会、市场、家庭充分参与的协作治理网络框架。建立起全社会高度关注、协调治理的长效机制，运用部门协同的运作体系，形成完整的服务链。在既有体系下，建立对区域"防治出生缺陷，关爱患病儿童"工作的评价监督考核机制，加强对风险评估工作的指导和监督，提高风险评估准确性，把提高出生人口素质作为新时期卫生计生工作的重要使命。

其次，继续完善国家和地方预防出生缺陷和残疾的系列支持政策。加大财政、机构编制、人员配备向欠发达地区、严重缺碘等特殊区域倾斜，加大重大公共卫生服务项目的政府财政支出，包括国家免费全覆盖婚前、孕前优生健康检查、新生儿疾病筛查、增补叶酸预防神经管缺陷、地中海贫血防控项目等，进一步提高目标人群参检率、检验质量和预防率。创新机制，加快推进出生缺陷患儿疾病诊断治疗与城乡居民基本医保、大病保险、医疗救助制度的有效衔接。

第三，加大宣传力度，在全社会营造重视出生缺陷防治工作的氛围。一是普及出生缺陷防治知识，围绕婚前、孕前、孕期、新生儿等关键阶段，宣传出生缺陷防治科普知识、残疾儿童医疗救治及康复政策和措施等，增强全民优生意识和风险防范能力；二是让免费服务、重大扶持政策被广泛了解。具体包括免费检查、防控项目，以及纳入新农合、重大疾病医疗救助范畴、重大疾病保障的出生缺陷疾病范围等。

第四，加大教育扶持力度，提升残障儿童群体综合能力。要加大政策支持、财政投入力度，扶持普通幼儿园、中小学、职业学校、大学新建或改扩建一批急需的基础设施、创造相应条件尽可能接收残障生源，避免简单的推入特殊教育体系，以减少隔离化教育导致未来融入社会困难的风险。大力支持特殊教育事业，完善并落实特殊教育教师职务（职称）评聘、工资待遇倾斜政策，改进投入机制，拓展"医教结合"试点，提升残障学生的康复水平和知识接受能力，为其提升自身能力创造教育条件。

第五，加大"支持性就业"实施的保障力度。支持性就业鼓励、支持心智障碍人士到竞争性的工作岗位就业，这是一个有利于残障人士社会融合、创造价值的先进理念，这个就业理念也是在国际人权事业不断改善、残障人事务持续取得重大进步的基础上产生的。美国1984年的《发展障碍法》最早提出了"支持性就业"的概念，经过30多年的探索，当前，美国重度心智障碍人士进入社区竞争性职业场所就业已经成为现实。中国2006年第二次残疾人口普查数据显示，中国残障人士就业率不足四成，而全国1200万智能和发展障碍者的平均就业率更是不足10%。因而，中国借鉴国际经验，加大支持力度，创新社会组织形式，鼓励社会企业与联合国国际劳工组织（简称ILO）、中国智力残疾人及亲友协会等组织加强合作，共同拓展中国的智力障碍者支持性就业试点项目。无疑会有效弥补中国残障人士参与社会竞争性就业不足而亟待补齐的短板，促进该群体有效融入社会的同时，也发挥其自身价值。

2. 大力推进高质量的义务教育，全面夯实高素质人力资源的基础

实行公平的义务教育，是促进社会和谐稳定的重要条件。义务教育特别是指严格意义上的免费义务教育，其主要目标是政府免费为贫困人口为主的弱势群体提供一定的教育资源，使这些自身无能力接受缴费教育的弱势群体获得受教育的机会。如果没有免费的义务教育，就意味着诞生于贫困家庭的生命个体无法享受平等的受教育权利，这将是一种极不合理的社会现象。免费的义务教育能够使弱势群体中的儿童与强势群体中的儿童接受相对同等的教育，处于近乎同一水平的教育起跑线上。从某种意义上说，免费义务教育是平等思想在教育现实中的体现和延伸，国家实施义务教育，是促进社会公平、实现共享理念的前提和基础。义务教育要求教育资源在城乡和区域之间的分配均衡合理。同时，配合人口政策的调整，义务教育的各项相关政策也要及时作出相应的调整。

2004 年中国社会科学院"当代中国社会阶层结构课题组"正式发布的《当代中国社会流动》报告中的统计数字显示，2002 年，中国全社会的各项教育投资是 5800 亿元，其中人口不到全国总人口 40%的城市占 77%，而占全国总人口 60%的农村，仅获得 23%的教育投资。这将对我国整体教育公平产生极大的负面影响，极有可能成为区域治理中诱发社会不满意因素大面积发生的原因之一。因为，区域之间、城乡之间的教育公平问题，已经绝非个别区域的个别问题。毋庸置疑，每个社会个体所拥有的社会资源（包括社会关系、教育资源、家庭背景等）各不相同，客观上必然制约着个体获取教育机会多寡的不同，出现差异在所难免。但是，经常看到的事实是：在那些自我并不优秀却拥有众多社会资源的强势个体，与那些自身非常优秀却很少拥有社会资源的弱势个体共同竞争同一教育机会的情况下，获得更多教育机会的总是前者。我国改革以来的事实证明，解决教育机会均等问题，市场是靠不住的，只有发挥政府的主导作用，才能整合教育资源，建立公平体制，创造教育机会均等的前提条件。

中国从 2006 年起，已经建立起中央和地方分项目、按比例分担的农村义务教育经费保障机制，逐步将农村义务教育全面纳入公共财政保障范围。近年来，各级财政不断加大投入力度，农村义务教育经费保障水平逐年提高。2006—2014 年间，中央财政共安排农村义务教育经费保障资金约为5929 亿元。2008 年，国家又启动实施免除城市义务教育阶段学生学杂费政策，并切实保障进城务工农民工随迁子女接受义务教育的权力。2008—2014年间，中央财政共安排城市义务教育补助资金约 567 亿元。2014 年，全国约 1.1 亿名农村义务教育阶段学生全部享受免杂费和免费教科书政策；中西部地区约 1240 万名家庭经济困难寄宿生继续享受生活费补助政策，年补助标准已经达到小学 1000 元、初中 1250 元；并单独核定农村义务教育阶段特殊教育学校和随班就读的残疾学生公用经费补助资金预算；并大幅度提高生均公用经费补助标准至 4000 元。到 2015 年，中央财政城乡义务教育补助经费部分预算达到了 697.2 亿元。包括农村义务教育经费保障机制资金 605.9亿元、城市义务教育补助经费 91.3 亿元，这些措施都对义务教育高质量的推进、夯实高素质人力资源的基础提供了一定的保障。

3. 着力提升人力资本的公共投资，全面改善教育设施配套

中国的社会主义现代化本质上是全体中国人民的现代化，是全体人民共享发展成果的现代化，即充分利用体制优势集中力量办大事发展教育，使人口大国尽快成为人力资源强国，对所有人口特别是学龄人口进行人力资本投资，普遍接受现代教育，使他们从极低人力资本水平达到中等水平进而达到较高水平，从而加快高质量的教育追赶。

在分析和讨论人口红利下降的过程中，我们更应该跳出人口统计学的分析框架，转而应该更多地关注人力资源红利，这是因为教育具有明显的多重的外溢性和正外部性，这包括教育红利所推动的人力资本红利、就业总量红利、就业结构红利。笔者通过对"六普"数据的分析，更加明确地说明了这三大红利对中国未来发展的支撑作用。根据美国人口统计数据计算，美国

总人力资本从 1960 年到 2000 年的 40 年时间里翻了一倍。从 1980 年到 2030 年的 50 年时间，中国将迅速从世界人口大国走向世界人力资源强国，2030 年中国 15 岁以上人口平均受教育年限将相当于 1980 年的 2.26 倍，总人力资本相当于 1980 年的 4 倍。

因此，中国是典型的人力资本快速追赶型国家，这构成了中国经济长期中高速增长的重要来源和人力资本基础，也大大抵消了人口红利下降的影响。根据清华大学国情研究中心学者对中国经济长期发展的预测，2010 年到 2030 年间中国国内生产总值将保持 7.5% 左右的增长速度，人均 GDP 将保持 7.0% 以上的增长速度。那么，从 1978 年到 2030 年的 50 多年时间里中国的平均增长速度将达到 9.0%，人均 GDP 增速将达到 8.3%；2030 年的 GDP 将相当于 1978 年的 87.4 倍，人均 GDP 也相当于 1978 年的 62.5 倍[1]，这将是人类历史上人口规模最大、增长速度最快、持续时间最长的增长纪录。而中国政府所制定的《国家中长期教育改革和发展规划纲要（2010—2020)》和《国家中长期人才发展规划纲要（2010—2020)》顺应并将大大地推动这一趋势，使中国从人力资源大国加速走向人力资源强国，为中国成为社会主义现代化强国奠定人力资源基础。按照目前的发展趋势，2020 年《纲要》设定的目标将会顺利实现，人力资源红利将支撑中国成为世界经济强国，实现 50 年的中高速经济增长（1978—2030)。可以预见，教育发展将为中国崛起和社会主义现代化强国建设作出越来越大的贡献。

总体上，中国目前最关键的问题是人口素质偏低。近年来，中国人口素质虽然已有显著的提高，但是从事开发和研究的人员占总人口比例仍很低，每千人中只有 0.5 个，与日本的 5.1 个相比，差距很大。当然，作为一个拥有 13 亿人口的大国，人力结构性差别是必然会存在的现象，但无论如何，与许多其他国家相比，这个比例仍然有大幅度提高的空间，在建设知识型、

---

① 清华大学国情研究中心：《2030 中国：走向共同富裕》，中国人民大学出版社 2011 年版。

创新型经济发展模式时，这种需求显得更加强烈。从 19 世纪以来许多国家的资料来看，世界各经济落后国家追赶先进国家的经验，其人口受教育水平的提高都要快于经济追赶速度，总体上，教育水平对经济发展的超前领先量大概维持在 20—25 个百分点。因而，中国应该继续在优化教育赶超、有效提升人口质量的政策方向上加大力度，把人口素质的提升作为实施中国未来"人口均衡发展战略"的重中之重，并以此为抓手不断推动我国由人口大国向人力资源强国转变。

总之，人力资本投资是中国最有效的公共投资，这包括对教育、公共卫生及健康、就业及培训等，这些投资将会给中国带来长期的多重红利。中国政府已经明确：教育投入是支撑国家长远发展的基础性、战略性投资，是发展教育事业的重要物质基础，是公共财政保障的重点。同时也做出了公开承诺：财政继续增加教育投入，到 2015 年实现 4% 的目标。[①] 如果到 2020 年达到 5%，2030 年达到 6%，中国的教育还会产生更大的人力资源红利，中国的人力资本增长和经济增长还会超过本研究的预期。当然，一方面在政府对教育投入不断加大的前提下，另一方面还需要探讨加大政策支持力度吸引社会资本进入民办高等教育、职业教育等领域。全面提高教育质量，就需要区域治理中用科学发展理念改革教育体制，用创新发展理念激发教育活力，用均衡发展理念优化教育结构，用绿色发展理念建构教育生态，用开放发展理念拓展教育资源，用共享发展理念推进教育公平。

4. 全力提升教育质量，科学发展职业教育

中国的教育质量特别是高等院校和职业教育的质量亟须提高。目前大学生就业、创业面临的问题，凸显了教育质量与经济社会发展的质量要求有显著差距或者说不匹配。同时，国内教育质量不高，不仅导致了大量优质生源及家庭教育投资外流，更会使众多优秀人才学习结束后不再回国，使中国人

---

① 《国务院关于进一步加大财政教育投入的意见》，http://www.gov.cn/zwgk/2011 - 07/01/content_ 1897763.htm。

才流失，不利于国家发展。当前，加强教育供给侧的改革，整合全社会各方智慧、力量，建立制度保障，促进学校教育、社会教育和家庭教育协调发展，构建优秀教师培养体系，实施具有国际领先水平的教育质量系统提升工程，是满足中国巨大教育需求，提高人口素质，促进人才强国的关键。

在职业教育发展方面，中国的职业教育体制、机制应该更加市场化和灵活多样化，要以培养多元化人才、改善劳动力市场结构、促进技术技能创新、带动产业转型升级、满足社会服务需求、促进就业创业为办学目的。2013 年 6 月 23 至 24 日，全国职业教育工作会议在北京召开，习近平、李克强、刘延东、马凯等党和国家领导人分别作出重要批示或到会讲话，明确要求要统筹发挥好政府和市场作用，既要加大政府支持，又要通过政府购买服务等方式，更多促进社会力量参与，形成多元化的职业教育发展格局。要走校企结合、产教融合、突出实战和应用的办学路子，依托企业、贴近需求，建设和加强教学实训基地，打造具有鲜明职教特点、教练型的师资队伍。要求各级党委和政府要采取各种措施，关心和帮助职业教育工作者，推动社会各方形成合力，让现代职业教育助推经济社会取得更大更好发展。这在中国职业教育史上，无疑具有重要的里程碑意义。

5. 充分提升人口红利价值外溢，以结构红利弥补规模红利

首先，分析教育发展的溢出效应。教育事业的发展，其效益不止局限在教育领域之内，而且对经济发展显示出多重外溢效应。这包括：教育发展可以提高劳动生产率，从而直接促进经济增长；教育发展可以提升受教育者的就业能力，提高其劳动参与率，特别是妇女的参与率，从而直接促进就业总量增长；教育发展促使劳动力从低劳动生产率的农业向高劳动生产率的非农产业转移，从而促进就业结构中农业比重下降、非农业比重上升，有利于经济结构调整，此结构效应也会提高全要素生产率（TFP）；教育发展也会促进现代人口转型，妇女受教育水平提高，可以直接降低妇女总和生育率，提高人口预期寿命等健康指标。因此，教育及其外溢性作用在经济社会发展中

具有基础性、先导性的地位，其不仅本身会产生教育红利，还会产生其他外溢红利即人力资源红利，而人力资本的快速积累又是经济迅速增长、社会加速转型的重要推动因素。因而，由于教育外溢效应带来的人力资源红利，会远大于人口红利。

其次，如何科学界定和分析人力资源红利。通常，收益减去投入的成本即是所谓的红利，这种投入有可能是经济投入，也可能是社会投入，或者是政策投入。根据这一定义，因而可以简单地说，将人力资源收益减去人力资本投资就是人力资源红利。这一红利既可以定性分析，也可以定量计算；既可以是短期红利，也可以是长期红利；既可以是当期的边际红利，也可以是基期累积的红利；既可以是教育系统内部的红利，也可以是教育系统之外的溢出红利。由此可见，人力资源红利远比狭义的人口红利要大得多、全面得多。事实上，人力资源红利随着教育投入持续增加而会持续发挥效益，而人口红利则会随着现代人口转型成为人口负债，因而，经济增长取决于人力资源红利会更多于人口红利，这就是为什么需要更多关注的是人力资源红利，而不仅仅是人口红利。

6. 针对区域进行分类人口素质提升，形成具备均好性的区域人力资源分布

中国人口的平均期望寿命实际上已经得到了较大幅度的提高，各地区死亡率均在 5‰—7‰之间，基本差别不大，但各个区域在受教育程度上的差别却非常显著。高素质人才的地区间分布非常不均衡，人才结构也与实际需求有一定差距，近年来一些地方出现部分大学生就业难和部分区域、领域人力资源严重短缺并存的现象就是一个例证。因此，必须要深刻认识人口素质普遍提升、人才区域差异化合理配置是实现区域均衡发展的关键。

首先，针对西部地区经济发展缓慢和发展阶段滞后的问题，一方面国家应该继续实施西部大开发战略，利用各种政策优势吸引东部地区乃至国外资本的投入，提高资本对经济的贡献率，促进经济发展，提升产业结构层次；

另一方面，西部地区人口基数大，教育资源和师资力量弱，国家在实施科教兴国战略的同时，教育优惠应向西部地区倾斜，教育投入也要相应增加，从而提高西部地区的人口综合素质，进而促进经济发展。

其次，中部地区和东北地区在继续吸引各种资本投入的同时，还需不断提高人口综合素质对经济增长的贡献率。中部地区教育资源比较充足，但是利用率低，导致地区的人才流失到了东部沿海地区，这就需要当地政府采取各种优惠政策留住人才，促进区域经济的发展。东北地区人口综合素质指数较中部高[1]，但其对经济增长的累积贡献率依然不高，因此需要优化产业结构，大力发展第三产业。东部地区需要优化各个投入要素对经济增长的贡献率，不断提升经济发展质量，在进一步提升第三产业比重和质量效益的同时，加大对人口综合素质提高的投入。

最后，积极学习国外经验。比如美国西部开发给了我们很好的启示。美国著名经济学家舒尔茨认为：改善穷人福利的决定性生产要素是人口质量的改善和知识的增进，而不是空间、能源和耕地，这一科学论断极大影响着美国联邦政府对西部开发的决策。美国在20世纪60年代，投资于全国人口不到1/3的落后地区教育经费就占到联邦支出总额的45%，美国并逐步在西部建设很多著名的研究型大学，如哈佛大学、麻省理工学院和普林斯顿大学等；另外政府还颁布人力资源和发展法，通过采取财政补贴等措施，鼓励大批工程师、科学家、专业技术人员和熟练工人向西、南部迁移。人力资源政策的倾斜极大地推动了美国西部高新技术工业的发展，如加州硅谷、北卡罗来纳的三角研究区、洛杉矶的硅滩、亚特兰大的计算机工业等。根据美国国会技术评价局的统计，在1972—1977年间，高技术工业就业人数净增最多的10个地区中有8个位于西部。

① 周明等：《中国区域人口素质变迁与经济增长研究》，《重庆大学学报（社会科学版）》2013年第1期。

第二节　人口迁移的调适和再布局

当前中国正处于新型城镇化快速发展的阶段，城镇毫无疑问是当前迁移人口的主要目的地，但由于各区域城市之间的经济发展水平不同，因此，以经济目的为主导的中国人口迁移必然导致区域间人口迁移规模的极大差异。大城市特别是经济发达区域的少数特大城市和超大城市的流动人口聚集趋势以及相应问题也会更加突出，根据统计，位于东部沿海地区35个经济发达城市构成的大型城市带几乎聚集了全国半数以上的各类型流动人口。流动人口集中化趋势使得这些目的性区域城市的环境容量在加剧饱和中，其后果就是直接影响到城市的健康发展。可以认为，在未来中国相当长一段时间的经济发展中，城市的主导地位将继续深化，人口向城市的迁移规模、频率和强度也将继续保持较大增长，这必然会继续对城市发展产生深刻影响。因而，伴随以人为核心的新型城镇化的快速推进，人口迁移的科学调适和合理布局应该被高度重视。

一、既有城镇化路径带来的中国人口流动特质

（一）推进"新型城镇化"中的城乡一体化

城镇化作为生活方式的变革，是通过"农民的市民化"和"农民的工人化"完成的，最终实现"人的城镇化"和"城乡一体化"。核心是让所有人都可以有尊严、有价值、有理想的"生活着"，从而真正实现一个"市民社会"的中国。而这种变革是系统而又复杂的，涉及方方面面，核心就是要厘清城镇化与现代化的关系，深刻意识到城镇化就是现代化，面对已有居民的就业机制和生活方式进行变革和改造是现代化的核心，继承性与传承性

必须在这种变革中获得平衡。因而，需要把市民化过程的行为规划和地点精神打造放在首位，既要求强调城市宏观意义上工作或生活方式的共融性，又必须强调城市对微观意义上不同生活方式和文化习俗独特性、多样性的体现和包容。因此，这一个系统而复杂的工程——生活方式的变革既可以是一种要求和目的，同时也能成为城镇化的动力和基础。从新型城镇化的发展路径来说，这实际上是对既往中国土地城镇化、资本城镇化、制度城镇化的一种纠偏和矫正。李克强总理一再强调，新型城镇化的重要实现路径和方式就是"人的城镇化"，这必将对中国城乡一体化发展格局形成新的推动。

1. 既有城镇化路径的困境：城乡二元与户籍制度造成畸形城镇化方式

中国既有城镇化发展路径的手段就是"职业经理式"①的"城市经营"②。即将城市当做一个被经营、被运作和"待增值"的对象，行政辖区范围内的各类型资源，包括土地、文化、政策、居民、生态环境等，都是重要的"资本性要素"。政府与资本方、知识精英等形成一个排他性的"职业经理人"经营联盟，利用法律、规定、政策、政府行政、管理、规划等手段，将上述资本性要素进行吸收、统筹和掌控，并以其为"发展筹码"在短期内吸引、建设、推进大项目、大资本和大建设，从而不断推进特定区域的快速城镇化发展。相对于学界所熟知的"城市经营"③，笔者认为"职业经理化"是其核心属性与实质内核，在企业管理与经济学相关研究当中，"职业经理"作为一种委托—代理方式，存在典型的机会主义行为、剩余索取权增加等问题④。而在中国城市发展这一特定背景下，由于"委托—代

① 在本书语境下，"职业经理人式"经营的理论内核是城市发展过程中的委托—代理关系。这种关系研究最先出现在公司相关治理之中。参见王明琳、周生春：《西方家族企业代理问题研究现状》，《外国经济与管理》2005 年第 6 期。
② 参见张京祥、朱喜钢、刘荣增：《城市竞争力、城市经营与城市规划》，《城市规划》2002 年第 8 期。
③ 有学者将其称之为是"锦标赛理论"（Tournament Theory），相类似概念的内涵本质基本一致，细节以及侧重点不同，本文统一以"城市经营"作为统称。
④ 赵曙明：《中国民营企业继任者选择与管理研究》，《管理学报》2012 年第 8 期。

理”机制的不完善，问题更加突出，其中要素范围的扩张性、行动主体的排他性、经营行为的短期性和经营手段的功利性是主要方面，我们可以将其归纳为是一种以短期内“资源快速变现”为核心的制度性投机行为。中国既有城镇化路径的主线就是“城乡虹吸式”发展，这种发展路径很大程度上源于“城乡二元”的制度化安排和现实困境。“虹吸效应”源自物理学的连通器原理，学界目前多将其用于区域一体化研究等相关领域，认为“虹吸效应”是优势区域会强势吸引周边区域各类资源要素的客观现象。① 而在本文语境下，笔者意在说明在我国城乡二元主导下的“剪刀差”② 关系下，国家利用户籍制度、农产品统购③等方式，将农村各种资源以低廉的价格供给到城市，从而以低成本支撑城镇化发展④。但在城市发展壮大的过程之中，却始终没有形成对周边区域的辐射带动作用，合理的地域生产力结构体系始终没有得到确立和合理优化⑤，一种城乡倒挂的“虹吸式”发展路径已经形成。1978 年后，城乡二元关系经历了从“松动时期”到“发展失衡、差距急剧扩大时期”⑥ 的转变，“家庭联产承包责任制”的固化和“三农”政策的收紧导致农村出现“小规模、大农业、负增长”等问题。现阶段党的十八大提出要形成“以工促农、以城带乡、工农互惠、城乡一体的新型工农、城乡关系”⑦，但是城乡二元结构作为一种“实然层面”的发展逻辑

---

① 相关研究多半集中在人才、资金、技术、资源等经济发展要素的虹吸效应现象。

② 剪刀差起源于苏联，简单来说就是工业产品与农用产品在交易过程中的不平等交换，工业品的价格要高于价值，而农产品的价格要低于价值。这种变化趋势在图标上呈现出剪刀的形状。

③ 比如我国曾经实施对“三农”实施了“多取、少予”的政策以及“三统筹、五提留”等具体政策。

④ 有学者研究显示，在 1952—1989 年间，通过工农业产品剪刀差国家从农业中获取了9716175 亿元，参见柳思维、唐红涛：《经济转型中的新剪刀差与城乡消费差距的扩大》，《消费经济》2006 年第 6 期。

⑤ 笔者是在一般意义上讨论这种辐射带动乏力的问题，但事实上，苏南和珠江经济带存在较为明显的地域分工和大城市辐射，但这些区域本身有着悠久的城镇化历史，不能被简单归结为是建国之后既有城镇化路径的发展结果。

⑥ 王松德：《新中国成立以来我国城乡关系的历史演变与现实启示》，《学习论坛》2014 年第10 期。

⑦ 《中国共产党第十八次全国代表大会文件汇编》，人民出版社 2012 年版，第 22 页。

一直存在。这就导致"城乡虹吸式"发展局面一直存在，农村始终是城镇化发展的从属性"资源腹地"，其供应资源的深度与广度越来越强，但交易过程的平等性却始终没有得到确立，这构成了中国城镇化既有发展路径的一个连续性审视视角。

20世纪50年代，为了确立并适应我国计划经济体制，实现工业化优先发展的目标，控制城市人口特别是大城市人口的机械增长，我国确立了严格的户籍制度。户籍制度是一项最基本的国家行政制度，它将国家公民与土地、社会地位紧紧联系在一起。公民需通过户籍证明个人身份，国家通过户籍执行资源配置和财富分配，不同的地域和社会地位决定的社会利益分配存在差异，形成了以户口为基准的社会等级的差别，不同等级的公民享受不同的待遇。直到20世纪80年代早期，农村的自发迁移仍受到严格的限制，住房、食物和工作等资源均与户口挂钩，所以，农村人口不可能自由的向城市迁移，国家通过这种方式来牵制人口的自发流动。[1] 虽然，户籍制度在历史上曾经为我国集中有限的人力资源、建设工业化城市等方面发挥了有效的配置作用，同时也满足了管理者的需求，但在促进社会经济发展方面却没有起到积极的作用。[2] 严格的户籍管理制度曾给社会文明的进步与社会的发展造成了诸多不利的影响。赵晓莲等[3]（2007）认为户籍制度使进城务工农民的就业、社会福利保险、教育等方面受到了不平等的待遇，使农民工的权益受到损害。苏志霞等[4]（2007）提出户籍制度原本是为了确认公民身份和统计人口数据，但我国现行户籍制度的缺陷在于确认公民身份的功能被延伸为利益分配的手段，人口统计的功能又没有得到有效发挥。中国的户籍制度已经成为社会分层、社会排斥乃至社会居住隔离矛盾产生的主导因素之一。在所

---

[1] 杨云彦：《中国人口迁移与发展的长期战略》，武汉出版社1994年版，第188页。
[2] 郝品石：《户籍制度改革的另一思路》，《读书》2003年第2期。
[3] 赵晓莲、张庆军：《我国现行户籍制度社会分层弊端刍议》，《法制与社会》2007年第1期。
[4] 苏志霞、王文录：《论户籍制度的功能定位》，《河北师范大学学报（哲学社会科学版）》2007年第2期。

有阻碍劳动力自由流动的因素中，户籍制度首当其冲，成为劳动力市场化发展的绊脚石。[①]

可以说，目前这种城乡分离的户籍制度极大地制约着我国社会的和谐发展。虽然，20 世纪 80 年代，我国开始了户籍制度的改革，但是改革也未完全解决制度本身存在的矛盾，户籍制度的改革困难重重。如国家为了鼓励小城镇的建设，提倡放开户籍管理，而一些地方至今仍未与中央达成意见统一，仍未放开户籍管理。此外，户籍制度完全放开，意味着医疗、保险、就业、教育等福利分配全国需达到统一标准，但目前各个地区的财政、医疗、教育等社会资源的分配并不是平等的，地区差别、城乡差别仍较大。而且，户籍制度改革后，面临外来人口享有与本地人口同等的社会福利待遇，这将会给迁入地的财政带来巨大负担。所以，许多人口迁入地仍无法完全放开户籍制度。有学者认为资源有限是制约户籍一体化改革的主要因素，一旦放开户籍管理，本来就不堪重负的城市医疗、保险、教育、基础设施等公共服务与设施将陷入瘫痪。很多学者认为大城市相对于中、小城市来说，改革户籍制度面临的困难更大。因此，户籍制度改革的关键不在于户籍制度本身，而首先应该从社会政策改革入手，研究户籍制度的改革方向。

2. 新型城镇化的战略要义：城乡一体化的制度安排

正是因为既有城镇化存在种种问题，因此国家层面才会提出积极推进"新型城镇化"，"新型城镇化"将地域生产力结构的再建构、生活方式的现代性、地方文化的创新性等作为其核心视角[②]，具体来说，"新型城镇化"首先把地域生产力结构的重构作为重点化，就是着重要"以优化国土空间利用为关键点，推进内涵增长的城镇化"[③]。因此，未来中国的发展，应以

---

① 杨川丹：《改革户籍制度建立一体化的劳动力市场》，《劳动保障世界》2009 年第 1 期。
② 房冠辛、张鸿雁：《新型城镇化的核心价值与民族地区新型城镇化发展路径》，《民族研究》2015 年第 1 期。
③ 倪鹏飞：《新型城镇化的基本模式、具体路径与推进对策》，《江海学刊》2013 年第 1 期。

"主体功能区"① 或是"城市群"为地域生产力发展的主要单位,这就意味着结构性的城市体系成为一种必然。在不同的主体功能区与城市群当中,必须对内形成梯度有序的地域性城市生产力结构,让自身区域内部的城市之间从同质性竞争走向协同性发展;对外,则是要确定自身城市群的整体发展定位。但更为重要的是新型城镇化在本质上是人的城市化,是市民社会的建构,是以"新的手段、新的路径、新的思路"去解决中国城镇化过程中一直存在的问题,并最终实现城镇化的"现代性"意义。因而,新型城镇化是区域治理的一个重要背景,尤其是要通过治理创新,完善实施与人口流动紧密相关的户籍等相关制度改革,来实现真正"以人为核心"、"城乡一体化"的新型城镇化健康推进。

(二)中国既有城镇化形成的人口迁移特征

1. 在既有城镇化路径不足与缺陷下的大空间范围内人口迁移

改革开放以来,全球化、市场化、工业化、城镇化成为中国当下社会发展的主要特点,而这一进程的加快以及人口流动政策的变化,也不断促进中国流动人口迁移规模的急剧增长。2010 年中国的流动人口总量就已经达到2.61 亿,约占全国总人口的 19.5%,中国正快速进入人口大迁移的时代。②其中,省际迁移人口亦快速增长,从 2000 年的 4241.9 万人增至 2010 年的8587.6 万人,10 年间增长量超过了以往年份的累计迁移总量。相对于省内

---

① 国务院《全国主体功能区规划——构建高效、协调、可持续的国土空间开发格局》,提出了主体功能区的布局:"两横三纵"为主体的城市化战略格局基本形成,全国主要城市化地区集中全国大部分人口和经济总量;"七区二十三带"为主体的农业战略格局基本形成,农产品供给安全得到切实保障;"两屏三带"为主体的生态安全战略格局基本形成,生态安全得到有效保障;海洋主体功能区战略格局基本形成,海洋资源开发、海洋经济发展和海洋环境保护取得明显成效。http://www.gov.cn/zwgk/2011-06/08/content_ 1879180. htm。

② 叶裕民、黄壬侠:《中国流动人口特征与城镇化政策研究》,《中国人民大学学报》2004 年第 2 期。

人口迁移，省际迁移是长距离、大尺度的人口流动现象①，对区域经济社会发展、人口空间再分布具有重要意义，对于推进以农业转移人口市民化为重要内容的新型城镇化也具有更大挑战。区域经济发展的差异叠加、东部沿海地区竞争激化的状态使得中、西部地区的人口向东部发达沿海地区的集中化迁移趋势日益增强，而且向东部沿海地区迁移又主要选择迁入珠三角、长三角和京津冀三大城市群地区。人口迁移是城市化的主要过程和途径，而城市及城市群的发展又是城市化的重要形态和结果，因此，人口迁移必定对东部沿海地区城市化及城市群的发展产生深刻影响。中国"十二五"期间，人口流动规模持续扩大，根据第六次全国人口普查数据显示，2010 年人户分离的人口达到了 2.61 亿，其中流动人口大概为 2.21 亿；2013 年流动人口达到了 2.45 亿，年均增加约 800 万人；2015 年全国人户分离的人口 2.94 亿人，其中流动人口达 2.47 亿人。② 农民工是中国人口流动的主体，根据国家统计局的监测结果，外出农民工的规模在 2013 年就达到了 1.66 亿人，这其中举家一起迁移的农民工数量则达到了 3525 万人。③ 进入"十二五"时期，这种农民工外出务工的规模虽然仍保持一个扩张趋势，但相应的动态增速则明显减缓。2010 年外出农民工增速达到了 5.52%，随后开始逐年下降，到 2013 年已经仅为 1.68%；与此同时，农民工举家外出的增速从 2010 年的 3.54% 上升至 2013 年的 4.44%，农民工举家外出占全部外出农民工的比重也从 2010 年的 20.03% 增长到 2013 年的 21.22%，这种农民工举家外出的趋势开始逐渐加强。

大规模的人口流动，尤其是农民工从农村向城镇的剧烈流动，推动整个"十二五"时期中国城镇化水平的快速提高。中国城镇化率自 2000 年以来，

---

① 丁金宏、刘振宇、程丹明等：《中国人口迁移的区域差异与流场特征》，《地理学报》2005 年第 1 期。

② 数据均来自历年《中国统计年鉴》。

③ 国家统计局：《2013 年全国农民工监测调查报告》，http://www.stats.gov.cn/tjsj/zxfb/201405/t20140512_ 551585.html。

几乎成直线上升，"十二五"时期依然延续了这一趋势，年均提高约 1.3 个百分点，到 2013 年，常住人口城镇化率已经达到 53.73%，人口流动构成了人口城镇化水平快速提高的重要动力。根据国家统计局监测结果显示，外出农民工几乎 100% 的都流向城镇，因此，中国人口的流动实际上也是人口城镇化的过程。2013 年，跨省流动的外出农民工流入城镇的比例是 99.1%，省内流动的外出农民工流入城镇的比例是 100%，其中，跨省流动农民工主要流入大中城市，省内流动农民工主要流入小城镇。①

但是这种人口迁移的后果和内在机制却比较复杂，呈现出典型的双面性。实际上，自 20 世纪 80 年代初起，国内外学者就一直关注中国省际人口迁移的空间格局、迁移流向、影响因素以及对区域经济发展的影响等，其中省际人口迁移格局与流向是省际人口迁移的重要研究内容。② 张善余③（1990）指出改革开放以来中国省际人口迁移的区域模式发生重大变化，省际人口迁移净迁出区和净迁入区与计划经济时期相比出现颠倒；杨云彦等④（1993）则明确指出，改革开放后，由向人口稀疏地区进行开发性迁移转变为向稠密区的集聚性迁移，总体格局由自东向西转变成由西向东；王桂新⑤（2000）注意到进入 90 年代，西部一些地区对中部地区的迁移人口形成吸引优势，中部净迁出人口除主要迁向东部以外，也有少量迁向西部，其中新疆成为重要的吸引中心。Fan、丁金宏等分别以"四普"和"五普"数据为基础，分析了 1985—1990 年和 1995—2000 年中国省际人口迁移的空间格局和流场特征，两者比较，辐散和辐合流场依然存在，且范围和强度有所增

① 国家统计局：《2013 年全国农民工监测调查报告》，http://www.stats.gov.cn/tjsj/zxfb/201405/t20140512_551585.html。
② 张文新、朱良：《近十年来中国人口迁移研究及其评价》，《人文地理》2004 年第 2 期。李玲：《改革开放以来中国国内人口迁移及其研究》，《地理研究》2001 年第 4 期。
③ 张善余：《我国省际人口迁移模式的重大变化》，《人口研究》1990 年第 1 期。
④ 杨云彦、陈金永：《中国人口省际迁移的资料与测算》，《中国人口科学》1993 年第 2 期。
⑤ 王桂新：《中国经济体制改革以来省际人口迁移区域模式及其变化》，《人口与经济》2000 年第 3 期。

大，而山东与东北的对流流场不复存在①；一些学者也对 2000—2005 年的省际人口迁移格局和流场特征进行了分析，但总体变化不大②；王桂新等③（2012）利用"五普"和"六普"数据，分析了 1995—2000 年和 2005—2010 年省际人口迁入迁出的格局变化，发现人口迁出和迁入都呈集中趋势，人口迁出呈现"多极化"，而迁入方向则显得更加集中化。

2. 长三角区域人口迁移的具象分析

中国人口迁移涉及的范围之广、人数之多、程度之重以及后果之深远，可以说在全世界都首屈一指，面对这样复杂而多变的人口现象，想要深入了解其内部的运作机制和特征，必须要选择重点区域展开研究。笔者以中国最大城市群集聚区④——长三角为例，展开中国城乡二元体制下人口迁移核心特征和运作机制的说明⑤：

其一，从人口迁入的规模和总量来看，长三角地区的中心城市上海市迁入人口最多、迁入率最高。上海市仅仅在 1995—2000 年间的总迁入人口就高达 371.68 万人，约占整个长三角地区总迁入人口的 35%；人口总迁入率达到 22.65%，高居长三角地区 16 城市之首。江苏省的南京、苏州和浙江省的杭州、宁波四大城市，总迁入人口都接近 80 万人或达到 80 万人，这四大城市占长三角地区总迁入人口的比重也都超过 7%，人口总迁入率也都在 13% 以上，也因此，这四大城市在地区 16 城市中构成人口总迁入量的"第二集团"。总体来看，除上海市以外，江苏各城市的人口迁入各项指标都比

---

① 丁金宏：《中国省际人口迁移的原因和流场特征分析》，《人口研究》1994 年第 1 期。Fan, C.C., "Interprovincial Migration, Population Redistribution, and Regional Development in China: 1990 and 2000 Census Comparisons", *The Professional Geographer*, 2005(2), pp. 295-311.

② 李薇：《我国人口省际迁移空间模式分析》，《人口研究》2008 年第 4 期。刘望保、汪丽娜、陈忠暖：《中国省际人口迁移流场及其空间差异》，《经济地理》2012 年第 2 期。

③ 王桂新、潘泽瀚、陆燕秋：《中国省际人口迁移区域模式变化及其影响因素：基于 2000 和 2010 年人口普查资料的分析》，《中国人口科学》2012 年第 5 期。

④ 长三角地区 16 城市人口总迁入及省际迁入量的分布。

⑤ 王桂新、董春：《中国长三角地区人口迁移空间模式研究》，《人口与经济》2006 年第 3 期。

较强势，除南京、苏州外，与苏州同属"苏锡常"城市群的无锡、常州人口总迁入规模也比较大，总迁入率同样比较高；相对于苏南区域而言，浙江省各城市的人口总迁入态势则显得相对滞后，只有位居浙江省南部第五的台州市人口总迁入规模及总迁入率比较大。而 2000—2010 年间，江苏、浙江的人口吸引力发生了变化，2009 年末，长三角外来常住人口达 1300 万人，其中上海占 40.4%，浙江占 36%，江苏占 23.6%。

其二，从省际人口迁入看，仍是上海市"一枝独秀"，迁入人口最多、迁入率最高。在 1995—2000 年的五年间，上海市共接收来自苏、浙、沪以外全国 28 个省区（市）的迁入人口接近 150 万人，约占整个长三角地区除苏、浙、沪以外 28 省区总迁入人口的 32%；人口迁入率达 9.13%，这一数据同样高居长三角地区 16 城市之首；江苏、浙江两省的政治中心城市——南京市和杭州市对于来自苏、浙、沪以外 28 省区的人口迁入虽然仍较活跃，但相对而言，其势头已被两省的经济中心城市苏州和宁波两城市超越，这就说明省际迁入的人口更加容易被经济中心城市所吸引。另外，位居浙江南部的台州市，自苏、浙、沪以外 28 省区迁入的人口规模也已成功跻身长三角地区 16 城市的"第二集团"，特别是其同口径人口迁入率更是攀升至第三位（7%）；从来自苏、浙、沪以外 28 省区的人口迁入态势看，江苏与浙江已基本旗鼓相当，而且，浙江在这方面还略显强势。这一点，很多学者的相关研究都得出类似结论，并认为应该归结为浙江省平衡的城市群关系。[①]

因此，从长三角这一特定区域的城际人口迁移分布来看，各城市之间也存在明显差异、很不平衡。具体来说有如下几点[②]：第一，从人口迁出的视角审视，江苏省"苏中"地区的南通、泰州和浙江省南部的台州及绍兴等

[①] 本书所说的省际迁移（入），均指除苏、浙、沪三省市以外其他 28 省市区人口向长三角地区各城市的迁移（入）。

[②] GDP、人均 GDP、市区非农业人口规模、城市化率等指标均根据各省 2002 年统计年鉴数据计算，迁移数据根据中国 2000 年人口普查 0.95‰抽样数据汇总计算。

人口规模较小、经济发展相对落后的城市人口迁出规模都较大、绝对数量高，并且迁出率较高。南通、泰州、台州、绍兴四城市在 1995—2000 年间的人口迁出规模基本都稳定在 15 万人以上，迁出率都超过 3%。人口迁出规模以与上海市一江之隔的江苏南通市最大（为 23.47 万人），而人口迁出率则以浙江台州市最高（接近 4%）。第二，从人口迁入的视角审视，基本特点与人口总迁入的分布态势相似，上海市在 1995—2000 年间的迁入人口最多（为 44.74 万人），江苏南京、"苏锡常"三大城市和浙江的杭州、宁波等区域中心城市，人口迁入规模也都在 10 万人以上。这些迁入人口规模较大的城市，人口迁入率也都比较高，其中南京、上海、杭州三大城市高居前三位，分别为 3.21%、2.73% 和 2.26%；苏州、宁波两大区域经济中心城市迁入率也都在 2% 以上。第三，从人口净迁移来看，既有人口净迁入城市，也有人口净迁出城市，二者之比为 7：9。人口净迁入城市，主要是上海、南京、苏州、无锡、杭州、宁波等长三角地区城市群体系中的高层次城市，特别是中心城市上海和第二层次的南京、杭州三大城市，人口净迁入规模及净迁入率均高居前三位。这说明，即使是在长三角地区这样一个区位条件优越、经济相对发达的城市群地区，不同区域内部的各城市之间仍然存在明显差异；而且，其人口迁移也仍然符合较多地区的人口向较少地区集中这一经济成长阶段区域人口极化迁移的基本规律。

3. 中国城镇化进程中的区域人口迁移特质

长三角区域是中国当下城镇化最为成熟和发达的区域，因此对这个区域流动人口相关特征进行分析，可以帮助我们更好的理解未来中国在城镇化后期阶段可能出现的种种情况。而从上述已有数据分析，可以发现中国城镇化区域人口迁移几个比较显著的特点：

其一人口流入目的地选择：首先，目的地的选择较来自外省区的迁入人口更为集中。在区内 16 城市的城际迁出人口中，选择迁向长三角地区内前五位目的地的人口比例几乎都接近 80% 或达 80% 以上，显示长三角地区内各城市迁出人口对区内迁入目的地的选择更为集中。目前看来，只有上海的迁出人口对区内迁入目的地的选择比较均衡，选择迁向区内的前五位城市人口比例大概稳定在为 60% 左右，说明上海作为长三角地区城市群体系最高层次的中心城市，向区内周边城市的人口"扩散"相对比较均衡。其次，上海、南京、杭州、苏州、宁波等为区内城际迁出人口相对集中选择的前五位迁入目的地，其迁入人口比例约占区内城际迁出人口的 70%，显示区内城际迁出人口对迁入目的地的选择，具有高度集中的特征。特别是上海市，为区域内城市迁出人口普遍选择的首位迁入城市，约占区内城际迁出人口的 29%。这不仅显示了上海在长三角地区无可取代的中心地位，同时亦说明上海作为长三角地区的中心城市，也是联结和带动苏、浙两省城市发展的轴心和纽带。最后，主要受经济体制、行政区划、距离邻近性及社会、经济、历史联系等诸多因素的影响，江苏的迁出人口主要选择迁入邻近的江苏城市，浙江的迁出人口主要选择迁入邻近的浙江城市，形成了江苏和浙江两个相对独立的迁入目的地选择空间模式。

其二人口流出发源地特征：第一，区内各城市迁入人口来源地的分布相对比较分散。长三角地区 16 城市自前五位来源地迁入人口的比例大概是 53.41%，相对于 16 城市城际迁出人口选择迁向区内前五位城市的人口比例要低大概 16.5 个百分点；又如，长三角地区 16 城市城际迁入人口多为同省邻近城市。迁入人口以上海为第一来源地的城市，只有南通、泰州两城市。因为南通、泰州的迁出人口主要集中迁向上海，作为其衍生副流，因而上海也成为这两个城市迁入人口的主要来源地。第二，区内城际迁入人口的前五位来源地则为长三角地区城市体系中层次较低、规模较小、经济发展相对落后的南通、台州、泰州、绍兴、扬州五城市。这种城市体系低层次城市与高层次城市所扮演的迁出、迁入不同角色，说明长三角地区的城际人口迁移，不仅存在地域上由分散趋向相对集中的人口迁移主流，而且也存在城市体系结构上由低层次城市流向高层次城市的人口迁移主流。第三，由于主要受经济体制、行政区划、距离邻近性及社会、经济、历史联系等诸多因素的影响，长三角地区江苏城市城际迁入人口的主要来源地为邻近的江苏城市，浙江城市城际迁入人口的主要来源地为邻近的浙江城市，二者可谓"泾渭分明"，形成十分明显、相对独立的两大迁出来源地集中区。

因此，可以认为，在中国未来城镇化进程不断加速的过程之中，区域内部以及区域间的人口迁移会有两个基本倾向：第一，区域存在一定规模的省际双向人口迁移流。虽然长三角地区内部的城际人口迁移均以江苏省域内部和浙江省域内部的城际迁移为主要趋势，但是区内三部分之间仍然存在相当规模的省际双向人口迁移，正因为存在这样跨省市的人口迁移，才把该地区三部分及各城市联结起来形成一个相对统一的城市群。第二，大部分区域双向人口的迁移流均是苏、浙向上海集中的城际人口迁移。如江苏、浙江等区域城市迁出人口选择流向上海市的规模分别为 28.95 万人和 15.79 万人，这实际上说明江苏、浙江城市的迁出人口都表现出对于迁向上海市有着非常强的选择倾向。

（三）既有城镇化与人口迁移的耦合：关键问题与矛盾研判

1. 大范围人口流动带来的经济社会矛盾凸显

中国户籍制度的藩篱使得在人口大规模迁移流动过程中城镇常住人口与户籍人口严重背离，这实际上构成了城镇化进程中诸多严重问题背后的深层次原因。最新发布的《国家新型城镇化规划（2014—2020 年）》指出，目前，我国常住人口的城镇化率为 53.7%，户籍人口的城镇化率与之相对却只有 36% 左右。因此，在城镇化过程中，流动人口如何融入流入地始终是一个必须要深入思考的大问题，在这其中，大量农业转移人口难以融入城市社会这一问题又格外突出，这就带来相对于城镇化迅猛发展背后的市民化进程滞后问题。

目前，农民工已成为我国区域多个行业和产业工人的绝对主体，但却因为受到城乡分割的户籍制度影响，致使 2 亿多农民工及其随迁家属虽然被统计为城镇人口，但却未能在就业、医疗、教育、保障性住房、养老等方面享受一般城镇居民应有的基本公共服务，"产城融合"不紧密，"产业集聚与人口集聚"没有同步，城镇化与工业化不协调等问题接踵而至，这就导致城镇内部出现了新的二元矛盾。随之，农村留守儿童，家庭留守妇女和空巢、留守老人等问题也日益凸显，这无疑会给区域经济社会发展带来诸多风险隐患。[①]

根据国家统计局公布的数据，2011 年，中国城镇居民的数量规模有史以来首次超过农村人口。尽管对于这种超出预期的城镇化增长速度引起了学界对数据可靠性的讨论，但朱宇[②]（2012）还是通过分析国内外的城乡划分原则和标准等，指出在城市中长期居住的流动人口实际上已被各种调查和大规模的人口普查所证实，不能一味去否定当下统计数据所反映的事实，即半数以上的人口聚居于中国的城镇，且拥有国际学界所公认的城镇人口基本特征。但是在城镇化进程中，一直长期存在的流动人口未能享受城镇公共服务和社会保障等问题需要尽快直面解决，所以，当不少大城市在纷纷制定小康目标和时间表时，更需要考虑到这些在城市的流动人口也是未来小康社会的一部分。

2. 新型城镇化的挑战与机遇

正是基于共享理念与均衡发展视角的思考，《国家新型城镇化规划（2014—2020 年）》明确提出，必须加快转变目前的城镇化发展方式，逐步确立"以人为本"的创新型城镇化核心，并在此基础之上逐步有序推进乡村转移人口的市民化。该规划还明确提出了人口城镇化的具体目标，即要实现常住人口城镇化率达到 60%，户籍人口城镇化率达到 45%，实现 1 亿左右农业转移人口和其他常住人口在城镇落户的发展目标。[③] 面向未来的下一个发展阶

---

① 《国家新型城镇化规划（2014—2020 年）》，http://news.xinhuanet.com/city/2014-03/17/c_126276532_2.htm。

② 朱宇：《51.27%的城镇化率是否高估了中国城镇化水平：国际背景下的思考》，《人口研究》2012 年第 2 期。

③ 《国家新型城镇化规划（2014—2020 年）》，http://news.xinhuanet.com/city/2014-03/17/c_126276532_2.htm。

段是实现《国家新型城镇化规划（2014—2020 年）》各项目标和任务的关键时期，是促进农业转移人口市民化，推进人的城镇化，转变城镇化发展方式的落实阶段，任务繁重。如何健全农业转移人口落户制度，实施差别化落户政策，推进农业转移人口享有城镇基本公共服务，真正做到有序促进农业转移人口的市民化进程，是"十三五"时期要重点完成的工作。

当然也必须看到，由于长期以来在公共服务方面形成了众多区域分割和地方保护为基础的地方福利体系，要真正实现基本公共服务在不同区域的均等化并不容易，地方政府出于种种考虑继续固守地方福利、实行差别化公共服务供给的动力和制度化惯性也仍然存在，这必然会给农业转移人口的跨行政区域市民化带来巨大挑战和较大阻力，并将对中国整体的人口城镇化进程产生负面影响。

而与此同时，流动人口结构的种种变化与 21 世纪中国人口结构的变化、不同地区经济社会的发展、产业结构的转变及教育发展进程密切相关。例如，个别年龄段人口规模的波动，义务教育的普及、高中职业教育和大专教育的发展，中西部城镇化和工业化的发展，经济发达地区的产业结构转型和对劳动力技能要求的提升，沿海地区持续多年的用工短缺，越来越多的"农民工"在城镇流入地的长期定居等，这些因素都促成了"六普"数据所反映出的变化。目前，有关流动人口的政策和体制无疑会因为这些变化而受到很大的挑战。流动人口长期以来在我国更多的是作为劳动力来对待，城市管理者往往有意或无意地选择忽视他们的基本权利，如医疗保障、生活质量、个人发展、稳定就业、住房和社会保障等问题，家庭需求尤其是子女教育需求等问题长期得不到有效解决。当前流动人口除了规模上数量巨大，他们也和 10 年前的流动人口有很大差别，越来越多的流动人口并没有再回到农村，而是在城市中长期居留，他们的下一代在城市中长大、工作，返回农村的可能性更小；青年一代农民工已经具有较高的受教育程度，在就业市场上具有较强的竞争力，而且他们当中很多人都是直接从学校毕业后就进城，从未务农，"农民工"的称呼对他们已不再适用。这些希望并能够在城市中长期就业和生活的人，应当被视为城市的"新市民"，而不是流动人口。然而，在解决问题和应对变化方面，各主要流入地的城市显然严重滞后。虽然，一直以来不少讨论聚焦于户籍制度改革，但实际上户籍制度并不是唯一的制度约束，国际经验和国内的一些有益尝试均说明，除了户籍制度改革外，城市管理者仍然可以大有作为。

同时，从人力资本的视角进行审视，实际上流动经历对流动人口来说可能既有积极作用，也有消极作用，这主要取决于不同人口的流动阶段和发展阶段。从"六普"初步分析结果和其他相关调查研究发现，外出务工有可能对青年完成义务教育和获得更高学历有负面作用，其长期后果将影响到中国人力资源的质量提升。在未来的新型城镇化进程中，如果各地方政府和相关部门（如教育、就业、医疗等）能够果断采取措施、及时有效干预，那么很有可能就会发挥积极作用、弱化消极作用，从而使得人口在不同区域的迁移流动对经济发展和社会稳定起到健康作用。

总之，从宏观层面和长远历史时期看，人口的流动是永恒的，稳定是相对和暂时的。中国大规模的劳动力流动已经持续了相当长时间，人口的迁移流动不仅为中国的经济增长和城镇化做出了巨大贡献，与以前限制迁移流动的情况相比，显然更有利于个体和家庭的经济收入增加和个人事业发展，尤其为有条件和有能力的农村居民提供了更多的发展机会。不过，任何事物都有两面性。从迁移流动与经济社会发展的关系来审视，流动本身不一定必然促进发展，流动的成果和积极影响也需要有利的制度和社会环境加以维护和扩展。改革开放30多年后，中国仍有1/6的流动人口，如此高比例的人口长期处在不稳定状态，致使两代人甚至三代人无法安居，更谈不上乐业，如果中国在新型城镇化的进程中不能妥善解决这个问题，不能使大部分流动的人和家庭有一个稳定、有保障的工作和生活，就谈不上和谐与小康的社会建设。况且，既往的人口流动也形成了人口空间布局与资源、环境承载力的区域性严重不均衡，这些都必将使新型城镇化实践建设也面临着巨大的阻碍和挑战。

二、新型城镇化进程中的人口调适与再布局

面向人口均衡发展的战略需求，针对既往城镇化的人口流动和区域人口分布严重不均衡特质，在新型城镇化进程中如何真正体现人的内涵，实现人口的合理调适和科学再布局，应该是一个重要战略机遇和重大治理挑战并存的时代课题。

以人为核心的新型城镇化的重要内涵之一，是营造良好的环境和条件为农业转移人口提供更多就业和居住地的自主选择机会，而不是被动的因"生计"、就业机会等外部条件迫使其"背井离乡"。既往的大范围人口流动，无论从流动人口的迁移成本、空巢留守、文化习俗、融入代价、幸福程度方面，还是对迁入地的资源环境、公共服务承载能力方面都造成了一定的压力。有条件的本地城镇化不只是很大一部分农民工的意愿首选，也应当是合理调适人口布局、缩减区域差距的重要举措，基于此，如何引导农村人口有序地就近就地向城镇转移，是现阶段区域治理中需要重点思考的问题。

同时，城镇化推动经济社会发展构成了一个大的思考背景，根据不同的地域特点，不同的农业转移人口群体、不同的区域特质、城市特点采取不同的城镇化政策也是区域治理中应该审慎谋划的方略。

（一）根据区域特质，实施不同的城镇化战略

1. "胡焕庸线"以东地区

该区域涵盖了我国大部分的工业化、城镇化发达地区，人口相对集中，城镇化程度相对较高，但大城市的人口、资源、环境压力凸显，中西部人口密集区域城镇化进程相对滞后。未来一段时期，人口空间分布调整、城镇格局优化和产业转型升级是该区域新型城镇化进程中的主要任务。

　　一是要有序引导中西部地区农业转移人口就近就地城镇化。近年返乡兼之原有存量累积的大量富余农村人口在中西部地区低效冗余，这部分人口应向何处转移以实现高质量城镇化，其背后相应的影响因素是什么，对于中国人口城镇化的战略与政策来说，厘清这一问题无疑具有非常重要的参考价值和政策意义。

　　从 20 世纪 90 年代开始到本世纪初中西部地区的农村人口，向东部地区城镇流动的趋势实际上在不断增强，但近年来，这种趋势已发生重大变化，随着国家对西部地区基础设施建设力度的加大、西部地区新型城镇化战略的推进，中西部地区的城镇吸纳农村流动人口"就近、就地城镇化"的比重开始显著提高。通过对比 2005 年全国 1% 人口抽样调查数据和"六普"数据可以发现，东部地区 2005—2010 年吸收流动人口的份额下滑了 7.7%，中部地区增加 3.3 个百分点，西部地区增加 4.4 个百分点。[①]可以预见，在今后的较长时间中，引导中西部地区原有跨地区迁移人口部分回流，以及吸纳因跨地区迁移成本高导致原本放弃迁移的农村人口向中西部地区城镇转移，会成为推动农村人口有序向就本地城镇转移的一个重要方向。

　　二是要加大东部地区产业、人口向中西部地区开放、转移力度。顺应以上趋势，当前要加大东部地区向中西部内陆开放的力度，推动产业、人口向西部转移，以产业带动人口的合理转移，有效纾解东部人口过于密集的矛盾压力同时，带动中西部地区人口密集区域的城镇化发展。

　　三是要推进大城市、城镇群转型升级，积极参与全球竞争。加快京津冀、长三角、珠三角、长江中游、成渝五大核心城镇群的优化提升工作；着力提升广州、上海、天津、北京、重庆、武汉等重要中心城市的创新能力和现代化服务水平，增强国际竞争能力；依托区域中心城市建构周边一体化发

---

　　① 段成荣、吕利丹、邹湘江：《当前我国流动人口面临的主要问题和对策：基于 2010 年第六次全国人口普查数据的分析》，《人口研究》2013 年第 2 期。

展的大都市区格局，带动区域的工业化、城镇化、农业现代化发展；建立区域污染控制的生态安全红线，倒逼大城市转型发展、创新发展，以市场化选择促进大城市人口的空间布局优化。

2. "胡焕庸线"以西地区

该区域多数为地广人稀、生态敏感脆弱、经济发展落后、资源能源富集、边疆及民族问题复杂的区域。面对这些特殊情况，必须探索不同于东部城镇化的差异化实施路径。因地制宜、特色突出、规模适度、精准扶持应该是该区域新型城镇化的主导模式。

一是要在确保资源、环境和生态安全的前提下，对资源、能源合理开发，形成因地制宜的以资源能源开发、生活配套、旅游为主要功能的现代化小城镇。

二是要在资源能源缺乏、不利于生产性经营活动的区域给予特殊政策支持，譬如国家审批自贸区、大型免税店；支持利用地形地貌、自然特征建设汽车拉力赛场、影视城、大型创意游乐园等；同时，以优惠政策鼓励酒店旅游业配套开发，形成特色突出的西部现代服务业小城镇，吸纳国际、国内就业与消费人口，有效带动区域间人口与经济的均衡发展。

三是要推进民族地区和边境地区人口较少的县域、城镇就近集聚、集中发展，形成适度规模。一方面，可以有利于提高公共服务的供给效率和供给水平，改善西部地区人口生活质量；另一方面，有利于推进民族融合、近域融合，集中多元文化形成发展合力；同时还有利于重点建设边贸口岸城镇、内陆门户城镇，强化特色辐射和富民兴边的战略意义。

四是要针对实际需求，加大精准扶持力度。多年来，中央实施的援藏、援疆工程取得了巨大成就，在西部区域新型城镇化推进的关键时期，应该继续优化援助方略。重点根据资源、能源与产业之间、产品与市场之间、人才与产业之间、劳动力与产业之间的互补性，重新选择中东部城镇与西藏、新疆城镇互补结对。以精准对接、精准扶持推动西部地区新型城镇化的发展，也为中东西部资源、能源、技术、人才最大限度有效共享，实现区域协同发展提供支撑。

（二）依据不同情况，积极引导人的城镇化

目前已经进入城镇工作、生活但还没有成为城市人口的农业转移人口约为2.6亿人，大致可以分为三个不同的群体，需要制定不同的政策引导实现不同的城镇化。

一是县域内流动的1.3亿人，具体可以通过城乡资产置换，创新"宅基地换住房"、"城乡用地增减挂钩"等机制，在遵循自愿的前提下，按就近就地城镇化的政策加以引导鼓励这部分人口向本地县城和城镇集聚。

二是对于在县域外、省域内流动的5400万农民工群体，应该根据不同地域的客观情况，率先在市级范围内推行实施城乡资产置换等政策工具，给予在城镇内有稳定就业达到一定时期的农民工城镇户籍，使其成为真正的城镇人。

三是对于跨省际流动、且有一半集中在10个特大城市工作生活的7600万农民工群体。更应该加大制度创新力度，以居住证的推行，尽快使其享有公平的社会保障和公共服务。并加大对这一群体职业技术培训、考核力度，根据各自城市情况，结合行业领域，对先进制造业领域的产业工人采取技术等级积分落户；给予自主经营达到一定纳税额度的从业人员落户城市；对其中的部分中老年农民工一方面培训使其转向老龄护理、社区服务等领域，另一方面则鼓励部分返乡回到原籍县域、城镇落户养老。

（三）激励县域自主发展，加速本地城镇化进程

当前，中国现有的治理体系下，县域不仅是统筹城乡一体化发展的重要空间载体，更是推进就近就地城镇化的最合理单元。其在有效促进产业空间布局和劳动力空间布局的科学合理、高效契合，降低全社会城镇化成本，便

于农民工就业安家，优化人口空间分布等方面都具有无可比拟的天然优势。为了切实促进就近就地城镇化、实现城乡一体化，需要采取一系列实际举措：

一是创新治理理念，变革现有机制，赋予县级单元更多的自主发展权利。使县域经济在优先获得财政、土地、外资、项目、基础设施等资源获得方面有更多的自主权限，保障县级单元和中心城镇有更多的政策性优先权利。

二是分类对接支持，繁荣县域经济，提高县域单元的吸纳能力。结合产业向中西部转移的大势，加强对不同地区、不同类型的县级单元分类指导，必须进一步注重大力推进西部地区推进新型城镇化进程中的"产城同步"，要做好"产城同步"的科学定位，根据自身的资源要素情况，合理谋划特色产业。要注重发挥区域协作的重要作用，利用西部地区的资源、能源、劳动力、市场优势，推进跨区域资源与产业、产品与市场、人才与资源、资本与资源的链接互补，促进西部县域尽快形成特色优势产业。西部县域、中心城镇还要充分发挥原有迁移到东部地区的回迁人员智慧，调动其充分利用在原工作地的资源、技能、信息优势，在返乡发展中发挥创业带动就业的引导示范和带动作用；并注重吸纳本地籍的大学生回乡发展，为产业发展加大人才基础，实现以特色产业支撑、以就业为先导的就近就地城镇化。

三是消除县域、中心城镇准入门槛，吸纳本地农业转移人口进入。2012年本地流动的农民工群体已经近1亿人，且这部分群体中自主经营的比例高达27.2%，远远超出跨省际流动的其他农民工，其具有就近就地城镇化的物质基础、发展基础和文化习俗、家庭迁入、子女入学的优势。同时，生活宜居、价格合理的县域及中心城镇已经成为大部分农民工群体购房定居的首选，因而，应该加快县域、中心城镇户籍及相关公共保障政策的改革步伐，消除迁入门槛，吸纳更多的农业转移人口就近就地城镇化。

四是提升县域、中心城镇的养老服务水平，以老年人力资源和养老产业推动新型城镇化发展。县域与城镇普遍具有物价、房价生活成本较低、舒适宜居特点，特别是一些生态环境好、自然环境优美、有鲜明特色的县域、古镇，更是适合大力发展养老产业。一方面，吸引城市老年人口移居养老、候鸟式养老，其带来各项资源的同时，还带来了消费需求，可以极大带动县域及城镇的发展；另一方面，吸纳原有外出的部分中老年农民工返乡回到原籍以及鼓励本地农业转移人口进县域、城镇落户养老，使其中相对年轻的群体经过培训转向老龄护理领域，促进县域、城镇养老产业发展的同时，有利于提高集聚养老的效率，减少农村养老资源不足压力。

第三节　双向互动机制：人口、资源与环境的可持续发展

人口是决定自然资源和生态环境可持续发展的关键因素，而自然资源、生态环境又是可持续发展的前提条件和最终目标。人口的持续增长和人口分布的严重不均衡会使区域资源过度使用、环境不断恶化，从而制约经济增长和人口均衡发展。近年来，中国处于高速发展时期，部分区域由于人口的发展、经济的发展没有科学有效兼顾资源与环境的承载能力，资源匮乏、环境污染和生态退化的情况局部已有显现。因而，在未来的区域治理中，强调人与自然的和谐已经成为必然选择。立足以人为核心的可持续发展观，不仅要注重区域内人口、资源与环境的协调发展，还要注重区域间的人口、资源与环境的协调发展。

本节立足从中国人口、资源与环境的实际出发，侧重从人口均衡发展的角度，依托区域治理理论，并结合可持续发展的国际理论和实践，提出区域人口、资源与环境可持续发展的宏观战略选择和改革决策思路。

一、中国人口、资源与环境的现状特征与发展趋势

众多的人口学家与经济学家一直以来都致力于把人口与资源问题作为重点研究对象，到了 20 世纪 60 年代末期，随着众多发达国家环境问题的凸显，人口、资源与环境的协调发展更加引起了普遍的重视。中国作为发展中大国，人口众多、地域广阔，特别是由于人口、资源的区域分部极度不均衡，在以可持续发展为目标的区域治理中，更迫切需要对人口、资源与环境的现状特征进行准确梳理、摸清家底，并准确把握其发展态势，以实施有效治理。

（一）人口与资源的关系与现状

1. 人口的现状特征与发展趋势

人口发展的重要指标之一就是人口增长，人口持续增长势必会给自然资源和生态环境增加压力。当然，随着人口素质的提升和科技的进步也可以提高资源的利用范围、利用率和环境的负荷量。因而，讨论人口、资源与环境协调发展的重要内容之一就是适度人口问题。本书的第一章第二节已经对中国的人口转变、发展现状与趋势作了一定的研究，从人口、资源与环境的视角来看，中国的人口问题存在以下几个显著特征：

（1）人口总量大，增长势能趋缓

虽然，由于政策调控使中国的人口出生率由 1970 年的 33.43‰ 降到了 2014 年末的 12.37‰，但中国大陆总人口依然保持不断增长的态势，到 2014 年末达到了 136782 万人，比 2013 年末增加 710 万人，中国目前仍然是世界第一人口大国。但是同时也应该看到，中国的人口增长势能已经明显减弱，中国的总和生育率在 2010 年第六次人口普查时，已经显示下降到了 1.18，虽然这个数据因为存在误差没有被人口主管部门采用，但足以说明中

国的人口发展趋势。有学者根据第六次人口普查的结果，认为中国的总和生育率今后还将越来越低，至 2033 年，总人口达到 14.47 亿时将实现零增长。国际上一般来说，有利于达到人口均衡发展的总和生育率基本保持 2.1 这个更替水平左右。但结合我国人口基数较大的特殊国情，今后一段时期应该保持在适当低于 2.1 的生育率水平，总体上阶段性人口政策应该选择以鼓励生育两个孩子为主，结合区域人口、劳动力、老龄化状况允许区域实施差异化人口政策，过高或过低的人口增长都不利于区域人口与经济社会发展的均衡协调。

（2）人口素质的总体水平偏低

人口素质是人口问题的另一个重要方面，首先是出生的人口素质亟待提升，据中国出生缺陷监测中心数据显示，从 1996 年到 2007 年间，全国每年约有 80 万—120 万例的出生缺陷儿降生，出生缺陷发生率呈明显上升趋势。截至 2013 年，中国残疾人总数已经达到 8500 万人，给家庭和社会发展带来沉重负担。另一方面，由于城乡差距、贫富差距等影响，劳动力受教育年限较短，整体素质低下，农村剩余大量低素质劳动力受自身条件限制无法有效转移到现代部门，无法提高整个社会的劳动参与率和劳动生产率，制约人口红利效能的充分发挥。自产业革命和现代工业迅速发展以来，劳动者的技能、文化等专业素质因素越来越显示出其重要性，社会生产力的发展已经由主要依靠劳动者的数量转变到主要依靠劳动者的质量上。区域经济社会发展落后的深层次原因主要是劳动者素质相对较低造成的。因而，中国人口素质总体水平不高的现状，既影响对人口赖以依存的资源进行充分开发的能力，也影响国家竞争力和经济社会的可持续发展。

（3）人口分布极不均衡

一方面是城乡分布不均衡，随着改革开放和城镇化进程的发展，5 亿多农业转移人口进入城市工作、生活。中国人口城镇化率从建国初期的 10.6%、城市人口 0.58 亿，发展到了 2014 年的城镇化率 54.77%、城市人口达 7.49 亿人。1978 年底东、中、西部地区城市的比例为 1∶2.2∶0.6，城市人口比例为 1∶0.69∶0.33；2007 年底东、中、西部地区城市的比例为 1∶0.9∶0.4，城市人口比例为 1∶0.51∶0.27；预计到 2020 年中国城市化率将达到 60%，城市人口达到 8.88 亿，农村人口 5.92 亿，与 2010 年相比，城市人口净增加 2.28 亿人，而农村人口将净减少 0.80 亿人；预计到 2050 年中国流动人口将达 3.5 亿人左右。大量人口过度向城市流动，既催生了北京、上海、广州、深圳千万以上规模的超大城市，给城市的资源环境、公共服务和社会治理带来了巨大压力。也出现了一大批农村的人口洼地和空心化，使拥有大量资源的新农村建设缺乏足够的人口要素支撑，"三八、六一、九九"已成为部分农村的常态化人口现象。具体来看，中国由 1982 年 236 个城市、2664 个镇发展为 2010 年 665 个城市，19410 个镇；而传统的农村却由 2000 年的 363 个自然村锐减到 2010 年的 271 个。

因此，大量的流动人口在推动城市快速发展的同时，也加剧了区域间的人口分布不均衡。这种分布失衡具体表现为区域人口、资源与环境的矛盾加剧，房价高企、交通拥堵、环境污染、马太效应日显。同时，流动人口市民化和公共服务均等化问题日趋凸显，半城市化现象严重，2014 年，户籍人口城市化率和人口城市化率相差 18.07 个百分点，也就是说有 2.21 亿人工作生活在城市，却没有享受市民化待遇。另一方面是区域分布不均衡，受资源禀赋、就业机会、基础设施、生存条件的影响，胡焕庸线的长期稳定，表明 94% 的人口集聚在 43% 的国土面积上的人口分布区域严重不均衡情况还没有明显的改变。这都对缩减区域差距、促进区域人口、资源与环境的协调发展提出了挑战。

2. 中国资源的现状特征

资源作为人口发展的基本条件，通常主要是指狭义的自然资源，在本研究中的"资源"也主要是指自然资源，而不是泛指包含社会资源的广义"资源"。按照联合国规划署的定义，自然资源主要包括水资源、土地资源、矿物资源、生物资源等。资源并不是一成不变的，而是随着时代的发展、技术的进步而不断发展变化的。

通常认为中国拥有 960 万平方公里的国土面积，地大物博、资源丰富。但由于我国人口众多，人均资源的占有量总体偏少。同时，众多人口的发展对资源的刚性需求、区域资源分布的不均衡、新技术发展对资源的高效利用和科学开发不足等都是制约我国人口与资源协调发展的障碍与困难。

（1）中国的淡水资源情况

淡水资源是有限资源，随着人口增加、经济发展、生活质量提升，人口对淡水资源的需求量不断增加，从而加剧淡水资源的供求矛盾。

一方面，地球淡水资源极不丰富，中国更是面临水资源不足的困扰。中国水资源总量约为 2.8 万亿立方米，占世界水资源总量的 6.9%，也就是说，中国以不足世界 7% 的水资源承担着世界 21% 人口的生存发展。中国属于世界上 13 个贫水国家之一，人均水资源拥有量为世界人均水资源拥有量的 1/4，并分别是美国人均占有量的 1/6、巴西的 1/19 和加拿大的 1/58。不少地方已经出现地下水位下降、河流断流、湖波干涸的现象，近半的大中城市处于缺水状态，旱灾已经成为农业灾害中的重要方面。

另一方面，中国的水资源区域分布极不均衡。长江流域以北的淮河、黄河、海河、滦河、辽河、黑龙江等五个流域的人口占全国总人口的 43.5%，而水资源量却只占全国水资源量的 14.4%。西北、华北等地区更是严重缺少淡水资源，据统计，随着城市人口的快速增长、经济的高速发展对淡水资源的需求急剧增加，按照联合国人居署评价标准，中国华北、西北、胶东、辽中南有 300 多个城市属于"缺水"和"严重缺水"，日缺水量约为 5500 万立方米；中国百万人口以上的 32 个城市中，有 30 个长期受到缺水的制约，北京、天津、上海等特大城市均在此列，浩大的南水北调工程即是为了解决局部区域水资源的不均衡现状。

第三个方面，水源污染、水质恶化现象日趋凸显。近年来随着工业和生活污水的无序排放，水源污染越发严重。中国每年大约有 340 亿立方米的工业废水、生活污水排入长江、珠江等流域，有地下水源的 47 个城市中有 43 个被不同程度的污染，加剧了水资源的短缺，截至 2014 年末，中国尚有 1535 万农村学校师生和 1.1 亿农村居民存在饮水安全问题。

第四个方面，水资源利用效率低下、浪费现象严重。中国目前对水资源的循环利用还远远不够，由于没有完善的雨水收集、利用系统，众多区域严重缺水，但却存在有雨即成灾的现象。城市污水处理及循环利用也还有极大空间。荷兰的 Wageningen 模式、以色列的中水回用模式都可以有效提高水资源的利用效率。城市水资源管理要树立可持续的长期目标：保护清洁的水环境、保障安全的饮用水、提供充足的水资源、防止城市洪涝灾害。

（2）中国的土地资源情况

人口数量的增长必然增加对土地的需求，同时，随着人口素质的提升也会对土地资源的开发向深度和广度发展，也会一定程度上的提高土地利用率，总之，人口发展的基本条件是要有足够可利用的土地资源，地广人多是中国土地资源的最突出特征。

一是总量大、人均少。中国总国土面积为 144 亿亩，细分来看，其中，耕地面积约 20 亿亩，约占国土总面积的 13.9%，中国耕地总面积虽然居世界第 4 位，但人均耕地面积仅为 0.1 公顷，而世界人均耕地面积为 0.37 公顷；中国城市、工矿、交通用地 12 亿亩，占总国土面积 8.3%；中国林地 18.7 亿亩，占国土总面积 13.92%，中国林地居第 8 位，但中国的人均林地面积不及世界平均水平的五分之一；中国草地 43 亿亩，占全国总国土面积 29.9%，中国草地总面积居世界第 2 位，但人均占有量很低，仅为 0.35 公顷，而世界人均草地为 0.76 公顷；中国内陆水域 4.3 亿亩，占总国土面积 2.9%；中国宜农宜林荒地约 19.3 亿亩，占总国土面积 13.4%。

中国尽管已解决了世界 1/5 人口的温饱问题，但从世界平均水平来看，发展中国家 1 公顷耕地负担 4 人，发达国家 1 公顷耕地负担 1.8 人，而中国1公顷耕地则需要负担8人，中国的耕地资源和粮食资源的压力之大，由此可见一斑。同时，也应注意到，随着中国人口与经济社会的发展，近年来非农业用地逐年增加，人均耕地逐年减少，中国土地的人口压力将愈来愈大。特别是长三角、珠三角等沿海经济发达地区，工业化和城市化的快速发展所带来的土地资源利用方式改变的情况更为显著。土地资源的紧缺性和人口发展、经济发展对土地资源需求日益扩大之间的矛盾日趋凸显，已经逐渐制约了这些区域的健康可持续发展。当然，在国务院严控18亿亩耕地红线的约束下，部分区域也在寻求新的发展突破，譬如沿海地区由劳动密集型向资本、技术集约型转变的产业结构演进、重庆的"地票"等。

二是不利于开发利用的土地比例较大。中国的国土总面积中有相当一部分土地是难以开发利用的，全国不能供农林牧业利用的土地占全国土地面积高达26.9%。这其中，石质裸岩面积占总国土面积4.8%，沙漠面积占7.4%，戈壁面积占5.9%，冰川与永久积雪面积占0.5%，加上居民点、道路占用的8.3%。此外，还有一部分土地由于长期过度使用和灾害导致土质下降和毁损；草场过度放牧导致退化和水土流失加重；在现有耕地中，各类低产地合计5.4亿亩，其中，盐碱地占6.7%，水土流失地占6.7%，红壤低产地占12%，涝洼地占4.0%，次生潜育性水稻土为6.7%。再从草场资源看，有9亿亩草场属于年降水量在250mm以下的荒漠、半荒漠状态，分布在青藏高原草质差、产草量低的高寒草场约有20亿亩，利用价值极低，约需60—70亩、甚至100亩草地才能养1只羊。世界单位面积森林蓄积量每公顷平均为110m³，而中国单位面积森林蓄积量每公顷只有79m³，仅为世界平均水平的71.8%。同时，中国的水土流失情况也比较严重，仅黄河流域每年损失即达16亿吨，珠江、长江流域水土流失也都非常大，中国每年总体损失表土大约为50亿吨左右，使大量的土地资源受到侵蚀，更是加剧了土地资源本就紧张的供给状况。

（3）中国的森林资源情况

森林资源对区域性气候调节、景观形成、空气净化、涵养水源、消除噪音、减少自然灾害、供给生活资料和生产资料起着极为重要的、不可替代的作用。有数据表明，森林资源在保护生态环境方面提供的价值约占 3/4、供给的林产品价值约占 1/4，以美国为例，森林资源的间接作用更大约为其直接作用的 9 倍左右。随着时代的发展，人们对森林资源在人口均衡发展的生态系统中的不可替代作用越发有着深刻的认知。但是，随着工业革命以来，城市化加速、耕地需要增加、林木资源过度消耗等原因都使得世界森林资源急剧下降，目前，世界森林覆盖率已经由人类刚出现时的 70% 左右降至 23% 左右。同样，中国的森林资源情况也极为不容乐观。

一是中国的森林覆盖率及人均面积均远远低于世界平均水平。世界森林面积目前为 34.54 公顷，中国森林面积仅占世界森林面积的 3.9%，世界森林覆盖率平均为 26.6%，中国的森林覆盖率仅为 13.92%，中国的人均森林面积和人均森林蓄积量均远远低于世界平均水平，分别排在世界的第 120 位和 121 位，森林覆盖率更是远远排在了世界第 142 位。中国的森林面积自 20 世纪 50 年代以来一直呈现不断减少的状态，直到 20 世纪 80 年代，才逐步意识到了森林资源不断缩减而带来的环境等严重问题，随之采取了系列强有力的控制砍伐及植树造林等措施。中国的森林面积至 20 世纪 90 年代开始有了增加的趋势，从国家统计局的相关数据来看，1984 年中国的森林总面积为 12466ha、覆盖率为 12.98%、人均森林面积为 0.12ha/人；至 1998 年各项指标分别变化为：森林总面积 133706ha、覆盖率为 13.92%、人均森林面积为 0.11ha/人；至 2010 年则分别上升为：森林总面积 19545ha、覆盖率为 20.36%、人均森林面积为 0.15ha/人。但是，中国的森林覆盖率还是远远低于世界平均水平，人均森林面积也更不及世界平均水平的 15%。

二是中国的森林资源整体质量和水平较低。随着人口增长对林木需求增加和生态建设的迫切需求，使得植树造林成为中国一项长期重要的战略举措。特别是全民义务植树运动和近年来推行的集体林权制度改革，推动了中国的造林绿化步伐明显加快。据统计，2008 年、2009 年全国完成造林477.13 万公顷和 588.47 万公顷，分别比上年增长 22.1% 和 23.3%。在1979—2009 年间完成造林 8302.13 万公顷，其中，三北防护林工程完成3179.32 万公顷；退耕还林工程完成 2192.11 万公顷；京津风沙源治理工程完成 577.37 万公顷；天保工程完成 863.06 万公顷；速生丰产林基地工程完成 181.97 万公顷；珠江防护林工程完成 50.54 万公顷；长江防护林工程完成 601.92 万公顷；沿海防护林工程完成 170.93 万公顷；太行山绿化工程完成 429.26 万公顷；平原绿化工程完成 55.69 万公顷。我国人工林面积已达6200 万公顷，是世界上培育人工林面积最多的国家。但是，整体上中国森林资源还明显存在着许多问题，林地利用率较低，森林面积仅为林地面积的50.49%，远低于美国的 95%、日本的 96%、瑞典的 98%；且人工造林大多为幼林，成林率很低，成林的用材林消耗量高于生长量；森林质量偏低，森林退化现象也比较严重。总体上，中国在森林资源保护和开发上还需要强化有效培育、注重防护、合理采伐、加强调节，要把森林资源的再生性和人口、经济、社会的发展有机协调。

（4）中国的矿产资源情况

世界上的能源有近 90% 都是来自矿产资源，工业制成品有近 70% 也是来自矿产资源，可见，矿产资源是人口发展和经济增长的最重要资源之一。矿产资源作为不可再生资源，更加具有不可逆转性和稀缺性，世界上矿产资源的种类和数量都是有一定限度的，并且区域分布也非常不均衡。总体来看，人口快速增长和重工业的发展极大地增加了矿产资源的消耗量。中国的矿产资源较为丰富，矿业产业也较为发达，呈现以下特点。

一是矿产资源总量大、人均少。中国虽然主要矿产资源储量潜在价值位居世界第三，已发现的矿产资源品种也高达 163 种之多，其中，还有近 20种较为重要的矿产资源的探明储量高居世界前列。但是，由于中国人口数量世界第一，人均矿产资源不到世界平均水平的一半，只有俄罗斯人均矿产资源占有量的1/7，更只有美国人均矿产资源占有量的1/10。且中国的矿产资源后备探明储量不足，矿产资源短缺的趋势较为明显。中国的矿产资源随着经济的发展对外依存度不断提高，铅、锌、铝、铜、镍矿对外依存度分别为31%、32%、53%、73%、78%，且短期内这种状况难以改变。

二是中国的矿产资源综合利用程度低、浪费非常严重。一方面，开采技术的落后，使得中国的款产资源采选回收率远远低于世界平均水平，对矿产的有用伴生、共生成分综合利用严重不足；另一方面，由于产业的低端化，高耗能已经成为中国阶段性产业发展的重要问题，同期能源消耗的增长远高于国民收入的增长，粗放的发展模式已经成为中国矿产资源浪费和环境污染的最大威胁。同时，部分矿产资源丰富、传统高能耗工业发达的区域也由于长期依赖于资源经济的简单发展模式，没有有效的现代产业系统支撑，在转型升级成为必然的时期，已经陷入了经济增长困难的窘境。

（二）中国生态环境的现状与趋势

人口生存与发展的自然环境是一个复杂的生态系统，包括生物圈、土壤圈、水圈、岩石圈、大气层、能源等，还包括经过人工建设和改造的城市、村庄、各类构筑物等。这个生态系统中一个重要系统就是环境，环境问题是关系到人口生存和经济社会发展的关键问题。随着工业革命以来，科学技术的发展在环境的开发利用中发挥了巨大作用，但同时，也由于人口的快速增长，资源的过度使用，已经给环境带来了极大的破坏，进而威胁到了人口的发展。中国近年来的环境问题日趋凸显，生态环境破坏的严峻形势也已经对人口健康、经济社会发展造成了巨大影响。总体来看，中国的环境污染和生态破坏主要表现在以下几个方面：

1. 环境污染严重

中国的环境污染主要包括大气环境污染、水环境污染、城市垃圾污染、土壤污染、农业污染。伴随工业化、城市化的快速发展，特别是钢铁、水泥、化工等高污染、高能耗产业的过度发展，中国主要污染物排放量如化学需氧量、二氧化硫等近年来一直呈逐年增加的趋势。

首先是大气环境。工业排放、城市机动车辆、地面扬尘、建筑扬尘等已经严重影响到了区域的空气质量，局部区域大面积的持续雾霾天气已经对人们的生产、生活产生了巨大影响。二氧化碳、氮氧化物、二氧化硫等大量排放、与水蒸气混合反应导致的大气污染，其严重后果不只是显性的雾霾天气，更会带来酸雨现象。中国是世界三大酸雨区之一，国土面积的30%受到酸雨的危害，中国西南地区是酸雨严重区域，全年大部分降雨酸度的月平均值 pH 值基本都在 5.0 以下。美国、德国每年受酸雨污染导致死亡的老年人口、少年儿童多达数千人，酸雨污染已经成为世界上破坏性最大的污染物之一。大气污染还会使臭氧层被破坏，改变农作物进化过程、导致多种蔬菜质量下降、影响动植物的分布和生存；大气污染还会使温室效应增大、气候变暖，具有不可逆的严重性。

其次是水环境。中国目前面临严峻的水环境问题，生活污水、工业废水随着人口增长和经济发展不断增加，污染物的排放量已经超出水环境的有效容量。同时，面源氮和磷的污染严重恶化了水环境，区域过度的水资源开发、生态破坏都加剧了水环境的恶化。中国黄河、长江、珠江、淮河、松花江、辽河、海河七大水系中，只有长江和珠江水质良好；淮河和松花江已经轻度污染；黄河、辽河已经中度污染；而海河已经重度污染。全国 203 条河流的 408 个地表水国控监测断面中，Ⅰ—Ⅲ类水质、Ⅳ—Ⅴ类水质、劣类水质的断面层比例分别为 57.3%、24.3%、18.4%。全国 26 个国控重点湖泊、水库中，符合Ⅱ类水质标准的只有 1 个，仅占 3.9%；符合Ⅲ类水质标准的有 5 个，占 19.2%；符合Ⅳ类水质标准的有 6 个，占 23.1%；符合Ⅴ类水质标准的有五个，占 19.2%；符合劣Ⅴ类水质标准的多达 9 个，占 34.6%。可见，中国的水环境污染形势已经十分严峻。

再次是城市垃圾污染。伴随城市化的快速发展，五亿多农业转移人口进入城市工作、生活，城市人口规模急剧增加。2011 年，中国城市人口数量首次超过农村人口，城市人口约为 6.91 亿人，占总人口达 51.27%；2014年，中国城市人口达 7.49 亿人，占总人口比率已达 54.77%、随着新型城市化的推进，人口还在呈不断增加趋势。随之而来的是城市垃圾的产生量、清运量、处理量不断大幅度增加。据相关数据显示，近年来，中国的生活垃圾清运量已处于世界较高水平，高达 1.12 千克/人/天，中国的城市垃圾清运量已经由 1979 年的 2508 万吨增加到了 2012 年的 17081 万吨。虽然，中国的城市垃圾无害化处理水平在不断提高，但是结合城市辖区的农村部分，无害化处理率仅在 62.02% 左右，特别是中国城市单位垃圾末端处置支出大都较低，并且区域支出水平差异极大。2012 年，中国 113 个环保重点城市的城市垃圾单位处置成本平均为 85 元（人民币）/吨，单位垃圾处置成本最高的为曲靖市的 375.7 元/吨，成本最低的是抚顺市的 6.5 元（人民币）/吨，垃圾末端处置的无害化还因投入不足而没有得到根本性的改观。同时，中国城市垃圾的分类处置还远远滞后，生活垃圾的分类处置是垃圾减量化的重要途径。目前调查数据显示，2013 年，中国的废弃塑料的综合利用率仅有 23.2%，废纸综合利用率也仅大约为 44.7%。如不能有效减量，城市垃圾的填埋和焚烧处理，不仅回收、清运占用了大量社会成本，还占据了大量的土地资源，造成了新的环境污染。

第四是农业污染。随着化肥的过量使用、大量的滥用农药、塑料薄膜和秸秆焚烧，农业污染已经日趋严重。兼之，农村生活垃圾处置的基础设施薄弱、管理缺失，养殖污染加剧，农村落后的工矿业污染显现，农村生态退化，城市污染向农村转移，等等，农村的环境问题已经日趋加重。

当然，目前中国的土壤污染态势也已经到了不容忽视的地步，况且土壤污染的治理难度更大、影响周期更长。

2. 生态破坏加剧

由于中国人口绝对数量大，对粮食、燃料等巨大的需求迫使围湖造田、毁林开荒、烂挖乱采、过度放牧等行为频发。土地、植被、水对自然界的生态平衡可以起到稳定和调节作用，粗放式的发展导致土壤退化、植被破坏、水面缩小等弱化了生态系统的稳定和平衡功能，导致自然因子出现异常变化，加剧了自然灾害的发生。

中国的灾害广泛存在且类型多样，从区域分布来看：一是东部沿海地区，处于大江大河的下游地区，主要灾害类型是洪涝灾害、台风、干旱和风暴潮等，对该区域的工业、交通运输业、城市基础设施、农业都有不同程度的影响。同时，由于该区域经济发达、人口密度大，即使是同样等级的灾害，灾害对该区域造成的损失也更大；二是中部地区，该区域主要灾害是洪涝灾害、干旱、地震、风雹、冻害、滑坡、泥石流等，对该区域的工业、交通运输业和农业影响较大；三是西部地区，该区域灾害类型主要有干旱、地震、雪灾、沙尘暴、泥石流、山洪等。该区域由于人口密度低、经济发展滞后，总体上看，同等级灾害造成损失的绝对数值较低。目前，随着经济的高速发展，中国的灾害损失也在逐年增加，据统计，中国的年均灾害损失要比发达国家高出几十倍，美国灾损直接经济损失（GNP）约为0.27%、日本为0.5%，而中国大约为6%；直接损失占财政收入的比重美国为0.78%，而中国约为30%左右。总之，中国是世界上自然灾害较为严重的国家之一，随着人口数量的不断增长和粗放式发展的推进，自然生态环境被加速破坏，自然灾害发生的次数和频率也在不断增加。改革开放以来，1978年开始，北方持续干旱，到1983年全国受旱面积2.41亿亩、干旱成灾面积达1.44亿亩，干旱的时间长、范围广、灾情重，是建国后的首次；1985年，由于台风袭击东北地区导致辽河大水，导致1200多万人受灾、死亡230人，直接经济损失47亿元左右；1998年中国南方地区大型洪涝灾害；2006年夏季的四川、重庆50年不遇的大旱；2007年11月开始的长江中下游地区的干旱；2008 年 1 月湖南、湖北、江西、贵州等南方九个省区的大暴风雪灾害；2008 年的汶川"5·12"大地震是建国以来最大的地震灾害，直接严重受灾地区达 10 万平方公里，死亡人数达 69227 人，失踪 17923 人，受伤 374643 人；2008 年 9 月 8 日的山西襄汾尾矿溃坝事故；2010 年 4 月 14 日青海玉树地震；2010 年 8 月 7 日的甘南藏族自治区的舟曲泥石流灾害；等等。这些既有自然原因形成的，也有人为原因造成的，且发生频率不断加快的灾害，已经对中国的人口、经济社会发展产生了巨大的不利影响。

（三）中国人口、资源与环境的矛盾成因

1. 人口增长对资源环境的压力加大

多年来，中国的人口数量呈不断增长的态势，而土地、矿产、森林、淡水等资源的总量却没有增长空间。相反，因为工业化、城镇化的发展，因为人们生活质量提高的物质需要，使得土地、淡水等资源愈发紧缺，极有超出资源承载极限的可能。相关学者研究认为，中国土地资源生产力按照温饱水平计算的最大承载能力约为 15 亿—16 亿人口，其合理的承载量约为 11.5 亿人口。到 2015 年末，中国大陆人口已达到 136782 万人，中国已经处于最严峻的资源、环境状况承载着历史上最大人口数的关键时刻。

历史的发展证明，资源过度消耗、生态环境被破坏的情况必将造成前人发展、后人遭殃的不可持续局面。随着人口增长与经济高速发展对资源需求的日益增长，中国人口对资源与环境的巨大压力难以在短期扭转。特别是，为了保持人口的可持续发展和应对人口老龄化的快速到来，宽松的生育政策也必将是一种必然。因而，长期面对巨大的人口压力和有限的资源、脆弱的环境之间的矛盾，是中国区域治理需要应对的基本难题。

2. 缺失的制度约束加剧了人口、资源与环境矛盾的形成

制度是一种行为准则，资源开发利用和生态环境的保护，仅仅依托资源市场的建立，通过资源市场的合理定价，是无法解决完全规范资源与环境合

理使用的。因为环境作为共有资源，具有非排他性，会导致使用者完全无需考虑其生产和消费对资源与环境的危害所产生的外部性问题，而完全仅依据自身的投入成本和产出收益来决定其生产和消费。所以，对于资源与环境的保护，必须通过政府的干预，制定严格的处罚制度和完善的激励性制度安排，将资源与环境的外部效应内部化。建立生态补偿机制，以经济手段保护环境，使资源使用与排污主体按照资源、环境估值对资源与环境保护者兑现经济补偿等。

一段时期以来，中国处于经济高速发展的粗放式发展阶段，资源节约与环境保护的相关法律法规与制度安排相对滞后和缺失，在发展与规范之间没有有机的结合，区域发展的竞争态势也导致了资源的争相使用、污染的恶性转移，等等，都加剧了资源与环境的恶化。

3. 科学技术创新不足，影响资源与环境的良性发展

1997 年，联合国教科文组织的研究报告指出，科学促进可持续发展，没有科学就没有可持续发展。总体上看，近 10 年来中国的资源利用技术、环保技术和环保产业都有了很大的发展，为推进全球化可持续发展也做出了巨大贡献。譬如，中国的城镇污水处理规模由 5200 万吨/日增加到了 1.75 亿吨/日；煤电机组安装脱硫设施比例由 12% 增加到了 96% 以上，安装脱硝设施的比例由 2% 增加到了 87% 以上。中国生产每吨钢的用水量也已经从 2000 年的 25 立方米/吨降到了 2013 年的 3.5 立方米/吨，唐山钢铁公司更是降到了 1.8 立方米/吨，且其使用的全部是中水，中国重点钢铁企业吨钢新水消耗量比 2000 年下降约 85%。

但是，中国在生态文明领域的技术创新还远远不足，还有大量的领域需要科技创新改变现有的高消耗、高排放现状。譬如燃煤电厂的"超低排放"改造步伐亟待加快，"超低排放"改造技术可以使燃煤机组的主要大气污染物排放量达到天然气锅炉及燃气轮机组的水平。中国大约现有煤电装机 8.45 亿千瓦，具备超低排放改造条件的约有 6.1 亿千瓦，全部升级改造完

成，预计可以使煤电行业主要污染物降低 30% 左右。生活污水处理的源分离技术，该技术可以将粪便、尿液单独收集、输送、处理，作为植物肥料回归土地，这种方式既可以使冲厕用水降低 90%，又可以实现污染物资源化利用，还有效降低了城市排水系统的输送和处理负担，提高中水回用的经济性，等等。这样的技术创新无处不在，无时无刻不在影响和改变人们的生产、生活方式和资源与环境的发展态势。因而，必须依托科技创新来改变自然资源供给能力削弱和自然环境处理、吸纳废弃物、污染物功能削弱的约束。

4. 文化理念制约了人口、资源与环境的可持续发展

在人口、资源与环境的矛盾日趋彰显的当今社会，消费文化和环境理念是人口对资源与环境的重要影响因素，是控制人口行为，调节和改变人口、资源与环境矛盾的关键点。文化理念、意识形态、伦理道德等非制度性因素对资源与环境领域的微观经济因素影响比显性的法律、制度的影响更为深远和持久。

中国人口众多，区域分布广泛，人口质量还有待提升，整体上还严重缺乏资源节约和环境保护的文化理念。随着经济快速发展、生活水平的不断提高，过度消费、炫耀消费等畸形观念和高能量、高消耗、高开支、高浪费、高污染的生活方式，已经对资源与环境造成了巨大危害。树立节约、环保、低消耗的正确文化理念，是解决人口、资源与环境可持续发展的根本途径。譬如，节约用水、控制需求就可以同时解决水资源短缺和水资源污染的问题；绿色出行就可以节约资源、降低能耗、减少拥堵，等等。

当然，宏观管理上也还有很多不足，譬如对中国环境总量拐点和质量拐点等重大问题怎样判断和界定；资源、能源与环境容量上限怎样区域化界定；环境问题对人口健康带来的长期隐性影响如何评价和应对；从区域到中央，人口、资源与环境年度情况报告能否像法、检两院报告一样在各级两会上作为单独的报告接受代表、委员审议监督，等等。人口、资源与环境问题

在新时期社会治理语境下，要注重用好政府、市场和社会三只手，充分发挥社会组织作用；要注重创造公平有序竞争的市场环境；要减少依托工程的投入，而要更多依靠管理制度、法律体系的源头性约束。

二、区域人口、资源与环境的可持续发展战略

21 世纪全人类普遍关注可持续发展，中国作为人口最多的发展中国家，面临人口、资源与环境的众多问题和巨大压力，更迫切需要避免有增长而无高质量发展、有发展而不可持续的现象。因而，切实实现人口、资源与环境的可持续发展是中国区域治理面临的必然而迫切的战略选择。

本节依托可持续发展理论，从人口均衡发展的视角，以人与自然的协调发展为立足点，以发展经济创造更多共享成果、提高人民生活质量为核心，以制度创新、科技创新、文化创新为突破口，以全面推进中国经济社会健康发展为目标，构建区域人口、资源与环境的可持续发展战略，探索区域人口、资源与环境的可持续发展实施路径。

（一）区域治理视域下可持续发展的时代内涵

人口的可持续发展，取决于人口、资源与环境的协调关系。因而，只有区域人口规模和人口的增长与区域自然资源和生态环境的长期承载能力相适应的条件下，才可能实现区域人口、资源、环境和经济社会的可持续发展。当然，区域人口、资源与环境的可持续发展不仅指区域内部人口、资源与环境的平衡关系，还包括区域之间乃至国家之间的人口、资源与环境的协调关系。

1. 可持续发展的内涵

从宏观人口经济学的角度看，人口是区域可持续发展的关键与核心，区域的人口数量、人口结构、人口质量与可持续发展密切相关。可持续的发展

模式实质就是人口的经济活动对资源与环境的影响与改变要是良性的、平衡的，是从人口永世发展的时间跨度出发，使得当今人口的发展不对后代人口发展所需要的资源、环境造成危害。

当前，由于受到区域地理位置、资源条件、生态环境、生存要素、发展机会等的影响，中国的人口区域分布差异极大，区域间的经济社会发展水平也有很大差距。当前区域治理的主要内容就是根据区域的人口、资源与环境特点，调控人口数量和结构、开发人力资源、鼓励劳动力流动、提高劳动收入占比、转变发展方式，发展绿色经济、提升人们生活质量的同时，节约资源、保护环境，实现区域人口、资源与环境的协调发展。"经济强、百姓富、环境美、文明程度高"应该是区域治理的时代目标，也是区域人口、资源与环境可持续发展的根本内涵。

一是人口范畴的可持续发展。可持续发展最重要的内涵是提高人类的健康水平和生活质量，保障人口的生存、发展和平等、自由的权利。即：一部分人口和区域的发展不能因其对资源与环境的过度消费而影响其他人口和区域的发展；同样，当代人的发展也不能影响后代人发展对资源、环境的使用。并使得人口的发展有必须的资源和环境保障，且这种保障是和人口的发展是协调的、平衡的，而不是超出生态系统承载能力的。也就是说，人类的生产、生活方式要尊重自然、保护自然，与资源环境相协调，这才是真正的发展。

二是生态范畴的可持续发展。经济社会发展所带来的对生态环境不断增长的需求，要遵从自然资源及其开发利用程度间的平衡。保护和加强生态环境的生产和自更新能力，使人类赖以生存、发展的生态环境保持可持续性，追求不超越生态环境系统更新能力的可持续发展。

三是经济范畴的可持续发展。不仅要追求经济增长的数量，更要注重经济增长的质量，要注重高效发展，而不是一味地高速发展，只有经济、社会、文化、教育、科技、生态等多位一体的协调推进才是真正的发展。区域的发展要结合自身的情况，走适合自身区域实际的特色发展道路，要力求使经济发展成本最小化。广义的经济发展成本通常是指人类社会发展进步的所有成本支出，不仅包括生产活动的劳动消耗、生产和消费造成的自然资源消耗成本、环境污染成本、环境质量退化成本，还包括人类活动造成的相关生态成本等。本研究重点是人口、资源与环境的可持续发展，因而指的是狭义经济发展成本，主要包括资源成本、生态成本、环境成本。经济发展成本越低，意味着人口发展消耗的自然资源就越少，生态环境的破坏就越小，从而留给其他区域、其他人口和未来人口发展的资源与环境存量就越多，也才是真正的可持续发展。

四是科技范畴的可持续发展。科技创新为工业文明以来生产力的迅猛发展提供了不竭动力，也是实现可持续发展的根本保障。生态技术创新的不断涌现，完全有可能解决这个时代的人口与资源、环境面临的巨大挑战。同样，可持续发展面临的巨大挑战，也为科技创新提供了难得的发展机遇。资源、环境是科技创新的重要领域，清洁、高效技术可以使"零排放"成为可能，生态环保技术可以促进资源高效利用，有效减少资源、能源的消耗，还可以加大环境修复和有效治理力度，极大地推动人类的可持续发展进程。因而，很多学者认为，污染是工业技术创新不足的具体表现，建立极少消耗、极低排放的技术系统是实现可持续发展的关键。

综合来看，可持续发展是以保护资源环境为前提，以经济高效发展为途径，以提高人类生活质量、改善人类发展环境为目标，坚持绿色发展、协同发展、公平发展、高效发展、多维度发展、持续性发展的理论和战略。

2. 可持续发展的区域治理困境

发展是解决人类生存问题、提高人类生活质量的根本途径，也是任何一个国家和区域都必须高度关注的核心问题。同样，为了追求高质量的发展，避免出现仅有增长而无高质量发展的情况，可持续发展也是世界各国宏观经济发展战略的普遍选择。中国经过多年的高速发展，过高的经济发展成本已经促使转型发展迫在眉睫，当前，在中央"五位一体"的总体部署下，转型发展已经是区域治理的重要课题。然而，由于诸多的制约因素，区域的可持续发展依然面临着种种困难。

一是区域发展阶段的制约。区域不同的发展阶段所采取的发展模式也不尽相同，总体上看，在处于工业化阶段时，往往采取粗放式的高速发展模式，但也同时承担着很高的经济发展成本。工业化完成以后，就需要及时改变经济增长方式和转变经济发展模式。近年来，珠三角、长三角等经济先发地区也在不断采取"腾笼换鸟"等产业转型措施。但是，由于多种原因，原有发展方式的隐患还在持续，创新型经济的发展还有待培育，经济发展成本的相对数量在不断降低，但绝对数量不降反升。同时，先发地区的产业转移也极有可能会使转移产业接受区域重走粗放式发展模式的老路。

二是区域间的不协调。在行政区划基础上长期形成的区域行政管理体制，在促进地方经济社会发展，带来正效应的同时，也往往使地方政府仅仅从自身区域的人口、资源与环境出发制定相关政策、制度，区域与区域之间难以走上资源流动无界化、要素市场统筹化、资源配置市场化、经济形态差异化、污染排放责任化的协调发展之路。具体来看，中国20世纪80年代推行的以经济性分权让利为主线的市场化改革，以及90年代初的财政体制转型，均极大调动了地方政府的积极性，使得各地方政府拥有了较大的资源配置权和相对独立的经济权益。这种格局导促进了地方政府间的竞争，而竞争又带来了地方保护主义和相关政策壁垒，区域政府间缺乏科学、合理、公平、整体、高效、统一的协调机制，常常根据行政区域为市场运行划界，使得区域公共事务和公共问题难以协调，也难以统筹区域间的资源，更难以组织区域间的产业分工协作和产业空间整体科学布局，各地低水平重复建设现象十分突出，使得资源利用效率低，产能过剩，经济结构失调。

三是政策体系的不科学、不合理。现行的环境保护政策中，还存在着政策强制力、约束力弱；政策边界不清晰、弹性大；政策之间缺少协调和配套等问题。在环境保护的政策方面过于强调行政和计划手段，缺少有效的符合市场经济需求的经济手段，这往往使得公众认为环境保护、污染治理仅仅是政府的责任，弱化了经济主体的责任。还有一些政策外部负效应大，使得一些污染企业把污染成本转嫁给消费者。政策本身具有的不科学性、不合理性往往会加剧对生态环境的破坏。

（二）区域人口、资源与环境的可持续发展战略

当前，区域发展中的人口、资源、环境与经济社会发展之间的问题日趋凸显，特别是在全球化、经济一体化和信息化的时代背景下，公民参与领域不断向区域公共事务拓展、社会组织的健康发展更加有条件参与区域性公共事务、公私的合作关系在区域公共物品生产中发挥着愈发重要作用、区域一体化的逐渐全面协调推进重塑了传统的区域政府间关系，都使得区域治理已经逐渐成为一种普遍趋势。本研究重点关注的是国内微观区域的治理研究，具体探讨如何通过区域政府与非政府组织、公民、私人部门及其他利益相关者实现最佳合作，以推动区域人口、资源、环境与经济社会协调可持续发展。

1. 注重全局与区域协作的发展战略

首先，从全局来看，区域可持续发展是中国整体实现可持续发展的关键环节和基础环节。由于现实的区域竞争机制在激励区域发展主动性、积极性，促进中国经济高速发展的同时，易于导致产业同构、资源浪费、污染转移等，"公地现象"多发，进而影响中国可持续发展的全面战略布局。因而，为了实现全国人口、资源与环境可持续发展效益的均衡化、最大化、最优化，必须注重中央的宏观管理、区域的协作治理。

（1）中央层面必须对区域的发展给予科学的引导和有效的约束

促进区域可持续发展首先要从中央顶层设计考虑。要完善区域考核机制，构建科学合理、有利于激励可持续发展的区域考核体系、干部奖惩体

系，把人口、资源、环境与经济社会的协调发展作为考核区域绩效的重要子系统。人口问题在构建可持续发展战略考核体系中，始终要置于首要地位，尤其要把"人的均衡发展"作为中心，以人口、资源与环境的可持续发展作为主线。充分考虑区域资源禀赋、生态环境、生产类型、发展水平等要素及运行机制具有质的差异性特点，以及各个区域分属不同发展阶段和不同发展系统、承担不同发展功能的实际，并综合考虑区域发展的外部环境因素。

区域人口、资源、环境与经济社会可持续发展的系统评价要注重从区域综合发展水平；人口、资源、环境与经济社会发展的协调程度；区域发展对全局发展的贡献度三个大的方面来进行。区域综合发展水平主要是指区域的人口质量、人口结构、科教文卫、公共服务等人口的全面发展情况及区域经济发展能力、发展质量等方面的评价。区域治理中因不同的发展阶段必须要面对不同的历史任务，但从可持续发展的视角出发，任何发展阶段都不能使人口与经济社会的发展超出区域资源与环境的承载能力。同时，区域人口质量、经济发展质量越高，其消减由于发展对资源与环境造成负面影响的能力就越强，其可持续发展的能力也就越强。

另外，区域发展对全局发展的贡献度主要考察的是区域的发展是否与全局的发展利益一致。由于各区域不同的主观与客观情况，其所处在全局发展中的功能定位、贡献度也应有所不同，出于整体通盘考虑，就必然会对区域分工、协作进行考察。乃至对某些区域赋予特殊的外部功能定位，并配套一定的政策规定。全国要建立以区域主体功能定位为基础平台的空间规划体系，如果区域这些特殊的定位要求未被满足，也可能短期对区域发展危害不大或者不明显，却可能对整体的长期均衡发展造成损害，最终导致区域的可持续发展仍无法实现。四川、云南的某些局部地区滥伐森林导致的 1998 年长江全流域洪水灾害等，已清楚地说明了区域可持续发展对全局可持续发展的外部贡献度是极为重要的。

因而，在评价区域可持续发展水平时，要特别重视其对全局可持续发展外部贡献度的考察。围绕区域不同的功能定位、发展战略，要全面深化改革相关的体制机制，按照不同的功能定位建立分类绩效考核制度，中央政府可供给的支持性公共资源按照区域功能定位实现要求的合理配置制度，以及其他各类激励区域差异化、互补化的发展政策，特别是围绕区域发展功能定位实施的系统性奖惩机制等等。

（2）强化与调适区域间的协作治理

在经济全球化、资源要素市场化的推动下，区域之间经济社会发展的依存度日趋加强，特别是人口流动、水资源、空气质量、通讯、交通等大量公共问题，亟须加强区域协作，探讨科学的区域协作治理模式，以打破长期以来的区域地方保护主义和相关政策壁垒，促进区域均衡发展。

由于受到体制机制约束、法制传统及治理文化缺失的影响，目前中国的区域协作治理还存有不少问题，现有的一些区域协作治理组织还均缺乏长效机制，缺少区域事务的约束性制度。如："苏浙沪省（市）座谈会、环渤海经济圈合作与发展高层论坛、西南五省七市经济协调会、西北五省（区）经济协调会、泛珠江三角洲区域合作与发展论坛、京张区域协调发展论坛等。"① "长三角经济圈还出现了多层次的合作组织：最高级别是'苏沪浙经济与发展座谈会'，为副省（市）长级；其次是'长江三角洲经济协调会'，为江、浙、沪三省市所辖的市长级；第三层次是'长三角城市部门之间的协调会'。"② 但这些区域协作治理还存在很多不足，比如，京津冀协同发展目前仍明显存在战略导向缺乏、认识与行动不统一、物质与信息交流缓慢、中心城市辐射功能弱等主要问题③；地方政策碎片化给长三角地区的区域协作治理带来公共建设的重复投资、城市间的"产业同构"、外资的低成本圈

---

① 杨小云、张浩：《省级政府间关系规范化研究》，《政治学研究》2005 年第 4 期。
② 徐寿松、李荣、俞丽虹：《长三角："泛"还是不"泛"》，《瞭望》2004 年总第 47 期。
③ 丁梅、张贵、陈鸿雁：《京津冀协同发展与区域治理研究》，《中共天津市委党校学报》2015 年第 3 期。

地运动等负面效果。苏、浙、沪三角区域，由于三省市之间没有常态化、制度化的稳定协作治理机制，仅有三省市主要领导针对区域的发展事务进行一些临时性磋商，因而，难以系统性构建区域间的长期协作发展战略，更缺少督促协作构想落实的制度保障。

从跨区域协作治理的国际经验来看，德国由于具有深厚的公民社会基础、根深蒂固的法治传统、发达的社会组织体系以及公私合作与协商治理文化，因而，其区域治理中的组织主要依托包括区域网络及论坛、区域大会和地方工作团队在内的"非正式合作机制"；包括协会、公司、民事合作组织在内的"私法组织"；包括目的事业公法人、相邻区域协会、区域规划协会、多职能组织、新设区域地方行政在内的"公法组织"三种类型。[1] 这种治理模式可以充分利用现有管理系统的资源，由专门机构将所有单位和会员连接成一个合作网络，涉及政府、非政府组织、私人部门、公民及各种利益相关者，这极大有助于实现区域利益的最大化。[2] 英国的区域治理主要依靠区域办公室，这是中央在区域层级的代理机构；其次是区域发展局，其目标主要是提升区域就业，提高区域经济发展与竞争力，保证区域可持续发展；还有区域议事厅，主要任务是指导区域规划的制定，监督区域发展局的运行，协调区域政策，避免各种区域政策的冲突和重叠。[3]

中国区域间协作治理要依托现有体制，在中央政府层面制定区域合作的宏观框架机制，区域协作治理机制的建设和完善，要有政治保障和系统的制度支持。包括跨省级行政区域间的基础建设体系协调制度；区域间经济分工和整体产业结构优化互补制度；共同保护自然资源和治理生态环境制度；社会综合保障及治理制度整体推进准则等。总之，跨省区域治理要形成有利于

---

[1]　高薇：《德国的区域治理：组织及其法制保障》，《环球法律评论》2014年第2期。
[2]　陈承新：《德国行政区划与层级的现状与启示》，《政治学研究》2011年第1期。
[3]　曾令发、耿芸：《英国区域治理及其对我国区域合作的启示》，《国家行政学院学报》2013年第1期。

区域内各省经济补偿和利益共享的制度化，以降低交易成本、推动市场化运行、实现区域间人口、资源与环境可持续发展为目的，对区域间资源、产业、市场、生态等协作发展给予制度规范，使现有的区域协作机构有据可依的高效运行。同时，可以借鉴国际上的一些超国家机构的模式，对现有区域协作机构进行组织架构优化，把更多的利益相关者纳入常态化跨行政区的协调管理机构，保持区域政区现状的基础上，加强区域的协调、合作与发展，但这一切都必须注重发挥市场经济的作用。同时，区域间和区域内部城市间要注重制定加强合作、合理分工、充分互补的协作治理策略，以切实强化整合省际区域、近域城市、组群城市的优势资源，形成发展合力，提升区域核心竞争能力。

（3）加大其他利益相关者在区域治理中的参与度

推行公民社会认知、健全法治规范、健康培育社会组织、涵养协商治理文化，都是推行区域治理的关键因素。在我国，由于区域治理的实践历程不长，当前，地方政府依然是我国区域事务治理的主导者，其他利益相关者参与的程度还非常不够深入，亟须鼓励和规范其他利益相关者的参与。以推动真正意义上的区域治理理论和实践的发展，进而推动国家治理的现代化。

2. 注重科学调控的区域人口发展战略

人口问题是可持续发展的首要问题和核心问题，也是影响资源、环境和经济社会发展的关键因素。如果没有科学的治理策略，一方面，人口的迅速增长会使区域收入、分配、教育、医疗、交通、住房等资源与环境诸多问题日趋恶化；另一方面，区域人口增长缓慢或人口减少，人口质量和人口结构不合理也会对区域经济社会产生极大的负面影响。进而，都会影响人口自身的均衡发展。

当前，由于区域发展的不均衡，我中国东部发达地区和全国大城市的生育率持续走低，而中西部地区却有生育水平反弹的趋势。因而，必须针对区域人口发展的现状特点和趋势预测，坚持分类指导，实施区域差别化人口治理策略。又鉴于人口问题具有长期性和滞后性，区域治理更要从全局和长远的战略高度，制定有效的人口政策，以促进区域人口均衡发展。

（1）加强区域人口规划，制定区域适度人口策略

区域人口调控包括人口数量规模上的调控、区域内人口分布的调控、区域内人口结构的调控。首先，是人口数量规模上的调控，区域人口既不能增长过快，导致人口对资源、环境和经济社会的压力过大；同时，也不能快速削减，否则不利于人口结构的优化和区域经济的健康发展。适度人口是区域人口规模的理想目标，也是区域人口政策的科学预期。具体是指区域在一定时期、一定条件下与资源、环境、经济、社会最协调发展态势下的人口数量，也是一种处于"人口过剩"和"人口不足"这两种人口规模状态之间的最理想人口状态。人口规模、人口结构、人口素质、人口分布都是区域可持续发展的适度人口的基本内容，区域人口治理的理想状态也即是区域发展中实现：在合理利用资源、充分保护环境的基础上，使交通、住房、教育、卫生等各项社会保障和经济社会发展水平，能够最优化满足区域人口高质量生活水平的最佳人口规模。

区域人口规划、人口政策的制定要以适度人口作为出发点，要通过系统的调研、预测、论证、信息整合，及早科学合理的确定区域适度人口，以利于更好把握人口政策，也可以确保区域人口、产业、就业、公共服务、资源、环境等政策的协同性、连贯性、前瞻性、科学性，避免区域实际人口和区域资源、环境与经济社会发展之间出现巨大的矛盾冲突。预见性的制定有效政策促使人口转变，使人口增长成为区域经济社会发展的最积极要素，同时，要以区域经济持续增长为人口转变的顺利推进提供有力保障。当然，在人口流动早已成为常态化的经济社会行为时代，区域人口政策不能故步自封，仅仅按照国家的生育政策、户籍政策机械被动执行，而应该主动以区域的资源优势、服务优势、制度优势、环境优势、发展优势引导劳动力的自由流动，进而激发区域经济发展活力。并根据区域人口规划，适时试点改革完

善以鼓励二孩为主、以调节自主生育为目的的公共服务保障机制。

（2）科学引导区域人口的合理分布

区域内人口的合理分布也直接关系到区域内部各子区域适度人口规模问题。区域人口分布与区域产业、经济重心的匹配可以使人口分布更好的为区域经济社会发展服务，可以有效解决区域内人口与就业、交通、住房、医疗、教育及资源与环境的矛盾，也有利于区域公共服务更具效率的配置，进而提升人口的发展质量。

从人口、产业与经济重心演变的相关研究来看，区域内经济发展地区会逐渐吸引人口聚居，人口集聚又促进了所在地区的经济增长。但由于受到户籍制度所带来的限制，人口迁移过程往往滞后于经济变化过程，因此，区域内部经济重心的迁移速度要高于人口重心的迁移速度，且第二产业的迁移是最活跃的，区域内第二产业的空间格局变化对人口分布具有重要影响。在人口重心和经济重心同向迁移的过程中，经济重心与人口重心之间的距离会逐渐变短，会使地区间差异随之缩小，会使人口和区域经济发展的不协调性有所缓解。总而言之，在经济发展和人口迁移的相互影响下，区域内部人口分布和经济分布的空间演变关系总体上会呈现出很大程度的耦合关系，这类耦合关系进而会对区域长期均衡发展产生影响。因此，区域政府决策部门要关注人口、产业与经济重心演变的相关国际借鉴和理论成果，制定促进区域内人口和产业实现更科学、均衡和可持续的因地制宜的人口与产业发展政策。

区域实现人口均衡分布还应该从全国大局出发，区域政府必须正视"半城市化"、"新移民"存在的客观事实，打破城市建设、服务管理、公共资源配置以当地户籍人口为考虑依据的旧有思维定式。全面实行居住证制度，突破二元式人口管理模式，将失地的本地户籍农民、外来流动人口纳入培训、就业、社会保险、住房等公共服务体系，实施一元化人口管理体系，鼓励劳动力自由流动，激发区域发展活力。同时，还要根据区域人口分布情况、产业集聚情况、资源环境条件，科学规划县域单元、小城镇的布局和建设，加快新农村建设，推进农业转移人口的就近就地城市化、高质量市民化、居住集约化、生态化和农业现代化。

（3）注重区域人口结构的优化

人口结构优化包括人口素质结构和人口年龄结构的优化。一方面，区域的产业结构决定劳动力结构，区域产业定位要充分依托自身的资源禀赋、生态环境以及产业基础、消费市场等要素，在引导产业高端化、生态化的同时可以有效吸引高端劳动力要素的流入，优化区域人口素质结构；另一方面，人口质量提升带来的劳动力素质改善，是经济发展中最活跃的因素之一。劳动力素质提升、劳动力从农业部门向非农部门流动的产业间就业结构变化、科学技术进步等都极大利于区域产业结构优化化，有利于提升区域劳动生产率，进而有利于促进区域经济持续增长。因而，区域治理中，要客观把握区域内人口结构与经济及产业结构互动机理，科学引导人口结构与经济、产业结构在不同空间上的合理布局。

区域还要从自身发展需要出发制定科学的人才培养、引进、使用政策，可以有效促进产业转型升级、有效优化区域人口素质结构。同时，大量劳动年龄人口的迁入也会优化区域的人口年龄结构，有效缓解老龄化快速到来给区域养老事业带来的压力。当然，除此以外，区域应对人口年龄结构失衡、过度老龄化的政策有必要从两方面展开：一方面，加快经济建设，完善社会保障制度和社会服务体系，发展老龄产业，积极应对人口老龄化；另一方面，对出生人口进行科学调控，在人口规模与人口结构之间寻找适当的平衡点，避免顶部老龄化与底部老龄化的双重挤压。区域还要注重综合治理出生人口性别比失衡问题，以制度保障、物质保障和性别文化上推进区域出生人口性别比的均衡。

（4）转变人口政策的功能取向

随着人口与经济社会的发展，中国人口已经长期处于较低生育率、高度城市化、严重老龄化、流动常态化、移民国际化的阶段。为适应人口发展的新情况，近年来，我国人口计生工作已经从原来偏向"单一管理"的管控型行政约束向以"综合管理、服务保障"的服务型为主要内容的统筹协调转变。区域人口政策要以"放开二孩"为契机，转向以统筹调整区域人口数量、质量、结构、分布的关系；统筹区域人口与资源、环境、经济社会的发展关系为主，以推动实现区域人口、资源与环境的长期均衡发展。

3. 注重绿色环保的区域产业发展战略

从世界范围来考察，人口增长并不是造成资源、环境危机的最主要原因或者唯一原因，生产模式和消费模式往往是资源和环境矛盾的主要原因。世界上发达国家人口只占全球人口的20%左右，每年发达国家消耗的资源却占到了世界资源消耗量的75%以上。再加上许多发展中国家也采用了发达国家的生产和消费模式，更是加剧了世界范围内资源与环境的压力。由此可见，人口、资源与环境可持续发展的关键应该是提高人口质量，依托科技进步，实现科技创新、制度创新，采用科学的生产方式和合理的消费方式，减少资源浪费和环境污染。

当前，资源与环境已经成为大部分区域发展的刚性约束，要把绿色发展的理念贯穿于区域发展的全过程。将资源节约和环境友好作为区域产业发展、生活消费、城镇及基础设施建设、法制及文化教育等领域开展工作的基本准则。

（1）完善制度安排和政策体系

从区域治理的视角来看，要实现区域绿色产业发展战略，完善可持续发展的绿色产业制度安排和政策体系尤为重要。要把资源、能源消耗和生态环境影响作为首要因素和刚性约束条件，按照倒逼机制考虑制定科学的绿色产业发展规划和有效的产业规制政策体系。建立区域绿色产业发展的经济制度，完善相关的标准规范、激励考核制度；建立自然资本与资源的资产化、价格化、商品化管理制度；完善生态环境税收制度和排污权交易制度。

严格限制资源、能源浪费，污染排放不达标的产业准入和发展；建立节能环保评价和考核制度；实施资源补偿税；制定生态红线；鼓励科技进步在产业升级中发挥积极作用，推进新技术、新工艺、新产品的应用；从审批立项、融资支持、供给侧减费降税、需求侧鼓励消费等方面制定系统的扶持政策，鼓励发展科技知识先导、资源能源节约、综合效益好、成长潜力大的产业发展。

将垃圾源头强制分类纳入法律，尽快对垃圾填埋场、焚烧厂实施空气排污许可证制度，以排污许可证制度促进末端处置的无害化；有效应对化学品、持久性有机物污染、汞、电子废弃物跨境、跨区域转移等新的环境问题。

（2）推进绿色产业发展

区域要根据自身特色条件把推动战略性新兴产业、生态农业及现代服务业的发展作为转变经济发展方式的重要内容。

首先，注重科技创新，大力发展新兴产业。进入 21 世纪，从国际发展大势来看，由于世界金融危机的深远影响，实体经济更加凸显其重要的战略意义，世界主要发达国家均在实施以新兴产业为引领的再工业化战略，同时，广泛认同的生态创新理念也正在引起国际社会广泛关注技术创新。纷纷以全球进入新一轮的科技创新密集期为契机，依托不断涌现的重大发现、发明，把智能、网络、纳米、基因等重大技术突破运用到能源、交通、农业、健康等产业发展中去，不断加大对高端装备制造、节能环保、生物医药、新材料、新能源等战略领域的综合投入，推动知识密集型的高端实体产业绿色健康发展。不难看出，西方发达国家在抢抓不断显现的技术突破和产业变革新机遇；培育发展知识技术密集的新兴产业；抢占新一轮科技进步和经济发展制高点方面已经有了一定的竞争优势。

中国改革开放以来，依靠大量较低成本劳动力投入、资源能源消耗、偏重数量增长的区域发展旧模式已经问题凸显。区域产业结构不尽合理，在知识密集的高端产业领域缺乏竞争优势，核心关键技术短缺或严重对外依存，人口发展、经济增长与资源、环境的承载能力不能平衡，区域经济发展已经面临不可持续的严峻挑战。而经济发展是区域治理的重要内容，也是人口均衡发展的重要物质前提，当前，区域治理的关键是整合区域利益相关方形成合力，以全球化的视野，抓住世界科技进步的重大战略机遇，推动实施人才培养、引进与使用战略，改革机制体制，使资源配置向高端产业领域倾斜。全力推动人口素质提升与产业结构升级结合，知识科技与经济转型结合，推动新兴技术和新兴产业发展，以有效实施区域创新驱动的发展战略，推动区域经济进入创新驱动、内生增长、持续发展的健康轨道。

区域要结合国家培育与发展战略性新兴产业的部署，制定配套的产业规制体系，借鉴国际经验，结合区域实际，科学选择好适合区域自身发展的战略性新兴产业，高效借助国家层面的战略性新兴产业发展的政策支持、专项资金。要特别注重避免区域间的低水平重复建设；避免新兴产业发展与市场需求脱节；避免管理模式创新、商业模式创新不足等问题；要注重运用新技术，特别是信息技术、环保技术对区域内传统产业的改造升级。对于区域内"两高"的工业是简单用淘汰的方法还是用绿色化改造的方法要深入研究，譬如冶金与化工就不可能简单的全部淘汰；特别要加快区域内燃煤电厂的"超低排放"改造，注重煤炭的清洁利用、综合利用；推行清洁生产，减少污染物的产生；建设生态工业园区，通过工业共生代谢减少资源消耗和污染排放。

其次，大力发展绿色农业、促进农业现代化建设。目前，受政策条件不完善、区域发展条件滞后、农业从业人员生态意识不强、科技能力较弱等影响，农业现代化建设还面临诸多的问题与挑战。当前，农业污染已经对农村环境、水源、土壤等方面带来了很多问题，必须尽快明确现代化农业的新内涵和新特征；制定农业发展方式转变和推进的总体战略；按照绿色发展、低碳发展、循环发展的理念，以生态安全、环境友好、优质高产为目标，构建生态农业的政策保障体系、技术支撑体系、市场调配体系、社会服务体系。

同时，要从加强农业生物自然资源保护、加强农业生态环境治理、大力推进农业节能减排、提升农业防灾减灾能力、构建循环型农业产业链五个部分构建农业领域生态文明发展的重点方向。

建设生态农业，减少化肥、农药用量，建立合理、科学使用化肥、农药标准体系，推广沼气池的使用，利用湿地改善农村周围环境。国家宏观政策导向要将资源高效、产品优质先于高产，调整目前科学技术部门和农业生产部门片面追求高产的政策和技术导向。调整优化国家层面农产品的产业区域布局规划，从资源环境、生态文明可持续发展的角度上重新科学确立区域农业生产布局和补贴制度；实施一批生态文明型农业现代化建设重大示范、试点工程；提升农业装备开发工程、国家主产区耕地质量提升工程、农业环境治理和农村废弃物利用工程、国家菜篮子清洁生产工程、富营养化水体经营种植化工程，关注深层的农业面源污染防治问题等。当然，最重要的还要有完善的保障措施：加强现代农业与生态文明建设的制度创新；加大投入、完善补贴制度；建立农业生态补偿制度；加大农业科技支撑、构建区域农业循环经济闭合的链条等。

发展绿色农业、促进农业现代化建设的核心是人，提升农业产业工人素质，吸引有技术的新型农民工返乡创业就业，加大对相关技术人员在农村发展的支持力度等等，都是区域治理中促进城乡一体化需要重点考虑的问题。

4. 大力实施绿色消费战略

消费是人口发展的基本行为，也是影响一切经济活动的重要因素。消费方式对经济系统上游的生产投入、资源投入有巨大影响；消费需求的增加进而会对生产效率的提高有显著的抵消效应；消费水平的提升还可以对消化产能、促进产业结构调整有巨大的促进作用。因而，区域人口、资源与环境的可持续发展必须高度关注消费因素。

（1）提高区域劳动收入占比，推动消费升级

目前，中国总体居民消费水平不高，消费率持续走低。美国、欧盟、日

本等发达国家和地区的居民消费率基本保持在 70%—80% 的水平，而中国居民消费率多年来基本保持在 41% 左右，甚至低于巴西、阿根廷、印度等发展中国家水平，这种低水平的居民消费率难以为产业结构调整和经济转型有效提供动力，且会加剧产能过剩。这也是导致中国经济长期以来采用高投资导致高污染、产能过剩的增长模式形成的原因之一；特别是随着中国在欧美市场的制成品出口对东南亚、东亚等经济体替代完成、持续增长空间有限的情况下，经济增长、启动内需就必然要依赖居民消费水平的提升。可支配收入是影响居民消费的重要决定因素，但是，作为可支配收入主要来源的劳动收入占 GDP 比重近年来却呈持续下降趋势，收入不足已经成为影响居民消费、制约转变经济增长方式的重要因素。可见，区域治理中，推动转型升级、消化过剩产能、稳定经济增长的一个重要内容就是逐步提高劳动收入占比，从而增加居民可支配收入，推动共享发展理念的实现，带动居民消费水平提升。

众多研究表明，资本深化、所有制结构改变、产业结构调整都是劳动收入比重变化的重要解释因素。在推进产业升级、经济转型的区域治理中，首先要持续加大对第二产业的技术创新体系构建，提高其技术创新水平的同时，提高劳动者素质，进而提高劳动收入占比；其次，要大力发展第三产业，服务业劳动密集型特点会弱化资本、技术对劳动力的替代，具有显著更高的劳动收入占比，同时，大力发展第三产业，特别是现代服务业，对区域产业结构调整有显著的促进作用；第三，要完善、规范区域市场机制，充分发挥市场对资源配置的决定性作用，以避免区域国有企业、规模以上企业占据过多的廉价资本，从而非公允的强化资本对劳动的替代，影响区域劳动收入占比的提升；第四，区域要保证基本的、有利于产业结构调整、基础设施完善、居民劳动收入提升的投资增速，特别是中西部地区，结合新型城镇化战略的实施，精准化的完善一些有利于现代产业发展、吸引人力资本就业的基础设施是十分必要的。

（2）推行绿色消费方式，倒逼技术进步

区域治理中政府要与非政府组织、公民、私人部门及其他利益相关者协同规范公费消费，降低公费消费比例，避免公共建设领域的政策性浪费，全面推动公费消费绿色采购；推动居民生活方式、工作方式、消费方式向绿色、健康转变。区域治理的重要任务之一就是通过产业规制、消费政策、文化教育，加强绿色消费导向，引导居民的消费思想创新。树立正确的消费观念、生产观念、发展观念、管理观念等，超越和扬弃不合理的消费模式，对人类自身活动进行自觉的规范和约束，使人类自身的活动限制在自然资源和生态环境可承受的范围内，走经济发展、生活富裕、生态良好的文明发展道路，这也是从根本上应对可持续发展的最终途径。

要从改变人们的价值理念和消费行为入手，强化可持续发展意识，并力倡知行统一，号召全社会、全人类自觉抵制过度消费、炫耀消费等畸形观念和高能量、高消耗、高开支、高浪费、高污染的生活方式。要加强环保技术、绿色产品研发、生产环节补贴和消费需求侧补助，加大绿色产品的市场占有率，要从生态文明和绿色发展模式的角度出发必须实行精品战略，大幅度提高消费领域中文化、教育、医疗等服务类的高劳动力附加值产品的比例，树立绿色生态文化，加强生态文明教育，从各方面提高劳动力附加值产品的意义，降低资源消耗。

恩格斯在一百多年前就指出，一个市场需求往往比十所大学更能拉动技术进步，可见，市场需求可以极大牵动技术创新。施穆克勒也认为发明活动或专利活动基本上也是追求利润的经济活动，是受市场需求引导和制约的。莫威里和罗森堡在《创新之路》一书中提出：决定创新的基本力量，包括市场机会。技术进步的最终形式应该是产品，这样才可能使技术进步有效益，而市场是产品最好的检验场所，市场最终决定技术的先进性和可行性。可以说，技术进步可以创造出新的市场，同时，市场需求则可以显著的推动技术进步。中国具有任何一个国家都无法比拟的巨大人口消费市场，如何尽快转变消费观念，以创新的消费观念带动创新的技术发展是中国打造创新型国家的关键。因而，当前亟须以绿色消费革命倒逼生产方式转变和供给侧变革，以最小的资源、环境消耗支撑人口和经济社会的协调发展。

5. 注重生态文明的城市发展战略

生态是地球上亿万年以来地质活动、气象变化、各种生物和人类生产、生活活动综合的结果，生态并不等于宜居。同时，生态只能保护和恢复，是不能建设的，因而，我们强调的是生态文明建设，而不是生态建设。同时，生态文明也不是生态工程，生态文明是人的价值观和认识论的问题，人改造自然就不再是生态文明。加强生态文明意识、理念的教育，通过教育与宣传使全社会深刻认识到中国生态文明的严重性、紧迫性、艰巨性和长期性。同时，如何设计科学发展指数、明确生态文明衡量标准，这都是区域治理的重要课题。生态文明建设的关键在于社会管理体制和社会治理方式的现代化，核心是要从体制机制、治理方法上寻求新突破。

首先，要从历史、地理、资源背景的角度全面考虑，以自然区域作为边界和尺度结合行政边界进行生态环境安全度分区，可以建立系统的指标体系，在定性判断基础上结合定量化的方法评价生态环境安全的状况。按照生态安全、不安全和危机三大类对国土资源、海洋资源进行评估，根据其生态安全状况的评估情况合理规划城市建设及人口发展，避免简单造城和硬赶农民上楼的片面、盲目追求城镇化率。城镇化发展要控制建设总量，明确定位，提高城市运行效率，减少复合功能型城市的建设。

其次，要把生态文明建设的理念、技术、制度体系贯穿到新型城镇化建设、新农村建设及各项基础设施建设的全过程、全方面。注重促进新能源、新技术、新材料在新型城镇化进程中发挥积极作用。完善绿色建设、环保材料、资源回收利用的标准体系，以减少各项建设带来的资源、能源消耗与环境污染。加大对城镇绿色空间等天然生态系统的保护，以新能源、新材料、信息等技术突破和发展为契机，注重建设水循环系统、社会废物资源化系统、绿色建筑体系、绿色交通系统，突出体现绿色性、低碳性和科技性的内涵特征，要充分发挥市场机制，通过工程科技推进工业化和信息化的融合来实现交通生态文明的目标。在缓解区域资源、环境压力的同时，促进区域经济增长。

现阶段，中国人口、资源与环境可持续发展的区域治理基本出发点主要应该包括：全方位的人口均衡发展战略：综合调控人口数量、提高人口质量、优化人口结构、调适人口分布，当前应该以提高人口质量为重点方略；合理使用资源战略：集节约自然资源、提高资源利用率、开发再生资源于一体，当前应当以依托科技进步提高资源利用率为重点方略；生态文明战略：融保护生态环境、改善生态环境、人口与生态环境协调发展为一体，当前要以人口与生态环境协调发展为重点的方略。

总之，中国作为世界上人口最多、人均资源偏少、区域发展不均衡的发展中国家，实施人口、资源与环境的均衡可持续发展战略具有特殊的艰巨性和长期性。当然，战略的科学性、策略的准确性、政策的合理性、路径的可行性、机制的约束性可以为共享发展视域下人口、资源与环境的可持续发展提供有力的保障和实现的可能。

主要参考文献

外文文献

1. Adams, P., Hurd, M.D., McFadden, D., Merrill, A., & Ribeiro, T., "Healthy, Wealthy, and Wise? Tests for Direct Causal Paths Between Health and Socioeconomic Status", *Journal of Econometrics*, 2003, 112(1), pp.3-56.

2. Beach, C.& Kaliski, S., "Structural Unemployment, Demographic Change or Industrial Structure?", *Canadian Public Policy*, 1986, 12(2), p.356.

3. Berry, Brian J.L.& Smith, K.B., *City classification handbook: Methods and applications*, Chichester; New York: Wiley-Interscience, 1972.

4. Bertoli, S., Fernández-Huertas Moraga, J., & Ortega, F., "Immigration Policies and the Ecuadorian Exodus", *The World Bank Economic Review*, 2011, 25(1), pp.57-76.

5. Black, R., Adger, W.N., Arnell, N.W., Dercon, S., Geddes, A.& Thomas, D., "The Effect of Environmental Change on Human Migration", *Global Environmental Change*, 21, pp.S3-S11.

6. Blacker, C.P., "Stages in Population Growth", *Eugenics Review*, 1947, 39(3), pp.88-101.

7. Bloom, D.E.& Williamson, J.G., "Demographic Transitions and Economic Miracles in Emerging Asia", *The World Bank Economic Review*, 1998, 12(3), pp.419-455.

8. Bogue, D.J., *Principles of Demography*, New York: Wiley, 1969.

9. Borjas, G.J., "Native Internal Migration and the Labor Market Impact of Immigration", *The Journal of Human Resources*, 2006, 41(2), pp.221-258.

10. Brown, P.H.&Theoharides, C., "Health-seeking Behavior and Hospital Choice in China's New Cooperative Medical System", *Health Economics*, 2009, 18 Suppl 2(2), pp.S47-64.

11. Cai, F.& Lu, Y., "Population Change and Resulting Slowdown in Potential Gdp Growth in China", *China & World Economy*, 2013, 21(2), pp.1-14.

12. Caldwell, John C.(John Charles), *Theory of fertility decline*, New York; London: Aca-

demic Press, 1982.

13. Case, A.& Menendez, A., "Does Money Empower the Elderly? Evidence from the Agincourt Demographic Surveillance Site, South Africa", *Scandinavian Journal of Public Health*, 2007, 35(Supplement 69) , pp.157–164.

14. Chenery, H.B., *Patterns of development*, 1950—1970., London: Published for the World Bank by Oxford University Press, 1975.

15. Coale, A.J., "Estimates of Fertility and Mortality in Tropical Africa", *Population Index*, 1966, 32(2) , pp.173–181.

16. Coleman, D., "Why We don't Have to Believe without Doubting in the ' Second Demographic Transition' —Some Agnostic Comments", *Vienna Yearbook of Population Research*, 2004, 2, pp.11–24.

17. Coleman, D., "Immigration and Ethnic Change in Low-fertility Countries: A Third Demographic Transition", *Population and Development Review*, 2006, 32(3) , pp.401–446.

18. Commission on Global Governance, *Our Global Neighbourhood: The Rreport of the Commission on Global Governance*, Oxford; New York: Oxford University Press, 1995.

19. Dj, V.D.K., *The Second Demographic Transition Revisited: Theories and Expectations*, Nidi/cbgs Publication, 1994.

20. Easterlin, R.A., &Crimmins, E.M., *The Fertility Revolution: A Supply-demand Analysis*, Chicago: University of Chicago Press, 1985.

21. Eggleston, K., Oi, J.C., Rozelle, S., Sun, A., Walder, A.& Zhou, X., "Will Demographic Change Slow China's Rise?" *Journal of Asian Studies.*, 2013, 72(3) , pp.505–518.

22. Esser, I., Palme, J., Humanistisk-samhällsvetenskapligavetenskapsområdet, Statsvetenskapligainstitutionen, Samhällsvetenskapligafakulteten & Uppsala universitet, "Do Public Pensions Matter for Health and Wellbeing among Retired Persons? Basic and Income Security Pensions across 13 Western European Countries", *International Journal of Social Welfare*, 2010, 19(s1) , pp. S103–S120.

23. Fan, C.C., "Interprovincial Migration, Population Redistribution, and Regional Development in China: 1990 and 2000 Census Comparisons", *Professional Geographer*, 2005, 57(2) , pp. 295–311.

24. Farahmand, S., Akbari, N., Abootalebi, M., Farahmand, S., Akbari, N.&Abootalebi, M., "Spatial Effects of Localization and Urbanization Economies on Urban Employment Growth in Iran", *Kagaku KogakuRonbunshu*, 2008, 34(34) , pp.224–229.

25. Feldstein, M., "Social Security Pension Reform in China", *China Economic Review*, 1999, 10(2) , pp.99–107.

26. Friedmann, J., "The World City Hypothesis", *Development & Change*, 1986, 17(1) , pp. 69–83.

27. Giuliano, G.& A.Small, K., "The Determinants of Growth of Employment Subcenters", *Journal of Transport Geography* , 1999, 7(3) , pp.189–201.

28. Goldman, D.P.&Zissimopoulos, J.M., "High Out-of-pocket Health Care Spending by the Elderly", *Health Affairs*, 2003, 22(3) , pp.194–202.

29. Grossman, M., "The Demand for Health, 30 Years Later: A Very Personal Retrospective and Prospective Reflection", *Journal of Health Economics*, 2004, 23(4) , pp.629–636.

30. Harris, J.R.&Todaro, M.P., "Migration Unemployment and Development: A Two-sector Analysis", *American Economic Review*, 2010, 60(1) , pp.126–142.

31. Henderson, V., "Urbanization in Deloping Cuntries"The *World Bank Research Observer*, 2002, 17(1) , pp.89–112.

32. Kawsar, M.A., "Urbanization, Economic Development and Inequality", *Bangladesh Research Publications Journal*, 2012, .6(4) , pp.440–448.

33. Kirk, D., "Demographic Transition Theory", *Population Studies*, 1996, 50 (3) , pp. 361–387.

34. Koziol, J.A., Zuraw, B.L.& Christiansen, S.C., "Health Care Consumption among Elderly Patients in California: A Comprehensive 10–year Evaluation of Trends in Hospitalization Rates and Charges", *Gerontologist*, 2002, 42(2) , pp.207–216.

35. Lavely, W. & Freedman, R., "The Origins of the Chinese Fertility Decline ", *Demography*, 1990, 27(3) , pp.357–367.

36. Leibenstein, H., *Economic Backwardness and Economic Growth: Studies in the Theory of Economic Development*.United States, 1957.

37. Lewis, W.A., "Economic Development with Unlimited Supplies of Labour", *The Manchester School of Economic and Social Studies* , 1954, 22(2) , p.139.

38. Liu, M., "Migrant Networks and International Migration: Testing Weak Ties", *Demography*, 2013, 50(4) , pp.1243–1277.

39. Lucas, R.E., "On the Mechanics of Economic Development", *Journal of Monetary Economics*, 1988, 22(1) , pp.3–42.

40. Ma, L.J.C., "The Spatial Patterns of Interprovincial Rural-to-urban Migration in China, 1982—1987", *Chinese Environment and Development*, 1996, 7, pp.73–102.

41. McDonald, J.F., "The Identification of Urban Employment Subcenters", *Journal of Urban Economics*, 1987, 21(2) , pp.242–258.

42. McMillen, D.P. & Smith, S.C."The Number of Subcenters in Large Urban Areas", *Journal of Urban Economics*, 2003, 53(3) , pp.321–338.

43. Northam, R.M., *Urban geography (2d ed.)*, New York: Wiley, 1979.

44. Notestein, F.W., *Population: the Long View*, Schultz Tw Ed., 1945.

45. Notestein, F.W., *Economic Problems of Population Change, 8th International Conference*

of Agricultural Economists , London: Oxford University Press, 1953.

46. Ofer, G., "Industrial Structure, Urbanization, and the Growth Strategy of Socialist Countries", *The Quarterly Journal of Economics*, 1976, 90(2) , pp.219-244.

47. Ostrom, E., *Governing the Commons: The Evolution of Institutions for Collective Action*, New York; Cambridge [England]: Cambridge University Press, 1990.

48. Quintana, D. C., Agglomeration, "Inequality and Economic Growth: Cross-section and Panel Data Analysis", *Working Paper* , 2011.

49. Ranis, G., &Fei, J.C.H., "A Theory of Economic Development", *American Economic Review*, 1961, 51(4) , pp.533-565.

50. Ravenstein, E.G., "The Laws of Migration", *Journal of the Statistic Society*, 2015, 151 (1885) , pp.289-291.

51. Savas, E.S., *"Privatization" in Mary Hawkesworth and Maurice Kogan* , (Eds) , Encyclopedia of Government and Politics, New York: Routledge, 1992.

52. Schultz, T.P., "Lifetime Migration within Educational Strata in Venezuela: Estimates of A Logistic Model", *Economic Development & Cultural Change*, 1982, 30(3) , pp.559-593.

53. Seeborg, M.C., Jin, Z. & Zhu, Y., "The New Rural-urban Labor Mobility in China: Causes and Implications", *Journal of Socio-Economics*, 2000, 29(1) , pp.39-56.

54. Singh, A.K., "Economic Development and Industrial Structure: A Micro-level Study", *Indian Journal of Industrial Relations*, 1979, 14(4) , pp.545-557.

55. Sjöberg, O., Institutetför social forskning (SOFI) , Stockholmsuniversitet &Samhällsvetenskapligafakulteten, " Old-age Pensions and Population Health: A Global and Cross-national Perspective, *Global Public Health*, 2014, .9(3) , pp.271-285.

56. Small, K.A.& Song, S., "Population and Employment Densities: Structure and Change", *Journal of Urban Economics*, 1994, 36(36) , pp.292-313.

57. Spilimbergo, A.&Ubeda, L., "A Model of Multiple Equilibria in Geographic Labor Mobility", *Journal of Development Economics*, 2004, 73(1) , pp.107-123.

58. Stoker, G., "Governance as Theory: Five Propositions", *International Social Science Journal*, 1998, .50(155) , pp.17-28.

59. Thompson, Warren S., "Population", *American Journal of Sociology*, 1929, 6, pp. 959-975.

60. United Nations, "The Aging of Populations and Its Economic and Social Implications", *Population Studies*, 1956, No.26.

61. United Nations, Department of Economic and Social Affairs, Population Division, World Population Prospects: The 2015 Revision, DVD Edition.

62. Weiler, S., " Industrial Structure and Unemployment in Regional Labor Markets Industrial Structure and Unemployment", *Industrial Relations A Journal of Economy & Society*,

2000, 39(2) , pp.336-359.

63. Wihlborg, E., "Legitimate E-Government—Public E-Services as a Facilitator of Political Legitimacy", *Hawaii International Conference on System Sciences*, IEEE, 2014, pp.2148-2157.

64. Yavuz, N., "Understanding Citizens' Adoption of New Technologies Used in Delivery of Public Service and Information", *Dissertations & Theses-Gradworks*., 2010.

65. Young, "A.Inequality, the Urban-rural Gap, and Migration", *Quarterly Journal of Economics*, 2013, 128(4) , pp.1727-1785.

中文译著

1. ［美］保罗·艾里奇、安妮·艾里奇:《人口爆炸》,张建中、钱力译,新华出版社 2001 年版。

2. ［美］德内拉·梅多斯、乔根·兰德斯、丹尼斯·梅多斯:《增长的极限》,李涛、王智勇译,机械工业出版社 2013 年版。

3. ［英］马尔萨斯:《人口原理》,朱泱、胡企林、朱和中译,商务印书馆 1992 年版。

中文著作

1. 北京师范大学交叉学科研究会:《中国老年百科全书·生理·心理·长寿卷》,宁夏人民出版社 1994 年版。

2. 卜承祖、葛韶华:《江苏省应对人口老龄化挑战研究》,江苏人民出版社 2009 年版。

3. 曹宗平:《中国城镇化之路:基于聚集经济理论的一个新视角》,人民出版社 2009 年版。

4. 陈瑞莲:《区域公共管理导论》,中国社会科学出版社 2006 年版。

5. 邓微:《大学毕业生人力资源开发与保障》,中国劳动社会保障出版社 2007 年版。

6. 杜鹏:《人口老龄化与老龄问题》,中国人口出版社 2006 年版。

7. 傅崇兰:《小城镇论》,山西经济出版社 2003 年版。

8. 辜胜阻、刘传江:《人口流动与农村城镇化战略管理》,华中理工大学出版社 2000 年版。

9. 黄健元、王欢:《人口老龄化对经济社会发展的影响及其对策研究——以江苏省为例》,科学出版社 2014 年版。

10. 李竞能:《现代西方人口理论》,复旦大学出版社 2004 年版。

11. 李小建、李国平、曾刚等：《经济地理学（第二版）》，高等教育出版社 2006 年版。

12. 李小建、李国平、曾刚等：《经济地理学》，高等教育出版社 1999 年版。

13. 联合国国际人口学会：《人口学词典》，商务印书馆 1992 年版。

14. 廖盖隆等：《马克思主义百科要览》（下卷），人民日报出版社 1993 年版。

15. 林毅夫：《制度、技术与中国农业发展》，上海三联书店 1994 年版。

16. 米歇尔·斯·泰特尔鲍姆：《人口转变理论及其对发展中国家的意义》，载于顾宝昌编：《社会人口学的视野》，商务印书馆 1992 年版。

17. 清华大学国情研究中心：《2030 中国：走向共同富裕》，中国人民大学出版社 2011 年版。

18. 世界银行：《2008 年世界发展指标》，王辉等译，中国财政经济出版社 2008 年版。

19. 覃成林、金学良、冯天才等：《区域经济空间组织原理》，湖北教育出版社 1996 年版。

20. 王建廷：《区域经济发展动力与动力机制》，上海人民出版社 2007 年版。

21. 王雅莉：《城市经济学》，首都经贸大学出版社 2008 年版。

22. 邬沧萍：《漫谈人口老化》，辽宁人民出版社 1986 年版。

23. 许学强、周一星、宁越敏：《城市地理学》，高等教育出版社 1997 年版。

24. 阎小培：《中国乡村—城市转型与协调发展》，科学出版社 1998 年版。

25. 杨云彦：《中国人口迁移与发展的长期战略》，武汉出版社 1994 年版。

26. 俞可平：《幸福与尊严》，中央编译出版社 2012 年版。

27. 俞可平：《治理与善治》，社会科学文献出版社 2000 年版。

28. 俞可平：《中国治理评论》，中央编译出版社 2012 年版。

29. 翟书斌、张全红：《发展经济学》，武汉理工大学出版社 2009 年版。

30. 张车伟、林宝：《渐进式延迟退休年龄的方案和影响》，见《全面深化改革二十论》，社会科学文献出版社 2014 年版。

31. 张培刚：《发展经济学教程》，经济科学出版社 2001 年版。

32. 赵建国等：《城市就业问题研究》，高等教育出版社 2005 年版。

33. 中国老年学学会：《走向积极的老龄化社会》，华龄出版社 2003 年版。

中文期刊

1. 白重恩、李宏彬、吴斌珍：《医疗保险与消费：来自新型农村合作医疗的证据》，《经济研究》2012 年第 2 期。

2. 白重恩、吴斌珍、金烨：《中国养老保险缴费对消费和储蓄的影响》，《中国社会科学》2012 年第 8 期。

　　3. 蔡昉、王德文：《中国经济增长可持续性与劳动贡献》，《经济研究》1999 年第 10 期。

　　4. 蔡昉、王美艳：《"民工荒"现象的经济学分析——珠江三角洲调查研究》，《广东社会科学》2005 年第 2 期。

　　5. 蔡昉、王美艳：《为什么劳动力流动没有缩小城乡收入差距》，《经济学动态》2009 年第 8 期。

　　6. 蔡昉：《劳动力迁移和流动的经济学分析》，《中国经济评论》1996 年第 2 期。

　　7. 蔡昉：《劳动力无限供给时代结束》，《金融经济》2008 年第 3 期。

　　8. 蔡昉：《农村剩余劳动力流动的制度性障碍分析——解释流动与差距同时扩大的悖论》，《经济学动态》2005 年第 5 期。

　　9. 蔡昉：《人口转变、人口红利与经济增长可持续性——兼论充分就业如何促进经济增长》，《人口研究》2004 年第 2 期。

　　10. 蔡昉：《人口转变、人口红利与刘易斯转折点》，《经济研究》2010 年第 4 期。

　　11. 蔡昉：《未来的人口红利——中国经济增长源泉的开拓》，《中国人口科学》2009 年第 1 期。

　　12. 蔡昉：《中国劳动力市场发育和就业变化》，《经济研究》2007 年第 7 期。

　　13. 蔡昉：《转轨时期劳动力迁移的区域特征》，《中国人口科学》1998 年第 5 期。

　　14. 蔡菲、陈胜利：《限制生育政策不是影响出生人口性别比升高的主要原因》，《市场与人口分析》2006 年第 3 期。

　　15. 蔡增正：《教育对经济增长贡献的计量分析——科教兴国战略的实证依据》，《经济研究》1999 年第 2 期。

　　16. 曹桂英、任强：《未来全国和不同区域人口城镇化水平预测》，《人口与经济》2005 年第 4 期。

　　17. 曹晋文：《我国人力资本与经济增长的实证研究》，《财经问题研究》2004 年第 9 期。

　　18. 曹立斌：《计生与非计生家庭生计资本状况比较研究——来自湖北省的数据》，《人口与经济》2015 年第 2 期。

　　19. 曹丽娜、黄荣清：《东盟各国的人口转变与人口政策——兼论对中国计划生育的启示》，《人口与发展》2015 年第 2 期。

　　20. 曹俐、雷岁江：《江苏省延揽海内外高层次人才政策现状与对策探讨》，《中国人才》2010 年第 21 期。

　　21. 曹晓仪、林天应、张艳芳、董治宝：《1999—2010 年重庆市人口与经济重心迁移研究》，《重庆师范大学学报（自然科学版）》2012 年第 1 期。

　　22. 曾国安：《论工业化过程中导致城乡居民收入差距扩大的自然因素和制度因素》，《经济评论》2004 年第 3 期。

23. 曾海宏、孟晓晨、李贵才：《深圳市就业空间结构及其演变（2001—2004）》，《人文地理》2010 年第 3 期。

24. 曾令发、耿芸：《英国区域治理及其对我国区域合作的启示》，《国家行政学院学报》2013 年第 1 期。

25. 曾毅、顾大男：《老年人生活质量研究的国际动态》，《中国人口科学》2002 年第 5 期。

26. 曾媛媛、施雪华：《国外城市区域治理的理论、模式及其对中国的启示》，《学术界》2013 年第 6 期。

27. 车士义、郭琳：《结构转变、制度变迁下的人口红利与经济增长》，《人口研究》2011 年第 2 期。

28. 陈朝宗：《社会控制论与社会治理理论》，《福建行政学院福建经济管理干部学院学报》2005 年第 4 期。

29. 陈承新：《德国行政区划与层级的现状与启示》，《政治学研究》2011 年第 1 期。

30. 陈功、郭志刚：《老年人与子女之间的代际经济流量的分析》，《人口研究》1998 年第 1 期。

31. 陈功等：《老年人家庭代际经济流动分析》，《市场与人口分析》2005 年增刊。

32. 陈国华：《城市流动家庭中的亲子关系状况及影响因素研究》，《人口与发展》2011 年第 1 期。

33. 陈建兰：《空巢老人的养老意愿及其影响因素——基于苏州的实证研究》，《人口与发展》2010 年第 2 期。

34. 陈亮、钟球、蒋莉、周琳、尹建军、吴惠忠、金爱琼：《广东省四县区流动人口肺结核患者跨区域管理实施效果分析》，《中华临床医师杂志（电子版）》2011 年第 8 期。

35. 陈敏、黄欢、郑晓娟：《浅析广州市高层次人才政策发展现状》，《广东科技》2012 年第 6 期。

36. 陈鹏：《公众主观感受与就业率的差异：新常态下大学生就业难问题分析》，《国家教育行政学院学报》2015 年第 6 期。

37. 陈瑞莲、杨爱平：《从区域公共管理到区域治理研究：历史的转型》，《南开学报（哲学社会科学版）》2012 年第 2 期。

38. 陈瑞莲、张紧跟：《试论我国区域行政研究》，《广州大学学报（社会科学版）》2002 年第 4 期。

39. 陈伟然：《空巢老人社会支持研究——以长沙市雨花区为例》，《湖南社会科学》2009 年第 6 期。

40. 陈卫、刘金菊：《流动人口家庭化及其影响因素》，《人口学刊》2012 年第 6 期。

41. 陈卫：《再论中国生育水平》，《人口研究》2009 年第 4 期。

42. 陈卫：《中国生育率研究方法：30 年回眸》，《人口学刊》2009 年第 3 期。

43. 陈喜乐、曾海燕、任婧杰：《我国战略性新兴产业理论研究综述》，《未来与发展》2011 年第 11 期。

44. 陈晓倩、张全景：《城镇化水平测定方法构建与案例》，《地域研究与开发》2011 年第 4 期。

45. 陈友华、苗国：《低生育率陷阱：概念、OECD 和"金砖四国"经验与相关问题探讨》，《人口与发展》2015 年第 6 期。

46. 陈友华：《居家养老及其相关的几个问题》，《人口学刊》2012 年第 4 期。

47. 陈桢：《产业结构与就业结构关系失衡的实证分析》，《山西财经大学学报》2007 年第 10 期。

48. 程名望、史清华：《经济增长、产业结构与农村劳动力转移——基于中国 1978—2004 年数据的实证分析》，《经济学家》2007 年第 5 期。

49. 仇保兴：《新型城镇化：从概念到行动》，《行政管理改革》2012 年第 11 期。

50. 楚德江：《政府角色观的理论分歧》，《甘肃社会科学》2010 年第 4 期。

51. 崔斌、陈功、郑晓瑛：《中国残疾人口致残原因分析》，《人口与发展》2009 年第 5 期。

52. 崔斌、陈功、郑晓瑛：《中国残疾预防的转折机会和预期分析》，《人口与发展》2012 年第 1 期。

53. 邓大松、孟颖颖：《中国农村剩余劳动力转移的历史变迁：政策回顾和阶段评述》，《贵州社会科学》2008 年第 7 期。

54. 丁金宏、刘振宇、程丹明等：《中国人口迁移的区域差异与流场特征》，《地理学报》2005 年第 1 期。

55. 丁金宏：《中国省际人口迁移的原因和流场特征分析》，《人口研究》1994 年第 1 期。

56. 丁开杰：《从第三部门到社会企业：中国的实践》，《经济社会体制比较》2007 年增刊。

57. 丁梅、张贵、陈鸿雁：《京津冀协同发展与区域治理研究》，《中共天津市委党校学报》2015 年第 3 期。

58. 丁志宏：《我国高龄老人照料资源分布及照料满足感研究》，《人口研究》2011 年第 9 期。

59. 丁志宏：《我国老年残疾人口：现状与特征》，《人口研究》2008 年第 4 期。

60. 董冠鹏、郭腾云、马静：《京津冀都市区经济增长空间分异的 GIS 分析》，《地球信息科学学报》2010 年第 6 期。

61. 董延芳、刘传江：《低生育率时代的中国生育政策调整——基于对低生育率社会经济负效应的分析》，《中国地质大学学报（社会科学版）》2009 年第 6 期。

62. 都阳：《劳动力市场变化与经济增长新源泉》，《开放导报》2014 年第 3 期。

63. 都阳：《人口转变、劳动力市场转折和经济发展》，《国际经济评论》2010 年第 6 期。

64. 杜本峰、石晓：《有序变量列联表的统计分析方法及其在人口学中的应用——基于教育与生育态度相关测度方法的比较分析》，《人口研究》2009 年第 5 期。

65. 杜鹏、王红丽：《老年人日常照料角色介入的差序格局研究》，《人口与发展》2014 年第 5 期。

66. 杜鹏、王武林：《论人口老龄化程度城乡差异的转变》，《人口研究》2010 年第 2 期。

67. 杜鹏、杨慧：《"未富先老"是现阶段中国人口老龄化的特点》，《人口研究》2006 年第 6 期。

68. 杜鹏、翟振武、陈卫：《中国人口老龄化百年发展趋势》，《人口研究》2005 年第 6 期。

69. 杜鹏：《中国老年人主要生活来源的现状与变化》，《人口研究》2003 年第 6 期。

70. 杜鹏等：《中国农村残疾人状况及政策建议》，《人口与经济》2009 年第 2 期。

71. 杜小敏、陈建宝：《人口迁移与流动对我国各地区经济影响的实证分析》，《人口研究》2010 年第 3 期。

72. 段成荣、吕利丹、邹湘江：《当前我国流动人口面临的主要问题和对策：基于2010 年第六次全国人口普查数据的分析》，《人口研究》2013 年第 2 期。

73. 段成荣、杨舸、张斐、卢雪和：《改革开放以来我国流动人口变动的九大趋势》，《人口研究》2008 年第 6 期。

74. 段成荣：《影响我国省际人口迁移的个人特征分析》，《人口研究》2000 年第 7 期。

75. 樊杰、陶岸君、吕晨：《中国经济与人口重心的耦合态势及其对区域发展的影响》，《地理科学进展》2010 年第 1 期。

76. 樊士德、姜德波：《劳动力流动与地区经济增长差距研究》，《中国人口科学》2011 年第 2 期。

77. 范剑勇：《城市化推进速度的地区差异：基于产业集聚视角的分析》，《江海学刊》2008 年第 2 期。

78. 房冠辛、张鸿雁：《新型城镇化的核心价值与民族地区新型城镇化发展路径》，《民族研究》2015 年第 1 期。

79. 风笑天：《生活质量研究：近三十年回顾及相关问题探讨》，《社会学研究》2007 年第 6 期。

80. 冯帮：《近十年流动儿童教育问题研究述评》，《现代教育管理》2011 年第 3 期。

81. 冯春林：《国内战略性新兴产业研究综述》，《经济纵横》2011 年第 1 期。

82. 冯健、周一星：《近 20 年来北京都市区人口增长与分布》，《地理学报》2003 年第 6 期。

83. 冯晓英：《论北京"城中村"改造——兼述流动人口聚居区合作治理》，《人口研究》2010 年第 6 期。

84. 冯泽永：《大学生就业难的原因及其对高等教育的启示》，《医学教育探索》2004年第4期。

85. 傅崇辉、张玲华、李玉柱：《从第六次人口普查看中国人口生育变化的新特点》，《统计研究》2013年第1期。

86. 高金浩、白敏植：《国外高层次创新型人才开发政策综述》，《河北学刊》2001年第6期。

87. 高薇：《德国的区域治理：组织及其法制保障》，《环球法律评论》2014年第2期。

88. 格里·斯托克、华夏风：《作为理论的治理：五个论点》，《国际社会科学杂志（中文版）》1999年第1期。

89. 葛玉好、曾湘泉：《调查失业率计算方法存在的问题及改进建议》，《中国人口科学》2010年第6期。

90. 辜胜阻、李睿、曹誉波：《中国农民工市民化的二维路径选择——以户籍改革为视角》，《中国人口科学》2014年第5期。

91. 辜胜阻、潘啸松、杨威：《在应对"用工荒"中推动企业转型升级》，《人口研究》2011年第6期。

92. 顾宝昌、王涤、周长洪、谭克俭、陈友华：《基层计划生育工作者对现行生育政策的认识——来自江浙沪粤的调查》，《人口学刊》2013年第6期。

93. 桂世勋：《中国残疾老人发展趋势及残疾状况研究》，《中国人口科学》1999年第1期。

94. 郭江平：《农村人口流动家庭化现象探析》，《理论探索》2005年第3期。

95. 郭林、丁建定：《试论完善中国社会保障制度体系的基本原则——以"四维体系"为视角》，《华中师范大学学报（人文社会科学版）》2013年第1期。

96. 郭震：《城镇居民和流动人口工资差距：户籍歧视还是性别歧视》，《南方经济》2013年第8期。

97. 郭志刚：《常规时期生育率失真问题及调整方法的新进展》，《人口研究》2012年第5期。

98. 郭志刚：《对中国1990年代生育水平的研究与讨论》，《人口研究》2004年第2期。

99. 郭志刚：《中国高龄老人的居住方式及其影响因素》，《人口研究》2002年第1期。

100. 国家人口发展战略研究课题组：《国家人口发展战略研究报告》，《人口研究》2007年第1期。

101. 国家人口计生委流动人口服务管理司全国规范调研组：《全国流动人口计划生育区域协作现状概况》，《人口与计划生育》2010年第2期。

102. 郝品石：《户籍制度改革的另一思路》，《读书》2003年第2期。

103. 何纪周：《我国老年人消费需求和老年消费品市场研究》，《人口学刊》2004 年第 3 期。

104. 何立新、封进、佐藤宏：《养老保险改革对家庭储蓄率的影响：中国的经验证据》，《经济研究》2008 年第 10 期。

105. 何练、麻彦春：《相对静止人口与潜在人口红利测算方法研究》，《人口学刊》2015 年第 1 期、

106. 何凌霄、南永清、张忠根：《老龄化、健康支出与经济增长——基于中国省级面板数据的证据》，《人口研究》2015 年第 4 期。

107. 何流、黄春晓：《城市女性就业的空间分布——以南京为例》，《经济地理》2008 年第 1 期。

108. 何青：《关于科技人才队伍建设的政策框架体系的思考》，《攀枝花大学学报》2001 年第 1 期。

109. 何为、黄贤金：《半城市化：中国城市化进程中的两类异化现象研究》，《城市规划学刊》2012 年第 2 期。

110. 贺大兴：《中国经济增长中的两次人口红利研究》，《人口与经济》2013 年第 4 期。

111. 贺京同、廖直东、宗振利：《户籍管制放松、就读地选择与进城家庭教育支出》，《南方人口》2014 年第 1 期。

112. 侯东民：《试论中国人口转变特殊的社会经济机理——人口控制自我稳定的经济学作用》，《人口与发展》2003 年第 4 期。

113. 胡必亮：《论六位一体的新型城镇化道路》，《光明日报》2013 年 6 月 28 日。

114. 胡宏伟、栾文敬、杨睿等：《挤入还是挤出：社会保障对子女经济供养老人的影响——关于医疗保障与家庭经济供养行为》，《人口研究》2012 年第 2 期。

115. 胡宏伟、张小燕、赵英丽：《社会医疗保险对老年人卫生服务利用的影响——基于倾向得分匹配的反事实估计》，《中国人口科学》2012 年第 2 期。

116. 胡序威：《沿海城镇密集地区空间集聚与扩散研究》，《城市规划》1998 年第 6 期。

117. 胡永远：《人力资本与经济增长：一个实证分析》，《经济科学》2003 年第 1 期。

118. 胡智勇：《新时期沿海发达地带城市化动力机制与战略对策的实例研究》，《科技进步与对策》2001 年第 6 期。

119. 华小全：《人口红利对中国经济增长影响的因素分解》，《财经理论研究》2015 年第 3 期。

120. 黄承伟、覃志敏：《我国社会企业发展研究述评》，《学习与实践》2013 年第 5 期。

121. 黄枫、甘犁：《过度需求还是有效需求？——城镇老人健康与医疗保险的实证

分析》,《经济研究》2010 年第 6 期。

122. 黄建洪:《生态型区域治理的现代性与后现代性张力——兼论地方政府行为的逻辑》,《社会科学》2010 年第 4 期。

123. 黄健元:《基于 Leslie 方程预测的江苏省人口老龄化特征分析》,《南京师范大学报(社会科学版)》2010 年第 3 期。

124. 黄匡时、陆杰华、科克·斯考特:《中国高龄老人的老化率及其影响因素研究》,《人口研究》2012 年第 7 期。

125. 黄匡时:《"单独两孩"政策对人口出生性别比的影响效应分析》,《人口学刊》2015 年第 4 期。

126. 黄润龙:《"人口红利"质疑:虚化了人口与经济的关系》,《现代经济探讨》2009 年第 8 期。

127. 黄树清:《改进调查方法,保证人口数据质量》,《人口与发展》2010 年第 2 期。

128. 姬飞霞、马梦婵、朱琳、王盼、石郑:《北京市大学生医疗保障现状调查——以首都经济贸易大学为例》,《人口与经济》2012 年第 S1 期。

129. 纪玉山、滕菲:《中国人口老龄化对经济结构的影响研究》,《社会科学辑刊》2013 年第 1 期。

130. 江克忠、裴育、夏策敏:《中国家庭代际转移的模式和动机研究》,《经济评论》2013 年第 4 期。

131. 姜大鹏、顾新:《我国战略性新兴产业的现状分析》,《科技进步与对策》2010 年第 17 期。

132. 姜向群、杜鹏:《中国老年人的就业状况及其政策研究》,《中州学刊》2009 年第 4 期。

133. 姜向群、魏蒙:《中国高龄老年人日常生活自理能力及其变化情况分析》,《人口与发展》2015 年第 2 期。

134. 姜向群、郑研辉:《中国老年人的主要生活来源及其经济比重问题分析》,《人口学刊》2013 年第 2 期。

135. 蒋承、顾大男、柳玉芝等:《中国老年人照料成本研究——多状态生命表方法》,《人口研究》2009 年第 3 期。

136. 蒋耒文:《"欧洲第二次人口转变"理论及其思考》,《人口研究》2002 年第 3 期。

137. 焦开山:《中国老人丧偶与其死亡风险的关系分析——配偶照顾的作用》,《人口研究》2010 年第 3 期。

138. 揭东慧:《提升人口素质:西部经济持续增长的关键》,《经济问题探索》2001 年第 6 期。

139. 解韬:《我国成年残疾人口的婚姻状况及其影响因素研究》,《人口学刊》2014

年第 1 期。

140. 金其高：《长三角流动人员服务管理的三角模式》，《犯罪研究》2011 年第 4 期。

141. 金顺殷、张和安：《韩国区域发展与区域治理的类型、任务》，《学海》2011 年第 1 期。

142. 景军、张杰、吴学雅：《中国城市老人自杀问题分析》，《人口研究》2011 年第 30 期。

143. 景军：《泰坦尼克定律：中国艾滋病风险分析》，《社会学研究》2006 年第 5 期。

144. 赖德胜等：《中国就业政策评价：1998—2008》，《北京师范大学学报（社会科学版）》2011 年第 3 期。

145. 乐昕：《男性生育率：我国人口学研究中值得重视的研究领域》，《人口与发展》2012 年第 2 期。

146. 李爱民：《中国半城镇化研究》，《人口研究》2014 年第 3 期。

147. 李彬：《中国产业结构转换与大学生就业关联性研究》，《中国人口科学》2009 年第 2 期。

148. 李彬：《中国高校规模扩张与大学生城镇就业问题研究》，《中国人口科学》2011 年第 6 期。

149. 李成武：《中华人民共和国人才工作大事记（1949—2004）》，社会科学文献出版社 2005 年版。

150. 李传志、张兵：《珠三角"用工荒"的思考》，《经济问题》2015 年第 8 期。

151. 李德煌、彭笑一：《战略性新兴产业区域人才发展对策研究》，《中国统计》2014 年第 2 期。

152. 李恩平、杨丽：《发达国家引进高科技人才政策的比较及启示》，《经济论坛》2010 年第 6 期。

153. 李芬：《大学生就医行为与医疗保险》，《人口与发展》2010 年第 1 期。

154. 李国平、陈秀欣：《京津冀都市圈人口增长特征及其解释》，《地理研究》2009 年第 1 期。

155. 李建民：《"未富先老"？还是"未备先老"》，《人口研究》2007 年第 7 期。

156. 李建民：《后人口转变论》，《人口研究》2000 年第 4 期。

157. 李建民：《老年人消费需求影响因素分析及我国老年人消费需求增长预测》，《人口与经济》2001 年第 5 期。

158. 李建民：《中国的人口转变完成了吗?》，《南方人口》2000 年第 2 期。

159. 李建民：《中国的生育革命》，《人口研究》2009 年第 1 期。

160. 李建民：《中国人口与社会发展关系：现状、趋势与问题》，《人口研究》2007 年第 1 期。

161. 李建民：《中国真的"未富先老"了吗?》，《人口研究》2006 年第 6 期。

162. 李建伟、钟球、杨应周、蒋莉、吴清芳：《流动人口肺结核患者跨区域管理现况评价及其对策探讨》，《广东医学》2010 年第 15 期。

163. 李建新、李嘉羽：《城市空巢老人生活质量研究》，《人口学刊》2012 年第 3 期。

164. 李建新：《老年人口生活质量与社会支持的关系研究》，《人口研究》2007 年第 3 期。

165. 李建新：《世界人口格局中的中国人口转变及其特点》，《人口学刊》2000 年第 5 期。

166. 李玲、忻海然：《产学研合作与战略性新兴产业人才开发路径探究》，《福州大学学报（哲学社会科学版）》2013 年第 1 期。

167. 李玲：《改革开放以来中国国内人口迁移及其研究》，《地理研究》2001 年第 4 期。

168. 李玫红、康建英：《贫困大学生在校生活消费对体质状况的影响》，《人口与发展》2010 年第 6 期。

169. 李培、邓慧慧：《京津冀地区人口迁移特征及其影响因素分析》，《人口与经济》2007 年第 6 期。

170. 李强、张震、吴瑞君：《概率预测方法在小区域人口预测中的应用——以上海市青浦区为例》，《中国人口科学》2015 年第 1 期。

171. 李实、杨穗：《养老金收入与收入不平等对老年人健康的影响》，《中国人口科学》2011 年第 3 期。

172. 李世才：《战略性新兴产业与传统产业耦合发展的理论及模型研究》，《中南大学》2010 年。

173. 李树茁：《变革中的农村妇女参与和人口控制新机制》，《中国人口科学》1994 年第 1 期。

174. 李薇：《我国人口省际迁移空间模式分析》，《人口研究》2008 年第 4 期。

175. 李文静：《高龄化背景下老年人医疗保险之立法因应——日本老年人医疗保险立法之考察》，《比较法研究》2013 年第 6 期。

176. 李秀丽、王良健：《我国人口老龄化水平的区域差异及其分解研究》，《西北人口》2008 年第 6 期。

177. 李仲生：《人口质量与劳动力素质》，《中国人才》2004 年第 10 期。

178. 梁颖：《日本的少子化原因分析及其对策的衍变》，《人口学刊》2014 年第 2 期。

179. 廖文龙、龚三乐：《产业转移对广西产业结构演化影响的实证分析》，《广西社会科学》2009 年第 10 期。

180. 林李月、朱宇：《农民工参加医疗保险模式的多样化选择及其影响因素——基于福建省福州市的调查》，《亚热带资源与环境学报》2013 年第 4 期。

181. 林南、卢汉龙：《社会指标与生活质量的结构模型探讨——关于上海城市居民的一项研究》，《中国社会科学研究》1989 年第 4 期。

182. 林熙、林义：《延迟退休对我国劳动者养老金收入的影响——基于 Option Value 模型的预测》，《人口与经济》2015 年第 6 期。

183. 林毅夫、蔡昉：《中国经济转型时期的地区差距分析》，《经济研究》1998 年第 6 期。

184. 凌晨、张安全：《中国城乡居民预防性储蓄研究：理论与实证》，《管理世界》2012 年第 11 期。

185. 刘爱雄：《国内战略性新兴产业研究述评》，《商业时代》2012 年第 1 期。

186. 刘传江、徐建玲：《"民工潮"与"民工荒"——农民工劳动供给行为视角的经济学分析》，《财经问题研究》2006 年第 5 期。

187. 刘春雷、于妍：《大学生就业心理现状及其影响因素研究》，《人口学刊》2011 年第 6 期。

188. 刘宏、高松、王俊：《养老模式对健康的影响》，《经济研究》2011 年第 4 期。

189. 刘慧君、李树茁、马克·费尔德曼：《性别失衡下的人口流动与艾滋病传播风险——基于风险选择的元分析》，《人口与经济》2012 年第 6 期。

190. 刘梦琴：《老年残疾问题及其社会政策思考——基于第二次残疾人抽样调查广东数据分析》，《南方人口》2010 年第 4 期。

191. 刘士杰：《人力资本、职业搜寻渠道、职业流动对农民工工资的影响——基于分位数回归和 OLS 回归的实证分析》，《人口学刊》2011 年第 5 期。

192. 刘爽、卫银霞、任慧：《从一次人口转变到二次人口转变——现代人口转变及其启示》，《人口研究》2012 年第 1 期。

193. 刘涛、齐元静、曹广忠：《中国流动人口空间格局演变机制及城镇化效应——基于 2000 和 2010 年人口普查分县数据的分析》，《地理学报》2015 年第 4 期。

194. 刘望保、汪丽娜、陈忠暖：《中国省际人口迁移流场及其空间差异》，《经济地理》2012 年第 2 期。

195. 刘霄泉、孙铁山、李国平：《北京市就业密度分布的空间特征》，《地理研究》2011 年第 7 期。

196. 刘杨、方晓义、戴哲茹、王玉梅：《流动儿童歧视、社会身份冲突与城市适应的关系》，《人口与发展》2012 年第 1 期。

197. 刘英姿、董治宝：《陕西省人口重心与经济重心的空间演变及对比分析》，《陕西农业科学》2012 年第 2 期。

198. 刘玉兰：《流动儿童精神健康状况分析》，《人口学刊》2012 年第 3 期。

199. 刘元春、孙立：《"人口红利说"：四大误区》，《人口研究》2009 年第 1 期。

200. 刘佐菁、陈敏、江湧：《广东省引进创新科研团队政策存在问题与对策建议》，

《科技管理研究》2014 年第 14 期。

201. 龙四古、李娟：《社会保障与社会资助：当代大学生生存路径研究》，《人口与发展》2009 年第 2 期。

202. 娄伟：《中国科技人才培养政策体系分析》，《科学学与科学技术管理》2004 年第 12 期。

203. 陆大道：《关于"点—轴"空间结构系统的形成机理分析》，《地理科学》2002 年第 1 期。

204. 陆铭、陈钊：《城市化，城市化倾向的经济政策与城乡收入差距研究》，《经济研究》2004 年第 3 期。

205. 陆淑珍、卢璐：《"养"与"工"——超龄农民工养老模式的探索性研究》，《南方人口》2015 年第 6 期。

206. 逯进、郭志仪：《中国省域人口迁移与经济增长耦合关系的演进》，《人口研究》2014 年第 6 期。

207. 罗小龙、张京祥：《制度创新：苏南城镇化第三次突围》，《城市规划》2011 年第 5 期。

208. 吕晨、孙威：《人口集聚区吸纳人口迁入的影响因素——以东莞市为例》，《地理科学与进展》2014 年第 5 期。

209. 马国霞、田玉军：《京津冀都市圈经济增长时空变化的动力机制》，《中国科学院研究生院学报》2012 年第 3 期。

210. 马国霞、朱晓娟、田玉军：《京津冀都市圈制造业产业链的空间集聚度分析》，《人文地理》2011 年第 3 期。

211. 马永欢、张丽君、徐卫华：《科学理解新型城镇化推进城乡一体化发展》，《城市发展研究》2013 年第 7 期。

212. 马忠东、王建平：《区域竞争下流动人口的规模及分布》，《人口研究》2010 年第 3 期。

213. 毛新雅、王红霞：《城市群区域人口城市化的空间路径——基于长三角和京津冀 ROXY 指数方法的分析》，《人口与经济》2014 年第 4 期。

214. 孟向、姜向群等：《北京市流动老年人口特征及成因分析》，《人口研究》2004 年第 6 期。

215. 糜韩杰：《对农村剩余劳动力统计方法——直接计算法的修正》，《人口研究》2008 年第 6 期。

216. 穆光宗：《"经济新常态"下的中国人口政策选择》，《人口与社会》2015 年第 2 期。

217. 穆光宗：《中国的人口红利：反思与展望》，《浙江大学学报（人文社会科学版）》2008 年第 3 期。

218. 倪鹏飞：《新型城镇化的基本模式、具体路径与推进对策》，《江海学刊》2013

年第 1 期。

219. 潘丹、宁满:《收入水平、收入结构与中国农村妇女生育意愿——基于 CHNS 数据的实证分析》,《南方人口》2013 年第 3 期。

220. 裴丽君:《建立以人群为基础的残疾监测系统,为残疾人事业发展提供基础平台》,《人口与发展》2013 年第 2 期。

221. 亓寿伟、周少甫:《收入、健康与医疗保险对老年人幸福感的影响》,《公共管理学报》2010 年第 1 期。

222. 亓昕:《农民养老方式与可行能力研究》,《人口研究》2010 年第 1 期。

223. 齐嘉楠、党婧:《普通人群对艾滋病态度干预效果的多水平分析》,《人口与发展》2013 年第 2 期。

224. 钱晓蕾、Russell Smysth、王秦:《中国教育与经济增长的互补效应》,《财经问题研究》2008 年第 12 期。

225. 乔晓春:《"单独二孩"政策下新增人口测算方法及监测系统构建》,《人口与发展》2014 年第 1 期。

226. 卿石松:《大学生就业决定因素分析——基于多层模型的方法》,《人口与经济》2012 年第 1 期。

227. 任强、侯大道:《人口预测的随机方法:基于 Leslie 矩阵和 ARMA 模型》,《人口研究》2011 年第 2 期。

228. 任远:《长三角地区人口发展的基本背景和特殊性的问题》,《社会科学》2009 年第 1 期。

229. 邵岑、张翼:《"八零前"与"八零后"流动人口家庭迁移行为比较研究》,《青年研究》2012 年第 4 期。

230. 沈体雁、劳昕、张晓欢:《经济密度:区域经济研究的新视角》,《现代经济探讨》2012 年第 6 期。

231. 沈体雁、张晓欢、赵作权:《东北地区就业密度分布的空间特征——基于两次经济普查数据的空间计量经济分析》,《经济地理》2012 年第 10 期。

232. 沈体雁、张晓欢、赵作权等:《我国就业密度分布的空间特征》,《地理与地理信息科学》2013 年第 1 期。

233. 沈雨菲、陈鹤:《中国高龄津贴政策评述与实证分析》,《人口与经济》2016 年第 1 期。

234. 盛亦男:《流动人口家庭化迁居水平与迁居行为决策的影响因素研究》,《人口学刊》2014 年第 3 期。

235. 盛亦男:《中国流动人口家庭化迁居》,《人口研究》2013 年第 4 期。

236. 石人炳、陈宁:《"单独二孩"政策实施对出生人口性别比的影响研究》,《华中师范大学学报(人文社会科学版)》2015 年第 2 期。

237. 石人炳:《人口转变:一个可以无限拓展的概念?》,《人口研究》2012 年第

2 期。

238. 石人炳：《生育控制政策对人口出生性别比的影响研究》，《中国人口科学》2009 年第 5 期。

239. 史晓浩、王毅杰：《流动儿童城市社会交往的逻辑——指向一种质量互释的混合研究》，《社会科学研究》2010 年第 2 期。

240. 宋宝安：《人口素质与教育公平》，《社会科学战线》2007 年第 6 期。

241. 宋健：《30 年来中国人口学方法的发展特点》，《中国人口科学》2008 年第 6 期。

242. 宋言奇：《打造多元化的养老服务体系——基于江苏的养老服务发展实践》，《现代城市研究》2012 年第 8 期。

243. 宋宗宏：《发达国家推进战略性新兴产业发展的启示》，《广东经济》2011 年第 2 期。

244. 苏志霞、王文录：《论户籍制度的功能定位》，《河北师范大学学报（哲学社会科学版）》2007 年第 2 期。

245. 孙鹃娟、王清清：《中国无子女老人：现状、趋势及特征》，《人口研究》2008 年第 3 期。

246. 孙鹃娟：《中国老年人的居住方式现状与变动特点》，《人口研究》2013 年第 6 期。

247. 孙铁山、李国平、卢明华：《京津冀都市圈人口集聚与扩散及其影响因素——基于区域密度函数的实证研究》，《地理学报》2009 年第 8 期。

248. 孙文忠：《人口转变理论新论——兼论人口量质发展理论》，《人口与经济》2008 年第 S1 期。

249. 孙晓舒、景军、张晓虎：《从市场化程度和人口流动性看艾滋病问题——以广东省为例》，《人口与发展》2011 年第 6 期。

250. 孙自铎：《中国进入"刘易斯拐点"了吗？——兼论经济增长人口红利说》，《经济学家》2008 年第 1 期。

251. 谭庆刚：《制度性失业与中国大学生就业难》，《人口与经济》2011 年第 1 期。

252. 唐宏、张雨微：《战略性新兴产业的人才供求特征及人才战略》，《经济研究导刊》2014 年第 10 期。

253. 唐亚林：《从同质化竞争到多样化互补与共荣：泛长三角时代区域治理的理论与实践》，《学术界》2014 年第 5 期。

254. 陶西平、谢春风：《我国流动儿童教育问题的制约因素和政策出路》，《教育科学研究》2012 年第 5 期。

255. 陶希东：《跨省区域治理：中国省级政区改革的路径选择》，《理论与改革》2006 年第 4 期。

256. 陶友之：《新型城镇化：目标、步骤、措施》，《社会科学》2013 年第 9 期。

257. 田青：《普惠型社会保障背景下的计划生育利益导向政策》，《人口学刊》2011年第 11 期。

258. 田善淮、陈婧妍、郑行洋：《近 20 年福州市人口与经济重心演变轨迹分析》，《太原师范学院学报（自然科学版）》2013 年第 2 期。

259. 田雪原：《"未富先老"视角的人口老龄化》，《南方人口》2010 年第 2 期。

260. 童玉芬、王莹莹：《中国流动人口的选择：为何北上广如此受青睐？——基于个体成本收益分析》，《人口研究》2015 年第 4 期。

261. 汪冬梅、刘廷伟等：《产业转移与发展：农村城市化的中观动力》，《农业现代化研究》2003 年第 1 期。

262. 汪华：《农民工养老保险的区域分割与制度整合——基于长三角地区的实证研究》，《华东经济管理》2008 年第 12 期。

263. 汪伟：《计划生育政策的储蓄与增长效应：理论与中国的经验分析》，《经济研究》2010 年第 10 期。

264. 汪寅：《治理理论下的社会组织管理探讨》，《经济研究导刊》2011 年第 24 期。

265. 王波、甄峰：《南京市区就业空间布局研究》，《人文地理》2011 年第 4 期。

266. 王春明：《战略性新兴产业与高级人才政策研究》，《郑州大学学报（哲学社会科学版）》2013 年第 5 期。

267. 王大伟：《大城市残疾人社会救助现状与分析——以上海市为例》，《人口与发展》2010 年第 4 期。

268. 王丰、安德鲁·梅森、沈可：《中国经济转型过程中的人口因素》，《中国人口科学》2006 年第 3 期。

269. 王桂新、董春：《中国长三角地区人口迁移空间模式研究》，《人口与经济》2006 年第 3 期。

270. 王桂新、刘建波：《长三角与珠三角地区省际人口迁移比较研究》，《中国人口科学》2007 年第 2 期。

271. 王桂新、潘泽瀚、陆燕秋：《中国省际人口迁移区域模式变化及其影响因素：基于 2000 和 2010 年人口普查资料的分析》，《中国人口科学》2012 年第 5 期。

272. 王桂新、沈建法、魏星：《中国省际人口迁移与经济发展互动关系研究》，《中国劳动经济》2004 年第 1 期。

273. 王桂新：《中国经济体制改革以来省际人口迁移区域模式及其变化》，《人口与经济》2000 年第 3 期。

274. 王健、郑娟、王朋、齐力：《中国的迁移与健康：解决流动人口医疗卫生服务政策目标与现实的差距》，《公共行政评论》2014 年第 4 期。

275. 王金营、顾瑶：《中国劳动力供求关系形势及未来变化趋势研究——兼对中国劳动市场刘易斯拐点的认识和判断》，《人口学刊》2011 年第 3 期。

276. 王金营、杨磊：《中国人口转变、人口红利与经济增长的实证》，《人口学刊》

2010 年第 5 期。

277. 王金营、赵贝宁：《论计划生育政策的完善与调整——基于公共政策视角》，《人口科学》2012 年第 4 期。

278. 王金营：《中国未来不同生育水平下的经济增长后果比较研究》，《人口与发展》2010 年第 5 期。

279. 王军：《生育政策和社会经济状况对中国出生性别比失衡的影响》，《人口研究》2013 年第 5 期。

280. 王军平：《人口计生基本公共服务均等化研究》，《人口学刊》2012 年第 1 期。

281. 王俊、龚强、王威：《"老龄健康"的经济学研究》，《经济研究》2012 年第 1 期。

282. 王凯、周长城：《生活质量研究的新发展：主观指标的构建与运用》，《国外社会科学》2004 年第 4 期。

283. 王丽娜：《变迁路径、演进机制、体系框架——改革开放以来中国人才政策的历史演进分析》，《华北电力大学学报（社会科学版）》2012 年第 1 期。

284. 王明浩、翟毅、刘玉娜：《京津冀经济区的研究. 城市发展研究》2005 年第 1 期。

285. 王仕豪、张智勇：《制造业中农民工用工短缺：基于粘性工资的一种解释》，《中国人口科学》2006 年第 2 期。

286. 王树新、马金：《人口老龄化过程中的代际关系新走向》，《人口与经济》2002 年第 4 期。

287. 王松德：《新中国成立以来我国城乡关系的历史演变与现实启示》，《学习论坛》2014 年第 10 期。

288. 王霆、曾湘泉、杨玉梅：《提升就业能力解决大学生结构性失业问题研究》，《人口与经济》2009 年第 4 期。

289. 王文举、范合君：《我国市场化改革对经济增长贡献的实证分析》，《中国工业经济》2007 年第 9 期。

290. 王小鲁、樊纲：《中国地区差距的变动趋势和影响因素》，《经济研究》2004 年第 1 期。

291. 王晓焘、风笑天：《城乡差异与大学生消费——独生子女与非独生子女的比较》，《南方人快》2012 年第 6 期、

292. 王晓宇、李晓鹏：《京津冀地区就业现状分析》，《经济问题探索》2008 年第 5 期。

293. 王新、冯玉双：《大学生就业难的症结分析》，《人口学刊》2010 年第 3 期。

294. 王艳：《经典人口转变理论的再探索——现代人口转变理论研究评介》，《西北人口》2008 年第 4 期。

295. 王颖、佟健、蒋正华：《人口红利、经济增长与人口政策》，《人口研究》2010

年第 5 期。

296. 王跃生：《中国家庭代际关系的理论分析》，《人口研究》2008 年第 4 期。

297. 翁杰、周必彧：《基于劳动力市场工资匹配的大学生失业问题研究》，《中国人口科学》2009 年第 3 期。

298. 翁启文、周国华：《过渡阶段流动儿童教育的政策目标、体系设计与制度保障》，《国家行政学院学报》2012 年第 1 期。

299. 邬沧萍、穆光宗：《低生育研究——人口转变论的补充和发展》，《中国社会科学》1995 年第 1 期。

300. 邬沧萍、王琳、苗瑞凤：《中国特色的人口老龄化过程、前景和对策》，《人口研究》2004 年第 1 期。

301. 邬沧萍：《提高对老年人生活质量的科学认识》，《人口研究》2002 年第 9 期。

302. 吴清芳、谭卫国、张玉华、程锦泉：《区域流动人口结核病管理》，《中华疾病控制杂志》2011 年第 2 期。

303. 吴学花、杨蕙馨：《中国制造业产业集聚的实证研究》，《中国工业经济》2004 年第 10 期。

304. 伍小兰、李晶：《中国虐待老人问题现状及原因探析》，《人口与发展》2013 年第 3 期。

305. 武晓艺：《依法科学规划推进新型城镇化发展》，《城市发展研究》2014 年第 1 期。

306. 武岩、胡必亮：《社会资本与中国农民工收入差距》，《中国人口科学》2014 年第 6 期。

307. 西奥多·舒尔兹：《穷国的经济学》，《农业经济问题》1981 年第 9 期。

308. 夏玉珍、徐大庆：《自杀风险与湖北京山农村老年人自杀：一个风险社会学的分析框架》，《南方人口》2015 年第 2 期。

309. 相关研究多半集中在人才、资金、技术、资源等经济发展要素的虹吸效应现象。

310. 肖万春：《论中国城镇化水平度量标准的合理化》，《社会科学辑刊》2006 年第 1 期。

311. 肖云、杨光辉：《优势视角下失独老人的养老困境及相应对策》，《人口与发展》2014 年第 1 期。

312. 谢安：《中国人口老龄化的现状、变化趋势及特点》，《统计研究》2004 年第 8 期。

313. 徐君：《社会企业组织形式的多元化安排：美国的实践及启示》，《中国行政管理》2012 年第 10 期。

314. 徐升艳、夏海勇：《人口老龄化机制研究—基于生育率持续下降视角》，《人口学刊》2011 年第 4 期。

315. 徐寿松、李荣、俞丽虹：《长三角："泛"还是不"泛"》，《瞭望》2004 年总第 47 期。

316. 许家伟、侯景伟、宋宏权、乔家君：《1990—2009 年中国区域差异与空间格局——以人口重心与经济重心为例》，《人文地理》2011 年第 4 期。

317. 许召元、李善通：《区域间劳动力迁移对地区差距的影响》，《经济学（季刊）》2008 年第 1 期。

318. 薛伟玲、陆杰华：《基于医疗保险视角的老年人医疗费用研究》，《人口学刊》2012 年第 1 期。

319. 薛新东：《中国老年人健康不平等的演变趋势及其成因》，《人口与发展》2015 年第 2 期。

320. 严浩坤：《劳动力跨地区流动与地区差距》，《地理科学》2008 年第 2 期。

321. 阳立高、贺正楚、韩峰：《战略性新兴产业人才开发问题与对策——以湖南省为例》，《科技进步与对策》2013 年第 19 期。

322. 杨博、李树苗、伊莎贝尔·阿塔尼：《男性流动人口 HIV/AIDS 风险感知：类型识别及其影响因素》，《人口与发展》2015 年第 3 期。

323. 杨川丹：《改革户籍制度建立一体化的劳动力市场》，《劳动保障世界》2009 年第 1 期。

324. 杨道田：《新区域主义视野下的中国区域治理：问题与反思》，《当代财经》2010 年第 3 期。

325. 杨凡：《流动人口正规就业与非正规就业的工资差异研究——基于倾向值方法的分析》，《人口研究》2015 年第 6 期。

326. 杨建芳、龚六堂、张庆华：《人力资本形成及其对经济增长的影响——一个包含教育和健康投入的内生增长模型及其检验》，《管理世界》2006 年第 5 期。

327. 杨菊华、陈传波：《流动家庭的现状与特征分析》，《人口学刊》2013 年第 5 期。

328. 杨菊华：《人口学领域的定量研究过程与方法》，《人口与发展》2008 年第 1 期。

329. 杨菊华：《胎次—激化双重效应：中国生育政策与出生性别比关系的理论构建与实证研究》，《人口与发展》2009 年第 4 期。

330. 杨庭：《论五保老人精神供养的缺失及对策》，《社科学论》2014 年第 4 期。

331. 杨文健、邹海霞：《江苏现行养老服务体制机制存在的问题及对策研究》，《学术论坛》2014 年第 5 期。

332. 杨小云、张浩：《省级政府间关系规范化研究》，《政治学研究》2005 年第 4 期。

333. 杨旭华：《"90 后"大学生就业能力结构模型研究》，《人口与经济》2012 第 2 期。

334. 杨云彦、陈金永：《中国人口省际迁移的资料与测算》，《中国人口科学》1993

年第 2 期。

335. 杨宗传：《居家养老与中国养老模式》，《经济评论》2000 年第 3 期。

336. 姚裕群、彭思舟：《关于我国大学生就业难问题的讨论综述》，《人口与经济》2008 年第 3 期。

337. 姚枝仲：《劳动力流动与地区差距》，《世界经济》2003 年第 4 期。

338. 叶敬忠、贺聪志：《农村劳动力外出务工对留守老人经济供养的影响研究》，《人口研究》2009 年第 4 期。

339. 叶文振：《客观看待"人口红利"现象》，《福建日报》2007 年 10 月 30 日。

340. 叶裕民、黄壬侠：《中国流动人口特征与城镇化政策研究》，《中国人民大学学报》2004 年第 2 期。

341. 尹银、周俊山：《人口红利在中国经济增长中的作用——基于省级面板数据的研究》，《南开经济研究》2012 年第 2 期。

342. 于学军：《再论"中国进入后人口转变时期"》，《中国人口科学》2001 年第 3 期。

343. 于学军：《中国进入"后人口转变"时期》，《中国人口科学》2000 年第 2 期。

344. 于学军：《中国人口老龄化与全面建设小康社会》，《面建设小康社会中人口与发展问题学术研讨会论文》2003 年。

345. 余晓敏：《社会企业发展路径：国际比较及中国经验》，《中国行政管理》2011 年第 8 期。

346. 俞路、张善余：《近年来北京市人口分布变动的空间特征分析》，《北京社会科学》2006 年第 1 期。

347. 喻锋、孙卓炘：《区域治理如何成为可能：以欧盟聚合政策（2007~2013 年）评价为例》，《经济社会体制比较》2014 年第 3 期。

348. 袁晓娇、方晓义、刘杨、蔺秀云、邓林园：《流动儿童社会认同的特点、影响因素及其作用》，《教育研究》2010 年第 3 期。

349. 袁志刚、宋铮：《人口年龄结构、养老保险制度与最优储蓄率》，《经济研究》2000 年第 1 期。

350. 原新、刘厚莲：《流动人口出生性别比形势与贡献分析》，《人口学刊》2015 年第 1 期。

351. 原新、石海龙：《中国出生性别比偏高与计划生育政策》，《人口研究》2005 年第 3 期。

352. 原新、王海宁、陈媛媛：《大城市外来人口迁移行为影响因素分析》，《人口学科》2011 年第 1 期。

353. 原新：《"人口转型"后的计划生育政策走向》，《探索与争鸣》2014 年第 4 期。

354. 原新：《未备先老，未富先老——人口老龄化对我国经济社会发展的挑战》，《中国社会科学报》2011 年第 235 期。

355. 翟振武、李龙:《老年标准和定义的再探讨》,《人口研究》2014 年第 6 期。

356. 翟振武、张浣珺:《普查数据质量与调查方法——关于将身份证号码纳入普查问卷的探讨》,《人口研究》2013 年第 1 期。

357. 翟振武:《中国人口发展、新的挑战与抉择》,《理论视野》2007 年第 9 期。

358. 张车伟、林宝:《"十三五"时期中国人口发展面临的挑战与对策》,《湖南师范大学社会科学学报》2015 年第 4 期。

359. 张航空、李双全:《流动人口家庭化分析》,《南方人口》2010 年第 6 期。

360. 张虹、王波:《社会基本养老保险对老年人消费影响的实证研究》,《财经问题研究》2014 年第 4 期。

361. 张绘、龚欣、尧浩根:《流动儿童学校选择的影响因素及其政策含义》,《人口与经济》2011 年第 2 期。

362. 张惠娜、栾鸢:《首都战略性新兴产业领军人才发展问题与对策研究》,《人力资源管理》2013 年第 9 期。

363. 张继海:《社会保障养老金财富对城镇居民消费支出影响的实证研究》,《山东大学学报(哲学社会科学版)》2008 年第 3 期。

364. 张紧跟:《从区域行政到区域治理:当代中国区域经济一体化的发展路向》,《学术研究》2009 年第 9 期。

365. 张京祥、朱喜钢、刘荣增:《城市竞争力、城市经营与城市规划》,《城市规划》2002 年第 8 期。

366. 张京祥:《国家—区域治理的尺度重构:基于"国家战略区域规划"视角的剖析》,《城市发展研究》2013 年第 5 期。

367. 张抗私、盈帅:《中国女大学生就业搜寻研究——基于 63 所高校的数据分析》,《中国人口科学》2012 年第 1 期。

368. 张力:《流动人口对城市的经济贡献剖析:以上海为例》,《人口研究》2015 年第 4 期。

369. 张敏、陈秋莲、蒋佳芳:《中国"人口红利"在消失吗?——基于劳动力数量和质量结构变化的实证分析》,《经济研究导刊》2015 年第 6 期。

370. 张青:《总和生育率的测算及分析》,《中国人口科学》2006 年第 4 期。

371. 张庆、管晓明:《单纯依靠农村剩余劳动力转移并不能缩小城乡收入差距》,《经济纵横》2006 年第 3 期。

372. 张善余:《我国省际人口迁移模式的重大变化》,《人口研究》1990 年第 1 期。

373. 张旺、申玉铭:《京津冀都市圈生产性服务业空间集聚特征》,《地理科学进展》2012 年第 6 期。

374. 张文新、朱良:《近十年来中国人口迁移研究及其评价》,《人文地理》2004 年第 2 期。

375. 张衔春、胡映洁、单卓然、杨林川、许顺才:《焦点地域·创新机制·历时动因——法国复合区域治理模式转型及启示》，《经济地理》2015 年第 4 期。

376. 张湘赣：《产业结构调整：中国经验与国际比较——中国工业经济学会 2010 年年会学术观点综述》，《中国工业经济》2011 年第 1 期。

377. 张翼：《中国老年人的家庭居住、健康与照料安排》，《江苏社会科学》2013 年第 1 期。

378. 张云：《"国际社会"理论下的区域治理模式研究：东南亚的视角》，《当代亚太》2013 年第 2 期。

379. 张志宇、张崇巍：《日本社会的人口老龄化现状及政府对策》，《老龄科学研究》2015 年第 6 期。

380. 章丽萍、姚威、陈子辰：《面向战略性新兴产业发展的工程科技人才培养研究》，《中国高教研究》2012 年第 10 期。

381. 赵继敏：《京津冀地区与长三角地区制造业区域专业化特征分析》，《地域研究与开发》2008 年第 4 期。

382. 赵曙明：《中国民营企业继任者选择与管理研究》，《管理学报》2012 年第 8 期。

383. 赵晓莲、张庆军：《我国现行户籍制度社会分层弊端刍议》，《法制与社会》2007 年第 1 期。

384. 赵宇、崔词茗、杨旭丹：《"单独二孩"政策影响研究》，《中国科技博览》2015 年第 37 期。

385. 赵作权：《地理空间分布整体统计研究进展》，《地理科学进展》2009 年第 1 期。

386. 郑代良、钟书华：《高层次人才政策的演进历程及其中国特色》，《科技进步与对策》2012 年第 13 期。

387. 郑代良、钟书华：《中国高层次人才政策现状、问题与对策》，《科研管理》2012 年第 9 期。

388. 郑鸣、朱怀镇：《高等教育与区域经济增长——基于中国省际面板数据的实证研究》，《清华大学教育研究》2007 年第 4 期。

389. 郑升：《劳动力与产业结构需双调整：用工荒再袭珠三角》，《世纪经济报道》2014 年 2 月 22 日。

390. 郑永兰、丁晓虎：《基于区域合作治理视角的新生代农民工政治参与的考量》，《统计与决策》2012 年第 23 期。

391. 中国老龄科学研究中心课题组：《全国城乡失能老年人状况研究》，《残疾人研究》2011 年第 2 期。

392. 钟甫宁：《劳动力市场调节与城乡收入差距研究》，《经济学动态》2010 年第 4 期。

393. 钟杰、覃宪儒：《当前西南民族地区科技人才流失的原因及对策》，《开发研究》

2005 年第 4 期。

394. 重庆市人才公共服务政策研究课题组、王佳宁:《重庆市人才公共服务的政策演进与框架设计》,《重庆社会科学》2012 年第 1 期。

395. 周兵、徐爱东:《产业结构与就业结构之间的机制构建——基于中国产业结构与就业结构之间关系的实证》,《软科学》2008 年第 7 期。

396. 周恭伟:《关于人口计划生育事业融入社会发展大局的思考》,《人口研究》2010 年第 6 期。

397. 周坤:《论人力资本的特征及其价值实现》,《中国科技论坛》1997 年第 3 期。

398. 周明等:《中国区域人口素质变迁与经济增长研究》,《重庆大学学报(社会科学版)》2013 年第 1 期。

399. 周其仁:《市场里的企业:一个人力资本与非人力资本的特别合约》,《经济研究》1996 年第 6 期。

400. 周素红、闫小培:《城市居住—就业空间特征及组织模式——以广州市为例》,《地理科学》2005 年第 6 期。

401. 周一飞:《1998—2009 年四川省人口、经济与产业重心演变轨迹对比研究》,《中国市场》2012 年第 39 期。

402. 周云、封婷:《老年人晚年照料需求强度的实证研究》,《人口与经济》2015 年第 1 期。

403. 周云:《质的研究方法对人口学研究的贡献》,《人口研究》2007 年第 2 期。

404. 周仲高:《中国人口转变:理论趋向与教育学诠释》,《广东社会科学》2014 年第 4 期。

405. 周祝平:《农村留守老人的收入状况研究》,《人口学刊》2009 年第 5 期。

406. 朱农:《中国四元经济下的人口迁移理论、现状和实证分析》,《人口与经济》2001 年第 1 期。

407. 朱轶、熊思敏:《技术进步、产业结构变动对我国就业效应的经验研究》,《数量经济技术经济研究》2009 年第 5 期。

408. 朱宇:《1990 年代上海市人口和就业变化的空间格局和国际对比》,《经济地理》2004 年第 6 期。

409. 朱宇:《51.27% 的城镇化率是否高估了中国城镇化水平:国际背景下的思考》,《人口研究》2012 年第 2 期。

410. 邹红、喻开志、李奥蕾:《养老保险和医疗保险对城镇家庭消费的影响研究》,《统计研究》2013 年第 11 期。

后　记

　　人口是经济社会发展的基础，也是一切生产要素中最重要的要素，随着人口与经济社会的不断快速发展，人口、资源与环境的矛盾也日趋凸显。当前，政府作为社会治理的主体，毫无疑问，其对人口、资源与环境的协调可持续发展，对人们的生存环境改善和生活质量提高负有极大责任，政府治理能力的高低也必然会直接影响到公民的满意度和幸福度。同时，基于全局和宏观人口经济学视角，区域可持续发展是中国整体实现可持续发展的关键和基础环节，而人口又是区域可持续发展的关键与核心。特别是在全球化、经济一体化和信息化的时代背景下，公民参与领域不断向区域公共事务拓展、社会组织的健康发展更加有条件参与区域性公共事务、公私的合作关系在区域公共物品生产中发挥着愈发重要作用、区域一体化的逐渐全面协调推进重塑了传统的区域政府间关系，这都使得区域治理已经逐渐成为一种普遍趋势。鉴于此，结合自身所学，笔者对人口发展与区域治理的深入研究产生了极大的兴趣和责任感。

　　近年来，相关研究成果也幸得学界认可，分别被刊发于《光明日报》理论版、《经济学动态》、《人口与发展》、《人口与经济》等权威报刊；部分成果被《新华文摘》全文转载、论点及目录收录。振奋之余，更加激发了笔者继续深入针对当前转型期中国人口与区域发展进程中的人口转变、人口分布与迁移、人口城市化、人力资本、人口与消费、就业政策与人口结构优化、人口老龄化，以及人口、资源与环境等现实和重大问题做出系统探索的动力，这也是历经两年多本书得以成稿的初衷。

恰逢 2013 年，经教育部、江苏省人民政府批准，原南京邮电大学与原南京人口管理干部学院合并办学，为了充分发挥双方信息学与人口学的学科优势，两校合并后成立了南京邮电大学人口研究院，立足在人口研究领域有所突破。在该院整合成立之际，笔者即有幸调入工作，几年来，研究院依托两项国家社科基金、一项国家自然科学基金及国家卫计委和中国人口福利基金会等多个相关科研项目的研究深入开展，在人口与城市发展、人口老龄化、人口可持续发展等科研领域取得了一些成果，举办的系列学术活动也形成了一定的影响。

特别是 2014 年 5 月 17 日，人口研究院与国家卫生计生委流动人口计划生育服务管理司、农工民主党中央人口与资源工作委员会、中国社会科学院经济研究所等单位联合在古城南京举办首届"中国人口与城市发展"高层学术论坛。全国政协刘晓峰副主席、国家卫生与计划生育委员会王培安副主任、江苏省政协罗一民副主席、江苏省政协副主席和中科院南京分院周健民院长、国家卫生计生委流动人口计划生育服务管理司王谦司长、农工民主党中央人口与资源工作委员会云治厚主任等领导拨冗到会给予指导；裴长洪、张车伟、倪鹏飞、沈坤荣、刘志彪、叶南客、童玉芬、穆光宗等学界大家及笔者分别就"人口城市化与经济社会可持续发展"作了主题报告，形成了具有战略性、前瞻性、系统性的理论贡献和政策建议。2014 年 8 月 30 日，人口研究院与农工民主党中央人口与资源工作委员会联合在南京举办了"单独两孩政策实施情况"研讨会，国家卫计委计划生育基层指导司副司长周美林、法制司副司长石光及农工党中央人资委、农工党江苏省委、河南省计生委、江苏省计生委、南京市计生委等单位负责人参会。研讨会阐述了

"单独两孩政策实施情况"调研工作的背景、意义和实施方案，通报了实施"单独两孩"新政以来，我国东部、中部、西部等不同地区热点省市实施情况的调研结果，提出了多项实际可行的对策建议，为相关部门更好地制定相关配套政策提供了高价值的学术参考和理论依据。随后，人口研究院还陆续举办了"十三五"江苏区域发展新布局研讨会、"互联网+医疗"高峰研讨会等系列学术活动，构建了学术交流平台，拓宽了合作交流领域，取得了丰硕的理论成果。使笔者极大开拓了视野、启发了思路，对本书的成稿起到了有效的推动作用。

同时，在国家卫生计生委流动人口计划生育服务管理司的大力支持下，人口研究院与其联合成立了国家流动人口数据开发中心（平台），王谦司长亲临指导数据中心（平台）的建设与发展。国家流动人口数据开发中心（平台）的设立也为笔者及人口研究院的整体团队开展相关人口研究工作提供了极好的条件支撑。

2013 年 4 月起，笔者参加了中国工程院三个重大咨询课题"生态文明建设若干战略问题研究"、"淮河流域环境与发展问题研究"、"中国战略性新兴产业培育与发展研究"政策组的研究工作，并承担了连续三个年度《中国战略性新兴产业发展报告》关于产业政策的多个章节撰写。期间多次深入调研、讨论，并数次当面聆听徐匡迪院士、周济院士、邬贺铨院士、沈国舫院士、王礼恒院士等学界泰斗的战略性学术思想，幸此，也为本书形成了不可多得的宝贵积淀。

两年多来，历经艰辛调研与理论磨砺，在众多学界先辈、师友、同事的不吝赐教和大力帮助下本书得以完稿。然而，终受时间限制和学术视野制约，虽数易其稿而终有不足。在此，诚挚地恳请各位学者、专家给予更多的批评意见，以利于笔者在该领域以后的研究中矫正、汲取。

感谢裴长洪教授、张车伟教授、薛澜教授、沈坤荣教授、许长新教授、李程骅教授高屋建瓴的指导；感谢汪毅博士、陈芳博士及南京邮电大学人口研究院的同仁们在本书成稿过程中的鼎力支持；感谢人民出版社的陆丽云编审等同志为本书出版所付出的大量心血和积极努力。

沙　勇

2015 年 9 月 17 日

责任编辑:陆丽云

装帧设计:汪 莹

图书在版编目(CIP)数据

人口发展与区域治理/沙勇 著. —北京:人民出版社,2015.12

ISBN 978 - 7 - 01 - 015743 - 6

Ⅰ.①人… Ⅱ.①沙… Ⅲ.①人口-发展-研究-中国 ②人口-管理-研究-
中国 Ⅳ.①C924.2

中国版本图书馆 CIP 数据核字(2015)第 321787 号

人口发展与区域治理

RENKOU FAZHAN YU QUYU ZHILI

沙 勇 著

人民出版社 出版发行

(100706 北京市东城区隆福寺街 99 号)

北京盛通印刷股份有限公司印刷 新华书店经销

2015 年 12 月第 1 版 2015 年 12 月北京第 1 次印刷

开本:700 毫米×1000 毫米 1/16 印张:41.25

字数:588 千字

ISBN 978 - 7 - 01 - 015743 - 6 定价:88.00 元

邮购地址 100706 北京市东城区隆福寺街 99 号

人民东方图书销售中心 电话 (010)65250042 65289539

ISBN 978-7-01-015743-6

9 787010 157436 >